5-7, rue de l'Ecole-Polytechnique, 75005 Paris

www.editions-harmattan.fr

ISBN : 978-2-343-13590-8
EAN : 9782343135908

L'État stratège

Logiques Juridiques

Fondée par Gérard Marcou

Dirigée par Jean-Claude Némery et Thomas Perroud

Le droit n'est pas seulement un savoir, il est d'abord un ensemble de rapports et pratiques que l'on rencontre dans presque toutes les formes de sociétés. C'est pourquoi il a toujours donné lieu à la fois à une littérature de juristes professionnels, produisant le savoir juridique, et à une littérature sur le droit, produite par des philosophes, des sociologues ou des économistes notamment.

Parce que le domaine du droit s'étend sans cesse et rend de plus en plus souvent nécessaire le recours au savoir juridique spécialisé, même dans des matières où il n'avait jadis qu'une importance secondaire, les ouvrages juridiques à caractère professionnel ou pédagogique dominent l'édition, et ils tendent à réduire la recherche en droit à sa seule dimension positive. À l'inverse de cette tendance, la collection « Logiques juridiques » des éditions L'Harmattan est ouverte à toutes les approches du droit. Tout en publiant aussi des ouvrages à vocation professionnelle ou pédagogique, elle se fixe avant tout pour but de contribuer à la publication et à la diffusion des recherches en droit, ainsi qu'au dialogue scientifique sur le droit. Comme son nom l'indique, elle se veut plurielle.

Dernières parutions

Léa CASTELLON, *La place de la victime dans le procès pénal,* 2018.
Soror BAHBOUHI, *Le conflit d'intérêts du banquier*, 2018.
Tenile MASCOLO GIL, *Les droits de l'homme dans le Mercosur,* 2018.
Mohammed BERRAOU, *La responsabilité des acteurs de la gestion publique devant la Cour des comptes. Le modèle marocain*, 2017.
Eric GILARDEAU, *Cicéron, père de la codification du droit civil*, 2017.
Daphne AKOUMIANAKI, *Les rapports entre l'ordre juridique constitutionnel et les ordres juridiques européens. Analyse à partir du droit constitutionnel grec*, 2016.
Boris BARRAUD, *La Recherche juridique. Sciences et pensées du droit*, 2016.
Bolleri PYM, *Le statut juridique des établissements de microfinance (EMF) en zone CEMAC, L'encadrement de la « petite finance » du secteur informel vers le secteur formel,* 2016.
Aurore GRANERO, *Les personnes publiques spéciales,* 2016.
Khaled MEJRI, *Le droit international humanitaire dans la jurisprudence internationale*, 2016.
Tiphaine THAUVIN, *Les services sociaux dans le droit de l'Union européenne*, 2016.
Louis-Marie LE ROUZIC, *Le droit à l'instruction dans la jurisprudence de la Cour européenne des droits de l'Homme*, 2015

Lamine TIRERA

L'État stratège

L'Harmattan

DU MÊME AUTEUR

Abdou DIOUF, biographie politique et style de gouvernement (2006).

Abdou DIOUF et l'organisation internationale de la Francophonie (2006) et *du Commissariat Général du Plan au Centre d'analyse stratégique : stratégie de réforme d'une administration de mission* (2007) publiés chez L'Harmattan.

Liste des principaux sigles et abréviations

Agence « Ubifrance » : Agence française pour le développement international des entreprises.
A. A. I. : Autorités administratives indépendantes
AJDA : Actualité juridique – Droit administratif
AJFP : Actualité juridique-Fonctions publiques
AJP : Actualité Juridique Pénale
ARS : Agence régionale de santé
Ass. nat : Assemblée nationale
BJCP : Bulletin juridique des contrats publics
BIPE : Bureau d'information et de prévisions économiques
C.A : Cour d'appel
C.A.A : Cour administrative d'appel
CAE : Conseil d'Analyse Économique
CAS : Centre d'Analyse stratégique
CDC : Caisse des Dépôts et Consignations
CDD : Contrat à durée déterminée
CDI : Contrat à durée indéterminée
CE : Conseil d'État
Chr : Chronique
CEPII : Centre d'études prospectives et d'informations internationales
CGP : Commissariat général du Plan
CIRE : Comité interministériel de la réforme de l'État
CLS : Contrats locaux de sécurité
CLSPD : Contrats locaux de sécurité et de prévention de la délinquance
CNAPS : Conseil national des activités privées de sécurité
CNIL : Commission nationale de l'Informatique et des Libertés
Coll. : Collection
Concl. : Conclusion
CSA : Conseil stratégique pour l'attractivité
CSDP : Conseil stratégique de la dépense publique
CURAPP : Centre universitaire de recherches administratives et politiques de Picardie
DGAFP : Direction générale de l'administration et de la fonction publique
DGF : Direction générale des Finances
DGTPE : Direction Générale du Trésor et de la Politique Économique
DIF : Droit individuel à la formation

Dir. : Sous la direction
DOM : Département d'Outre-mer
D.P : Direction de la prévision
DA : Droit administratif
DSP : Délégation de service public
Ed. Édition
FNSP : Fondation Nationale des Sciences Politiques
GPEEC : gestion prévisionnelle des emplois, des effectifs et des compétences
GRH : Gestion des ressources humaines
In : Dans
Insee : Institut national de la statistique et des études économiques
J.C.P. (E) : La Semaine juridique (Juris-classeur périodique), édition entreprises
J.C.P. (G) : La Semaine juridique (juris-classeur périodique), édition générale
JO : Journal officiel de la République française (Lois et Décrets)
L.G.D.J. : Librairie générale de droit et de jurisprudence
LOLF : Loi organique relative aux lois de finances
M. Monsieur
n° : numéro
NPM : New Public Management
OCDE : Organisation de Coopération et de Développement Économique
OFCE : Observatoire français des conjonctures économiques
Op. cit. : *Opus citatum* (œuvre citée)
Ord. : Ordonnance
p. ou pp : Pages
P.A. : Les Petites Affiches
PMP : Politiques et management public
PPP : Partenariat public-privé
PUAM. : Presses universitaires d'Aix-Marseille
PUF : Presses Universitaires de France
RCLT : Revue Lamy des collectivités territoriales
RDA : Revue de droit administratif
RDC : Revue des contrats
RDP : Revue de droit public et de science politique en France et à l'étranger
Rev. adm. : Revue administrative
Rev. Dr. Sanit. Soc. : Revue de droit sanitaire et social
Rev. Gén. De droit méd. : Revue générale de droit médical
Rev. Trim. de Dr. Civ., Revue trimestrielle de droit civil
RFAP : Revue française d'administration publique
RFDA : Revue française de droit administratif
RFDC : Revue française de droit constitutionnel
RFG : Revue française de gestion
RFSP : Revue française de Sciences Politiques
RGCT : Revue générale des collectivités territoriales
RGPP : Révision générale des politiques publiques
RISA : Revue internationale des sciences administratives
RLCT : Revue Lamy des collectivités territoriales
RTDciv : Revue trimestrielle de droit civil
RTDF : Revue trimestrielle de Droit Financier

R&D : Recherche et développement
RRJ : Revue de la recherche juridique
SEEF : Service des Études économiques et financières
SEML : Société d'économie mixte locale
SFEF : Société de financement de l'économie française
SPPE : Société de prise de participation de l'État
Sous la dir. : Sous la direction
SMOPE : Société d'économie mixte à opération unique
SMR : stratégies ministérielles de réforme
SPL : Sociétés publiques locales
S.S.M : Services statistiques ministériels
T.A : Tribunal administratif
T.C. : Tribunal des conflits
TGI : Tribunal de grande instance
TFUE : Traité sur le fonctionnement de l'Union européenne
Vol. : Volume

REMERCIEMENTS

Je remercie Monsieur le professeur Laurent VIDAL, qui a accepté de diriger ma thèse, pour sa bienveillance. Je le remercie pour sa disponibilité et pour ses conseils très utiles à l'élaboration de ce travail.

Je remercie Monsieur André G. Delion, Conseiller-maître honoraire à la Cour des comptes, pour ses différentes suggestions. De notre rencontre, je garde un souvenir mémorable.

Je remercie également les membres du jury (Madame Jacqueline Morand-Deviller, Messieurs André Delion, Hugues Portelli et Pierre Brunet) d'avoir consacré une partie de leur temps, précieux, à la lecture et à l'évaluation de ce travail.

Mes remerciements et pensées vont ensuite aux professeurs Jacques Chevallier, Carlos Miguel Herrera et au regretté Jean-Claude Colliard, qui m'ont initié et donné goût à la recherche.

Enfin, mes remerciements s'adressent à ma famille et à mon proche entourage pour leur encouragement quotidien ainsi que leur soutien.

SOMMAIRE

INTRODUCTION GÉNÉRALE **15**

PREMIÈRE PARTIE
UNE NOUVELLE CONCEPTION DU RÔLE DE L'ÉTAT **31**

CHAPITRE 1ER
L'ANTICIPATION 33

CHAPITRE 2
L'ADAPTATION DES OUTILS ET DES STRATÉGIES D'INTERVENTION ÉCONOMIQUE DE L'ÉTAT 73

CHAPITRE 3
L'ÉVALUATION 155

CONCLUSION DE LA PREMIÈRE PARTIE 273

DEUXIEME PARTIE
L'ACTION PUBLIQUE RENOUVELÉE **275**

CHAPITRE 4
LES PROCÉDÉS D'EXTERNALISATION DES ACTIVITÉS DE SERVICE PUBLIC 277

CHAPITRE 5
CONTRACTUALISATION ET ACTION SOUPLE 375

CONCLUSION DE LA DEUXIÈME PARTIE 425

TROISIEME PARTIE
PRINCIPES D'ORGANISATION **427**

CHAPITRE 6
UNE ORGANISATION ADAPTÉE 429

CHAPITRE 7 L'ADAPTATION DE LA GESTION DES RESSOURCES HUMAINES AUX FONCTIONS STRATÉGIQUES DE L'ÉTAT 461

CONCLUSION DE LA TROISIÈME PARTIE 497

CONCLUSION GÉNÉRALE **499**

BIBLIOGRAPHIE INDICATIVE 507

INDEX ALPHABÉTIQUE 581

TABLE DES MATIÈRES 587

INTRODUCTION GÉNÉRALE

L'objet de cette thèse est d'étudier les implications juridiques, celles-ci étant entendues au sens large, de la thématique de l'« État stratège » afin d'appréhender la portée des transformations qui affectent les modes d'action et les principes d'organisation de l'État.

Très peu de travaux juridiques portent sur le thème de l'« État stratège » alors qu'il existe de nombreux articles[1] et ouvrages[2] portant sur certaines de ses déclinaisons : il en résulte un contraste saisissant entre la place occupée par le thème dans le débat public et celle qui lui est donnée sur le terrain du droit public. La notion d'« État stratège » a été longtemps ignorée dans la littérature publiciste : tout se passe comme s'il s'agissait d'un « non-objet juridique » ; une réflexion mérite dès lors d'être engagée pour évoquer la portée de cette notion sur le terrain du droit.

SECTION 1. CONTEXTE D'ÉMERGENCE

Conceptualisée[3] par le Commissariat Général du Plan autour d'une réflexion sur la « redéfinition » de l'intérêt général, la notion d'« État

---

[1] Voir notamment BEZES (P.), « Le modèle de « l'État-stratège » : genèse d'une forme organisationnelle dans l'administration française », *Revue Sociologie du Travail*, vol. 47, n° 4, oct-déc. 2005, p. 431 ; CHEVALLIER (J.), 2007, « L'État stratège », in BADIE (B.) et DELOYE (Y.), *Le Temps de l'État, Mélanges en l'honneur de Pierre Birnbaum*, Paris, Fayard, juin 2007, p. 372 ;CHEVALLIER (J.), « L'État reste présent dans l'économie, mais à la manière d'un « stratège » et non plus d'un « pilote » in CORDELLIER (S.), (sous la dir.), *Le nouvel état du monde. Les 80 idées-forces pour entrer dans le 21ème siècle*, Paris, La Découverte, 1999, p. 107 ; JOUVENEL (H. de), « L'État stratège ? », *Futuribles*, n° 287, juin 2003, p. 3 ; LASSALE (J-P.), « De l'État-administratif à l'État-stratège », *RFFP*, n° 73, 2001, p. 87.

[2] Voir en particulier CHEVALLIER (J.), *L'État postmoderne*, Paris, LGDJ, « Série politique », 3ème édition, 2008, spécialement les pages 63-65 ; CHEVALLIER (J.), *Science administrative*, Paris, PUF, Collection « Thémis Droit », 2007, plus précisément les pages 231-232 ; FAUROUX (R.), SPITZ (B.), *Notre État. Le livre vérité de la fonction publique*, Paris, Ed. Robert Laffont, 2000, p. 435.

[3] Voir notamment le rapport de la Commission « État, administration et services de l'an 2000 » présidée par Christian BLANC, *Pour un État stratège, garant de l'intérêt général*, Paris, La Documentation française, 1993 ; PICQ (J.), *L'État en France, servir une nation*

stratège » a émergé dans les années 1990 en tant que réponse à la crise de l'État planificateur ; utilisée dans des recherches universitaires[1], elle a été reprise dans les discours politiques ou avancée dans des « rapports publics » dans une perspective réformatrice.

La réflexion autour de la thématique d'un « État stratège », « garant de l'intérêt général et de la cohésion sociale » s'est poursuivie sous le gouvernement Raffarin. Le Commissariat général du Plan étant désormais conçu comme une « instance de prospective du nouveau rôle de l'État », le nouveau Commissaire général du Plan s'est vu assigner pour tâche de « *réfléchir au nouveau rôle de l'État stratège dans les configurations qui se dessinent aujourd'hui*[2]», « *sous l'effet des décisions nationales, européennes ou internationales* »[3]: à cette fin, « *une trentaine de groupes de projet couvrant les différents thèmes dont doit se saisir un « État stratège », c'est-à-dire soucieux de l'intérêt général et du Bien public*[4]» ont été constitués, travaillant sur des thématiques précises sous la direction d'un chef de groupe de projet ; leurs travaux devaient faire l'objet d'une évaluation régulière puis publiés sous la forme d'un document intitulé « *Regards prospectifs sur l'État stratège* »[5].

Sous le gouvernement Villepin, cette instance de prospective va connaître une transformation spectaculaire. Le Premier ministre fait « *du Commissariat général du Plan un Centre d'analyse stratégique rattaché au Premier ministre* »[6] *:* « la logique de planification qui a présidé à la création du Commissariat général du Plan n'est plus adaptée aux caractéristiques d'une économie ouverte et d'une société complexe. Dans le même temps, la conduite de l'action gouvernementale, dans un univers incertain et soumis à des évolutions de plus en plus rapides, doit davantage que par le passé, reposer sur une analyse précise des défis posés par la mondialisation et une meilleure compréhension des évolutions de la société »[7]. Sous la présidence

---

ouverte sur le monde, rapport de la « Mission sur les responsabilités et l'organisation de l'État », Paris, La Documentation française, 1995 ; CLOSETS (F.), (présidé par), *Le pari de la responsabilité*, rapport de la Commission « Efficacité de l'État » du X Plan, Paris, Petite Bibliothèque Payot, 1989.

[1] BAUBY (P.), *Le marxisme et l'État stratège*, Thèse de doctorat, Institut d'Etudes Politiques de Paris, 1989. Il a été sans doute, le premier en France à entamer une recherche universitaire sur le sujet.

[2] Lettre du Premier ministre Jean-Pierre Raffarin au Commissaire Alain Etchegoyen, le 16 avril 2003.

[3] *Ibid.*

[4] Lettre du Premier ministre Jean-Pierre Raffarin au Commissaire Alain Etchegoyen, le 21 novembre 2003.

[5] Commissariat Général du Plan, *Regards prospectifs sur l'État stratège n° 2*, rapport, Paris, CGP, 2004.

[6] Lettre de mission du Premier ministre Dominique de Villepin à Sophie Boissard, Commissaire du Plan en date du 21 novembre 2005 ; mais la transformation du CGP en Centre d'analyse stratégique a eu lieu le 27 octobre 2005.

[7] *Ibid.*

de Nicolas Sarkozy, la réforme sera poussée plus loin avec la création d'un « *Secrétariat d'État chargé de la prospective, de l'évaluation des politiques publiques et du développement de l'économie numérique* »[1] dans le gouvernement dirigé par François Fillon ; le Centre d'analyse stratégique (CAS) est mis à sa disposition malgré son rattachement administratif à Matignon. Sous la présidence de François Hollande, un « Commissariat général à la stratégie et à la prospective »[2] (CGSP) a remplacé le CAS : il s'agit d'en faire un lieu d'échanges et de concertation sociale et de contribuer au renouvellement de la problématique de la stratégie et de la prospective. Le but étant d'éclairer les pouvoirs publics sur les trajectoires possibles à moyen et long terme pour la France dans le domaine économique, social, culturel et environnemental.

La France était alors confrontée à une dégradation de la compétitivité de ses entreprises : comme le soulignait le rapport Attali, « *notre économie a deux faiblesses majeures unanimement reconnues : une compétitivité déclinante et l'insuffisance de son réseau de moyennes entreprises* »[3] alors que dans le « modèle allemand », c'est la collaboration entre acteurs publics et privés qui est privilégiée impliquant « *différents niveaux décisionnels des échelles économiques et politiques (grands groupes, Mittelstand, banques, syndicats, gouvernements des Länder, gouvernement fédéral* »[4]. La diffusion du thème d'« État stratège » a trouvé un écho favorable compte tenu du retard de la France en matière de compétitivité et d'attractivité du territoire national. Se saisissant de cette question, les « *déclinologues* »[5] vont dépeindre un tableau sombre de l'économie française, secteur par secteur, où presque tous les clignotants sont au rouge. Le constat est loin d'être nouveau : déjà, en 1989, le professeur Elie Cohen posait la question : « *Comment sommes-nous passés en vingt ans de la célébration du miracle industriel aux sombres péroraisons sur l'inexorable déclin ?* »[6] de la France. Les mots « déclin » et « crise » s'appliquent à des univers variés. Les discours sur le déclin de la France mettent l'accent sur une série d'éléments

---

[1] C'est le titre de ce ministère dans le gouvernement Fillon 2, alors que dans le premier gouvernement, il s'intitulait simplement « Secrétariat d'État chargé de la prospective et de l'évaluation des politiques publiques »

[2] Décret n° 2013-333 du 22 avril 2013 portant création du Commissariat général à la stratégie et à la prospective.

[3] ATTALI (J.), *300 décisions pour changer la France*, rapport de la Commission pour la libération de la croissance française, Paris, La Documentation française, XO, 2008, p. 22.

[4] HENARD (J.), *L'Allemagne : un modèle, mais pour qui ?*, Paris, Presses des MINES, La Fabrique de l'industrie, 2012, p. 17.

[5] De notre point de vue, les « déclinologues » pourraient être assimilés à des auteurs analysant la dégradation de la situation économique d'un pays confronté à une crise sans précédent comme ici en l'occurrence celle du « modèle français » dû à un « *immobilisme politique, économique et social, mais aussi intellectuel et moral* », BAVEREZ (N.), *La France qui tombe*, Paris, Editions Perrin, 2003, p. 18.

[6] COHEN (E.), *L'État brancardier. Politiques du déclin industriel (1974-1984)*, Paris, Fondation Saint Simon, Calmann-Levy, 1989, p. 9.

qui sapaient les fondements de son identité : crise institutionnelle[1], politique[2], industrielle[3], culturelle[4], militaire[5] ; crise sociale[6], économique, financière, budgétaire, crise de la recherche publique, *etc*. Ce qui revient le plus souvent dans les discours publics, c'est la dénonciation de l'inefficacité étatique, la crise de légitimité du service public, la perte de confiance des citoyens en leurs responsables politiques, etc. Des titres d'ouvrages en attestent: « *l'État brancardier. Politiques du déclin industriel (1974-1984)* »[7], « *La France qui tombe* »[8] ou encore « *Le grand gaspillage* »[9]parmi tant d'autres. À cet égard, la réflexion de Nicolas Baverez est éclairante : « *Depuis 2002, la France renoue avec les années de plomb du début de la décennie 1990 : croissance zéro, recul de l'emploi et remontée du chômage autour des 10 % de la population active, chute de l'investissement productif de 13 % ; productivité en berne bloquée à 1 % contre 4,2 % dans les années 1970, déficits et dettes publics dérivant vers 4,1 % et 62 % du PIB*[10] ». Le décrochage[11] de l'industrie française s'est accéléré ces dernières années atteignant un seuil critique. Selon le rapport Gallois, la part de l'industrie est passée de 18 % en 2000 à 12,5 % en 2011 entraînant une perte de plus de 2 millions d'emplois industriels et des pertes de parts de marché considérables à l'exportation contrairement à d'autres pays où cette part augmente comme en Suède (18,6 %) et en Allemagne (26,2). Aussi, l'augmentation de la production industrielle des pays émergents se fait au détriment de la production industrielle française[12]. Sur le plan économique, « *le décrochage est en passe de se muer en déclassement hors du groupe de tête des pays*

---

[1] Il s'agit de la crise des institutions et de l'État.

[2] Ce qui revient le plus souvent, c'est l'inefficacité de l'État, la corruption, la crise de légitimité du service public et la crise de confiance.

[3] Les récents phénomènes de délocalisation participent à bâtir une sorte de « désertification industrielle », voire de « désindustrialisation » et par là édifier un « nouveau désert français ».

[4] Du fait de la crise financière, la France a fermé plusieurs de ses services d'action culturelle dans les postes consulaires à l'étranger. Aussi, assiste-t-on en France à la fin de l'État culturel avec une raréfaction de constructions ambitieuses d'équipements culturels collectifs comme cela fût durant l'âge d'or de l'État planificateur.

[5]A l'échelle mondiale, l'outil de défense de la France est en retard par rapport aux États-Unis d'Amérique ; en Europe, l'affirmation du « leadership » britannique dans les politiques de défenses est de plus en plus grande.

[6] On peut noter l'aggravation des inégalités, l'augmentation du chômage, les difficultés de financement du régime de sécurité sociale et celui des retraites, la « fracture sociale » (terme cher au président Jacques Chirac), la multiplication des bassins d'emplois sinistrés.

[7] COHEN (E.), *op. cit.* ; il s'agit du titre de l'ouvrage.

[8] BAVEREZ (N.), *op. cit.* ; il est fait allusion au titre de l'ouvrage.

[9] MARSEILLE (J.), *Le grand gaspillage, Paris, Editions Perrin, 2005.*

[10] BAVEREZ (N.), *op. cit.*, p. 69.

[11] GALLOIS (L.), *Pacte pour la compétitivité de l'industrie française, rapport au Premier ministre*, Paris, La Documentation française, 2012, p. 9.

[12] GALLOIS (L.), *Pacte pour la compétitivité de l'industrie française, rapport au Premier ministre, op. cit.*, p. 10.

développés »[1]; la France manque aussi de petites et moyennes entreprises « innovantes » alors qu'elles sont fortement présentes en Allemagne. Face à l'érosion de la compétitivité hexagonale et en l'absence de stratégie clairement identifiée, des auteurs se demandent si la France a encore « *une stratégie de puissance économique* ? »[2]. L'absence de stratégie appropriée pénaliserait les acteurs économiques et compromettrait la création d'emplois et de richesse. C'est la raison pour laquelle, le Premier ministre Jean-Marc Ayrault a demandé à Louis Gallois, commissaire général à l'investissement, d'établir un rapport guidant la politique du gouvernement pour soutenir la compétitivité de l'industrie en analysant « *le rôle de l'État en tant qu'actionnaire participant aux décisions industrielles de grandes entreprises publiques, mais aussi en tant que stratège* »[3]. De même, la loi Macron dite loi « pour la croissance et l'activité »[4] s'inscrit dans le droit fil de cette démarche : c'est une loi ambitieuse qui cherche à lever les freins à l'activité (il s'agit de réviser les conditions d'exercice des professions réglementées et d'aménager leur cadre d'activité, de faciliter le développement des transports accessibles à tous, d'accélérer les projets d'investissement, de rénover l'urbanisme et de faciliter l'accès au logement) pour nouer avec une croissance durable en instaurant la confiance, la simplification des règles entravant l'activité économique et en renforçant les capacités de création, d'innovation et de production. Plus concrètement, certaines mesures de la loi concernent comme on l'évoquera plus loin, la rénovation du cadre d'intervention de l'État actionnaire sans oublier de noter celles qui tendent à développer l'emploi et le dialogue social (mesures visant la législation sur les dérogations à l'interdiction de l'ouverture dominicale et en soirée du commerce de détail, l'amélioration du fonctionnement de la justice prud'homale, la réduction des délais de jugement, *etc.*).

L'avènement de la thématique de l'État stratège survient également dans un contexte d'émergence d'un « nouveau référentiel global » : selon Pierre Muller, « *depuis les années 1980, un nouveau processus de réajustement est en cours à partir de la montée en puissance d'un nouveau référentiel global fondé sur une vision de la société organisée autour de principes néolibéraux : c'est le référentiel de marché (...) porteur de nouvelles normes pour l'action publique (limitation des dépenses publiques, modernisation de l'État, remise en cause des politiques industrielles, ouverture à la*

[1] *Ibid.*

[2] HARBULOT (C.) et LUCAS (D.), (sous la dir.), *La France a –t-elle une stratégie de puissance économique ?*, Charles Lavauzelle, 2004. Il est fait référence au titre de l'ouvrage.

[3] GALLOIS (L.), *Pacte pour la compétitivité de l'industrie française, rapport au Premier ministre*, Paris, La Documentation française, 2012, page non numérotée (il s'agit de la lettre de mission) qu'on trouve à la première page du rapport.

[4] Assemblée nationale, projet de loi n° 24 47 adopté en première lecture par l'Assemblée nationale le 19 février 2015 suite au rejet de la motion de censure déposée par l'opposition.

concurrence des services publics (...) »[1]. Cette transformation de l'action de l'État correspond dans le même temps à l'avènement d'un autre paradigme centré sur l'« *avantage concurrentiel des nations* »[2] d'après les travaux de Michael E. Porter. La logique qui se dessine derrière le thème de l'« État stratège » ne correspond pas seulement à l'avènement d'un nouveau référentiel de marché ; elle fait également appel à une approche fondée sur les « *systèmes nationaux d'innovation comme cadre de référence* »[3]. « *L'innovation, un nouveau paradigme pour les politiques publiques* »[4] s'imposerait comme l'élément cardinal dans les stratégies de compétitivité économique : « *L'innovation et l'invention technique sont devenues des aliments essentiels de la guerre économique !* »[5].

Enfin, le thème de l'« État stratège » est né dans un contexte marqué par la montée en puissance de « *l'idéologie managériale* [6]». D'audacieuses réformes managériales ont été mises en œuvre en Grande-Bretagne par Margaret Thatcher, s'inscrivant dans une stratégie de réduction des dépenses publiques et d'augmentation de l'efficience de l'action de l'État et des administrations. Le rapport « *Next Steps* » faisant le constat de difficultés de fonctionnement de l'administration britannique et un défaut d'anticipation recommandait la création d'agences chargées de mettre en œuvre les activités opérationnelles de l'État : l'État devait se charger de leur fixer des objectifs et mettre à leur disposition les ressources nécessaires au bon fonctionnement du dispositif. Si le *New Public Management* (NPM) est en réalité « *davantage une théorie politique qu'une doctrine administrative* »[7], la démarche managériale privilégie une nouvelle gestion fondée sur la performance publique et une meilleure utilisation des ressources de l'État. Elle a trouvé d'abord en France un écho timide avant d'être transposée progressivement, l'administration française étant dès lors « *prise entre deux rationalités contradictoires : l'une juridique, l'autre managériale, qui s'opposent, mais aussi se combinent dans son fonctionnement concret* »[8].

Confronté à un univers hyper compétitif, l'État est appelé à ajuster ses modes d'action et son organisation. En France, force est de reconnaître que « *la logique stratégique est aujourd'hui bien présente dans le secteur public,*

---

[1] MULLER (P.), *Les politiques publiques*, Paris, PUF, 2009, p. 64-65.
[2] PORTER (M. E.), *L'avantage concurrentiel des nations*, InterEditions, 1993, p. VI.
[3] MAJOIE (B.), *Recherche et innovation : la France dans la compétition mondiale*, (rapport présidé par), Paris, La Documentation française, 1999, p. 193.
[4] Conseil d'Analyse Economique, MADIES (T.) et PRAGER (J.-C.), *Innovation et compétitivité des régions*, Paris, La Documentation française, 2008, p. 14.
[5] ESAMBERT (B.), *La guerre économique mondiale*, O. Orban, 1991, p. 22.
[6] DESMARAIS (C.), « Encadrer sous contrainte dans les fonctions publiques », *RFAP*, n° 128, 2008, p. 663.
[7] CHEVALLIER (J.) et ROUBAN (L.), « Introduction » sur La réforme de l'État et la nouvelle gestion publique : mythes ou réalités, *RFAP*, n° 105/106, 2003, p. 8.
[8] CHEVALLIER (J.) et LOSCHAK (D.), « Rationalité juridique et rationalité managériale dans l'administration française », *RFAP*, n° 24, octobre-décembre 1982, p. 53.

ne serait-ce qu'à travers les textes officiels »[1] : la circulaire Juppé de 1995 par exemple énonce un certain nombre d'objectifs prioritaires dont la clarification des missions de l'État et le champ des services publics. De même, la LOLF d'août 2001 s'inscrit dans une démarche résolument stratégique dans la mesure où elle oblige l'administration à évaluer régulièrement son action et celle des responsables gestionnaires désormais engagés sur des objectifs de performance.

SECTION 2. ÉLÉMENTS DE DÉFINITION

Polysémique, le terme d'« État stratège » fait l'objet de multiples significations. Il convient de lever un certain nombre d'équivoques afin de délimiter les contours de la notion. Dans un premier temps, nous entreprendrons un travail de définition des notions de « *stratégie* » et de « *stratège* » ; puis, nous tenterons de proposer une analyse plus approfondie en confrontant les approches politiste, économiste et juridique.

§ 1. Définition préliminaire

La notion de « *stratégie* » vient du mot grec « *stratégia* », (opposé à tactique) ; c'est « *l'art de faire évoluer une armée sur un théâtre d'opérations jusqu'au moment où elle entre en contact avec l'ennemi* »[2] ; plus encore, c'est l'« *art de coordonner l'action des forces militaires, politiques, économiques ou morales impliquées dans la conduite d'une guerre ou la préparation de la défense d'une nation ou d'une coalition* »[3]. La stratégie consiste à coordonner un ensemble d'actions en vue d'atteindre un but[4] ; appliquée dans le champ économique, c'est un « *ensemble d'objectifs opérationnels choisis pour mettre en œuvre une politique préalablement définie* »[5]. Quant au terme de « *stratège* », celui-ci vient du mot grec « *stratégos* » qui veut dire « *chef d'armée* » et d'« *agein* » qui signifie « *conduire* », « *diriger les questions militaires* » sous la direction d'un général d'armée dans les anciennes cités grecques : un stratège est un « *spécialiste ou un praticien de la stratégie* »[6]. Dans la présente recherche, le terme d'« *État stratège* » symbolise le rôle nouveau que l'État est appelé à assumer dans l'économie de marché en conjuguant un ensemble

---

[1] BARTOLI (A.), *Le management dans les organisations publiques*, Paris, Dunod, 1997, p. 205.

[2] REY (A.), *Dictionnaire Le Petit Robert de la Langue française*, Paris, Le Robert, 2006, p. 2494.

[3] LAROUSSE, *Dictionnaire Le Petit Larousse*, Paris, Larousse, 1993, p. 964.

[4] La notion trouvera son application dans la science militaire ; elle sera ensuite introduite en économie et en gestion par les lecteurs de Clausewitz.

[5] REY (A.), Dictionnaire Le Petit Robert, *op. cit.*, p. 2495.

[6] LAROUSSE, Dictionnaire Le Petit Larousse, *op. cit.*, p. 964.

d'instruments juridiques dans une double logique d'adaptation organisationnelle et d'orientation de l'action publique. Dans cette perspective, c'est la politique qui fixe « *les buts et mobilise les moyens nécessaires à la réalisation d'une stratégie. Les États sont la source de l'autorité stratégique, qu'ils délèguent pour une mission déterminée* » [1] pour des raisons d'efficacité.

§ 2. Des approches diverses

La notion peut être appréhendée sous l'angle de la science politique, de l'économie, de la science administrative et du droit public.

- Tout d'abord, pour les politistes, la thématique de l'« *État stratège* » implique l'étude des conditions socio-historiques dans lesquelles cette nouvelle figure de l'État a pris corps. Il s'agit d'analyser les logiques bureaucratiques et corporatistes qui la sous-tendent, les structures qui l'incarnent et les fonctions que l'État est appelé à remplir. Cette notion serait nouvelle en France où prévalait un « modèle d'État administratif » caractérisé par trois traits[2] : le paradoxe du contrôle (autorisation parlementaire s'agissant du budget), le formalisme des structures et des classifications qui en découlait (nomenclature budgétaire calquée sur des structures administratives : ministères, titres, chapitres, articles) et la logique conjoncturelle qui dominait la gestion publique (logique conjoncturelle, règle de l'annualité). La transformation des structures administratives s'accompagnerait d'une nouvelle culture puisqu'à « *partir de l'État administratif, nous évoluons vers « l'État-entreprise » et « l'État stratège ». Cette évolution conduira à de nouvelles exigences dans trois domaines : l'adoption d'une culture du management, d'une culture de la transparence, et d'une culture de la responsabilité* »[3]. Cette nouvelle culture a pour valeur cardinale la recherche de la performance. Ainsi, le « *modèle de l'État-stratège* »[4] est dominé par une nette « *séparation entre les fonctions stratégiques de pilotage et de contrôle de l'État et les fonctions opérationnelles d'exécution et de mise en œuvre des politiques publiques est au cœur de ce changement* »[5]. Mais du fait des imbrications étroites existant entre la science politique et le droit public, on n'omettra pas de souligner le rôle des acteurs politiques dans la construction de la thématique de l'État stratège : le président de la République, le Premier ministre, le Parlement participent à la conception de l'action stratège de l'État.

---

[1] BERSANI (J.), (sous la dir.), *Encyclopaedia Universalis*, Paris, Encyclopaedia Universalis, 1989-1990, 3ème édition, p. 635.
[2] LASSALE (J-P.), *op. cit.*, p. 87.
[3] LASSALE (J-P), *op. cit.*, p. 89.
[4] Expression utilisée par Philippe BEZES.
[5] BEZES (P.), *op. cit.*, p. 431.

- Pour les économistes, avec cette nouvelle configuration, l'État « *reste présent dans l'économie, mais à la manière d'un « stratège » et non plus d'un « pilote », qui s'efforce d'accompagner ou d'amortir l'effet de mouvements sur lesquels il n'a plus réellement prise* » [1] : la prise en charge de cette thématique par les économistes s'articulera autour d'enjeux de nature micro et macroéconomique. Les économistes privilégient l'analyse des implications économiques de la formule de l'État stratège en pointant les vertus, les limites et les contradictions des stratégies offensives et/ou défensives mises en place par les États dans une économie ouverte. Le rôle de l'État est ici entendu dans le sens de « *stratège économique* »[2]. Cette approche de l'« État stratège » témoigne d'une conception nouvelle du rôle de l'État dans l'économie qui diffère radicalement de la logique d'intervention de l'État planificateur. L'action volontariste de l'État fait désormais place à une intervention plus sélective, plus stratégique : le rôle de l'État dans l'économie est à géométrie variable : en fonction des circonstances et des enjeux, il peut apparaître, tantôt comme stimulateur des comportements des agents économiques, tantôt comme protecteur d'un périmètre stratégique.

La rupture qu'entraîne la thématique de l'« État stratège » par rapport à l'État planificateur est donc d'une ampleur sans précédent : l'« État stratège » abandonne tout recours à un modèle de développement passant par la planification comme méthode de développement économique.

- Pour le spécialiste de la science administrative, il s'agira de s'interroger sur les implications organisationnelles de ce concept sur l'appareil administratif de l'État, d'analyser les mécanismes de pouvoir et d'identifier les enjeux bureaucratiques et corporatistes, *etc.*

- Sous un angle juridique, c'est davantage « *une réflexion plus générale sur l'État lui-même, sur la nécessité d'y conquérir des positions, d'en transformer les structures* » [3] qui s'impose, car « *dans la logique d'affrontement qui caractérise l'économie mondiale, la puissance publique peut aussi contribuer à la compétitivité nationale. Elle se doit d'abord d'elle-même efficace, d'afficher des stratégies claires, de réglementer avec mesure et pertinence* »[4]. Il s'agit ici de réfléchir sur l'impact de l'« État stratège » sur le droit public, pris au sens large, en analysant les mécanismes juridiques déployés, la cohérence ou non des catégories juridiques nouvelles avec le droit existant ainsi que leur degré de normativité. À travers la notion d'« État stratège », c'est donc une figure juridique nouvelle de l'État qui émerge : et c'est précisément cela que la thèse cherchera à mettre en évidence.

---

[1] CHEVALLIER (J.), « L'État reste présent dans l'économie, mais à la manière d'un « stratège » et non plus d'un « pilote », *op. cit.*, p. 108.

[2] FAUROUX (R.), SPITZ (B.), *op. cit.*, p. 459.

[3] LE PORS (A.), *L'État Efficace*, Paris, Edition Robert Laffont, 1985, p. 85.

[4] Commissariat Général du Plan, *op. cit.*, p. 131.

La thématique de l'« État stratège » comporte d'autres enjeux que le juriste ne saurait ignorer. L'« État stratège » s'appuie sur les nouvelles technologies de l'information[1]. La mise en place de dispositifs de protection des systèmes d'information des entreprises permet aux pouvoirs publics de sécuriser l'environnement des petites et moyennes entreprises. Dans le sillage des instruments stratégiques qui fondent la puissance d'un État, l'intelligence économique constitue un atout majeur en rendant le dispositif d'attractivité territoriale et économique plus « intelligible » et plus attrayant pour les investisseurs : elle constitue donc un véritable outil stratégique pour l'État. L'influence est aujourd'hui une partie intégrante de l'action publique : l'information et la communication participent à cette mission d'influence. Il s'agit d'indispensables leviers de la stratégie d'influence dont l'État ne peut se passer dans un univers très concurrentiel. La stratégie d'influence est une des principales caractéristiques de l'action publique : « *l'influence devient un mode d'action pour l'État* »[2] du 21ème siècle en ce sens que la « *deuxième mission de l'État stratège est une mission d'influence* »[3]. Dans le même esprit, l'innovation devient un axe majeur de la stratégie offensive de l'État dans la conduite de la nouvelle politique industrielle : « *l'innovation, moteur du développement des économies les plus avancées, peut bénéficier d'une meilleure coopération entre les entreprises, les centres de recherche privés et l'effort public* »[4]. Il s'agit de favoriser une nouvelle dynamique basée sur une politique publique de recherche, d'innovation et de croissance afin de fixer les emplois sur le territoire et de créer de la richesse. L'idée est de neutraliser les effets corrosifs des délocalisations et de la désindustrialisation du pays.

La thématique de l'« État stratège » est donc une notion « élastique », « molle » qui recouvre plusieurs facettes.

§ 3. Définition retenue

Le thème de l'« État stratège » a-t-il une traduction juridique ? Avant de répondre à cette question, certaines clarifications doivent être opérées. Le risque serait de considérer l'ensemble des inflexions dans l'organisation et l'action de l'État comme relevant de la problématique : « tout deviendrait stratégie » dès lors que toute politique publique vise à atteindre certains objectifs. On serait alors tenté de vouloir analyser sous cet angle, toutes les

---

[1] Voir notamment sur cette question les travaux de BOURCIER (D.), COSTA (J.-P.), Institut Français des Sciences Administratives, *L'administration et les nouveaux outils d'aide à la décision : systèmes experts et SIAD : (Colloque, 16 et 17 mars 1990, Paris)*, Paris, STH, 1992.

[2] PICQ (J.), *op. cit.*, p. 30.

[3] SILICANI (J-L.), *Livre blanc sur l'avenir de la fonction publique*, rapport, Paris, La Documentation française, 2008, p. 75.

[4] PICQ (J.), *op. cit.*, p. 99.

mutations récentes de l'État, de son droit et des institutions qui l'incarnent. Une définition plus « restrictive » est nécessaire.

Résultant des transformations du rôle de l'État dans une économie compétitive affectant profondément son droit et son organisation, l'« État stratège » s'appuie sur un dispositif complexe et fonde son intervention autour d'une batterie d'éléments, en mobilisant certains instruments normatifs. Le terme d'« État stratège » suppose tout d'abord, l'aptitude des pouvoirs publics à élaborer des politiques fondées sur une démarche stratégique intégrant la définition d'objectifs, d'allocation de moyens afin d'atteindre les buts fixés. Ce thème désigne ensuite un État « anticipateur » : c'est-à-dire la possession par les gouvernants de la capacité d'anticiper les évolutions à venir. S'appuyant sur des moyens d'action juridiques, il s'agira de créer un environnement économique favorable à l'épanouissement des acteurs économiques. De fait, l'intervention économique de l'État se trouve prise entre deux types de stratégies *a priori* contradictoires, mais qui se combinent : l'une offensive et l'autre défensive. Ajustés en fonction des enjeux stratégiques, les instruments normatifs sont eux-mêmes incorporés dans ces deux stratégies pour permettre le déploiement de l'action de l'État. L'« État stratège » est en outre un État qui coordonne ses politiques. Grâce à la coordination, les politiques publiques sectorielles sont « connectées » les unes aux autres pour plus d'efficacité. La démarche évaluative prolonge cette dynamique de recherche d'efficacité accrue de l'État. Corrélativement, sont privilégiés les moyens d'action souples par rapport aux techniques d'intervention classiques de l'État. La thématique de l'État stratège appelle *in fine* un ajustement permanent de l'organisation de l'appareil administratif assorti d'un dispositif d'adaptation des agents publics au nouveau rôle de l'État.

Ceci conduit à aborder la problématique et les enjeux qui sous-tendent notre thème de recherche.

SECTION 3. PROBLÉMATIQUE ET IMPLICATIONS JURIDIQUES DU THÈME DE L'« ÉTAT STRATÈGE »

On évoquera successivement la « problématisation » qui sous-tend la recherche, la délimitation de son champ, enfin quelques règles épistémologiques avant de présenter le plan du livre.

§ 1. Problématique

Visant à décrypter juridiquement le « *code génétique de l'État* »[1] stratège, il s'agit d'analyser les modes d'action de l'État en se demandant si l'« État

[1] ROSANVALLON (P.), *L'État en France de 1789 à nos jours*, Paris, Editions du Seuil, 1990, p. 15.

stratège » implique des catégories juridiques nouvelles et si oui, comment elles s'agencent dans l'ordre juridique interne et quelles sont leurs conséquences organisationnelles sur l'appareil d'État. Par « catégorie juridique », on peut entendre par là, sens qui est donné par Marcel Waline, *« tout fait ou ensemble de faits, tout acte ou ensemble d'actes auxquels la loi ou toute autre règle de droit attache des conséquences juridiques, c'est-à-dire dont elle fait la condition nécessaire et généralement suffisante, pour que certaines solutions s'imposent au juge »*[1]. Quant à l'« ordre juridique », il « *exprime cette conjonction et ce croisement des deux dimensions de systématicité et de normativité du droit. Par son caractère systématique, l'ordre juridique transcende la simple « norme juridique » : il met en évidence les inter-relations qui unissent les normes juridiques, considérées comme liées les unes aux autres et formant système ; ces normes sont analysées, non plus dans leur singularité, mais en fonction de leur appartenance à un ensemble structuré et cohérent, régi par une logique globale et animé par une dynamique propre d'évolution* »[2]. Autrement dit, il s'agit d'analyser la portée de ces transformations tant juridiques que structurelles que génère le thème de l'« État stratège ».

Si la société et l'économie sont en mouvement, l'État et le droit qui le régit connaissent également une profonde transformation. La conception du rôle nouveau de l'État dans l'économie de marché qui se profile derrière la thématique de l'État stratège est aux antipodes du modèle de l'État-providence : l'interdépendance accrue entre divers acteurs dans l'action publique et dans la vie internationale, accélérée par le phénomène de la mondialisation conduit à recentrer ses modes d'action et ses principes d'organisation. L'action publique se déploie dans un univers complexe où la part dédiée à l'incertitude est de plus en plus grande : or, Edgar Morin rappelle que « *la complexité nécessite une stratégie* »[3]. Et les fonctions de régulation que l'État est appelé à jouer dans « *l'ordre concurrentiel* »[4] impliquent de privilégier la rationalité et l'efficacité en recherchant le consensus entre différents acteurs dans la prise de décisions. Ce changement majeur bouleverse profondément le périmètre d'intervention de l'État qui

---

[1] WALINE (M.), « Empirisme et conceptualisme dans la méthode juridique : faut-il tuer les catégories juridiques ? » extrait des *Mélanges en l'honneur de Jean Dabin*, Bruxelles-Bruylant, 1963, p. 365. Dans le prolongement de cette réflexion, le professeur André de Laubadère emploie l'expression de « *stabilité des catégories juridiques* » qui n'est rien d'autre que « *la possibilité pour l'homme, de connaître la règle et de prévoir les effets de ses actes, donc d'entreprendre dans l'ordre, et d'exercer une liberté qui n'existe plus dès que celui qui prétend en user ignore les conséquences du geste qu'il pose* », « Apologie pour les « faiseurs de systèmes », *Recueil Dalloz*, 26ème Cahier, Chronique, 1951, p. 101.

[2] CHEVALLIER (J.), « L'ordre juridique » in C.U.R.A.P.P., *Le droit en procès*, Paris, PUF, 1983, p. 8.

[3] MORIN (E.), *Introduction à la pensée complexe*, Paris, ESF, 1990, p. 110.

[4] PIROVANO (A.), *L'ordre concurrentiel : mélanges en l'honneur d'Antoine Pirovano*, Paris, Ed., Frison- Roche, 2003. Il est fait référence au titre de l'ouvrage.

s'inscrit désormais dans « *une conception « néo-rationaliste » de l'action publique* »[1].

§ 2. Délimitation du périmètre de la recherche

La définition de la notion d'« État stratège » ainsi que la délimitation du cadre de la recherche ne relevaient pas de l'évidence du fait notamment du caractère polysémique, « mou » et « élastique » de la notion. C'est la raison pour laquelle une définition plus restrictive a été retenue, évitant d'embrasser toutes les inflexions de l'État et de son droit : le choix a été fait de circonscrire le thème de l'État stratège en le limitant à la figure nouvelle de l'État dans l'économie.

L'étude du thème de l'« État stratège » se situe d'emblée à l'intersection de plusieurs champs du droit public. C'est pourquoi la recherche privilégie une approche transversale et synthétique des thématiques abordées. Parmi les disciplines juridiques mobilisées figure le droit public de l'économie : il s'agit d'étudier l'adaptation des techniques juridiques permettant l'intervention économique de l'État. Certains aspects du droit de la concurrence et du droit communautaire seront évoqués dans l'étude afin de mettre en évidence l'originalité de la pratique française par rapport aux autres pays concurrents. Le droit fiscal est également sollicité dans la mesure où l'évolution du rôle de l'État conduit à multiplier les incitations pour stimuler le comportement des acteurs économiques. Quant au droit administratif, il est mobilisé pour traiter des problématiques relevant de la délégation, de la contractualisation ou de la Fonction publique. L'étude du thème de l'« État stratège » concerne également l'« évaluation » dans la mesure où elle produit des effets juridiques. De même, le sujet touche aux finances publiques à travers la loi organique relative aux lois de finances d'août 2001 (LOLF) visant à renforcer l'efficacité de l'action publique. Afin de mieux comprendre l'adaptation, des structures au nouveau contexte, le droit des collectivités locales, le droit régissant les institutions administratives seront d'une aide précieuse pour analyser les mutations. Il s'agira enfin d'évaluer les transformations en cours dans le droit de la fonction publique consécutivement à l'évolution des missions de l'État.

§ 3. Éléments d'épistémologie et démonstration du plan de la thèse

La recherche est exclusivement centrée sur la France pour des raisons d'ordre pratique, mais aussi parce c'est en France que le terme d'« État stratège » a émergé. Afin d'avoir une vision d'ensemble des thématiques abordées, il sera fait appel à la méthode comparative dans la mesure où son utilité « *pour la science de l'analyse juridique ne peut pas pour autant être*

[1] CHEVALLIER (J.), 2007, « L'État stratège », *op. cit.*, p. 381.

niée»[1] : « *Il n'y a pas de science sociale concevable si le chercheur n'adopte pas a priori une « attitude comparatiste ». C'est à la fois un préalable et une condition sine qua non* »[2]. Les exemples étrangers seront mobilisés pour être confrontés avec le cas français ; les États mentionnés ont presque tous un niveau de développement économique comparable à la France ou sont en train de l'atteindre comme les pays émergents. Un tel choix se justifie pour la simple raison que « *le semblable doit être comparé avec le semblable* »[3]. De même, certains aspects de l'État planificateur seront évoqués afin de mettre sous tension certaines dimensions de l'« État stratège ».

Il résulte des inflexions précédemment rappelées que les nouveaux modes d'action de l'État impliquent le recours à certaines techniques juridiques ; l'action publique combinera dès lors divers instruments, alternant droit souple et droit classique dans le but d'atteindre les objectifs poursuivis. Le terme d'« État stratège » commande l'apprentissage d'une « nouvelle grammaire », d'une « nouvelle pédagogie », d'une « culture de l'évaluation » dans la conduite de l'action publique. La performance, l'efficacité, la responsabilisation des agents de l'État et la rationalisation des structures administratives apparaissent comme les nouvelles valeurs cardinales.

Afin de cerner les contours de l'« État stratège », on procédera en trois temps. Dans la première partie, on se penchera sur la nouvelle conception du rôle de l'État : l'anticipation, l'adaptation des instruments d'action et des stratégies d'intervention de l'État dans l'économie ainsi que l'évaluation en seront les variables clés.

En deuxième lieu, on étudiera l'essor des pratiques de contractualisation, de délégation, d'externalisation et du partenariat public-privé qui illustrent bien le renouveau du procédé contractuel : plutôt que de procéder par décision unilatérale, l'État privilégie la recherche de l'adhésion des acteurs, favorise l'incitation pour orienter le comportement des acteurs économiques et promeut la logique partenariale dans la gestion des services publics.

En troisième lieu, le thème de l'État stratège a des implications organisationnelles. Il s'agit d'une part, de séparer les fonctions stratégiques des fonctions opérationnelles déléguées aux structures périphériques et d'autre part, d'adapter la gestion des ressources humaines aux missions de service public et aux fonctions stratégiques de l'État en privilégiant une gestion managériale des ressources humaines qui prend en compte la diversification des modes de recrutement des cadres, l'adaptation des mécanismes de formation, des systèmes de rémunération et de la mobilité,

---

[1] GUTTERIDGE (H. C.) et DAVID (R.), (traduit par), *Le droit comparé*, Paris, LGDJ, 1953, p. 48.

[2] SEILER (D.-L.), *La méthode comparative en science politique*, Paris, Armand Colin, 2004, p. 30.

[3] GUTTERIDGE (H. C.) et DAVID (R.), *op. cit.,* p. 102.

bref une fonction publique adaptée, « attractive, mobile et performante » pour amplifier la logique d'efficacité de l'État.

Tels sont donc les enjeux de cette recherche.

PREMIÈRE PARTIE

UNE NOUVELLE CONCEPTION DU RÔLE DE L'ÉTAT

La thématique de l'État stratège[1] implique une nouvelle conception du rôle de l'État consécutive à la crise de l'État planificateur. Cette rupture s'explique par l'évolution des missions de l'État depuis les vingt dernières années ainsi que par le changement de contexte économique. Si l'État ne s'est pas désengagé de la vie économique, son intervention a pris une nouvelle forme et une nouvelle direction. Derrière la thématique de l'État stratège se profilent plusieurs conceptions du rôle de l'État. On tentera de les expliciter à travers trois hypothèses.

La nouvelle conception du rôle de l'État conduit tout d'abord à mettre l'accent sur l'idée d'anticipation : celle-ci s'inscrit dans un mouvement global de rationalisation de l'action publique. Pour anticiper le changement, la réflexion prospective est devenue indispensable : il s'agit de décoder les enjeux du futur en vue de « redéfinir l'intérêt général ». Confronté à un environnement aléatoire, l'État a besoin d'un instrument stratégique pour orienter son action ; l'anticipation joue un rôle central dans l'élaboration des stratégies et dans les processus décisionnels. La thématique de l'anticipation a des implications juridiques et organisationnelles. On s'interrogera aussi sur les risques et les limites que ce thème comporte.

Ceci conduit à la deuxième hypothèse : soumis à un environnement hyper compétitif, l'État est appelé à déployer des stratégies offensive et défensive en matière économique pour atteindre des objectifs préalablement définis. La stratégie offensive consiste tout d'abord à appuyer les stratégies de développement des grandes entreprises à l'étranger. Elle implique aussi la mise en place d'un cadre juridique attractif pour attirer les investisseurs sur le territoire : une législation « souple » est attrayante tandis qu'un cadre rigide produit l'effet contraire : il « décourage » et provoque l'exode des

[1] On a choisi de ne pas mettre de guillemets autour de la notion d'État stratège pour des raisons d'ordre pratique.

investisseurs vers les destinations plus accueillantes où les normes sont moins contraignantes.

L'État stratège défend aussi l'économie nationale : pour préserver les entreprises de dimension mondiale, divers textes sont élaborés pour réglementer les investissements étrangers et neutraliser les offres publiques d'acquisition (OPA) dans certains domaines. Alors que la politique de privatisation se poursuit dans le même temps, l'État crée un « fonds d'investissement » pour soutenir l'économie en apportant son aide aux entreprises stratégiques lorsqu'elles sont en situation de quasi-faillite ou sur le point de faire l'objet d'une (OPA) par une entreprise étrangère.

Enfin, soumis aux exigences d'efficacité, l'État est sommé de démontrer la pertinence de son action : l'État stratège est un État « évaluateur ». La démarche évaluative est nécessaire pour mesurer les effets des politiques engagées : instrument clé de tout dispositif de recherche d'efficacité, l'évaluation présente néanmoins des limites. D'où le recours à la démarche expérimentale : celle-ci consiste à tester une politique publique sur une proportion du territoire avant de décider de sa généralisation ou de son abandon ; le droit expérimental peut être conçu comme une stratégie de « mise à l'épreuve » d'une réforme. On insistera enfin sur la relance de l'évaluation par la performance : LOLF, révision générale des politiques publiques (RGPP) et modernisation de l'action publique (MAP) peuvent être appréhendées sous cet angle comme une stratégie de réforme de l'État.

Il résulte de ce qui précède que l'étude de la nouvelle conception du rôle de l'État peut être abordée en développant trois idées majeures : on examinera tout d'abord l'anticipation (Chapitre 1er) puis l'adaptation des instruments d'action et des stratégies d'intervention de l'État dans la vie économique (Chapitre 2ème) avant d'analyser la thématique de l'évaluation (Chapitre 3ème).

CHAPITRE 1er

L'ANTICIPATION

L'anticipation fait naturellement partie des fonctions stratégiques de l'État. L'État stratège est un État qui anticipe ses politiques par le biais d'instruments de veille afin de rendre l'action publique prévisible. La prévision et la prospective sont dans cette perspective au cœur du dispositif de l'État stratège. Elles sont en effet supposées mobiliser le savoir scientifique et technique nécessaires à l'anticipation des grandes mutations économiques, sociales, culturelles et technologiques auxquelles les décideurs politiques sont appelés à bâtir des scénarios prospectifs incluant leur plan d'action. Dit autrement, la perspective d'un État stratège postule l'hypothèse d'un État « *garant du long terme* »[1], c'est-à-dire un État anticipateur. Celui-ci doit faire la preuve en permanence d'une *« véritable approche stratégique de long terme fondé sur l'effort de connaissance partagé avec les autres collectivités publiques et les acteurs économiques »*[2]. La prévision et la prospective constituent à cet égard de précieuses « armes » de guidage de l'action publique pour la prise de décisions stratégiques. Il s'agit en effet de dégager les tendances lourdes qui rythmeront l'évolution de l'État et de la société à court, moyen et long terme.

Il existe ainsi, par exemple en France, de multiples cellules de prospective et de prévision spécialement orientées vers la fonction d'anticipation de l'État. D'ailleurs, cela ne constitue pas une nouveauté puisque durant l'âge d'or de la planification, cette fonction d'anticipation reposait essentiellement sur le triptyque : prévision, prospective et planification[3]. Bien entendu les époques ont changé ; et sous l'État stratège, la planification n'est plus à l'ordre du jour : elle est simplement abandonnée.

---

[1] FAUROUX (R.), SPITZ (B.), *Notre État. Le livre vérité de la fonction publique*, Paris, Edition Robert Laffont, 2000, p. 19.

[2] Commissariat Général du Plan, *Pour un État stratège, garant de l'intérêt général*, Paris, La Documentation française, 1993, p. 23.

[3] On pourrait les nommer les trois « P ». La planification telle qu'elle a été pratiquée dans les périodes d'après-guerre pour bâtir des politiques publiques sectorielles est complètement tombée en désuétude avec la crise de l'État planificateur.

La thématique de l'État anticipateur repose fondamentalement sur l'expertise. C'est peut-être d'ailleurs une des raisons principales qui expliquent cette montée en puissance de *l'État expert* dans la fabrique des politiques publiques et qui se traduit par un recours fréquent aux « comités de sages » appelés parfois « commissions de sages » ou encore selon d'autres appellations « groupes de sages » supposés détenir la « bonne parole » et la « bonne décision » dans un univers complexe où la part dédiée à l'incertitude est de plus en plus grande. Dans ce cadre, de nombreux organismes d'études et de recherches ont participé amplement à mettre à la disposition du politique de la matière « grise » sous forme de conseils ou de documents écrits servant le plus souvent à alimenter la réflexion publique. Ainsi par exemple, l'Insee, « *véritable machinerie informationnelle* »[1], a-t-il mis de son côté son savoir-faire au profit du gouvernement dans la préparation des politiques publiques sectorielles par la production de données et d'études empiriques statistiques en vue de guider et de légitimer l'action publique. Programmeur des politiques publiques, « *grand horloger de la nation* »[2] et doté de capacités anticipatrices et d'expertises scientifiques, l'État est dès lors appelé à circonscrire son action dans une série de stratégies.

Il n'est plus permis aujourd'hui d'entretenir un silence ou de nourrir un supposé fantasme sur les transformations qui affectent l'action publique. D'une part, la fin de l'État planificateur et l'incapacité de l'État libéral à faire fonctionner harmonieusement l'État et la société nous renseignent suffisamment sur l'inadéquation de la logique de l'État à une réalité mouvante dont tout contrôle lui échappe. D'autre part, ce constat nous apprend de manière éloquente que la logique traditionnelle d'une action publique évoluant dans un univers assez relativement « simple » ne correspond plus à la logique d'action de l'État stratège qui évolue désormais dans un univers concurrentiel et complexe. En plus de cette complexité, s'ajoute un autre facteur redoutable pour les experts de l'anticipation et pour les gouvernants à savoir l'incertitude. C'est dans cette incertitude d'ailleurs où sont confectionnées les politiques publiques. Il en résulte de ces faisceaux d'éléments que les gouvernants ont plus que besoin d'un effort de connaissance sur le long terme afin d'éclairer l'action publique, de bâtir des stratégies, de préparer et d'ajuster les décisions prises dans le but d'améliorer l'efficacité des politiques menées. Sous cet angle, la prévision économique fournit une batterie d'éléments inestimables pour orienter et décider des choix de politiques économiques.

---

[1] Commissariat Général du Plan, *Pour un État stratège, garant de l'intérêt général*, *op. cit.*, p. 65.

[2] SILICANI (J.-L.), « L'État régulateur : la vision prospective d'un praticien » dans LOMBARD (M.), (sous la dir.), *Régulation économique et démocratie*, Paris, Dalloz, 2006, p. 75.

De même, en complément de l'acte de prévision, l'on peut évoquer dans ce registre, l'utilité de la prospective par le biais d'éclairage qu'elle apporte notamment sur le débat portant sur les perspectives ainsi que les limites et les contraintes liées à telle ou telle politique publique.

Il est vrai que Charles Debbasch avait certainement raison de dire que l'État est davantage sollicité à « *prévoir l'ordre à venir plutôt que de conserver l'état existant* »[1]qui lui-même est sujet à transformation. On peut dire de fait sans hésiter que parmi les rôles stratèges que l'État est appelé à remplir y figure en première ligne l'anticipation. L'État stratège est dès lors profondément un État anticipateur des options stratégiques à mener.

De plus, la prospective et la prévision ont un point en commun qui est l'anticipation. Prévision et prospective ont donc pour dénominateur commun le thème de l'État stratège. Il en résulte de ce fait qu'il existe bel et bien un lien cohérent et pertinent entre l'anticipation et la thématique de l'État stratège. Cependant, précisons d'emblée que prévision ne signifie pas prospective, mais que les deux notions participent à guider l'action de l'État.

Deux grandes séquences se dégagent naturellement dans l'étude du champ de l'anticipation. Dans le fil d'Ariane de cette analyse, on essaiera d'analyser dans un premier temps, en quoi la prévision demeure nécessaire à l'action stratégique de l'État. Puis, on s'arrêtera un instant pour scruter la boîte noire de la prospective pour essayer de disséquer ses composantes en vue de comprendre le lien qu'elle entretient avec le thème de l'État stratège sans perdre de vue les aspects juridiques que les deux thèmes soulèvent.

SECTION 1. LA PRÉVISION

Traditionnellement, l'administration s'appuie sur la prévision pour bâtir ses politiques notamment économiques. La prévision présente dès lors différents enjeux stratégiques pour les pouvoirs publics. Plusieurs organismes participent à sa confection. Elle demeure primordiale pour les gouvernants en servant d'aide à la décision. À travers ses différents usages, la prévision produit des effets juridiques. Malgré son importance, elle présente cependant des limites qu'il convient de préciser.

§ 1. La démarche prévisionnelle nécessaire à l'action stratégique de l'État

La puissance publique associe et mobilise très fortement la démarche prévisionnelle dans ses modes d'intervention dans un objectif de rationalisation et de recherche d'efficacité des politiques publiques. Sous cet angle, l'établissement de prévision est une nécessité pour nos gouvernants

[1] DEBBASCH (C.), *Science administrative*, Paris, Précis Dalloz, 5ème édition, 1989, p. 42.

dans l'élaboration des politiques économiques : « *la prévision est devenue un instrument d'action indispensable aux pouvoirs publics* »[1] dans la conduite d'une Nation et de la destinée d'un peuple. Elle permet de privilégier une logique sélective autour d'un nombre restreint de choix politiques et d'actions ciblées pour construire un avenir collectif. Comme le constate M. Dupuy, à « *Chaque fois que nous faisons une prévision, nous donnons donc une réalité à l'avenir* »[2]. À cet égard, la célèbre formule d'Emile de Girardin selon laquelle « *Gouverner, c'est prévoir* » trouve tout son sens d'autant plus que « *notre siècle est celui du changement de l'incertitude et de l'action. L'accélération du changement contribue à l'incertitude de l'avenir et rend par conséquent la prévision nécessaire pour guider nos actions immédiates* »[3]. Ainsi, « *La prévision est faite pour l'action, (...) savoir pour prévoir afin de pourvoir* »[4]. De ce fait, prévision et action nouent d'intimes relations qu'il convient d'envisager leur étude en profondeur.

Plus concrètement, « *l'État stratège est un État anticipateur et pourvoyeur, c'est-à-dire qu'il doit se fixer comme ambition d'assurer à l'économie française les instruments de son futur développement* »[5] économique et technologique. Autrement dit, la prévision éclaire l'action publique afin qu'elle soit plus lisible avec des références précises et quantifiables pour l'État lui-même ainsi que pour les autres acteurs liés à cette politique économique. L'idée est de chercher à influer sur l'avenir.

Avant de donner une définition plus approfondie de ce qu'est la prévision économique, il n'est pas inutile de dire ce qu'elle n'est pas. Avec Jean-Pierre Dupuy, l'on est amené à faire le constat suivant : « *La science prédit, c'est une de ses fonctions essentielles. Les astronomes prévoient la prochaine éclipse de lune, les météorologues prévoient le temps qu'il fera demain, les économistes les évolutions des indices boursiers, et les géologues les prochains tremblements de terre* »[6].

La prévision au sens de la science économique ne procède pas des mêmes méthodes de travail que les autres disciplines évoquées précédemment. D'une part, lorsque l'on évoque le terme de prévision, on pense souvent, naïvement à l'idée de prophétie ; or les méthodes utilisées par la prévision se démarquent radicalement de la démarche prophétique : « *Le véritable intérêt de la prophétie est purement religieux. Elle est un signe. Elle est faite pour*

---

[1] SFEZ (L.), *L'administration prospective*, Paris, Armand Colin, 1970, p. 20.

[2] DUPUY (J.-P.), *Pour un catastrophisme éclairé. Quand l'impossible est certain*, Paris, Editions du Seuil, 2002, p. 164.

[3] GODET (M.), *Crise de la prévision, essor de la prospective*, Paris, PUF, 1977, p. 13.

[4] BERGER (G.), *Phénoménologie du temps et prospective*, Paris, PUF, 1964, p. 230.

[5] BLUM (R.), *Mondialisation : chances et risques, rapport d'information*, Paris, Assemblée Nationale, 1999, p. 54.

[6] DUPUY (J.-P.), *Pour un catastrophisme éclairé. Quand l'impossible est certain*, *op. cit.*, p. 165.

la foi, non pour la pratique »[1]. Pourtant, la prévision ne se confond pas non plus avec la prospective. Plus précisément, la prospective s'appuie sur une démarche plus « englobante » que celle employée dans une stratégie prévisionnelle. D'autre part, la démarche prospective privilégie la « méthode des scénarios » en identifiant les ruptures possibles ainsi que les discontinuités parmi les « avenirs possibles » qui s'offrent aux gouvernants. En outre, son action est plus localisée. Enfin, la prospective n'est pas aussi « scientifique » que la prévision même si elle utilise une technique rigoureuse. Il est juste en effet de défendre la thèse selon laquelle la science économique a donné à la prévision économique ses lettres de noblesse. Parée donc des vertus de scientificité, elle est devenue une technique statistique incontournable pour l'action publique et celle de la direction des entreprises. Plus largement, la prévision est selon Jean Fourastié « *un critérium de la science. Il n'y a pas de véritable science sans prévision. Car une science sans prévision est purement et simplement une description historique, une érudition, qui explique avec plus ou moins de précision, avec plus ou moins de force rationnelle, ce qui s'est passé, mais la science est quelque chose de plus que cela puisqu'elle doit mettre en évidence les relations nécessaires entre les faits* »[2]. Mais la prévision au sens des sciences économiques peut être définie « *comme un ensemble d'affirmations hypothétiques relatives au futur de grandeurs économiques agrées, tels le Produit Intérieur Brut (PIB) et le niveau moyen des prix* »[3]. Plus encore, c'est une « *Détermination chiffrée ou non d'un phénomène, d'une grandeur ou d'un ensemble de grandeurs relatifs à une période future* »[4]. De manière classique, on distingue généralement trois types de prévision : la prévision à court terme, la prévision à moyen terme et la prévision à long terme. Tout d'abord, la prévision à court terme est une « *Technique de représentation sur une période de moins de deux ans, d'un état probable d'un phénomène économique, en partant d'informations disponibles et d'événements probabilistes* »[5]. Quant à la prévision à moyen terme, celle-ci « *s'inscrit dans le cadre de la prévision à long terme, et qui est liée à des objectifs proposés pour le terme d'une période de quatre à cinq ans* »[6]. Enfin, la « *Prévision à long terme –Souvent confondue avec la prospective, c'est une technique de représentation, sur une période de plus de cinq ou sept ans, d'un état*

---

[1] BERGER (G.), *Phénoménologie du temps et prospective*, *op. cit.*, p. 230.
[2] FOURASTIE (J.), *La prévision économique au service de l'entreprise et de la nation*, Paris, PUF, 1955, p. 10.
[3] CARNOT (N.) et TISSOT (B.), *La prévision économique*, Paris, Economica, 2002, p. 1.
[4] DALLOZ, *Lexique d'économie*, Paris, Dalloz, 11ème édition, 2010, p. 661.
[5] LAKEHAL (M.), *Dictionnaire d'économie contemporaine et des principaux faits politiques et sociaux*, Paris, Vuibert, 2002, p. 569.
[6] SFEZ (L.), *L'administration prospective*, *op. cit.*, p. 20.

probable d'un phénomène économique, en partant d'informations disponibles et d'événements probabilisables »[1].

On rappellera ici uniquement à titre indicatif que les méthodes utilisées couramment par les prévisionnistes sont principalement la « méthode Delphi » ou « méthode des experts » ou encore la méthode des scénarios (ou méthode de Herman Kahn).

L'usage de la prévision dans la construction de l'action publique n'est pas en réalité une nouveauté. En tant que technique et instrument d'action au service de l'État, la prévision fut également mobilisée massivement dans la confection des politiques économiques sous l'État planificateur. Par exemple, « *historiquement, la prévision à moyen terme est apparue dans le cadre de la planification. En 1953, lors de l'élaboration du IIème Plan (1954-1957), les premiers comptes prospectifs d'équilibre pour l'année terminale du Plan furent établis. Ils se développèrent avec les III et IV Plans et s'enrichirent considérablement dans le V Plan (1966-1970)* »[2].

Au sortir de la dernière guerre mondiale, les statistiques publiques ont constitué « *un outil de pilotage pour reconstruire le pays* »[3] affaibli économiquement. De l'orientation de l'action de l'État à l'évaluation des politiques publiques, les statistiques jouent un rôle essentiel dans les techniques de prévision, et d'autre part, elles « *servent à mesurer la pertinence de l'action publique* »[4].

L'usage de la prévision dans l'action de l'État comporte en outre un enjeu éminemment stratégique : comme le souligne Michel Godet « *Il faut « voir avant » pour mieux saisir les occasions* »[5] dans un univers économique concurrentiel où chaque pays essaie de tirer le meilleur profit de la mondialisation des échanges.

Le lien entre la prévision et la thématique de l'État stratège est indissociable. L'utilité de la prévision dans le guidage de l'action publique n'est plus à démontrer et mérite en effet d'être précisée.

---

[1] LAKEHAL (M.), *Dictionnaire d'économie contemporaine et des principaux faits politiques et sociaux*, *op. cit.*, p. 569.
[2] BERNARD (Y.) et COSSE (P.-Y.), *L'État et la prévision macroéconomique*, Paris, Berger-Levrault, 1974, p. 53.
[3] AUBIBERT (P.), « Diffusion et réutilisation des données publiques : l'exemple de l'Insee », *Regards sur l'actualité*, 2008, n° 346, p. 16.
[4] BUI-XUAN (O.), « Les dernières réformes de la statistique publique : entre transparence et secret », *RDA*, juin 2009, p. 6.
[5] GODET (M.), 1977, *Crise de la prévision, essor de la prospective*, Paris, PUF, p. 15.

§ 2. Rôle et usages de la prévision économique

Si les objets de la prévision sont multiples et peuvent porter tant sur la production[1], les prix ou l'emploi, etc., la délimitation de notre champ d'étude nous invite cependant à nous cantonner strictement dans le domaine de la prévision économique. En effet, l'établissement de la prévision économique en France est dévolu à la puissance publique et celle-ci avait longtemps conservé le monopole public. Que l'on soit d'accord sur un constat : « *l'objectif évident des prévisions officielles n'est pas de prévoir l'avenir, mais de servir de guide à une politique économique* »[2].

De fait, la prévision n'a pas pour but premier dans la fabrique des politiques publiques, ni dans leur mise en œuvre de neutraliser les incertitudes, mais plutôt de les localiser afin de permettre aux gouvernants de prendre les décisions nécessaires qui s'imposent. De façon précise, « *la prévision permet de baliser l'avenir, de cadrer les raisonnements et les stratégies tant micro que macroéconomiques* »[3]. Elle sert donc à orienter l'action publique sur le terrain économique notamment par le biais de l'information économique[4]. L'usage abondant de la prévision économique par les gouvernants dans la conduite des politiques publiques révèle bien qu'elle est au cœur de la relation dialectique entre savoir et pouvoir. Autrement dit, « *La prévision macroéconomique n'est pas seulement un exercice scientifique spéculatif, elle est presque toujours un acte politique* »[5].

La prévision économique présente dès lors un enjeu stratégique dès l'instant où « *les pouvoirs publics sont légitimement conduits à considérer la prévision comme un instrument facilitant la réalisation des objectifs fixés* »[6]. Le plus souvent, « *En France l'établissement du budget de l'État repose sur des prévisions budgétaires ou budgets économiques qui sont des projections à un et deux ans des équilibres économiques d'ensemble de la nation* »[7].

Plusieurs usages sont faits des travaux prévisionnels. Une fois ces derniers fixés, la cellule administrative chargée d'élaborer les budgets économiques (du Ministère de l'Economie et des Finances) établit les projections qui « *servent de base à l'établissement de Notes de politique économique qui visent tout à la fois à fournir des éléments d'appréciation*

---

[1] Par exemple les dépenses de l'État ou celle concernant la prévision des échanges extérieurs et des investissements.

[2] OCDE, *Techniques de prévision économique. Un exposé des méthodes de prévision économique à court terme utilisées par les administrations publiques au Canada, aux États-Unis, en France, aux Pays-Bas et en Suède et au Royaume-Uni*, Paris, OCDE, Etudes économiques, 1965, p. 33.

[3] CARNOT (N.) et TISSOT (B.), *La prévision économique*, *op. cit.*, p. VII (partie préfacée par Christian de Boissieu).

[4] En ce sens, le Rapport René Lenoir et Baudouin a pour titre « L'information économique et sociale » rendu public dès 1979.

[5] BERNARD (Y.) et COSSE (P.-Y.), *op. cit.*, p. 16.

[6] BERNARD (Y.) et COSSE (P.-Y.), *op. cit.*, p. 17.

[7] Dalloz, 2010, Lexique d'économique, op. cit., p. 661.

sur des orientations possibles de cette politique et sur les effets qu'on en peut attendre.

La prévision encadre en effet la politique économique. En amont elle sert à éclairer les choix. En aval, elle vise à apprécier les conséquences des mesures effectivement arrêtées »[1]. Ces notes apportent un précieux éclairage lors des arbitrages liés à la préparation de la loi de finances en apportant « *des éléments d'appréciation sur l'orientation de la politique budgétaire, dans ses relations avec les conditions de la croissance et les équilibres économiques* »[2].

Se pose ensuite la question du « détournement » de l'usage de la prévision au-delà de l'éclairage des politiques économiques : la question de la manipulation des travaux de prévision dans un objectif purement « politicien ». Le problème est celui-ci : « *à la question de savoir qui parle quand parle le prévisionniste : lui-même, ou quelqu'un qui se dissimulerait plus ou adroitement derrière lui, et le ferait parler à sa place ?* »[3]. Dans les démocraties industrialisées, sont fabriqués des flots spectaculaires d'information économique et sociale dépendant des pouvoirs publics et ceux-ci « *subissent nécessairement l'influence du pouvoir politique. L'information et la prévision ne sont jamais neutres* »[4]. De ce fait, le lien qu'entretient la prévision avec le milieu politique amplifie le climat de suspicion et de doute sur la possible instrumentalisation de l'information au travers de possibles manipulations pour des raisons liées à la conjoncture et au baromètre de popularité de la politique gouvernementale. La prévision pose donc parfois la question de la crédibilité et des tentatives de manipulation de la part des décideurs publics comme en illustrent par exemple les contestations régulières de chiffres statistiques en France élaborés par l'Insee pour le compte du Gouvernement, mais contestés par des centres de recherche ou par des instituts au niveau européen comme Eurostat. Tout cela porte atteinte à la crédibilité de la prévision établie par l'organisme responsable de la confection.

Au total, la prévision ne neutralise pas totalement la part d'aléatoire liée à une politique publique. Elle réduit l'incertitude et permet l'anticipation de l'action publique, anticipation qui sera suivie d'un dispositif évaluatif pour adapter et réorienter les décisions prises assorties de mesures correctrices. Pour Nicolas Carnot et Bruno Tissot, le besoin de prévision économique répond à un double objectif : un « objectif intellectuel » et un « objectif d'ordre pratique » : « l'objectif intellectif était de tester la validité empirique de théories économiques (…).

---

[1] BERNARD (Y.) et COSSE (P.-Y.), *op. cit.*, p. 127.

[2] BERNARD (Y.) et COSSE (P.-Y.), *op. cit.*, p. 128.

[3] DECOUFLE (A.-C.), *Sociologie de la prévision*, Paris, PUF, Collection d'aujourd'hui, 1976, p. 7.

[4] GODET (M.), « Pour un véritable pluralisme des prévisions », *Futuribles*, 1979, p. 82.

L'objectif d'ordre pratique était de fournir une aide à la préparation des politiques économiques. En particulier, il s'agissait d'éclairer les responsables politiques sur la situation conjoncturelle, ainsi que sur les moyens dont ils disposaient pour réguler le niveau global de l'activité »[1]. On a vu également que l'usage de la prévision peut être orienté à d'autres fins comme la manipulation.

Toutefois, la production de la statistique publique a été en France principalement l'œuvre des pouvoirs publics jusqu'à une date récente ; puis elle a connu le pluralisme. Examinons donc sans tarder ces différents organismes publics et privés chargés de les confectionner.

§ 3. Les principaux organismes de prévision

L'administration centrale a été en France le centre névralgique de la production des données statistiques avant de connaître la diversification. Dans la plate-forme des organismes de prévision, on distingue traditionnellement les organismes chargés de la prévision économique au service de l'État. Aussi, certains organismes publics internationaux disposent-ils de cellules de prévision. Il existe enfin, des organismes privés chargés d'en confectionner, mais généralement pour répondre aux besoins des entreprises. Reprenons donc ces différents éléments de manière plus détaillée.

A) Les organismes publics de prévision

L'État a pendant longtemps été le principal acteur en matière de production de l'information économique et sociale destinée à lui-même puis aux entreprises en général. On le sait, la singularité hexagonale en matière de prévision économique était caractérisée par le monopole public. Sous cet angle, un ministère s'est même fait distinguer en jouant un rôle pionnier dans ce domaine: le Ministère de l'Économie et des Finances. À travers de celui-ci, deux institutions ont fait figure de proue : l'Institut national de la statistique et des Études économiques (Insee) et la Direction de la prévision (DP). On étudiera successivement le rôle pivot de ces organismes publics rattachés au Ministère de l'Économie et des Finances ainsi que les organismes privés de prévision économique.

En premier lieu, parmi les organismes rattachés administrativement au Ministère de l'Économie et des Finances, l'Insee occupe un statut singulier dans la sphère administrative en matière de production de données statistiques. En effet, l'établissement de données relatives à la prévision économique est encadré juridiquement et institutionnellement. C'est le

---

[1] CARNOT (N.) et TISSOT (B.), *La prévision économique*, Paris, Economica, 2002, p. 12.

décret[1] n°46-1432 du 14 juin 1946 relatif à l'Institut national de la statistique et des études économiques pour la métropole et la France d'outre-mer qui organise ses modalités d'exercice. Plus précisément, c'est l'article 1er du décret qui a créé l'Institut national de la statistique et des études économiques. Cette création correspond également à la mise en place de grands programmes ambitieux découlant de la planification économique nationale qui avait pour objectif la reconstruction et la réorganisation de l'économie nationale au sortir de la Seconde Guerre mondiale.

Historiquement, l'Insee a succédé à la Statistique générale de la France (1840-1941) qui a succédé à son tour au Bureau de la statistique générale créée en 1833 et rattaché au ministère du Commerce.

L'Insee participe activement à l'éclairage du débat économique et social en France à travers la collecte, la production, l'analyse, la diffusion des informations de nature économique et sociale à destination des administrations et des entreprises. De plus, l'Insee coordonne l'ensemble du système statistique public français : il coordonne la plupart des travaux statistiques menés au sein des différents ministères qui disposent aussi de leurs propres services. Cet organisme enseigne et contribue à l'expansion de la recherche académique. Il représente l'État dans les grandes enceintes internationales notamment auprès de l'Union européenne (UE), de l'Organisation de la Coopération et de développement Économique (OCDE) ou encore auprès de l'Organisation des Nations unies (ONU), *etc.*

L'Insee est une direction générale du ministère de l'Économie et des Finances (MINEFI) et est à ce titre une administration publique. Il forme avec les autres services statistiques ministériels (SSM) le « noyau dur » de la statistique publique en France. Organisme de nature technique, l'Insee est également implanté dans les autres régions de l'Hexagone.

Parallèlement à l'Insee, il existe un autre organisme plus léger appelé la Direction de la Prévision chargée d'élaborer les projections économiques à court terme (les budgets économiques). C'est en 1965 que le Service des Études économiques et financières (SEEF) de la direction du Trésor avait été transformé en direction. La Direction de la Prévision (DP) a donc hérité du SEEF créé en 1950.

Si l'Insee inscrit ses projections dans une logique d'indépendance et est le principal pourvoyeur de l'information économique et sociale en France, les travaux de la Direction de la Prévision s'inscrivent plutôt dans la procédure budgétaire de l'État. Au demeurant, l'Insee et la Direction de la Prévision travaillent en étroite collaboration dans le cadre de nombreux travaux et

---

[1] Décret n° 46-1432 du 14 juin 1946 portant règlement d'administration publique pour l'application des articles 32 et 33 de la loi de finances du 27 avril 1946 relatifs à l'Institut national de la statistique et des études économiques pour la métropole et la France d'Outre-mer.

facilitent dans le même temps, la mobilité des agents entre les deux organismes.

À l'inverse, une autre figure institutionnelle participait à la fabrique des prévisions économiques pendant la planification hexagonale : le Commissariat général du Plan. À l'opposé de l'étroite collaboration entre l'Insee et la D.P., le Commissariat général du Plan entretenait avec ces deux organismes des relations plutôt tendues et des logiques bureaucratiques et corporatistes : « *Cette tension permanente entre le Plan et les Finances, qui a un caractère quasiment fonctionnel, revêt aussi la forme d'une querelle entre administrations, d'autant que les services du Plan ne dépendent pas du ministre de l'Économie et des Finances* »[1] hormis la période 1954-1962.

Les structures administratives chargées de confectionner les données statistiques en France ont fait l'objet de nombreuses réformes ces dernières années.

Si l'Insee existe et fonctionne toujours à part, la Direction de la prévision et de l'analyse économique a été intégrée en 2004 au sein de la Direction générale du Trésor et de la politique économique rattachée au Ministère de l'Économie, des Finances et de l'Industrie. Conformément au décret[2] du 15 novembre 2004, la Direction générale du Trésor et de la politique économique a été créée à la suite de la fusion de trois directions stratégiques : la Direction du Trésor, la Direction des Relations Économiques Extérieures et la Direction de la Prévision et de l'Analyse économique. Peu de temps après, la Direction générale du Trésor et de la politique économique fut de nouveau « baptisée » « Direction générale du Trésor » au cours de l'année 2004 tout en conservant les missions ainsi que l'expertise des anciennes directions. Ainsi, selon l'article 1er du décret[3] du 18 mars 2010, « *Il est créé au sein du ministère de l'Économie, de l'industrie et de l'emploi, une direction générale du Trésor.* » *D'une part, la Direction générale du Trésor « élabore les prévisions économiques pour la France et son environnement international et assure l'analyse et le conseil sur les politiques macroéconomiques et les questions économiques et financières européennes, en particulier en matière de coordination des politiques économiques* »[4]. D'autre part, « *elle remplit une fonction de conseil et de prévision pour la conduite des politiques en France dans les domaines des finances publiques, des questions sociales et de l'emploi et des politiques sectorielles* »[5].

De nouveaux textes réglementaires pris suite à la publication de la loi de modernisation de l'économie sont venus consolider la gouvernance de la

---

[1] BERNARD (Y.) et COSSE (P.-Y.), *op. cit.*, p. 236.

[2] Décret n° 2004-1203 du 15 novembre 2004 portant création d'une Direction générale du Trésor et de la politique économique.

[3] Article 1er du Décret n° 2010-291 du 18 mars 2010.

[4] Alinéa 1er de l'article 2 du Décret n° 2010-291 du 18 mars 2010.

[5] Alinéa 2 de l'article 2 du Décret n° 2010-291 du 18 mars 2010.

statistique publique. Celle-ci est désormais constituée de trois structures. Dans le premier étage institutionnel, il y a le « Service statistique public » qui englobe l'Insee et les services statistiques ministériels et s'occupe de la conception, de la production et de la diffusion des statistiques publiques en toute indépendance. Se trouve au deuxième niveau institutionnel, le Conseil national de l'information statistique[1] (CNIS) qui assure une fonction de concertation au cours des étapes de conception, de production et de diffusion de l'information statistique publique. Il est associé à toute instance de coordination des systèmes d'information dans les services publics. Enfin, au troisième étage institutionnel, il y a l'Autorité de la statistique publique[2] qui garantit le respect du principe d'indépendance professionnelle, d'impartialité, de pertinence, d'objectivité et de qualité des données statistiques.

Il existe d'autres organismes qui de par leurs travaux contribuent d'une manière ou d'une autre au pluralisme de la production de la statistique en France. Par exemple, le Conseil Économique, Social et Environnemental participe à des analyses économiques et de développements conjoncturels. De même, le Sénat réalise annuellement une projection de l'économie hexagonale avec le concours de l'Insee et d'autres instituts comme l'Office Français de Conjonctures Économiques (OFCE). Plus largement, l'Assemblée nationale et le Sénat par l'intermédiaire de la procédure budgétaire participent à la fabrique de travaux de prévision dont les documents sont connus sous le nom de « *Rapport sur les Comptes de la Nation* » contenus dans des annexes des projets de lois de finances[3]. En outre, la Banque de France y contribue notamment au travers d'élaboration de prévision à court terme. Son rôle est en effet minoré par l'influence considérable que joue l'Institut national des études économiques.

Au niveau communautaire, des institutions telles que la Banque Centrale Européenne (BCE) et la Commission européenne disposent de cellules spécialisées, chargées d'établir des prévisions pour anticiper les grandes tendances macroéconomiques en vue de réorienter en cas de besoin la politique économique communautaire. D'autre part, le service statistique européen « Eurostat » participe activement à l'harmonisation des statistiques des États membres.

Dans la catégorie des organismes publics internationaux[4] produisant et diffusant des travaux de prévision économique, y figurent en bonne place l'OCDE, le Fonds Monétaire International (FMI), la Banque Mondiale, etc.

---

[1] Décret n° 2009-318 du 20 mars 2009 relatif au Conseil national de l'information statistique et au Comité du Secret statistique.

[2] Décret n° 2009-250 du 3 mars 2009 relatif à l'Autorité de la statistique publique.

[3] Avec là encore l'appui de la DP, l'Insee, la Banque de France.

[4] La plupart des organisations internationales disposent le plus souvent de cellules de prévision et/ou de prospective notamment les organisations internationales économiques ou financières.

B) Les organismes privés de prévision économique

D'autres organismes privés participent à la fabrique des prévisions économiques en France comme par exemple les instituts indépendants. Il en existe plusieurs.

Créé en 1981, l'Observatoire Français des Conjonctures Économiques (OFCE) est (fondation de droit privé) rattaché à la Fondation nationale des Sciences Politiques qui bénéficie de subvention publique, mais affirme l'indépendance scientifique de ses travaux. On pourrait en dire autant à propos du Centre d'Études Prospectives et d'Informations Internationales (CEPII) ou de l'Institut de Recherches Économiques et Sociales (IRES).

Par ailleurs, des organismes privés comme le Centre de recherche pour l'expansion de l'économie et le développement des entreprises (Institut Rexocode) produisent aussi des études prévisionnelles. Cet institut fonctionne sous la forme d'association au service de ses membres.

De grands établissements bancaires comme BNP PARIBAS, Société Générale ou d'institutions comme la Caisse des Dépôts et Consignations (CDC) apportent leurs expertises en matière économique afin d'inciter et d'orienter le comportement des investisseurs potentiels.

En dehors de l'Hexagone, il existe dans la majeure partie des pays industrialisés des cellules destinées à confectionner des études de prévision dans l'optique de guider l'action des pouvoirs publics et/ou de stimuler la conduite des acteurs économiques de manière générale.

§ 4. La prévision économique dans quelques démocraties occidentales

La plupart des démocraties occidentales possèdent des cellules spécialisées dans la collecte, le traitement ainsi que la diffusion des données relatives à la prévision économique à destination des entreprises et des administrations publiques.

En Allemagne, la prévision économique est l'œuvre principale de multiples instituts indépendants et de la Banque centrale. Le rôle de l'État n'est pas prépondérant dans ce dispositif. Ceci contraste beaucoup avec la singularité française longtemps dominée par le monopole public avant de connaître le pluralisme. Néanmoins dans le cas allemand, il faudra noter que ces organismes reçoivent des fonds publics et assurent de fait des missions de service public. Malgré ce rôle limité des pouvoirs publics, le Ministère des Finances allemand élabore en effet un document appelé « rapport économique annuel » qui contient des travaux de prévision servant généralement à élaborer les projets de lois de finances. Aussi, de nombreux instituts privés concourent à l'établissement de données prévisionnelles.

Au Royaume-Uni, c'est le gouvernement qui réalise ses propres prévisions économiques à travers le Ministère des Finances. Ces travaux servent généralement de propositions dans la procédure budgétaire. Dans le cas anglais, les autorités publiques accordent beaucoup d'importance à la communication des documents prévisionnels afin de renforcer la logique de transparence. Des travaux de qualité sont également produits par une multitude d'organismes privés situés à la « City », mais aussi par le milieu universitaire ou encore par les organisations syndicales. Ces travaux servent généralement à enrichir le débat public.

Au Japon, l'élaboration de documents prévisionnels est principalement l'œuvre du gouvernement et de la Banque centrale. Le Ministère de l'Économie, du Commerce et de l'Industrie joue certes un rôle pivot dans la définition de la politique économique. Cependant, la publication des prévisions macroéconomiques est assurée par le Cabinet du Premier ministre. Enfin, il existe des institutions privées qui participent à la réalisation des données prévisionnelles.

Aux États-Unis, la confection de la prévision macroéconomique est généralement l'œuvre de trois acteurs : le pouvoir exécutif, le pouvoir législatif et la Banque centrale. En premier lieu, au niveau exécutif : l'administration sous l'égide du président propose un projet de budget fédéral pour la nouvelle année fiscale ; celui-ci est ensuite adopté par le Congrès après avoir fait l'objet d'un « Rapport économique » adressé au président. Le Ministère des Finances (*Department of Treasury*) est chargé de la coordination de l'ensemble des activités de prévision macroéconomique. Le Congrès des États-Unis, dans son rôle naturel de contre-pouvoir à l'exécutif dispose du « *Congressionnal Budget Office* » chargé de réaliser des études de prévision macroéconomique. Celui-ci arbitre les éventuels conflits entre le Sénat et la Chambre des représentants sur des problématiques relevant de ce domaine. Quant à la « Fed » (la Banque centrale), elle est sans doute l'institution centralisatrice de toutes les données fournies par les douze banques centrales régionales. Si les travaux de la « Fed » bénéficient d'une forte crédibilité, il existe par ailleurs d'autres acteurs institutionnels qui réalisent des travaux de qualité notamment les « *think tanks* », mais également des instituts rattachés aux milieux universitaires comme l'Université du Michigan, des organisations syndicales ou encore des entreprises, etc.

La prévision présente d'autre part, un enjeu stratégique pour les pouvoirs publics en particulier dans le champ décisionnel.

§ 5. L'utilité de la prévision au décideur public

La prévision et plus particulièrement la prévision économique apporte une aide inestimable pour la prise de décision stratégique. Elle joue dès lors, un rôle fondamental dans l'éclairage des politiques économiques.

Les logiques nouvelles qui sous-tendent le processus de transformation de l'action publique imposent une action publique prévisible. Toute action publique auréolée de stratégie clairement définie commande nécessairement une dose de prévision pour permettre une meilleure articulation entre politique publique et recherche de cohérence dans la prise de décision rationnelle dans un environnement très changeant. En revanche, pour Michel Godet, si « *Les décisions à prendre et les actions à engager rendent la prévision nécessaire* »[1], celle-ci « *servirait plus à habiller la décision qu'à la préparer* »[2].

Dans un État centralisé comme la France où l'essentiel des données macroéconomiques provient des organismes publics, « *la prévision devient l'outil de travail privilégié du décideur* »[3] public. Puisque, « *la prévision est un canal privilégié d'information pour le décideur* »[4] ; il en résulte que « *L'information du prévisionniste cherche à donner une mesure des contraintes temporelles. Une des contraintes constantes de l'homme politique est d'intervenir à contretemps* »[5].

Tantôt considérée comme « *l'arme légendaire des gouvernants* »[6], tantôt perçue comme « *l'intermédiaire fantasmatique obligé entre soi et le monde* »[7], « *la décision a pour fonction de permettre à l'acteur d'agir* »[8] pour donner corps et sens à sa politique. De fait, la décision entretient des liens étroits avec le concept de pouvoir politique : on le sait, « *les décisions ne deviennent efficaces qu'en tant qu'elles sont traduites, légitimées, en termes de pouvoir.* »[9] D'autre part, « *la prévision macroéconomique élargit les marges de liberté du décideur* »[10], une « *liberté, exigée comme condition par la linéarité et la rationalité* »[11].

Si les techniques mobilisées dans le cadre de l'établissement de données de prévision économique « *viennent baliser sa route, le décideur pouvait avoir l'illusion d'une totale liberté dans le choix de la direction. Il se leurrait, car fréquemment des options apparentes étaient en fait dépourvues de contenu réel* »[12]. Dans ces conditions, le décideur fait l'apprentissage de la liberté et « *doit d'abord admettre ou plutôt apprendre qu'il lui faut se situer dans la zone des possibles et que la prévision macroéconomique peut l'aider dans cette délimitation délicate* »[13]. De ce fait, il en résulte que

---

[1] GODET (M.), *Crise de la prévision, essor de la prospective*, Paris, PUF, 1977, p. 16.
[2] BERNARD (Y.) et COSSE (P.-Y.), *op. cit.*, p. 280.
[3] BERNARD (Y.) et COSSE (P.-Y.), op. cit., p. 254.
[4] BERNARD (Y.) et COSSE (P.-Y.), *op. cit.*, p. 252.
[5] BERNARD (Y.) et COSSE (P.-Y.), *op. cit.*, p. 253.
[6] SFEZ (L.), *Critique de la décision*, Paris, Fondation nationale des Sciences Politiques, Coll. « Références » 1992, p. 27.
[7] SFEZ (L.), Critique de la décision, *op. cit.*, p. 25.
[8] SFEZ (L.), Critique de la décision, *op. cit.*, p. 24.
[9] SFEZ (L.), Critique de la décision, *op. cit.*. , p. 477.
[10] BERNARD (Y.) et COSSE (P.-Y.), *op. cit.*, p. 259.
[11] SFEZ (L.), 1992, Critique de la décision, *op. cit.*, p. 61.
[12] BERNARD (Y.) et COSSE (P.-Y.), *op. cit.*. , p. 259.
[13] BERNARD (Y.) et COSSE (P.-Y.), *op. cit.*. , p. 260.

« *l'ambition que l'on pourrait avoir d'aboutir à un lien entre prévision économique et décision paraît assez illusoire* »[1].

Mais l'expert de la prévision macroéconomique « *est là pour éclairer le politique, et non pour fournir a priori une caution inconditionnelle* »[2]. Dit autrement, « *les prévisionnistes doivent donc s'en tenir à un principe de décision des tâches : à eux la charge d'informer sur les scénarios vraisemblables et d'apporter un éclairage sur les coûts et bénéfices attendus des diverses actions. Aux responsables le pouvoir de prendre les décisions en fonction de leurs objectifs* »,[3] car « *en cas d'échec, l'homme ou l'équipe responsable sont chargés de tous les péchés et renvoyés* »[4].

Si l'acte de prévision éclaire largement les choix des gouvernants, ceux-ci se trouvent parfois contraints de prendre des décisions impopulaires qui exigent beaucoup de volonté et de courage du fait notamment des conséquences politiques prévisibles au sortir des urnes.

L'acte de prévision n'est donc pas un acte banal qui se constitue et se développe en marge du droit. Il est l'œuvre d'une norme juridique. La prévision puise son fondement sur le terrain du droit qui de surcroît l'organise et qu'il convient dès à présent d'examiner ses différentes facettes.

§ 6. Prévision et droit public

Le recours à la prévision macroéconomique est nécessaire pour les décideurs publics. Il permet d'orienter les politiques sectorielles et produit un certain nombre d'implications sur le terrain juridique qu'il convient d'aborder.

La constitution d'informations chiffrées relatives à la prévision économique pose en effet la question de l'établissement des données statistiques. Dès ses premiers balbutiements, la fabrique de la statistique publique a bénéficié d'un cadre juridique reposant sur un arsenal législatif qui fut renforcé par diverses dispositions réglementaires et complété par le droit communautaire.

En premier lieu, la thématique de la statistique soulève la question du secret statistique qui est strictement encadré par la loi n° 51-711 du 7 juin 1951 portant sur l'obligation, la coordination et le secret en matière de statistique. L'article 6 de cette loi interdit en effet toute communication de données statistiques ayant trait à la vie personnelle et familiale de manière générale pour les faits et comportements d'ordre privé. La durée de l'interdiction de la publication est de cent ans. Quant aux renseignements

---

[1] CARNOT (N.) et TISSOT (B.), *La prévision économique*, *op. cit.*, p. 14.
[2] BERNARD (Y.) et COSSE (P.-Y.), *op. cit.*, p. 260.
[3] CARNOT (N.) et TISSOT (B.), *op. cit.*, p. 15.
[4] SFEZ (L.), *Critique de la décision*, *op. cit.*, p. 25.

ayant un caractère financier ou économique, la loi interdit toute communication pendant une durée de trente ans.

De même, tout usage de ces données à des fins de contrôle fiscal ou de répression économique est interdit à partir de la date de réalisation de l'enquête ou du recensement. Au fond, le secret statistique vise directement la confidentialité des données personnelles : exceptionnellement, le ministre de l'Économie et des Finances peut accorder une dérogation aux chercheurs qui en font la demande après avis du Comité du secret statistique.

Il existe un deuxième volet législatif qui incorpore et dépasse largement le strict cadre statistique : la loi du 6 janvier 1978 relative à l'Informatique, aux fichiers et aux libertés. Connue communément sous l'appellation loi « Informatique et liberté », elle est une loi de protection de la vie privée à propos de l'utilisation des fichiers de données à caractère personnel. Autorité administrative indépendante créée à cet effet, la Commission Nationale de l'Informatique et des Libertés (CNIL) est chargée de garantir le respect de la vie privée, des libertés publiques et individuelles pendant l'exploitation des données personnelles.

Le Conseil national de l'information statistique assure l'interprétation et le contrôle de l'utilisation des données statistiques publiques. C'est dans cet esprit et conformément à l'alinéa 1er de l'article 1er du décret du 3 mars 2009 que l'Autorité de la statistique publique « *émet tout avis qu'elle estime utile pour garantir le respect du principe d'indépendance professionnelle dans la conception, la production et la diffusion de statistiques publiques ainsi que des principes d'objectivité, d'impartialité, de pertinence et de qualité des données produites, en référence aux recommandations européennes en matière de bonnes pratiques statistiques* »[1].

Ces différentes réformes intervenues récemment ont pour but de favoriser une gouvernance publique et une « relégitimation » de la statistique publique en France. L'indépendance de la statistique publique est désormais inscrite dans la loi de modernisation de l'économie[2]. Ces nouvelles réformes ont pour objectif de renforcer la question de l'indépendance des statistiques.

D'autres dispositions de nature réglementaire viendront compléter l'arsenal juridique français qui régit la gouvernance de la statistique publique pour être en phase avec le droit communautaire au travers de transposition de dispositions communautaires.

L'influence du droit communautaire[3] a été considérable dans le droit des États membres dans le cadre du renforcement de l'impartialité et des principes d'indépendance scientifique, de fiabilité, d'objectivité, de confidentialité et d'efficacité dans la réalisation des statistiques publiques.

---

[1] Alinéa 1er de l'article 1er du décret n° 2009-250 du mars 2009 relatif à l'Autorité de la statistique publique.

[2] Loi n° 2008-776, 4 août 2008 de modernisation de l'économie, JO 5 août 2008, p. 12 471.

[3] Sur ce point, voir l'article 285 du Traité sur l'UE modifié par le Traité d'Amsterdam.

Dès 1997, le droit communautaire insistait sur l'impartialité et l'objectivité dans la production de statistiques communautaires conformément à l'article 10 du règlement CE n°322/97 du 17 février 1997. Il s'agit en réalité d'assurer l'indépendance des travaux statistiques de toute pression politique, syndicale ou plus généralement corporatiste quant à la définition, les méthodes ainsi que les techniques utilisées.

L'Union européenne est pionnière dans ce domaine. Elle s'est dotée de cette législation particulière bien avant la France.

Plus précisément, en Europe, certains gouvernants ont manipulé les statistiques publiques dans le but de « maquiller » les déficits publics comme ce fut le cas de la Grèce en 2004. Suite à cela, les autorités de l'Union européenne ont adopté en 2005 un « *Code de bonnes pratiques* » de la statistique européenne dans le but de renforcer l'indépendance, l'intégrité ainsi que la responsabilité des services statistiques nationaux et communautaires. Ainsi que le précise Olivia Bui-Xuan, bien qu'« *Au moment de la publication du code, le droit français ne comportait pas de principe d'indépendance professionnelle des autorités statistiques, contrairement au droit des autres États membres de l'Union européenne, excepté la Grande-Bretagne* »[1]. Concrètement, le droit français ne mentionnait pas de manière explicite le principe d'indépendance professionnelle en 2005 ; c'est la « *la loi de modernisation de l'économie du 4 août 2008 qui a inscrit enfin dans le droit français le principe de l'indépendance professionnelle de la conception, production et diffusion des statistiques publiques, crée l'Autorité de la statistique publique afin de contrôler les producteurs de statistiques publiques* »[2]. Cette loi présente donc une importance capitale, car elle est venue compléter le dispositif de production statistique publique en matière d'indépendance.

Malgré cette avancée majeure, la loi de modernisation de l'économie présente certaines imperfections et limites qu'il faut rappeler assez brièvement les grandes lignes. D'une part, les fonctions de l'Autorité de la statistique publique restent consultatives. D'autre part, le projet de délocalisation de l'Insee à Metz a créé une certaine inquiétude du côté des agents de la statistique. Il est vrai qu'« *étrangement, même après les réformes les plus récentes, le droit français n'impose pas d'obligation d'information relative aux méthodes et techniques employées. Or, bien souvent, derrière la contestation des données publiées, ce sont les méthodes retenues qui sont critiquées, méthodes qui restent relativement opaques. Tel est le cas des chiffres relatifs au chômage : en mars 2007, en pleine*

[1] BUI-XUAN (O.), « Les dernières réformes de la statistique publique : entre transparence et secret », *RDA*, juin 2009, p. 7.
[2] BUI-XUAN (O.), *Ibid.*

campagne présidentielle, une importante polémique naissait du décalage entre les chiffres avancés par l'Insee et ceux de l'ANPE »[1].

La prévision demeure donc un atout considérable dans la conception des politiques économiques et plus largement l'orientation de l'action publique. Si son utilité n'est plus à démontrer, force est de constater qu'elle est aussi source d'illusion.

§ 7. Limites et crise de la prévision

La prévision procure de l'information précieuse aux autorités politiques qui ne peuvent plus ignorer son importance. Malgré ce grand intérêt pour l'État, les entreprises ainsi que pour l'opinion publique, la technique prévisionnelle au travers de certains usages montre bien qu'elle n'est pas dénuée de toute dérive. Ces limites sont sans doute liées à la complexité inhérente à cet instrument. Tout d'abord, « *la prévision, nécessairement fondée sur un corps d'hypothèses, est exposée à des aléas et qu'elle peut se révéler erronée* »[2]. Du fait de cette grande complexité et « *des fortes erreurs dont les prévisions risquent d'être entachées, celles-ci ont toute chance d'induire en erreur les responsables de la politique économique, et qu'ainsi il vaut mieux que ces derniers n'y aient pas recours* »[3]. Il est bien vrai aussi que parfois, les prévisionnistes se trompent dans leurs travaux et conduisent de fait les responsables politiques dans l'impasse quant aux choix politiques et économiques à effectuer.

Mais de tels propos méritent en effet d'être nuancés et discutés. Tout se passe alors comme si l'erreur commise par les responsables politiques était directement imputable aux prévisionnistes. De manière caricaturale, on pourrait résumer la situation de façon simpliste en disant ceci : « le politique se trompe parce que c'est la « faute » aux prévisions réalisées ». En d'autres termes, lorsque le scientifique produit des données prévisionnelles et de surcroît se trompe, inévitablement cela se répercute sur la décision politique. Or, il existe une césure importante entre l'acte de prévision et la décision prise par les gouvernants. Alors que les travaux du prévisionniste servent généralement à fournir de l'information aux responsables politiques ; ses travaux relèvent uniquement de l'univers de la scientificité tandis que la décision publique relève plutôt de la volonté politique. Il est bien vrai que très fréquemment, les politiques économiques sont fondées le plus souvent sur des informations fournies par les prévisionnistes.

---

[1] BUI-XUAN (O.), *Ibid.*

[2] BERNARD (Y.) et COSSE (P.-Y.), *op. cit.*, p. 279.

[3] OCDE, *Techniques de prévision économique. Un exposé des méthodes de prévision économique à court terme utilisées par les administrations publiques au Canada, aux États-Unis, en France, aux Pays-Bas et en Suède et au Royaume-Uni*, Paris, *op. cit.*, p. 17.

Cependant, l'information fournie par le prévisionniste à destination des décideurs publics est dépourvue de commandement, de mesure contraignante. On est dans une situation dans laquelle les pouvoirs publics disposent d'une marge de liberté pour prendre la décision adéquate qui correspond à la politique qu'ils veulent mener et appliquer tel ou tel choix de politique publique. En règle générale, la donnée prévisionnelle est un document certes scientifique, mais elle sert surtout à orienter, indiquer une direction pour le décideur politique qui dispose de la liberté du choix de la décision et doit en retour assumer les conséquences politiques de ses choix. Si le responsable politique est celui qui décide et non le prévisionniste, c'est que quelque part, il est libre de son choix et donc conscient de ce qu'il fait, même s'il décide dans un environnement contraignant et aléatoire.

Pour Michel Godet, il existerait plusieurs causes explicatives de la « *crise de la prévision* »[1] qui peuvent être regroupées « pour l'essentiel en deux catégories :

- *d'une part, les causes d'erreurs valables pour toute prévision, qui résultent de la difficulté croissante de la prévision en même temps qu'elles l'expliquent ;*
- *d'autre part, les causes d'erreur spécifiques à la prévision classique puisqu'elles résultent de ses caractéristiques propres* »[2].

La prévision n'est pas le seul élément constitutif de l'anticipation ; la prospective en fait aussi partie : elle est le deuxième pilier.

SECTION 2. LA PROSPECTIVE : UN OUTIL D'ANTICIPATION

Instrument essentiel d'une démarche stratégique et outil d'anticipation par excellence, la prospective de par son importance pour l'éclairage des choix publics est devenue incontournable pour nos gouvernants dans un univers devenu complexe et incertain: la prospective publique contribue d'abord à la définition des politiques publiques par un effort soutenu d'identification des objectifs stratégiques ; elle participe d'autre part à irriguer et à alimenter le débat public en jouant le rôle d'« agitateur d'idées », organisées et fondées sur des scénarios prospectifs utiles aux gouvernants. Sollicitée par les pouvoirs publics dans l'aide à la décision, la prospective est fortement mobilisée dans les procédés démocratiques au travers de dispositifs de consultation et de participation.

Au-delà des enjeux stratégiques que procure la prospective aux décideurs dans la conduite de l'action publique, il existe bel et bien derrière le thème de la prospective, un impératif d'efficacité recherché désormais érigé en impérieuse nécessité dès l'instant où la légitimité de l'action de l'État stratège est davantage tournée vers sa pertinence et son efficacité.

---

[1] GODET (M.), *Crise de la prévision, essor de la prospective*, *op. cit.*, p. 17.
[2] GODET (M.), *Crise de la prévision, essor de la prospective*, *op. cit.*, p. 29.

La démarche prospective ne s'oppose guère à la démarche prévisionnelle : complémentaires, l'une et l'autre cherche à guider l'action de l'État en y apportant un éclairage nécessaire au travers de réflexions futuristes, réflexions traduites ensuite en « documents stratégiques » servant de réducteurs d'incertitude pour rendre l'action publique prévisible au service des politiques publiques.

Mais la plupart des auteurs investis dans le champ de la recherche prospective attribuent la paternité du concept de prospective au philosophe Gaston Berger qui a fait œuvre pionnière dans cette discipline. Les recherches menées par Bernard Cazes ont montré que « *la véritable première apparition du mot « prospective » se situe dans Le lais ou Petit testament (1456) de François Villon, poème décrivant les legs que l'auteur est censé laisser à divers bénéficiaires* »[1]. Le Nouveau Petit Robert de la langue française définit le concept de prospective comme un « *ensemble de recherches concernant l'évolution future de l'humanité et permettant de dégager des éléments de prévision* »[2]. Il est important de noter dès à présent que la prospective se distingue de la prévision. En réalité, « *la prospective n'est ni la prévision ni la futurologie, mais une science de l'action et de l'antifatalité qui permet de comprendre et éventuellement de prévoir les crises* »[3]. Alors que la prévision est « *trop marquée par la quantification et l'extrapolation de tendances* »[4], la futurologie quant à elle « *se préoccupe du futur, de sa vision et de sa description : elle se veut divinatoire et à ce titre reste pure spéculation subjective* »[5].

La prospective sert de fait à guider l'action de l'État. Il existe en effet des organismes conçus spécialement à cet effet appelés « administrations prospectives » chargées de la production de la veille prospective à destination des gouvernants. La prospective entretient par ailleurs d'étroites relations avec la décision publique et implique dans certains cas des effets normatifs.

§ 1. La démarche prospective : une démarche de guidage et de rationalisation de l'action publique

La démarche prospective est nécessairement tournée vers l'étude de l'avenir afin de réduire l'incertitude et la complexité dans lesquelles se déploie aujourd'hui l'action de l'État. Pour Pierre Massé, « *le regard sur*

---

[1] CAZES (B.), « Sur les origines du mot « prospective », *Futuribles*, décembre 1997, p. 42.

[2] *Le Nouveau Petit Robert de la langue française*, Paris, Editions du Petit Robert, 2010, p. 2051.

[3] GODET (M.), « Sept idées-clés », in *Futuribles*, novembre 1983, p. 6.

[4] GODET (M.), *Manuel de prospective stratégique. 1. Une indiscipline intellectuelle*, Paris, Dunod, 1997, p. 6.

[5] DURAND (J.), « Prospective, discontinuité et instabilité », in *Futuribles*, automne n° 4, 1975, p. 399.

l'avenir est le premier temps de l'action »[1] ; plus encore, comme le soutenait Gaston Berger dans un registre similaire, « *Un explorateur du siècle dernier arrive à la cour d'un roi nègre, qui met sur son nez les binocles du Blanc. Par hasard, ils corrigent sa myopie congénitale. À voir des lointains qu'il n'avait jamais soupçonnés, l'enthousiasme du roi est tel qu'il donne à l'explorateur toutes les facilités possibles (...) en échange de sa paire de lunettes »*[2]. Dans cette perspective, les gouvernants sont appelés en permanence à fournir un effort de connaissance en se fondant sur la prospective et sur le travail des experts pour « regarder au loin » dans la gestion des affaires publiques. Mais, la civilisation dans laquelle nous vivons est « *rétrospective, avec entêtement. Il lui faut devenir « prospective »*[3].

Le lien entre prospective et thématique de l'État stratège s'impose dès lors comme une évidence : la démarche prospective comporte un enjeu stratégique à partir du moment où « *l'anticipation éclaire l'action et lui donne un sens avec le double sens du mot : direction et signification »*[4]. En ce sens, la prospective entretient un lien intime avec la notion de stratégie. En effet, les décideurs publics une fois qu'ils identifient clairement les objectifs de long terme d'une politique, inscrivent ceux-ci dans un cadre stratégique avant de les mettre en œuvre. Il en résulte que « *l'anticipation n'a de sens que pour éclairer l'action. C'est pourquoi la prospective et la stratégie sont généralement indissociables, d'où l'expression de prospective stratégique »*[5]. On voit bien que la démarche prospective s'inscrit dans la thématique de l'État stratège. Si une telle démarche contribue amplement à guider, éclairer, orienter l'action des pouvoirs publics, elle participe plus largement à rationaliser l'action de l'État : sans prétendre neutraliser toute la part d'aléatoire liée à l'incertitude, la prospective tend en effet à la réduire et par là consolide la rationalité des politiques orchestrées par la puissance publique. Il y a là, l'ébauche d'une démarche stratégique : sous couvert d'éclaireur du rôle de l'État sur le plan de la réflexion stratégique, il s'agit au fond de concevoir les politiques stratégiques et opérationnelles pour les gouvernants intégrant non seulement les objectifs à atteindre, mais également les aléas et les contraintes liés à l'environnement de ces politiques. Fondée sur un effort de connaissance et de méthodologie puisant leur source dans les sciences humaines et sociales, la prospective reste pertinente pour la fabrique des politiques publiques à la condition que les choix stratégiques décidés soient fortement orientés vers l'action.

---

[1] MASSE (P.), *Le Plan ou l'anti-hasard*, Paris, Gallimard, 1965, p. 8.
[2] BERGER (G.), *Phénoménologie du temps et prospective*, Paris, PUF, 1964, p. 214.
[3] BERGER (G.), *Phénoménologie du temps et prospective*, *op. cit.*, p. 218.
[4] GODET (M.), Manuel de prospective stratégique. 1. Une indiscipline intellectuelle, *op. cit.*, p. 5.
[5] GODET (M.), *Manuel de prospective stratégique. 2. L'art et la méthode*, Paris, Dunod, 1997, p. 1.

La prospective permet grâce au concours de la stratégie de cadrer les objectifs d'une politique donnée à la lumière des avenirs possibles et /ou souhaitables. Il résulte de ce fait que « *l'anticipation et l'action entretiennent une relation dialectique permanente* »[1].

L'objet premier de l'usage de la prospective par la puissance publique est de fournir à celle-ci un éclairage nécessaire afin de guider et en cas de nécessité, réorienter le pilotage du logiciel de la machinerie gouvernementale sur les tendances lourdes du futur qui vont caractériser l'évolution générale de notre société et de la vie de l'État. Comme le fait remarquer précisément Sénèque, « *Il n'y a de vent favorable que pour celui qui sait où il va* ». Instrument précieux et décisif dans l'éclairage des actions politiques à mener, la prospective reste indispensable à l'action des pouvoirs publics face à un avenir de plus en incertain. Mais, à partir du moment où l'avenir n'est pas écrit et que d'autre part, rien n'est joué d'avance, il existe une marge de liberté et d'action considérables pour l'homme appelé à mobiliser les ressources intellectuelles disponibles pour inventer un futur souhaitable au service du destin collectif. Là encore, la démarche stratégique n'est pas absente : mobiliser l'intelligence humaine pour « imaginer » les grandes tendances de notre avenir pour orienter l'action en réduisant une part dédiée à l'incertitude au service d'une nation.

« Indiscipline intellectuelle » selon la terminologie de Pierre Massé et « *avant d'être une méthode ou une discipline, la prospective est une attitude* »[2]. Et « *face à l'avenir, les hommes ont le choix entre quatre attitudes : l'Autriche passive qui subit le changement, le pompier réactif qui attend que soit déclaré pour le combattre, l'assureur préactif qui se prépare aux changements prévisibles, car il sait que la réparation coûte plus cher que la prévention et, enfin, le conspirateur proactif qui agit pour provoquer les changements souhaités* »[3]. Face à ces quatre attitudes décrites par Michel Godet, le rôle stratège de l'État concernerait strictement les deux derniers : investi désormais d'un rôle « préactif », les gouvernants eux aussi devenus stratèges, se préparent grâce à la prospective, aux grandes mutations économiques, sociales, culturelles et technologiques afin d'infléchir favorablement les tendances pour neutraliser leurs effets pervers qui pourraient leur revenir beaucoup plus chers faute d'anticipation et d'actions appropriées correspondantes. Les pouvoirs publics privilégieraient alors dans ce cadre le choix d'une stratégie préventive au lieu de procéder à un traitement curatif qui serait trop coûteux. Corrélativement, le gouvernant devenu « stratège » privilégierait ainsi la démarche proactive pour agir sur les événements à partir des scénarios prospectifs. De plus, un gouvernant

---

[1] JOUVENEL (H. de), « La démarche prospective. Un bref guide méthodologique », *Futuribles*, novembre 1999, p. 53.

[2] BERGER (G.), *Phénoménologie du temps et prospective*, *op. cit.*, p. 270.

[3] GODET (M.), *Manuel de prospective stratégique. 1. Une indiscipline intellectuelle*, *op. cit.*, p. 9.

« stratège » est naturellement censé être un acteur dynamique qui s'oppose à la passivité : son action est marquée du sceau du volontarisme et fortement guidée par la démarche stratégique.

Plus fondamentalement, si la prospective est « *une démarche qui intègre les ruptures* » [1]dans l'étude des changements, elle implique d'autre part, une approche pluridisciplinaire des objets étudiés. La réflexion prospective fait nécessairement appel à la « *méthode des scénarios* ». La technique est née aux États-Unis puis importée et mise en œuvre dans l'Hexagone pour la première fois par la Datar. Les années soixante-dix vont constituer sans doute l'âge d'or de la « *méthode des scénarios* ». Comme l'argumente André-Clément Découfle, un scénario est « *la combinaison de séquences d'événements ou de phénomènes anticipés ordinairement situées les unes par rapport aux autres dans un double système de relations diachroniques et causales, en vue de mettre en évidence les caractères probables de l'évolution d'une situation donnée à partir d'un corps d'hypothèses fondamentales formulées au départ sur les tendances lourdes de cette évolution* »[2]. Un scénario pour être crédible implique la conjugaison de deux éléments : la pertinence des hypothèses de départ et la cohérence du système global dans lesquelles seront analysées les différentes variables. Traditionnellement, il existe dans ce cadre trois types de scénarios identifiés par les prospectivistes : le scénario tendanciel, le scénario contrasté et les scénarios souhaitables.

Tout d'abord, le *scénario tendanciel* « *qu'il soit probable ou non, est, en principe, celui qui correspond à l'extrapolation des tendances, à tous les instants où le choix s'impose* »[3]. Ensuite, le *scénario contrasté* « est l'exploration d'un thème volontairement extrême, détermination a priori d'une situation future. Alors que le *scénario tendanciel* correspond à une démarche exploratoire d'une évolution vers une situation, à l'inverse, le scénario contraste historique correspond à une démarche anticipative, imaginative et normative »[4]. Enfin, les *scénarios souhaitables* « *quant à eux, se trouvent quelque part dans le possible et ne sont pas tous nécessairement réalisables* »[5].

La « *méthode des scénarios* » est fondamentale dans la compréhension de la démarche prospective ; elle montre à la fois son versant de scientificité et qu'elle se différencie par exemple de la prophétie. Au travers d'une telle démarche scientifique, les prospectivistes peuvent dès lors identifier les enjeux liés à tel ou tel scénario et conseiller utilement les responsables politiques afin de mobiliser les acteurs concernés et les ressources

---

[1] JOUVENEL (H. de), « La démarche prospective. Un bref guide méthodologique », *op. cit.*, p. 55.
[2] DECOUFLE (A.-C.), *La prospective*, Paris, PUF, 1972, p. 39-40.
[3] GODET (M.), *Manuel de prospective stratégique. 2. L'art et la méthode*, *op. cit.*, p. 91.
[4] GODET (M.), *Manuel de prospective stratégique. 2. L'art et la méthode*, *op. cit.*, p. 92.
[5] GODET (M.), *Manuel de prospective stratégique. 2. L'art et la méthode*, *Ibid.*

nécessaires pour atteindre les objectifs d'une politique au travers d'une grappe d'actions stratégiques.

Mais la prospective aussi importante soit-elle a besoin d'être organisée et insérée dans les décisions publiques pour être au service d'une politique. Afin d'être développée et utilisée à bon escient, la prospective a besoin d'endroits spécialement dédiés à sa fabrique, à son exploitation ainsi qu'à sa diffusion. Des institutions au sein de l'État ont été créées à cette fin pour éclairer l'action publique et approfondir la réflexion stratégique en irrigant le débat public : c'est le rôle des « administrations prospectives ».

§ 2. Les administrations prospectives

La pratique de la prospective dans l'univers administratif a généré une nouvelle strate administrative qui est venue se greffer et enrichir le moule administratif : désormais l'administration classique est tenue de faire place et cohabiter avec « *l'administration prospective* »[1]. Le concept a connu sa fortune grâce aux études des « administrativistes » et en particulier celles de Lucien Sfez. Sans entrer dans la controverse sur la thématique du lien entre administration et prospective, ce qui frappe en premier l'esprit du spécialiste de la science administrative, c'est l'ambivalence entre les deux concepts du fait notamment que l'administration traditionnelle s'occupe exclusivement de la gestion courante des affaires publiques sans lendemain et que d'autre part, la prospective est orientée prioritairement vers l'étude du lointain. Il en résulte qu'une telle nouvelle stratification administrative centrée sur la compréhension de l'avenir en particulier de l'État n'est pas sans conséquence sur l'appareil administratif. Comme le souligne en effet Lucien Sfez « *L'administration prospective ne représente pas toute l'administration. Mais elle la concerne dans sa totalité. L'impact de l'administration prospective sur l'administration traditionnelle est considérable. L'administration prospective n'est pas un phénomène isolé. Elle contredit l'administration traditionnelle. Elle la perturbe et quelquefois la vide de sa substance. Rien n'y échappe, ni les hommes, ni les méthodes, ni les structures* »[2].

Si au sens de Lucien Sfez, l'administration prospective est une nouvelle catégorie d'administration, on peut dire encore que c'est un nouveau style d'administration à côté de l'administration classique. L'administration prospective est apparue du fait de la nécessité de « maîtriser » du moins le destin collectif d'une nation en se projetant vers les avenirs possibles ou désirés. Mais force est de constater qu'il existe dans la pratique, non pas une administration prospective, mais plusieurs administrations chargées de la prospective. Sous cet angle, la France, au sortir de la Seconde Guerre

---

[1] SFEZ (L.), *L'administration prospective*, Paris, Armand Colin, 1970.
[2] SFEZ (L.), *L'administration prospective*, *op. cit.*, p. 9.

mondiale s'est dotée d'une véritable plate-forme d'administrations prospectives. Se trouve alors en première place, le Commissariat général du Plan. Créé en 1946 par le Général de Gaulle et Jean Monnet, il a joué un rôle pivot dans ce domaine et en particulier sur le champ de la planification indicative en apportant un éclairage important sur les grands choix politiques, économiques, sociaux et technologiques que les décideurs politiques étaient confrontés. De fait, les exercices prospectifs conduits sous l'égide du Plan avaient le plus souvent pour but d'irriguer sur le plan doctrinaire le débat public en mettant au cœur de ses divers travaux l'intérêt général et son évolution. Mais la crise de la planification française a entraîné la transformation du Commissariat général du Plan en Centre d'analyse stratégique[1] désormais tourné vers la pratique d'exercices prospectifs pour apporter un éclairage aux choix gouvernementaux en matière économique, sociale et sur le débat européen.

On assiste à un développement sans précédent des administrations chargées de fournir de l'expertise[2] à la disposition des gouvernants. La création du Centre d'analyse stratégique a pour but d'irriguer la réflexion prospective et de production de rapports publics pour alimenter, animer le débat public et préparer les décisions.

Administration de mission, le Centre d'analyse stratégique est un service rattaché au Premier ministre, mais mis à la disposition du Secrétariat d'État chargé de la prospective, de l'évaluation des politiques publiques et du développement de l'économie numérique. Plus précisément, c'est le décret[3] du 6 mars 2006 qui institue la création du Centre d'analyse stratégique en remplacement[4] du Commissariat général du Plan. Sous l'autorité du Premier ministre, les domaines d'action du Centre d'analyse stratégique sont en effet clairement identifiés et cantonnés à trois champs spécifiques. Il exerce des missions de veille, d'expertise et d'aide à la décision pour la conduite des

[1] TIRERA (L.), *Du commissariat général du Plan au centre d'analyse stratégique. Stratégie de réforme d'une administration de mission*, Paris, L'Harmattan, 2008.

[2] En France, plusieurs structures administratives gravitent autour du Premier ministre ; paradoxalement, ce dernier dispose très peu de moyens par rapport à ses homologues européens et est donc le moins armé pour élaborer, piloter et évaluer les politiques publiques. La création du CAS a pour objectif principal de combler cette lacune. Cette structure a un *rôle de « tête de réseau »* par rapport à l'ensemble des conseils qui gravitent autour de Matignon (Conseil d'analyse économique (CAE), Conseil d'analyse de la société (CAS), Conseil d'orientation des retraites (COR), Conseil d'orientation de l'emploi (COE), Conseil de l'emploi, des revenus et de la cohésion sociale (CERCS). Le directeur du Centre d'analyse stratégique est membre de ces conseils. Le Comité d'Orientation mis en place auprès du CAS joue le rôle de conseil d'administration composé des présidents des différents conseils, de deux députés et de deux sénateurs (majorité et opposition), d'un membre du conseil économique et social, du Secrétariat général aux affaires européennes et de la Délégation interministérielle à l'aménagement et à la compétitivité des territoires (DIACT, *ex DATAR*).

[3] Décret du 6 mars 2006 – JO du 7 mars 2006 (décret n° 2006-260 instituant la création du Centre d'analyse stratégique).

[4] Article 5 du décret n° 2006-260 du 6 mars 2006.

politiques publiques. Il s'agit au fond d'éclairer l'action des pouvoirs publics en matière économique, sociale, environnementale ou culturelle qui implique un travail de conceptualisation et de mise en œuvre des orientations stratégiques.

Institué par le décret n° 2013-333 du 22 avril 2013, le Commissariat général à la stratégie et à la prospective (CGSP) appelé désormais « *France stratégie* » a remplacé le Centre d'analyse stratégique. Selon l'article 1er du décret, le CGSP « *apporte son concours au Gouvernement pour la détermination des grandes orientations de l'avenir de la nation et des objectifs à moyen et long terme de son développement économique, social, culturel et environnemental. Il contribue, par ailleurs, à la préparation des réformes décidées par les pouvoirs publics* »[1]. La création du CGSP s'inscrit dans une démarche stratégique : pour éclairer l'avenir, l'État a besoin de travaux de prospective et d'études stratégiques pour circonscrire son action dans un cadre stratégique permettant d'atteindre ses objectifs et de renforcer la logique d'efficacité.

Les activités du CGSP s'articuleront autour de deux grands axes stratégiques : il s'agit d'une part, de contribuer au renouvellement de l'approche de la stratégie et de la prospective en matière économique, sociale, culturelle et environnementale afin d'éclairer les pouvoirs publics sur les trajectoires possibles à moyen et long terme, et d'autre part, de faire du CGSP un lieu transversal de concertation sociale.

Structurellement, le CGSP est subdivisé en quatre départements. Le « Département développement durable » est chargé d'étudier les problématiques liées à l'environnement, l'énergie, le transport, la politique spatiale, l'économie numérique ainsi que leurs implications industrielles. Le Département « Travail-Emploi » est orienté vers l'analyse du marché du travail au regard des mutations économiques et des mobilités professionnelles. Le Département « Questions sociales » quant à lui s'occupe de l'analyse des risques sociaux (santé, dépendance, famille, logement), de la politique de la ville, de la cohésion sociale et de la diversité. Enfin, le Département « Économie-Finances » analyse les moteurs réels et financiers de la croissance à moyen et long terme.

Le CGSP est dirigé par un Commissaire général [2]qui joue un *rôle de coordonnateur*[3] de l'ensemble des travaux des différents conseils d'expertise et de concertation placés auprès du Premier ministre. Le CGSP travaille en réseau avec différents organismes, dont le Conseil d'analyse économique, le

---

[1] Article 1er du décret n° 2013-333 du 22 avril 2013 portant création du Commissariat général à la stratégie et à prospective.

[2] M. Jean Pisani-Ferry est le premier à être nommé Commissaire général à la stratégie et à la prospective sur proposition du Premier ministre lors du Conseil des ministres du 24 avril 2013.

[3] Article 3 du décret n° 2013-333 du 22 avril 2013 portant création du Commissariat général à la stratégie et à prospective.

Conseil d'orientation des retraites, le Conseil d'orientation pour l'emploi, le Haut Conseil du financement de la protection sociale, le Conseil national de l'industrie, le Centre d'études prospectives et d'informations internationales.

Les travaux du CGSP conduits au sein de commissions thématiques ou de groupes de travail[1] mobilisent diverses expertises : y participent aux travaux, des experts français (organismes publics ou privés) ou étrangers, des partenaires sociaux, mais aussi des représentants des collectivités territoriales, des associations et des secteurs économiques.

Le programme de travail[2] du CGSP est arrêté par le Premier ministre sur proposition du commissaire général. Celui-ci associe les membres du gouvernement à sa préparation en recueillant au préalable les propositions des présidents de l'Assemblée nationale, du Sénat, du Conseil économique, social et environnemental ainsi que des organisations syndicales. Mais le programme annuel de travail peut faire l'objet de modification.

Dans le cadre de l'élaboration de ses travaux, les modes de saisine du CGSP sont de deux sortes : la saisine peut être sollicitée par le Premier ministre[3] ou alors par auto-saisine dans le cadre d'un programme de travail annuel.

Les réflexions issues de ces travaux sont portées à la connaissance du public à travers son site Internet. Le CGSP produit des rapports et émet des avis[4]. Il produit aussi des notes de veille hebdomadaire. Le CGSP organise des ateliers, des séminaires, des colloques et des journées d'études autour de thématiques entrant dans son programme de travail. Un rapport annuel est établi par le commissaire général et remis au président de la République, au Premier ministre et transmis au Parlement. Il émet des avis, mais ceux-ci sont dépourvus de toute force contraignante. Mais une évaluation globale de l'impact des travaux est sans doute indispensable pour apprécier leur influence réelle sur le processus décisionnel.

En outre, le CGSP est habilité à organiser des « consultations ouvertes »[5] sur son site Internet.

Si les missions assignées au CGSP rappellent des similitudes avec l'âge d'or de la planification française, on ne peut s'empêcher de se poser certaines questions. Tout d'abord, on peut affirmer avec certitude que le CGSP constitue un lieu d'expertise. Administration de mission, le CGSP est une structure légère, dotée d'un personnel réduit et bénéficiant du concours financier de l'État. Il peut solliciter la collaboration d'experts venant de tous horizons pour la production de travaux de qualité. Quant à la fonction de coordonnateur de travaux des différents organismes, on peut imaginer déjà que celle-ci ne posera pas de difficulté particulière. Le CGSP peut constituer

---

[1] Article 5 du décret n° 2013-333 du 22 avril 2013.
[2] Article 4 du décret n° 2013-333 du 22 avril 2013.
[3] Article 4 du décret n° 2013-333 du 22 avril 2013.
[4] Article 6 du décret n° 2013-333 du 22 avril 2013.
[5] Article 5 du décret n° 2013-333 du 22 avril 2013.

en matière de concertation sociale « *un centre de ressources en matière de recensement et d'évaluation des pratiques de concertation et de débat public, recherche de nouvelles pratiques de nature à améliorer l'association des parties intéressées* »[1]. Cependant, là où l'incertitude devient de plus en grande, c'est lorsqu'il s'agit d'en faire un lieu de dialogue social sur les grands enjeux de société : selon l'article 1 du décret du 22 avril 2013, le CGSP « *peut organiser, à la demande du Premier ministre, des concertations ou des débats publics* »[2]. Rien ne garantit un tel succès dans la mesure où il existe déjà d'autres lieux concurrents où se pratique le dialogue social. Depuis la fin la fin de la planification et le déclin du Plan comme lieu de concertation sociale, le Conseil Économique, Social et Environnemental est devenu le lieu par excellence du dialogue social où se déroulent les « conférences sociales » sous l'égide du gouvernement réunissant représentants des syndicats, du patronat, des collectivités locales. Mais ces conférences sociales sont généralement marquées par des « postures » et des « positions idéologiques » empêchant leur développement.

Dans la palette d'organismes gravitant autour du Premier ministre, il y a en dehors du Commissariat général à la stratégie et à la prospective, d'autres institutions qui fournissent des réflexions prospectives comme le Centre d'études prospectives et d'informations internationales (CEPII). Plus ancien que le CGSP, le CEPII est le principal institut de recherche[3] et d'expertise en économie internationale à la disposition des services de Matignon. Créé en 1978[4] par le Premier ministre Raymond Barre afin de « moderniser » l'administration économique de la France, le Centre d'études prospectives et d'informations internationales jouit par la qualité de ses travaux d'un grand prestige et d'une légitimité reconnue en France et à l'étranger. C'est un service du Premier ministre et rattaché administrativement au Commissariat général du Plan transformé en Centre d'analyse stratégique. Historiquement, le Centre d'études prospectives internationales est l'héritier du Groupe d'études prospectives des échanges internationaux (GEPEI). Conscients des enjeux de l'information stratégique, les pouvoirs publics ont voulu se doter d'un tel instrument stratégique dans le but d'anticiper les enjeux et d'influer sur le déroulement des événements. Le CEPII est aussi un centre de recherche et diversifie ses thèmes de recherche : économie internationale, politiques économiques et industrielles, marchés financiers, mondialisation, gouvernance, etc. Ses membres de droit sont généralement des directeurs

---

[1] Article 1er alinéa 4 du décret n° 2013-333 du 22 avril 2013.
[2] Article 1er alinéa 4 du décret n° 2013-333 du 22 avril 2013.
[3] Bien entendu, nous ne perdons pas de vue l'existence d'autres organismes travaillant sur des thématiques similaires à la disposition du gouvernement ou encore d'autres institutions privées comme l'Observatoire Français des Conjonctures Economiques. Dans ce registre, on peut simplement évoquer les travaux de qualité réalisés par d'autres organismes : l'Institut Français des relations internationales, etc., bien que travaillant sur d'autres thématiques.
[4] Décret du 20 mars 1978 portant création du CEPII (transformation du GEPI en CEPII).

d'institutions prestigieuses (venant des ministères et d'autres institutions comme le gouverneur de la Banque de France, le directeur d'Ubifrance, devenu Business France depuis le 1er janvier 2015 ou encore de l'IFRI, *etc.*). Le Conseil du CEPII comprend des personnalités qualifiées venant d'horizons divers et les membres de son comité scientifique sont composés principalement de professeurs étrangers. Le CEPII produit plusieurs documents dans le cadre de son programme d'activités : rapports d'études, documents de travail, rapports d'activités, livres, revues, etc., généralement consultables sur son site Internet[1].

En France, la pratique de la prospective est marquée par le pluralisme. Tout d'abord, les ministères possèdent leur propre cellule de prospective. Parfois, ces exercices prospectifs sont accompagnés d'évaluation de politiques publiques. Parmi ces nombreuses cellules ministérielles, on peut citer par exemple le Centre d'analyse et de prévision du Ministère des Affaires étrangères ; la Direction générale du Trésor et l'Insee au Ministère de l'Économie et des Finances ; la Cellule de recherche et prospective de la DGAFF du Ministère de la Fonction Publique ; le Centre de prospective et d'évaluation du Ministère de la Défense ; la Mission d'économie, prospective et stratégie du Ministère de l'Équipement, etc. D'autres institutions qui étaient sous la tutelle de l'État à l'instar du Centre d'études, des Revenus et des Coûts ainsi que le CEPREMAP se sont affranchis de la tutelle de l'État pour devenir des organismes indépendants. Au niveau local, l'État dispose d'organismes chargés d'effectuer de la prospective et notamment de la prospective territoriale à l'instar de la DATAR qui a longtemps constitué une référence par la qualité et la pertinence de ses travaux.

En marge de ces pratiques prospectives conduites sous l'égide des pouvoirs publics, il existe bien d'autres organismes participant au pluralisme de la pratique prospective. Parmi lesquels y figurent : Futuribles, L'Observatoire Français des Conjonctures Économiques (OFCE), le Bureau d'Information et de Prévisions Économiques (le BIPE), l'Institut Français des Relations Internationales (IFRI), *etc.*

En Europe, plusieurs organismes analogues fournissent des mines d'informations à caractère prospectif à destination des gouvernants. On peut citer par exemple le rôle central joué par la « *Strategy Union* » anglaise au travers de ses études prospectives relatives à l'enracinement des politiques nationales dans les territoires, mais également les transformations affectant l'administration centrale où encore l'importance capitale qu'a joué la Fondation Roi Baudoin en Belgique dans le renouvellement des idées et sa capacité à proposer des projets novateurs sur des thématiques diverses.

Au niveau communautaire sous l'impulsion de Jacques Delors, a été créée la Cellule de Prospective de la Commission européenne en 1989 pour

[1] www.cepii.fr/

« *promouvoir... une union plus étroite des peuples, en identifiant les intérêts et les objectifs communs des États membres dans le long terme* »[1]. Cette structure participe activement à l'élaboration de certains documents stratégiques tels que les « Livres blancs » comme par exemple, celui intitulé « *Livre blanc : Croissance, compétitivité, emploi : pistes pour le XXIème siècle* ». Il existe d'autres cellules dites « sectorielles » qui participent au développement des activités prospectives en particulier celles rattachées à la Commission européenne.

Au Japon, après la Seconde Guerre mondiale, la prospective publique portait principalement sur les thématiques économiques et industrielles. Après les années 1990, du fait de l'inflexion de la prospective publique, celle-ci s'est réorientée vers une approche plus « sociétale ». De fait, la prospective publique est plus ciblée et donc moins ambitieuse. Les récents exercices prospectifs sont recentrés principalement autour de sept programmes gouvernementaux : technologies de l'information et de la communication, l'assainissement du système financier, la protection sociale, la réforme fiscale et la décentralisation. Ces différents programmes sont conduits sous la direction du Conseil de la politique économique et fiscale présidé par le Premier ministre.

Aux États-Unis, à la fin de la Seconde Guerre mondiale, de nombreux « *think tanks* » ont contribué à développer les analyses prospectives notamment au travers de la célèbre Rand Corporation. Ces analyses prospectives sont relayées par la suite par le milieu intellectuel et universitaire. Celui-ci s'empara des questions sociales avec la mise en place dans les années soixante-dix de la « Commission de l'an 2000 ». Des commissions du Congrès y contribuent également. On ne peut enfin oublier dans le dispositif américain le rôle que jouent les lobbyings et les grandes entreprises dans le développement de la prospective.

De même, la plupart des organisations internationales[2] comme l'OCDE, l'ONU, le Fonds Monétaire International, l'Organisation Mondiale du Commerce et certaines organisations non gouvernementales possèdent en leur sein des structures similaires chargées de promouvoir la réflexion prospective.

L'exercice prospectif présente un intérêt considérable pour les gouvernants dans la mesure où il produit des effets sur la décision publique.

§ 3. L'impact de la prospective sur la décision

L'action publique est circonscrite dans un environnement complexe et incertain. Comme, on l'a évoqué dans les pages précédentes, la prospective

[1] BAILLY (J.-P.), *Prospective, débat, décision publique*, Paris, Les Editions des Journaux officiels, 1998, p. II-30.

[2] La liste n'est pas exclusive ; il en existe encore bien d'autres.

sert à éclairer la voie aux décideurs publics. Dans ce sens, la prospective peut être comparée sans trop exagérer à un phare qui illumine le chemin en guidant les responsables politiques dans la direction voulue. La prospective présente alors un intérêt stratégique dans la prise de décision dans la thématique de l'État stratège.

Il est bien vrai que la prospective a été fortement mobilisée par nos gouvernants durant l'État planificateur. De manière plus précise, l'âge d'or de la prospective a été marqué par une production spectaculaire de travaux de qualité, destinés à la confection des politiques publiques.

Mais la prospective a connu un certain déclin dans les années quatre-vingt-dix. La crise de la prospective s'est accompagnée d'une « *crise des organismes de prospective*»[1]. En d'autres termes, la prolifération d'organismes de prospective dans le système administratif français est bien l'indice d'un pluralisme non maîtrisé et potentiellement source de doublon et d'« *une crise de l'interministérialité* »[2]. Dans le même temps, une concurrence s'est installée entre diverses structures chargées de réaliser des exercices prospectifs entre ministères et entreprises.

Parallèlement, on observe également « *une crise du système décisionnel français* »[3]qui s'explique certainement par ce que Jean-Paul Bailly a appelé « *une crise d'adaptation*»[4]. Cela est dû essentiellement aux transformations qu'entraîne la mondialisation qui impliquerait davantage de participation citoyenne dans le processus décisionnel que de conservation de schéma traditionnel teinté de bureaucratie et de corporatisme.

La prospective est de nouveau mise au-devant de la scène politique : elle revêt un certain regain d'intérêt avec la création d'un « Secrétariat d'État chargé de la prospective et de l'évaluation des politiques publiques[5] » dirigé par Éric Besson et rattaché directement au Premier ministre François Fillon. Le Centre d'analyse stratégique a travaillé en étroite collaboration avec ce ministère.

Or, la prospective est indispensable pour sonder un terrain « miné » d'obstacles et construire les décisions politiques à condition d'associer le maximum d'acteurs concourant au processus décisionnel. La recherche de décisions stratégiques s'inscrit bien dans des procédés de gouvernance où experts et citoyens participent activement à confronter leurs arguments par le biais de la démocratie participative.

---

[1] TRON (G.) et DENIAUD (T.), *Mission d'évaluation et de contrôle. Évaluation et prospective : quelle organisation, rapport n° 876*, Paris, Assemblée nationale, 2003, p. 151.
[2] TRON (G.) et DENIAUD (T.), *Mission d'évaluation et de contrôle. Evaluation et prospective : quelle organisation, op. cit.*, p. 11.
[3] BAILLY (J.-P.), *Prospective, débat, décision publique, op. cit.*, p. II-101.
[4] BAILLY (J.-P.), *Prospective, débat, décision publique, op. cit.*, p. II-102.
[5] On remarque que par la suite la dénomination de ce poste ministériel a changé ; elle est devenue « Secrétariat d'État chargé de la prospective et de l'Economie numérique ».

La prospective comme nous venons de le voir impacte la décision publique. Elle produit aussi une série d'effets sur les normes juridiques.

§ 4. Anticipation et normes juridiques

La question principale pour un juriste est précisément d'analyser ses implications juridiques notamment sur le champ du droit public.

L'usage de l'anticipation dans la thématique de l'État stratège concerne principalement la prévision et la prospective. De même, dans le cadre de l'État planificateur, l'usage de l'anticipation était fondé sur le triptyque : prévision, prospective et planification.

Les implications juridiques du Plan sont sous-tendues ici pour apporter un éclairage afin de mieux faire ressortir la singularité de l'« acte juridique à caractère prospectif ».

Tout d'abord, les « actes juridiques à caractère « prospectif » comme la prévision, la prospective tout comme la planification cherchent à guider l'évolution de l'action publique dans un avenir souhaitable pour permettre un développement harmonieux et cohérent. Ils entrent en relation avec le droit pour agir sur l'action et sur les structures. En vertu du principe de non-rétroactivité des actes juridiques, le droit prévoit toujours pour l'avenir, mais s'accommode mal avec l'exigence de souplesse que demande la prospective. Le droit est plutôt statique alors que la prospective est dynamique. La différence principale qui existe entre les deux, c'est que l'acte à caractère prospectif cherche à prévoir l'avenir par opposition au droit classique. Par exemple, le droit financier comporte de la souplesse dans la procédure budgétaire : « *l'acte juridique le plus prospectif que nous connaissions est le budget, car il s'efforce d'évaluer, pour un an, les besoins de l'administration* »[1].

Les actes prospectifs concernent les *lois de programmes* [2](destinés à dépasser le cadre de l'annualité budgétaire afin de prévoir les dépenses publiques pour plusieurs années consécutives), les *lois d'orientation*[3] *et de programme* (lorsque les deux se rejoignent), et *les schémas directeurs* (pour ce qui concerne la planification régionale).

L'acte prospectif fixe clairement un certain nombre d'objectifs à atteindre et « *tend donc à imposer une obligation de résultat plus qu'une obligation de moyens... Une telle transformation dans la nature des décisions à adopter entraîne évidemment de profonds bouleversements dans nos concepts*

[1] CHAPAL (C.), « Recherche sur la notion et le régime des actes juridiques à caractère « prospectif », *AJDA*, Juin 1968, p. 323.

[2] Ces lois de programme avaient valeur juridique de 1963 à 1959 et comportaient des crédits d'engagement ; mais depuis l'ordonnance du 2 janvier 1959, elles ont perdu leur valeur juridique.

[3] On peut citer à titre d'exemple, la loi du 5 août 1967 dite loi d'orientation financière.

juridiques »[1]. Malgré cette volonté de prévoir et de fixer des objectifs précis, les actes à caractère prospectif demeurent néanmoins des actes imprécis dus au caractère incertain de la matière.

Sur la force obligatoire des actes à caractère prospectif : « *la force juridique naissante des actes à caractère prospectif ne peut être comparée exactement à celle des règles de droit puisqu'il s'agit d'actes originaux et relativement récents. On ne peut donc encore les situer dans la pyramide des actes juridiques, ni montrer de quelle façon ils sont sanctionnés, car la sanction est encore très embryonnaire. Mais il est possible de montrer leur insertion dans l'ordre juridique dans la mesure où ils tendent à être dotés d'une certaine force obligatoire, et bien qu'encore insuffisamment sanctionnés »*[2]. Les actes juridiques à caractère prospectif n'ont en effet aucune valeur constitutionnelle même si certains d'entre eux comme le Plan ou les lois de programme ont été prévus par la Constitution.

Les actes à caractère prospectif s'imposent à l'administration : par exemple, les lois de programme et d'orientation votées selon la procédure législative normale s'imposent à l'administration en vertu du principe de légalité sans être opposables aux particuliers. Les actes à caractère prospectif ne sont pas susceptibles de recours pour excès de pouvoir[3] ou de recours en annulation qu'ils ne le sont à l'égard des mesures d'ordre intérieur.

D'autre part, certains spécialistes des sciences juridiques ont étudié minutieusement la boîte noire d'un autre concept : « *le droit administratif de l'aléatoire* ». Contrairement au droit administratif classique (droit du « déterminé ») qui est essentiellement un droit de contrôle, de commandement tandis que le « *droit administratif de l'aléatoire* »[4] met plus l'accent sur la recherche permanente de la confiance entre les différents

---

[1] CHAPAL (C.), *op. cit.,* p. 324.
[2] CHAPAL (C.), *op. cit.,* p. 330.
[3] Ces actes s'imposent à l'administration et laissent une certaine autonomie à l'administration. Pour les mesures d'ordre intérieur, c'est la liberté dans l'organisation et la gestion des services alors que les actes à caractère prospectif sont caractérisés par une adaptation permanente aux aléas liés à la conjoncture économique.
En outre, si ces actes d'un type nouveau s'imposent à l'administration, ils ne peuvent produire d'effets juridiques à l'égard des particuliers que par l'intermédiaire des normes classiques.
[4] Terme propre à André HAURIOU. Les spécialistes du droit public vont essayer de reprendre à leur compte l'étude systématique des techniques juridiques pour réduire les incertitudes contenues dans la boîte noire de la planification. C'est pourquoi, « *les techniques du droit cherchent à limiter la part d'incertitude qu'il y a nécessairement dans le déroulement des actions humaines ; qu'elles s'efforcent de ramener l'« aléatoire » ou le « conditionné » à du « déterminé ». Les disciplines juridiques tendent, en effet, à une rationalisation et à une stabilisation des phénomènes sociaux ou économiques et, par conséquent, elles s'orientent naturellement vers des concepts ou des techniques se rattachant au domaine du « déterminé », parce que c'est là que les certitudes se trouvent ou, tout au moins, que la stabilité la plus grande peut se rencontrer* », HAURIOU (A.), « Le droit administratif de l'aléatoire », extrait des *Mélanges offerts à Monsieur Louis Trotabas*, LGDJ, Paris, 1970, p. 200.

partenaires participant au processus de planification. L'expression « droit administratif de l'aléatoire » ou « conditionné » est utilisée pour rendre compte de certaines démarches de l'administration ou de certaines situations juridiques nouvelles comme les actes juridiques à caractère « prospectif ».

En résumé, le droit administratif de l'aléatoire privilégie la concertation[1], la recherche de la confiance entre les différents partenaires, la pratique d'actes collectifs et l'obligation de comportement.

Parallèlement à l'existence des actes à caractère prospectif, d'autres problématiques juridiques étaient posées aux juristes.

En France, fondamentalement, l'introduction de la planification dans le système juridique a provoqué un réel intérêt pour les juristes en étudiant son insertion dans l'arsenal juridique. La question était de savoir si le plan relevait-il de la loi ou du décret. Or, la Constitution de la Cinquième République fait une distinction nette entre ce qui relève de la loi (art. 34 C.) et ce qui relève du domaine du règlement (art. 37 C. de 1958). Bien que le plan relève de la matière législative, la Constitution de 1958 ne l'énumère point. La solution viendra des sages : ainsi, le Conseil constitutionnel (C.C.) clôt le débat en reconnaissant aux lois de plan la nature d'une loi ordinaire[2].

L'esprit général de cette réflexion est de revenir sur les implications juridiques de la thématique du Plan dans le système juridique français, car « *il n'existe guère de question qui, depuis la fin de la guerre, n'ait soulevé autant d'interrogations que la nature juridique du plan. Les juristes ont le sentiment d'être en face d'un objet nouveau non identifié* »[3].

Par sa nouveauté et par les problèmes réels qu'elle posait, la planification indicative a très vite attiré l'attention des juristes et leur a permis d'avoir

---

[1] Pour André HAURIOU, « *Ce changement considérable, radical même à certains égards, provient d'une sorte de transfert dans ce que l'on peut appeler « le capital-savoir ». Dans le droit administratif classique, le droit du déterminé, l'Administration est celle qui sait ; les administrés, les concessionnaires, les collectivités locales, les dirigeants des entreprises publiques eux-mêmes, ne savent pas : chacun d'entre eux doit donc être considéré comme un « infans », auquel l'Administration dicte la conduite à suivre, en même temps qu'elle se réserve de contrôler son action. Dans le droit Administratif de l'aléatoire, par contre, l'Administration n'est pas celle qui sait ou, en tout cas, pas toujours. Dans un « contrat de recherches » ou même un « contrat de programme », celui qui sait, c'est l'entreprise qui fait les recherches ou la profession qui met en œuvre les moyens qui doivent lui permettre d'atteindre les objectifs du Plan* », *op. cit.*, p. 224.

[2] Décision du Conseil Constitutionnel rendue le 27 juillet 1982 à propos de la loi du 29 juillet 1982 sur la planification.

[3] MESCHERIAKOFF (A.-S.), (1994), *Droit public économique*, Paris, PUF, p. 166. Comme le notait André de Laubadère, le plan « *dès sa naissance, n'a pas manqué d'intriguer les juristes. Qu'est-ce, au point de vue juridique, que ce volumineux document remorqué par une loi squelettique, qui semble relever moins de fonctions normatives, recommande sans lier ? Le problème est difficile en raison de la nouveauté et de la singularité de l'acte « planificateur » au regard des catégories juridiques classiques et jusqu'ici les réponses semblent être plus négatives (non juridicité du Plan, caractère non impératif et non obligatoire du Plan) que constructives* », LAUBADERE (A. de), (1977), *Traité de droit administratif*, Paris, L.G.D.J., 3ème édition, p. 92.

« du grain à moudre » dans la réflexion doctrinale sur la nature juridique du plan et de ses implications.

En réalité, ce qu'ignoraient ces juristes, c'était surtout comment aborder les nouvelles problématiques que posent le droit et le Plan – plus particulièrement, leur collision allait entraîner des tensions fortes dont le juriste est appelé non pas à adopter une vision statique, mais plutôt de faire preuve de dynamisme réflexif. Il s'agit pour lui d'identifier cet objet « non encore identifié » juridiquement.

D'abord, le Plan participerait à l'élaboration d'une catégorie nouvelle d'actes juridiques dont le professeur Jean Rivéro notait déjà en 1947 l'existence d'une « *contradiction entre la notion traditionnelle de loi et la notion de plan* »[1].

Parmi les théories dominantes, le Plan serait un « *acte normatif* » dont l'approbation parlementaire nécessite le vote d'une loi ordinaire (André de Laubadère); il serait « *un pacte* » (François Bloch Lainé) voire même un « *contrat social nouveau de type économique* » et non politique comme celui de Jean Jacques Rousseau (Henri Jacquot). Pour Marcel Waline, cette catégorie juridique nouvelle constitue des « *actes prospectifs* » alors que pour Paul Marie Gaudemet, il serait des « *actes programmes* » en ce sens que les programmes gouvernementaux sont lus par les chefs de gouvernements devant les assemblées parlementaires.

Certains juristes français ont qualifié le Plan ou ses divers instruments d'exécution à des « *actes collectifs* » ou « *d'actes-union* » où ce que les Allemands appellent « *gesamtakt* » ou de « *vereinbarunb* » et les Italiens d'« *atto complesso* ».

Sur le plan normatif, les plans français et soviétiques se rangeraient dans ce qu'on a appelé la catégorie des « *normes –règles* » avec cependant une différence de taille. Le *Plan soviétique* étant impératif, édicte des normes obligatoires et privilégie plus une « obligation de résultats » (et André Hauriou parle de « *norme-objectif* ») tandis que la *planification à la française* dont la caractéristique principale est d'être *indicative et incitative* favorise plus « une obligation de comportement » en donnant la liberté aux acteurs concernés d'agir au « mieux » avec les moyens dont ils possèdent pour l'exécution du Plan.

Sur le plan strictement doctrinal, le débat a été dense. Le Plan a un caractère « *indicatif* » tandis que le *droit est « normatif »*. Une partie de « *l'opinion la plus courante semble bien refuser au Plan la nature d'un acte du droit* »[2] et lui attribue plutôt le caractère d'un *acte politique*. La doctrine

---

[1] RIVERO (J.), « Le Plan et le droit », in *La planification comme processus de décision*, Paris, FNSP, 1965, p. 124.

[2] LAUBADERE (A. de), *op. cit.*, p. 93. Cet auteur cite les tenants de cette thèse : J-Louis QERMONNE, J. de SOTO (cf. « Grands services publics et entreprises nationales »), J. CHEVALLIER, (Cf « Les formes actuelles de l'économie concertée »).

admet que les effets de la programmation inscrite au Plan demeurent extérieurs à l'appareil politico-administratif et à l'ordonnancement juridique.

Dès 1947, un premier auteur, Jean Rivéro, s'intéresse à la question en examinant le problème juridique du Plan et précise que la Constitution de 1946 élève le Plan au rang de principe constitutionnel. La mise en forme juridique se présentait lors du premier Plan comme une « superstructure pure et simple » appliquée en dessus de l'appareil économique. Il en conclut que le Plan ne peut entrer dans le droit et il existe une contradiction entre la notion traditionnelle de loi et la notion de Plan.

En 1965, un second auteur, Jean-Louis Quermonne, démontre que la programmation inscrite au Plan est sans effet juridique ; elle reste « *extérieure à l'ordonnancement juridique* »[1] et par conséquent à la hiérarchie des actes juridiques.

Aborder la question de la juridicité du Plan revient à faire la distinction entre ce qui relève du juridique et ce qui relève du politique ; il faut donc de la part du spécialiste du droit « *imaginer un nouveau logement pour l'accueillir* »[2].

Sur le plan formel, le Plan est adopté par le parlement. Il est similaire à la catégorie des lois dites formelles avec une nuance (le Plan est considéré en tant qu'acte annexé à une loi d'approbation). Plus encore, « *c'est de la catégorie des lois de finances que l'on peut rapprocher le Plan pour ses parties concernant les investissements publics et, plus précisément encore, des « lois de programmes » visés à l'article 34, alinéa 6, de la Constitution (« Des lois de programme déterminent les objectifs de l'action économique et sociale de l'État »*[3]).

Sur le plan matériel, le Plan se rapproche des lois par l'existence de dispositions générales. Pour André de Laubadére, « *ce trait le rattache à la catégorie très largement entendue des actes législatifs, au sens au moins de la doctrine qui définit l'acte matériellement législatif comme un acte à portée générale. Mais il va de soi que ce qui empêche d'aller jusqu'au bout du rapprochement avec la loi et différencie profondément le Plan de la loi réside dans le caractère non impératif du Plan. Sur ce terrain, l'obstacle à l'assimilation paraît bien infranchissable* »[4].

Il est tout à fait passionnant au cours de ces débats intenses de remarquer l'évolution de la pensée de certains auteurs comme celle de M. Rivéro pour

---

[1] QUERMONNE (J.-L.), « Les effets de la planification au niveau de l'appareil politique et de l'ordonnancement juridique » in *La planification comme processus de décision*, Colloque FNSP et IEP Grenoble, 1965.

[2] QUERMONNE (J.-L.), « Les effets de la planification au niveau de l'appareil politique et de l'ordonnancement juridique », *Ibid.*

[3] QUERMONNE (J.-L.), « Les effets de la planification au niveau de l'appareil politique et de l'ordonnancement juridique », *Ibid.*

[4] LAUBADERE (A. de), *Traité de Droit administratif, L'administration de l'économie*, *op. cit*, p. 94 -95.

qui en 1947 concluait que le Plan ne pouvait entrer dans le droit et qu'il existait une contradiction entre la notion traditionnelle de loi et la notion de Plan. En 1963, M. Rivéro se demandait finalement si « *la planification bien qu'extérieure à « notre droit » ne pourrait pas cependant entrer dans le « droit »*[1].

L'analyse de ces quelques aspects de *l'État planificateur* illustre assez bien qu'il s'agit aussi d'un type d'État doté d'une série de stratégies. En effet, les pouvoirs publics définissaient des objectifs à atteindre et l'allocation des ressources autour de recommandations stratégiques. Le développement de la connaissance statistique et de la prospective ont permis de « *rendre l'action de l'État cohérente et prévisible* »[2]. Grâce à la « *rigueur du calcul et à la pertinence de l'action* »[3], une véritable « *stratégie de réaction à l'événement* »[4] a été déployée pour gagner « *le combat de la compétitivité* »[5]. Pour la « *coordination de la politique publique et des actions privées, la planification économique nationale constituait un élément majeur*»[6]. L'État bénéficiait aussi de pouvoir de réglementation puissant dans diverses domaines : les prix, l'investissement, les salaires, le crédit, *etc*.

Au cours du développement du droit de l'État planificateur, se mettent en place très progressivement de nouvelles normes juridiques : le Plan, le « droit administratif de l'aléatoire », le développement de la « politique contractuelle » et le « *droit de la planification* »[7]privilégiant les procédures souples et de concertation dans l'édification des politiques gouvernementales. Ces caractéristiques de souplesse et de concertation sont bien la preuve que d'une certaine manière, le droit de *l'État planificateur* présente certains éléments qui sont communs avec celui de *l'État stratège*.

Si l'étude de la thématique de l'État planificateur a montré qu'il s'agissait au fond d'un type d'État qui correspondait à un modèle d'interventionnisme d'après-guerre et donc stratège, il s'avère en effet qu'il ne déploie pas les mêmes stratégies ni les mêmes instruments juridiques dont disposerait aujourd'hui l'État stratège.

§ 5. Limites et dangers de la prospective

Malgré l'intérêt que présente la prospective dans la direction de l'action publique, celle-ci présente néanmoins selon Lucien Sfez de réels dangers. Pour cet auteur, ces risques sont au nombre de trois. En premier lieu, *un*

---

[1] CHAPAL (C.), « Recherche sur la notion et le régime des actes juridiques à caractère « prospectif », *AJDA*, Juin 1968, p. 330.
[2] KUISEL (R. F.), *op. cit.,* p. 388.
[3] MASSE (P.), *op. cit.,* p. 246.
[4] MASSE (P.), *op. cit.*, p. 248.
[5] MASSE (P.), *op. cit.*, 246.
[6] KUISEL (R. F.), *op. cit.,* p. 417.
[7] FARJAT (G.), *Droit économique*, Paris, PUF, 1971, p. 114.

mauvais usage de la prospective peut présenter l'inconvénient de « *figer l'avenir* ». En deuxième lieu, un mauvais usage de la prospective peut conduire à *supprimer le dialogue entre experts et hommes politiques* : cela conduit soit l'acceptation théorique du projet ou l'adoption de mesures parcellaires contraires à ses finalités. En troisième lieu, il y a un danger lié à une mauvaise utilisation de la prospective qui est d'*ignorer l'opinion* : or, l'adhésion de l'opinion à un scénario prospectif est nécessaire pour tout projet politique ayant vocation à produire un impact sur la société. Il est vrai aussi que généralement, l'opinion publique n'est pas suffisamment prise en compte dans des débats jugés trop futuristes, complexes et parfois très éloignés des préoccupations quotidiennes des populations. On comprend dès lors, les raisons qui obligent les pouvoirs publics à associer davantage les citoyens dans les débats politiques au travers de dispositifs participatifs.

Tous ces éléments évoqués précédemment nous livrent un panorama assez complet sur les différents usages de l'anticipation indissociable du rôle stratège de l'État. L'anticipation sert de guide, de phare pour rendre l'action publique prévisible. N'angélisons pas tout, au point d'oublier « *l'arbre qui cache la forêt* » : l'Hexagone souffre d'un réel déficit de prospective. En effet, force est de constater à juste titre avec Bernard Carayon que la France « *manque à la fois un cadre, une vision prospective et stratégique dotée de scénarios intégrateurs* »[1] pour anticiper les transformations qui affectent l'État et son droit, l'économie et la société, etc. Or, la prévision et la prospective gardent encore toute leur importance pour anticiper les évolutions normatives juridiques au moins dans les enceintes internationales, lieux de fabrique des stratégies d'influence.

CONCLUSION

En conclusion de ce chapitre, on rappellera que l'anticipation est une fonction stratégique de l'État stratège. Fondées sur des techniques et des méthodologies différentes, prévision et prospective sont deux instruments centraux de tout dispositif de rationalisation de l'action publique orienté vers l'avenir. L'anticipation entretient un lien étroit avec le droit comme nous venons de le voir. Aussi utile soit-elle, l'anticipation présente des limites et des dérives ; elle ne constitue pas une panacée pour maîtriser et neutraliser la complexité et l'incertitude dans lesquelles se déploie aujourd'hui l'action publique.

[1] CARAYON (B.), *Intelligence économique, compétitivité et cohésion sociale, rapport au Premier ministre*, Paris, La Documentation, 2003, p. 59.

CHAPITRE 2

L'ADAPTATION DES OUTILS ET DES STRATÉGIES D'INTERVENTION ÉCONOMIQUE DE L'ÉTAT

La mondialisation a contraint les États à ajuster leurs techniques d'intervention dans l'économie : l'action publique évolue en effet dans une « *économie de confrontation, fondée sur la circulation de l'information et sur la concurrence* »[1]. Le secteur public a subi ces dernières décennies de profondes transformations : non seulement il est concurrencé par le secteur privé, mais aussi au niveau supra étatique, on ne saurait oublier l'influence qu'exercent les politiques communautaires sur les politiques nationales ; enfin, sur la scène internationale, la concurrence est encore plus vive mettant aux prises une multitude d'acteurs (États, firmes internationales, fonds souverains, *etc.*). Sous l'empire de la concurrence, la problématique des interventions économiques de l'État se pose avec acuité et exige que des solutions nouvelles soient apportées. Dépossédé de sa capacité d'intervention globale, l'État est appelé à remodeler sa logique d'action en privilégiant la sélectivité.

Sous couvert de planification, l'État des années 1960 s'était doté de stratégies permettant de déployer son action. La protection des intérêts du pays était régie par l'ordonnance n° 59-147 du 7 janvier 1959 : la stratégie défensive était alors exclusivement dirigée vers des préoccupations « sécuritaires ». Or les techniques d'intervention de cette époque sont aujourd'hui inopérantes pour traiter les problématiques d'un genre nouveau que pose l'économie de marché telles que la promotion et/ou la protection d'activités présentant des enjeux stratégiques pour la France.

Si le marché joue un rôle essentiel dans la régulation de l'économie, la place de l'État ne saurait être négligée. On est loin de la thèse de la fin du rôle de l'État : ce rôle est même redevenu essentiel du fait de la

[1] BOUVIER (M.), ESCLASSAN (M.-C.) et LASSALE (J.-P.), *Finances publiques*, *op. cit.*, p. 101.

mondialisation et de la globalisation financière. Cependant, le nouvel interventionnisme étatique suppose une technique juridique adaptée : toute stratégie d'intervention, même bien élaborée, a besoin de s'appuyer sur des outils juridiques adéquats permettant sa mise en œuvre. Les techniques juridiques produisent inévitablement des effets sur la nature de l'intervention de l'État et constituent de véritables « armes » dans les politiques de concurrence. Le choix des instruments d'action est essentiel et loin d'être neutre.

Avec l'avènement de la mondialisation, il semble que les frontières entre les États soient poreuses, perméables à tout investisseur désirant s'installer sur le territoire pour développer ses activités. Or, on observe plutôt une oscillation entre ouverture et repli.

L'action économique de l'État implique le déploiement d'une série de stratégies pour accompagner les entreprises sur la scène internationale et accueillir des investisseurs étrangers : l'investissement est devenu un enjeu économique et stratégique pour tout gouvernement confronté aux problématiques de chômage et de la croissance. Quant à l'accueil des investisseurs étrangers, il est devenu une « *grande cause nationale* ». Lorsque les intérêts vitaux du pays sont menacés, un mécanisme de protection sera déployé illustrant par là même, toute la complexité des modes d'intervention des pouvoirs publics dans les activités économiques.

Au cœur de cette complexité se profilent ainsi deux types de stratégies : on étudiera dans un premier temps les instruments juridiques de la stratégie offensive puis ceux permettant la mise en œuvre de la stratégie défensive.

SECTION 1. LES INSTRUMENTS JURIDIQUES DE LA STRATÉGIE OFFENSIVE

Les États mobilisent une panoplie d'instruments d'action parmi lesquels les instruments juridiques.

L'enjeu est d'être bien positionné sur le marché afin d'exploiter les possibilités et avantages qu'il offre. Il s'agit également de prendre l'initiative pour réduire la liberté d'action des concurrents. Chaque acteur agit en fonction de ses intérêts économiques. Mais une telle *« stratégie est toujours limitée dans le temps »*[1].

On verra qu'en France, la démarche a consisté à mettre en place des mesures d'accompagnement des entreprises dans la compétition internationale ; ces mesures sont complétées par des normes « souples » et attrayantes.

---

[1] REYSSET (P.) et WIDEMAN (T.), *La pensée stratégique*, Paris, PUF, Coll. « Que sais-je ? », 1997, p. 59.

§ 1. L'accompagnement des entreprises dans la compétition économique

L'État stratège vise tout d'abord à soutenir les entreprises dans la compétition mondiale : le soutien ne consiste pas à se substituer à elles, mais à appuyer leur stratégie de développement sur les marchés étrangers. Quelle que soit la forme de l'intervention, celle-ci s'inscrit dans une logique partenariale. L'aide qu'apportent les pouvoirs publics aux entreprises dans la compétition se décline en mesures d'accompagnement.

La concurrence entre États implique que chaque entité s'engage à promouvoir les intérêts stratégiques des entreprises : l'État est l'« *avocat des intérêts nationaux* »[1] même à l'étranger. La promotion des intérêts du pays a été en France un élément constitutif de sa souveraineté et a *« contribué à forger l'État et à donner à notre pays son identité »*[2].

Si elles ne se confondent pas, les stratégies économiques de l'État et celles des entreprises du secteur privé sont étroitement imbriquées : l'État poursuit un objectif général de compétitivité de l'économie et de ce fait va apporter son soutien aux entreprises afin de les promouvoir sur la scène internationale. En réalité, les stratégies de développement des entreprises sur les marchés extérieurs coïncident avec les priorités nationales. Il existe bien une cohérence dans la nouvelle démarche de l'État consistant à renforcer les choix stratégiques des entreprises sur les marchés étrangers : en apportant son soutien aux entreprises à l'étranger, l'État contribue non seulement à améliorer leur compétitivité, mais aussi la compétitivité de l'économie nationale.

De fait, l'État est tenu en France « *d'accompagner les entreprises dans la compétition mondiale, il est invité à appuyer les stratégies d'implantation des entreprises sur les marchés extérieurs ou de prise de contrôle d'entreprises étrangères* »[3]. Afin que cet accompagnement soit efficace, les pouvoirs publics ont ajusté l'action extérieure de l'État en adaptant son organisation : c'est le cas avec la création de l'« Agence Ubifrance[4], Agence française pour le développement international des entreprises ». Mise en place par le décret du 30 janvier 2004, Ubifrance est un établissement public industriel et commercial (EPIC) rattaché au Ministère de l'Economie et des Finances « *chargé de la définition des modalités de réalisation, de diffusion,*

---

[1] Commissariat général du Plan, *Pour un État stratège, garant de l'intérêt général*, *op. cit.*, p. 21.

[2] PICQ (J.), *L'État en France*, *op. cit.*, p. 52.

[3] CHEVALLIER (J.), « L'État stratège », *op. cit.*, p. 377.

[4] L'Agence « Ubifrance » est issue de la fusion de deux organismes : le Centre français du Commerce extérieur (chargé de l'information) et le Comité Français des Manifestations Economiques à l'Etranger (chargé de la promotion) ; elle rationalise les structures de l'action extérieure de la France en un guichet unique.
En France, son réseau comporte six directions interrégionales travaillant de manière étroite avec les Chambres de commerce et d'industrie. À l'étranger, Ubifrance dispose de soixante-six missions économiques présentes dans quarante-six États. Les postes consulaires et notamment diplomatiques jouent un rôle clé dans ce dispositif.

de commercialisation et de tarification des produits et services des missions économiques »[1]destinées aux entreprises. Ubifrance soutient et accompagne les entreprises françaises dans leurs démarches tant à l'exportation qu'à l'importation sur les marchés extérieurs en s'appuyant sur ses bureaux à l'étranger appelés « missions économiques-Ubifrance »[2]. Selon l'alinéa 5 de l'article 1er du décret n° 2004-103 du 30 janvier 2004, elle [3]a pour mission de réaliser, de coordonner et d'encourager toute action de promotion destinée à *« accompagner les entreprises, notamment en matière de coopération technique industrielle et commerciale, de présence dans les foires, salons, expositions et manifestations internationales ou nationales à l'étranger (...) ainsi que des programmes de formation* »[4]. Il s'agit de créer les conditions permettant de donner une plus grande visibilité aux entreprises françaises sur la scène internationale. Ceci implique une politique de promotion en vue de les faire connaître. Quant à la formation des chefs d'entreprise, elle est essentielle dans une économie dominée par la concurrence : la formation comporte toujours divers enjeux stratégiques : acquisition de connaissances pour élargir les compétences, mise à disposition d'informations précieuses sur les marchés ciblés, etc., pour construire des stratégies en vue de positionner les entreprises hexagonales. À cet égard, Ubifrance contribue à la détection des entreprises potentiellement exportatrices et à la sensibilisation de leurs dirigeants,[5] en particulier parmi les petites et moyennes entreprises ; analyse les attentes des entreprises, des organisations de soutien au commerce extérieur professionnel[6] ; assiste les pouvoirs publics pour l'élaboration des priorités géographiques, sectorielles et thématiques du dispositif public et le suivi de leurs mises en œuvre[7] ; développe à l'étranger la connaissance de l'offre de produits et services des entreprises françaises[8], *etc.*

S'agissant de la gouvernance, l'Agence française pour le développement international des entreprises est dirigée par un directeur général[9] nommé par décret après avis du conseil d'administration. Selon le nouvel article 2 du décret n° 2008-1548 du 31 décembre 2008, une convention pluriannuelle entre l'État représenté par le ministre chargé de l'Economie et Ubifrance

---

[1] Article 2 du décret n° 2004-103 du 30 janvier relatif à Ubifrance.

[2] Article 3 du décret n° 2008-1548 du 31 décembre 2008 relatif à Ubifrance, Agence française pour le développement international des entreprises.

[3] Parfois, on citera uniquement l'expression « Ubifrance » pour désigner simplement l'Agence française pour le développement international des entreprises.

[4] Alinéa 5 de l'article 1er du décret n° 2004-103 du 30 janvier 2004 relatif à Ubifrance, Agence française pour le développement international des entreprises.

[5] Alinéa 1 de l'article 1 du décret n° 2004-103 du 30 janvier relatif à Ubifrance, Agence pour le développement international des entreprises.

[6] Alinéa 2 de l'article 1 du décret n° 2004-103 du 30 janvier relatif à Ubifrance.

[7] Alinéa 3 de l'article 1 du décret n° 2004-103 du 30 janvier relatif à Ubifrance.

[8] Alinéa 6 de l'article 1 du décret n° 2004-103 du 30 janvier relatif à Ubifrance.

[9] Article 9 du décret n° 2004-103 du 30 janvier relatif à Ubifrance.

représenté par son directeur général « *définit les objectifs et les moyens nécessaires à la mise en œuvre des missions* »[1]. Le directeur général est assisté d'un ou de plusieurs directeurs généraux adjoints. L'agence est administrée par un conseil d'administration[2] composé de vingt-huit membres[3]. Les représentants de l'État et du personnel sont nommés par arrêté du ministre chargé du commerce extérieur. Le président du conseil d'administration est nommé par arrêté du ministre chargé du commerce extérieur sur proposition du conseil d'administration parmi les parlementaires ou les personnalités qualifiées. La durée des mandats est de cinq ans[4] sauf pour les parlementaires bénéficiant d'un mandat électif. Les membres exercent leur fonction à titre gratuit, [5]mais bénéficient du remboursement de leurs frais. Ils sont tenus de respecter la confidentialité des délibérations ; le conseil se réunit au moins deux fois par an et statue à la majorité simple[6]. Ses délibérations s'appliquent de plein droit[7] sauf si le commissaire du Gouvernement demande la suspension de l'exécution dans les dix jours suivant la délibération. Le conseil d'administration délibère sur les conditions générales d'organisation et de fonctionnement, le règlement financier, le programme d'activités, l'état annuel des prévisions de recettes et dépenses, etc. Il rédige un rapport annuel d'activité. Enfin, le personnel d'Ubifrance est composé de salariés de droit privé[8] en France et à l'étranger et des fonctionnaires civils et militaires détachés ou mis à disposition.

L'État peut en outre apporter son appui aux entreprises vis-à-vis de l'extérieur en mettant à leur disposition des conseils et de l'information stratégique. L'information économique comporte une dimension stratégique pour les entreprises et pour les États : dès le milieu des années 1960, « *le rôle central de l'information économique et sociale comme facteur de*

---

[1] Article 2 du décret n° 2008-1548 du 31 décembre 2008 relatif à Ubifrance.

[2] Article 3 du décret n° 2004-103 du 30 janvier relatif à Ubifrance.

[3] Voir l'article 3 du décret n° 2004-103 du 30 janvier relatif à Ubifrance. Le conseil d'administration est composé d'un député et d'un sénateur, de cinq représentants des ministres chargés des Affaires étrangères, de l'Économie, de l'Équipement, de l'Agriculture et du Commerce extérieur, de six représentants des conseils régionaux, des organisations professionnelles et consulaires, d'un président de région, de représentants du Mouvement des entreprises de France (MEDEF), de la Confédération générale des petites et moyennes entreprises (CGPME), de l'Association des chambres françaises de commerce et d'industrie (ACFI), de l'union des chambres de commerce et d'industrie françaises à l'étranger (UCCIFE) et du Comité national des conseillers du commerce extérieur de la France (CNCCEF).

[4] Article 5 du décret n° 2004-103 du 30 janvier relatif à Ubifrance.

[5] Article 3 dernier alinéa du décret n° 2004-103 du 30 janvier relatif à Ubifrance.

[6] Article 6 du décret n° 2004-103 du 30 janvier relatif à Ubifrance.

[7] Article 8 du décret n° 2004-103 du 30 janvier relatif à Ubifrance.

[8] Article 12 du décret n° 2004-103 du 30 janvier relatif à Ubifrance. Les salariés de droit privé sont régis par un accord collectif d'entreprise (art. 9 du décret n° 2008-1548 du 31 décembre 2008 relatif à Ubifrance).

développement et de mobilité semble mieux perçu »[1] en France. Le recours à l'information va être croissant aussi bien dans la sphère privée que dans la sphère publique.

Identifier les marchés potentiellement porteurs d'enjeux économiques pour les entreprises nationales est devenu indispensable : il s'agit de répondre rapidement et efficacement aux sollicitations constantes des chefs d'entreprises qui ont besoin d'informations stratégiques pour la prise de décisions pertinentes ; pour être compétitives, les grandes comme les petites entreprises ont besoin d'accéder à l'information juridique, commerciale, financière, statistique, techniques, etc., plus facilement et à un meilleur prix pour bâtir leur stratégie d'action. L'État stratège de l'économie est un État qui facilite l'accès des entreprises à l'information stratégique. La création de la nouvelle Agence « Ubifrance » s'inscrit dans cette démarche d'appui des stratégies des entreprises à l'extérieur. Selon l'article 1er du décret du 30 janvier 2004, sa mission principale est de « *concevoir, assembler, réaliser et diffuser, à titre gratuit ou payant, sous forme collective ou individuelle, des produits d'information et de veille sur les marchés extérieurs et sur la concurrence, adaptés aux besoins des entreprises, et dans ce cadre, d'assurer prioritairement la diffusion et la commercialisation des prestations du réseau des missions économiques du ministère de l'Économie et des Finances »*[2]. La principale difficulté réside dans le fait que la plupart des moyennes entreprises sont dépourvues de moyens financiers pour supporter le coût de services de veille économique et/ou juridique ou de s'offrir de conseils et d'expertises extérieurs. Aux États-Unis, le gouvernement fédéral fournit d'abondantes informations économiques et stratégiques via les nombreuses agences de renseignement afin de promouvoir les entreprises nationales dans la conquête de nouveaux marchés.

Parallèlement, il convient de rappeler qu'il existe en France une vieille tradition datant de l'époque du président Pompidou consistant à inviter des chefs d'entreprises lors de déplacements des représentants de l'Exécutif à l'étranger pour décrocher des contrats industriels et commerciaux de première importance. Une telle démarche n'est pas une exclusivité française ; presque toutes les grandes puissances économiques la pratiquent. Cette démarche discrète, silencieuse, mais efficace illustre une autre facette de la stratégie offensive de l'Etat sur le terrain économique.

Ailleurs, certains pays émergents utilisent les fonds souverains pour apporter leur soutien à leurs fleurons comme vient de le faire récemment le gouvernement brésilien en donnant « *mandat à un fonds d'État l'accompagnement du développement international de ses grandes*

---

[1] LENOIR (R.) et PROT (B.), *op. cit.*, p. 14.

[2] Alinéa 4 de l'article 1er du décret n° 2004-103 du 30 janvier 2004 relatif à Ubifrance.

entreprises »[1]. La Russie a adopté dès 2004 assez tardivement par rapport à ses voisins[2], le système des fonds souverains afin d'atténuer sa forte dépendance des recettes gazières et pétrolières. Il a été créé le Fonds de stabilisation[3] avec un « *double objectif de stériliser les entrées de pétrodollars dans l'économie et d'accumuler des réserves pour faire face aux conséquences budgétaires d'une baisse des cours pétroliers* »[4]. Pays émergent, la politique offensive que mène la Russie à travers le Fonds de réserve vise à constituer des entreprises de dimension mondiale et à conforter son statut de pays émergents pour servir ses ambitions géopolitiques.

L'État stratège est un État producteur de cadre normatif attractif pour les investisseurs étrangers.

§ 2. Un État producteur de cadre juridique attractif pour les investisseurs

La recherche d'une amélioration de l'attractivité du territoire commande l'élaboration de normes juridiques afin de produire un cadre favorable à l'épanouissement des activités des opérateurs économiques : il s'agit d'influencer les décisions d'implantation des investisseurs sur le territoire ; les investisseurs vont déterminer leurs choix d'implantation dans tel ou tel pays en fonction du droit en vigueur encadrant l'environnement des affaires. L'attractivité territoriale est un autre moyen d'attirer les investisseurs étrangers, d'où l'émergence de « *nouvelles formes d'action publique : les politiques de promotion* » [5]territoriale. Les États sont libres de créer les règles susceptibles d'attirer des acteurs économiques sur son territoire à la condition de ne pas entraver les règles relatives à la concurrence.

Le fait que l'État accorde une priorité à l'accueil des investisseurs étrangers est bien l'indice d'une transformation profonde des modes d'intervention de l'État dans les activités économiques. Si les politiques ayant pour objectif d'accueillir des investisseurs comportent une dimension stratégique et constituent un facteur multiplicateur de croissance économique, il n'existe toutefois pas de lien mécanique entre création d'emplois et activités des investisseurs étrangers.

---

[1] RAPP (L.), *Ces fonds que l'on dit souverains. Fonds d'État et souveraineté financières*, Paris, Vuibert, 2010, p. 169.

[2] Pour comparaison, l'Azerbaïdjan en décembre 1999, le Kazakhstan en août 2000.

[3] C'est le nom que porte le Fonds souverain russe. En 2005, le fonds est doté d'un montant de 43 milliards de dollars et en 2008, il a atteint la somme de 157 milliards de dollars.

[4] CHEVRIER (C.), « Les fonds souverains en Russie », *Revue d'Economie Financière*, hors-série 2009, p. 76.

[5] HATEM (F.), « Politique d'attraction des investissements étrangers et politique commerciale », in FERRANDON (B.), (sous la dir.), *La politique économique et ses instruments*, Paris, La Documentation française, 2004, p. 60.

Après avoir évoqué le rôle central de l'État comme producteur de cadre juridique, on se concentrera sur l'étude de l'attractivité du dispositif français afin d'appréhender sa portée.

Traditionnellement, lorsqu'on évoque le terme « investissement », il est fait allusion aux investissements réalisés par un opérateur économique hors du territoire national : mais une telle conception mérite d'être nuancée avec la création de fonds d'État pouvant avoir comme but la protection de l'économie. Le concept d'« investissement » entretient par ailleurs une relation étroite avec la problématique des délocalisations perçues comme « *un transfert d'activités économiques du territoire national vers un pays étranger afin de réimporter sur le territoire national l'essentiel des biens produits ou de servir les mêmes marchés* »[1]. Un investissement direct « *correspond à une véritable activité sur le territoire étranger et se distingue du simple placement* »[2].

Dès les années soixante, l'Irlande a été l'une des premières nations à se doter d'une stratégie en vue d'attirer les investisseurs étrangers par une fiscalité attrayante ; en France au contraire, la méfiance des pouvoirs publics était de mise (rigidité du droit, lourdeurs des procédures bureaucratiques (notamment les autorisations administratives, etc.). Les décideurs publics étaient peu favorables à une politique d'attraction des investissements étrangers. Les prémisses d'un cadre réglementaire adapté vont se mettre en place au cours des années 1970 et 1980. Cette évolution s'explique d'une part, par l'accélération de la libéralisation de l'économie et d'autre part, par l'impact du droit communautaire sur le droit national (se traduisant par la suppression des autorisations pour les investisseurs européens qui bénéficient désormais des mêmes droits que les opérateurs économiques français). Néanmoins, il a fallu attendre la fin des années 1990 et début 2000 pour voir l'édification d'un cadre juridique pour les investisseurs désireux de s'implanter sur le sol français.

La compétition impose aux gouvernements d'améliorer la législation, pour créer un environnement propice aux affaires. Afin d'être en phase avec les stratégies déployées par les autres concurrents, la France s'est dotée d'un dispositif d'accueil des investisseurs en créant le réseau « *Invest in France Network* » dès 1992 pour promouvoir la « destination France ». Mais toute politique publique implique qu'après un certain délai que celle-ci fasse l'objet d'évaluation pour apprécier son efficacité. L'Office parlementaire d'évaluation des politiques publiques dans son rapport public du 5 mai 1999 sur l'évaluation du dispositif public de promotion des investissements étrangers en France notait qu'en dépit de quelques faiblesses (fiscalité

---

[1] Conseil d'Analyse Economique, *Mondialisation : les atouts de la France*, Paris, La Documentation française, 2007, p. 76.

[2] ALFREDO (P.), « L'implantation des entreprises en Espagne et les réglementations française et espagnole relatives aux investissements directs », *Gazette du Palais*, 29 janvier 1993, p. 19.

globale lourde, niveau élevé des charges sociales, instabilité réglementaire, recherche publique difficilement accessible au secteur privé, législations de l'environnement des affaires et du travail jugées trop peu flexible), la France a réalisé d'importants progrès. Dans le même temps, le rapport mettait en lumière deux difficultés auxquelles était confronté le dispositif hexagonal. D'une part, le système de promotion des investissements était en réalité « *un dispositif éclaté, dépourvu de vision stratégique* »[1]. Le rapport insistait d'autre part, sur la « carence stratégique » dont souffraient les structures de l'État : par exemple, il y avait deux dispositifs concurrents, l'un animé par le Ministère de l'Économie et des Finances (Délégation aux investissements internationaux), l'autre centré autour du Ministère de l'Aménagement du territoire (Datar, *Invest in France Network*).

Depuis la publication de ce rapport, les pouvoirs publics ont procédé à la rationalisation du dispositif : celui-ci a été réformé et transformé en 2000 en « Agence Française pour les Investissements internationaux » (AFII), car la compétition impose l'amélioration de la législation. La création de cette structure s'inscrit pleinement dans la problématique des politiques de promotion du territoire en jouant le rôle de « *chasseurs d'entreprises* »[2].

Etablissement public à caractère industriel et commercial institué[3] par la loi sur les nouvelles régulations économiques[4], l'AFII est placée sous la responsabilité conjointe du Ministère de l'Économie et des Finances et du Ministre chargé de l'Aménagement du territoire : elle est « *l'acteur unique au niveau national d'une stratégie qui mobilise les moyens de l'État pour faciliter les démarches des entreprises internationales et accompagner leur installation* »[5]. Sa mission essentielle est d'organiser les relations de la France avec ses partenaires économiques en incitant les investisseurs à venir s'installer en France. Le but est d'améliorer la compétitivité pour créer des emplois[6]. Plus largement, le rôle de l'AFII est de favoriser la promotion du

---

1 VINÇON (S.), *Investissements étrangers en France : l'évaluation du dispositif public de promotion, rapport parlementaire*, Paris, Office parlementaire d'évaluation des politiques publiques, 1999, p. 13.

2 GAYMARD (C.), « Investissements internationaux : forces et faiblesses de la réglementation française » in ROUVILLOIS (F.), (sous la dir.), *Le modèle juridique français : un obstacle au développement économique ?*, Paris, Dalloz, 2005, p. 91.

3 Elle a été créée suite au regroupement de diverses structures déjà existantes à savoir les services de la Délégation à l'Aménagement du territoire et à l'action régionale (Datar, plus précisément la cellule « *Invest in France Agency* »), la Délégation aux investissements internationaux du ministère de l'Economie, des Finances et de l'Industrie et de l'*Association Invest In France Network*.

4 Art. 144 de la loi sur les nouvelles régulations économiques promulguée le 15 mai 2001.

5 YVETOT (B.), LEDRU (V.), « L'Agence française pour les investissements internationaux », *Les Notes Bleues de Bercy*, n° 229-230, 2002, p. 1.

6 Par exemple, « La progression du nombre d'emplois créés par des entreprises internationales en France a été particulièrement forte ces dix dernières années. Le nombre d'emplois nouveaux créés par des investissements étrangers directs est ainsi passé de 13 960 emplois en 1989 à 35 359 en 2000 », YVETOT (B.), LEDRU (V.), *op. cit.*, p. 2.

territoire auprès d'investisseurs et des relais d'opinion ; de promouvoir la prospection des projets internationalement mobilisables ; de favoriser la coordination entre entreprises, collectivités territoriales, agences de développement, administrations, prestataires de services pour faciliter l'accueil des investissements internationaux ; de mettre en cohérence des propositions d'accueil des territoires ; enfin de développer la veille et l'étude des tendances de l'investissement international et des facteurs de localisation. Ceci s'explique par le fait que dans une économie compétitive, les États ont besoin de renforcer leur réactivité en vue de permettre aux grandes entre0prises de gagner des parts de marché.

Si l'AFII s'est dotée d'une stratégie visant à attirer les investisseurs étrangers en France, elle a dans le même temps mis en place une véritable stratégie territoriale : création d'agences au niveau régional réunissant divers acteurs : partenaires économiques (entreprises, industriels, etc.), collectivités territoriales. Cette démarche active de l'État s'inscrit dans une stratégie de mobilisation internationale et locale. Il y a là, le signe d'un interventionnisme étatique d'un type nouveau ciblant certains domaines d'activité.

L'AFII est composée de services centraux et locaux et d'un réseau de bureaux à l'étranger. Ses ressources[1] proviennent essentiellement de l'État et sont constituées de dotations. Elle comprend un Comité d'orientation et de suivi des projets (COSPE) chargé d'orienter des projets vers les partenaires au niveau local. Elle est administrée par un conseil d'administration dont les membres sont élus pour une durée de 3 ans et proviennent de ministère de tutelle, d'administrations, de représentants de collectivités territoriales.

L'Agence française pour les Investissements internationaux établit régulièrement un « tableau de bord de l'attractivité » de la France qui est un document de diagnostic et de conseil. Dans les différents classements, la France figure parmi les premiers pays d'accueil des investisseurs étrangers ; les États-Unis, l'Allemagne et la Grande-Bretagne demeurent les principaux pays d'origine des investissements. Si la France est bien située dans les classements des pays accueillant le plus d'investisseurs étrangers, son rang reste variable selon les années du fait notamment de l'entrée en jeu des économies émergentes. À titre d'illustration, en 1997 la « *France est le quatrième pays récipiendaire de l'investissement direct, après les États-Unis, la Chine et le Royaume-Uni. L'Union européenne demeure la première zone à l'origine des IDE en France (72 %) de l'IDE* »[2]. Puis ce rang a sensiblement évolué en 2004 comme le montre un document de l'Agence française pour les Investissements internationaux plaçant la France

[1] En 2002 par exemple, elle avait un budget équivalent à 15 millions d'euros.
[2] CAE, COHEN (E.), LORENZI (J.H.), *Politiques industrielles pour l'Europe*, Paris La Documentation française, 2000, p. 415.

au deuxième rang mondial parmi les pays accueillant le plus d'investissements étrangers après la Chine[1].

« UBIFRANCE » est désormais dénommé « BUSINESS France », Agence au service de l'internationalisation de l'économie française et du développement des entreprises résultant de l'ordonnance n° 2014-1555 du 22 décembre 2014 portant fusion de l'Agence française pour les investissements internationaux (AFII) et d'UBIFRANCE, Agence française pour le développement international des entreprises. L'Agence Business France est composée d'un comité stratégique pour l'export (art. 6) chargé de préparer et de réaliser le volet export du plan stratégique de l'agence et d'un conseil d'administration formé de vingt-deux membres (art. 7). Formée d'un personnel recruté principalement sur la base de contrats de droit privé, Business France est chargée selon l'article 1er de l'ordonnance du 22 décembre 2014 de *1)* de proposer des prestations et services pour les entreprises implantées en France et pour les investisseurs étrangers afin de favoriser l'internationalisation et l'export des entreprises ainsi que l'accueil des investissements, notamment par des actions de prospection, d'accompagnement et d'accueil ; *2)* d'accompagner la prise de décision des entreprises dans leur développement international et des investisseurs étrangers pour conduire des projets industriels en France, notamment en concevant les informations utiles à la prise de décision et les formations nécessaires à la réalisation de leurs projets ; *3)* de contribuer à la définition et à la mise en œuvre des programmes publics nationaux et territoriaux visant au développement à l'international des entreprises et des filières sectorielles et au renforcement de l'attractivité du territoire ; (…) ; *6)* d'assurer la veille de l'image et de l'attractivité économique de la France à l'international ; *7)* de proposer et de mettre en œuvre la stratégie de promotion de la France, de ses territoires, entreprises et talents et d'animer des réseaux d'influence sur le plan économique et international ; *etc.*

Après que la Principauté de Monaco s'était dotée d'un « Conseil stratégique pour l'attractivité »[2] en juin 2011 visant à promouvoir l'expansion économique du territoire, l'augmentation des recettes publiques, la maîtrise des dépenses publiques et la détermination des grandes orientations stratégiques, la France a créé à son tour un « Conseil stratégique pour l'attractivité » afin de renforcer sa politique d'accueil des investissements directs étrangers et d'attractivité.

Le dispositif public d'attraction des investissements est accompagné d'un ensemble de mesures incitatives : elles sont généralement constituées d'aides à l'innovation, d'aides à la création d'emplois, d'aides à la création

---

[1]Consultable le 26 avril 2011 sur le site Internet www.archives.premier-ministre.gouv.fr/... /seminaires_gouvernementaux_sur attractivité.

[2] Conseil stratégique pour l'attractivité de la Principauté de Monaco, voir le site Internet : www.gouv.mc

d'entreprises, d'allègements fiscaux, de réductions du coût du capital, etc. Plus récemment, des mesures nouvelles ont été prises et concernent le « *crédit d'impôt pour la compétitivité et l'emploi* » (CICE), la réduction de 30 milliards d'euros de charges pesant sur les entreprises d'ici 2017 s'inscrivant dans le cadre du « *Pacte de Responsabilité* » annoncé par le président de la République en janvier 2014. Enfin, certaines mesures de la loi Macron[1] adoptée le 19 février 2015 par l'Assemblée nationale visent à promouvoir une fiscalité plus incitative pour les start-up et les PME afin d'attirer les meilleurs talents[2] ; d'autres mesures concernent l'allègement des obligations des entreprises. La difficulté qui se pose concerne la cohérence et la coordination de l'action des différents acteurs intervenant dans le dispositif de promotion de la « destination France » : il existe une pluralité d'acteurs intervenant dans le dispositif, les uns installés sur le territoire, les autres à l'étranger. La France n'est le seul pays à s'être dotée de ce type de mécanisme : dans la majeure partie des pays industrialisés, les gouvernants ont mis en place des dispositifs analogues en vue d'attirer les investisseurs. Ainsi, l'Allemagne s'est dotée d'un organisme semblable appelé « *Invest in Germany* » où siègent des dirigeants d'entreprises privées tandis qu'en Suède, l'« *Invest in Sweden* » a un personnel mixte bien qu'il demeure public.

La fiscalité est mise en avant par les États pour attirer les opérateurs économiques. D'ailleurs « *l'Union a admis l'utilisation d'une fiscalité attractive pour combler des écarts de développement entre régions* »[3]. Globalement, la législation fiscale française renvoie à une image négative. La législation organisant l'activité des entreprises est mal perçue d'abord par les entrepreneurs français qui dans leur grande majorité déplorent « *l'enchevêtrement et la complexité de notre Droit* »[4] composé de lois, de décrets, de règlements, de circulaires, de directives européennes, *etc*. La législation est ensuite perçue négativement par les opérateurs étrangers : « *les chefs d'entreprise étrangers se plaignent depuis longtemps de la rigidité du Droit social, de la suprématie du légal et du juridique sur l'économique, de l'intervention trop fréquente du juge dans les relations sociales, du poids trop contraignant de l'État dans la réglementation au détriment d'un Droit du travail plus contractuel* »[5]. Ce constat est à terme

[1] Adoption par l'Assemblée nationale du projet de loi Macron le 19 février 2015.

[2] La Semaine juridique, « Projet Macron : mesures sociales adoptées en commission par l'Assemblée nationale », *La Semaine juridique, « édition générale*, n° 4, 26 janvier 2015, p. 147.

[3] Conseil des Impôts, *La concurrence fiscale et l'entreprise, vingt-deuxième rapport au président de la République*, Paris, Les éditions des journaux officiels, 2004, p. 201.

[4] LABAT-OLIVEAU (M.-L.), « La loi française est-elle pénalisante pour les entreprises étrangères ? », *Cahiers sociaux du Barreau de Paris*, n° 162, 2004, p. 28.

[5] LABAT-OLIVEAU (M.-L.), *Ibid.*, p. 28. L'auteur poursuit son argumentation : « *Ils se plaignent également de la fréquence et de la longueur des conflits, du coût du travail (l'un des*

dommageable pour l'économie et contribue à accélérer l'exode des investisseurs vers des destinations les plus attrayantes ; ces éléments ne font qu'accélérer les processus de délocalisation vers les zones géographiques où la main-d'œuvre est la moins coûteuse[1]. Face à ces différentes limites, certains aspects de la loi Macron[2] ayant pour but de réformer le droit du travail (organisation du contrôle du droit, modernisation de l'Inspection du travail, organisation et fonctionnement en vue de raccourcir les délais dans la justice prud'homale) visent à renforcer la lisibilité et la stabilité de l'environnement législatif.

Le rapport public du Conseil des impôts de 2004 révèle que pour accueillir les grands projets d'implantation, les pouvoirs publics sont amenés à procéder à des « aménagements fiscaux » pouvant parfois atteindre la moitié du coût de l'investissement. La France est caractérisée par une multitude d'impôts qui se superposent les uns les autres : impôt sur les sociétés, charges sociales versées par les chefs d'entreprises, etc. Cet « *empilement des impôts nuit davantage à la position de la France* »[3]dans le concert des États les plus attractifs. Une des conséquences qui en résulte, c'est que la fiscalité française pénalise la destination France : en témoignent des « *projets concrets d'investissements qui, en définitive, ont été détournés sur des sites allemands, britanniques, ou belges à cause du poids de la taxe professionnelle* »[4]française.

La taxe professionnelle payée par les entreprises faisant partie des quatre « vieilles » contributions directes (taxe professionnelle, taxe d'habitation, taxe foncière sur les propriétés bâties et non bâties), constituait l'essentiel des recettes fiscales des collectivités locales : elle a longtemps pénalisé la compétitivité des territoires et a été un frein au développement des entreprises dans la mesure où elle pesait sur les investissements notamment productifs (par exemple les équipements). De ce point de vue, elle pouvait être comparée à un impôt « anti-compétitif » du fait du poids écrasant qu'elle exerçait sur les marges de manœuvre des entreprises en particulier les PME. Ayant succédé à la patente en 1975, la taxe professionnelle a été remplacée en 2010 par la *contribution économique territoriale* (CET)[5]. Il s'agit

---

plus élevés d'Europe), du poids des charges sociales, et plus récemment de la réforme des 35 heures, très mal perçue à l'étranger », *op. cit.*, p. 28.

[1] Il s'agit notamment des pays de l'Est et de la Chine.

[2] Adoption par l'Assemblée nationale du projet de loi Macron le 19 février 2015.

[3] RASPILLER (S.), « Fiscalité française et investissements des multinationales », *Problèmes Economiques*, n° 2 890, 4 janvier 2006, p. 14.

[4] BARILARI (A.), « Concurrence fiscale : la France reste relativement attractive », *Problèmes Economiques*, n° 2. 890, 4 janvier 2006, p. 19.

[5] La contribution économique territoriale n'est pas la seule mesure prise après la suppression de la taxe professionnelle ; parmi les autres mesures phares, figurait la « taxe carbone » : celle-ci fut l'objet d'une censure intégrale du Conseil constitutionnel (Décision du 29 décembre 2009).

d'appréhender les implications de la réforme sur le terrain de la compétitivité.

La réforme de la taxe professionnelle par la « loi n° 2009-1673 de finances pour 2010 » a permis de mettre en place une *contribution économique territoriale* [1]composée de deux éléments : une cotisation foncière des entreprises (CFE) et une cotisation sur la valeur ajoutée des entreprises (CVAE). La loi affecte de nouvelles ressources aux collectivités territoriales : l'article 77 de la loi leur accorde les cotisations foncières des entreprises, la cotisation sur la valeur ajoutée des entreprises et l'imposition forfaitaire sur les entreprises de réseaux. Les collectivités locales ainsi que les groupements à fiscalité propre comme par exemple les chambres consulaires en sont les principaux bénéficiaires. La suppression de la taxe professionnelle a fait l'objet d'une saisine (art. 61 al. 2 C) du Conseil constitutionnel par plus de soixante sénateurs et par plus de soixante députés soulevant plusieurs questions d'inconstitutionnalité, dont l'atteinte à l'autonomie financière des collectivités territoriales[2]. Les parlementaires souhaitaient au moment de la suppression de la taxe professionnelle que des mesures compensatoires soient apportées pour pallier aux pertes de recettes ; or, le gouvernement avait prévu des mesures transitoires (en instituant la « compensation relais 2010 ») afin d'assurer le lien entre la suppression de la taxe professionnelle et l'instauration d'une contribution économique territoriale. Les parlementaires dénonçaient aussi l'absence de sincérité[3] de la loi de finances et des atteintes au principe d'égalité devant l'impôt[4], *etc.* En ce qui concerne la suppression de la taxe professionnelle, le juge constitutionnel a déclaré constitutionnelle la contribution économique territoriale dans sa décision n° 2009-599 DC du 29 décembre 2009.

La stratégie qui se profile derrière la suppression de la taxe professionnelle est de soutenir l'activité économique et industrielle au niveau des territoires. Face à la concurrence de plus en plus vive des pays émergents, la réforme était devenue indispensable, car l'attractivité et la compétitivité de la France conditionnent aussi son niveau de croissance et la création d'emplois. L'enjeu stratégique de la réforme est d'attirer les investisseurs étrangers à partir du moment où la fiscalité locale joue un rôle essentiel dans la décision d'implantation des entrepreneurs. Mise en application dès le 1er janvier 2010, la réforme vise à doter les PME des mêmes armes que leurs concurrents pour se positionner sur les marchés mondiaux. En allégeant la charge fiscale pesant sur les entreprises, celles-ci disposeront de plus de ressources financières leur permettant d'investir dans

---

[1] Article 2 de la loi 2009-1673 de finances pour 2010.

[2] L'autonomie financière des collectivités territoriales est reconnue par l'article 72-2 de la Constitution. Sur cette question, voir également la *décision n° 2004-500 DC du 29 juillet 2004, loi organique relative à l'autonomie financière des collectivités territoriales.*

[3] Elle a été jugée conforme par le juge constitutionnel.

[4] Le Conseil constitutionnel ne reconnaît pas la violation du principe d'égalité.

la recherche et dans l'innovation et donc d'améliorer au final leur compétitivité et celle du pays. Ainsi par exemple, l'institution de la contribution économique territoriale s'est traduite par une baisse des charges fiscales de 22 %[1] ; et selon d'autres études plus récentes, la réforme de la taxe professionnelle a allégé les charges de 8,7 milliards[2] d'euros.

La contribution économique territoriale a fait l'objet d'une évaluation par la Commission des Finances du Sénat en 2010 : globalement, il ressort des conclusions que « *la réforme a permis de lever « une certaine réticence à l'investisseur » puisqu'elle améliore le « retour sur l'investissement* »[3].

Pourtant la France dispose de quelques atouts qui font d'elle une nation attractive pour les investisseurs étrangers. « *La stratégie fiscale de la France se caractérise dans les années récentes par des allègements principalement motivés par le souci d'encourager l'emploi et non l'attractivité fiscale* »[4]. Malgré la question non résolue de « l'expatriation fiscale » à laquelle sont confrontés les pouvoirs publics et celle de l'« empilement des impôts », la France reste relativement attractive. Cela s'explique par la conjugaison d'un ensemble d'éléments : il existe certaines dispositions de la fiscalité française qui sont nettement plus avantageuses que celles d'autres États européens et « *concourent à réduire l'imposition des assiettes mobiles. Il s'agit des régimes d'amortissements et surtout de la large déductibilité des intérêts d'emprunt. Cette dernière particularité a d'ailleurs fait de la France le pivot d'une forme d'optimisation fiscale pour les multinationales qui localisent fréquemment les dettes contractées pour acquérir des sociétés françaises ou étrangères. Autre élément attractif du système fiscal français, le régime d'intégration des groupes de sociétés au regard de l'ISF (impôt sur les sociétés) qui est plus avantageux que celui des autres pays* »[5]. Le taux d'imposition sur les sociétés est un élément décisif pour les entreprises dans la localisation de leurs activités. L'impôt sur les sociétés représente en France 13 %[6] des recettes fiscales de l'État.

La taxe sur la valeur ajoutée (TVA) fait presque l'objet d'harmonisation fiscale en Europe. En revanche, faute d'harmonisation de l'impôt sur les revenus ou de l'impôt sur les sociétés, les États disposent d'une marge de liberté dans la détermination des taux : certains États comme l'Irlande ont utilisé la concurrence fiscale pour se doter des taux d'imposition sur les

[1] ADAM (F.), FERRAND (O.) et RIOUX (R.), *Finances publiques*, Paris, Presses de Sciences PO et Dalloz, 3ème édition, 2010, p. 557.
[2] MARINI (P.), Commission des Finances du Sénat, *Rapport d'information, Mise en œuvre de la contribution économique territoriale : la trajectoire de la réforme,* Paris, Sénat, 2010, rapport n° 588, p. 5.
[3] MARINI (P.), *op. cit.,* p. 30.
[4] BARILARI (A.), *op. cit.,* p. 21.
[5] BARILARI (A.), *op. cit.,* p. 19.
[6] ALBERT (J.-L.), *Finances publiques*, Paris, Dalloz, 7ème édition, 2011, p. 453.

sociétés les plus bas [1]de l'Europe (12,5 % en 2005). La baisse a été accentuée avec l'adhésion des dix nouveaux États. C'est le cas de l'Estonie qui a « *fait fureur en appliquant un taux zéro pour les bénéfices réinvestis sur place* »[2]. Plus largement, le taux d'imposition sur les sociétés dans les nouveaux États est généralement en dessous de la moyenne communautaire avec « *16 % en Hongrie, 19 % en Pologne, 15 % en Lettonie et en Lituanie...* »[3]. Du même coup, la politique fiscale « offensive » pratiquée par les nouveaux États devrait inévitablement conduire les États à baisser leur taux d'imposition s'ils veulent rester compétitifs. En guise de rappel, le taux d'imposition sur les sociétés est de 33, 33 % en France ; 33 % en l'Italie ; 30 % en Grande-Bretagne et 26, 37 % en Allemagne[4].

La fiscalité[5] n'est pas le seul élément déterminant pour la localisation des entreprises. D'autres facteurs y contribuent : la qualité des infrastructures routières et ferroviaires, la qualification de la main-d'œuvre, la position géographique du pays, la qualité de la recherche publique, etc., sont autant d'éléments décisifs constitutifs d'une démarche visant à attirer les projets d'implantation en France en particulier dans le domaine de l'automobile, des nouvelles technologies de l'information et de la communication ou des équipements.

Des dérogations fiscales au niveau local peuvent jouer un rôle considérable dans les décisions d'implantation des investisseurs étrangers. Les aides sont strictement encadrées par le droit communautaire[6].

En Europe faute d'harmonisation fiscale entre États membres, la concurrence reste vive entre « *gouvernements nationaux ou locaux pour attirer la base fiscale sur leur territoire en abaissant les taux d'imposition. La concurrence fiscale repose donc sur la mobilité de la base fiscale* »[7]. L'Union européenne « *recèlerait un potentiel dangereux de concurrence fiscale entre les États membres* »[8]. Elle est marquée par une grande hétérogénéité : « *zones off-shore* », « paradis fiscaux », pays à forts taux d'imposition, États ayant un système fiscal moins contraignant que d'autres. La concurrence fiscale présente néanmoins un risque, « *celui d'une perte de capacité à financer les fonctions collectives par assèchement des recettes*

---

[1] PICARD (J.-F.), *Finances publiques*, Paris, Litec, 2ème édition, 2009, p. 23.

[2] PICARD (J.-F.), *op. cit.*, p. 23.

[3] PICARD (J.-F.), *op. cit.*, p. 24.

[4] PICARD (J.-F.), *Finances publiques*, *Ibidem.*

[5] Pour le Conseil des Impôts, « *la fiscalité semble jouer un rôle réduit dans la problématique d'ensemble d'implantation des entreprises* »[5], *op. cit.*, p. 85.

[6] Voir en particulier l'article 87-3 C.

[7] AUJEAN (M.) et SAINT-ETIENNE (C.), (sous la dir.), *Stratégies fiscales des États et des entreprises : souveraineté et concurrence*, Paris, PUF, Les Cahiers Le Cercle des économistes, 2009, p. 31.

[8] MARINI (P.), *La concurrence fiscale en Europe : une contribution au débat, Les rapports du Sénat*, n° 483, Paris, Commissions des Finances, 1998-1999, p. 5.

publiques »[1]. Le rapport du Conseil des Impôts souligne à ce propos la nécessité pour les États de « *ne pas laisser la concurrence fiscale jouer librement »*[2] et les encourage à coordonner davantage leurs systèmes fiscaux. Cette course « effrénée » des gouvernements pour le « moins-disant fiscal » présente des pertes importantes pour les finances publiques.

Les Pays-Bas[3] et le Royaume-Uni[4] se sont eux aussi dotés d'un « plan stratégique » pour faciliter la prospection et l'accueil des investissements étrangers : ces deux pays ont fait de la politique d'attractivité des investissements une priorité gouvernementale pour relancer les politiques économiques et industrielles. Il n'est donc pas étonnant de voir la Grande-Bretagne figurer parmi les meilleures destinations d'accueil des investisseurs.

Ailleurs, les États s'organisent autrement. Ainsi, au Mexique[5], les gouvernants ont signé des accords et ratifié des conventions afin de rendre leur dispositif d'investissement plus attractif impliquant une réduction des droits de douane, l'élimination des barrières aux échanges commerciaux et « *l'assouplissement de la réglementation sur l'investissement étranger »*[6]. À titre d'illustration, l'article 33 de l'accord conclu entre l'UE-Mexique rend obligatoire pour les parties, la mise en place d'un cadre favorable à un investissement réciproque nécessitant « *la mise en place d'une réglementation propice à l'investissement ; la mise en place de procédures harmonisées et simplifiées ; la mise en place de mécanismes d'investissements conjoints, plus spécialement dans les PME »*[7].

En Asie, les pratiques développées par la Corée du Sud sont particulièrement intéressantes. Au départ, le pays était réticent vis-à-vis des investissements étrangers, adoptant « *une réglementation (...) assez protectionniste dans son ensemble* »[8]. La Corée du Sud ayant adhéré à l'OCDE en 1996[9] a pris diverses mesures pour mettre le pays en conformité

[1] MARINI (P.), *op. cit.*, p. 8.
[2] Conseil des Impôts, *op. cit.*, p. 193.
[3] VINÇON (S.), *Investissements étrangers en France : l'évaluation du dispositif public de promotion, rapport parlementaire, op. cit.*, p. 16.
[4] VINÇON (S.), *Investissements étrangers en France : l'évaluation du dispositif public de promotion, rapport parlementaire, op. cit.*, p. 17.
[5] Adhésion au GATT en 1986 et à l'OMC (Organisation Mondiale du Commerce) le 1er janvier 1995, ratification de l'ALENA (Accord de Libre Echange Nord Américain), adhésion à l'OCDE (Organisation pour la Coopération et le Développement) en 1994, Accord d'Association Economique, de Concertation Politique et de Coopération avec la Communauté Européenne et ses États membres en 2000.
[6] LEJONC (S.), CALDERON (C.), GUTIERREZ (R.), « Investissements étrangers au Mexique. Aspects juridiques des accords internationaux », *Cahiers Juridiques et Fiscaux de l'Exportation*, n° 3, 2001, p. 613.
[7] LEJONC (S.), CALDERON (C.), GUTIERREZ (R.), *op. cit.*, p. 615.
[8] CHO (H. C.), « La réglementation des investissements étrangers en Corée du Sud », *Revue de Droit des Affaires internationales*, n° 7, 1999, p. 803.
[9] La Corée a adhéré à l'OCDE le 12 décembre 1996.

avec les normes internationales encadrant les investissements étrangers, tels que la « loi relative aux investissements étrangers et à l'introduction des capitaux étrangers » (*Foreign Direct Investment and Foreign Capital Inducement Act, FDIFCIA*) »[1]et « l'acte sur la promotion des investissements étrangers » (*Foreign Direct Investment Promotion ACT*) »[2]

Après avoir précisé ces différents éléments, il convient ensuite de se pencher sur l'influence des normes juridiques dans la décision d'implantation des investisseurs étrangers.

§ 3. Place et rôle des normes dans l'attractivité des investissements étrangers

Les interventions économiques de l'État sont structurées par le droit. Les normes juridiques exercent une influence considérable dans les politiques d'accueil des investisseurs. De fait, « *le système juridique du pays d'accueil joue un rôle fondamental dans la décision d'investissement* »[3]. Avant d'implanter leur entreprise sur un territoire, les investisseurs se donnent le temps d'étudier les avantages et les risques que présente la législation. Le droit français tout comme le droit communautaire comportent des dispositions favorisant l'accueil des investisseurs étrangers tout en s'opposant à la formation de monopoles. Loin de vouloir ériger « *une ligne Maginot du droit* »[4], l'idée est d'avoir un système juridique attrayant et souple pour être efficace dans la concurrence « *dans un objectif d'attractivité de l'environnement juridique national* »[5] ; « *au regard de l'économie, le droit peut-être attractif* »[6]. Le droit de la concurrence est un vecteur essentiel de compétitivité : en France, la loi de modernisation de l'économie[7] a eu pour but comme son nom l'indique de « moderniser » l'économie en la rendant plus efficace et plus compétitive. Mesurant les enjeux économiques d'une législation rigide et peu propice au développement des affaires, la

---

[1] CHO (H. C.), *op. cit.*, p. 804.

[2] Loi promulguée le 27 novembre 1998. Selon l'auteur, « *En moins de deux ans, la Corée du Sud, de tradition juridique civiliste inspirée du droit allemand et du droit japonais, s'est ainsi dotée d'une réglementation libérale d'inspiration anglo-saxonne totalement ouverte aux investissements étrangers, que ce soit par le biais d'investissements directs ou de prise de contrôle par l'intermédiaire de fusions-acquisitions ou encore d'OPA inamicales* », CHO (H. C.), *Ibid.*

[3] FORNACCIARI (M.), FORNACCIARI (M.), « La place du droit dans les choix industriels » in ROUVILLOIS (F.), (sous la dir.), *Le modèle juridique français : un obstacle au développement économique ?*, Colloque organisé par la Fondation pour l'innovation politique, Paris, Dalloz, 2005, p. 72.

[4] BRAÏSSUS (J.-M.), *op. cit.*, p. 10.

[5] BRAÏSSUS (J.-M.), *Ibid.*

[6] DRUMMEN (J.-B.), « Au regard de l'économie, le droit peut-être attractif comme il peut être dissuasif », *Petites Affiches*, 30 janvier 2009, n° 22, p. 9.

[7] La Loi de modernisation de l'Économie du 4 août 2008.

plupart des États ajustent régulièrement leur législation pour proposer aux investisseurs un édifice réglementaire plus attrayant. Ce type de démarche ressemble plutôt à une technique de « marketing juridique » : chaque État propose une législation plus séduisante et moins pénalisante économiquement pour les investisseurs au risque de déséquilibrer les finances publiques ; cela débouche sur une sorte de « surenchère » normative. Il en résulte que « *la bataille du droit constitue un enjeu majeur dans la compétition internationale* »[1].

L'élaboration de politiques publiques visant à attirer les investisseurs accroît la concurrence entre droits nationaux et entre systèmes juridiques : en témoigne le débat autour des rapports « *Doing Business* »[2] renvoyant implicitement à un modèle de « *concurrence entre systèmes juridiques* »[3]. Si le système de « Commun Law » domine dans les échanges commerciaux dans le monde ; « *les uns comme les autres désirent élargir la zone d'influence du système qui leur est cher et les autres craignent de voir se réduire l'attraction et l'influence de leur système préféré* »[4]. La « *guerre des mondes juridiques* »[5] a atteint son paroxysme entre la Grande-Bretagne et l'Allemagne comme en témoigne la « *véritable passe d'armes* »[6] que se sont livrées la « *Law Society britannique* » et l'« Union pour le droit allemand ». À partir du moment où les systèmes juridiques coexistent et sont concurrents, il va de l'intérêt des pouvoirs publics de se doter d'un cadre juridique approprié pour attirer les investisseurs.

Les rapports « *Doing Business* » sont élaborés par des économistes et non par des juristes. Ils sont publiés par la Société financière internationale-

---

[1] RAYNOUARD (A.), « Le droit dans une économie mondialisée de la connaissance », *Revue Lamy Droit des Affaires,* n° 32, novembre 2008, p. 81.

[2] Les rapports « *Doing Business* » sont consultables sur le site www.doingbusiness.org

[3] Selon Otto PFERSMANN, « Il y aurait alors concurrence des systèmes en ce que les ordres juridiques ne pourraient faire autrement (au moins d'un point de vue économique) que de rechercher une minimisation de ces coûts et ils chercheraient nécessairement à se surpasser dans cet exercice dès que le choix est effectivement offert aux acteurs », « Existe-t-il véritablement une concurrence des systèmes juridiques ? » in FERRAND (F.), (sous la dir.), *La concurrence des systèmes juridiques, Actes du colloque de Lyon,* octobre 2006, Presses Universitaires d'Aix Marseille, 2008, p. 25.

[4] PFERSMANN (O.), « Qu'entend-on exactement par l'expression « concurrence des systèmes juridiques ? », *Revue de la Recherche juridique. Droit prospectif*, 2008, n° 22 n° spécial, p. 2595. L'auteur nous fait remarquer que parfois, ces systèmes juridiques bien que divergents peuvent collaborer à des projets d'« unification » ou « d'harmonisation ».

[5] MAZEAUD (D.), « Le droit des obligations et l'efficacité économique », in BOLLEE (S.), LAITHIER (Y.-M.) et PERES (C.), (sous la dir.), *L'efficacité économique en droit*, Paris, Economica, 2010, p. 67.

[6] USUNIER (L.), « Les 10 ans du rapport Doing Business : l'heure d'un nouveau bilan ? », *Revue de jurisprudence commerciale* n° 2, mars/avril 2013, p. 130. Selon l'auteur, « *C'est ainsi à une véritable passe d'armes que se sont livrées la «Law Society britannique et l' « Union pour le droit allemand », en éditant à la fin des années 2000 des brochures destinées à promouvoir le choix du droit et des juridictions de leur État respectif, en attaquant au passage ouvertement la tradition juridique concurrente* », *Ibid.*

Groupe Banque Mondiale et consistent à établir un classement annuel des pays en fonction du cadre juridique qu'ils offrent aux opérateurs économiques désireux de s'installer et de développer leurs activités sur le territoire. Ils sont censés « *rendre compte de la capacité des systèmes juridiques nationaux à faciliter la vie des affaires* »[1] permettant d'établir un classement[2] des États. Ces rapports avaient pour objectif de démontrer le lien mécanique entre cadre normatif et environnement des affaires, en se fondant sur un certain nombre d'indicateurs macroéconomiques comme la croissance des investissements directs étrangers.

S'appuyant sur la théorie des « *legal origins* », les rapports « *Doing Business* »[3] caractérisent la France de la manière suivante : le modèle juridique anglo-saxon est celui qui favorise le plus la croissance économique tandis que le droit français est moins favorable à l'épanouissement des acteurs économiques ; plus encore, c'est un droit qui est intrinsèquement « corruptogène ». D'où un classement médiocre de la destination France. Les premières publications notamment celles de 2004 ont mis en valeur le « *Common Law* » qui serait selon les auteurs plus attractif et donc plus efficace que les droits de tradition romano-germanique. Cela a déclenché des réactions pour le moins véhémentes[4] ; certaines expressions témoignent de l'ampleur du malaise : « *émois* »[5]selon certains auteurs, « *blessures d'amour propre* »[6]pour d'autres. Entre critique acerbe, acceptation de certains aspects des travaux et réserves émis par d'autres quant à la méthodologie et certains éléments conclusifs, les débats occasionnés par les rapports de la Banque mondiale ont été d'une grande densité. En réalité, les « *réactions de désapprobation* »[7]illustrent l'opposition des juristes à l'idée d'évaluation économique du droit, mais aussi à l'idée de concurrence des systèmes juridiques[8]. La compétition entre systèmes juridiques comporte des enjeux

---

[1] MARAIS (B. du), « Mesurer le droit ? Ou plutôt l'évaluer ? Quelques réflexions sur les limites méthodologiques des rapports Doing Business », *Revue de Droit des Affaires internationales* n° 5, 2006, p. 675.

[2] Ils sont publiés chaque automne depuis 2006.

[3] En particulier ceux publiés en 2004.

[4] C'est le cas de l'Association Henri Capitant qui a rédigé l'ouvrage « Les droits de tradition civiliste en question. A propos des Rapports Doing Business de la Banque Mondiale (Contribution des groupes autres que le Groupe français de l'Association Henri Capitant) », rapport, Paris, Société de Législation, 2006, p. 112.

[5] MARAIS (B. du), (sous la dir.), *Des indicateurs pour mesurer le droit ? Les limites méthodologiques des rapports Doing Business*, Paris, La Documentation française, 2006, p. 9.

[6] MARAIS (B. du), « Mesurer le droit ? Ou plutôt l'évaluer ? Quelques réflexions sur les limites méthodologiques des rapports Doing Business », *op. cit.,* p. 675.

[7] FRISON-ROCHE (M.-A.), « L'idée de mesurer l'efficacité économique du droit » in CANIVET (G.), FRISON-ROCHE (M.-A.), KLEIN (M.), (sous la dir.), *Mesurer l'efficacité économique du droit*, Paris, LGDJ, 2005, p. 19.

[8] Sur cet aspect, voir en particulier les travaux de MUIR WATT (H.), « Comparer l'efficience des droits ? » in LEGRAND (P.), *Comparer les droits, résolument*, Paris, PUF, collection « Les voies du droit », 2009. Pour l'auteur, « *les réactions françaises révèlent dans*

stratégiques essentiels dans un environnement ultra concurrentiel. Or, la concurrence entre systèmes juridiques peut être finalement conçue comme une « *fausse bonne idée* »[1] dans la mesure où tout droit est la résultante d'imitations d'autres droits tout en cherchant à garder sa propre spécificité.

L'idée d'évaluer les implications économiques du droit est une démarche tout à fait nouvelle en France. Sans doute, les travaux de la Banque mondiale lui ont donné une portée importante. De manière plus précise, les rapports de Banque mondiale avaient pour objectif d'« *évaluer la réglementation, laquelle se distingue du droit et du système juridique* »[2]. On comprend dès lors, « *le bras de fer qui oppose la France à la Banque mondiale à propos d'une étude annuelle comparative sur la facilité d'entreprendre et de commercer dans les différents pays (« Doing Business »), qui, sous l'influence des milieux d'affaires américains, s'efforce de démontrer que le droit anglo-saxon est plus favorable que le droit latin* »[3].

Sous l'égide du Ministère de la Justice, une commission d'experts[4] et de scientifiques a été constituée autour d'un programme international de recherche dénommé « attractivité économique du droit » en 2005 après la publication des rapports « *Doing Business* ». Ce qui était demandé à la commission, c'était de « *mettre en évidence les avantages et les inconvénients du système juridique et judiciaire de droit écrit, notamment le droit français, au regard d'un objectif d'efficacité économique et d'attractivité pour les opérateurs économiques* »[5].

Les conclusions de la commission d'experts remettent en cause plusieurs éléments de « *Doing Business* ». Tout d'abord, les méthodes utilisées pour l'élaboration de ces rapports sont pour le moins problématiques et présentent

---

l'ensemble un rejet profond de l'idée selon laquelle le droit pourrait faire l'objet d'une évaluation économique, voire un refus de la notion même de « concurrence » entre droits », p. 434.

[1]PONTHOREAU (M.-C.) et GAUDUSSON (J. Du Bois de), « Existe-t-il véritablement une concurrence entre Common Law et tradition civiliste ? Le point de vue du comparatiste de droit public » in FERRAND (F.), (sous la dir.), *La concurrence des systèmes juridiques, Actes du colloque de Lyon*, octobre 2006, Presses Universitaires d'Aix Marseille, 2008, p. 45.

[2] FRISON-ROCHE (M.-A.), « L'idée de mesurer l'efficacité économique du droit » in CANIVET (G.), FRISON-ROCHE (M.-A.), KLEIN (M.), (sous la dir.), *Mesurer l'efficacité économique du droit*, Paris, LGDJ, 2005, p. 21.

[3] JUILLET (A.) et PUAUX (F.), « L'intelligence économique et le droit », *Cahiers de Droit de l'entreprise*, septembre –octobre 2008, n°5, p. 24. C'est ainsi, qu'« une commission d'experts a été réunie par le ministère de la Justice français pour élaborer un argumentaire prouvant que notre système juridique n'oppose pas d'obstacles injustifiés à l'entreprise », JUILLET (A.) et PUAUX (F.), *op. cit.*, p. 24.

[4] La commission réunissait plusieurs experts venant d'horizon divers : ministères français de la Justice, des Affaires étrangères, de l'Economie et des Finances, Groupement d'intérêt public « Mission de recherche droit et justice », des professionnels du Droit, de l'Organisation internationale de la Francophonie, de la Caisse des Dépôts et Consignations (CDC), *etc.*

[5] MARAIS (B. du), (sous la dir.), *Des indicateurs pour mesurer le droit ? Les limites méthodologiques des rapports Doing Business,* Paris, La Documentation française, 2006, p. 7.

plusieurs faiblesses : elles ont fait l'objet de critiques notamment en ce qui concerne la méthodologie des questionnaires [1]et des indicateurs[2] supposés rendre compte de la qualité des normes et des institutions. L'étude fait « *apparaître les imperfections dont souffre la méthodologie de Doing Business à toutes ses étapes, de la construction des questionnaires jusqu'à l'objet même de l'étude* »[3]. En outre, l'étude souligne d'autres difficultés: méthode des questionnaires empreinte de subjectivité [4]manquant de rigueur et d'objectivité.

En ce qui concerne les classements, en 2006, le rapport a classé la France au 47ème rang et en 35ème position en 2007 derrière les îles Fiji et l'Arménie en se fondant sur l'indice synthétique « *Ease of Doing Business* ». Dans les classements opérés par « *Doing Business* » en 2004, la France n'occupait pas une position honorable dans les statistiques de la Banque mondiale alors que dans le même temps, elle est classée deuxième destination parmi les meilleurs pays d'accueil des investissements étrangers[5] dans le classement effectué par l'Agence française des investissements internationaux et par divers rapports parlementaires. En 2010, la France est remontée à la 31ème place dans le rapport « *Doing Business* »[6]. Mais en 2013[7], elle est repassée 34ème.

En parallèle, la Banque mondiale élabore un autre rapport moins connu que le rapport « *Doing business* » qui constitue une référence dans la comparaison des systèmes juridiques : le rapport « *Paying Taxes* » étudie les systèmes fiscaux de 189 États ; il est conçu comme un « indicateur de la pression fiscale ». Des bilans régionaux sont établis chaque année. Selon le rapport « *Paying Taxes* » de 2014, l'Union européenne présente les meilleurs résultats que la moyenne mondiale en ce qui concerne les réformes visant à alléger la charge administrative tandis que la fiscalité reste contraignante.

---

[1] Il s'agit essentiellement de la subjectivité.

[2] S'agissant des indicateurs, ils sont au nombre dix : création d'entreprises, octroi de permis de conduire, embauche des travailleurs, transfert de propriété, obtention de prêts, protection des investisseurs, paiement des taxes et impôts, commerce frontalier, exécution des contrats, fermeture d'entreprises, le traitement qui est accordé à tous ces éléments ne fait pas l'unanimité chez les juristes.

Un indicateur réunit plusieurs sous indicateurs décrivant la procédure. Puis des questionnaires détaillés et longs sont adressés aux juristes. Ensuite, une fois les données de chaque pays recueillies, un classement général est établi. Les classements souffrent de difficultés à appréhender les ensembles régionaux.

[3] MARAIS (B. du), (sous la dir.), *Des indicateurs pour mesurer le droit ? Les limites méthodologiques des rapports Doing Business,* op. cit., p. 32.

[4] MARAIS (B. du), (sous la dir.*), Des indicateurs pour mesurer le droit ? Les limites méthodologiques des rapports Doing Business, op. cit.,* p. 35.

[5] Voir la page 15 de ce chapitre.

[6] DUFOUR (O.), « Le rapport Doing Business in 2010 ravive la concurrence des systèmes juridiques », *Petites Affiches,* n° 2 octobre 2009, n° 197, p. 3.

[7] USUNIER (L.), « Les 10 ans du rapport Doing Business : l'heure d'un nouveau bilan ? », *Revue de jurisprudence commerciale* n° 2, mars/avril 2013, p. 129.

L'Amérique du Nord présente les meilleurs résultats sur le plan du nombre de paiements et le Moyen-Orient s'agissant du taux d'imposition total et du volume honoraire indispensable à l'exécution des obligations fiscales. Enfin, l'Afrique en dépit de l'amélioration des politiques fiscales présente les moins bons résultats en ce qui concerne le taux d'imposition total et du nombre de paiements et l'Amérique du Sud pour ce qui est de la charge honoraire[1]. Dans le même temps, le rapport « *Paying Taxes* » fait l'objet des mêmes critiques adressées au rapport « *Doing Business* » dans la mesure où il applique une méthodologie similaire[2].

Mais la France est loin d'être la seule nation à critiquer le classement « *Doing Business* ». Parmi les pays émergents qui critiquent le classement y figure le Brésil[3]. L'attitude du Brésil contraste beaucoup avec celle de la « *République Populaire de la Chine (RPC), autre pays de droit écrit (...) présente une réaction dépassionnée, voire désintéressée, à sa mauvaise notation* »[4]. En Europe, certains pays critiquent les classements opérés par « *Doing Business* » : « *l'Allemagne a réagi en publiant sa propre plaquette (...) Cela montre que la bataille n'est plus seulement française, mais internationale* »[5]. Même aux États-Unis, le Congrès, l'École d'Harvard et celle de *New Haven* contestent les travaux des experts de la Banque mondiale généralement issus de l'École de Chicago[6].

En ce qui concerne l'indice « facilité à faire des affaires » : il est reproché aux rapports « *Doing Business* » de diffuser une « *approche plutôt réductrice du droit* »[7]mettant en cause l'attractivité de la destination France pour l'accueil des investissements étrangers. Les juristes français cherchent aussi à démontrer que le droit français, en particulier le droit des affaires, n'est pas défavorable aux opérateurs économiques. La réaction des juristes français peut s'inscrire à la fois dans le cadre d'une stratégie défensive et offensive : agir pour préserver l'attractivité du droit français et promouvoir son influence internationale.

En dépit du constat de la Banque mondiale, le droit français continue d'exercer une influence sur la scène internationale. Malgré un relatif déclin par rapport à la Common Law, « *la France peut exercer une influence*

---

[1] ROCHER (A.), « Le monde de la fiscalité selon le rapport Paying Taxes 2014 », *La Semaine juridique-Entreprise et affaires* n° 21-22 mai 2014, p. 53.
[2] ROCHER (A.), « Le monde de la fiscalité selon le rapport Paying Taxes 2014 », *op. cit.*, p. 54.
[3] DUFOUR (O.), « Le rapport Doing Business in 2010 ravive la concurrence des systèmes juridiques », *op. cit.*, p. 4.
[4] ROCHER (A.) et HE (L.), « À propos du rapport Doing Business 2012 : comparaison n'est pas raison », *La Semaine juridique-Entreprise et Affaires* n° 17, 26 avril 2012, p. 23.
[5] DUFOUR (O.), *op. cit.*, p. 6.
[6] DUFOUR (O.), *op. cit.*, p. 4.
[7] MARAIS (B. du), (sous la dir.), *op. cit.*, p. 22.

juridique : la création de l'OHADA en est un des exemples »[1] de l'influence du droit des affaires et donc du droit public de l'économie ; cela atteste bien que l'influence du droit français reste encore vivante et attrayante pour l'investissement étranger. Du fait de la mondialisation, il est indispensable pour la France de promouvoir le système juridique au niveau européen : pour le Conseil d'État, « *une stratégie de promotion du système juridique français ne peut en effet se concevoir que dans une perspective coopérative* »[2] en particulier communautaire. Même si la publication des rapports « *Doing Business* » a permis de mettre en évidence une certaine « résistance française » à l'idée de concurrence des systèmes juridiques, les travaux de la Banque mondiale ont néanmoins le mérite de poser la problématique de l'impact économique du droit dont tous les enjeux sont loin d'être étudiés. Si les critiques formulées par les juristes français sont fondées, néanmoins elles ne sont pas toujours prises en compte par les experts de la Banque mondiale[3]. Cependant, il semble que le lien entre tradition civiliste et inefficacité économique est en voie de disparition même si l'idée demeure implicitement[4]. Afin de « contrecarrer » l'influence de « *Doing Business* », des juristes envisagent la création d'un « *index de la sécurité juridique* »[5] dès l'instant où la « sérénité juridique » est un élément indispensable pour tout développement économique. On voit bien que l'action de l'État évolue non seulement dans le cadre d'une compétition économique, mais également dans le cadre d'une concurrence juridique.

Une législation régissant le cadre des investissements étrangers peut présenter un volet dissuasif : c'est le cas lorsque « *les règles sont trop nombreuses, trop contraignantes, elles découragent l'activité économique*»[6]. Dans cette configuration, les investisseurs « désertent » le pays et vont s'installer dans les zones offrant de meilleures conditions et de sécurité juridique.

Enfin, on ne saurait oublier de mentionner l'adoption récente par les pouvoirs publics d'un « *choc de simplification* » visant à porter un « regard positif » sur le dispositif normatif encadrant l'activité des

---

[1] Conseil d'État, *L'influence internationale du droit français*, Paris, La Documentation française, p. 69. Là encore, le problème qui se pose, c'est que les pays francophones ne sont pas bien classés dans les classements de « Doing Business ».

[2] Conseil d'État, *L'influence internationale du droit français*, *op. cit.*, p. 130.

[3] USUNIER (L.), « Les 10 ans du rapport Doing Business : l'heure d'un nouveau bilan ? », *Revue de jurisprudence commerciale* n° 2, mars/avril 2013, p. 130.

[4] DUFOUR (O.), « Le rapport Doing Business in 2010 ravive la concurrence des systèmes juridiques », *op. cit.*, p. 3. Selon l'auteur, « *nous avons obtenu une avancée majeure avec la disparition du lien qui était fait de manière explicite à l'origine entre tradition civiliste et inefficacité économique... mais l'idée demeure implicitement* », *Ibid.*

[5] DUFOUR (O.), *op. cit.*, p. 5.

[6] DATI (R.), « Si les règles sont trop nombreuses, trop contraignantes, elles découragent l'activité économique », *JCP G Semaine juridique, (édition générale)*, n° 43, 24 octobre 2007, p. 15.

entreprises installées sur le territoire. La démarche s'inspire largement des pratiques développées en Grande-Bretagne et en Allemagne. Divers chantiers de simplification sont conduits sous l'égide du « *Conseil de la simplification pour les entreprises* »[1]. Parmi les mesures phares de la réforme figurent le principe du « *silence de l'administration vaut accord* », la désignation d'un interlocuteur unique pour les investisseurs dans les territoires, la réduction du nombre de statuts pour les entreprises, etc. L'objectif étant de promouvoir la confiance, d'amplifier la visibilité de la réglementation mais surtout d'*alléger la « complexité administrative »* pesant sur les entreprises estimée à 60 milliards[2] d'euros par an. La question qui se pose maintenant est de savoir si les mesures annoncées trouveront une traduction concrète dans un délai raisonnable.

L'État peut également faire appel à l'incitation comme technique d'intervention.

§ 4. L'incitation

L'incitation est une technique ayant pour but d'obtenir la coopération des acteurs économiques en orientant leur comportement vers des objectifs fixés ou souhaités : en contrepartie de cette coopération, l'État renonce à l'utilisation de la contrainte ou à imposer un cadre juridique rigide.

Ainsi qu'on le verra, les techniques incitatives sont diverses et peuvent prendre la forme d'aides financières ou d'allègements de charges fiscales. On se limitera à l'étude de ces deux cas.

A) L'octroi d'aides aux entreprises

L'incitation constitue un moyen d'action privilégié de l'État dans le champ économique. Elle peut se présenter sous la forme d'une aide. Il existe divers types d'aides : la forme la plus fréquente est l'aide financière. Le soutien financier de l'État peut avoir pour objectif d'attirer les investisseurs afin d'augmenter le nombre d'entreprises sur le territoire ou de soutenir certaines entreprises stratégiques traversant une situation financière difficile. En France, l'aide directe est utilisée par les pouvoirs publics. Par « aide publique », on entend par là, une « *contribution financière consentie par un État à une entreprise ou à un secteur d'activité. Qu'elle soit directe ou indirecte (comme la réduction de charges ou d'impôts), elle a pour but soit de conférer un avantage à son bénéficiaire avec pour conséquence, bien*

[1] Dès le début de sa création, le Conseil de la simplification pour les entreprises a été « co-dirigé » par le député Thierry Mandon et le chef d'entreprise Guillaume Poitrinal.
[2] CARRIERE (F.), « Vers une véritable simplification du droit ? », *Option Finance* n° 1267, avril 2014, p. 34.

souvent, de fausser les règles de la concurrence »[1]. Polysémique, la définition de la notion ne fait pas l'unanimité des juristes : « *la notion d'aide publique n'a fait l'objet, au-delà des grands principes constitutionnels (...) d'aucune définition législative ou réglementaire qui puisse s'imposer à l'ensemble des acteurs économiques »*[2].

Derrière la technique des incitations visant à apporter l'appui financier de l'État à un nombre limité d'acteurs économiques se dessine une démarche stratégique : octroyer des aides en vue de relancer la machine économique pour élever le niveau de compétitivité du pays est devenu indispensable. La France peine depuis quelques années à renouer durablement avec une croissance soutenue.

L'aide accordée par l'État aux entreprises est encadrée par le droit : cet encadrement juridique est doublé d'un contrôle communautaire plus contraignant que le droit français. En effet, l'article 107. 1 du Traité sur le fonctionnement de l'Union européenne (TFUE) pose le principe de l'interdiction d'accorder des aides financières aux entreprises qui « sauf dérogations prévues par les traités, sont incompatibles avec le marché intérieur, dans la mesure où elles affectent les échanges entre États membres, les aides accordées par les États ou au moyen de ressources d'État sous quelque forme que ce soit qui faussent ou qui menacent la concurrence en favorisant certaines entreprises ou certaines productions ». Si le droit communautaire ne s'oppose pas à l'idée d'intervention de l'État en faveur des entreprises sous forme d'aide, il importe de préciser que les aides publiques ne doivent pas fausser le libre jeu de la concurrence. Sous le contrôle de la Cour de justice, la Commission examine chaque cas : l'aide est soumise à une procédure de notification [3]préalable.

L'appui financier apporté par l'État à certains secteurs de l'économie s'inscrit dans la problématique générale de la relance de l'économie. Pour que l'aide soit efficace, cela a nécessité une réorganisation des structures économiques se traduisant par la création d'une banque publique pour les entreprises innovantes : l'établissement public OSEO[4]. D'autres organismes financiers interviennent dans le soutien financier des TPE-PME en vue de les stimuler : il s'agit principalement de l'Agence française de développement (AFD), de la Caisse des Dépôts et Consignations (CDC).

---

[1] GHORRA-GOBIN (C.), (sous la dir.), *Dictionnaire des mondialisations*, Paris, Armand Colin, 2007, p. 7.

[2] LEVET (J.-L.), (sous la dir.), *Les aides publiques aux entreprises : une gouvernance, une stratégie*, Paris, CGP, 2003, p. 110.

[3] Article 107, 2 du Traité sur le fonctionnement de l'Union européenne.

[4] Voir le décret n° 2005-722 du 29 juin 2005 relative à la création de l'établissement OSEO et de la société anonyme OSEO ; décret n° 2011 du 25 janvier 2011 modifiant le décret n° 2005-732 du 30 juin 2005 portant statut de l'établissement public OSEO.

On se bornera ici à l'examen de deux exemples : la politique industrielle et l'action financière de l'État en faveur des établissements bancaires pendant la crise.

En premier lieu, l'incitation financière a été récemment mobilisée dans la nouvelle stratégie industrielle[1] illustrée par la mise en place des pôles de compétitivité[2] : avec elle, l'État cherche à mobiliser et à dynamiser sur un territoire donné les synergies entre PME, monde de la recherche publique et privé, entreprises, universités pour renforcer l'attractivité ainsi que la compétitivité de l'industrie française face à la compétition internationale. Radicalement différente des politiques industrielles de l'État planificateur, cette nouvelle politique industrielle ressemble à une sorte de « planification stratégique ». L'État stratège apparaît dans cette perspective comme un État proactif et interventionniste, mais sans faire preuve du volontarisme de l'État-providence. L'intervention de la puissance publique a revêtu diverses formes : *technique* d'abord (la labellisation des 67 pôles en 2005 qui a atteint 68 en fin 2008) puis *financière* (la labellisation a pour conséquence l'octroi d'aide financière importante). Sur le plan juridique, les pôles de compétitivité sont constitués sous la forme d'association (la loi de 1901). Les relations entre l'État et les pôles de compétitivité sont fondées sur la base d'un « contrat-cadre de pôle »[3]qui définit l'orientation stratégique, l'animation et la gouvernance. Au terme d'une évaluation, le président de la République a reconduit les 71 pôles de compétitivité avec une enveloppe s'élevant à 1, 5 milliards d'euros[4] pour trois ans. Divers organismes financiers interviennent dans ce dispositif : la Caisse des Dépôts et Consignations et plus particulièrement Oséo. Ce dernier apporte son aide aux projets d'innovation stratégique industrielle (ISI) : c'est un dispositif de soutien destiné aux PME ayant des projets comportant des axes de recherche d'un pôle de compétitivité. S'ajoutent à cela les allègements de charges sociales, les exonérations d'impôt sur les sociétés[5].

L'incitation financière a été fortement mobilisée aussi pendant la crise bancaire où l'intervention de l'État a été sollicitée : la crise financière trouve

---

[1] Cette nouvelle politique industrielle est en parfaite cohérence avec les objectifs fixés par le sommet de Lisbonne en 2000 visant à faire de l'Europe la première région compétitive au monde fondée sur l'économie de la connaissance.

[2] Plusieurs ouvrages s'inscrivent dans cette dynamique ; parmi lesquels, on peut citer : DARMON (D.) et JACQUES (N.), *Les pôles de compétitivité : le modèle français*, Paris, La Documentation française, 2005 ; Délégation à l'Aménagement du territoire et à l'action régionale, *La France, puissance industrielle : une nouvelle politique industrielle par les territoires : réseaux d'entreprises, vallées technologiques, pôles de compétitivité*, Paris, La Documentation française, 2004, *etc.*

[3] Voir la circulaire du 2 août 2005 relative à la mise en œuvre des pôles de compétitivité.

[4] http://www.competitivite.gouv.fr

[5] Les pôles bénéficient du soutien d'organismes financiers comme la Caisse des Dépôts et Consignation et OSEO.

ses racines dans la crise des « *subprimes* »[1]américains résultant de la défaillance du système financier obligeant les banques américaines à accorder une partie des crédits de leur portefeuille à des couches défavorisées de la population. Puis la crise financière s'est transformée en crise économique. Cela a entraîné une réaction immédiate des États à l'échelle planétaire[2] : des « *plans de sauvetage* » d'établissements bancaires accompagnés de mesures de soutien voient un peu partout dans les États.

Ce nouvel interventionnisme de l'État s'est traduit dans les faits par une action spécifique prenant la forme d'« *opérations de renflouement d'institutions financières par des fonds publics* »[3]. L'État a accordé des garanties concernant l'émission des emprunts obligatoires pour débloquer la crise du marché interbancaire. Sur le fondement de l'article 34 de la loi organique relative aux lois de finances du 1er août 2001, la garantie maximum ayant été accordée par l'État s'élevait à 360 milliards d'euros soumis à des critères répondant aux exigences d'intérêt général et de solvabilité des organismes financiers. On retrouve ici la figure de l'*État actionnaire* intervenant dans le capital de l'ancienne société Dexia (qui regroupait la France, le Luxembourg et la Belgique) : l'intervention des pouvoirs publics s'est traduite par le recours à l'instrument législatif. La loi de finances rectificatives pour le financement de l'économie[4] du 16 octobre 2008 a permis de créer deux sociétés : la *Société de financement de l'économie française (SFEF)* à majorité privée[5] puisque détenue par l'État (34 %) et par les banques privées (66 %) est dédiée au financement des établissements de crédit et la *Société de prise de participation de l'État*[6]

---

[1] C'est la crise liée au marché des créanciers hypothécaires aux États-Unis.

[2] Devant l'ampleur des crises financière et boursière, les États ont agi dans un premier temps, de manière non concertée : ainsi des « plans nationaux » ont été conçus pour injecter des sommes considérables[2] dans les économies par différents gouvernements sans une réelle coordination entre les États. Puis la nécessité d'une coopération plus accrue était devenue obligatoire du fait de l'ampleur de la crise. Divers sommets internationaux furent organisés sous forme de « G7 » ; en Europe on retiendra le sommet d'octobre 2008 (Allemagne, Royaume –Uni, France et Italie) ; le « G20 » du 15 novembre 2008 à Washington (sous le nom de *Summit on Financial Markets and the World Economy*) ; le G 20 de Londres puis le « G20 » réunissant les représentants de Gouvernements à Pittsburgh les 24 et 25 septembre 2009 (The Pittsburgh Summit 2009), etc.

[3] BAZEX (M.) et BLAZY (S.), « Le dispositif de réponse à la crise », *Droit administratif*, décembre 2008, p. 53. Sur cette question, voir (Comm. CE, communiqué de presse IP/08/849, 4 juin 2008 concernant les banques allemandes ; Comm. CE, communiqué de presse IP/08/1222, 31 juill. 2008 concernant les banques danoises.

[4] Il s'agit de la loi n° 2008-1061 du 16 octobre : JO 17 octobre 2008, p. 15905

[5] DELION (A. G.), DURUPTY (M.), « Chronique du secteur public économique », *RFAP* n° 129, 2009, p. 185.

[6] On constate selon certains auteurs que « Dans le contexte actuel de crise financière, le contrôle des aides d'État a pris une dimension très politique. Alors que les nationalisations et les plans de sauvetage d'établissements de pays tiers ne sont pas soumis à ces règles », PROST (O.), PARMENTIER (H.), HUGON (C.), « Fonds souverains : quelle réglementation européenne ? », *Revue d'Economie Financière, HS1*, 2009, p. 436.

(SPPE) dont l'État est l'unique actionnaire, dédiée au renforcement de la solvabilité des établissements financiers.

Ici c'est la SPPE qui retient notre attention. À travers la loi du 16 octobre 2008, l'État français s'est doté d'un instrument permettant d'apporter son soutien financier aux établissements bancaires présentant un caractère stratégique. La SPPE intervient en fonds propres prenant la forme de participations dans le capital d'entreprises. Par exemple, la SPPE a été chargée de lever des fonds destinés à la prise de participation dans le capital de Dexia afin renforcer la banque : l'établissement traversait une situation financière critique ; du même coup, la dégradation de la situation financière de l'établissement bancaire rend indispensable l'intervention de l'État pour éviter qu'il ne fasse l'objet d'une banqueroute ou d'une OPA hostile. Le risque pour l'État était réel et important. Cependant, l'appui financier des pouvoirs publics aux banques est soumis là encore au contrôle de la Commission européenne au titre du chapitre relatif aux aides publiques (Comm. CE, 8 déc. 2008, communiqué IP/08/1900, Aides d'État) : lors de la crise bancaire, « *la Commission autorise le régime français de renforcement des fonds propres de certains établissements de crédit* »[1]. Les aides d'État sont donc sous haute surveillance de la Commission [2]qui vérifie la portée des aides dans le jeu de la concurrence. La Commission a fait preuve de souplesse[3] dans l'octroi des aides par les États au secteur bancaire. En établissant un « cadre juridique temporaire » pour l'octroi des aides d'État, la Commission européenne dans sa communication du 17 décembre 2008 cherche à rendre plus facile l'accès des entreprises au financement.

En France, on sait que la banque Dexia a occupé une place centrale dans le financement des collectivités territoriales et que l'État est intervenu pour sauver l'établissement de la faillite. Même si Dexia a été nationalisée et recapitalisée, la politique poursuivie par la banque durant la crise continue de produire des effets, car l'établissement avait conclu des « emprunts toxiques » avec les collectivités locales de telle sorte qu'aujourd'hui certaines d'entre elles se trouvent plus endettées que d'habitude et donc au bord de la « faillite ». C'est en ce sens que de nombreux parlementaires ont critiqué [4]les méthodes « agressives » utilisées par les responsables de la banque Dexia pour convaincre les élus locaux. Un projet de restructuration

[1] LIGNIERES (P.), LAZAR (R.), « Les outils de l'intervention de l'État face à la crise financière », *RDA*, Janvier 2009, p. 43-44.

[2] En effet, il est interdit aux États d'accorder des aides (article 87 du Traité CE) sauf autorisation de la Commission européenne.

[3] WAGNER (L.), « Aides d'État : l'art de la souplesse en temps de crise », *Cahiers de droit européen*, n° 1, p. 231.

[4] BLANC (J.-B.), « Le financement des collectivités locales : l'enjeu clé du début de 2012 », *JCP A (Administrations et collectivités territoriales),* n° 3, 23 janvier 2012, p. 26.

de la banque devrait déboucher sur la création d'une nouvelle entité[1] prenant en charge l'octroi de prêts aux collectivités locales : la nouvelle structure sera détenue à hauteur de 65 % par la Banque postale et de 35 % par la CDC. En janvier 2013, la nouvelle banque des collectivités territoriales a vu le jour sous le nom de « *Société de financement local* » (SFIL) : l'État détient 75 %, la Caisse des dépôts et consignations 20 % et la Banque postale ne détient finalement que 5 % du capital par rapport à ce qui a été annoncé auparavant. Pour accorder des prêts aux collectivités locales, la SFIL s'appuie sur sa filiale de refinancement : la Caisse française de financement local (CAFFIL). Ces structures ont repris l'intégralité du patrimoine de l'ancienne société Dexia Municipal Agency (DMA) et les emprunts toxiques[2].

La crise financière de 2008 a ainsi mis en évidence un regain d'intérêt de l'actionnariat public avec le fait que désormais « *l'État actionnaire revêtant par conséquent deux figures, celle de l'État sauveteur et celle de l'État investisseur* »[3].

Sur le plan juridique, selon les États, la crise a entraîné un « transfert de propriété » dans la mesure où certaines participations étatiques sont devenues majoritaires comme en Angleterre avec la « nationalisation » de l'établissement bancaire « Northern Rock » ou encore l'entrée de Fortis Nederland dans le secteur public.

Aux États-Unis, la banque « Merrill Lych » fut rachetée en septembre 2008 par « Bank of America », « Washington Mutual » par « JP Morgan Chase », la banque d'affaires « Bear Sterns » a été sauvée par une avance de la « Feed » de 28 milliards de dollars doublée d'une garantie en cas d'échec ; *« l'État prit aussi quelques engagements financiers lors de la reprise de la banque Wachovia par Wells Fargo. L'Agence fédérale de garantie des dépôts bancaires avait mis de son côté sous contrôle 117 banques régionales »*[4].

De son côté, la Belgique a simplement procédé à la « nationalisation » de Fortis banque Belgique et Fortis assurances. BNP Paribas détient 75 % des actions de Fortis Belgique et pour contrepartie, l'État belge est devenu actionnaire de BNP Paribas à hauteur de 11,4 %. Ce fleuron de la banque belge sous contrôle français illustre la profondeur de la crise financière[5].

Des opérations similaires ont été observées dans le continent européen comme en Islande. L'État en Irlande a également joué le rôle de sauveteur des établissements bancaires. La crise financière de 2007-2008 transformée

---

[1] BLANC (J.-B.), « Le financement des collectivités locales : l'enjeu clé du début de 2012 », *Ibid.*

[2] COLLET (M.), ECKERT (G.), « Chronique de droit public financier », *RFDA*, septembre-octobre 2013, p. 1110.

[3] BERNARD (S.), « L'actionnariat public et la crise », *RFDA* juillet-août 2010, p. 757.

[4] DELION (A.), « … La crise financière et le retour des États », *RFAP*, n° 128, 2008, p. 805.

[5] Réputée d'être une banque qui participe au financement des collectivités locales en France, la banque franco-belge fut également « nationalisée » afin d'éviter la banqueroute.

en crise économique a nécessité l'intervention de l'État pour corriger les imperfections du marché en accordant des prêts, des garanties aux établissements bancaires. Durant cette crise, *22 plans de soutiens* pour un montant total de 3. 213 milliards d'euros ont été mobilisés en Europe soit pour recapitaliser ou nationaliser certaines banques[1]. La régulation financière européenne relève d'une démarche stratégique dès l'instant où « *les régulations nationales ne sont plus en mesure de faire face aux crises successives* »[2]. Vu l'ampleur de la crise, le dispositif institutionnel européen de régulation a été réformé avec la création de deux nouvelles structures[3] : d'une part, le « Comité européen du risque systémique » chargé de la surveillance « macroprudentielle » a pour mission principale de détecter les risques, d'émettre des alertes et de formuler des recommandations à destination des autorités nationales et européennes ; d'autre part, le « Système européen de surveillance financière » centré sur la surveillance « micro prudentielle » vise l'organisation et la rationalisation des activités développées au sein du réseau constitué de trois nouvelles autorités européennes de surveillance[4] (AES) à savoir l'Autorité européenne des marchés financiers (*European Securities and Markets Authority*), l'Autorité bancaire européenne (*European Banking Authority*, l'Autorité européenne des assurances et des pensions professionnelles (*European Insurance and Occupational Pensions Autorithy*) et enfin, celle des autorités nationales de surveillance. Ces trois nouvelles autorités de surveillance constituent les « premières autorités de régulation européenne »[5]. Elles sont dotées de pouvoir décisionnel et de contrôle, favorisent la recherche d'informations de manière indépendante.

Au niveau interne, l'Autorité des marchés financiers créée à la suite de la fusion de la COB et du Conseil des marchés financiers bénéficiant depuis 2003 de l'appellation « autorité publique indépendante » a sans doute joué un rôle de premier plan pendant la crise financière. Organisme indépendant

---

[1] SEVE (M.), *La régulation financière face à la crise*, Bruxelles, Bruylant, 2013, p. 113.

[2] LAFARGE (F.), « Les autorités européennes de surveillance, la régulation financière et l'union bancaire européennes » in DELION (A.) et VIDAL (L.), (sous la dir.), *Les réformes des régulations financières*, Paris, IRJS éditions, Coll. « Les annales de la régulation vol. 3 », 2013, p. 207.

[3] DOUVRELEUR (O.), « 2003-2011 : l'évolution de l'autorité des marchés financiers », in DELION (A.) et VIDAL (L.), (sous la dir.), *Les réformes des régulations financières*, Paris, IRJS éditions, Coll. « Les annales de la régulation vol. 3 », 2013, p. 280.

[4] Selon l'auteur, ces nouvelles autorités européennes de surveillance édictent des normes directement des normes réglementaires contraignantes ; contribuent à renforcer la cohérence de la mise en œuvre des normes et enfin coordonnent l'ensemble du dispositif, DOUVRELEUR (O.), « 2003-2011 : l'évolution de l'autorité des marchés financiers », *op. cit.*, 280.

[5] LAFARGE (F.), « Les autorités européennes de surveillance, la régulation financière et l'union bancaire européennes » in DELION (A.) et VIDAL (L.), (sous la dir.), *Les réformes des régulations financières*, Paris, IRJS éditions, Coll. « Les annales de la régulation vol. 3 », 2013, p. 199.

bénéficiant d'une souplesse de fonctionnement et doté d'une certaine autonomie financière, l'AMF met en avant la souplesse de gestion. Sa création résulte de la volonté du législateur de renforcer l'efficacité et la lisibilité du dispositif de régulation financière[1] : la création de l'AMF résulte bien d'une logique stratégique.

Dans le cas français, certains auteurs ont évoqué le terme de « nationalisation » à propos des interventions étatiques. Ce terme est en effet discutable dans le sens où cela ne correspond pas à la définition du Conseil constitutionnel conformément à sa décision du 19 janvier 1984 définissant la nationalisation comme une « *décision de la puissance publique à laquelle le ou les propriétaires sont obligés de se plier* », or en l'espèce, il n'y a pas eu de décision autoritaire de l'État visant à transférer la propriété des banques au public. On peut soutenir qu'il y avait un « abus » de langage : l'aide de l'État a pour but de sauver les établissements de la faillite et d'OPA « inamicales ». De plus, l'action financière a été temporaire. Ces prises de participation minoritaires de l'État ne sauraient être confondues avec les nationalisations. Elles illustrent la figure de l'*État sauveteur* des banques : le rôle est illustré par la création par l'État de la SPPE en 2008 pour sauver la banque Dexia, mais cela fut un échec et Dexia a fini par être démantelée.

La crise financière ayant entraîné la crise économique a conduit également les États à adopter des « *plans de relance* » de l'économie. L'analyse du cas français retiendra ici l'attention.

Dans son discours de Toulouse du 4 décembre 2008, le président de la République a présenté les grandes lignes de ce qui devrait être le « plan de relance de l'économie » estimé environ à 26 milliards d'euros : « *notre réponse à la crise, c'est l'investissement* »[2]. Plus encore, le président de la République ambitionne de « *construire un État entrepreneur, un État investisseur* »[3]. Il s'agit de soutenir l'activité en accélérant les investissements publics. C'est donc en quelque sorte une politique keynésienne de relance qui est mise sur le devant de la scène publique. Puis, à l'occasion d'un déplacement à Lyon, le Premier ministre d[4]'alors avait annoncé les « *1 000 projets* » qui seront financés par le plan de relance de l'économie embrassant plusieurs secteurs d'activité. Dans un contexte de crise économique aiguë, la stratégie a consisté à fortement mobiliser le

---

[11] DOUVRELEUR (O.), « 2003-2011 : l'évolution de l'autorité des marchés financiers », *op. cit.*, p. 273.

[2] Extrait du discours du Président Nicolas Sarkozy sur le plan de relance de l'économie française, Douai, 4 décembre 2008, p. 1. Pour lui, il s'agit de permettre aux entreprises françaises de « *relever le défi de la crise et le défi du changement en investissant pour se moderniser, pour être plus compétitifs, plus innovants, plus réactifs, plus forts dans le monde de demain où la compétition sera encore plus exigeante, encore plus dure* », Discours de Douai, *op. cit.,* p. 2.

[3] Discours de Douai, *op. cit.,* p. 7.

[4] François Fillon.

secteur public (État, collectivités territoriales et entreprises du secteur public) pour relancer l'économie en donnant la priorité à l'investissement[1]. Ainsi par exemple, en 2009 l'entreprise EDF[2] a été invitée par l'État à dépenser 2, 5 milliards d'euros de plus que les 4, 5 milliards de l'année précédente pour le développement des énergies renouvelables ; et la RATP[3]450 millions d'euros pour renouveler les rames de RER et moderniser les lignes pour ne citer que ces entreprises-là parmi tant d'autres.

L'adoption d'un plan de relance de l'économie a trouvé une traduction institutionnelle : la création d'un « *ministère chargé de la mise en œuvre du plan de relance* »[4] auprès du Premier ministre a été sans doute un bon baromètre du volontarisme étatique face à la crise. Chargé de contrôler[5] l'exécution du programme exceptionnel d'investissement de l'État, le ministre chargé de la mise en œuvre du plan de relance coordonne la préparation et la mise en œuvre du plan de relance destiné au financement de l'économie et au soutien de l'activité économique en particulier des PME et du secteur automobile ; il contrôle la mise en œuvre des mesures de soutien destinées au secteur du logement, à la construction, à la rénovation de l'habitat dégradé et insalubre et s'assure de la bonne exécution des mesures du plan destinées aux ménages, aux familles, retraités et celles destinées à soutenir les politiques actives de l'emploi.

Pour autant, l'adoption d'un plan de relance de l'économie ne signifie pas forcément un retour à la planification des années 1960 et 1970 telle que cela a été développé en France. N'étant ni indicatif ni impératif, il se caractérise par son aspect temporaire : on comprend dès lors, les raisons ayant conduit les pouvoirs publics à ne pas reconduire le ministère chargé de la mise en œuvre du plan de relance lors de la recomposition du gouvernement François Fillon 3 en novembre 2010 alors que le ministère fut seulement créé en décembre 2008. Plus généralement, le plan de relance « *n'est pas un instrument de programmation, mais un outil de réaction* »[6] face à la crise.

Le plan de relance de l'économie n'évolue pas dans une zone de non-droit : divers textes l'encadrent ; même s'il constitue l'exemple typique d'« une stratégie d'éviction »[7] vis-à-vis des règles encadrant l'octroi des aides publiques, le plan français est quand même obligé de respecter les exigences qu'impose le droit communautaire. On rappellera que lors du

---

[1] Pour Sophie NICINSKI, « *l'objectif est que la dette soit une dette d'investissement et non pas une dette de dépenses de fonctionnement courant* », NICINSKI (S.), « Le plan de relance de l'économie », *RFDA* mars-avril 2009, p. 278.

[2] DELION (A. G.), DURUPTY (M.), « Chronique du secteur public économique », *RFAP* n° 129, 2009, p. 188.

[3] DELION (A. G.), DURUPTY (M.), *Ibid.*

[4] Décret n° 2008-1296 du 11 décembre 2008 relatif aux attributions du ministre auprès du Premier ministre, chargé de la mise en œuvre du plan de relance.

[5] Article 1er du décret n° 2008-1296 du 11 décembre 2008.

[6] NICINSKI (S.), « Le plan de relance de l'économie », *op. cit.*, p. 275.

[7] NICINSKI (S.), *op. cit.*, p. 276.

Conseil Ecofin du 7 octobre 2008 consacré à l'élaboration d'un plan commun visant à endiguer la crise dans la zone euro, les soutiens accordés par les États membres aux établissements bancaires avaient fait l'objet d'un encadrement : ceux-ci doivent être temporaires afin de préserver les intérêts des contribuables.

Mais avec l'ampleur de la crise, l'État a apporté un soutien financier aux entreprises en difficulté en créant dès 2012 un « *ministère au redressement productif* »[1] au « *nom de l'ardente nécessité d'un redressement productif* »[2]. *L'État stratège est donc un État qui intervient sur le terrain économique pour le sauvetage d'entreprises en difficulté* de moins de 400 salariés. Derrière la démarche se profile une démarche stratégique : pérenniser la viabilité de certains sites porteurs de gisements d'emplois, source de croissance. Plus précisément, le ministère du redressement productif « *participe à la définition de la fiscalité des entreprises et de la politique de financement des entreprises* »[3]. Vingt-deux commissaires au redressement productif (CRP) ont été nommés le 13 juin 2012 en Conseil des ministres. Une lettre de mission a été adressée par le ministre du redressement productif [4]aux préfets pour renforcer la réactivité de l'État dans l'accompagnement des entreprises en difficulté. Le *commissaire au redressement productif* est l'interlocuteur unique de l'État auprès des entreprises en difficulté et l'animateur de cellule de veille et d'alerte précoce dans la recherche de solutions viables aux difficultés identifiées. Selon une récente étude, le rôle du commissaire au redressement productif a été globalement jugé positif [5]dans la recherche de solutions durables aux entreprises en difficulté. Dans le même temps, de nombreuses limites ont été relevées. Tout d'abord, le commissaire au redressement productif a rencontré de multiples problèmes pour « *se positionner par rapport aux autres acteurs* »[6]sur le terrain économique. De plus, le rôle des commissaires n'est pas clairement identifié[7] auprès des juridictions[8] faute d'absence de texte définissant les missions et les conditions d'intervention. Du même coup, il

[1] Décret n° 2012-773 du 24 mai 2012 relatif aux attributions du ministère du redressement productif, NOR : PROX1223357D, JO 7 juillet 2012 (version consolidée).

[2] LYON-CAEN (A.), « Grandeur ministérielle », *Revue de Droit du Travail*, octobre 2012, p. 523.

[3] Article 1er du décret n° 2012-773 du 24 mai 2012 relatif aux attributions du ministère du redressement productif.

[4] Arnaud Montebourg en est le titulaire. Mais le ministère du redressement productif a eu une courte durée de vie, car dès le gouvernement de Manuel Valls 2, il n'a pas été reconduit avec la démission d'Arnaud Montebourg.

[5] DELATTRE (C.), « Le cadre d'intervention du commissaire au redressement productif dans les entreprises en difficulté », *Bulletin Joly Entreprises en difficulté*, mars-avril 2014, p. 132.

[6] DELATTRE (C.), « Le cadre d'intervention du commissaire au redressement productif dans les entreprises en difficulté », *op. cit.*, p. 130.

[7] DELATTRE (C.), « Le cadre d'intervention du commissaire au redressement productif dans les entreprises en difficulté », *Ibid.*

[8] Il s'agit du tribunal de commerce, du tribunal de grande instance ou du parquet.

entre en concurrence avec les cellules de détection et de prévention des tribunaux de commerce : or, l'intervention du commissaire au redressement productif est nécessaire dans une opération de sauvetage d'entreprises en difficulté auprès de la juridiction en apportant des réponses précises. Depuis la nomination des commissaires au redressement productif le 1er juillet 2012, au total, 368 dossiers ont été traités avec succès et 48 116 emplois préservés sur un total de 59 309 emplois concernés[1].

Si les commissaires au redressement productif sont désormais les interlocuteurs privilégiés de l'État dans les régions en matière de sauvetage d'entreprises en difficulté, force est de constater que le ministère du redressement productif n'a pas été reconduit lors de la formation du gouvernement de « Manuel Valls 2 ».

On n'insistera pas davantage sur cette question dans la mesure où l'étude privilégie l'analyse des instruments juridiques ayant été déployés pour mettre en œuvre les plans de relance.

Parallèlement, l'État a créé un dispositif permettant d'accorder *la garantie* à des acteurs économiques. Prévue à l'article 34 -II-5 de la LOLF (d'août 2001), la loi de finances de l'année « autorise l'octroi des garanties de l'État et fixe leur régime » ; s'étalant sur une durée limitée (soit un maximum de 5 ans), la garantie de l'État est conçue ici « *comme l'instrument d'intervention décisif devant permettre d'enrayer la crise financière* »[2]. Plus précisément, la garantie de l'État appelle les pouvoirs publics à s'engager auprès d'établissements bancaires pour leur permettre d'accéder aux emprunts en se portant garant sachant que les débiteurs peuvent faire l'objet de faillite : le risque pour l'État n'est donc pas négligeable dans cette opération. Un tel procédé pourrait alourdir l'endettement[3] de l'État. La technique des garanties de l'État doit en effet être conforme au droit communautaire invitant les État à respecter les règles de la concurrence : la garantie a été assimilée à de l'aide d'État en application de l'article 87-3, b, du Traité de la Communauté européenne ; la Commission dans sa décision du 30 octobre 2008 a finalement autorisé[4] le mécanisme français de refinancement des établissements bancaires. C'est à travers ce procédé que la loi de finances rectificative pour 2008 a permis au groupe Dexia de bénéficier de ce mécanisme à titre onéreux[5]. Quant à la loi

[1] MACORING-VENIER (F.), « Commissaires au redressement productif : rapport annuel pour l'année 2012 », *Revue trimestrielle de droit commercial* n° 2, avril-juin 2013, p. 337.
[2] CONAN (M.), « De la garantie de l'État en lois de finances rectificatives. Plan de refinancement et plan de relance de l'économie », *DA*, mars 2009, p. 17.
[3] Pour Matthieu Conan, « *l'appel en garantie de l'État est donc susceptible de peser sur le niveau d'endettement de l'État* », *op. cit.*, p. 20.
[4] CONAN (M.), « De la garantie de l'État en lois de finances rectificatives. Plan de refinancement et plan de relance de l'économie », *op. cit.*, p. 21.
[5] Ceci résulte de l'accord bancaire du 9 octobre 2008 conclu entre la Belgique devant assurer 60,5 % de la garantie, la France 36,5 % et le Luxembourg 3 %.

de finances rectificative pour 2009, elle a doté l'établissement public Oséo de fonds pour financer des PME, mais aussi des prêts garantis destinés au secteur de l'automobile. Au total, la garantie accordée par l'État s'élève à environ 10 milliards d'euros pour dynamiser le partenariat public-privé tandis que celle portée par Oséo pour faciliter les prêts de financement de partenariat est estimés à 8 milliards d'euros. Ainsi, selon le rapport public thématique de juillet 2012 de la Cour des comptes[1], le coût total du plan de relance français couvrant la période 2009 à 2010 a été estimé à 34 milliards d'euros dont 17,5 milliards de mesures fiscales et 3,8 de remboursement anticipé de TVA aux collectivités locales.

La relance de l'économie a été envisagée aussi par le biais de la commande publique. Ici, le *droit de la commande publique* a été largement sollicité nécessitant une modification du Code des marchés publics. Parmi les mesures phares prises, certaines d'entre elles favorisent l'accélération des procédures de l'achat public, d'autres visent à soutenir la trésorerie des entreprises. Ainsi, pas moins de trois décrets et une circulaire[2] ont été pris pour mettre en œuvre la politique : le décret n° 2008-1334 du 17 décembre 2008 modifiant certaines dispositions relatives aux marchés soumis au Code des marchés publics ; le décret n° 2008-1355 du 19 décembre 2008 de mise en œuvre du plan de relance économique dans les marchés publics vise à alléger les procédures afin de libéraliser l'achat public, à simplifier les procédures et à promouvoir la logique partenariale pour financer les contrats. Le dispositif encourage l'emploi de la négociation et élargit le dialogue compétitif à la « conception-réalisation » : selon l'article 69 du Code des marchés publics, « les marchés de conception peuvent être passés selon la procédure du dialogue compétitif ». Il s'agit donc d'une « *nouvelle voie ouverte pour les opérations de réhabilitation : la possibilité de passer des marchés de conception-réalisation selon la procédure du dialogue compétitif* »[3]. Parmi les autres mesures d'importance, figure l'allègement des procédures de passation ayant pour effet la suppression des commissions d'appel pour l'État. On soulignera que le seuil de 206 000 euros jusqu'ici applicable aux marchés de travaux est désormais remplacé par le seuil communautaire estimé à 5 150 000 euros. Quant aux assouplissements des règles d'exécution des marchés visant les entreprises, le régime des avances a été lui aussi modifié : le versement est passé de 5 % à 20 % pour les sommes comprises entre 20 000 et 5 150 000 euros. Enfin, les délais de paiement des collectivités territoriales ont été modifiés et réduits : le délai de 40 jours est ramené à 35 jours au 1er janvier 2009 puis à 30 jours au 1er

---

[1] Cour des comptes, *L'État et le financement de l'économie, rapport public thématique*, Paris, La Documentation française, juillet 2012, p. 92.

[2] Circulaire du 19 décembre 2008 relative au plan de relance de l'économie française.

[3] LINDITCH (F.), « Actualités du droit des marchés publics. Premier état des lieux après les décrets de décembre 2008, *JCP A (Administrations et collectivités territoriales),* n° 3, 12 janvier 2009, p. 8.

janvier 2010. Quant au décret n° 2008-1356 du 19 décembre 2008 relatif au relèvement de certains seuils du Code des marchés publics, la modification des seuils vise à donner une place essentielle aux marchés à procédure adaptée. Le seuil de 4000 euros a été revu à la hausse pour atteindre 20 000 euros : au-dessous de cela, il est possible d'accorder des dérogations aux personnes publiques souhaitant la dispense de l'obligation de publicité et de mise en concurrence. Quant au seuil de 206 000 euros relatif au marché de travaux, celui-ci est supprimé ; et le recours aux procédures adaptées atteignant le seuil de 5 150 000 euros pourra être utilisé.

Même si la Commission a annoncé un plan européen de relance de l'économie[1] autorisant les États de manière temporaire à faciliter l'accès des entreprises au financement (garanties subventionnées, prêts d'investissements), force est de constater qu'en Europe, il y a autant d'États que de situations budgétaires et économiques. Chaque pays adopte sa propre stratégie en fonction de sa situation budgétaire et des objectifs qu'il cherche à atteindre. D'où l'adoption des plans nationaux. Si en France la politique de relance a privilégié l'investissement, néanmoins celle-ci « *s'oppose aux mesures prises par le Premier ministre britannique Gordon Brown avec notamment une baisse de la TVA de 2, 5 points censée augmenter le pouvoir d'achat* »[2].

Puis on a vu émerger à la faveur de la crise économique des « *plans d'austérité* » en Europe dans le but d'assainir les finances publiques et de lutter contre l'endettement des États. Les plans d'austérité (réduction du train de vie de l'État par des coupes budgétaires importantes, gel de salaire des agents publics, hausse des impôts, *etc.*) concernent à la fois la Grèce, l'Italie, le Portugal, l'Espagne, l'Irlande et dans une moindre mesure la Grande-Bretagne, la France ou encore l'Allemagne. L'adoption de plans de rigueur dans certains États a entraîné des alternances politiques notamment en Espagne, en Italie et a contribué à créer de l'instabilité politique et de la crise de confiance en Grèce. Mais comme la politique d'austérité n'a pas été couronnée de succès, on a envisagé de rajouter un volet « croissance et emploi »[3] pour donner un nouveau souffle aux économies afin de sortir de la crise.

Les pouvoirs publics disposent en outre, d'autres leviers d'action comme les incitations fiscales.

---

[1] NOGUELLOU (R.), « La relance et le droit administratif », *DA*, janvier 2009, p. 3.

[2] PICARD (J. –F.), *Finances publiques*, Paris, Litec, 2009, 2ème édition, p. 30.

[3] En France, la thématique a été défendue par le nouveau président François Hollande. En Europe, l'idée semble être acceptée, mais la manière d'y arriver pose problème. Aux États-Unis, le président Barack Obama est lui aussi favorable.

B) Les incitations fiscales : le dispositif « crédit d'impôt-recherche »

Les incitations fiscales font partie des instruments d'action de l'État pour améliorer la compétitivité. Elles symbolisent là encore le caractère volontariste des pouvoirs publics. Comme le rappellent certains auteurs, « *l'augmentation ou la réduction de la pression fiscale peut être utilisée pour modifier les comportements des agents économiques* »[1].

Afin de comprendre le mécanisme qui sous-tend la politique des incitations fiscales, on s'appuiera sur l'étude d'un dispositif fiscal particulier mis en vigueur depuis quelques années en France : le « *crédit d'impôt-recherche* ».

Créé par la loi de finances [2]pour 1983, le « crédit d'impôt-recherche » est avant tout, une mesure fiscale mise en place par les pouvoirs publics dès 1983 pour *améliorer l'environnement des entreprises en matière de R&D* (Recherche et développement). De fait, « *il représente actuellement la principale mesure fiscale d'incitation au développement de l'effort scientifique et technique des entreprises* »[3]. Il s'agit d'alléger la fiscalité des entreprises référencées « innovantes » ; celles-ci restent maîtresses de leur projet : l'incitation a pour but d'élever le niveau technologique de l'entreprise concernée et des agents qui y travaillent. De ce point de vue, le dispositif censé être non discriminatoire peut être perçu comme un instrument d'action efficace des pouvoirs publics pour renforcer la compétitivité hexagonale. Dans un environnement concurrentiel, le dispositif « crédit d'impôt-recherche » est devenu l'instrument privilégié de l'État en faveur de la politique de recherche et d'innovation. Cette mesure fiscale a été réformée plusieurs fois par diverses lois de finances en 2004[4] puis en 2008[5]. Elle a été introduite dans le Code général des impôts et désormais encadrée par « l'article 244 quater B ». Enfin, la loi du 24 décembre 2007 a modifié substantiellement le dispositif crédit d'impôt-recherche : celui-ci est désormais simplifié, renforcé et déplafonné.

Depuis le 1er janvier 2008, le « *crédit d'impôt-recherche* » représente 30 % des dépenses de R&D engagées au cours d'une année civile, taux ramené à 5 % pour un montant supérieur à 100 millions d'euros. Les entreprises éligibles sont celles soumises à l'impôt sur les sociétés ou à l'impôt sur le revenu et peuvent relever du secteur industriel, agricole, commercial, mais aussi les associations régies par la loi de 1901. Les entreprises éligibles

---

[1] BOUVIER (M.), *Introduction au droit fiscal général et à la théorie de l'impôt*, Paris, LGDJ, Lextenso éditions, 9ème édition, 2008, p. 174.

[2] Loi n° 82-1126 du 29 décembre 1983.

[3] BETBEZE (J.-P.), Conseil d'Analyse Économique, *Financer la R&D,* rapport, Paris, La Documentation française, 2005, 91.

[4] Voir à ce titre la Loi n° 2004-1485 du 30 décembre 2004 de finances rectificatives pour 2005.

[5] Voir en particulier les articles 69 et 70 de la Loi 2007-1822 du 24 décembre 2007 de finances pour 2008.

bénéficient dès la première année d'un taux de 40 % et 35 % la deuxième année. Une étude d'évaluation réalisée à propos du dispositif par un cabinet indépendant en 2005 semble conclure que « *le crédit d'impôt-recherche apparaît comme une mesure qui contribue à promouvoir une recherche compétitive et concourt à offrir un environnement stable à l'innovation technologique des entreprises françaises* »[1].

Le dispositif CIR a été amélioré à plusieurs reprises pour l'adapter à la réalité économique. Depuis sa création en 1983 jusqu'à la réforme de 2007 ayant permis la simplification du dispositif, le crédit d'impôt recherche a fait l'objet d'une modification par an[2] au cours des 25 dernières années. Depuis 1983, toutes les réformes entreprises concernent le volume des dépenses, des taux, des champs d'application, des plafonds, etc. C'est donc un dispositif complexe.

La loi de finances pour 2008[3] (art. 69) a réformé en profondeur l'économie générale du crédit d'impôt recherche en renforçant la lisibilité, la simplification et l'efficacité. Parmi les axes les plus importants de la réforme de 2008, certaines mesures phares méritent d'être relevées. Le CIR est dorénavant déplafonné : au-delà de 100 millions d'euros, le taux est réduit et limité à 5 % du montant total des dépenses. Le plafond du crédit d'impôt recherche de 16 millions d'euros est supprimé pour stimuler davantage les *politiques de recherche* des grandes entreprises. Pour les entreprises n'ayant pas bénéficié du dispositif au cours des cinq dernières années, le taux de 30 % est majoré temporairement. Pour l'exercice 2008, les dépenses atteignant 10 millions d'euros sont majorées de deux millions d'euros pour les opérations confiées à des organismes publics de recherche ou à des universités. Quant aux entreprises pratiquant de la sous-traitance, les opérations ne peuvent excéder le montant maximum de 12 millions d'euros. Enfin, on précisera que les dépenses visant les « jeunes docteurs » sont désormais prises en compte pour le calcul du montant pour une période de vingt-quatre mois au lieu de douze auparavant. Aussi, on observe que le projet de loi de finances a « *fait en définitive l'objet d'un durcissement, en particulier à l'encontre des entreprises qui sous-traitent une partie de leurs travaux de recherche* »[4].

La loi de finances pour 2011 a réduit à partir du 1er janvier 2011 les dépenses faites par les « primo-accédants » avec des taux passant de 40 % à 35 % pour les deux premières années d'application alors que le taux était de 50 % et 40 % auparavant. D'autres mesures d'importance ont été prises comme celles relatives aux dépenses de fonctionnement : parmi elles, figurent les défenses de personnel qui vont désormais bénéficier d'une

---

1 OSEO/Caisse des Dépôts, *PME 2006*, Paris, La Documentation française, 2006, p. 101.
2 FENA-LAGUENY (E.), « Crédit d'impôt recherche : l'irrésistible besoin de changement », *Option Finance* n° 1111, 7 février 2011, p. 24.
3 Loin° 2007-1822 du 24 décembre 2007.
4 FENA-LAGUENY (E.), p. 24

réduction de 25 % alors qu'elles avoisinaient les 50 % auparavant. À partir de janvier 2011, les dépenses de fonctionnement seront ramenées de 50 % alors qu'auparavant elles s'élevaient jusqu'à 75 % des dépenses.

Plus largement, les modalités de calcul du crédit d'impôt recherche connaissent des modifications successives « *quitte à décourager et inquiéter les investisseurs, particulièrement les investisseurs étrangers, désireux avant tout de disposer de prévisions fiables et d'une sécurité juridique en la matière* »[1].

L'analyse du dispositif bâti autour du crédit d'impôt recherche montre qu'il est source de contentieux. Des litiges sont nés à partir des problématiques de rémunération des chercheurs et des techniciens de recherche. Pour que les dépenses soient éligibles au titre du CIR, elles doivent tenir compte de la qualification des chercheurs ; la qualité de chercheur et de technicien (docteurs, ingénieurs) est prise en compte et donc du diplôme. Mais toute recherche est un processus complexe où interviennent divers acteurs : entre la position hiérarchique occupée par le professeur responsable d'un laboratoire de recherche jusqu'aux ingénieurs, divers intermédiaires interviennent également dans la « chaîne de production ». La difficulté qui se pose en l'espèce, c'est que le calcul des dépenses éligibles au titre du CIR se faisait seulement sur la base unique des rémunérations des chercheurs et des techniciens de recherche. De fait, il excluait tout le reste, en particulier le personnel de soutien : « *dans le silence des textes, il pouvait paraître arbitraire d'exclure tout un ensemble de collaborateurs (en particulier les soudeurs, les chaudronniers, les régleurs ou encore les mécaniciens) dont le concours est indispensable au déroulement de la recherche* »[2]. C'est dans cette perspective qu'il importe de mentionner l'arrêt de la Cour administrative[3] d'appel de Lyon du 10 novembre 2009 rappelant que la base permettant de calculer le CIR inclut les rémunérations des personnes ayant collaboré avec les chercheurs afin de leur apporter le soutien technique nécessaire à la réalisation de leurs travaux. Ce qui est pris en compte ici, c'est la « réalité de l'activité » des salariés concernés par la recherche. On peut dès lors présumer que seul le personnel n'ayant pas de lien avec la recherche est exclu du dispositif.

Le succès du crédit d'impôt recherche ne se dément pas : au cours de l'année 2010, 15 479 entreprises[4] ont bénéficié du dispositif pour une

---

[1] BENECHOU (J.-R.), COUMERT (G.), « Les entreprises ont-elles bien pris toute la mesure du changement de nature du crédit d'impôt recherche ? », *op. cit.,* p. 20.

[2] LEBOFF (D.), « Crédit impôt recherche : nouveautés jurisprudentielles et modifications législatives attendues », *Option Finance* n° 1099, 8 novembre 2010, p. 24.

[3] Voir notamment la Décision de la Cour administrative de Lyon (10 novembre 2009) n° 07-295, 2ème Ch., min. c/SAS Grupo ANtolin HFR).

[4] BENECHOU (J.-R.), COUMERT (G.), « Les entreprises ont-elles bien pris toute la mesure du changement de nature du crédit d'impôt recherche ? », *Option Finance* n° 1133, 11 juillet 2011, p. 20.

enveloppe totale avoisinant les 4, 7 milliards d'euros. En 2010, le dispositif du CIR a fait l'objet d'une évaluation par la Commission des Finances du Sénat : globalement, le rapport note une forte progression du nombre de déclarants soit 34 % en 2008 et une nette augmentation de la dépense fiscale s'élevant à 4. 154, 6 millions d'euros contre 1682 millions pour l'année précédente ; corrélativement, la répartition du dispositif par taille d'entreprises ne montre pas une captation de l'avantage fiscal par les grandes entreprises. Si le bilan dressé par la Commission des Finances établit des résultats prometteurs, le rapport avance cependant un certain nombre de préconisations dont « *le maintien de l'économie générale du crédit d'impôt recherche dans sa forme issue de la réforme de 2008* »[1]. Quant aux améliorations à apporter au dispositif, le rapport incite les pouvoirs publics à recentrer le CIR sur sa finalité en restant « *conforme à sa finalité première qui est de financer des projets de R&D stricto sensu* »[2] et d'éviter des effets d'aubaine et les optimisations.

Appelée à procéder à une évaluation de la réforme du crédit d'impôt recherche en 2010, la Mission d'Évaluation et de Contrôle (MEC) est parvenue au même constat que celui prôné par la Commission des Finances du Sénat : un avis unanime[3] s'est dégagé en faveur du maintien de l'économie générale du nouveau dispositif CIR. Parmi les propositions phares avancées par la Mission d'évaluation figurent celles visant à améliorer l'efficacité de la dépense, à mieux sécuriser et contrôler le dispositif.

On sait que le CIR s'inscrit dans les objectifs fixés par le Conseil européen de Lisbonne de mars 2000 et le Conseil européen de Barcelone de mars 2002 exigeant que 3 % du produit intérieur brut soient consacrés à la recherche d'ici 2010. Force est de constater que la France est bien loin de remplir l'objectif, car même « *avec une intensité de la dépense en 2, 07 % du PIB en 2008, cet objectif semble bien difficile à atteindre en 2010, et la réforme du CIR n'a pas permis le « bon en avant » du volume de dépenses de R&D attendu* »[4].

Parallèlement, il existe d'autres formes d'aides destinées à encourager l'innovation instituée par la loi de finances pour 2004 : « *le statut de jeune entreprise innovante* ». Ce dispositif a pour but de soutenir les entreprises

---

[1] GAUDIN (C.) et SENAT, Commission des Finances, *Rapport d'information. Le crédit d'impôt recherche à l'heure du bilan de la réforme de 2008 : des débuts encourageants, un rapport coût-efficacité perfectible*, Paris, Sénat, rapport n° 493, 2009-2010, p. 37.

[2] GAUDIN (C.) et SENAT, Commission des Finances, *Rapport d'information. Le crédit d'impôt recherche à l'heure du bilan de la réforme de 2008 : des débuts encourageants, un rapport coût-efficacité perfectible*, *op. cit.*, p. 51.

[3] CLAEYS (A.), GORGES (J.-P.) LASBORDES (P.), Mission d'Evaluation et de Contrôle (Assemblée nationale), *Le crédit d'impôt recherche : un outil stratégique à conforter, sécuriser et mieux maîtriser*, rapport n° 2686, Paris, Assemblée nationale, 2010, p. 47.

[4] CLAEYS (A.), GORGES (J.-P.) LASBORDES (P.), *op. cit.*, p. 15.

fondées depuis moins de 8 ans en situation de fragilité : il s'agit d'alléger la fiscalité et les charges sociales pour les emplois hautement qualifiés. Ces incitations fiscales montrent bien qu'au lieu de contraindre, les pouvoirs publics privilégient la stimulation des comportements des acteurs économiques.

Avec l'arrivée du président de la République François Hollande au pouvoir, de nouveaux dispositifs ont été mis en place. Le candidat François Hollande d'alors avait annoncé lors de la campagne électorale de mai 2012 que « *les allègements fiscaux comme les aides publiques seront réservés aux entreprises qui investissent en France, et donc remboursables en cas de délocalisation* »[1]. Si cela avait été confirmé, les conséquences seraient irréversibles dans la décision d'implantation des investisseurs étrangers pour la destination France. Si le CIR cherche à augmenter les dépenses de R&D des entreprises au niveau national, il vise aussi à *« inciter les entreprises multinationales à localiser leurs activités de recherche sur le territoire »*[2].

Parmi les nouvelles mesures prises, on peut citer le *Crédit d'impôt pour la compétitivité et l'emploi* (CICE) institué par l'article 66 de la loi n° 2012-1510 du 29 décembre 2012 de finances rectificative pour 2012. Mais toutes les entreprises ne sont pas éligibles comme par exemple les « auto-entrepreneurs » et les petites entreprises. De même, les associations, les groupements, les collectivités et les organismes publics non soumis à l'impôt sur les sociétés ne peuvent bénéficier du régime du CICE. Le CICE vise les entreprises soumises à l'impôt sur les sociétés où à l'impôt sur le revenu d'après leur bénéfice réel, mais aussi les entreprises bénéficiant d'un régime d'exonération d'impôt sur les bénéfices (IR ou IS). Le CICE fait partie des instruments d'incitation de l'État applicable aux entreprises concernées dès le 1er janvier 2013. C'est une incitation fiscale qui a pour but de dynamiser la compétitivité des entreprises en mettant l'accent sur l'investissement, la recherche, l'innovation, la formation, le recrutement, la prospection de nouveaux marchés et la reconstitution de leur fonds de roulement. Si le dispositif est globalement « plébiscité » et « convoité »[3], les chefs d'entreprise craignent sa suppression. Cependant, des abus sont constatés sur le terrain : les pouvoirs publics précisent que « *la pratique abusive consistant pour une entreprise à tenter d'obtenir, par la pression, la rétrocession du CICE dont bénéficient ses partenaires commerciaux, est illicite* »[4]. Ils essaient de dissuader les auteurs de cette pratique par la menace de sanction.

---

[1] PANDO (A.), « Elections présidentielles : tour d'horizon des programmes fiscaux », *op. cit.,* p. 3.
[2] CLAEYS (A.), GORGES (J.-P.) LASBORDES (P.), *op. cit.,* p. 11.
[3] PERROTIN (F.), « CICE, un dispositif plébiscité et convoité », *Petites affiches*, 17 novembre 2014, n° 229, p. 4.
[4] PERROTIN (F.), « CICE et rétrocession », *Petites affiches*, 17 novembre 2014, n° 229, p. 5.

À l'opposé de la stratégie offensive, l'État déploie une stratégie défensive : la technique juridique est là encore sollicitée.

SECTION 2. LES OUTILS NORMATIFS DE LA STRATÉGIE DÉFENSIVE

La défense de l'économie est à l'opposé de l'action offensive. *L'État stratège cherche à protéger des « intérêts stratégiques »* : il est courant dans l'univers des entreprises dominé par la concurrence de voir les firmes se doter de mesures protectionnistes lorsqu'elles risquent par exemple de faire l'objet de rachat par d'autres entreprises. La *stratégie défensive* n'est pas inhérente au seul monde de l'entreprise : apparaissent de plus en plus dans les *États développés* et *émergents* des mécanismes inspirés des techniques de l'entreprise visant à mettre les entreprises nationales à l'abri d'actions « inamicales » d'investisseurs ou de firmes concurrentes.

La défense de l'économie conduit les pouvoirs publics à faire preuve de réactivité : il s'agit de riposter aux attaques « inamicales » des concurrents pour les décourager et leur démontrer que ce qu'ils espèrent *« obtenir par une offensive a un coût trop élevé ou comprend des risques trop importants »*[1]. Se doter de stratégie visant à défendre l'économie[2] est devenu indispensable : en France, la défense économique est définie par la circulaire du 14 février 2002 du Ministère de l'Economie, des Finances et de l'Industrie englobant « *les actes et initiatives pris par la puissance publique (...) pour protéger et défendre l'économie et les entreprises des atteintes de toute nature* »[3].

Au nom de la défense de l'économie, l'État se trouve investi d'une *mission de protection des intérêts « stratégiques » de la nation*. La notion n'a pas fait l'objet de définition officielle. Au sens strict, les « intérêts stratégiques » peuvent désigner un nombre limité de secteurs d'activité présentant des enjeux économiques d'importance ou soulevant des problématiques de souveraineté nécessitant de fait une protection absolue de l'État pour l'indépendance et la bonne marche du pays.

La mondialisation a promu la notion d'« intérêts stratégiques » sur le devant de la scène publique. Du même coup, on a trois types d'intérêts cohabitant ensemble : l'*intérêt général*, l'*intérêt privé* poursuivi par les acteurs privés et les « *intérêts stratégiques* ». L'identification de la frontière entre les notions n'est pas évidente et peut être source de confusion : par exemple, ce qu'on désigne fréquemment par « intérêts privés » peut dans certains cas être qualifié d'« intérêts stratégiques » dès l'instant où

---

[1] REYSSET (P.) et WIDEMAN (T.), *La pensée stratégique, op. cit.*, p. 62.

[2] Il s'agit notamment de la Direction de la Surveillance du Territoire (DST), de la Direction des Renseignements généraux (DCRG), de la Direction Centrale de la Police Judiciaire et de la Direction générale de la sécurité extérieure (DGSE).

[3] Circulaire relative à la défense économique (JO 23 mars 2002, p. 5164).

l'entreprise en question présente une dimension mondiale. À l'opposé, une entreprise du secteur public exerçant des missions de service public peut aussi relever de la thématique des intérêts stratégiques. L'État est le défenseur légitime des grandes entreprises relevant de sa sphère d'influence, mais également celles du secteur privé présentant un caractère stratégique.

On étudiera les techniques juridiques déployées pour atteindre ce but. On s'efforcera dans un premier temps d'analyser les mécanismes permettant de contrôler les investissements étrangers afin de mettre à l'abri les secteurs sensibles. Sous couvert de patriotisme, la défense de l'économie conduit aussi à la prise de mesures « anti-OPA » pour résister contre les tentatives de prises de contrôle d'entreprises françaises d'envergure internationale. Dans cette perspective, la création de certains fonds d'État s'inscrit dans la dynamique protectrice du tissu économique.

§ 1. Le contrôle des investissements étrangers

En principe, les relations économiques et financières de la France avec l'étranger sont libres[1] : la liberté est la règle gouvernant les relations économiques entre les États.

Le rôle défensif de l'État dans l'économie est de contrôler les investisseurs étrangers établis sur le territoire pour s'assurer de leur conformité à la législation en vigueur. La mise en place de mécanismes visant à limiter l'accès d'un nombre limité d'activités économiques à des opérateurs étrangers traduit la volonté de préserver les secteurs clés de l'économie. Enfin, une revue de quelques expériences étrangères est indispensable pour mettre en lumière la singularité française.

A) Le régime de contrôle

La logique de compétitivité conduit les États à élaborer des stratégies d'intervention afin de limiter et d'encadrer l'activité des opérateurs étrangers.

Le contrôle des investissements relève de la compétence exclusive du gouvernement. La réglementation des investissements étrangers est « *l'ensemble des règles qui régissent les mécanismes de constitution et de liquidation des investissements, tant français à l'étranger qu'étranger en France* »[2]. Loin d'être une activité normative nouvelle en France, la réglementation des investissements étrangers est apparue en France dès 1967 sous le décret n° 67-78 du 27 janvier 1967 resté en vigueur jusqu'en 1989[3]. Le régime de contrôle concerne la déclaration ou la procédure de

---

[1] Article L. 151-1 du *Code Monétaire et Financier*.

[2] CARREAU (D.) et JULLIARD (P.), *Droit international économique*, Paris, Dalloz, 4ème édition, 2010, p. 473.

[3] CARREAU (D.) et JULLIARD (P.), *op. cit.*, p. 440.

l'autorisation préalable[1] : celles-ci gouvernent la nature de l'activité et la provenance des investisseurs. Plus largement, la réglementation des investissements vise d'une part, l'objet de l'investissement et d'autre part, le statut de l'investisseur.

Dans une acception plus large, l'investisseur concerne à la fois des personnes morales ou physiques : il peut être une entreprise française sous contrôle direct, indirect ou une société étrangère. Quant à la notion d'investissement, sa définition est encadrée par le droit : constitue un investissement, le fait pour un investisseur : « 1° Soit d'acquérir le contrôle, au sens de l'article L. 233.3 du Code de Commerce[2], d'une entreprise dont le siège social est établi en France ; « 2° Soit d'acquérir directement ou indirectement tout ou partie d'une branche d'activité d'une entreprise dont le siège social est établi en France ; « 3° Soit de franchir le seuil de 33,33 % de détention directe ou indirecte du capital ou des droits de vote d'une entreprise dont le siège social est établi en France ».

Divers textes réglementaires[3] « *qui se complètent ou se neutralisent* »[4], constituent le dispositif de contrôle des investissements étrangers pour la protection de l'économie. Ainsi, selon l'article L. 151-3[5] du Code Monétaire et Financier, certains investissements étrangers dans une activité même exercée à titre occasionnel sont soumis à la procédure de l'autorisation préalable du ministre chargé de l'Économie : il s'agit d'activités de nature à porter atteinte à l'ordre public, à la sécurité publique ou à la défense nationale, telles les activités de recherche, de production ou de commercialisation d'armes, de munitions, de poudres et substances explosives. Désormais, c'est le « décret n° 2005-1739 du 30 décembre 2005 réglementant les relations financières avec l'étranger et portant application de l'article L. 151-3 du Code monétaire et financier » qui encadre l'activité des investisseurs étrangers non communautaires soumis à une procédure d'autorisation préalable du ministère de l'Économie. Ces secteurs sont divers et variés et sont au nombre de onze : ils concernent à la fois les 1 /activités dans les secteurs des jeux d'argent ; 2 /activités règlementées de sécurité privée ; 3 /activités de recherche, de développement ou de production relatives aux moyens destinés à faire face à l'utilisation illicite, dans le cadre d'activités terroristes, d'agents pathogènes ou toxiques, et à prévenir les

---

[1] Si la déclaration, l'autorisation ou le contrôle concernent plusieurs objets tels que les opérations de change, les mouvements des capitaux, etc., on se limitera dans cette étude à la problématique relative aux investissements étrangers en France.

[2] Cet article a été modifié par la loi du 26 juillet 2005.

[3] Voir notamment le Décret n° 67. 78 du 27 janvier 1967 ; Décret n° 89. 938 du 29 décembre 1989, JO du 30 décembre 1989 ; Circulaire du 15 janvier 1990, JO du 16 janvier 1990 ; Décret du 27 juillet 1994, JO du 31 juillet 1994, etc.

[4] ROUX (P.), « Le contrôle des investissements étrangers en France : règles applicables », *Les Petites Affiches*, 3 février 1995, n° 15, p. 4.

[5] Loi n° 2004-1343 du 9 décembre 2004.

conséquences sanitaires d'une telle utilisation ; 4 /activités portant sur les matériels conçus pour l'interception des correspondances et la détection à distance des conversations, autorisés au titre de l'article 226-3 du Code pénal ; 5 /activités de services dans le cadre de centres d'évaluation agrées dans les conditions prévues au décret 2002-535 du 18 avril 2002 relatif à l'évaluation et à la certification de la sécurité offerte par les produits et les systèmes des technologies de l'information ; 6 /activités de production de biens ou de prestation de services de sécurité dans le secteur de la sécurité des systèmes d'information d'une entreprise liée par contrat passé avec un opérateur public ou privé gérant des installations au sens des articles L. 1332-1 à L. 1332-7 du Code de la défense ; 7 /activités relatives aux biens et technologies à double usage énumérés à l'annexe IV du règlement (CE) n° 1334/2000 du Conseil du 22 juin 2000 modifié instituant un régime communautaire de contrôle des exportations de biens et technologies à double usage ; 8 /activités relatives aux moyens de cryptologie et prestations de cryptologie mentionnées aux § III, IV de l'article 30 et I de l'article 31 de la loi n° 2004-575 du 21 juin 2004 pour la confiance dans l'économie numérique ; 9 /activités exercées par les entreprises dépositaires de secrets de la défense nationale ou à clauses de sécurité conformément au décret n° 98-608 du 17 juillet 1998 relatif à la protection des secrets de la défense nationale ; 10 /activités de recherche, de production ou de commerce d'armes, de munitions, de poudres et substances explosives destinées à des fins militaires ou de matériels de guerre et assimilés règlementés par le titre III ou le titre V du titre V du livre III de la deuxième partie du Code de la défense ; 11 /activités exercées par les entreprises ayant conclu un contrat d'étude ou de fourniture d'équipements au profit du ministère de la Défense, soit directement, soit par sous-traitance, pour la réalisation d'un bien relevant d'un secteur mentionné aux points 7 à 10 ci-dessus.

Si le décret[1] du 7 mars 2003 comprenait une liste limitée de secteurs d'activités, celle-ci est désormais plus étendue (décret du 30 décembre 2005). Un nouveau chapitre III sous l'intitulé « *Investissements étrangers soumis à autorisation préalable* » a été inséré au titre V du livre 1er du Code monétaire et financier. Dans cette longue énumération de secteurs encadrés que nous venons de citer, certains d'entre eux posent problème quant à leur pertinence. Par exemple, on peut s'interroger sur le caractère stratégique de certaines *« activités dont on perçoit difficilement le lien qu'elles peuvent entretenir avec la défense nationale ou la défense des intérêts nationaux. Il en est ainsi par exemple du secteur des jeux d'argent »*[2]. On voit bien qu'à travers cet exemple, la difficulté des pouvoirs publics à cerner de manière

---

[1] Décret n° 2003-196 du 7 mars 2003.

[2] VIRASSAMY (G.), « Investissements privés en France et patriotisme économique » in VIRASSAMY (G.), (sous la dir.), *Entreprise et patriotisme économique*, Paris, L'Harmattan, Travaux du C.E.R.J.D.A : volume 8, 2008, p. 59.

lisible et claire, le caractère « stratégique » d'un secteur d'activité économique.

Plus récemment, pour préserver l'indépendance énergétique (question touchant les centrales nucléaires, la transition écologique), le gouvernement a cherché à bloquer les visées de l'américain « *General Electric* » et de l'allemand « *Siemens* » sur « *Alstom* » dans les secteurs de l'énergie, des transports, de l'eau, des télécommunications, de la santé : le décret n° 2014-479 du 14 mai 2014 a considérablement élargi la liste des *secteurs « sensibles » soumis à autorisation préalable*. Il vise six nouveaux *secteurs stratégiques*[1]: l'« intégrité, sécurité et continuité de l'approvisionnement en électricité, gaz, hydrocarbures ou autre source énergétique » ; « intégrité, sécurité et continuité de l'approvisionnement en eau » ; « intégrité, sécurité et continuité d'exploitation des réseaux et des services de transport » ; « intégrité, sécurité et continuité d'exploitation des réseaux et des services de communications électroniques » ; « intégrité, sécurité et continuité d'exploitation d'un établissement, d'une installation ou d'un ouvrage d'importance vitale » ; « protection de la santé ». L'*objectif* est de *renforcer le dispositif de contrôle des investissements étrangers dans les secteurs stratégiques pour les mettre à l'abri des investisseurs*. Désormais, tout investisseur étranger désirant acquérir une entreprise relevant de ces secteurs est obligé de se soumettre à la procédure d'autorisation préalable. Il s'agit pour le gouvernement d'*éviter la délocalisation des centres de décision des entreprises à l'étranger pour préserver l'emploi*. On est ici au cœur de la démarche qui relève du patriotisme économique ; c'est une démarche protectrice, mais qui pose la question de sa compatibilité avec le droit européen.

Il convient d'examiner la procédure d'autorisation préalable à laquelle sont soumis les investisseurs étrangers.

B) La procédure administrative

Deux types de procédures administratives régissent la réglementation des investissements étrangers : les activités soumises à déclaration préalable et les opérations soumises à autorisation préalable.

La réglementation française distingue deux types d'investisseurs : les investisseurs non-résidents et les entreprises sous contrôle étranger établies sur le territoire. Le décret du 29 décembre 1989 a exempté l'investisseur résident de tout contrôle et a soumis l'investisseur non résident aux procédures de contrôle. Selon que l'investisseur soit résident de l'Union européenne ou signataire de l'accord « Espace économique européen », le traitement n'est pas le même que celui accordé aux investisseurs venus

[1] Décret n° 2014-4779 du 14 mai 2014 relatif aux investissements étrangers soumis à autorisation préalable.

d'ailleurs. Les opérations soumises à la procédure de la déclaration préalable concernent les investisseurs originaires des pays de l'UE : pour ces opérateurs, la procédure de déclaration est « *légèrement plus simple, et plus courte que la procédure de l'autorisation préalable* »[1].

Lorsqu'un investisseur étranger souhaite investir dans un domaine d'activités figurant dans la liste des secteurs dits « sensibles », il adresse une demande d'autorisation préalable au ministre chargé de l'Économie ; celui-ci dispose d'un délai de deux mois pour se prononcer sur la validité du dossier à partir de la date de réception de la demande. Le ministre examine si les « *intérêts stratégiques* » définis au sens de l'article L. 151-3 du Code monétaire et financier sont préservés notamment le respect de l'ordre public, la sécurité publique, la défense nationale. Le nouveau décret a assoupli la capacité d'action du ministre qui peut désormais autoriser l'investissement pour préserver les *intérêts nationaux* ; ceci constitue une nouveauté par rapport au dispositif précédent qui ne prévoyait que deux cas de figure : l'acceptation ou le refus. En cas d'absence de réponse dans le délai imparti, l'autorisation est considérée acceptée. Quant au refus d'autorisation, celui-ci est justifié lorsque des objectifs visés à l'article R. 153. 8 du Code monétaire et financier ne sont pas remplis en particulier ceux ayant trait à la préservation des « intérêts stratégiques » ou lorsqu'une présomption sérieuse pèse sur un investisseur susceptible de commettre des infractions pénales (actes de terrorisme, blanchiment de capitaux, etc.). Dans ces conditions, le ministre chargé de l'Économie est tenu de motiver sa décision de refus. Néanmoins ce dispositif est assorti de dispense dans deux circonstances : d'une part, lorsque l'investissement est réalisé entre entreprises appartenant au même groupe, c'est-à-dire détenant plus de 50 % du capital ou des droits de vote, directement ou indirectement par le même actionnaire ; d'autre part, lorsque l'investisseur déjà autorisé franchit le seuil de 33, 33 % de détention directe ou indirecte du capital ou des droits de vote d'une entreprise ayant son siège social en France.

Le non-respect de la procédure administrative entraîne une série de sanctions. En premier lieu, selon l'article L. 151-3 du *Code monétaire et financier,* les pouvoirs publics peuvent déclencher une action en nullité pour défaut d'autorisation : est « *nul tout engagement, convention ou clause contractuelle qui réalise directement ou indirectement un investissement étranger dans l'un des domaines mentionnés au I de l'article L. 151-3 lorsque cet investissement n'a pas fait l'objet de l'autorisation préalable* ». En deuxième lieu, le ministère chargé de l'Économie peut formuler une injonction à l'encontre de l'investisseur en vertu de l'article L. 151-3 du Code monétaire et financier en donnant un avis défavorable à l'opération. Il peut aussi lui demander de la modifier ou de faire rétablir à ses frais la

[1] PICHARD (B.), « La réglementation des investissements étrangers en France », *Les Petites Affiches*, 16 décembre 1994, p. 7.

situation antérieure. Cette injonction ne peut intervenir qu'après une mise en demeure adressée à l'investisseur dans un délai de quinze jours. Lorsque l'injonction n'a pas été respectée, le ministre chargé de l'Économie peut dans un délai minimum de quinze jours infliger une sanction pécuniaire dont le montant maximum s'élève au double du montant de l'investissement irrégulier : le montant est censé être proportionnel à la gravité des fautes commises. Les décisions sont susceptibles de faire l'objet d'un recours de plein contentieux[1].

Le législateur tout en améliorant le régime de la procédure administrative essaie dans le même temps de *préserver le périmètre stratégique*.

Si le décret de 2005 présente l'avantage d'être plus précis que celui du 7 mars 2003, pour autant, il n'est pas à l'abri de critiques comme celles formulées par la Commission européenne mettant en demeure l'État français le 4 avril 2006 à propos de la conformité du nouveau décret au droit communautaire. Pour la Commission, le décret risque de dissuader les investisseurs provenant d'États tiers et de porter atteinte au Traité CE relatif à la libre circulation des capitaux (art. 56) et au droit d'établissements (art. 43) même si *« les objectifs d'ordre public, de sécurité publique ou de défense nationale peuvent nécessiter de restreindre les libertés fondamentales garanties par le Traité CE, la procédure d'autorisation prévue dans le Décret pourrait ne pas être adaptée à la réalisation des objectifs recherchés »*[2].

En droit international, il existe des dispositions permettant de renforcer les mécanismes de contrôle : par exemple, l'Organisation mondiale du commerce (OMC) permet aux États confrontés à des problématiques similaires de se doter de dispositifs spécifiques en vue de protéger leurs intérêts nationaux lorsqu'ils visent au premier chef la souveraineté de l'État. De même, le « *Code de libération des capitaux* » de l'Organisation de coopération et de développement en Europe (OCDE) favorise la promotion de dispositifs permettant de préserver les intérêts « essentiels » des États lorsque la « sécurité publique » est en enjeu.

La France n'est pas le seul pays à être doté de mécanisme encadrant les investissements étrangers. Une approche comparative est dès lors plus que nécessaire pour appréhender les pratiques étrangères.

C) Approche comparative

Face aux politiques « agressives » des multinationales cherchant à acquérir les grandes entreprises de certains États, de nombreux

---

[1] Voir en particulier l'article L. 151-3 du *Code monétaire et financier*, Paris, Litec, 2010.

[2] VRIES G. de), « Investissements étrangers en France : le nouveau régime issu du décret du 30 décembre 2005 », *La Semaine juridique, édition entreprise et affaires* n° 22, 1er juin 2006, p. 946.

gouvernements se sont dotés de mécanismes de protection pour endiguer le phénomène.

Au Canada, tout investisseur étranger désirant s'installer et développer ses activités atteignant un certain seuil[1] sur le territoire doit démontrer l'« avantage net » qu'apporte le projet à l'État canadien. Cela est prévu par la « *Loi sur Investissement Canada de 1985* », texte encadrant les investissements étrangers. La législation canadienne est très restrictive et donne pouvoir au Ministère de l'Industrie de déclencher un examen en vue de contrôler le respect d'une batterie d'éléments comme la prise en compte de l'étendue et de la participation des Canadiens dans tout projet d'investissement étranger ; la compatibilité avec les politiques industrielles, économique et culturelle ; l'effet de l'investissement sur le niveau et la nature de l'activité économique au Canada ; l'effet de l'investissement sur la productivité et sur les différentes politiques sectorielles, mais également l'effet sur la concurrence, etc. L'acceptation d'un projet d'investissement étranger est fortement conditionnée et soumise à l'appréciation souveraine des pouvoirs publics : lorsqu'un projet d'investissement ne remplit pas les conditions prévues par les textes, il fait l'objet d'un rejet. Une telle décision ne peut faire l'objet d'appel devant les juridictions à l'exception de certains accords bilatéraux ou internationaux (OMC, ALENA) qui permettent de contrôler les décisions du ministre de l'Industrie. Le dispositif canadien d'encadrement des investissements étrangers a été récemment réformé afin de prendre en compte les problématiques de sécurité : c'est ainsi qu'« *un nouveau mécanisme d'examen des investissements susceptibles de porter atteinte à la sécurité nationale a été introduit dans la LIC en 2009* »[2] accordant de larges pouvoirs au cabinet fédéral : celui-ci peut interdire un investissement étranger sur le territoire canadien pour des questions de sécurité nationale.

En Allemagne, un projet de loi présenté le 30 octobre 2007 prévoyait « *une loi l'autorisant à exercer un véto à l'encontre de tout investissement étranger supérieur ou égal à 25 % des parts d'une entreprise* »[3]. Ce projet s'est traduit en 2008 par la loi dite « AWG » empêchant toute prise de participation d'investisseur non européen dépassant 25 % des parts d'une entreprise nationale.

Face à la montée en puissance de ces nouveaux acteurs économiques, le gouvernement nippon a de son côté durci sa réglementation en « *interdisant plus de trente secteurs économiques, dont la distribution de gaz,*

[1] Ainsi par exemple, toute acquisition directe au Canada exige d'atteindre la somme de 5 millions de dollars (le seuil OMC est de 300 millions de dollars pour faire une acquisition directe).
[2] MARION (D.), *Ibid.*
[3] AUDIT (M.), *op. cit.*, p. 1426.

d'électricité, de pétrole... La Grande-Bretagne s'est donné une marge de manœuvre très large pour définir ce qui est stratégique et donc interdit »[1].

Dans les *pays émergents*, il existe des dispositifs analogues visant à protéger les *activités « sensibles »*. C'est le cas par exemple de la « Loi de Promotion de l'investissement Mexicain et de Règlementation de l'investissement Etranger » instituée dès 1973. Suite à de multiples modifications[2], elle est devenue « *Loi d'investissement étranger* » (LIE). Chargée de promouvoir l'investissement étranger au Mexique et d'appliquer la réglementation, la Commission Nationale de l'Investissement Étranger[3] (CNIE) est un organisme composé de ministres provenant de divers départements. Comme les États occidentaux, *la loi mexicaine sur l'investissement étranger est libérale, sélective et restrictive*. En premier lieu, elle réserve exclusivement à l'État la gestion des « *activités stratégiques* »[4]à savoir la pétrochimie et les hydrocarbures, l'électricité, l'énergie nucléaire, les minerais radioactifs, les télécommunications, la poste, l'émission de billet et la frappe de la monnaie, le contrôle et la supervision des sports, des aéroports et des héliports. En deuxième lieu, la loi réserve l'exclusivité de la gestion de certains secteurs aux entreprises mexicaines[5]. Il s'agit notamment de secteurs ayant un lien avec le domaine du transport terrestre des passagers, du tourisme et du fret, de la commercialisation de l'essence et du pétrole, des services de radiodiffusion et de télévision, des banques de développement, etc. Enfin, lorsqu'un investisseur étranger requiert la décision d'investir dans certains secteurs de l'économie, le pourcentage de la participation étrangère [6]est encadré et ne peut dépasser 10 % du capital des sociétés coopératives mexicaines de production.

Il convient de rappeler que certaines organisations internationales comme le FMI notamment contribuent considérablement à faire évoluer le régime juridique des investissements de certains gouvernements étrangers [7]comme la Corée du Sud.

---

[1] SCHILLER (S.), op. cit.. , p. 22-23. L'auteur en conclut ainsi : « *Face au développement des zones de libre-échange et des accords de l'OMC, ces comportements ne sont pas nécessairement totalement acceptables*. », *op. cit.,* p. 23.

[2] Il s'agit des modifications survenues le 28 décembre 1993 et le 8 septembre 1998. La loi mexicaine définit l'investissement étranger comme étant « la participation d'un capital étranger dans n'importe quelle proportion, au capital d'une société Mexicaine, mais également la participation d'une société Mexicaine à plus de 50 % dans un capital étranger », LEJONC (S.), CALDERON (C.), GUTIERREZ (R.), « Investissements étrangers au Mexique. Aspects juridiques des accords internationaux », *op. cit.*, p. 621-622.

[3] La CNIE donne les autorisations d'investissement et procède à des arbitrages nécessaires en cas de litige.

[4] Article 5 de la Loi sur l'investissement étranger.

[5] Article 6 de la Loi sur l'investissement étranger.

[6] Article de la LIE.

[7] L'auteur remarque également que « la Loi du 1er février 1997 prévoyait que les sociétés étrangères peuvent désormais participer à des opérations de fusions-acquisitions. », *op. cit.*, p.

En Corée du Sud, les personnes qu'elles soient physiques ou morales ainsi que les organisations à caractère économique peuvent avoir le statut d'investisseurs. Pour la personne morale, sa société « mère » doit posséder « *au moins 10 % de la société fille* »[1]. La législation coréenne présente quelques similitudes avec l'exemple mexicain évoqué précédemment dans la mesure où elle détermine le montant de l'investissement évalué à un minimum de 50 millions de Wons. Mais cette somme est ramenée de moitié lorsqu'il s'agit d'une participation individuelle à un projet collectif. La somme doit être versée dans les deux ans. Contrairement à la législation mexicaine, la loi Coréenne est plus favorable aux investissements étrangers : des mesures de simplification administrative ont été adoptées pour faciliter les formalités à accomplir. Diverses réformes administratives, juridiques et financières ont permis d'accroître considérablement le niveau des investissements directs étrangers dans le pays. La nouvelle législation exprime « *clairement la volonté des autorités coréennes de modifier le cadre juridique de l'investissement direct étranger en Corée du Sud et a établi explicitement le principe d'égalité de traitement entre investisseurs quelle que soit leur nationalité* »[2].

Afin de protéger l'économie nationale contre des offres publiques d'acquisition (OPA) « inamicales », les gouvernants déploient d'autres techniques d'action comme les stratégies de « défense anti-OPA ».

§ 2. Les stratégies de défense « anti-OPA »

L'encadrement des investissements étrangers n'est pas la seule technique juridique dont dispose l'État pour protéger l'économie. L'État peut s'appuyer sur d'autres mécanismes pour organiser autrement son intervention en mettant en place la stratégie de défense « anti-OPA ». Par stratégie de défense « anti-OPA », il faut entendre par là, les techniques juridiques permettant à l'État de mettre certains secteurs dits sensibles à l'abri d'investisseurs en rendant par exemple plus difficile l'acquisition d'une entreprise présentant un caractère stratégique ; autrement dit, il s'agit d'apporter une réponse juridique visant à rendre vaine l'OPA déclenchée par une firme étrangère. L'État est ici le concepteur de la stratégie « anti-OPA », mais sa mise en œuvre dépend de l'action des dirigeants de l'entreprise concernée et de la volonté des responsables politiques. Les

---

807. Une entreprise étrangère peut désormais posséder 55 % des actions d'une entreprise coréenne alors que le plafond était auparavant moins de 50 %.
Pour les entreprises publiques (POSCO, KEPCO), le plafond de détention par plusieurs étrangers est de 30 % alors qu'auparavant, il était de 25 %.

[1] CHO (H. C.), « La réglementation des investissements étrangers en Corée du Sud », *op. cit.*, p. 804.

[2] CHO (H. C.), *op. cit.*, p. 808.

techniques anti-OPA s'inscrivent donc résolument dans le cadre d'une stratégie défensive ; elles visent à contrer l'OPA engagée.

Une offre publique d'acquisition (OPA) est « *l'instrument de croissance externe d'une société qui vise à augmenter ses parts de marché, ou à pénétrer de nouveaux marchés, en acquérant un réseau de distribution, une marque, ou en obtenant une nouvelle position stratégique* »[1]. Envisagée sous cet angle, l'offre publique d'acquisition est une technique de prise de contrôle d'une entreprise par une autre. Elle a été inventée par les financiers américains dès la fin de la Seconde Guerre mondiale ; mais c'est en 1964 qu'a été lancée en France la première « OPA » pour l'acquisition de la « Franco-Wyoming » par trois entreprises américaines. Depuis lors, les OPA ont droit de cité dans les relations économiques internationales. Victime de son succès, la pratique a fini par être banalisée.

Qu'il s'agisse d'États, de multinationales ou de sociétés-écrans travaillant pour le compte d'États, tous sont porteurs de stratégies en vue de s'emparer de nouvelles entreprises de dimension mondiale : les OPA « *apparaissent aujourd'hui comme des éléments essentiels de la stratégie d'entreprise, une arme dans la concurrence industrielle et commerciale. Elles tirent leur légitimité du fait qu'elles constituent un moyen rapide – donc efficace – de la restructuration et de l'internationalisation des activités* »[2]. Lorsqu'une entreprise bénéficie d'une « bonne santé » financière et ambitionne de s'agrandir, elle cherche tout d'abord à acquérir de nouveaux produits ou/et de nouvelles positions stratégiques sur la scène internationale ; pour y parvenir, elle s'appuie souvent sur la technique de l'OPA. Lorsque celle-ci est déclenchée, l'État est en droit d'apporter une réponse juridique appropriée pour empêcher l'initiative.

Si l'État stratège est un État partenaire du développement économique et social, il est invité à assumer le rôle de protecteur des entreprises stratégiques *« compte tenu de l'absence d'alternatives aujourd'hui en France, en les protégeant contre les OPA « inamicales* »[3]. Si l'offre publique d'achat comporte une approche stratégique (les OPA facilitent le regroupement de firmes complémentaires et permettent la restructuration du tissu industriel par la création d'économies d'échelle), la stratégie « anti-OPA » comporte elle aussi une dimension stratégique : elle permet la neutralisation et/ou le blocage de l'opération en vue de la faire échouer.

On remarquera que le développement des stratégies anti-OPA correspond à une période où la notion de « *patriotisme économique* » est sollicitée et mise en valeur : celle-ci a pour but de « *justifier la résistance à la prise de*

---

[1] AGNELLET (P.), GEOFFROY (L.) et VIARNAUD (J. C.), *OPA et stratégies anti-OPA, Une approche internationale*, Editions ESKA, 1989, p. 23-24.

[2] THUILLIER (J-P.), *OPA, fusions et acquisitions. Une arme dans la concurrence industrielle et commerciale*, Paris, Dunod, 1992, p. 2.

[3] THUILLIER (J-P.), *op. cit.*, p. 22.

contrôle d'entreprises françaises prestigieuses »[1]. Discours « guerrier », la notion de patriotisme économique est régulièrement propulsée sur le devant de la scène politique et médiatique lorsque les fleurons de l'industrie font l'objet d'OPA hostiles. Cette stratégie n'est pas sans contradiction avec la notion de « compétitivité » et montre par là, tout le paradoxe des stratégies d'intervention économique de l'État au 21ème siècle.

Face aux stratégies des multinationales cherchant à mettre sous leur domination les entreprises stratégiques, plusieurs États ont élaboré des règles contraignantes pour limiter le phénomène en évoquant des raisons sécuritaires ou d'indépendance nationale. C'est dans cette perspective que le gouvernement français a réagi vigoureusement au nom du patriotisme économique pour faire face à l'OPA déclenchée en 2005 par l'américain *PepsiCo* sur Danone et celle engagée par *Mittal Steel* sur Arcelor en 2006. C'est suite aux rumeurs de rachat de *Danone* par *PepsiCo* que le Premier ministre de l'époque Dominique de Villepin avait utilisé le terme « patriotisme économique » le 27 juillet 2005, notion reprise dans son discours tenu à l'Université Humboldt en Allemagne insistant sur le fait que *« l'Europe ne nous protégeait pas suffisamment contre les conséquences de la mondialisation. Les délocalisations, les fermetures d'usine, les licenciements sont apparus comme une fatalité à laquelle l'Europe n'apportait pas de solution »*[2]. On comprend dès lors, pourquoi la France s'est dotée depuis mars 2006 d'un instrument juridique anti-OPA.

Afin d'illustrer nos propos, on s'appuiera sur des exemples concrets.

En premier lieu, la privatisation de Gaz de France/Suez a eu lieu dans un contexte d'offre publique d'achat de l'entreprise italienne ENEL. Le projet[3] de fusion de Suez et de Gaz de France constituait la réponse française face à l'OPA « hostile ». L'objectif des pouvoirs publics est de constituer un pôle compétitif mondial de l'énergie où l'État détiendrait 35 % du capital de l'entreprise pour préserver la nationalité de l'entreprise.

La privatisation de Gaz de France [4]s'inscrit dans le cadre de la transposition de directives européennes[5] permettant la mise en place de tarifs

---

[1] VIRASSAMY (G.) dans la partie non paginée de l'« Avant-propos » in VIRASSAMY (G.), (sous la dir.), *Entreprise et patriotisme économique*, *Ibid.*

[2]*Discours de Monsieur Dominique de Villepin*, Premier ministre de la République française, à l'Université Humboldt (Berlin, le 18 janvier 2006).

[3] Le projet a été défendu le 25 février 2006 par le Premier ministre, Dominique de Villepin.

[4] Loi n° 2006-1537 du 7 décembre 2006.

[5] Il s'agit principalement des directives communautaires 2003/54/CE et 2003/55/CE relatives aux règles communes pour le marché intérieur de l'électricité et du gaz naturel. En outre, ces directives prévoyaient une ouverture complète du marché de l'énergie dès le 1er juillet 2007 à la concurrence.

Dès avril 2006, la Commission européenne a signifié à l'État français, un manquement pour transposition incorrecte des directives dans la fixation des prix qui manquaient par ailleurs de transparence ; puis, elle a initié une procédure au titre de contrôle des aides d'États notamment les tarifs réglementés (jaune et vert) dont bénéficiaient certaines entreprises.

règlementés d'électricité et de gaz pour les ménages. En août 2004, la loi[1] permettait dans le cadre du service public de l'électricité et de gaz, la participation de l'État au seuil de 70 % au capital de la « société anonyme » Gaz de France. La part de l'État équivaut aujourd'hui à plus du tiers du capital de l'entreprise. La privatisation produit des effets juridiques sur le statut de l'entreprise et sur les agents : ils sont désormais soumis au régime de droit privé. Dès le 1er juillet 2007[2], la loi de privatisation relative à Gaz de France a fait perdre le *« caractère de service public national »*[3]. Ayant perdu les monopoles[4] d'importation et de distribution, l'entreprise a perdu également le monopole de fourniture de gaz aux clients domestiques à partir de cette date[5] : les directives 2003/54/CE et 2003/55/CE du 26 juin 2003 relatives aux marchés de l'électricité et du gaz naturel prévoyaient l'ouverture complète du marché de l'énergie.

La société Gaz de France « société anonyme » confère à l'État la possibilité de détenir une « *minorité de blocage* » au capital de l'entreprise. En outre, lorsque la situation l'exige, les pouvoirs publics peuvent dans le cadre de leurs pouvoirs de police administrative engager une « action spécifique »[6]en s'opposant au transfert de l'exploitation pour des raisons d'intérêt national ou stratégique. Même si le Conseil constitutionnel [7]a censuré partiellement certaines dispositions de la « loi n° 2006-1537 du 7 décembre 2006 relative au secteur de l'énergie », la privatisation de Gaz de France a été autorisée. Les « *golden share* » ou mécanismes d'actions spécifiques permettant aux États de garder un contrôle sur les entreprises privatisées dans des secteurs stratégiques ont été repris et intégrés dans la loi Macron : « les dispositions nouvelles organisent une gradation dans les droits attachés à l'action spécifique en distinguant la nature des intérêts que ce mécanisme vise à protéger. Le dispositif le plus contraignant se trouve limité au secteur de la défense » (art. 44). Dans tous les cas, la mesure doit être non discriminatoire, justifiée par l'« ordre public », la « sécurité publique » ou des « raisons impérieuses d'intérêt général ». En « cas d'acquisition de participations en méconnaissance des seuils fixés », les droits attachés à l'action spécifique se traduisent par une privation des droits

---

[1] Article 24 de la loi n° 2004 du 9 août 2004 relative au service public de l'électricité et du gaz et aux entreprises électriques et gazières. Ce seuil de 70 % de participation étatique était valable pour Electricité de France (EDF).

[2] Voir décision du Conseil constitutionnel n° 2006-543 DC du 30 novembre 2006.

[3] VIGOUROUX (M.), « La privatisation de GDF et les autres dispositions de la loi de 2006 sur l'énergie », *Regards sur l'actualité*, n° 339, mars 2008, p. 76.

[4] Ces monopoles ont été supprimés par la loi du 3 janvier 2003.

[5] À ce propos, il faudra rappeler que les utilisateurs de gaz autre les clients domestiques avaient la possibilité de s'adresser dès le 1er juillet 2004 au fournisseur de leur choix.

[6] Sur cette question, voir le décret n° 2007-1790 du 20 décembre 2007. En effet, l'action spécifique est régie par les dispositions de l'article 10 de la loi n° 86-912 du 6 août 1986 relative aux conditions des privatisations.

[7] Décision du Conseil constitutionnel n° 2006-543 DC du 30 novembre 2006

de vote. Mais lorsque l'activité relève du domaine de la défense nationale, le dispositif est complété par « un mécanisme de vente forcée qui tire les conséquences d'un dépassement délibéré du seuil de la part de l'investisseur qui est nécessairement conscient de ce à quoi il s'expose » (art. 44).

La multiplication d'OPA sous l'effet des politiques de concurrence augmentait la vulnérabilité des entreprises communautaires entraînant « *la propagation de réflexes nationaux défensifs perceptibles* »[1]. Dès lors, un cadre juridique s'imposait : c'est la raison pour laquelle le Parlement européen s'est doté d'un nouvel instrument pour « *prévenir les raids boursiers* »[2] ; la directive n° 2004/25/CE du 21 avril 2004 sur les OPA comporte une dimension stratégique dans le sens où elle cherche à mettre à l'abri l'économie européenne d'*« un risque de désavantage compétitif »*[3]. S'agissant de la France, dans un premier temps, la Commission européenne avait émis des réserves sur la nouvelle réglementation française : le droit français est jugé hyper-protectionniste par Bruxelles ; c'est pourquoi, la directive européenne[4] a « recadré » les législations étatiques présentant des mesures « discriminatoires » à l'égard des investisseurs.

Même si la directive européenne « *ne bouleverse pas le droit français en la matière, elle a le mérite de rapprocher les législations nationales des États membres en exigeant une protection accrue des actions minoritaires et une plus grande transparence des opérations* »[5]. La directive relative aux offres publiques adoptée par le parlement européen en 2004 est un texte général qui donne de la souplesse aux États membres quant à la transposition au niveau national.

En France, l'évolution du « droit anti-OPA » trouve ses racines dans la loi du 24 juillet 1966. Cependant, c'est la loi du 2 août 1989 qui a créé le cadre légal des OPA. D'autres lois ont été votées dans ce sens pour compléter le dispositif. Instrument mis à la disposition des pouvoirs publics, le « droit anti-OPA » est essentiellement une technique de défense et d'attaque en cas d'offres jugées « inamicales ». De ce point de vue, son usage par la puissance publique est un puissant indicateur du dynamisme dont peut se prévaloir un État réactif et stratège.

---

[1] PIETRANCOSTA (A.), « Loi n° 2006-387 du 31 mars 2006 relative aux offres publiques d'acquisition : des « options » françaises », *Revue Trimestrielle de Droit Financier* n° 1, 2006, p. 5.

[2] DU MANOIR (T. de Juaye), *Le droit de l'intelligence économique*, Paris, Litec, 2007, p. 167.

[3] PIETRANCOSTA (A.), *Ibid.*, p. 5.

[4] Directive européenne n° 2004/25/EG du 21 avril 2004 relative aux OPA. Le but de la transposition de la directive européenne OPA en France est de concilier la dimension internationale des entreprises françaises et de disposer des mesures de défenses équitables face à d'éventuelles offres jugées « inamicales ».

[5] BOCCARA (V.), Les défenses anti-OPA malmenées par la Directive du 21 avril 2004 ? », *Petites Affiches*, novembre 2004, n° 225, p. 3.

La procédure d'une offre publique d'acquisition est règlementée et se déroule sous la surveillance des autorités de marché pour veiller au respect des principes de transparence, de bonne information et d'égalité de traitement des actionnaires. L'Autorité des marchés financiers (AMF) est au centre de ce dispositif : elle donne son accord préalable à toute offre et exerce un pouvoir de contrôle sur le déroulement de l'opération.

Il existait déjà diverses techniques de « *défenses anti-OPA avant la transposition de la directive européenne* »[1] : se trouvent parmi elles, les *mesures dites préventives* (technique d'identification des actionnaires, le recours à la société en commandite par actions, les mécanismes de dissociation du capital et des droits de vote, les pactes d'actionnaires) et les *mesures de défense en cours d'offre* (la recherche d'un « cheval blanc », les augmentations de capital ainsi que des recours judiciaires).

Cependant, la loi du 31 mars 2006 a sensiblement modifié le cadre juridique applicable aux mesures de défenses anti-OPA : on distingue e*n matière de défense anti-OPA, les mesures préventives, les mesures curatives.* Parmi les mesures défensives, se trouvent les bons d'offre appelés les « bons Breton » et la déclaration d'intention. Les bons d'offre constituent une mesure de défense « *qui repose sur la dilution ou plutôt sur la menace de dilution qui résulterait de l'exercice par les actionnaires de la société cible de bons de souscription d'actions qui leur seraient attribués, leur permettant de souscrire à des conditions préférentielles à des actions de la société cible* »[2]. L'émission de « Bons de Souscription » a pour objet de faire échouer une éventuelle OPA. La *déclaration d'intention* est la seconde mesure défensive, elle est laissée à la libre appréciation de l'Autorité des Marchés Financiers. Dans la nouvelle réglementation, « *l'AMF a désormais la possibilité d'interroger un initiateur pressenti, dès lors qu'elle considère qu'il existe des motifs raisonnables de penser que cet initiateur prépare une offre publique* »[3]. En ce qui concerne les mesures de défense curative, lorsqu'une société fait l'objet d'une offre, la confirmation de l'assemblée pour sa mise en œuvre est obligatoire ; les mesures envisagées « *doivent respecter le principe fondamental de la primauté des actionnaires* »[4]. Une nouvelle législation est venue récemment compléter le dispositif existant : la loi n° 2014-384 du 29 mars 2014 dite « Loi Florange »[5]vise à « *reconquérir*

---

[1] BOMBRUN (N.) et MOULIN (F.), « Défenses anti-OPA : le point après la loi « OPA » du 31 mars 2006 », *Revue Trimestrielle de droit Financier /RTDF* n° 1- 2006, p. 19.

[2] GRILLIER (F.), « Nouveau cadre législatif concernant les mesures anti-OPA. Enjeux et incertitudes », *RTDF*, n° 3, 2006, p. 101.

[3] GRILLIER (F.), *Ibid.*

[4]GRILLIER (F.), *Ibid.* Pour l'auteur, « Ce principe de primauté des actionnaires a pour corollaire le dessaisissement du conseil d'administration, qui voit sa sphère de compétence limitée à la seule gestion du cours normal des affaires, c'est-à-dire à toute mesure qui n'est pas susceptible de faire échouer l'offre publique. », *Ibid.*

[5] Loi n° 2014-384 dite « Loi Florange », 29 mars 2014, JO. 1er avril 2014, p. 6227.

l'économie réelle »[1] en luttant contre les prises de contrôle « rampantes » d'entreprises et les OPA hostiles. La loi résulte d'une promesse du candidat François Hollande à la présidence de la République dans un contexte marqué par la multiplication des licenciements boursiers et les délocalisations industrielles. Il s'agit à la fois d'améliorer la lisibilité d'une offre permettant une prise de contrôle et de neutraliser les « fausses offres ». C'est la raison pour laquelle, a été introduit un seuil de caducité de 50 % pour les offres de contrôle : ainsi, tout initiateur détenant moins de 50 % du capital et des droits de vote verra son offre caduque. Si la loi ne bouleverse pas radicalement le droit des OPA, la réforme renforce le rôle des salariés en période d'offre et supprime le principe de neutralité des organes de direction qui peuvent désormais engager des initiatives contre les prises de contrôle hostile[2]. Mais la réforme inquiète déjà certains dans la mesure où elle peut contribuer à diminuer fortement l'attractivité de la destination France pour les investisseurs étrangers, [3]car « *ces dispositifs donnent l'impression que les nouveaux investisseurs, notamment étrangers, ne sont pas forcément les bienvenus dans le capital des entreprises françaises* »[4].

Si les directives européennes relatives aux OPA participent à la mise en place progressive d'un droit restrictif, force est de constater que la loi française apparaît en conséquence *« plus restrictive que la directive »* européenne.

En Europe, la plupart des gouvernements ont bâti des législations analogues. L'Allemagne s'est dotée d'un arsenal juridique anti-OPA peu de temps après le succès de l'OPA inamicale déclenchée par le groupe britannique des télécommunications Vodafone sur son concurrent allemand Mannesmann : la loi allemande sur les OPA s'inscrit dans la droite ligne des directives européennes et s'attache à privilégier la transparence, la protection des actionnaires minoritaires et certaines limitations aux moyens de défense de la direction de la société cible[5]. La réglementation allemande relative aux OPA date de janvier 2003. Mais avant cette date, il n'existait que des pratiques de bonne conduite. Désormais, lorsqu'une entreprise est la cible d'une OPA hostile, des moyens de défense sont mis à la disposition des cadres dirigeants pour contourner la prise de contrôle d'une société cotée à la bourse. De fait, la *« nouvelle loi manifeste ainsi la persistance d'une*

---

[1] DURAND (Q.), « La loi visant à reconquérir l'économie réelle : présentation des aspects relatifs aux offres publiques », *Bulletin Joly Bourse*, mai 2014, p. 274.

[2] DURAND (Q.), « La loi visant à reconquérir l'économie réelle : présentation des aspects relatifs aux offres publiques », *Ibid.*

[3] MARSH (J.), « La loi Florange – Un regard outre-Atlantique et point de vue au sein d'une entreprise multinationale », *Bulletin Joly Bourse*, octobre 2014, p. 483.

[4] MARSH (J.), « La loi Florange – Un regard outre-Atlantique et point de vue au sein d'une entreprise multinationale », *Ibid.*

[5] HELMS (D.), « Nouvelle loi sur les offres publiques d'achat (« OPA ») : Allemagne », *Gazette du Palais*, juin 2001, n° 152, p. 32.

certaine forme de protectionnisme, ce qui lui a valu des critiques acerbes »[1] entraînant une réaction immédiate de la Commission européenne[2]. Cette législation restrictive est indispensable à l'Allemagne si elle veut rester compétitive, gagner des parts de marchés et protéger son tissu industriel.

En Espagne, le rachat de l'entreprise espagnole Endesa par l'Allemand E.ON avait fait l'objet d'un « bras de fer » entre l'Espagne et la Commission européenne en février 2006. L'entreprise Gas Natural avait notifié son offre d'acquisition à la Commission européenne : celle-ci a déclaré que la concentration n'était pas conforme au droit communautaire ; mais le ministre espagnol de l'Industrie a quand même autorisé le rapprochement. L'entreprise allemande avait annoncé qu'elle lançait une OPA inamicale sur Endesa à un prix beaucoup plus élevé, une offre acceptée par la Commission européenne. Mais seulement, trois jours après l'annonce de l'OPA d'E.ON, *« le gouvernement espagnol a adopté un décret-loi qui a étendu les pouvoirs de contrôle de la Commission National de l'Energia (CNE), régulateur espagnol du secteur de l'énergie ». Ce décret contient des dispositions qui subordonnent à une procédure d'autorisation les prises de participation supérieure à 10 % »*[3] dans le capital des sociétés. La législation espagnole est très contraignante : le 28 juillet 2006, la Commission nationale de l'Énergie autorisa quand même la concentration à la condition de respecter dix-neuf conditions strictes[4] contraignant l'entreprise allemande à céder 15 % des actifs d'Endesa correspondant à 40 % du revenu brut d'exploitation. De plus, l'entreprise E.ON est invitée à faire un difficile choix, soit en renonçant aux participations d'Endesa dans les centrales nucléaires espagnoles, soit aux marchés insulaires (Canaries, Baléares, Ceuta, Melilla). La Commission européenne dans un échange de lettres avec les représentants du Gouvernement espagnol a « *déclaré officiellement les conditions posées par la CNE contraires à l'article 21 du règlement n° 139/2004 sur les concentrations »*[5].

[1] TOMASI (M.), « La nouvelle allemande sur les OPA : entre protectionnisme et modernité », *Bulletin européen et international*, n° 4, 2003, p. 6.
[2] TOMASI (M.*), op. cit.*, p. 5.
[3] PHILIPPE (J.), JANSSENS (T.), DERINGER (B.), « Depuis février 2006, le rachat de l'entreprise espagnole Endesa pae E.O N ou Gas Natural fait l'objet d'un bras de fer entre l'Espagne et la Commission européenne », *Gazette du Palais*, novembre 2006, p. 7.
[4] PHILIPPE (J.), JANSSENS (T.), DERINGER (B.), *Ibid.*
[5] PHILIPPE (J.), JANSSENS (T.), DERINGER (B.), *Ibid.* Dans cette étude, les auteurs soulignent que « la décision de la CNE a été adoptée sans consultation préalable de la Commission, et donc sans son autorisation. De plus, la Commission estime que les conditions imposées à l'autorisation de la concentration sont contraires aux articles 43 et 56 du Traité CE, qui visent à garantir la liberté d'établissement et la libre circulation des capitaux. Par cette décision en date du 26 septembre 2006, la Commission a donc estimé que la décision de la CNE était contraire au droit communautaire. », PHILIPPE (J.), JANSSENS (T.), DERINGER (B.), *op. cit.*, p. 7-8.

Par ailleurs, des contrôles sont exercés par la Cour de justice sur le caractère contraignant des mesures nationales. En premier lieu, le juge communautaire exerce un contrôle sur la nature des pouvoirs de l'État. Ainsi, la Cour de justice « *se montre assez défavorable aux interventions ex ante rappelant régulièrement que les systèmes d'autorisation ou de déclaration préalables doivent être strictement proportionnels au but poursuivi* »[1]. En deuxième lieu, le juge communautaire surveille les interventions des différents gouvernements sur la structure du capital et la composition de l'actionnariat des sociétés. En troisième lieu, le juge communautaire exerce un contrôle sur l'exercice des pouvoirs par les États afin de s'assurer que leurs interventions reposent sur des critères objectifs. Il convient de préciser que les législations mises en place par les États pour préserver certains secteurs sont confrontées au régime de contrôle des concentrations des entreprises prévu par le règlement n° 139/2004 du 20 janvier 2004 : seule la Commission européenne est compétente pour autoriser ou interdire une opération de concentration et non les États membres.

Dans les nouveaux États membres de l'Union européenne, certains d'entre eux se sont munis aussi de législations restrictives leur permettant de protéger leurs grandes entreprises : c'est l'exemple typique de *« la Pologne qui interdit à une banque italienne de fusionner ses actifs locaux »*[2].

Hors des frontières européennes, la Corée du Sud confrontée à la problématique des offres publiques d'acquisition « *s'est montrée très réticente à l'égard des immixtions de sociétés étrangères dans la gestion des sociétés coréennes. Ce rejet des prises de contrôle d'une société étrangère se matérialisait par un régime juridique peu favorable à de telles opérations, largement inspirées du droit allemand* »[3].

Si les offres publiques d'acquisition permettent aux grandes entreprises d'élargir la taille de leurs firmes, force est de reconnaître que le corpus juridique permettant de déclencher la stratégie anti-OPA est l'expression emblématique d'un droit protecteur des « *champions nationaux* »[4].

Mais l'État stratège de l'économie est par ailleurs un État capable de mobiliser des capitaux pour la création de fonds souverains en vue de sauver l'économie.

---

[1] KOVAR (J.-P.), « Le patriotisme économique à l'épreuve du droit communautaire », *Journal de droit européen*, n° 163, novembre 2009, p. 271.

[2] COHEN (E.), « Malaise dans la mondialisation ou « patriotisme économique » ?, *Problèmes Economiques* n° 2. 903, 5 juillet 2006, p. 2.

[3] CHO (H. C.), *op. cit.*, p. 807.

[4] On les appelle aussi les « fleurons » : ce sont les grandes entreprises de dimension nationale ou internationale ; l'État est tenu de les protéger et de les soutenir pour des raisons stratégiques.

§ 3. Un État investisseur

Une des missions centrales de l'État consiste également à protéger l'économie dans son ensemble : l'État joue un *rôle d'investisseur*. Par « *État investisseur* », on entend par là, le dispositif par lequel l'État mobilise des capitaux publics en vue d'investir dans certains secteurs clés de l'économie prenant parfois la forme de participations financières (majoritaires ou minoritaires) pour servir ses intérêts stratégiques. Certaines dispositions de la loi Macron visent à donner des moyens à l'État actionnaire pour réaliser des opérations sur le capital de sociétés à participation publique (art. 47) comme en témoigne le projet de création d'un *champion européen de l'armement terrestre* entre le français *Nexter Systems* à hauteur de 99,99 % et l'allemand *Krauss-Maffei Wegmann* (KMW) à hauteur de 100 %.

On étudiera les deux éléments constitutifs d'un État investisseur à savoir les fonds souverains et la banque publique d'investissement.

A) Fonds souverains, prises de participation

La figure de *l'État investisseur* est un bon indicateur de l'évolution majeure du rôle de l'État en matière économique. Les « fonds d'État » traduisent l'ambition d'assurer la défense de l'économie et/ou de promouvoir la compétitivité. Un Etat investisseur est un État qui intervient dans l'économie en réinvestissant autrement à travers des prises de participation dans le capital d'entreprises stratégiques. Si l'*État administrateur de l'économie* appartient au passé, l'*État stratège* détenait encore en 2007 directement ou indirectement plus de 50 % du capital de 845 entreprises[1] dont 90 sous son contrôle direct et détenteur de participations minoritaires dans un grand nombre d'entreprises – plusieurs centaines et pour certaines d'entre elles, avec une « influence notable » se traduisant par un droit de vote réel (à partir de 20 %). D'autres entreprises comme France-Télévision sont entièrement détenues par l'État.

Ce qui est frappant dans l'univers des *fonds d'État*, c'est tout d'abord leur extrême diversité : pour certains d'entre eux, leurs ressources financières proviennent de l'exploitation de matières premières (le pétrole, le gaz, etc.) comme dans les pays du Golf (Abu Dhabi, l'Arabie saoudite, les Emirats Arabes Unis, le Qatar, le Koweït, etc.), la Russie, la Norvège, l'Angola, le Nigeria, le Canada, le Mexique ; pour d'autres, ils sont constitués d'excédents commerciaux et budgétaires : c'est le cas de la Chine ou de Singapour, etc. Comme nous le verrons, cela contraste avec le fonds français.

L'étude de la thématique des fonds souverains implique que l'on définisse d'abord le terme. En l'absence de définition officielle, la notion peut être appréhendée « comme des véhicules d'investissements étatiques,

[1] DREYFUS (F.) et DURUPTY (M.), « Avant-propos », *RFAP* n° 124, 2007, p. 533.

alimentés par les réserves de change autres que les réserves officielles, répondant à des objectifs macroéconomiques, investissant à long terme dans des actifs étrangers et dépourvus d'engagements explicites »[1]. Chaque fonds poursuit des objectifs spécifiques et adopte des stratégies qui sont propres aux États.

Sur le plan juridique, les fonds souverains « *constituent le plus souvent des personnes morales distinctes de l'État lui-même* »[2]. Il n'est pas question de confondre un fonds souverain et un fonds privé poursuivant un but privé. Constitués par les pouvoirs publics, les fonds souverains traduisent l'expression de la puissance financière de l'État : ce sont des fonds qui sont sous le contrôle de l'État poursuivant des objectifs macroéconomiques de long terme.

Face aux stratégies offensives des fonds souverains, la riposte des États s'organise dans la mesure où toute attitude passive est dommageable pour la compétitivité de l'économie. La réponse apportée par certains États est de mettre en place des fonds similaires pour préserver leur rang de puissance économique pour défendre et soutenir l'économie.

Les fonds souverains présentent « *des risques et des opportunités* »[3] : ils représentent des opportunités pour les États dans la mesure où ils permettent de financer des entreprises pouvant avoir des effets sur la création de richesse. Ils peuvent aussi être perçus comme porteurs de risques en portant atteinte à la sécurité, à l'ordre public voire même à la stabilité économique d'un pays : c'est le cas lorsque le but assigné consiste à vouloir mettre sous domination des entreprises stratégiques pour servir les intérêts géostratégiques de gouvernements non démocratiques. Les réactions étatiques s'inscrivent généralement dans le registre protectionniste. Afin de *préserver le périmètre stratégique*, la plupart des États se sont dotés de « *législations de blocage* »[4]pour empêcher les fonds de s'emparer de secteurs clés de l'économie et déstabiliser l'organisation économique de l'État.

C'est dans ce contexte qu'ont été créés des *fonds d'État* visant à contrer l'action offensive des *fonds souverains*.

Hors des frontières françaises, plusieurs États ont pris des mesures protectrices pour « *endiguer les investissements de fonds souverains* »[5]. Par exemple, en Italie, pour protéger le tissu économique et réguler le cadre des

[1] DELACOUR (C. B.), *op. cit.,* p. 21.
[2] AUDIT (M.), « Les fonds souverains sont-ils des investisseurs étrangers comme les autres ? », *Recueil Dalloz*, 2008, n° 21, p. 1425.
[3] SCHILLER (S.), « Les fonds souverains : approche juridique », *JCP/La Semaine juridique*, Edition entreprise et affaires n° 41, 14 octobre 2010, p. 22.
[4] AUDIT (M.), *op. cit.,* p. 1424.
[5] AUDIT (M.), *op. cit.,* p. 1425.

investissements étrangers, les pouvoirs publics ont « *envisagé de légiférer pour limiter les investissements de fonds d'États étrangers* »[1].

En Europe, le fonds souverain le plus connu est le fonds norvégien[2]. Consciente de l'immensité de ses réserves pétrolières, la *Norvège* a fait le pari d'épargner les revenus du pétrole pour protéger sa population des avatars du marché de l'énergie et constituer un fonds important pour les générations futures dans la mesure où les réserves pétrolières ont une durée d'exploitation limitée. La Norvège est réputée en matière de transparence de gestion de son fonds : elle publie régulièrement des rapports d'activités qui font l'objet d'évaluation et soumis à la critique dans les débats publics. Néanmoins, certaines informations demeurent confidentielles pour des raisons stratégiques. En effet, le fonds a pour « *objet de protéger les actifs nationaux de la Norvège contre la volatilité des marchés de l'énergie* »[3]. Responsable devant le Parlement et le Ministère des Finances, le « Norges Banqk Investment Management » a pour mission officielle de « *réaliser des gains maximums par rapport au risque encouru* »[4]. La crise financière a durement touché les actifs du fonds norvégien entraînant des pertes sans précédent dans l'histoire du fonds[5].

Aux États-Unis, dès 1988, les pouvoirs fédéraux ont mis en place un dispositif de contrôle des investissements étrangers : par exemple « *l'Exon Florio Amendment* » voté par le Congrès autorise le président par le biais du « *Committee on Foreign Investments in the United States* » à réguler les prises de participation au nom de l'intérêt national. Diverses mesures prises ont pour but de limiter ou d'interdire les prises de contrôle d'entreprises présentant un intérêt stratégique pour les États-Unis. La législation américaine a été durcie dans les années 2000 : ce durcissement s'explique par la conjugaison d'une série d'événements : suite à la tentative de rachat d'« *Unocal* » par la « *China National Offshore Oil Corporation* » en 2005 et les tentatives de « *Dubaï Ports World* » (DPW) visant à mettre sous son protectorat certains ports américains, la réaction du gouvernement fédéral a été immédiate. La principale mesure phare ayant été prise concerne la

---

[1] CANER (M.), GRENNES (T.), « Le fonds souverain Norvégien », *op. cit.*, p. 130. Les auteurs se posent la question suivante : « *Ce protectionnisme des pays hôtes ne violerait-il pas les directives sur la protection des investisseurs de l'OMC et les principes de Santiago qui visent les fonds souverains ?* », CANER (M.), GRENNES (T.), p. 130.

[2] Officiellement, c'est le « Norges Bank Investment Management (NBIM) » au sein de la Banque centrale du pays qui administre le fonds souverain norvégien qui porte le nom de « Governement Pension Fund-Global ».

[3] CANER (M.), GRENNES (T.), « Le fonds souverain Norvégien », *Revue d'Economie Politique*, n° hors-série, 2009, p. 125.

[4] CANER (M.), GRENNES (T.), *Ibid.*

[5] Comme par exemple lors des « *quatre derniers trimestres, le fonds a annoncé avoir perdu 339 milliards de couronnes (environ 50 Md $) sur un total de 558 milliards de couronnes de gains cumulés pendant toute l'existence du fonds.* », CANER (M.), GRENNES (T.), « Le fonds souverain Norvégien », *op. cit.*, p. 126.

modification de la loi « *Exon-Florio* » pour renforcer son efficacité et sa transparence. Afin de mieux contrôler les investissements étrangers, les États-Unis se sont dotés d'une nouvelle [1]législation plus restrictive : le vote de la loi dite « *Foreign Investement and National Security Act* » a accru les pouvoirs du « *Commitee On Foreign Investment in the United States* » (CFIUS) présidé par le Secrétaire d'État au Trésor. La notion de « sécurité nationale » est entendue au sens large (énergies, Défense, Infrastructures, etc.). L'enquête est désormais obligatoire pour tout investissement lorsque *« l'opération vise une entité contrôlée par un gouvernement étranger ou l'opération vise une infrastructure critique et peut menacer la sécurité nationale américaine si elle n'est pas contrôlée »*[2]. L'exemple américain montre bien qu'une attention particulière est portée à l'impact des investissements étrangers sur la sécurité nationale.

Les fonds souverains posent le problème de la liberté de circulation des capitaux. L'article 56 du Traité CE pose le principe de la liberté de circulation des capitaux dans l'espace communautaire, mais aussi avec les États tiers. En revanche, l'article 58 (du Traité CE) permet aux États de se doter d'une réglementation leur permettant d'encadrer les politiques menées par les fonds sur leur territoire pour protéger le tissu économique. Le droit communautaire offre des moyens d'action aux États membres : l'*action spécifique*[3] ou la « *golden share* » constitue à cet égard un instrument de protection des entreprises stratégiques dans l'espace communautaire. Dans les relations extracommunautaires, « la « *golden share* » est peu adaptée[4] pour préserver les entreprises contre les investissements étrangers non désirables. La prise de participation même minoritaire d'un fonds souverain peut occasionner des conflits d'intérêts. Une des solutions consiste à « *accroître les pouvoirs des autres actionnaires pour neutraliser la force particulière des fonds. Plusieurs méthodes ont été proposées pour atteindre ce but. Il serait possible de créer des golden shares dans les entreprises européennes sensibles économiquement et politiquement* »[5].

Mais l'intervention des fonds dans les politiques des États peut occasionner des tensions et entraîner des contentieux. En cas de litiges opposant gouvernements et fonds souverains, le *Centre international pour le*

---

[1] ROCCHI (J.-M.), *op. cit.,* p. 144.
[2] MARION (D.), « Investissements publics étrangers : le paradoxe nord-américain », *JCP/La Semaine juridique, édition entreprise et affaires* n° 41, 14 octobre 2010, p. 17.
[3] Pour Lucien RAPP, les « golden share » sont des « *actions à droits préférentiels (droits de vote double, par exemple) dans le capital d'une entreprise à capitaux privés majoritaires. Même s'il ne détenait qu'une seule de ces actions, l'État n'en aurait pas moins la position d'un actionnaire de contrôle, quand cette action ne lui donnerait pas un droit de veto sur les décisions stratégiques* », in RAPP (L.), *Ces fonds que l'on dit souverains. Fonds d'État et souveraineté financière, op. cit.,* p. 59.
[4] PAULMANN (S.), « Le patriotisme économique en droit allemand » in VIRASSAMY (G.), (sous la dir.), *Entreprise et patriotisme économique, op. cit.,* p. 249.
[5] SCHILLER (S.), *op. cit.,* p. 25.

règlement des différends relatifs aux investissements (CIRDI) est l'organisme compétent pour arbitrer les différends. Ainsi « *un des fonds souverains émiriens, l'Abu Dhabi Investment Authority ou le Dubaï International Capital par exemple, dispose de participations dans des entreprises françaises jugées sensibles que le gouvernement souhaiterait remettre en cause d'une manière ou d'une autre, et notamment à la faveur de l'adoption d'une loi de blocage, ils pourraient être tentés d'introduire une requête à l'encontre de la France devant le CIRDI* »[1]. En matière d'investissements internationaux, le CIRDI est la juridiction de droit commun et le gardien du respect des traités de protection des investissements notamment en ce qui concerne les clauses relatives au traitement national ou celles concernant les traitements de la nation la plus favorisée.

Par ailleurs, les *fonds d'État posent des problèmes de gouvernance, car tous les fonds souverains ne sont pas aussi transparents que celui de la Norvège*. De fait, les démocraties occidentales redoutent de possibles intentions « malveillantes » ou d'« actes illicites » pouvant se cacher derrière de tels investissements. Pour séparer la gestion des fonds d'État de la politique des États, le FMI et le Groupe de travail international sur les fonds souverains ont élaboré « *les principes de Santiago* » pour améliorer leur gouvernance et renforcer leur transparence. Il convient de préciser que ces « principes » sont dépourvus d'effets juridiques et ne sont pas contraignants. Dans le même esprit, le Conseil des ministres de l'OCDE et les pays concernés par ces fonds ont adopté une *« Déclaration » non contraignante* en juin 2008 consacrant l'application de deux principes : l'« ouverture » et la « transparence » dans la politique des fonds.

L'État en France s'est doté d'un instrument d'action à visée offensive : la création du *fonds stratégique d'investissement* [2](FSI) par le président Nicolas Sarkozy le 19 décembre 2008 peut être appréhendée sous un angle offensif dès l'instant où le fonds constitue un puissant facteur d'accroissement de la compétitivité des entreprises. Les capitaux dont disposait le FSI étaient insignifiants par rapport à certains fonds souverains. C'est pourquoi, des passerelles avaient été ouvertes à d'autres investisseurs nationaux et étrangers, publics ou privés. Le « Fonds stratégique d'investissement» (FSI) se distingue des autres fonds souverains : de par son volume, le fonds français comparé aux fonds étrangers est extrêmement limité ; ne possédant pas d'excédents budgétaires et étant endetté, l'État a mis en place un mécanisme d'association pour permettre à des fonds étrangers de prendre des participations financières. À titre d'illustration, pour renforcer la structure financière de certaines entreprises de rang mondial, la France a utilisé le 18 avril 2010 la *technique partenariale* pour permettre au

[1] AUDIT (M.), *op. cit.*, p. 1427.

[2] Un fonds souverain comporte deux dimensions : offensive et défensive. En s'inspirant du cas français, on essaiera d'expliquer que le FSI relève bien de cette logique.

fonds Qatari d'entrer dans le capital de Veolia Environnement à hauteur de 5 %[1]. Sous couvert de patriotisme, l'État exige aux détenteurs de ces fonds l'engagement de respecter les activités sensibles des entreprises concernées. C'est l'exemple typique du *fonds Qatari Diar* possédant des participations dans le capital du groupe Cegelec que nous avions évoqué précédemment. Toutes ces constations amènent certains juristes à qualifier le « fonds d'investissement stratégique » de « *fonds souverain de fait* »,[2] car le terme est « impropre »: ayant un volume et un fonctionnement différents de celui d'un fonds souverain « classique », la réorganisation des intérêts économiques de la France exige une approche stratégique du FSI guidé par des objectifs macroéconomiques. Peu d'entreprises étaient éligibles à ce fonds : il s'agissait essentiellement d'entreprises innovantes en matière technologique. Peu importe la taille de l'entreprise : le critère principal est que ces entreprises évoluent dans des secteurs de pointe présentant une forte valeur ajoutée pouvant avoir des implications sur la politique de l'emploi et sur une croissance soutenue. De fait, la bataille de la compétitivité se construit autour de la préservation et de la redynamisation du périmètre stratégique.

Le FSI se présentait sous la forme d'une société anonyme. Cette formule présente une série d'avantages : d'abord nécessairement plus adaptable à la réalité mouvante de la nouvelle économie et du droit des entreprises, le recours à la formule permet à l'État de réaliser des investissements en prenant des participations financières dans le capital d'entreprises stratégiques. La forme juridique de la société anonyme présente un autre bénéfice qui est d'« *associer des partenaires pour une nouvelle activité afin de rassembler des capitaux et atteindre la taille nécessaire* »[3] pour consolider les capitaux des fleurons de l'économie. Plusieurs organismes ont concouru à la formation du fonds français : l'État y contribue à hauteur de 49 % et la Caisse des Dépôts et Consignations (CDC) à 51 %. La CDC est un établissement d'intervention de l'État dans les activités économiques. À travers elle, l'État détient des participations dans des fonds plus spécialisés des petites et moyennes entreprises.

La démarche stratégique du FSI consiste à consolider le capital des entreprises performantes contre d'éventuelles prises de contrôle étrangères ; cela fait suite aux problématiques récurrentes de restructuration du secteur industriel sinistré. L'objectif recherché est double : créer les emplois de demain et garder une longueur d'avance en matière scientifique et technologique sur ses concurrents. Le fonds d'investissement n'a pas pour but de maximiser les rendements, mais plutôt de permettre la pérennité des

---

[1] RAPP (L.), *Ces fonds que l'on dit souverains. Fonds d'État et souveraineté financière, op. cit.*, p. 174.

[2] RAPP (L.), *op. cit.*, p. 167.

[3] DELION (A.), *Le droit des entreprises et participations publiques*, Paris, LGDJ, 2003, p. 55.

activités d'un nombre restreint d'entreprises comportant des enjeux économiques d'importance.

La prise de participations stratégiques via les fonds souverains n'a pas seulement pour objet la protection des secteurs clés de l'économie ; elle peut avoir une autre dimension qui est de financer les grands projets industriels. Même privatisées, ces entreprises intéressent les pouvoirs publics. La participation financière de l'État peut paraître déconcertante compte tenu de la distinction entre intérêt général et intérêt privé. Sous couvert de participation, l'État se repositionne de manière stratégique afin d'organiser les activités économiques : prendre des participations stratégiques, minoritaires dans les secteurs névralgiques pour continuer d'influencer sur la définition des stratégies, des objectifs et des grandes orientations des entités privatisées.

La prise de participation publique dans les grandes entreprises stratégiques relève bien de la *figure de l'État stratège. L'État intervient dans l'organisation du secteur économique sous une forme nouvelle* : guidé par la logique stratégique, l'Etat s'appuie sur ses « troupes » à la manière d'un « général de l'armée en champ de bataille » en les réorganisant autrement selon un schéma stratégique déjà élaboré qui lui permettrait d'atteindre un certain nombre d'objectifs économiques. Les éléments qui constituent sa « troupe » sont constitués essentiellement d'entreprises publiques de participation ou relevant du secteur privé. La capacité d'intervention économique de l'État se réduit considérablement sous l'effet des politiques de concurrence et du droit communautaire. Même dans une économie mondialisée dominée par une hyper-concurrence des nations, l'État conserve une certaine capacité d'action stratégique en agissant sur les entreprises publiques ou privées sur lesquelles il conserve encore une capacité d'influence ou un pouvoir de décision. S'inscrivant dans le prolongement du rapport Nora, le rapport conduit par M. Barbier de la Serre relatif à l'État actionnaire et le « gouvernement des entreprises publiques » souligne bien que l'État est à la fois « régulateur », « client », « délégataire » et « actionnaire ». La notion d'« État actionnaire » englobe selon Martine Lombard *« les deux figures de l'État tuteur, à l'égard des entreprises publiques qui ont la qualité d'établissement public, et de l'État actionnaire stricto sensu, à l'égard des entreprises publiques en forme de société »*[1]. Plus largement, trois éléments[2] contribuent à la légitimation de la notion d'« État actionnaire » : préoccupation de création de valeur économique par l'État, des raisons liées à un changement de statut de l'entreprise ou en rapport avec sa création ; enfin, d'autres raisons visent à prendre, garder le contrôle total ou conjoint d'une entreprise stratégique avec la possibilité d'exercer une

[1] LOMBARD (M.), « Les conséquences juridiques du passage de l'État propriétaire à l'État actionnaire : les contraintes du droit de la concurrence », *RFAP* n°124, 2007, p. 576.
[2] DELION (A. G.), « De l'État tuteur à l'État actionnaire », *RFAP* n° 124, 2007, p. 537.

influence notable dans le processus décisionnel. La notion d'« intérêt général » justifiant l'essence même du service public à la française et les entreprises présentant « un intérêt stratégique » pour l'État contribuent à donner un réel sens aux prises de participation publique. Si par exemple, l'APE gère les « intérêts patrimoniaux de l'État », les objectifs d'intérêt général doivent toujours être préservés comme l'autorise la loi relative à la régulation des activités postales confiant à l'entreprise La Poste le soin de garantir de manière continue sur l'ensemble du territoire national le service postal universel. Mais d'autres éléments comme la promotion du droit de la concurrence par l'Union européenne (Traité de Rome, Marché, diverses directives et décisions communautaires) encouragent l'ouverture des marchés à la concurrence pour démanteler les monopoles publics et encadrent dans le même temps le régime des aides publiques afin de ne pas fausser le jeu de la concurrence conduisant l'État à agir comme un « simple investisseur avisé ») ; et plus largement, les organisations économiques internationales et le vote de la LOLF en août 2001 (favorisant la logique de performance) y participent également.

Sans aller jusqu'à traiter tous les aspects de l'État actionnaire, l'analyse se limite seulement à cerner l'approche stratégique. Il convient de préciser que l'Agence des participations de l'État[1] et le Fonds d'investissement stratégique ont permis à l'État de détenir des participations dans diverses entreprises. À première vue, on peut légitimement se demander si cela n'entraîne pas un « doublon ». Il n'existe pas à proprement parler de double emploi dans la mesure où les participations réalisées par l'APE concernent les grandes entreprises cotées en bourse tandis que le fonds d'investissement stratégique vise prioritairement les petites et moyennes entreprises : « *l'APE est un investisseur majoritaire tandis que le FIS n'intervient qu'en tant que minoritaire* »[2]. Parmi les prises de participations [3]stratégiques détenues par le FSI, figurent les entreprises de « capital-investissement » (des entreprises émergentes) comme « Cerenis », « Mäder », « Inside contactless » ou d'entreprises fonctionnant sous la forme de « capital développement » comme les groupes Grimaud, CGG Veritas, etc. Si l'APE est chargée de défendre et de promouvoir les intérêts patrimoniaux de l'État, elle est aussi invitée à appuyer la stratégie industrielle et économique de l'État. Le rapport est très critique sur cet aspect : « *la justification des participations conjointes par l'État et le FSI n'est pas claire. Ce co-actionnariat contribue à brouiller la nécessaire distinction des rôles (...) entre l'APE et le FSI, et mêler des logiques patrimoniale et stratégique* »[4]. De plus, l'articulation entre le FSI et

[1] Au nom de l'État, l'APE détient des participations dans de grandes entreprises cotées à la Bourse telles que Aéroport de Paris, Air France-KLM, France Telecom ou encore EADS parmi tant d'autres.
[2] ROCCHI (J.-M.), *Les fonds souverains, op. cit.,* 207.
[3] ROCCHI (J.-M.), *Ibid.*
[4] FOURCADE (J.-P.), *op. cit.,* p. 47-48.

Oséo doit être mieux définie, car si « *le public visé par Oséo s'apparente peu ou prou à celui du FSI* »[1], les deux organismes demeurent complémentaires : l'un ne doit pas être confondu avec l'autre pour éviter de possibles chevauchements. En revanche, ce sont les modes d'action en faveur des PME qui les différencient : le FSI intervient (en apport de fonds propres) pour soutenir les PME et/ou les entreprises stratégiques pour dynamiser la compétitivité alors qu'Oséo intervient en octroyant subventions et avances remboursables pour financer en amont des projets innovants. Mais le FSI a très vite souffert d'un problème de visibilité[2] dans les collectivités locales : il est moins connu des chefs d'entreprises qui s'orientent plus facilement vers Oséo et la CDC. Certaines difficultés concernaient le risque de « brouillage » des rôles entre l'APE et le FSI d'un côté et les interventions de la CDC et d'Oséo de l'autre. On mentionnera néanmoins que les relations assignées au FSI et à l'APE ont montré diverses limites. Tout d'abord, le rapport Fourcade souligne que le FSI bien que comportant un caractère innovant manque de proactivité[3]. De plus, l'installation des équipes à « la rue de Lille » a été mal vécue[4] par les agents de la CDC. Ensuite, la mobilisation de l'APE et du FSI dans la stratégie globale de l'État actionnaire risque d'entraîner un risque important de confusion des rôles des deux organismes. Cela pose un problème de lisibilité des rôles des deux institutions. Après quelques années d'existence, le fonctionnement du FSI a fait l'objet d'une évaluation : ainsi en 2011, le rapport de la Commission des Finances du Sénat faisait état d'un problème de coordination survenu entre le comité d'orientation et le conseil d'administration ; le rapporteur spécial a précisé « *que les institutions du FSI n'aient pas encore trouvé leur plein équilibre. Ce regret intéressait plus particulièrement les relations entre le comité et le conseil d'administration du fonds avec lesquels une « meilleure articulation » était souhaitée* »[5]. Depuis juillet 2013, le FSI est devenu une filiale de la Banque publique d'investissement.

En France, le rôle actionnaire de l'État est incarné par *l'Agence de participations de l'État* (APE) : « *l'État a eu beaucoup de mal à assumer ses fonctions d'actionnaire correctement, ce qui a été l'une des justifications de*

---

[1] FOURCADE (J.-P.), *op. cit.*, p. 51.

[2] C'est la raison pour laquelle, le rapport d'information dirigé par Jean-Pierre Fourcade préconise « *d'améliorer la visibilité du FSI, d'accroître sa notoriété auprès des chefs d'entreprise, de faciliter l'accès de ces derniers à ses implantations locales et de mieux les orienter à travers la multiplicité de guichets publics dédiés à l'intervention* », FOURCADE (J.-P.), *op. cit.*, p. 55.

[3] FOURCADE (J.-P.), Sénat, Commission des Finances, *Rapport d'information, Fonds stratégique d'investissement. Une singularité à affirmer, une visibilité à conquérir, op. cit.*, p. 34.

[4] FOURCADE (J.-P.), *op. cit.*, p. 35.

[5] FOURCADE (J.-P.), *op. cit.*, p. 26.

la création de l'Agence des participations »[1]. L'APE a été instituée par le décret n° 2004-963 du 9 septembre 2004 ; c'est un service à compétence nationale rattaché directement au ministre chargé de l'Economie. L'APE constitue *une « holding » de l'État* : le propre d'une holding est de veiller aux « intérêts patrimoniaux de l'État » en évaluant les « risques » qu'il encourt et les « performances » qu'il réalise. Elle remonte l'information au ministre concerné, participe à la définition de la stratégie de la politique actionnariale et rédige le rapport portant sur l'*État actionnaire*. La loi Macron vient d'étendre « le principe de la holding « transparente » aux seuils légaux de détention s'imposant à l'État » quant à l'application des règles sur la gouvernance et celles relatives aux opérations sur le capital (art. 46). Selon le décret n° 2011-130 du 31 janvier 2011 (art. 1), le *commissaire aux participations de l'État* assure la direction générale de l'agence ; il est l'animateur[2] principal de la politique actionnariale de l'État en matière économique, industrielle et sociale. Composé environ d'une cinquantaine de personnes, le personnel de l'APE est mixte : les agents proviennent tant du secteur public que privé. La mission principale de l'APE est la fonction patrimoniale de l'actionnariat public (participations financières de l'État): elle veille de fait aux « *intérêts patrimoniaux de l'État, la mission de l'État* actionnaire *dans les entreprises et organismes contrôlés ou détenus, majoritairement ou non, directement ou indirectement, par l'État* »[3]. Afin de renforcer l'expertise de ses agents en comptabilité et en analyse financière des entreprises du secteur privé, l'APE a fait appel à l'Institut de la gestion publique et du développement économique pour la formation de ses équipes[4]. Environ 70 participations et entités composent le portefeuille de l'Industrie hexagonale dont les fleurons : AREVA, SNCF, Air-France-KLM, France Télécom, EADS, EDF, etc. Des études récentes montrent que le nombre d'entreprises contrôlées majoritairement par l'État est passé de 2600 en 1995 à 800 en 2006 avant de connaître une poussée spectaculaire fin 2012 atteignant le chiffre symbolique de 1383[5].

L'acquisition[6] faite en 2008 par l'État de 33,34 % du capital de l'ex-Chantiers de l'Atlantique (devenu STX France) fleuron de l'industrie française traduit bien le rôle stratège de l'État dans l'économie de marché.

---

[1] SCHILLER (S.), « Les nouvelles relations entre États et sociétés » in LE DOLLEY (E. D'), (sous la dir.), *Les concepts émergents en droit des affaires*, Paris, LGDJ, 2010, p. 201.

[2] Alinéa 3 de l'article 1er du décret n° 2004-963 du 9 septembre 2004 modifié par décret n° 2011-130 du 31 janvier 2011- art.1) portant création du service à compétence nationale Agence des participations de l'État (version consolidée au 03 février 2011).

[3] Article 1er du décret initial.

[4] JACQUOT (D.), « Une formation pour les représentants de l'État actionnaire », *RFAP* n° 124, 2007, p. 615.

[5] DELION (A. G.), « Chronique du secteur public économique », *RFAP* n° 149, 2014, p. 272.

[6] NICINSKI (S.), *Droit public des affaires*, Paris, Montchrestien, 2010, p. 305.

Le FSI a pris en mars 2010 une participation dans le capital de *Limagrain*[1] à hauteur de 150 millions d'euros et en août 2010, 10 % du capital d'*Alcan Engineered Products*[2] qui faisait partie de l'ancienne entreprise Pechiney désormais privatisée. Plus récemment, la prise de participation de 14 % par l'État dans le capital de Peugeot SA à parts égales avec la *firme chinoise Dongfeng*[3] et la famille Peugeot s'inscrit dans une démarche stratégique : il s'agit de sauver une entreprise stratégique en difficulté pour préserver l'emploi et la création de richesse. Selon André G. Delion et M. Durupty, le *groupe Peugeot* traversait une situation difficile et son chiffre d'affaires était en recul. Le rythme de production de voitures avoisinait les 400 000 véhicules par an sur un effectif de 200 000 salariés et un chiffre d'affaires de 55 milliards d'euros au niveau mondial. Dans le même temps, l'entreprise a enregistré un recul de 3,7 % de son chiffre d'affaires en 2012 et une perte de 510 millions d'euros au premier semestre de 2013[4]. En 2014, l'ensemble des participations de l'État dans le capital des différentes entreprises s'élève à plus de 110 milliards[5] d'euros.

Corrélativement, l'APE est invitée à remplir plusieurs autres missions. S'agissant de la stratégie des entreprises et des organismes figurant dans la liste annexée au décret, il lui incombe de proposer au ministre chargé de l'Economie, la position de l'État actionnaire[6] et de procéder à l'analyse de leur situation économique et financière. L'APE participe à l'élaboration des contrats liant entreprises et organismes à l'État ; examine les principaux programmes d'investissement et de financement des entreprises et des organismes ainsi que les projets d'acquisition ou de cession, d'accords commerciaux ou de coopération, de recherche et développement et met en œuvre les décisions et les orientations de l'État actionnaire. En outre, l'agence représente l'État aux assemblées d'actionnaires ; elle est chargée avec le commissaire au Gouvernement de la cohérence des positions des représentants de l'État participant aux organes délibérants. Son rôle peut être consultatif[7] (pour les nominations et révocations des membres des organes délibérants). L'agence est par ailleurs investie d'une mission d'évaluation (mise en œuvre des décisions par les responsables d'organismes et d'entreprises) ; elle peut exercer des contrôles sur l'activité des personnes de droit public (gestion financière). Elle peut formuler des propositions sur les évolutions statutaires des entreprises et organismes susmentionnés (après

[1] DELION (A. G.), DURUPTY (M.), « Chronique du secteur public économique », *RFAP* n° 135, 2010, p. 693.
[2] DELION (A. G.), DURUPTY (M.), *op. cit.,* p. 694.
[3] DELION (A. G.), « Chronique du secteur public économique », *RFAP* n° 149, 2014, p. 271.
[4] DELION (A. G.), « Chronique du secteur public économique », *RFAP* n° 148, 2013, p. 1089.
[5] AUBY (J.-B.), « La doctrine de l'État actionnaire », *D. A.* novembre 2014, p. 1.
[6] I de l'article 2 du décret n° 2004-963 du 9 (version consolidée au 03 février 2011).
[7] III- de l'article 2 du décret n° 2004-963 du 9 (version consolidée au 03 février 2011).

avis des ministères concernés). Enfin, on rappellera que l'agence est aussi chargée de la rédaction du rapport[1] relatif à l'État actionnaire.

Il est vrai que dans l'histoire récente de l'interventionnisme économique, la privatisation a fait perdre à l'« *État administrateur de l'économie* », le contrôle des monopoles publics. À la faveur de la crise économique et financière, on a assisté à un *« retour temporaire » de l'État dans le jeu économique* qui se traduit par des *nationalisations provisoires d'entreprises stratégiques. L'État stratège économique signifie donc que l'État ne se retire pas complètement du champ économique* ; bien au contraire, il continue toujours d'intervenir dans la sphère économique, mais sous une forme nouvelle. Ainsi l'État stratège de l'économie, après une « quasi-nationalisation » d'entreprises de premier plan comme Alstom en 2004 ne s'est pas maintenu longtemps dans le jeu économique ; il s'est retiré lorsque la confiance est retrouvée en faisant au passage « *une considérable plus-value de 1, 3 milliards* »[2] d'euros.

Le droit de la concurrence en particulier européen produit des effets dans les politiques de prises de participation de l'État dans les capitaux d'entreprises. Si en général, le droit communautaire ne s'oppose pas aux prises de participation publique, les autorités communautaires accordent cependant une attention particulière aux aides publiques en prenant le soin de bien vérifier si l'opérateur concerné a agi conformément aux conditions normales de marché. La Cour de justice des Communautés européennes rappelle que « *l'intervention des pouvoirs publics dans le capital d'une entreprise, sous quelque forme que ce soit, peut constituer une aide publique* »[3] dans les critères posés par l'article 92 (devenu aujourd'hui l'article 105 du TFUE). Ainsi, tout financement d'entreprises publiques est tenu de respecter les exigences posées par le droit communautaire sous peine de sanction conduisant certains[4] à constater la substitution progressive du modèle communautaire au modèle français.

Mais les politiques publiques locales sont aussi concernées par les prises de participation dans le capital d'une série d'entreprises. De fait, les évolutions récentes du rôle de l'État et les effets des politiques communautaires et plus généralement du droit de la concurrence conduisent les collectivités territoriales à s'organiser autrement en adaptant les instruments d'action.

Les collectivités locales ont constitué un véritable laboratoire d'expérimentation des « sociétés d'économie mixte locales » même si la formule n'a pas rencontré tant de succès au niveau national. Deux types de

---

[1] IV- de l'article 2 du décret n° 2004-963 du 9 (version consolidée au 03 février 2011).
[2] DELION (A. G.), « De l'État tuteur à l'État actionnaire », *RFAP* n° 124, 2007, p. 572.
[3] CJCE 21 mars 1991, Italie c/Commission, aff. C-305/89.
[4] NICINSKI (S.), *Droit public des affaires*, Paris, LGDJ, 4ème édition, 2014, p. 375.

facteurs expliquent cela : d'abord, les « *facteurs défavorables* »[1]: limitation des prises de participation (notamment la restriction des conditions d'autorisation des prises de participation des collectivités locales dans les sociétés), une succession de crises (impact de la crise économique et financière des années 1970 sur les sociétés d'économie mixte locale) et l'hétérogénéité des sociétés d'économie mixte (la diversité des formes) et enfin, les « *facteurs favorables* »[2] à son enracinement dans les collectivités territoriales : « utilité pratique des sociétés d'économie mixte locales » et la « maturation institutionnelle » des sociétés d'économie mixte locales. Devant l'interrogation d'André G. Delion à propos de la « désuétude » de la notion de « sociétés d'économie mixte » au plan national, Sophie Nicinski observe qu'il existe bel et bien des sociétés d'économie mixte nationales dans la mesure où l'État se désengageant des entreprises nationales privilégie dans le même temps la politique de participation majoritaire et surtout de plus en plus minoritaire : « on préfère parler de « participation publique », plutôt que d'économie mixte, ou « d'entreprises à participation publique » plutôt que « sociétés d'économie mixte nationales »[3].

Les sociétés d'économie mixte (SEM) résultent des lois de décentralisation : la loi n° 83-597 du 7 juillet 1983 modifiée par la loi n° 2002-1 du 2 janvier 2002 tendant à moderniser le statut des sociétés d'économie locales encadre le régime juridique des SEM. Les SEM font partie des instruments historiques d'intervention des collectivités locales. Le nombre ne cesse de s'accroître ; il a dépassé en 2014 le chiffre symbolique de 1000[4]. Constituées sous la forme de sociétés anonymes, les sociétés d'économie mixte locales sont composées d'actionnaires publics majoritaires (plus de 50 % à 85 % du capital), mais aussi d'actionnaires privés (dont au moins 15 % du capital). Cela permet à la collectivité d'exercer sur la société un contrôle analogue à celui qu'elle exerce sur ses propres services. L'objet des SEM est de réaliser des opérations de construction, d'aménagement, d'exploitation des services publics à caractère industriel et commercial ou d'activités d'intérêt général. Les SEML doivent non seulement respecter les règles de mise en concurrence, mais aussi la réglementation des aides locales et du droit communautaire des aides publiques[5]. Les prises de participation par les sociétés d'économie mixte se développent et s'inscrivent dans une démarche stratégique : mobilisation de capitaux dans un contexte de raréfaction des ressources, mais approfondissement de la relation

[1] DELION (A. G.), « Les sociétés d'économie mixte : seulement locales ou également nationales ? », *RFDA*, septembre 2005, p. 977.

[2] DELION (A. G.), « Les sociétés d'économie mixte : seulement locales ou également nationales ? », *op. cit.*, p. 980.

[3] NICINSKI (S.), *Droit public des affaires*, Paris, LGDJ, 4ème édition, 2014, p. 417.

[4] TERRIEN (G.), « La galaxie des entreprises publiques locales », *RLCT* n° 100, avril 2014, p. 10.

[5] NICINSKI (S.), *Droit public des affaires*, Paris, LGDJ, 4ème édition, *op. cit.*, p. 424-425.

partenariale. Avec les collectivités publiques « actionnaires » et « donneurs d'ordre », « *la galaxie des entreprises publiques locales s'est complexifiée avec les mécanismes de filialisations et de mutualisations* »[1].

À titre d'illustration de ce qui vient d'être dit, pour s'adapter à diverses contraintes liées à l'ouverture du marché gazier et de l'électricité à la concurrence, « La Société d'économie mixte Gaz de Bordeaux »[2] fonctionnant sous la forme de sociétés d'économie mixte (SEM) ayant comme actionnaire majoritaire la Ville de Bordeaux s'est alliée avec l'entreprise italienne ENI, un géant mondial du secteur gazier et pétrolier (via sa filiale française Altergaz) à hauteur de 34 %. Pour être en conformité avec la nouvelle réglementation, la SEM a dû « séparer son réseau de son activité de commercialisation ». Gaz de Bordeaux a mis fin à ses relations avec Total pour conclure de nouveaux contrats avec Gaz de France et ENI.

Les sociétés d'économie mixte comme les sociétés publiques locales (SPL) sont formées par les collectivités locales et des groupements de collectivités locales. Contrairement à la société d'économie mixte, la société publique locale est créée par la loi du 28 mai 2010 sous la forme de société anonyme, mais son capital est entièrement public. La nouveauté, c'est que la SPL est régie par le droit privé. Il existe donc une logique stratégique derrière le dispositif : la recherche de souplesse dans la société anonyme, la rapidité et l'efficacité, etc. L'aménagement et les politiques de développement économique font partie des principaux centres d'intérêt des SPL. Il importe aussi de noter qu'il est possible de reprendre dans le cadre de sociétés publiques locales des délégations de service public[3].

Le dispositif répond aux exigences européennes visant à confier à une entité sous le contrôle de l'administration, une mission d'intérêt général tout en échappant aux contraintes qu'imposent les règles de mise en concurrence. Il s'agit de « *créer une société anonyme et lui conférer une activité d'intérêt général sans passer par la délégation de service public et sans avoir à s'assumer une mise en concurrence entre les différents et potentiels prestataires* »[4]. Il s'agit aussi de permettre aux collectivités territoriales en France de combler les limites du régime des SEML pour améliorer la gestion de certains services. Plus encore, la SPL permet à la France de rattraper son retard par rapport aux États membres de l'Union européenne qui pratiquaient déjà dans leur territoire des « *montages juridiques permettant l'application*

---

[1] TERRIEN (G.), « La galaxie des entreprises publiques locales », *RLCT* n° 100, avril 2014, p. 11.
[2] DELION (A. G.), DURUPTY (M.), « Chronique du secteur public économique », *RFAP* n° 129, 2009, p. 194.
[3] TERRIEN (G.), « La galaxie des entreprises publiques locales », *op. cit.*, p. 11.
[4] DAMAREY (S.), « La société publique locale ou la fin des associations transparentes », *AJDA* 17 janvier 2011, p. 15.

de la théorie du in house »[1]. L'Espagne a doté depuis fort longtemps ses collectivités locales d'instruments similaires. Il existe des « sociétés commerciales » dont le capital est entièrement détenu par la commune et les « sociétés d'économie mixte locales » dont le capital est partiellement détenu par l'entité publique (au moins 50 % du capital) et la participation d'opérateurs privés : pour ces sociétés d'économie mixte locales, il s'agit d'une société commerciale *sui generis assujettie* aux dispositions du droit public[2].

À terme, la SPL conduira à la disparition[3] d'un nombre important d'associations transparentes et la création d'un nombre important de SPL.

Le 11 décembre 2013, le Sénat a adopté ce qu'il convient d'appeler la « société d'économie mixte à opération unique » (SEMOP). C'est la loi du 1er juillet 2014 qui a introduit la technique des partenariats public-privé institutionnalisés dans le droit français. La SEMOP vise à apporter des réponses aux limites de la DSP et de la régie intéressée dans un contexte de crise financière et budgétaire. Il s'agit donc d'un nouveau mode de gestion du service public. Les actionnaires sont uniquement au nombre de deux à savoir plusieurs collectivités ou un groupement de collectivités territoriales et un opérateur économique. Le dispositif privilégie une procédure de mise en concurrence unique : c'est un contrat de commande publique et l'appel d'offres vise à choisir l'actionnaire privé pour accomplir une mission d'intérêt général. La personne publique ne peut détenir qu'une part minoritaire du capital de la société soit 34 % du capital et s'inscrit à l'opposé de la société d'économie mixte locale. Elle est compétente pour diriger la présidence des organes de direction et participe au processus décisionnel détenant un taux correspondant à une minorité de blocage. La dissolution de la SEMOP est automatiquement prononcée à l'issue de la réalisation de son objet. Mais d'ores et déjà, la doctrine reste sceptique et des critiques sont formulées : la complexité du dispositif ne garantit pas selon Gabriel Eckert « *ni une pleine sécurité juridique ni une réelle efficacité du contrôle public sur l'entité mixte. Enfin, son utilité pratique risque d'être limitée par le fait que la nouvelle société sera généralement considérée comme un pouvoir adjudicateur* »[4]. Si la SEMOP illustre ici la complexification croissante des techniques juridiques à la disposition des collectivités locales, il résulte de ce

---

[1] DAMAREY (S.), « La société publique locale ou la fin des associations transparentes », *op. cit.*, p. 15.

[2] FRANCH (M.), « Les entreprises locales en Espagne », *Contrats publics* n° 131, avril 2013, p. 63 et suiv.

[3] DAMAREY (S.), « La société publique locale ou la fin des associations transparentes », *op. cit.*, p. 16.

[4] ECKERT (G.), « La SEMOP, instrument du renouveau de l'action publique locale ? », *AJDA* n° 34, 2014, p. 1941.

précède qu'il n'existe pas de différence importante entre les partenariats institutionnalisés et les autres types de partenariats public-privé[1].

On vient de le voir, les collectivités territoriales ne possédant pas de fonds souverains comme les États s'organisent néanmoins en diversifiant les instruments d'intervention en s'engageant dans une politique de prise de participation majoritaire ou minoritaire.

Mais l'État actionnaire a montré ces dernières années de nombreuses limites qui méritent d'être soulignées. Des études ont montré « *des incohérences, ou une passivité coupable* »[2] de la politique conduite par l'Agence des participations de l'État mettant clairement en évidence le fait que « *l'État est souvent tiraillé entre des préoccupations divergentes* »[3] et certaines de ses participations posent des problèmes de « conflits d'intérêt ». Cependant, le rapport public thématique de la Cour des comptes de 2013 portant sur « *Les faiblesses de l'État actionnaire d'entreprises industrielles de défense* »[4] met bien en lumière les limites et contradictions de la politique actionnariale de l'État. L'étude de la Cour des comptes porte sur trois entreprises publiques stratégiques du secteur de l'armement à savoir la DCNS (construction navale), la SNPE (matériaux énergétiques) et GIAT Industries (armements terrestres) et trois entreprises industrielles relevant du secteur privé dont l'État est actionnaire minoritaire : Safran (producteur de moteurs et de trains d'atterrissage, propulsion de missiles), Thalès (électronique militaire) et enfin EADS (missiles balistiques, hélicoptères et avions militaires). Il s'agit de concilier trois impératifs[5] : protéger l'indépendance stratégique, militaire de la France, ses intérêts patrimoniaux et enfin, préserver l'emploi et la croissance. Quatre grandes limites sont soulignées par le rapport. En premier lieu, la Cour reproche à l'État de prendre le risque de perdre le contrôle d'entreprises stratégiques[6] (comme EADS et Safran). En deuxième lieu, l'État dilue sa participation sans « *obtenir de ses partenaires de réelles contreparties* »[7](Dassault-Aviation). En troisième lieu, l'État est incapable d'arbitrer entre des intérêts divergents[8]

---

[1] ECKERT (G.), « La SEMOP, instrument du renouveau de l'action publique locale ? », *AJDA* n° 34, 2014, p. 1948.

[2] AUBY (J.-B.), « La doctrine de l'État actionnaire », *D. A.* novembre 2014, p. 1.

[3] AUBY (J.-B.), « La doctrine de l'État actionnaire », *Ibid.*

[4] Cour des comptes, *Les faiblesses de l'État actionnaire d'entreprises industrielles de défense*, rapport public thématique, Paris, La Documentation française, 2013. Il s'agit du titre de l'ouvrage.

[5] Cour des comptes, *Les faiblesses de l'État actionnaire d'entreprises industrielles de défense*, rapport public thématique, Paris, La Documentation française, 2013, p. 21.

[6] Cour des comptes, *Les faiblesses de l'État actionnaire d'entreprises industrielles de défense, op. cit.* p. 108.

[7] Cour des comptes, *Les faiblesses de l'État actionnaire d'entreprises industrielles de défense, Ibid.*

[8] Cour des comptes, *Les faiblesses de l'État actionnaire d'entreprises industrielles de défense, op. cit.*, p. 110

(entre ses intérêts de client et de fournisseur ; entre ses intérêts patrimoniaux et stratégiques). En quatrième lieu, l'État actionnaire est incapable aussi d'« *appliquer ses décisions par les responsables des entreprises qu'il contrôle* »[1].

L'État investisseur est aussi un État qui soutient les entreprises et les PME en leur facilitant l'accès au crédit bancaire. La création d'une Banque publique d'investissement[2] (BPI) par le président Hollande destinée à favoriser le développement des PME, à soutenir les filières d'avenir et la conversion écologique de l'industrie et à soutenir l'économie sociale et solidaire vise à rationaliser les structures et renforcer l'efficacité de l'action de l'État.

B) La Banque publique d'investissement (BPI)

L'État stratège est un État qui soutient *l'économie nationale* en facilitant les conditions de prêts et de garantie bancaire aux entreprises. Malgré l'existence de dispositifs de garantie de fonds proposés par OSEO et le Fonds d'investissement stratégique (FIS), les difficultés d'accès au crédit pour les entreprises se multiplient. La banque publique d'investissement regroupe OSEO, CDC entreprises, le FSI et FSI régions. La création de la Banque publique d'investissement (BPI) résulte d'un contexte particulier consécutif à une triple crise de l'État : crise des finances publiques, crise économique et crise du crédit bancaire pour financer l'économie. Or, la pénurie du crédit a provoqué des « *déséquilibres structurels et conjoncturels* »[3] affectant le financement de l'économie. La perte de confiance dans l'économie et le « *durcissement des conditions de prêts et de garantie par les banques privées* »[4] aux petites et moyennes entreprises ont conduit les pouvoirs publics à se doter de nouveaux instruments de financement. Si l'État n'est plus aujourd'hui l'« État banquier » de la Nation, son intervention est justifiée dès l'instant où elle a pour but de « *pallier les défections de la banque privée* »[5]. Afin d'apporter un « ballon d'oxygène » dans l'environnement des entreprises, les pouvoirs publics cherchent à faciliter l'accès des entreprises au financement en vue de

---

[1] Cour des comptes, *Les faiblesses de l'État actionnaire d'entreprises industrielles de défense, Ibid.*

[2] C'est sa première proposition de programme de campagne, voir en particulier HOLLANDE (F.), *Le changement, c'est maintenant. Mes 60 engagements pour la France*, p. 7. Ceci n'est pas un livre, mais un fascicule présentant ses 60 propositions de campagne pour la présidentielle de 2012.

[3] COLLET (M.), ECKERT (G.), « Chronique de droit public financier », *RFDA*, septembre-octobre 2013, p. 1105.

[4] CHAN-TUNG (L.), « La mise en place de la Banque publique d'investissement », *AJDA* n° 35, 21 octobre 2013, p. 2011.

[5] VASSEUR (M.), *L'État banquier d'affaires*, Paris, Dalloz, 1962, p. 4.

produire un « choc de compétitivité : un choc de confiance »[1]. C'est dans cet esprit que certains soutiennent l'émergence d'un « *véritable service public du crédit* »[2]. D'autres restent sceptiques et critiquent le concept de « service public du crédit » dans la mesure où le terme doit « *être manié avec précaution. Il ne s'agit pas du service public au sens du droit administratif* »[3]. Or, le législateur[4] n'a nullement voulu conférer à la BPI une mission de service public. Dans les années 1960, la notion était en vogue ; l'intervention de l'État était limitée à l'encadrement ; puis la politique du crédit est progressivement tombée en désuétude avec la libéralisation du secteur bancaire dans les années 1980 et le transfert de la définition de la politique monétaire à la Banque centrale européenne.

Mais la création d'une telle institution est loin d'être une nouveauté dans la mesure où des établissements similaires existaient déjà. Le dispositif existant fonctionnait de manière éclatée et s'appuyait sur trois structures : la Caisse des dépôts et consignations (CDC), Oséo et le Fonds d'investissement stratégique. Schématiquement, deux entités constituent la BPI : *EPIC BPI-Groupe* qui est un établissement public industriel et commercial et *SA BPI-Groupe* une société anonyme. Selon la loi n° 2012-1559 du 31 décembre 2012, « *la banque publique d'investissement est un groupe public au service du financement et du développement des entreprises, agissant en appui des politiques publiques conduites par l'État et conduites par les régions* »[5]. L'objectif est de contribuer au financement de l'économie en « prêts et en fonds propres ». Cependant, le rôle de la Bpifrance doit être clairement distingué de l'APE[6] : Bpifrance (ex FSI) privilégie les participations minoritaires dans les capitaux d'entreprises sur un horizon à moyen et long terme tandis que l'APE favorise la détention de participations majoritaires et minoritaires sur le très long terme.

La souplesse résultant de ces deux entités confère à la BPI un régime mixte oscillant entre droit public et droit privé[7]. Les ressources proviennent essentiellement de capitaux publics (les capitaux proviennent notamment de l'État et de la CDC). Certaines études évaluent le capital de la BPI à 42

---

[1] GALLOIS (L.), *Pacte pour la compétitivité de l'industrie française, rapport au Premier ministre*, Paris, La Documentation française, 2012, p. 22.

[2] MATTOUT (J.-P.), PRÜM (A.), « La loi n° 2012-1559, 31 déc. 2012, JO 1er janv. 2013, relative à la création de la Banque publique d'investissement », *Revue Droit & Patrimoine* n° 224, avril 2013, p. 69.

[3] LEGEAIS (D.), « Vers un retour du service public du crédit ? », *Revue de droit bancaire et financier*, septembre-octobre 2012, p. 2.

[4] CHAN-TUNG (L.), *op. cit.*, p. 2016.

[5] Loi n° 2012-1559 du 31 décembre 2012 relative à la création de la Banque publique d'investissement, JO n° 001 du 1er janvier 2013, p. 44, texte n° 3.

[6] NICINSKI (S.), *Droit public des affaires*, Paris, LGDJ, 4ème édition, 2014, p. 322.

[7] CHAN-TUNG (L.), « La mise en place de la Banque publique d'investissement », *op. cit.*, p. 2013.

milliards[1] tandis que d'autres l'estiment à environ 52 milliards [2]et un personnel de 2000 salariés.

Toutes les entreprises ne sont pas éligibles pour l'obtention des prêts bancaires. Les entreprises visées concernent principalement les très petites entreprises et les PME. La BPI n'est pas une « banque comme les autres » à partir du moment où *« elle n'applique pas de logique purement financière »*[3].

En ce qui concerne la gouvernance, celle-ci étant assurée par un conseil d'administration[4] s'appuyant sur l'expertise d'une direction générale. Au plan national, un comité national d'orientation a été institué et il est consulté sur toutes les grandes orientations.

La visée stratégique n'est pas absente dans la mise en place de la BPI : *l'État stratège est un État qui soutient et contribue au financement de l'économie dans le but de renforcer l'efficacité de l'action économique*. Pour les pouvoirs publics, il s'agit de soutenir l'économie nationale en aidant les entreprises à se développer et à poursuivre leur politique d'expansion. Les enjeux d'une telle démarche sont considérables : selon l'article 1er de la loi n° 2012-1559 du 31 décembre 2012, l'action de la BPI s'inscrit dans une démarche visant à « *soutenir la croissance durable, l'emploi et la compétitivité de l'économie* ». La création d'un écosystème favorable à l'épanouissement des entreprises n'a de pertinence que lorsque la démarche favorise réellement « *l'innovation, l'amorçage, le développement, l'internationalisation, la mutation et la transmission des entreprises* ». Le regroupement de l'ensemble des structures de financement d'entreprises au sein d'une seule structure a pour but d'augmenter la lisibilité de l'intervention économique de l'État. Plus largement, « *la BPI vise à rapprocher les métiers de prêteur de garant et d'investisseur en capital* »[5].

Derrière l'*action de la BPI* se profile donc *un nouvel interventionnisme de l'État dans la sphère économique*. Il ne s'agit pas non plus pour l'État de se substituer aux entreprises ; son rôle est de les appuyer dans leur stratégie de développement. Concrètement, l'action stratégique de la BPI consiste aussi à accompagner les grandes entreprises dans leur démarche de conquête de nouveaux marchés : la BPI s'appuie sur un réseau déjà existant : l'Agence française pour le développement international des entreprises (Ubifrance) ; elle tisse également d'étroites relations avec la Compagnie française

---

[1] CHAN-TUNG (L.), « La mise en place de la Banque publique d'investissement », *op. cit.*, p. 2015.

[2] COLLET (M.), ECKERT (G.), « Chronique de droit public financier », *op. cit.*, p. 1108.

[3] CHAN-TUNG (L.), « La mise en place de la Banque publique d'investissement », *AJDA* n° 35, 21 octobre 2013, p. 2015.

[4] Le conseil d'administration est composé de 27 personnes.

[5] COLLET (M.), ECKERT (G.), « Chronique de droit public financier », *RFDA*, septembre-octobre 2013, p. 1107.

d'assurance pour le commerce extérieur[1] (COFACE). Parallèlement, la BPI intervient au niveau local. Dans le cadre de la *stratégie régionale de développement*, chaque région est dotée d'un comité régional chargé d'émettre des avis sur la pertinence des missions de la BPI. Si la logique de décentralisation est présente dans la démarche, des auteurs s'interrogent sur le bien-fondé de la nomination de représentants des collectivités territoriales qui ne participent pas dans le capital de la société anonyme[2].

Outre Rhin, l'Allemagne possède un système bancaire performant et répond en grande partie aux besoins des PME en matière de financement des entreprises même s'« *il reste néanmoins des exclus, les très petites entreprises et les entrepreneurs individuels qu'il est urgent de prendre en considération* »[3]. Le « Kreditanstalt für Wiederaufbau » est un acteur essentiel du développement des entreprises. Il est chargé d'accorder les prêts bancaires et divers appuis financiers comme les aides financières aux PME et aux « micros entreprises ». C'est une démarche volontariste et active de l'État fédéral et des « Länder » pour soutenir l'économie nationale.

Si la mise en place d'un établissement de crédit destiné à faciliter l'octroi de crédits, de garanties et de venir en aide aux entreprises en difficulté reste utile, on ne saurait dans le même temps, sous-estimer ses « dangers », ses risques. Premièrement, « *des crédits accordés avec moins de discernement pour des raisons politiques* »[4]peuvent se développer. Deuxièmement, la performance attendue par la nouvelle institution n'est pas garantie et pourrait ne pas être au rendez-vous. Troisièmement, on craint *« une moindre réactivité, un formalisme accru, des conflits de compétence internes »*[5]. Aussi, la nécessité de pallier aux insuffisances du marché et le respect d'un « *investisseur avisé* »[6] respectant le droit des aides publiques constituent un défi supplémentaire à surmonter. La question du rôle de la BPI au regard du droit européen se pose : afin de ne pas être pénalisée, la BPI doit inscrire son action dans le chapitre consacré au droit des aides de l'État en tant qu'« investisseur avisé ». Plus largement, la BPI est invitée à agir en « investisseur avisé » dans le but d'*accompagner la politique industrielle* et de *favoriser la mobilisation du système financier* en stabilisant l'actionnariat des grandes entreprises[7].

---

[1] CHAN-TUNG (L.), *op. cit.*, p. 2013.
[2] CHAN-TUNG (L.), *op. cit.*, p. 2014.
[3] LABYE (A.), « Microfinance professionnelle et banques universelles : la singularité du cas de l'Allemagne », *Revue d'économie financière*, n° 95, novembre 2009, p. 362.
[4] LEGEAIS (D.), « BPI (Présentation du projet de loi Conseil des ministres, 17 octobre 2012 », *Revue trimestrielle de droit commercial*, octobre -décembre 2012, p. 826.
[5] LEGEAIS (D.), « BPI (Présentation du projet de loi Conseil des ministres, 17 octobre 2012 », op. cit, p. 826.
[6] COLLET (M.), ECKERT (G.), *op. cit.*, p. 1108.
[7] DELION (A. G.), « Chronique du secteur public économique », *RFAP* n° 149, 2014, p. 274.

La rationalisation des structures de financement public recherchée pourrait être compromise dans la mesure où « *la pluralité des acteurs peut nuire à l'articulation et à l'intelligibilité des dispositifs. Outre la multitude d'acteurs, leurs relations sont complexes* »[1]. Le nombre important d'acteurs intervenant au sein de la BPI risque d'alourdir le dispositif et entraîner un risque de conflits de compétences concernant les entités chargées du financement et de l'investissement[2]. Enfin, on remarque que les objectifs assignés à la BPI deviennent de plus en plus nombreux et l'action de la BPI s'oriente vers le soutien aux entreprises en difficulté. De plus, l'« élargissement des missions »[3] de la BPI embrassant toutes sortes de politiques sectorielles est problématique et peut constituer une source d'inefficacité.

En ce qui concerne le bilan de la BPI, des travaux montrent que divers prêts et fonds propres ont été accordés aux entreprises et que la BPI a même procédé à des prises de participations dans certaines entreprises[4].

L'intervention de la BPI témoigne du renouvellement de l'action publique en matière de financement des petites et moyennes entreprises.

CONCLUSION

Toutes ces remarques conduisent à constater que *la mondialisation affecte bel et bien les instruments et les stratégies d'intervention de l'État sur le terrain économique.*

L'État est appelé en permanence à se positionner sur les points stratégiques de l'économie pour renforcer l'efficacité ; son rôle est à géométrie variable : tantôt il consiste à accompagner, soutenir, inciter les acteurs économiques ; tantôt ce rôle consiste à contrôler les investissements étrangers pour protéger l'économie. Le recentrage du rôle économique de l'État conduit à se poser la question de savoir si finalement, la formule de l'État stratège ne s'inscrit pas dans une démarche privilégiant « *la stratégie*

---

1 FOURNOUX (L. de), « La Banque publique d'investissement : le nouveau visage de l'intervention publique », Droit administratif, juillet 2014, p. 12. Selon l'auteur, ces relations concernent à la fois les « *liens capitalistiques avec des filiales ; délégations de décisions, de gestion et d'instruction de certains dossiers ; apports de financement en dehors de tout lien capitalistique, etc.* », *Ibid.*

2 FOURNOUX (L. de), *op. cit.*, p. 13.

3 Par exemple, la BPI se voit confier des missions qui concernent la croissance, l'emploi, la compétitivité, l'économie numérique, sociale et solidaire, l'accompagnement à la politique industrielle, la transition énergétique et écologique, etc.

4 DELION (A. G.), « Chronique du secteur public économique », *RFAP* n° 149, 2014, p. 274. Selon André G. Delion et M. Durupty, « *la Banque publique d'investissement a indiqué qu'elle avait accordé 10 milliards de prêts (...) a aussi apporté un milliard en fonds propres et a créé pour un financement de l'innovation un fonds Large Venture doté de 500 millions d'euros qui a déjà pris des participations, notamment dans des start-up comme, par exemple, Withings, spécialiste d'objets connectés* », *Ibid.*

du gagneur »[1]. Toute la difficulté est de concilier plusieurs impératifs contradictoires : d'un côté, conjuguer stratégie offensive et stratégie défensive et de l'autre, combiner droit « souple » et droit « rigide » permettant la mise en œuvre des stratégies d'intervention.

Comme nous venons de le voir, la plupart des États cherchent à tirer profit de la mondialisation. Corrélativement, ils sont « obsédés » par la « nationalité » de l'entreprise. Déjà en 1999, un rapport du Commissariat général du Plan présidé par Jean-François Bigay sous le titre « *La nouvelle nationalité de l'entreprise* » retraçait « *les dimensions de la nationalité de l'entreprise* »[2] reposant sur cinq critères : la dimension financière, la relation de l'entreprise au territoire, la question de la recherche et de l'innovation de l'entreprise, la dimension culturelle et enfin, l'environnement institutionnel national. Etonnamment, ces éléments sont encore d'actualité même si les termes du sujet ne se posent pas de la même manière. On assiste à un renouvellement de la problématique de la nationalité de l'entreprise soulevée par ce rapport il y a plus d'une décennie.

Enfin, dans un *univers ultra concurrentiel*, la diversité des instruments d'action déployés par la puissance publique montre la vitalité de son intervention. Ce *souci d'adaptation constante des outils d'intervention* met en évidence l'*élargissement des techniques juridiques déployées* : celles-ci mobilisent des procédés de droit public (droit des interventions publiques, droit réglementaire), des procédés du droit des sociétés, du droit commercial (OPA) et fiscal (crédit d'impôt-recherche), *etc.* pour faire face aux exigences de compétitivité et amplifier la cohérence et l'efficacité des politiques.

L'efficacité de l'action de l'État rend du même coup indispensable la démarche évaluative.

---

[1] OLSEM (J.-P.), *La stratégie du gagneur*, Paris, Armand Colin, 1993.

[2] Commissariat général du Plan/BIGAY (J.-F.) (présidé par), *La nouvelle nationalité de l'entreprise*, Paris, La Documentation française, 1999, p. 83.

CHAPITRE 3

L'ÉVALUATION

La dernière thématique qui sous-tend la *conception nouvelle du rôle de l'État* consiste à *évaluer les résultats des politiques engagées* en procédant à des adaptations compte tenu des difficultés rencontrées lors de la mise en œuvre des objectifs. Le thème de l'*évaluation* est une parfaite illustration de la manière dont l'État cherche à mesurer et à améliorer la qualité de ses actions. L'évaluation correspond à la troisième phase des politiques publiques et se situe juste après la phase d'élaboration et de mise en œuvre. L'évaluation s'impose dès lors que l'interprétation des résultats présente une certaine complexité[1]. *S'interroger sur les effets des actions menées relève d'emblée d'une démarche stratégique* : tout État soucieux de la qualité des politiques est invité à porter une attention particulière sur les effets. L'évaluation permet d'« *apprécier si une politique est efficiente, efficace, effective, cohérente et pertinente* »[2]. C'est donc au nom de l'efficacité des politiques que les gouvernants sont conduits à développer la « *culture de l'évaluation* ». En règle générale, *l'évaluation a trois finalités*[3] : éclairer la décision publique, alimenter la réflexion et le débat public et rendre de comptes aux citoyens. Elle pose dans le même temps, *cinq grands défis*[4] : la définition de l'évaluation et des normes juridiques, l'indépendance des évaluateurs, la qualité et le pluralisme des expertises, la problématique des moyens et le temps nécessaire à une évaluation, et enfin, la relation entre acteurs politiques et prise de décisions. Mais pour être mise en œuvre, l'évaluation s'appuie sur la technique juridique.

L'évaluation a bénéficié ces dernières années d'un regain d'intérêt à la faveur d'un *contexte budgétaire contraint* et de la volonté des gouvernants

---

[1] CANNAC (Y.) et TROSA (S.), (sous la dir.), *La réforme dont l'État a besoin, pour un management public par la confiance et la responsabilité*, Paris, Dunod, 2007, p. 129.
[2] LAMARQUE (D.), *L'évaluation des politiques publiques locales*, Paris, LGDJ, 2004, p. 23.
[3] FOUQUET (A.), « L'évaluation des politiques publiques : état (s) de l'art et controverses », *RFAP* n° 148, 2013, p. 837.
[4] MIGAUD (D.), « Les cinq défis de l'évaluation », *RFAP* n° 148, 2013, p. 849.

de *réduire le train de vie de l'État pour maîtriser la dépense publique*. Le terme est employé différemment selon les pays : dans les pays de tradition anglo-saxonne, la notion d'« *évaluation de programme* »[1] reste dominante et suppose dès lors la réunion de quatre conditions[2] : définition et quantification des objectifs, prolongation de la durée de l'activité du programme au vu des résultats, affectation de moyens budgétaires (en personnel ou en matériels) dédiés à la gestion et à l'exécution du programme considéré et enfin, évaluation a posteriori des résultats. En France, le législateur a préféré utiliser les termes d'« *évaluation des politiques publiques* ». Si singularité française il y a sur le plan conceptuel, celle-ci reste ambiguë, car dans la réalité, l'*« on pratique, en fait, une évaluation de programme »*[3]. La notion d'évaluation fait l'objet d'une *pluralité d'approches*[4] : sociologique, cognitive, instrumentale, normative. *L'évaluation se distingue du contrôle et de l'audit* [5]qui se réfèrent à des normes internes (règles comptables, juridiques ou les normes fonctionnelles) alors que l'évaluation s'intéresse aux effets de la politique. Quant au contrôle[6], il peut prendre plusieurs formes : *politiques* (en matière législative comme dans les démocraties semi-directes comme la Suisse), *administratifs*, *financiers* (lorsqu'il s'agit d'évaluer les effets des politiques ou des lois sous l'angle de l'efficience et de l'efficacité) et enfin *juridictionnels* (portée relativement restreinte et concerne la régularité en particulier la constitutionnalité ou la légalité).

L'introduction de l'évaluation dans la sphère publique traduit l'inflexion des modes d'action de l'État ; *le recours croissant à la démarche évaluative dans la conduite des politiques traduit bien la thématique de l'État stratège.* Derrière le thème de l'évaluation se profile un changement de référentiel privilégiant la *quête permanente de l'efficacité des politiques* de l'État.

On se propose ici d'étudier les implications de l'évaluation concernant l'analyse des politiques, des législations et du droit.

---

[1] Conseil Scientifique de l'Évaluation, *Petit guide de l'évaluation des politiques publiques*, Paris, La Documentation française, 1996, p. 20.

[2] MONNIER (E.), *Evaluation de l'action des pouvoirs publics*, Paris, Economica, 2ème édition revue et augmentée, 1992, p. 16-17.

[3] PERRET (B.), « Réflexions sur les différents modèles d'évaluation », *RFAP* n° 66, avril-juin 1993, p. 228.

[4] L'évaluation a fait l'objet de diverses définitions par plusieurs auteurs : il n'est pas opportun de les énumérer toutes dans l'étude.

[5] Plus largement, le « *contrôle et l'audit se réfèrent à des normes internes au système analysé (règles comptables, juridiques, ou normes fonctionnelles), tandis que l'évaluation essaie d'appréhender d'un point de vue principalement externe les effets et/ou la valeur de l'action considérée* », Conseil Scientifique de l'Evaluation, *op. cit.*, p. 11.

[6] MADER (L.), MORAND (C.-A.), *L'évaluation législative : pour une analyse empirique des effets de la législation*, Payot Lausanne, 1985, p. 105-107. L'auteur s'inspire de l'exemple Suisse et y voit quatre types de contrôle : politiques, administratifs, financiers et juridictionnels.

L'étude sera entreprise en trois temps. En premier lieu, on montrera que la démarche évaluative vise à *mesurer les effets* (Section 1) *des politiques et de la législation*. En deuxième lieu, on appréhendera le *droit expérimental en tant que stratégie visant à mettre à l'épreuve une réforme* (Section 2). On se penchera sur les implications juridiques résultant de la révision constitutionnelle du 28 mars 2003 relative à l'organisation décentralisée de la République ayant basculé la France dans l'« *ère de l'expérimentation constitutionnalisée* »[1]. En troisième lieu, l'évaluation relancée par la loi organique relative aux lois de finances d'août 2001 dite « *LOLF* » (Section 3) a pour *but d'étendre l'évaluation à l'ensemble des politiques de l'État* : elle traduit la volonté des gouvernants de *placer l'action publique sous le « sceau de la performance »*. La LOLF suscite attentes et espoirs en matière d'évaluation, de réforme de l'État et d'amélioration des pouvoirs du Parlement en matière budgétaire. Concrètement, le lancement de la *révision générale des politiques publiques* (RGPP) suivie de la *modernisation de l'action publique* (MAP) ont pour but d'améliorer l'efficacité des politiques : on s'efforcera de comprendre en quoi la RGPP et la MPA comportent des *stratégies de réforme de l'État* et comment contribuent-elles à rendre l'État plus efficace. Cependant, comme on le verra dans les lignes qui suivent, LOLF, RGPP et MAP comportent bien des ambiguïtés.

Tous ces éléments méritent d'être étudiés à la lumière des enjeux et des difficultés qu'ils soulèvent.

SECTION 1. L'ÉVALUATION DES POLITIQUES

L'évaluation des effets d'une politique est un élément caractéristique de l'État stratège ; et « *l'idée d'évaluation est d'abord apparue comme un instrument de mesure de l'efficacité des politiques publiques* »[2]. Elle repose sur une démarche scientifique reposant sur *la « calculabilité et prévisibilité des effets »*.[3]Toute démarche d'évaluation comporte théoriquement plusieurs phases : la première concerne l'*évaluation prospective* (appelée aussi évaluation a priori ou évaluation ex-ante). La deuxième phase porte sur « *l'évaluation intermédiaire* »[4] : ainsi avons-nous fait le choix de ne pas insister sur ce point même si elle permet de réorienter la politique en cours en procédant à des adaptations nécessaires. Et enfin, la dernière étape vise l'*évaluation rétrospective* (ex-post ou postérieure). On analysera dans un premier temps les enjeux qui se profilent derrière le thème de l'évaluation

---

[1] PONTIER (J.-M.), « Décentralisation et expérimentation », *AJDA* 28 octobre 2002, p. 1037.

[2] CHEVALLIER (J.), « La rationalisation de la production juridique » in CHEVALLIER (J.) et MORAND (C.-A.), (sous la dir. De), *L'État propulsif. Contribution à l'étude des instruments d'action de l'État*, Editions Publisud, 1991, p. 43.

[3] GROSHENS (J.-C.) et KNAUB (G.), « À propos de la rénovation de l'évaluation » in *Etudes en l'honneur de Gérard Timsit*, Bruxelles, Bruylant 2004, p. 353.

[4] LAMARQUE (D.), *L'évaluation des politiques publiques locales*, *op. cit.,* p. 92.

des politiques sans oublier d'aborder les obstacles et les limites auxquels elle a été confrontée ; puis, on insistera sur l'évaluation législative afin de comprendre ses différentes facettes.

§1. La dimension stratégique de l'évaluation

La dimension stratégique de l'évaluation peut être appréhendée de diverses manières. *L'évaluation est d'abord conçue comme une stratégie visant à légitimer l'action publique* : l'adhésion populaire est indispensable pour la réussite des politiques menées. Les décideurs publics ne peuvent plus se contenter de l'« auto-satisfaction » ou du respect de la légalité. *La légitimité de l'intervention étatique dépend de son efficacité*. L'efficacité est en train de devenir un « label » impliquant que toute politique doit être appréciée à l'aune des résultats obtenus.

De même, avec l'émergence du thème de l'État stratège, la *pratique des études d'impact* devient courante. Les études d'impact visées par les circulaires du 21 novembre 1995, du 26 janvier 1998, du 26 août 2003, du 30 septembre 2003, du 15 avril 2009 et de la loi organique du 15 avril 2008 consécutive à la révision constitutionnelle de juillet 2008 visent à renforcer l'efficacité de l'action de l'État afin d'« endiguer » la prolifération des textes législatifs et réglementaires en cherchant à rendre le droit plus « intelligible », plus stable et plus lisible pour les citoyens.

La *dimension stratégique de l'évaluation* s'inscrit plus généralement dans une *démarche de rationalisation de l'action publique*. L'évaluation contribue à rendre les politiques plus pertinentes. Sous couvert d'évaluation, les gouvernants disposent d'informations suffisantes pour juger de la cohérence d'une politique. De même, l'évaluation législative participe au mouvement général de « *rationalisation de la production normative* » [1] et contribue à revaloriser le rôle des Parlements nationaux.

Par ailleurs, l'évaluation renforce *« le contrôle stratégique de l'action publique »*[2] comme cela a été dit, elle ne se confond pas avec le contrôle[3]. D'abord en amont de la décision, *l'évaluation prospective permet d'anticiper les effets prévisibles d'une politique* : la technique des études d'impact constitue à cet égard un excellent outil. En aval de la décision, l'*évaluation ex-post* permet de mesurer les effets réels des politiques mises en œuvre. L'évaluation qu'elle soit pratiquée sous la forme ex-ante ou ex-post permet d'ajuster le dispositif pour renforcer sa cohérence, sa pertinence

[1] MORAND (C.-A.), « L'obligation d'évaluer les effets des lois » in MORAND (C.-A.), (sous la dir.), *Evaluation législative et lois expérimentales*, Presses Universitaires d'Aix-Marseille, 1993, p. 108.
[2] NIOCHE (J.-P.), « L'évaluation des politiques publiques en France », *RFAP* n° 66, avril-juin 1993, p. 219.
[3] MADER (L.), MORAND (C.-A.), *L'évaluation législative : pour une analyse empirique des effets de la législation*, *op. cit.*, p. 105-107.

et sa qualité. Selon certains, *l'évaluation améliore la réflexion stratégique en prévenant les crises* dans un environnement aléatoire, complexe et « *fournit à l'organisation une capacité d'anticipation et d'adaptation* »[1].

L'évaluation concerne les politiques, les législations : on essaiera de comprendre les enjeux et les limites qu'elle suscite.

§2. L'évaluation *ex-post* des politiques

La « *mesure ex post des effets des politiques* » [2] relève d'une démarche stratégique et privilégie la comparaison des effets d'une politique par rapport aux objectifs fixés. Selon le décret du 22 janvier 1990, « *évaluer une politique, c'est rechercher si les moyens juridiques, administratifs ou financiers mis en œuvre permettent de produire les effets attendus de cette politique et d'atteindre les objectifs qui lui sont fixés* »[3].

Pour bien cerner l'évaluation, il sera utile d'analyser dans un premier temps le contenu de la notion et les structures qui l'incarnent ; puis dans un deuxième temps, on essaiera de comprendre les obstacles qui ont retardé son implantation.

A) L'évaluation *ex-post* des politiques

L'évaluation ex-post des politiques tire ses racines dans le « *Planning-Programming-Budgeting-System* » (PPBS)[4] et dans la « *rationalisation des choix budgétaires* »[5] (RCB). Sa traduction institutionnelle a été lente en France, bien après son adoption aux États-Unis et par d'autres pays[6] de l'OCDE comme le Canada, la Suède ou la Grande-Bretagne. Les *États-Unis constituent la référence en la matière* en ayant expérimenté les toutes premières démarches évaluatives. Le Congrès américain dispose à cet effet

---

[1] POTIER (V.) et BENCIVENGA (M.), *Evaluation des politiques locales*, Paris, Le Moniteur, 2005, p. 27.

[2] NIOCHE (J.-P.) et POINSARD (R.), « L'évaluation des politiques publiques en France » in NIOCHE (J.-P.) et POINSARD (R.), *L'évaluation des politiques publiques*, Paris, Economica/NIOCHE Jean-Pierre et Robert POINSARD Edition, 1984, p. 6.

[3] Décret du 22 janvier 1990. Dans le même sens, selon le décret du 18 novembre 1998 créant le Conseil national de l'évaluation, l'évaluation de politique a pour but « *d'apprécier l'efficacité de cette politique en comparant ses résultats aux objectifs assignés et aux moyens mis en œuvre* ».

[4] Cette technique a été mise en œuvre aux États-Unis dès les années 1970. Le Congrès a joué un rôle central dans le dispositif surtout à partir de 1974 et le « *General Accounting Office* (GAO) a vu son rôle s'accroître en matière d'évaluation de programmes.

[5] En France, c'est la RCB qui a été retenue par les pouvoirs publics.

[6] CHEVALLIER (J.), *Science administrative*, Paris, PUF, Thémis « Droit », 4ème édition, *op. cit.*, p. 549.

de *deux puissantes agences*[1] *chargées d'évaluer les politiques publiques* : le « *General Accounting Office* » *(G.A.O.)* et le « *Congressional Budget Office* » (C.B.O.). Créé en 1921, le *G.A.O* a vu son rôle évoluer : prévu d'abord pour contrôler les comptes publics, il a été ensuite recentré autour de la problématique de l'évaluation ; les évaluations rétrospectives menées avaient pour but de mettre en adéquation les programmes gouvernementaux aux objectifs fixés à moindre coût. Quant au *C.B.O.* institué en 1974, sa mission essentielle consistait à mener des études prospectives privilégiant l'analyse des coûts des choix politiques effectués par le Congrès ; puis la mission a été réorientée vers le contrôle des dépenses publiques.

En France, si l'évaluation des politiques publiques a réellement commencé vers le début des années 1980, ses origines [2]sont plus lointaines : les premiers balbutiements de l'évaluation datent de 1946 avec la création du « *Comité d'enquête sur le coût et le rendement des services publics* » précédés de la « *rationalisation des choix budgétaires* » en 1968. En poursuivant la remontée dans le passé, l'évaluation ex-post a été invoquée sous d'autres appellations par les promoteurs de la Déclaration des Droits de l'Homme et du Citoyen de 1789 pour des questions de *transparence et de démocratie* : selon l'article 15 de la DDHC, « *la société a le droit de demander compte à tout agent public de son administration* »[3]. Dès les années quatre-vingt, les gouvernants ont pris conscience de l'intérêt que présente l'évaluation pour l'amélioration de la qualité de l'action publique. C'est ainsi que diverses mesures ont été initiées comme celles relatives aux orientations stratégiques promues par la circulaire du 23 février 1989 instaurant un « devoir d'évaluation des politiques ».

Pour être opérationnelle et efficace, l'évaluation doit s'appuyer sur un édifice institutionnel qui conditionne sa survie et sa réussite. L'institutionnalisation de l'évaluation a été progressivement mise en place au début des années 1990 sous l'égide du gouvernement Michel Rocard. Plusieurs acteurs interviennent dans le dispositif. Structurée sous la forme d'« *organisation centralisée sous le contrôle de l'exécutif* »[4], l'évaluation des actions de l'État fonctionne avec un *dispositif institutionnel typiquement interministériel.* Le *Comité interministériel de l'évaluation* (CIME) [5]présidé par le Chef du gouvernement est chargé de coordonner l'ensemble du dispositif : « *plus qu'un simple comité de pilotage de l'évaluation, l'instance*

---

[1] SENAT, *L'évaluation des politiques publiques par le Parlement*, Paris, Sénat (Service des Affaires Européennes), Les documents de travail du Sénat, Série « Législation comparée », 1995, p. 4-5.

[2] CHEVALLIER (J.), *Science administrative, 4ème édition*, *op. cit.*, p. 549.

[3] Article 15 de la Déclaration des Droits de l'Homme et du Citoyen de 1789.

[4] NIOCHE (J.-P.), « L'évaluation des politiques publiques en France », *op. cit.*, p. 211.

[5] Le CIME arrête les projets d'évaluation et les projets pouvant bénéficier du Fonds national de développement de l'évaluation (FNDE), (un organisme placé auprès du Premier ministre).

en est le véritable maître d'ouvrage »[1]. Le Conseil Scientifique de l'Évaluation [2](CSE) chargé du bon déroulement du dispositif interministériel. Le bilan des travaux reste mitigé, voire même négatif[3] : seulement treize évaluations [4]lancées ont fait l'objet d'un rapport. Pire encore, un rapport sénatorial indique que l'influence des évaluations réalisées a été presque inexistante[5]. Après avoir connu d'importants problèmes financiers, le CSE va connaître un important changement en 1998 : il a été transformé en « Conseil National de l'Évaluation » (CNE)[6]. Visant à réformer le dispositif précédent, le rapport Viveret militait en faveur de la création d'une telle structure d'évaluation [7]fonctionnant sous la forme d'une autorité administrative indépendante. Bénéficiant de l'appui du Commissariat général du Plan[8] (élément pivot du dispositif d'animation de l'évaluation), le Conseil National de l'Évaluation est chargé de promouvoir l'efficacité, la rapidité et la simplicité dans la procédure interministérielle d'évaluation des politiques publiques[9]. Mais le bilan du Conseil National de l'Évaluation a été là aussi décevant : au terme de son mandat, l'institution n'a pas été reconduite et sera simplement supprimée en 2007 mettant ainsi en évidence l'échec[10] de l'évaluation interministérielle.

Ainsi le vote de la LOLF en 2001 a contribué à renouveler la problématique de l'évaluation sous l'angle de la performance. Au cours de l'année 2007 est lancée par le gouvernement Fillon la « *Révision générale des politiques publiques* » (RGPP) : comme nous le verrons plus loin, la

---

[1] LAMARQUE (D.), « Au cœur du processus : le rôle de l'instance d'évaluation », *RFAP* n° 66, avril-juin 1993, p. 251.

[2] À ce titre, il est l'organisme chargé de garantir la qualité de toutes les évaluations conduites à l'initiative du Gouvernement, de la Cour des comptes, du Conseil d'État et du Conseil économique, social et environnemental. Il favorise la diffusion de la méthodologie évaluative, procède aux arbitrages entre divers partenaires sur les points litigieux et rédige le rapport final.

[3] PERRET (B.), L'évaluation des politiques publiques, Paris, La Découverte, 2008, p. 76. L'auteur, « au plan décisionnel, le bilan est négatif », *Ibid.*

[4] BOURDIN (J.), ANDRE (P.) et PLANCADE (J.-P.), *Placer l'évaluation des politiques publiques au cœur de la réforme de l'État, rapport*, Paris, Sénat, Les rapports du Sénat n° 392, 2003-2004, p. 190.

[5] Selon le rapport sénatorial, « *il faut souligner l'absence d'attention portée aux conclusions des évaluations (...) aucune d'entre elles n'a réellement été suivie d'effets* », BOURDIN (J.), ANDRE (P.) et PLANCADE (J.-P.), *Placer l'évaluation des politiques publiques au cœur de la réforme de l'État, rapport*, Paris, Sénat, Les rapports du Sénat n° 392, 2003-2004, p. 191.

[6] Décret du 18 novembre 1998 relatif à l'évaluation des politiques publiques.

[7] La proposition est en effet restée lettre morte.

[8] Le CGP remplissait plusieurs fonctions d'importance dans ce dispositif : il assurait le secrétariat du Conseil national de l'Evaluation, gérait le Fonds national de développement de l'évaluation (FNDE), mettait son expertise à la disposition de l'instance d'évaluation et publiait les travaux. Le CGP, on l'a rappelé fut transformé depuis 2003 en Centre d'analyse stratégique réorienté vers la réflexion prospective au service du gouvernement.

[9] Voir la circulaire du 28 décembre 1998 relative à l'évaluation des politiques publiques.

[10] PERRET (B.), *L'évaluation des politiques publiques*, Paris, La Découverte, 2008, p. 76.

réforme se donne pour objectif la réduction des dépenses, du personnel de l'État et la rationalisation des structures administratives de l'État. Concrètement, la thématique de l'évaluation a trouvé un écho favorable dans la création d'un « *Secrétariat d'État chargé de la prospective et de l'Évaluation des politiques* » : selon décret n° 2007-1006 du 12 juin 2007, celui-ci « *suit et promeut les travaux d'évaluation des politiques publiques destinées à apprécier leur efficacité en comparant leurs résultats aux objectifs poursuivis et aux moyens mis en œuvre. Il contribue à l'élaboration des méthodes d'évaluation et veille au développement des pratiques de l'évaluation* »[1]. L'accession de François Hollande à la présidence de la République en mai 2012 a mis fin à l'existence de ce ministère : il n'a pas été reconduit dans les deux premiers gouvernements dirigés par Jean-Marc Ayrault. La nouvelle démarche évaluative qui a été mise s'inscrit dans le cadre de la modernisation de l'action publique (MAP) qui, comme on le verra, comporte une dimension évaluative.

Plus largement, la prolifération d'organismes d'évaluation dans le système politico-administratif a connu ces dernières années un *spectaculaire développement*[2] : *chaque ministère dispose en son sein des « inspections ministérielles »* (comme l'Inspection générale des finances (IGF), l'Inspection générale de l'administration (IGA) ou l'Inspection générale des affaires sociales) ou diverses cellules *destinées à conduire des évaluations a posteriori*. Au-delà des administrations centrales, le *Commissariat général du Plan* a vu se confier un rôle privilégié dans la conduite des évaluations en développant la diffusion des techniques, des méthodes d'évaluation et de plans de formation.

Parallèlement, la *Cour des Comptes* exerce une série de contrôle sur l'utilisation des deniers publics ; c'est un exercice qui se rapproche de l'évaluation. Elle publie annuellement un « *rapport public* »[3] qui fait le *bilan critique et objectif des réformes engagées ainsi que les éventuelles incohérences ou de gaspillage de l'argent public.* Enfin, il existe une *myriade d'organismes dans la sphère publique conçus pour conduire des évaluations* au niveau de l'enseignement supérieur : parmi eux figurent le *Comité national d'évaluation des universités* ; le Comité national d'évaluation de la recherche, le Comité national de la recherche scientifique ;

---

[1] Article 1er du décret n° 2007-1006 du 12 juin 2007 relatif aux attributions déléguées au Secrétaire d'État auprès du Premier ministre, chargé de la prospective et de l'évaluation des politiques publiques.

[2] Les causes de cette prolifération d'instances d'évaluation de cette nature s'expliquent par la conjugaison de plusieurs éléments : la décentralisation, les politiques communautaires à travers l'évaluation des fonds structurels, la volonté des responsables politiques d'améliorer la pertinence et la qualité de l'action publique.

[3] La Cour des Comptes publie régulièrement divers documents d'importance : en dehors de la publication du rapport annuel, d'autres travaux sont élaborés comme les rapports thématiques.

la DARES ; le Conseil national des Universités[1] (CNU) chargé d'évaluer le personnel enseignant (recrutement et avancement de la carrière) ; l'*Agence d'évaluation de la recherche et de l'enseignement supérieur* (AERES) dont la création a été dénoncée par les syndicats comme étant une « *mainmise du pouvoir politique sur une évaluation* »[2] jusque-là gérée par les universitaires ainsi que par divers autres établissements publics. La diversité de ces organismes montre bien à quel point les pouvoirs publics sont soucieux de privilégier le *pluralisme en matière d'évaluation des politiques universitaires* : on peut cependant déplorer le fait qu'il n'existe pas de dispositif permettant de coordonner l'ensemble des travaux des différents organismes.

Si progressivement l'évaluation s'est installée dans la sphère publique, sa lente acclimatation a été accompagnée d'un ensemble de difficultés.

B) Obstacles et limites

Aujourd'hui nul ne conteste l'ancrage de l'évaluation dans le paysage administratif. Il convient cependant de préciser que l'évaluation a été émaillée d'obstacles.

La difficulté d'enracinement de l'évaluation s'expliquait par la combinaison de trois séries d'obstacles. D'abord, les premières difficultés concernent les « *obstacles socio-politiques* »[3]. L'administration a été pendant longtemps réticente à l'idée d'évaluation : l'évaluation était susceptible de remettre en cause le bien-fondé de l'action publique dès lors que c'est la « *sacralisation traditionnelle de l'État, qui excluait toute interrogation sur la pertinence des choix publics* »[4]. En ce qui concerne les « *obstacles administratifs* »[5], ils sont illustrés par une série d'éléments : faiblesse de la gestion par programme, procédure « ascendante » de l'élaboration des programmes, freins financiers, « inadaptation »[6] de la formation des fonctionnaires aux démarches d'expérimentation et de recherche empirique, la réticence[7] des administrations à collaborer avec d'autres acteurs pour

---

[1] Décret du 23 avril 2009 relatif au Conseil national des universités. Le CNU est chargé d'évaluer les enseignants-chercheurs (recrutement, avancement, *etc.*).

[2] PERRET (B.), « L'évaluation des politiques publiques : entre culture du résultat et apprentissage collectif », *Esprit* n° 350, décembre 2008, p. 148.

[3] NIOCHE (J.-P.), NIOCHE (J.-P.), NIOCHE (J.-P.) et POINSARD (R.), « L'évaluation des politiques publiques en France » in NIOCHE (J.-P.) et POINSARD (R.), *L'évaluation des politiques publiques, Ibid.*, p. 43.

[4] CHEVALLIER (J.), *Science administrative*, Paris, PUF, Thémis « Droit », 4ème édition, *op. cit.*, p. 549.

[5] NIOCHE (J.-P.), NIOCHE (J.-P.) et POINSARD (R.), *op. cit.*, p. 45.

[6] Comme nous le verrons dans d'autres chapitres, on observe une certaine évolution ; le fonctionnaire bénéficie désormais d'un droit à la formation tout au long de la vie : cela pourrait apporter un début de solution.

[7] BOURDIN (J.), ANDRE (P.) et PLANCADE (J.-P.), *Placer l'évaluation des politiques publiques au cœur de la réforme de l'État, rapport*, *op. cit.*, p. 199.

mener les évaluations, etc. L'évaluation est appréhendée comme un simple « gadget » et vécue par les agents publics comme de la « contrainte ». Quant aux « *obstacles méthodologiques*»[1], ils concernent d'une part, les résistances liées au principe d'évaluation, d'autre part, les difficultés liées à la mise en œuvre des politiques. À cela s'ajoutent l'absence de plans de formation[2] et la déconnexion[3] entre l'évaluation et certaines disciplines connexes comme le management. Enfin, même si l'augmentation des projets d'évaluation lancés sous l'égide du CNE depuis 1999 témoigne du renouveau de l'évaluation, force est de constater que d'autres difficultés ont été pointées[4] : absence de pertinence des projets d'évaluation, délais excessifs des travaux (dix-huit mois en moyenne), manque de moyens, *etc.*

L'évaluation des politiques a montré ces dernières années d'autres limites : la démarche mise en place dans les années 1990 a mis en évidence une « *conception « managériale » limitée de l'évaluation »*[5]sans véritable articulation avec le processus de décisions ayant des impacts budgétaires et financiers. L'évaluation pose également la question de *l'indépendance de l'instance chargée de la réaliser* : *la crédibilité d'une évaluation est liée à la liberté accordée à l'organisme évaluateur.* De plus, dans une démarche d'évaluation, la diversité des acteurs, des intérêts et des enjeux des politiques en question accroissent considérablement les difficultés et les risques de conflits[6].

§3. La relance de l'évaluation des politiques : l'évaluation de la performance

L'adoption de la LOLF a fait entrer la France dans « *une nouvelle ère marquée du sceau de la performance* »[7] ; la performance est la « *seule*

[1] NIOCHE (J.-P.), NIOCHE (J.-P.) et POINSARD (R.), *op. cit.*, p. 46.

[2] Pour Sylvie Trosa, il manquait aussi « *d'actions d'apprentissage : l'évaluation a été lancée sans que des actions de formation, des réseaux d'échanges professionnels, de simples circulaires donnant quelques conseils ou modes d'emploi »*, voir TROSA (S.), « Un premier bilan de l'expérience française », *RFAP* n° 66, avril-juin 1993, p. 245.

[3] De plus, l'« *autre raison de la déconnexion entre management et évaluation se situe du côté des administrations gestionnaires qui ne souhaitent pas toutes s'engager dans l'évaluation, mais préfèrent demeurer dans le cadre d'une modernisation ne posant pas trop de questions d'objectifs ou de sens qui pourraient donner lieu à des résultats critiques* », TROSA (S.), *Ibid.*

[4] BOURDIN (J.), ANDRE (P.) et PLANCADE (J.-P.), *Placer l'évaluation des politiques publiques au cœur de la réforme de l'État, rapport*, Paris, Sénat, Les rapports du Sénat n° 392, 2003-2004, p. 196-199.

[5] NIOCHE (J.-P.), « L'évaluation des politiques publiques en France », *op. cit.*, p. 210.

[6] ISAIA (H.), « Évaluation des politiques publiques et appréciation de leur pertinence », *RFFP* n° 81, mars 2003, p. 345.

[7] BOUVIER (M.), « Culture de la performance, équité et espace financier public durable », *RFFP* n° 99, 2007, p. 3.

orientation « idéologique »[1] de la LOLF ; elle traduit le souci des gouvernants de promouvoir la *culture managériale*. La *LOLF* relève d'une approche libérale[2] de la gestion invitant le secteur public à s'inspirer du mode de fonctionnement de l'entreprise privée afin d'augmenter l'efficacité des politiques. La loi organique n° 2001-692 du 1er août 2001 est la traduction de la *nouvelle gouvernance financière de l'État* ; ainsi que l'affirmait Philippe Séguin, le défunt président de la Cour des comptes : « *la France a décidé de faire la réforme de l'État par le budget* »[3]. La LOLF s'est en effet substituée à l'ordonnance du 2 janvier 1959 devenue inefficace pour affronter les défis du 21ème siècle notamment en matière budgétaire et de réformes structurelles.

L'évaluation est désormais consacrée par le législateur organique. L'évaluation de manière explicite doit être entendue au sens large dans la mesure où elle concerne « toute question relative aux finances publiques » : ainsi que le souligne un rapport sénatorial « *la LOLF entend donner à l'évaluation le champ le plus large* »[4]. La *démarche de performance* qui se profile derrière la LOLF implique que *toute politique publique puisse désormais faire l'objet d'évaluation permettant de vérifier l'atteinte des objectifs fixés*. Entrée en vigueur le 1er janvier 2006, « *la nouvelle Constitution financière de la France* »[5] privilégie un *pilotage stratégique des politiques* en dotant les responsables de programmes d'un cadre juridique leur permettant d'améliorer la transparence des informations et de mesurer la qualité des résultats obtenus.

Même si la culture de la performance est récente en France, la problématique demeure néanmoins ancienne. Le souci d'améliorer l'efficacité des services publics est déjà présent dans les écrits du doyen[6] Maurice Hauriou sur les procédures budgétaires et comptables : la « modernisation » des finances publiques à travers la LOLF traduit d'une certaine manière (même si la relation n'est pas automatique) le prolongement de la réflexion entamée d'il y a déjà quelques décennies de cela.

Issue d'une proposition parlementaire, la LOLF a remplacé l'ordonnance du 2 janvier 1959[7] portant loi organique relative aux lois de finances. Si

---

[1] BOUVIER (M.), « La mesure de la performance », *RFFP* n° 91, septembre 2005, p. 32.
[2] CALMETTE (J.-F.), « La LOLF : un texte, un esprit, une pratique », *RFAP* n° 117, 2006, p. 47.
[3] MORDACQ (F.), *La LOLF : Un nouveau cadre budgétaire pour réformer l'État*, Paris, LGDJ, 2006, p. 9.
[4] BOURDIN (J.), ANDRE (P.), PLANCADE (J.-P.), *Placer l'évaluation des politiques publiques au cœur de la réforme de l'État, rapport d'information du Sénat*, *op. cit.*, p. 78.
[5] Il est fait allusion au deuxième sous-titre de l'ouvrage de PAUL (M.), *L'essentiel de la LOLF. La nouvelle Constitution financière de la France*, Paris, Gualino éditeur, 2007.
[6] KIMURA (T.), « Les finances publiques dans l'œuvre de Maurice Hauriou », *RFFP* n° 70, 2000, p. 171.
[7] Le texte de 1959 émane du gouvernement alors la LOLF est d'origine parlementaire.

l'ordonnance de 1959 a fait preuve d'une remarquable stabilité, elle constituait néanmoins « *un obstacle à la modernisation de l'État* »[1]. En outre, elle présentait un autre défaut : « *la structure du budget était organisée en 850 chapitres, ne donnant aucune lisibilité, ni aucune vision stratégique des politiques publiques* »[2]. La LOLF essaie donc d'apporter des réponses aux limites de l'ordonnance de 1959 afin de renforcer l'efficacité des politiques publiques et d'améliorer le contrôle parlementaire. Au-delà des clivages politiques, le texte traduit un consensus politique[3] entre gouvernement, Assemblée nationale et Sénat. Soumis au contrôle de constitutionnalité, le juge constitutionnel a déclaré la réforme conforme à la Constitution dans sa « *décision n° 2001-448 DC du 25 juillet 2001, LOLF* » sauf les articles 33[4] et 58[5].

On n'abordera pas ici toutes les problématiques envisagées par la LOLF : on se focalisera uniquement sur la « *relance de l'évaluation par la performance* » dans la mesure où la *LOLF implique désormais une évaluation systématique des différentes actions de l'État*. S'inscrivant dans la droite ligne de la LOLF, *la révision générale des politiques publiques comporte des enjeux stratégiques* d'importance. Les nombreuses difficultés soulevées par la RGPP ont eu raison de la démarche : *la modernisation de l'action ayant pris la relève tend à apporter des réponses à certaines limites de la RGPP*. On essaiera de montrer dans les pages qui suivent, *en quoi la LOLF, la RGPP et la MAP relèvent-elles de la thématique de l'évaluation et plus généralement de l'État stratège* ; on s'efforcera aussi d'analyser comment elles contribuent à améliorer l'efficacité de l'action publique sans oublier de présenter leurs effets juridiques et les limites de chacune des démarches.

---

[1] DOUAT (E.) et BADIN (X.), *Finances publiques, Finances communautaires, nationales, sociales et locales*, Paris, PUF, Collection « Thémis droit », 2006, 3ème édition, p. 153.

[2] Cour des comptes, *La mise en œuvre de la loi organique relative aux lois de finances (LOLF) : un bilan pour de nouvelles perspectives, rapport public thématique*, Paris, La Documentation française, novembre 2011, p. 21.

[3] En effet, le 11 juillet 2000, le député Didier Migaud, rapporteur de la Commission des finances de l'Assemblée nationale a déposé une proposition de loi à l'Assemblée nationale avec le soutien de Laurent Fabius, alors ministre des Finances et de l'Industrie. La proposition de loi a bénéficié du soutien du Sénateur M. Alain Lambert. Ayant fait l'objet de modification par la commission spéciale de l'Assemblée nationale, la proposition de loi a été adoptée à la fois par la majorité parlementaire et l'opposition.

[4] Selon l'article 33, la publication de toute loi ou de tout décret présentant des incidences financières doit comporter une prévision des conséquences financières pour l'année d'entrée en vigueur de la mesure.

[5] L'article 58 chargeait le premier président de la Cour des Comptes d'envoyer le programme de contrôle à la commission des finances dans le but de faciliter les rapports de la Cour avec le Parlement.

A) La LOLF et le renouvellement de la problématique de l'évaluation

Une des innovations majeures de la LOLF est d'avoir introduit la performance dans l'évaluation des politiques publiques ; elle « *renouvelle la problématique de l'évaluation en science administrative et même l'enrichit puisqu'elle systématise l'évaluation à l'ensemble des services* »[1] de l'État. Or, avant le vote de la LOLF en 2001, l'ordonnance de 1959 s'est illustrée par l'absence d'évaluation : il n'existait ni de vision pragmatique de suivi d'évaluation des politiques encore moins d'évaluation de la performance[2]. Le *changement culturel qu'entraîne la LOLF en matière d'évaluation est donc considérable*. Cela étant, *l'évaluation de la performance* promue par la LOLF soulève toute une série de difficultés qu'il convient d'analyser en profondeur. Pour bien comprendre les enjeux qui se profilent derrière le renouvellement de la problématique de l'évaluation, la logique veut que l'on s'interroge tout d'abord sur les enjeux stratégiques qui se trouvent derrière la notion avant de se pencher sur les implications juridiques. Il faudra ensuite s'interroger sur ce qu'on entend par performance et évaluation de la performance. Enfin, on examinera les limites de la démarche si elles existent.

1) La LOLF a consacré la notion de performance dans l'évaluation des politiques

Le débat autour du thème de la performance suppose tout d'abord que l'on définisse la notion avant de se pencher sur l'approche stratégique. On s'interrogera ensuite sur ses implications juridiques.

a) Définition et dimension stratégique

La LOLF a fait entrer la notion de performance dans le droit administratif et dans le droit financier : votée en 2001 et mise en application à partir de 2006, la loi organique relative aux lois de finances s'inscrit résolument dans une logique d'optimisation des ressources.

La notion de performance est un terme usuel depuis 1839 et dérive du mot anglais « *to perform* » qui veut dire « réaliser » et de l'ancien français « *parformer* » qui signifie « *parfaire* ». Mais la notion a d'abord fait fortune dans l'univers du sport allant jusqu'à se confondre avec la prouesse[3]. Le

---

[1] CALMETTE (J.-F.), *op. cit.,* p. 44.

[2] BASLE (M.), « L'économie de la loi organique du 1er août 2001 et l'évaluation » in *Etudes en l'honneur de Loïc Philipe, Constitution et finances publiques*, Paris, Economica, 2005, p. 267. Selon l'auteur, « il n'y a donc pas de vision pragmatique de suivi-évaluation des politiques, pas de programmes interministériels, pas d'objectifs officiels ou de résultats à réaliser et pas d'évaluation de performance prévue », *Ibid.*

[3] Ainsi par exemple, pour le professeur Jacques Caillosse, « *le terme appartient à coup sûr au lexique sportif où la performance n'est pas loin de se confondre avec la prouesse* »,

terme s'est ensuite largement diffusé presque dans toutes les activités sociales, techniques, économiques, etc. La notion de performance traduit « *l'exigence de qualité dans la gestion administrative et financière* »[1] dans les politiques de l'État. Elle suppose l'obtention d'un « *résultat chiffré* »[2]pour tout acteur correspondant à l'appréciation optimale de ses efforts. D'un point de vue administratif, la performance invite les acteurs à exercer leurs fonctions en limitant les coûts : terme générique, la performance « *englobe la notion de rentabilité et celles d'efficacité et d'efficience exprimant, respectivement, la justesse des rapports entre les moyens utilisés et les résultats obtenus ou les objectifs assignés et les résultats atteints* »[3].

La gestion des services publics a montré des rigidités importantes à tel point que les décideurs publics se sont tournés vers le modèle de l'entreprise privée pour y puiser des recettes et des techniques afin de « moderniser » la gestion publique. On comprend dès lors pourquoi « *l'entreprise privée fascine l'État* »[4].

Dès les années 1970, les États-Unis ont été les premiers à transposer certaines recettes du privé dans le cadre de la gestion du secteur public. La France ainsi que la plupart des pays de l'OCDE n'ont pas été épargnés par le mouvement. Au cours des années 1980, on s'est interrogé sur l'introduction en droit administratif de l'impératif d'efficacité en se demandant si l'administration française doit « *s'évader du droit administratif pour relever le défi de l'efficience* »[5]. Si depuis lors, le modèle administratif français s'est largement acclimaté à l'idéologie managériale, l'application ne s'est pas faite sans heurts[6].

Avec la LOLF et l'essor du management public, on assiste à un véritable « *culte de l'efficacité* »[7]voire un « *culte de la performance* »[8]dans la sphère

---

CAILLOSSE (J.), « Le droit administratif contre la performance publique ? », *AJDA*, 20 mars 1999, p. 195.

[1] GUINCHARD (S.) et DEBARD (T.), *Lexique des termes juridiques*, Paris, Dalloz, 2012, 19ème édition, p. 635.

[2] ROBERT (P.), *Le nouveau Petit Robert, Dictionnaire alphabétique et analogique de la langue française*, *op. cit.*, p. 1860.

[3] FEVROT (O.), « La performance dans les contrats administratifs », *Revue de la recherche juridique, Droit prospectif, n° 4, 2005*, p. 2359.

[4] CAILLOSSE (J.), « L'administration française doit-elle s'évader du droit administratif pour relever le défi de l'efficience ? », in LACASSE (F.) et THOENIG (J.-C.), *L'action publique*, Paris, Institut de Management Public et L'Harmattan, 1996, p. 320.

[5] CAILLOSSE (J.), « L'administration française doit-elle s'évader du droit administratif pour relever le défi de l'efficience ? », *op. cit.,* p. 307.

[6] CHEVALLIER (J.), *Science administrative*, Paris, PUF, Coll. « Thémis droit », 2007, p. 36.

[7] CAILLOSSE (J.), « L'administration française doit-elle s'évader du droit administratif pour relever le défi de l'efficience ? », *op. cit., p.* 311.

[8] CHEVALLIER (J.), « Performance et gestion publique », in *Réformes des finances publiques & modernisation de l'administration : mélanges en l'honneur de Robert Hertzog*, Paris, Economica, 2010, p. 85.

publique privilégiant désormais la « *gestion axée sur les résultats* ». Du même coup, on voit se développer l'émergence de nouvelles valeurs : « *aux anciens impératifs de sécurité, de stabilité et de garantie se sont substituées les idées d'efficacité, de compétitivité, de rentabilité, qui vont être érigées en véritables dogmes et rayonner à travers la société tout entière* »[1]. Mais dès le début des années 1980, des auteurs avaient déjà identifié les enjeux du débat en mettant en évidence l'opposition radicale [2]et la complémentarité résultant de la coexistence de deux rationalités contradictoires : la rationalité juridique et la rationalité managériale à l'œuvre dans le système administratif français.

Avec la LOLF, la performance publique est érigée en valeur cardinale en matière d'amélioration de l'efficacité et de l'efficience des politiques : d'essence libérale et managériale, le thème de la performance est en train de s'étendre à l'ensemble des politiques de l'État et du droit qui les régit. L'action publique n'est désormais légitime que si elle bénéficie du sceau de la légalité et du sceau de la performance[3]. La France n'a pas attendu le début des années 2000 pour introduire les préceptes managériaux dans le secteur public : l'histoire de la genèse du management dans l'administration va bien au-delà de cette date. Schématiquement, elle s'étend sur une longue période et peut être subdivisée en trois grandes périodes : aux années 1960 correspond la « nouvelle gestion publique » privilégiant la rationalisation des méthodes de travail et l'augmentation de la productivité dans l'administration ; à partir des années 1980, le management fait son entrée en force dans le secteur public : la phase correspond à l'essor du « management public » ; enfin la fin des années 1980 fut marquée par le développement du « New Public Management » alternant privatisation d'entreprises publiques, politiques de concurrence, autonomie de gestion et politiques de gestion des ressources humaines[4].

La démarche peut contribuer à renforcer la légitimité de l'action publique. De manière générale, la ligne stratégique est bien présente dans la LOLF : toute démarche de performance s'inscrit dans un cadre stratégique. Cela signifie tout d'abord l'élaboration d'une stratégie. *C'est la stratégie qui permet de définir les objectifs* ; ils doivent être clairs et précis. La stratégie conduit l'État à fixer un nombre limité d'objectifs stratégiques à atteindre à travers les projets annuels de performance présentés au Parlement pour faire

---

[1] CHEVALLIER (J.) et LOSCHAK (D.), « Rationalité juridique et rationalité managériale dans l'administration française », *RFAP* 24, octobre-décembre 1982, p. 680.

[2] CHEVALLIER (J.) et LOSCHAK (D.), *op. cit.,* p. 679 et suiv.

[3] Pour le professeur Jacques Chevallier, l'action publique doit être non seulement « régulière », mais encore « efficace », CHEVALLIER (J.), « Performance et gestion publique », in *Réformes des finances publiques & modernisation de l'administration : mélanges en l'honneur de Robert Hertzog*, *op. cit.*, p. 84.

[4] Pour approfondir la question, voir en particulier les travaux de CHEVALLIER (J.), *Science administrative*, Paris, PUF, Coll. « Thémis droit », 2007, p. 36-37.

l'objet d'approbation Puis la gestion budgétaire et le pilotage des politiques sont déconcentrés aux responsables de programmes qui s'engagent sur des objectifs faisant l'objet d'évaluation à l'aide indicateurs de performance. Le recours aux indicateurs de performance pour mesurer l'efficacité des actions constitue aujourd'hui « un passage obligé »[1]dans les régimes démocratiques. Fruit d'une réflexion stratégique, les objectifs visés dans les projets annuels de performance s'inscrivent dans une démarche stratégique dans la mesure où il s'agit de *décliner les objectifs stratégiques en objectifs opérationnels*. On est ici au cœur de la démarche stratégique puisqu'il s'agit de *responsabiliser les gestionnaires de programmes ainsi que des budgets opérationnels de programme*. Chaque ministère et/ou responsable de BOP définit la stratégie, les objectifs de programme en les incluant dans un cadre pluriannuel assorti d'indicateurs de performance permettant d'évaluer les actions : la raison est simple, car « *l'évaluation est plus efficace lorsqu'il existe des indicateurs de performance et des objectifs clairs et acceptés* »[2]. À titre d'exemple, l'engagement des responsables de programmes sur des objectifs précis est généralement matérialisé dans le projet annuel de performance (PAP) annexé au projet de loi de finances indiquant la « *présentation des actions, des coûts associés, des objectifs poursuivis, des résultats obtenus et attendus pour les années à venir mesurés au moyen d'indicateurs précis* »[3]. Chaque objectif fait l'objet d'une évaluation dans le *rapport annuel de performance* (RAP). Il s'agit de faire un bilan précis des résultats obtenus par rapport aux objectifs visés pour chaque programme. Plus largement, « *les rapports annuels de performances, faisant connaître, par programme, en mettant en évidence les écarts avec les prévisions des lois de finances de l'année considérée, ainsi qu'avec les réalisations constatées dans la dernière loi et règlement (...) les objectifs, les résultats attendus et obtenus, les indicateurs et les coûts associés* »[4]. Qu'il s'agisse des projets annuels de performance ou des rapports annuels de performance, la préparation relève de l'entière responsabilité de Bercy.

Reste à analyser maintenant les effets juridiques.

b) Implications juridiques de la notion de performance

Aujourd'hui, la LOLF s'est solidement ancrée dans le paysage juridique français. Sans doute la « *nouvelle orthodoxie managériale* »[5] y est pour

---

[1] KNOEPFEL (P.), VARONE (F.), « Mesurer la performance publique : méfions-nous des terribles simplificateurs », *PMP* vol. 17, n° 2, juin 1999, p. 125.

[2] MASSEY (A.), « Les programmes reviews au Royaume-Uni et la question de la mesure de la performance », *RFAP* n° 136, 2010, p. 840.

[3] Article 51 (5° -a.) de la LOLF.

[4] Article 54 (4°) de la LOLF.

[5] CAILLOSSE (J.), « L'administration entre exigences juridiques et impératifs managériaux », *Cahiers français*, n° 346, 2008, p. 33.

quelque chose ; et la « *juridicisation des préceptes managériaux* »[1] qui en résulte témoigne bien de l'évolution du droit de l'administration et des politiques publiques. On se limitera ici à l'étude des effets juridiques de la notion de performance dans le champ du droit administratif.

b.1) Les effets de la performance sur le droit budgétaire et la gestion publique

La LOLF a fait de la performance un « *critère essentiel de bonne gestion* »[2] ; l'analyse de la notion peut être appréhendée sous l'angle de la réforme budgétaire et de la gestion publique. Les implications juridiques de la notion dans l'architecture du droit budgétaire sont considérables puisque la logique de responsabilisation conduit désormais les gestionnaires à mettre en œuvre les fonctions opérationnelles dans les politiques de l'État : la responsabilité managériale implique par ailleurs l'atteinte des résultats et encourage la démarche de performance. Et depuis 2006, la gestion du budget de l'État est structurée en trois niveaux : en *missions, programmes et actions*. Tout d'abord, les missions constituent le premier niveau et regroupent « *les crédits ouverts par les lois de finances pour couvrir chacune des charges budgétaires de l'État (...) regroupés par mission relevant d'un ou plusieurs services d'un ou plusieurs ministères. Une mission comprend un ensemble de programmes concourant à une politique publique définie. Seule une disposition de loi de finances d'initiative gouvernementale peut créer une mission* ». Le budget de l'État est composé de 34 missions. Formée d'un ensemble de programmes, une *mission* relève soit de la logique ministérielle ou interministérielle. Quant aux *programmes*, ils constituent le deuxième niveau de regroupement des crédits. Selon l'article 7 (I-2) de la LOLF, *un programme* rassemble « *des crédits destinés à mettre en œuvre une action ou un ensemble cohérent d'actions relevant d'un même ministère auxquels sont associés des objectifs en fonction de finalités d'intérêt général ainsi que des résultats attendus faisant l'objet d'une évaluation* ». La détermination des objectifs d'une politique se fait au niveau du programme : « *le programme constitue donc pour un ministère le cadre de gestion opérationnelle des politiques de l'État. Le programme est exclusivement ministériel* »[3]. Enfin, les crédits destinés à chaque programme sont déclinés en actions. Les « actions » font partie intégrante d'un programme et permettent d'identifier la destination de la dépense.

---

[1] CHEVALLIER (J.), « La juridicisation des préceptes managériaux », *PMP*, décembre 1993, n° 4, vol. 11, p. 111. Selon l'auteur, même si le droit administratif s'adapte, le management produit incontestablement des effets considérables sur l'administration, le droit et le management lui-même. Pour approfondir le point, voir les pages 111-134 de cet article.

[2] BARILARI (A.), « Réforme de la gestion publique et responsabilité des acteurs », *AJDA*, 4 avril 2005, p. 696.

[3] MORDACQ (F.), *op. cit.*, p. 24.

Concrètement, les programmes sont déclinés en budgets opérationnels de programme (BOP) pilotés par un responsable de BOP sous la supervision du *responsable de programme*. Le responsable de programme est chargé d'élaborer la ligne stratégique à adopter et du budget du programme ; à partir d'un nombre restreint d'objectifs, il est responsable du pilotage de la performance. Les projets proposés par les responsables de programme font l'objet d'allocation de crédits octroyés en fonction de leur finalité. Un responsable de programme est désigné au sein de chaque ministère pour la mise en œuvre des politiques et du dialogue de gestion (avec les responsables des budgets opérationnels de programme). Le préfet joue un rôle clé dans la gestion des services déconcentrés et au niveau du *dialogue de gestion* entre les différentes unités opérationnelles. Le responsable de programme travaille en étroite collaboration avec le directeur financier et le directeur des ressources humaines. Son travail est supervisé par sa hiérarchie (en l'occurrence son ministre de tutelle). Il est responsable de la bonne exécution du programme et s'engage à rendre compte des résultats obtenus.

Dix ans après le vote de la LOLF (en réalité mis en service à partir de 2006), des travaux récents ont montré que les responsables de BOP ne bénéficient pas de la responsabilité attribuée aux responsables de programme[1] : ceci s'explique sur le plan opérationnel par le fait que les BOP et les unités opérationnelles n'ont pas été conçus de manière à prolonger la chaîne des responsabilités. On est amené à constater une gestion dépendante[2] du lien hiérarchique liant responsable de BOP et responsables de programme : le fonctionnement est peu satisfaisant dans la chaîne de responsabilité. De plus, la pratique récente a montré des problèmes de déconnexion[3] entre les indicateurs propres aux services déconcentrés à ceux fixés au niveau central : la difficulté résultant de la transposition des objectifs nationaux au niveau déconcentré s'explique par le fossé pouvant exister entre la réalité et les besoins de la gestion quotidienne. Il faut ajouter à cela le fait que la *LOLF ne prévoit pas de statut juridique du responsable de programme*. L'absence de statut, la nature et l'étendue des compétences du responsable de programme constituent un « *facteur d'incertitude* »[4]au moment de la désignation de celui-ci.

b.2) Les autres effets juridiques

Le droit administratif ne s'oppose pas non plus à la thématique de la performance, du moins pas systématiquement comme cela fut le cas il y a quelques années déjà. Non seulement la performance s'est coulée dans le

---

[1] CHAFFARDON (G.) et JOYE (J.-F.), *op. cit.*, p. 310.
[2] CHAFFARDON (G.) et JOYE (J.-F.), *Ibid.*
[3] CHAFFARDON (G.) et JOYE (J.-F.), *op. cit.*, p. 318.
[4] MORDACQ (F.), op. cit., p. 214. Franck Mordack s'interroge ainsi « *s'agit-il de chaque ministre, ou bien le ministre chargé du budget a-t-il son mot à dire* ? », *op. cit.*, p. 215.

moule du droit administratif, mais encore celui-ci la prend en compte dans l'élaboration des politiques, dans la productivité des administrations et des agents publics. Mais une telle évolution du droit mérite que l'on s'y attarde un peu pour discuter du bien-fondé des enjeux qui en découlent : en réalité, la traduction juridique concrète du « *souci de performance* »[1] dans l'administration et le droit des politiques publiques a débouché d'une certaine manière sur la mise en place non pas d'un droit administratif de la performance, mais bien d'un « *droit de la performance* »[2] ou si l'on veut d'un « *droit administratif performant* »[3].

Dans le même temps, on assiste à la « *juridicisation de la performance* »[4] : l'évaluation des politiques interministérielles, les évaluations de politiques sectorielles et les études d'impact précédemment évoquées témoignent de l'enracinement et de la richesse des pratiques dans la culture juridico-administrative française. Par exemple, on sait que les « *études d'impact » visent à améliorer la qualité de la loi et de la réglementation.* On peut ajouter à cela les mesures destinées à la « simplification » du droit, des procédures administratives visant l'amélioration de la qualité des services rendus aux usagers. La « légistique » s'inscrit elle aussi dans cette démarche en ce sens qu'elle cherche à améliorer la « formulation » et la « rédaction » des textes. On l'a dit, la LOLF comporte une logique de performance ; et on retrouve d'ailleurs cette logique dans les pratiques révolues comme la RCB ou la RGPP.

Quant au lien entre démarche de performance et droit communautaire, il ne date pas du vote de LOLF par le législateur français. Le droit communautaire encourage et invite les États à favoriser la logique d'efficacité dans les différentes politiques engagées. Parfois même, il contraint l'administration et son droit à plus de performance[5]. Même si la performance hante[6] le droit administratif européen, force est de reconnaître que le droit européen et communautaire ont fortement contribué à transformer le droit administratif en un droit de l'action publique par un processus de « *dé légitimation du droit exorbitant* »[7].

---

[1] CHEVALLIER (J.), « Rapport de synthèse », in ALBERT (N.), (sous la dir.), *Performance et droit administratif*, Paris, Litec, Collection « Débats & Colloques », 2010, p. 299.

[2] CAILLOSSE (J.), « Rapport introductif : performance et droit de l'administration », in ALBERT (N.), (sous la dir.), *Performance et droit administratif*, Paris, Litec, Collection « Débats & Colloques », 2010, p. 8.

[3] CHEVALLIER (J.), « Rapport de synthèse », in ALBERT (N.), (sous la dir.), *Performance et droit administratif*, *op. cit.*, p. 299.

[4] CAILLOSSE (J.), « Rapport introductif : performance et droit de l'administration », in ALBERT (N.), (sous la dir.), *Performance et droit administratif*, *op. cit.*, p. 10.

[5] BUBOS (O.), « Performance, droit administratif et droits européens : transmutation », *op. cit.*, p. 37.

[6] BUBOS (O.), *op. cit.*, p. 43.

[7] BUBOS (O.), *op. cit.*, p. 37.

On l'a dit, la LOLF envisage d'étendre l'évaluation à l'ensemble des actions de l'État.

2) L'évaluation « systématique » de l'ensemble des actions de l'État

Deux éléments attirent l'attention : la LOLF privilégie désormais la logique de résultats ; l'attention portera ensuite sur le pilotage du dispositif.

a) Une évaluation privilégiant désormais la logique de résultats

Pendant longtemps, on a dénoncé l'absence de procédures systématisant l'évaluation des politiques et des fonctionnaires en France: les administrations étaient traditionnellement enfermées dans une logique de contrôle de la régularité de la dépense publique sans vraiment s'intéresser aux effets ; la LOLF vise à combler le retard. Comme le rappelle la Cour des comptes, la LOLF a introduit « *la gestion par objectifs, imposant sa diffusion systématique à l'ensemble de l'administration* »[1] permettant à la France de rejoindre les pays de l'OCDE ayant développé la pratique. L'évaluation promue par la LOLF concerne « toute question relative aux finances publiques » qui englobe les crédits inscrits en lois de finances. Le texte de la LOLF fait clairement référence à l'évaluation des résultats des programmes (article 7). La LOLF a élargi le champ de l'évaluation puisqu'elle « *ouvre à l'évaluation la totalité du domaine de la politique des finances publiques, qu'il s'agisse de la politique budgétaire ou des politiques fiscales* »[2]. Le fonctionnement de l'État en « mode LOLF » privilégie le *passage de la logique de moyens à la logique de résultats* : devant rendre compte des résultats de leurs politiques à leur ministère de tutelle, les administrations sont invitées à démontrer l'efficacité de leur gestion.

Plus largement, l'évaluation au regard des objectifs explicites d'une politique fait référence aux concepts d'efficacité et d'efficience. Le *concept d'efficacité* implique la comparaison des résultats d'une politique par rapport aux objectifs préalablement fixés alors que *l'efficience* consiste à comparer les résultats d'une politique par rapport aux moyens déployés. En France pendant de nombreuses années, la notion d'efficacité a été privilégiée dans la gestion des administrations et le mot « efficience » était « tabou » et soigneusement évité dans le langage administratif. En réalité, le terme d'« efficience » est propre aux sciences de gestion alors que le concept d'« efficacité » est propre aux politiques publiques. Or, le droit administratif

---

[1] Cour des comptes, *La mise en œuvre de la loi organique relative aux lois de finances (LOLF) : un bilan pour de nouvelles perspectives, rapport public thématique*, Paris, La Documentation française, novembre 2011, p. 152.

[2] BOURDIN (J.), ANDRE (P.) et PLANCADE (J.-P.), *Placer l'évaluation des politiques publiques au cœur de la réforme de l'État, rapport, op. cit.*, p. 78.

français a modelé une administration complètement « *allergique à toute préoccupation de rendement, indifférente à toute idée de performance* »[1]. Désormais la LOLF favorise la « *culture du résultat* » et donc l'efficacité des politiques. Mais lorsque l'objectif d'efficacité est obtenu à moindre coût, on parle alors d'efficience. Il existait un autre tabou[2] concernant les activités menées dans les administrations qui est celui de la « mesure de la performance ». Dans une démarche de performance, les acteurs publics sont dans « *l'obligation de démontrer, chiffres à l'appui, l'efficacité de leur action* »[3]. Mais la démarche de performance n'a de sens que lorsqu'elle permet de mesurer concrètement les effets d'une politique. Cela conduit à questionner la manière dont les nouvelles approches managériales vont contribuer à améliorer l'efficacité de l'action publique en s'interrogeant sur la pertinence et le « *sens de l'action publique* »[4].

On l'a dit, l'évaluation implique nécessairement la formulation d'un jugement sur les effets de la politique ; « *évaluer la performance ou les résultats suppose un jugement* »[5] aussi : la performance suppose que l'on mette sous tension l'écart entre objectifs d'une politique et effets enregistrés. Mesurer la performance des politiques consiste à porter « *une appréciation des effets des interventions étatiques et une allocation optimale des ressources administratives* »[6]. En d'autres termes, l'évaluation de la performance consiste à porter « *à l'aide de critères transparents, un jugement de valeur sur les produits et les effets des politiques publiques* »[7]. Il existe en effet quatre critères[8] permettant d'évaluer la performance des politiques publiques à savoir *l'effectivité* (adéquation entre les outputs et les impacts réels et ceux visés), *l'efficacité* (adéquation entre les *outcomes* réels et les objectifs visés), *l'efficience « allocative »* (rapport entre les ressources investies et les *outcomes* réels) et enfin, *l'efficience productive* (rapport entre les ressources investies et les outputs réels). Même s'il n'y a *« pas adéquation totale entre l'évaluation des performances et l'évaluation*

---

[1] CAILLOSSE (J.), « L'administration française doit-elle s'évader du droit administratif pour relever le défi de l'efficience ? », *op. cit.,* p. 317.

[2] PALLEZ (F.), « De la mesure dans un service public régalien. Peut-on et faut-il quantifier la charge de travail des magistrats ? », *PMP* volume 18, n° 4, décembre 2000, p. 92

[3] PERRET (B.), « L'évaluation des politiques publiques : entre culture du résultat et apprentissage collectif », *Esprit* n° 350, décembre 2008, p. 142. Selon l'auteur, « *mesurer n'est pas évaluer* », (p. 143) ; mais « *l'évaluation cherche à comprendre « comment ça marche » autant qu'à mesurer les effets* », PERRET (B.), « L'évaluation des politiques publiques : entre culture du résultat et apprentissage collectif », *Ibid.*, p. 156.

[4] TROSA (S.), « Performance et évaluation », *Gestion & Finances publiques*, n° 8-9 août-septembre 2010, p. 590.

[5] TROSA (S.), « Performance et évaluation », *op. cit.*, p. 593.

[6] KNOEPFEL (P.), VARONE (F.), « Mesurer la performance publique : méfions-nous des terribles simplificateurs », *op. cit.*, p. 124.

[7] KNOEPFEL (P.), VARONE (F.), *op. cit.,* p. 129.

[8] KNOEPFEL (P.), VARONE (F.), *op. cit.,* p. 131.

des résultats »[1], l'une comme l'autre vise l'amélioration de l'efficacité des politiques. Il en résulte que l'évaluation de politiques entretient d'étroites relations avec la notion d'évaluation de la performance ; mais la différence n'est pas toujours perceptible et peut générer de l'ambiguïté. Dans le même temps, la mesure de la performance publique peut remettre en cause le rôle de l'État et du marché[2].

L'élément central du dispositif d'évaluation mis en place par la LOLF repose sur ce qu'on appelle des *indicateurs de performance*. Un indicateur de performance est un instrument qui permet de mesurer les effets d'une politique au regard des objectifs fixés pouvant prendre la forme quantitative ou qualitative : autrement dit, l'indicateur de performance permet de vérifier si les objectifs de performance ont été atteints. Quel que soit le type d'indicateur retenu, celui-ci dépend toujours des objectifs retenus alors que la mesure de la performance étant une donnée de résultats qui ne dépend pas des objectifs de la politique : autrement dit, les indicateurs sont « *des « signes » qui montrent que l'on est sur la bonne voie des objectifs à atteindre ; ils peuvent être quantitatifs ou qualitatifs* »[3]. Selon Maurice Baslé, la notion d'indicateurs de performance renvoie à l'évaluation de l'efficience[4]. Un « *guide de la performance* » a été élaboré conjointement par le ministère du Budget, le Parlement et la Cour des comptes et présenté en juin 2004. La performance est mesurée en tenant compte de trois éléments distincts à savoir *l'efficacité socio-économique* (mettant les attentes du citoyen au cœur des préoccupations), la *qualité du service* (satisfaction des usagers de service public) et enfin, *l'efficience de gestion* (visant les contribuables). Les trois éléments doivent figurer non seulement dans les objectifs de performance (objectifs d'efficacité socio-économique, objectifs de qualité de service public et objectifs d'efficience de gestion), mais aussi dans les indicateurs de performance. Selon la Cour des comptes[5], le « guide de la performance » précise que les indicateurs de performance doivent être non seulement pertinents et utiles, mais également solides, vérifiables et « auditables ».

Après avoir apporté ces précisions, intéressons-nous aux acteurs intervenant dans le dispositif de pilotage.

---

[1] CANNAC (Y.) et TROSA (S.), (sous la dir.), *La réforme dont l'État a besoin, pour un management public par la confiance et la responsabilité*, Paris, Dunod, 2007, p. 125.
[2] KNOEPFEL (P.), VARONE (F.), *op. cit.*, p. 126.
[3] TROSA (S.), « Performance et évaluation », *op. cit.*, p. 591.
[4] BASLE (M.), « L'économie de la loi organique du 1er août 2001 et l'évaluation » in *Etudes en l'honneur de Loïc Philipe, Constitution et finances publiques*, Paris, Economica, 2005, p. 269-270.
[5] Cour des Comptes, *La mise en œuvre de la loi organique relative aux lois de finances (LOLF) : un bilan pour de nouvelles perspectives, rapport public thématique*, *op. cit.*, p. 154.

b) Acteurs et pilotage du dispositif

La mise en œuvre de la LOLF a entraîné au niveau gouvernemental la création de la *direction de la réforme budgétaire*[1] *(DRB)* qui a joué un rôle clé dans le dispositif. Prévue pour une durée de cinq ans[2], la DRB a été intégrée dès le 1er janvier 2006 au sein de la DGME, puis celle-ci a été intégrée à son tour au sein du SGMAP. Trois services ont été créés en son sein : le « *service Innovation* »[3] destiné à élaborer la stratégie d'amélioration du service aux usagers ; le « *service Conseil* »[4]est chargé de mettre en œuvre les décisions relatives à la RGPP ; enfin, le « *service Projets* »[5] est quant à lui orienté vers le pilotage des chantiers interministériels.

Afin de garantir la pertinence et la fiabilité des résultats, un *Comité Interministériel d'Audit des Programmes* (CIAP) a été institué par la circulaire du ministre de l'Économie, des Finances et de l'Industrie et de la secrétaire d'État au budget le 22 avril 2002. Le CIAP a été dirigé par M. André Barilari et composé essentiellement de membres issus de différents corps d'inspection et de contrôle des ministères. Les questions techniques soulevées par la LOLF et la dimension interministérielle des programmes ont nécessité la création du CIAP pour mettre de l'expertise à la disposition des pouvoirs publics. Le CIAP a pour but d'auditer les programmes et le dispositif de performance. Le contrôle s'exerce dès le stade des projets avant leur présentation au Parlement. Le CIAP a joué un rôle essentiel sur le plan méthodologique et pédagogique dans la gouvernance des programmes en élaborant un « guide d'audit » à destination des équipes d'audits.

Au total, six cycles d'audits ont été organisés par le CIAP. Les premiers audits ont permis de mettre au point les projets des ministères et d'élaborer la maquette « mission programme action » pour nourrir la réflexion parlementaire dans les commissions des finances. S'étalant sur la période allant de septembre 2004 à juillet 2005, les audits du deuxième cycle concernaient 35 programmes audités sous le régime LOLF : *l'appel aux consultants a pour but d'améliorer la pertinence des audits.* Les audits du troisième cycle ont mis l'accent sur la validation du coût et la gouvernance des programmes. Le quatrième visait en particulier les projets annuels de performance pour 2007 ainsi que les conditions[6] de mise en œuvre. La structuration des grandes politiques en missions et programmes, le dispositif

---

[1] Décret n° 2003-202 du 10 mars 2003 portant création d'une direction de la réforme budgétaire au ministère de l'Économie, des Finances et de l'Industrie.

[2] Ce type d'administration rentre dans la catégorie des administrations de mission.

[3] Article 2 de l'arrêté du 22 avril 2008 portant organisation de la direction générale de la modernisation de l'État

[4] Article 3 de l'arrêté du 22 avril 2008.

[5] Article 4 de l'arrêté du 22 avril 2008.

[6] BARILARI (A.), « Le comité interministériel d'audit des programmes : une occasion manquée ? », *RFAP* n° 139, 2011, p. 542.

de performance qui leur est attaché et la justification des crédits sont les thèmes phares du cinquième cycle d'audits des programmes organisé entre septembre 2007 et juillet 2008. Enfin, la clarification du dispositif de performance, la précision des déterminants des dépenses du budget ainsi que l'amélioration de la « maquette budgétaire » constituent les principaux thèmes du sixième cycle d'audits (septembre 2008 à juillet 2009).

Mais le comité interministériel d'audit des programmes a connu divers problèmes ayant limité la portée de sa mission. Il n'a pas su s'adapter : il était naturel dans ces conditions, d'élargir ses attributions *« en lui donnant un rôle pivot dans la conceptualisation, l'animation, l'harmonisation méthodologique de toutes les nouvelles formes d'audit a posteriori qu'implique la LOLF »*[1]. Malgré l'intérêt que présentait le CIAP pour l'ensemble des départements ministériels, il n'a pas survécu aux nombreuses résistances[2] provenant d'organismes administratifs et a fini par être supprimé en 2011.

La mise en place de la LOLF a permis de renforcer les pouvoirs financiers du Parlement. Sur le plan budgétaire, il bénéficie d'une meilleure information à travers les projets annuels de performance ainsi qu'à travers les rapports annuels de performance. Lors du vote du budget, le Parlement est appelé à examiner celui-ci. Cela signifie que le Parlement dispose d'un pouvoir de modification des crédits des programmes dans le cadre d'une mission même si le gouvernement conserve une certaine liberté dans le choix des missions. L'Assemblée nationale et le Sénat sont compétents pour contrôler l'exécution et l'évaluation des finances.

Le *rôle de la Cour des Comptes est décisif dans l'amélioration de l'efficacité des politiques publiques*. Le dernier alinéa de l'article 47 de la Constitution lui confère une mission d'assistance du Parlement dans le cadre des missions d'évaluation des commissions chargées des finances de chaque assemblée. La Cour réalise des enquêtes à leur demande. De plus, la LOLF donne compétence à la Cour de *certifier les comptes de l'État* : l'article 27 de la LOLF énonce « *les comptes de l'État doivent être réguliers, sincères et donner une image fidèle de son patrimoine et de sa situation financière* ». La Cour se prononce également sur les résultats à l'occasion du « *dépôt d'un rapport conjoint du projet de loi de règlement, relatif aux résultats de l'exécution de l'exercice antérieur (...) qui, en particulier, analyse par mission et par programme l'exécution des crédits* »[3]. Soucieuse de l'efficacité de la dépense publique, la Cour élabore des rapports thématiques ; son rapport annuel peut faire l'objet de débat à l'Assemblée nationale et au Sénat.

---

[1] BARILARI (A.), *op. cit.*, p. 544.
[2] BARILARI (A.), *op. cit.* p. 547.
[3] Article 58 alinéa 4 de la LOLF

Depuis sa mise en œuvre en 2006, divers travaux ont critiqué le fonctionnement de la LOLF. On l'a dit, la LOLF suppose que l'on définisse la stratégie, les objectifs, l'allocation de ressources, les indicateurs permettant de mesurer les cibles de résultats. Or, il a été constaté dès le départ, que nombreux sont les ministères ayant été confrontés à des difficultés d'élaboration d'une réflexion stratégique permettant de définir des stratégies comportant les objectifs de performance ; d'où l'absence de cohérence des objectifs [1]de certaines politiques. Ainsi par exemple, « *sur les 119 avant-projets annuels de performance présentés, seuls 87 disposaient d'une présentation stratégique. Et sur ces 87, la présentation était encore très insuffisante* »[2].

Le pilotage par objectifs a posé une série de problèmes qu'il convient de préciser. S'agissant de la traduction des politiques en missions et programmes, la Cour des comptes dans son rapport thématique de 2011 consacré à l'évaluation de la mise en œuvre de la LOLF a montré qu'on est loin des résultats escomptés. Par exemple, nombreux sont les ministères ayant proposé une structure de programmes ne correspondant pas [3]à l'organisation de leur administration centrale. La structuration des programmes a révélé des problèmes de cohérence dans l'articulation des missions, mais aussi au sein des programmes[4] dont certains ne sont qu'une juxtaposition de compétences relevant de plusieurs directions. De plus, la LOLF censée donner plus de souplesse aux gestionnaires pour organiser la fongibilité des crédits n'a pas favorisé l'augmentation des marges de manœuvre. D'autres difficultés concernent plus directement les responsables de programmes dans l'exercice de leurs responsabilités et condensent à elles seules « *l'absence d'outils de pilotage, une programmation insuffisante, le rôle conservé par les directions financières* »[5]. En outre, des travaux ont montré que certaines politiques résultant de la LOLF ne peuvent être constituées en missions [6]comme par exemple la « politique de la ville ». D'autres problèmes naissent avec l'émergence de missions interministérielles ; de plus, la *faible coordination*[7] *des politiques au niveau interministériel est préoccupante* lorsqu'il s'agit par exemple de désigner le

[1] CATTEAU (D.), *La LOLF et la modernisation de la gestion publique. Performance, fondement d'un droit public financier rénové*, Paris, Dalloz/Sénat, 2007, p. 111.

[2] BOUVIER (M.), « La mesure de la performance », *RFFP* n° 91, septembre 2005, p. 34.

[3] Cour des comptes, *La mise en œuvre de la loi organique relative aux lois de finances (LOLF) : un bilan pour de nouvelles perspectives, rapport public thématique*, Paris, La Documentation française, novembre 2011, p. 26.

[4] BELLUTEAU (E.), « Une première évaluation par la Cour des comptes de la démarche de performance », *RFFP n° 99*, 2009, p. 181.

[5] BELLUTEAU (E.), *op. cit.*, p. 182.

[6] Cour des comptes, *La mise en œuvre de la loi organique relative aux lois de finances (LOLF) : un bilan pour de nouvelles perspectives, rapport public thématique*, *op. cit.*, p. 48.

[7] Cour des comptes, *La mise en œuvre de la loi organique relative aux lois de finances (LOLF) : un bilan pour de nouvelles perspectives, rapport public thématique*, *op. cit.*, p. 47.

ministre chef de file. À cela, s'ajoute l'absence de revue périodique des missions et des programmes dans le budget triennal 2008-2011 puis pour la période 2011-2013 : déjà, « *la RGPP engagée en 2007 n'a pas constitué la revue de missions et de programmes nécessaires* »[1].

Si les enjeux de la LOLF sont bien réels dans le champ de l'action publique, force est de constater que certains aspects qu'elle soulève sont problématiques notamment en matière d'évaluation.

3) Les limites de la LOLF en matière d'évaluation

Tout d'abord, comme cela a été indiqué dans le « Guide de la Performance », les objectifs devant être énoncés de manière claire et précise : or il a était constaté « *une très grande généralité, voire une certaine verbosité qui confine à la platitude* »[2]. En plus de la généralité de la formulation des objectifs, la méthode ayant servi à leur élaboration a été dénoncée pour absence de précision[3]. Les services déconcentrés ont été généralement écartés[4] du processus.

La problématique de l'évaluation de la performance soulève aussi la question de la mesure de la performance ; celle-ci est indexée sur les indicateurs de performance. La question qui se pose est celle-ci : *que mesure-t-on réellement et selon quels critères ?* De prime abord, on peut soutenir l'idée selon laquelle « *la mesure de la performance est foncièrement subjective, car sa conception est une construction sociale* »[5]. Les premières difficultés que pose la LOLF en matière d'évaluation sont apparues dès les premières applications. Elles concernent les indicateurs de performance et les critères de l'évaluation.

Depuis sa création jusqu'en 2010, dans la plupart des programmes examinés par le comité interministériel d'audit des programmes, « *le processus de production des indicateurs est considéré (...) comme présentant des garanties de fiabilité suffisante pour 65 % d'entre eux* »[6]. La fiabilité des indicateurs n'est donc pas absolue et peut faire l'objet de

---

[1] Cour des comptes, *La mise en œuvre de la loi organique relative aux lois de finances (LOLF) : un bilan pour de nouvelles perspectives, rapport public thématique*, *op. cit.*, p. 29.

[2] BOUVIER (M.), « La mesure de la performance », *op. cit.*, p. 35.

[3] CATTEAU (D.), La LOLF et la modernisation de la gestion publique. Performance, fondement d'un droit public financier rénové, *op. cit.*, p. 142.

[4] Selon Michel Bouvier, « les services déconcentrés n'ont été que très peu associés à l'élaboration des objectifs et des indicateurs », BOUVIER (M.), « La mesure de la performance », *op. cit.*, p. 36.

[5] VAN DOOREN (W) et VAN de WALLE (S.), « La réalité est simplement une illusion, quoique très persistante. Introduction au numéro spécial sur la mesure de la performance », *Revue internationale des Sciences Administratives*, Vol. 74, n° 4, décembre 2008, p. 559.

[6] Cour des comptes, *La mise en œuvre de la loi organique relative aux lois de finances (LOLF) : un bilan pour de nouvelles perspectives, rapport public thématique*, Paris, La Documentation française, novembre 2011, p. 155.

contestation. Leur utilisation a fait elle aussi l'objet de contestation : dans son rapport thématique de novembre 2011 consacré au bilan de la mise en œuvre de la LOLF, la Cour des comptes [1]rappelle que les agents de l'Éducation nationale ont été les plus hostiles à l'évaluation de leurs actions par des indicateurs de performance contrairement aux agents des ministères de la Défense, de l'Économie et des Finances, du Budget et de l'Intérieur qui semblent plus accepter la mise en place d'indicateurs chiffrés. La problématique des indicateurs est un sujet complexe : « *les indicateurs de performance sont quasiment absents des débats en commission et en séance publique sur le projet de loi de finances* »[2] du fait de leur technicité : tous les parlementaires sont loin d'être des spécialistes pour traiter des problématiques relevant du thème de la performance.

Le *choix d'indicateurs [3]pertinents est essentiel dans une démarche de performance.* La liste des indicateurs est longue et cela peut parfois être problématique : par exemple, la loi de finances pour 2006 a retenu *1350 indicateurs pour mesurer l'ensemble des résultats des actions de l'État* ; depuis sa mise en œuvre, la LOLF ne compte pas moins de 894 indicateurs dans les projets et les rapports annuels de performance. C'est la raison pour laquelle, la Cour des comptes préconise la « révision » générale des objectifs et des indicateurs de performance afin d'en réduire le nombre[4].

Au-delà du nombre élevé d'indicateurs de performance[5], certains d'eux se sont révélés « *inopérants pour l'objectif retenu* »[6] tel que l'indicateur relatif au « taux d'annulation par le Conseil d'État des arrêts des cours administratives d'appel ». Le fait que « *certains indicateurs mesurent autre chose que ce qu'ils sont censés mesurer* »[7]témoigne de la difficulté des pouvoirs publics à maîtriser l'ensemble du processus. Ainsi, des études portant sur le programme 140 « Enseignement scolaire public du premier degré », le programme 107, « Administration pénitentiaire » et le programme 148, « Fonction publique » ont montré que la LOLF est loin d'être la

---

[1] Cour des Comptes, *La mise en œuvre de la loi organique relative aux lois de finances (LOLF) : un bilan pour de nouvelles perspectives, rapport public thématique*, *Ibid.*

[2] Cour des comptes, *La mise en œuvre de la loi organique relative aux lois de finances (LOLF) : un bilan pour de nouvelles perspectives, rapport public thématique*, *op. cit.*, p. 158.

[3] Ainsi pour Ludovic Ayrault, le « *choix d'indicateurs pertinents et objectifs s'impose alors non seulement pour appréhender la faisabilité de l'opération, mais aussi pour en apprécier le résultat. Le législateur organique a retenu à cet effet le programme, unité de spécialité, comme niveau de l'évaluation des actions entreprises* », AYRAULT (L.), « LOLF et droit administratif », *DA.*, février 2007, p. 12.

[4] Cour des comptes, *La mise en œuvre de la loi organique relative aux lois de finances (LOLF) : un bilan pour de nouvelles perspectives, rapport public thématique*, *op. cit.*, p. 193.

[5] Pour Emmanuel Belluteau, « *Pour une majorité de missions, il y a surabondance d'indicateurs de moyens, d'activités ou d'efficacité, mais absence d'indicateurs d'efficience et de qualité de service* », *op, cit.*, p. 183.

[6] BRUNETIERE (J.-R.), « Les indicateurs de la loi organique relative aux lois de finances (LOLF) : une occasion de débat démocratique ? », *RFAP* n° 117, 2006, p. 101.

[7] BRUNETIERE (J.-R.), *op. cit.*, p. 102.

panacée en matière d'évaluation des politiques : ce qui pose problème, c'est que « *de nombreux indicateurs ne sont pas renseignés ou, pire, ne sont pas pertinents au regard des objectifs affichés. Certaines des valeurs indiquées ne sont pas vraisemblables, en particulier celles des indicateurs cibles, qui, faute d'expliciter les conditions de réussite de l'action publique, ne relèvent pas d'une démarche d'évaluation et lui sont même contraires* »[1]. Or, un « bon » indicateur doit être précis, fiable, renseigné, pertinent, lisible et mesurable. S'agissant de l'évaluation des objectifs des politiques, « *ce sont certainement les objectifs d'efficience et de qualité qui seront les plus difficiles à mesurer ou à évaluer à l'aide d'indicateurs fiables. En l'état actuel, on constate pour l'instant la faiblesse numérique des indicateurs d'efficience* »[2]. On l'a dit, non seulement les indicateurs sont considérables, mais encore, certains d'entre eux ne sont pas hiérarchisés et sont de moindre qualité[3] : le problème, c'est que le droit public français « *n'a pas pour habitude de hiérarchiser clairement les objectifs assignés aux politiques publiques* »[4] permettant de distinguer les objectifs prioritaires des objectifs secondaires. Plus problématique encore, d'autres indicateurs sont « indisponibles » ou simplement remplacés par des « indicateurs temporaires »[5].

La France n'est pas le seul pays à être confronté à ce type de problème. Jusqu'en 2007, *la Suède présentait une situation similaire avec un nombre élevé d'indicateurs de performance*. Le Royaume-Uni confronté à cette difficulté s'est engagé dans la voie de la réduction des objectifs nationaux (*targets*) et des indicateurs (*high level indicators*) passant ainsi de 560 en 1998 à 152 en 2010 pour se stabiliser autour de 120[6] « *impact measures* » en 2011.

Après quelques années de mise en œuvre, la fiabilité des rapports annuels de performance a été dénoncée dans divers travaux du fait notamment de leur caractère « insuffisant »[7] permettant d'évaluer la performance. En outre, on est amené à s'interroger sur l'usage qui est fait des indicateurs : les indicateurs de performance censés mesurer les résultats des politiques

---

[1] MAURY (S.), « La LOLF est-elle un bon moyen d'évaluer les politiques publiques ? », *AJDA* 14 juillet 2008, p. 1366.
[2] CALMETTE (J.-F.), *Ibid.*, p. 54.
[3] SINE (A.) et VEILLET (I.), « La performance : un outil et une démarche indispensables au pilotage des politiques publiques », *Regards sur l'actualité*, n° 335, juin 2007, p. 34.
[4] ISAIA (H.), « Evaluation des politiques publiques et appréciation de leur pertinence », *RFFP* n° 81, mars 2003, p. 352.
[5] CATTEAU (D.), La LOLF et la modernisation de la gestion publique. Performance, fondement d'un droit public financier rénové, *op. cit.*, p. 153.
[6] Cour des comptes, *La mise en œuvre de la loi organique relative aux lois de finances (LOLF) : un bilan pour de nouvelles perspectives, rapport public thématique*, *op. cit.*. 165.
[7] CHAFFARDON (G.) et JOYE (J.-F.), « La LOLF a dix ans : un rendez-vous (déjà) manqué ? », *RDP* n° 2, 2012, p. 314.

menées rempliraient une « *fonction « plus cosmétique qu'opérationnelle* »[1] : les marges de manœuvre de l'État étant réduites, les questions de performance ont été reléguées au second plan.

On le voit, la confrontation du thème de la performance à l'épreuve des faits a montré certains espoirs qui avaient été placés par divers responsables politiques. La « culture du résultat » telle qu'elle résulte de la LOLF privilégie l'évaluation de la performance indexée sur des indicateurs, mais fait abstraction à l'évaluation ex ante quant aux projets annuels de performance. Or, comme nous l'avions vu précédemment, l'évaluation ex-ante présente un enjeu stratégique d'importance comme en témoignent les études d'impact contribuant à améliorer l'efficacité des politiques. Il convient aussi de souligner le problème de la déconnexion [2]entre l'approche programmatique de la LOLF et le processus décisionnel : *les décisions publiques sont peu articulées avec les objectifs fixés dans les politiques budgétaires*. La LOLF risque d'être cantonnée au plan théorique.

Au total, le bilan de l'évaluation dans le cadre de la LOLF reste pour l'instant mitigé : d'une part, l'exercice est nouveau, complexe avec une panoplie d'acteurs ; d'autre part, on note un nombre spectaculaire d'objectifs et d'indicateurs de performance, qui sans évolution majeure, risquent de ressembler à un tableau de bord[3]. À cela, il faut ajouter l'absence de stratégie d'ensemble, les objectifs étant parfois stéréotypés et des indicateurs difficilement déterminables[4]. Dans ces conditions, on peut se demander si la LOLF ne risque pas de « *connaître les mêmes embûches que son ancêtre la rationalisation des choix budgétaires, notamment en ce qui concerne le problème de l'évaluation* »[5]en s'enfermant dans une logique purement bureaucratique. Dans ces conditions, les évaluations de performance résultant de la LOLF sont loin d'être des « évaluations complètes »[6].

La révision générale des politiques publiques a visé à apporter des solutions aux problèmes soulevés ci-dessus.

---

[1] CHAFFARDON (G.) et JOYE (J.-F.), *op. cit.*, p. 317.

[2] PERRET (B.), « De l'échec de la RCB à la LOLF », RFAP n° 117, 2006, p. 40. Pour l'auteur, « *une grande partie des programmes, regroupant des actions hétérogènes et sans management unifié, n'ont de programme que le nom. La vision programmatique de l'action publique qu'essaie de promouvoir la LOLF demeure encore toute théorie* », *Ibid.*

[3] Pour Suzanne Maury, si « *la situation n'évolue pas, les objectifs et les indicateurs des documents LOLF ressembleront de plus en plus à un simple tableau de bord* », *op. cit.*, p. 1372.

[4] PARIENTE (A.), « La démarche de performance issue de la LOLF : quelles perspectives ? », *RDP* n° 1, 2006, p. 39.

[5] CALMETTE (J.-F.), *Ibid.*, p. 50.

[6] BASLE (M.), « L'économie de la loi organique du 1er août 2001 et l'évaluation » in *Études en l'honneur de Loïc Philipe, Constitution et finances publiques*, Paris, Économica, 2005, p. 272.

B) La révision générale des politiques publiques et la problématique de la « réforme de l'État » et de l'évaluation

Sous Mme Thatcher, la revue des politiques est une pratique généralisée[1] et bien ancrée dans les pratiques administratives britanniques. S'inspirant des expériences similaires développées par certains pays de l'OCDE notamment de la revue des programmes canadienne (en particulier le « *program review* » mis en place en 1994 visant à ramener en trois ans le déficit de 5,9 % à 3 % du PIB), la France s'est dotée à son tour d'une procédure comparable[2]. La « révision générale des politiques publiques » consiste à « remettre à plat » l'ensemble des missions de l'État : c'est une démarche globale de réforme tendant à moderniser et à accroître l'efficacité des politiques. Lancée officiellement le 10 juillet 2007 par le Premier ministre François Fillon, la révision générale des politiques publiques (RGPP) s'inscrit dans la droite ligne des réformes engagées par la LOLF et vise à renforcer l'efficacité des politiques. La RGPP entretient un lien étroit avec la LOLF puisqu'elle s'engage à promouvoir la logique de performance à travers la réalisation d'économies budgétaires, l'allègement des structures, l'amélioration de la qualité des services rendus aux usagers. À l'inverse, d'autres auteurs soulignent néanmoins que « *la RGPP est peu cohérente avec la LOLF* »[3].

La réforme « *vise à passer au crible l'ensemble des dépenses publiques* »[4]. La RGPP illustre en France une fois de plus l'« *adhésion dogmatique aux préceptes de la nouvelle gestion publique* »[5] : il s'agit selon les termes du Premier ministre François Fillon de construire un « *État non pas minimal, mais optimal* »[6]. L'idée de faire une « revue » générale de l'ensemble des politiques relève d'une approche stratégique : *« faire mieux » en « dépensant moins »*. La RGPP s'attelle à apporter des réponses à la question. Le chantier est ambitieux et vise à réduire les dépenses de l'État afin d'améliorer l'efficacité des politiques tout en poursuivant la « modernisation » des administrations. Même si la pratique est nouvelle,

---

[1] MASSEY (A.), « Les programmes reviews au Royaume-Uni et la question de la mesure de la performance », *RFAP* n° 136, 2010, p. 837.

[2] L'annonce a été faite par le président de la République le 20 juin 2007 lors d'un Conseil des ministres ; puis la réforme a été lancée par le Premier ministre le 10 juillet devant des hauts fonctionnaires.

[3] LAFARGE (F.) et LE CLAINCHE (M.), « La révision générale des politiques publiques », *RFAP* n° 136, 2010, p. 752.

[4] CHEVALLIER (J.), *Science administrative*, *op. cit.*, p. 550.

[5] DREYFUS (F.), « La révision générale des politiques publiques, une conception néolibérale du rôle de l'État ? », *RFAP* n° 136, 2010, p. 860. L'auteure a utilisé une autre expression en parlant de « *recours dogmatique aux techniques du New Public Management* », *op, cit.*, p. 864.

[6] Discours du Premier ministre lors de la réunion de lancement de la révision générale des politiques publiques au centre des conférences internationales Kléber, mardi 10 juillet 2007, p. 2.

historiquement, l'idée d'opérer une révision des politiques a émergé dans les années 1950 dans les discours politiques comme en témoigne le décret du 22 avril 1953 où le ministre Edouard Bonnefous faisait explicitement référence à « *une révision générale des missions de l'État et des moyens* »[1]. Avec la RGPP, c'est donc une « *nouvelle figure morphologique de la réforme de l'État* »[2] qui se met en place. Plus encore, elle présente les caractéristiques d'un « modèle de réforme post-moderniste »[3] : la RGPP est donc une démarche commune à la fois à l'État postmoderne et à l'État stratège.

Sur le plan juridique, il existe une différence importante entre la RGPP et la LOLF. La RGPP est dépourvue d'assise juridique : si elle résulte d'un processus décisionnel résultant d'une logique politique au plus haut niveau, elle est sans cadre juridique clair : elle n'a ni d'existence législative, ni réglementaire. L'absence de cadre juridique dans la RGPP contraste avec celui de la LOLF.

Dès les années 2000, la Commission européenne à travers le *Livre blanc sur la gouvernance européenne* faisait la promotion d'une série de références[4] : transparence, recentrage sur les activités essentielles pour plus d'efficacité des politiques, réorganisation des administrations pour accroître la cohérence des actions menées, *etc.* On retrouve presque ces grandes lignes dans le dispositif de la révision générale des politiques publiques. Néanmoins, on est amené à souligner l'absence[5] totale de toute référence aux politiques communautaires dans le dispositif de la RGPP : comme le souligne le professeur Jean-Claude Némery, la volonté des pouvoirs publics de maîtriser la dépense publique s'inscrit dans un contexte marqué par le respect des normes européennes et la prise en compte de la crise financière[6]. Aujourd'hui, même certains États de l'ancien bloc communiste se saisissent des recettes du « New Public Management » dans leur politique de réforme pour rationaliser l'action publique et diminuer la dépense publique comme le montre bien Anne Gazier : par exemple, en Russie, l'*État « post-soviétique »* a adopté en octobre 2005 une nouvelle démarche reposant sur la « *gestion*

---

[1] MORDACQ (F.), *La réforme de l'État par l'audit*, Paris, LGDJ, Collection « Systèmes Finances publiques », 2009, p. 115.

[2] BEZES (P.), « Morphologie de la RGPP, une mise en perspective historique et comparative », *RFAP* n° 136, 2010, p. 801.

[3] CHAVAS (H.), « La Révision générale des politiques publiques en défaut d'expertise » in *Mélanges en l'honneur du professeur Jacques Chevallier, Penser la science administrative dans la post-modernité*, Paris, LGDJ, 2013, p. 430.

[4] GAUTIER (Y.), « La révision générale des politiques publiques et l'Union européenne » in *Réformes des finances publiques & Modernisation de l'Administration, Mélanges en l'honneur de Robert Hertzog*, Paris, Economica, 2011, p. 224-225.

[5] Yves Gautier précise qu'au-delà des « *objectifs convergents, on ne pourra que regretter que l'appartenance à l'Union européenne et ses conséquences n'aient pas été intégrées dans la RGPP* », GAUTIER (Y.), *op. cit.*, p. 225.

[6] NEMERY (J.-C.), (sous la dir.), *RGPP et réforme des collectivités territoriales*, Paris, L'Harmattan, 2012, p. 12.

axée sur les résultats » ; la démarche était impensable il y a encore quelques décennies. Connue sous le nom de « Conception de la réforme administrative »[1], la réforme présente des similitudes avec la RGPP,[2] mais aussi des différences notoires[3].

On présentera dans un premier temps le dispositif général de la RGPP ; puis on essaiera de comprendre en quoi la RGPP peut être appréhendée comme une stratégie visant à réaliser des économies budgétaires et comme instrument de réforme de l'État ; enfin, l'accent sera mis sur les limites de la RGPP en matière d'évaluation.

1) Acteurs et pilotage du dispositif

Les acteurs participant au pilotage de la RGPP sont multiples. La démarche se traduit par diverses mesures embrassant plusieurs thématiques. Le pilotage du dispositif est essentiellement politique ; le centre de décision se situe au plus haut niveau de l'État.

a) un dispositif centralisé

Le pilotage du dispositif est essentiellement politique. Il est supervisé au plus haut niveau par le président de la République : la forte implication s'est traduite par la création d'un « *Conseil de modernisation des politiques publiques* »[4] (CMPP). Parmi les personnalités qui y siègent, figurent le Premier ministre, le ministre du Budget endossant le rôle de rapporteur général et d'autres ministres concernés. Un autre organisme intervient dans le pilotage opérationnel : le « *comité de suivi* » chargé d'orienter les travaux et de donner des avis ; il se réunit une fois par semaine pour suivre le

---

[1] GAZIER (A.), *op. cit.*, p. 456.

[2] En ce qui concerne les similitudes, il y a le fait qu'en France et en Russie, il existe la volonté de fixer des objectifs en vue de les atteindre préfigurant la logique de performance dans le pilotage des politiques. Ensuite, le pouvoir exécutif est le centre de décision ; la réforme est conduite sous l'égide d'un département ministériel et un site Internet est dédié aux travaux, voir en particulier GAZIER (A.), *op. cit.*, p. 458.

[3] S'agissant des différences, l'auteure explique qu'en France, le président de la République dirige le « Conseil de modernisation des politiques publiques » (instance décisionnelle) ; la réforme est conduite par le ministère du Budget s'appuyant sur des groupes d'audits et un comité de suivi co-présidé par le Secrétaire général de l'Elysée et par le directeur de cabinet du Premier ministre. En Russie, l'organisation est différente : une commission chargée de mettre en place la réforme et de coordonner les différentes activités a été instituée et dirigée par le vice-Premier ministre ; la réforme est conduite par le ministère du « Développement économique » : l'inefficacité du pilotage du dispositif ayant été constatée, le président Vladimir Poutine a renforcé ses pouvoirs en étendant ses prérogatives dans la gestion des politiques. Pour plus de détails, voir GAZIER (A.), « Comment « faire mieux avec moins » ? Esquisse d'une comparaison entre les réformes de l'État en France et en Russie », *op. cit.* p. 462.

[4] Le Conseil de modernisation des politiques publiques s'est réuni pour la première fois le 12 décembre 2007 sous l'égide du président de la République.

déroulement des travaux des équipes d'audit. Co-dirigé par le Secrétaire général de l'Élysée et le directeur de cabinet du Premier ministre, le comité comprend d'autres membres : le ministre du Budget, le Secrétaire d'État chargé de la prospective et de l'évaluation des politiques publiques, les rapporteurs des commissions des finances de l'Assemblée nationale, deux personnalités qualifiées et les ministres concernés. Enfin, le pilotage du dispositif s'appuie sur les compétences d'une « *équipe d'appui* » chargée de coordonner et de suivre l'avancement des travaux ; elle est composée de représentants du ministre du Budget, de la direction générale de la modernisation de l'État (DGME)[1] et de la direction générale de l'administration et de la fonction publique (DGAFP). Même si le ministre du Budget est responsable de l'animation du dispositif de pilotage interministériel, chaque ministre est responsable de la mise en œuvre des politiques relevant de son département et rend compte des résultats obtenus. Une autre institution a joué un rôle décisif dans le dispositif : la direction générale de la comptabilité publique chargée de valider les normes comptables. Un comité des normes comptables de la comptabilité publique a été institué réunissant représentants des administrations, des professions comptables, des ministères et divers experts dont le rôle est « *de se prononcer sur le nouveau référentiel comptable de l'État, en adaptant les principes de la comptabilité d'entreprise aux spécificités de l'action de l'État* »[2].

Les pouvoirs publics ont sollicité l'expertise de cabinets de conseil pour l'élaboration d'un cadre méthodologique servant de guide aux travaux. Au-delà de l'apport méthodologique qu'apportent les cabinets de conseil, la démarche illustre la volonté des décideurs publics d'introduire de la souplesse dans la gestion des projets. Le *recours aux consultants privés* a pour but aussi d'apporter des « *compétences spécifiques en matière de performance des processus et d'analyse stratégique* »[3]. Concrètement, la réussite de leur mission dépend de leur périmètre d'intervention[4] oscillant entre autonomie et travail en groupe.

La *direction du budget* et la *direction générale de la modernisation de l'État* ont joué un rôle essentiel dans le dispositif. La LOLF a renforcé les prérogatives de la direction du budget dans la définition des objectifs et le suivi des indicateurs de performance ; elle apporte son appui à l'État pour maîtriser les dépenses publiques. Quant à la direction générale de la modernisation de l'État, elle appuie les équipes d'audit sur le plan

[1] Décret n° 2005-1792 du 30 décembre 2005 portant création d'une direction générale de la modernisation de l'État au ministère de l'Économie, des Finances et de l'Industrie.
[2] BARILARI (A.) et BOUVIER (M.), *La LOLF et la nouvelle gouvernance financière de l'État*, Paris, LGDJ, 3ème édition, LGDJ, 2010, p. 75.
[3] PEDINI (G.), « Le rôle et la place des cabinets de conseil dans la RGPP », *RFFP* n° 102, juin 2008, p. 175.
[4] PEDINI (G.), *op. cit.*, p. 177.

méthodologique et assure le suivi des travaux. Doté d'un service « Conseil » dès le lancement de la RGPP, la DGME est chargée d'appuyer les ministres gestionnaires en leur dotant de l'expertise pour appliquer les décisions prises lors des conseils de modernisation des politiques publiques. Avec l'accession de François Hollande à la présidence de la République, la DGME a été réformée et remplacée par un « secrétariat général pour la modernisation de l'action publique » (SGMAP), aspect qu'on abordera plus loin.

Les rapporteurs de la Commission des finances de l'Assemblée nationale et du Sénat sont membres du *comité de suivi de la RGPP*. Le Parlement dispose de prérogatives que lui accorde la Constitution : il peut contrôler[1] l'action gouvernementale et dispose d'attributions pour évaluer les politiques publiques à travers les missions d'évaluation [2]et peut mettre en place une commission d'enquête. Son association aux travaux de la RGPP s'impose dès l'instant où les décisions comportent des implications juridiques, financières et budgétaires et doivent faire l'objet d'un examen, suivi d'un débat et du vote des parlementaires. La RGPP s'inscrit dans un cadre pluriannuel : les mesures prises s'inscrivent dans un temps long ; d'où la programmation des finances publiques pour atteindre les objectifs des politiques et viser l'équilibre[3] des comptes publics. La programmation des dépenses publiques se fait *en mode LOLF*, c'est-à-dire en missions puis déclinées en programmes et actions.

La Cour des comptes, n'ayant pas été associée au commencement des travaux de la RGPP a néanmoins continué à rédiger des rapports traitant de la dépense publique et des politiques publiques à travers la fonction d'évaluation de la Cour. Mais la lacune a été rapidement surmontée par la révision constitutionnelle de juillet 2008 : dorénavant « *la Cour des comptes assiste le Parlement dans le contrôle de l'action du Gouvernement. Elle assiste le Parlement et le Gouvernement dans le contrôle de l'exécution des lois de finances (...) ainsi que dans l'évaluation des politiques publiques* »[4].

Dans la première phase de la RGPP, la *logique top down* a prévalu, alors que dans la deuxième phase, l'impulsion est venue directement des ministères dans une *logique « bottom up »*[5]. Chaque ministère est fortement impliqué dans l'application des mesures décidées ; la désignation d'un responsable chargé du suivi de chaque action a été nécessaire.

Les audits de la RGPP ont été effectués par 26 équipes, chacune d'elles s'occupant d'une politique sectorielle. La mission « confiée » consiste à passer en revue l'« ensemble des missions de l'État ». Les équipes présentent

---

[1] Article 24 de la Constitution (révision constitutionnelle du 23 juillet 2008)

[2] Article 51-2 de la Constitution.

[3] Voir l'article 34 de la Constitution.

[4] Article 47-2 de la Constitution.

[5] MIGEON (F.-D.), « La méthode RGPP : placer le changement au cœur de l'Administration », *RFAP* n° 136, 2010, p. 987.

les résultats devant le *comité de suivi* coprésidé par le Secrétaire général de l'Elysée et le Directeur de cabinet du Premier ministre. Ces programmes s'inscrivent dans la droite ligne des actions de modernisation de l'État (niveau central et déconcentré) engagées depuis 2002 dans le cadre de la LOLF et des *stratégies ministérielles de réforme*. Par exemple, la circulaire du 29 septembre 2005 relative à la mise en place du programme d'audits de modernisation a pour but « *d'améliorer la qualité et l'efficacité du point de vue des usagers, des fonctionnaires ou des contribuables. Ces audits doivent être liés à un projet de modernisation de (chaque) ministère identifiant par programme budgétaire les objectifs stratégiques d'efficacité et de qualité poursuivis* ». Soumis à l'arbitrage du Premier ministre, les audits sont conduits par un comité de pilotage des audits de modernisation et les résultats sont publiés sous la forme de rapports. Ils devaient déboucher sur des propositions concrètes de réformes permettant d'améliorer la qualité des services et de contribuer à la maîtrise de la dépense publique. Le programme d'audits envisagé par la circulaire du 13 juillet 2006 relative à la conduite des audits de modernisation vise l'amplification des actions de modernisation de l'État : la logique de performance est ici clairement affichée.

Le dispositif chargé de l'animation de la gouvernance de la RGPP étant précisé, il importe à présent d'étudier comment s'organise le processus décisionnel.

b) Mise en œuvre des décisions et évaluation du suivi des mesures

Pour mettre en œuvre les réformes, l'Exécutif a fixé un calendrier s'étalant de Janvier 2008 à 2012. Toute une panoplie de mesures réglementaires[1], de décisions ont été prises lors du *premier conseil de modernisation des politiques publiques* (CMPP) du 12 décembre 2007[2] : certaines décisions tendent à l'amélioration de la qualité du service public (à moindre coût) ; d'autres concernent le recentrage des administrations sur le cœur de leurs missions, l'amélioration des relations entre l'administration et les usagers, la réorganisation des structures administratives, la « modernisation » de la gestion publique ou encore la valorisation du travail des fonctionnaires, etc. Les décisions du *deuxième Conseil de modernisation des politiques publiques* du 4 avril 2008[3] visent différents domaines d'intervention de l'État dont le logement, l'emploi, la formation professionnelle, la santé, l'Outre-mer, la défense, les affaires étrangères. Les décisions du *troisième Conseil de modernisation des politiques publiques du 11 juin 2008*[4] ont attrait aux réformes à engager dans les ministères n'ayant

---

[1] Circulaire du 25 juin 2003 relative aux « stratégies ministérielles de réforme ».
[2] Voir en particulier le site Internet www.rgpp.modernisation.gouv.fr
[3] Consultables sur www.rgpp.modernisation.gouv.fr
[4] Consultables sur www.rgpp.modernisation.gouv.fr

pas encore fait l'objet de réorganisation. Il s'agit des ministères de la Justice, de l'Éducation nationale, de l'Enseignement supérieur et de la Recherche, des Affaires étrangères, des Solidarités, de l'Agriculture et de la Pêche, de la Culture et de la Communication. Parmi les principales mesures prises, figurent le développement de l'arbitrage pour résoudre les litiges entre grandes entreprises, la rationalisation des dispositifs de soutien à la recherche, la réorganisation du réseau diplomatique et consulaire, ainsi que la réorganisation des services de l'État au niveau départemental, *etc.* Cependant, depuis 2008 la RGPP a privilégié surtout la recherche d'économie, la réduction des dépenses publiques et l'amélioration de la qualité des services aux usagers. Enfin, lors des « *CMPP des 30 juin 2010 et 9 mars 2011* »[1], la RGPP a été davantage tournée vers les questions relatives au service rendu à l'usager. Parmi les mesures phares retenues figurent celles relatives à la généralisation du « référentiel Marianne », l'optimisation de l'accueil téléphonique des organismes publics, le développement de « mon.service-public.fr » entre autres.

Au total, *plus de 374 mesures ont été mises en œuvre*. Sous couvert de révision des politiques publiques, la diversité des mesures prises ressemble à un « *inventaire à la Prévert* », c'est-à-dire à une sorte de « catalogue de mesures » disparates donnant l'impression d'un « *jardin anglais de la réforme de l'État* »[2]. La RGPP a été appréhendée comme un concept et une politique publique « *attrape tout » dont l'unité n'est pas facile à saisir* »[3]. La pluralité des objectifs évoluant constamment au gré des priorités gouvernementales limite la cohérence de la politique. Même si la méthode utilisée se veut efficace et « pragmatique », *elle reste néanmoins centralisée* (pilotage politique au plus haut niveau) et *n'accorde pas de place au débat public et à la participation de l'usager*. La réforme n'a pas bénéficié de l'adhésion des agents publics : on note même une certaine la réticence de leur part[4].

En ce qui concerne la publication des rapports publics, de nombreuses difficultés ont été rencontrées. D'abord, les rapports ne sont pas publiés à la Documentation française : cela pose donc un *problème d'accessibilité* pour le grand public. Ils sont toutefois consultables sur le site Internet[5] qui leur a été dédié. La difficulté qui se pose, c'est qu'« aucun n'a fait l'objet d'une

---

[1] CORNUT-GENTILLE (F.), ECKERT (C.), Assemblée Nationale, *Une évaluation de la RGPP : méthode, contenus, impacts financiers*, rapport d'information n° 4019, Paris, 2011, p. 156.

[2] AUBY (J.-B.), « Le jardin anglais de la réforme de l'État », *Droit administratif*, décembre 2007, p. 1.

[3] LAFARGE (F.) et LE CLAINCHE (M.), « La révision générale des politiques publiques », *RFAP* n° 136, 2010, p. 753.

[4] LAFARGE (F.) et LE CLAINCHE (M.), *Ibid.*

[5] www.rgpp.modernisation.gouv.fr

numérotation de ses pages. Le sommaire (…) est inutilisable » [1]; de plus, les rapports sont constitués de développements généraux[2] et longs : cela peut limiter leur lisibilité. En outre, le contenu est « techniquement insuffisant et faisant la part belle au marketing politique »[3]. S'agissant des rapports élaborés par les équipes d'audit, ils sont *déconnectés du processus décisionnel* : « l'absence de lien entre les rapports d'audit et les décisions actées pose (…) un problème. Ces rapports n'ont jamais été publiés. On ne connaît donc pas la relation qui a été faite entre eux et ces décisions »[4].

L'approche stratégique conduit aussi à se demander si la RGPP ne relève pas d'une démarche de réforme de l'administration.

2) La RGPP porteuse d'une stratégie de réforme de l'État

Il ne s'agit pas ici de passer une énième revue de l'ensemble des problématiques abordées par la RGPP, mais plutôt de chercher à comprendre en quoi la RGPP relève-t-elle d'une « stratégie » de réforme et comment ?

a) La RGPP porteuse d'une stratégie d'économies budgétaires

La RGPP s'inscrit dans une stratégie de réduction des déficits publics. LOLF et RGPP cherchent à *améliorer l'état des finances de l'État* : promouvoir un *État « moins dépensier »* capable d'améliorer la qualité des services rendus à l'usager et le quotidien des fonctionnaires exige une nouvelle manière de concevoir la dépense publique.

Pour assainir les finances publiques, une des voies privilégiées a été de mettre en place une *stratégie de réduction des effectifs de la fonction publique* afin de réaliser des économies budgétaires. La stratégie de réduction du nombre des agents de l'État s'inscrit dans la droite ligne de la recherche d'un *État « svelte »*. Le lien entre cette stratégie et la thématique de l'État stratège est évident. La RGPP tend à réduire le « *coût budgétaire apparemment excessif de la fonction publique et des administrations* »[5] *;* le principe retenu est le non-remplacement d'un fonctionnaire sur deux en départ à la retraite.

Corrélativement, la *démarche de rationalisation des structures de l'État* a pour but de réduire aussi le personnel de l'État. Une économie de 7, 7

---

[1] CORNUT-GENTILLE (F.), ECKERT (C.), Assemblée Nationale, *Une évaluation de la RGPP : méthode, contenus, impacts financiers, op. cit.*, p. 77.
[2] CORNUT-GENTILLE (F.), ECKERT (C.), *op. cit.*, p. 78.
[3] CORNUT-GENTILLE (F.), ECKERT (C.), *Ibid.*
[4] LAFARGE (F.), « La révision générale des politiques publiques : objet, méthodes et redevabilité », *RFAP* n° 136, 2010, p. 768.
[5] CHEVALLIER (J.) et ROUBAN (L.), « Introduction », *RFAP, La réforme de l'État et la nouvelle gestion publique : mythes ou réalités*, n° 105/106, 2003, p. 7.

milliards[1] d'euros ont été identifiés sur les 374 mesures retenues lors des trois[2] conseils de modernisation des politiques publiques dont 3,5 milliards d'euros (masse salariale) au titre du non-remplacement d'un départ sur deux à la retraite, 2 milliards d'euros d'économies sur les interventions et les investissements et enfin, 2, 2 milliards d'euros d'économies au titre du fonctionnement courant (mutualisations, simplifications, *etc.*). On le voit, les économies attendues restent relativement modestes. Selon le rapport d'étape de la RGPP du 3 décembre 2008, 85 % des 374 décisions avancent selon le calendrier fixé et « *70 % des décisions reçoivent un feu vert, signe d'un avancement satisfaisant, 15 % sont à l'orange, car nécessitant des travaux supplémentaires, enfin 15 % sont rouges, car non encore mises en œuvre* »[3]. Lors du quatrième et dernier Conseil de modernisation des politiques publiques, 150 nouvelles mesures ont été adoptées pour la période 2011-2013 afin « *de dégager une économie de 1 à 1, 5 milliards d'euros et de réduire les effectifs de l'État à hauteur de 100 000 postes* »[4].

En ce qui concerne la suppression des effectifs des agents, les gouvernants envisageaient au départ de supprimer 30 000 à 35 000 fonctionnaires par an. En France, selon l'Insee, au 31 décembre 2012, la fonction publique compte 5, 5 millions d'agents[5] hors emplois aidés. Au titre de l'année 2005 et 2006, les départs à la retraite dans la fonction publique ont été moins nombreux que prévu : la RGPP a débuté en 2007 ; toutefois selon d'autres sources, « *les départs en retraite se stabiliseraient en 2008 et 2009 autour de 65 000 à 70 000 par an, avant une décrue prévisible à partir de 2010* »[6]. Dans les ministères, les schémas d'emplois sont en effet différenciés[7] : s'agissant des baisses d'effectifs au regard du PLF 2012 par rapport au plafond d'emplois en 2008, le ministère de l'Éducation nationale a enregistré un taux de baisse d'agents proche de – 5,5 % par rapport à – 5, 6 % pour l'ensemble des ministères. Le rapport Cornut-Gentille[8] précise que les ministères des Affaires étrangères, de l'Agriculture, du Budget, de la

---

1 MORDACQ (F.), *La réforme de l'État par l'audit*, Paris, LGDJ, Collection « Systèmes Finances publiques », 2009, p. 174.

2 Depuis son lancement, il y a eu quatre conseils de modernisations des politiques publiques : le premier CMPP a eu lieu le 12 décembre 2007, le second le 4 avril 2008, le troisième CMPP le 11 juin 2008, le dernier CMPP dont les décisions ont été présentées en conseil des ministres date du 30 juin 2010. Source des informations : voir en particulier le site Internet dédié à la RGPP.

3 MORDACQ (F.), *op. cit.*, p. 141.

4 Consultable le 28 juin 2012 sur le site Internet de la RGPP http://www.performance-publique.gudget.gouv.fr/ressources-docume...

5 Source site Internet de l'Insee http://.www.insee.fr/fr/themes/document.asp?ref_id=ip1496; consultable le 10 novembre 2014.

6 Les Notes Bleues de Bercy, « L'état de la fonction publique en faits et chiffres », *Les Notes Bleues de Bercy*, n° 336, octobre 2007, p. 12.

7 CORNUT-GENTILLE (F.), ECKERT (C.), *op. cit.*, p. 227.

8 CORNUT-GENTILLE (F.), ECKERT (C.), *op. cit.*, p. 227.

Défense, de l'Économie et les ministères sociaux sont ceux qui ont supprimé le plus d'emplois que la moyenne du budget de l'État. Le ministère de la Défense a présenté en 2009 la baisse la plus importante avec près de 106 300 agents s[1]'expliquant essentiellement par le transfert d'agents relevant de la gendarmerie nationale vers le ministère de l'Intérieur, de l'Outre-mer et des collectivités territoriales. À l'inverse, les ministères de l'Intérieur, de la Culture et de l'Enseignement supérieur ont recensé moins de suppression d'emplois par rapport à la moyenne nationale. Paradoxalement, le ministère de la Justice et les services du Premier ministre ont vu leurs effectifs progresser durant cette période. Si l'on note une diminution importante du nombre d'agents dans les ministères conformément à la règle du non-remplacement d'un fonctionnaire sur deux partant à la retraite, on peut constater que les effectifs des trois fonctions publiques confondues ont légèrement augmenté de 0,4 % en 2009[2]. Au 31 décembre 2012[3], les effectifs dans la fonction publique de l'État ont baissé de 1, 0 % tandis que la fonction publique territoriale présente une croissance de plus de 1, 6 % due notamment au transfert de personnels entre la fonction publique d'État et la fonction publique territoriale. Enfin, la fonction publique hospitalière a connu une progression de 0, 7 %.

D'autres voies ont été expérimentées pour atteindre cet objectif tel que les vagues de privatisation d'entreprises du secteur public. Parallèlement, les pouvoirs publics ont engagé d'autres réformes d'importance telles que la réforme de la *carte judiciaire*[4], la *carte militaire*[5], *etc.*, pour réaliser des économies d'échelle.

Plusieurs facteurs expliquent la démarche tendant à la réduction des effectifs des agents de l'État. En premier lieu, la crise financière de l'État. La dette publique a atteint des niveaux historiques : ainsi selon l'Insee[6], à la fin du deuxième trimestre 2014, la dette de la France s'élève à 2023, 7 milliards

---

[1] Source site Internet de l'Insee http://.www.insee.fr consultable le 21 décembre 2012.

[2] Source site Internet de l'Insee http://.www.insee.fr consultable le 21 décembre 2012. Selon l'Insee, si l'emploi public a augmenté de 15,1 % entre 1998 et 2009, la part dédiée à la fonction publique territoriale a atteint 44,8 %.

[3] Source site Internet de l'Insee http://.www.insee.fr/fr/themes/document.asp?ref_id=ip1496; consultable le 10 novembre 2014.

[4] Il s'agit principalement de la réforme « DATI » qui a été menée en trois ans et achevée le 31 décembre 2010 ; « le nombre des juridictions passant durant cette période de 1206 à 819, soit une baisse d'environ 30 % », voir sur cette problématique le rapport parlementaire élaboré par CORNUT-GENTILLE (F.), ECKERT (C.), Assemblée Nationale, *Une évaluation de la RGPP : méthode, contenus, impacts financiers, rapport d'information,* Paris, Assemblée nationale, 2011, p. 138.

[5] Le livre blanc sur la Défense préconise des mesures qui vont dans ce sens ; voir donc *le rapport : Défense et sécurité. Le livre blanc.* Préface de Nicolas SARKOZY, Paris, La Documentation française/Odile Jacob, 2008.

[6] Source site Internet de l'Insee http://.www.insee.fr/fr/themes/info-rapide.asp?id=40; consultable le 10 novembre 2014.

d'euros, soit 95,1 % du PIB (il s'agit de la dette de Maastricht correspondant à une dette brute), soit une augmentation de 28,7 milliards d'euros par rapport au précédent trimestre. Selon la même source : pour la même période, la dette des administrations publiques est passée de 84,3 % (au premier trimestre 2014) à 85,3 % au deuxième trimestre 2014 atteignant le chiffre symbolique de 1813, 9 milliards d'euros[1]. Ainsi qu'on le voit, la dette correspondant aux administrations de l'État est moins importante que la dette de Maastricht (dette brute). Mais déjà en 2006, l'endettement public avait atteint encore un niveau historique de 67 % du PIB sans que les gouvernants parviennent à réduire drastiquement le nombre de fonctionnaires : la *croissance de la dette est préoccupante* à tel point que « *la France faisait alors l'objet d'une procédure pour déficit excessif* »[2] par la Commission européenne le 27 avril 2009 recommandant à la France de remédier à cela avant 2012. C'est ce contexte d'augmentation continue des déficits et de la dette publique qui a conduit le Premier ministre François Fillon à dire qu'il est « *à la tête d'un État en faillite* » : le terme utilisé avait trouvé un écho et produit une certaine résonance dans l'opinion publique, mais le contenu du discours n'était pas en décalage avec la réalité des finances de l'État. Si l'Allemagne a une « *économie excédentaire* », la France se singularise par une « *économie d'endettement* » : selon la Cour des comptes, entre 2000 et 2011, la dette publique et privée a progressé de 150 % à 210 % du PIB[3]. Or, on sait que la dette abyssale réduit considérablement les marges de manœuvre de l'État. La *recherche de l'équilibre budgétaire* est dans ces conditions impérative. De plus, l'objectif de remplir les engagements européens de la France impose de respecter un déficit public inférieur à 3 % du PIB. D'autres arguments ont été avancés par les pouvoirs publics comme l'amélioration de la situation matérielle des agents ainsi que la productivité.

La politique de réduction des effectifs des agents de l'État soulève néanmoins plusieurs difficultés. La relation entre les économies programmées et la RGPP proprement dite n'est pas clairement établie[4] ; il est difficile de vérifier l'exactitude des informations publiques[5] relatives aux montants d'économies réalisées. La transparence n'est donc pas assurée dans le dispositif RGPP. Parfois on note un décalage entre les chiffres annoncés et

---

[1] Source site Internet de l'Insee http://.www.insee.fr/fr/themes/info-rapide.asp?id=40; consultable le 10 novembre 2014.

[2] SENAT, *La RGPP : un défi pour les collectivités territoriales et les territoires*, rapport d'information n° 66, Paris, Sénat, Tome 1, 2010-2011, p. 39.

[3] Cour des comptes, *L'État et le financement de l'économie, rapport public thématique*, Paris, La Documentation française, juillet 2012, p. 260.

[4] CORNUT-GENTILLE (F.), ECKERT (C.), *op. cit.*, p. 185.

[5] CORNUT-GENTILLE (F.), ECKERT (C.), *op. cit.*, p. 172.

Les auteurs du rapport mentionnent qu'« *au total, l'information publique, transmise au Parlement, sur le détail des économies attendues et issues des mesures de la RGPP est très parcellaire* », *op. cit.*, p. 175.

le nombre d'agents réellement remplacés : ainsi par exemple, la loi de programmation 2009-2011 a bien mis en évidence le non-remplacement de 13 000 départs à la retraite en 2007 et indiquait dans le même temps le non-remplacement de 23 000 agents en 2008[1]. D'ailleurs, la Cour des comptes dans son « rapport public thématique »[2]de 2009 s'est montrée critique sur cette question. Une des limites de la RGPP en matière d'économies budgétaires est que les économies envisagées sont orientées prioritairement vers « *les dépenses de fonctionnement et de personnel et ne touche les dépenses d'intervention que de manière limitée, ce qui n'a sans doute pas manqué de réduire très fortement l'échelle des économies potentielles* »[3]. De plus, au niveau local, la recherche d'économies budgétaires impliquant des suppressions d'emplois produit des effets contre-productifs et déstabilise parfois le fonctionnement des services déconcentrés comme cela a été souligné en 2011 dans un rapport de la Commission des Finances du Sénat : « *la poursuite de la RGPP en 2011 met en péril à la fois la qualité du service public, dont sont les responsables les préfectures* »[4]. Même si la réduction des effectifs de la fonction publique vise à réaliser des économies d'échelle, force est de constater que celles-ci ne permettent pas de retrouver l'équilibre des comptes publics.

Dans son programme de campagne électorale à la présidence de la République, François Hollande avait promis de porter « *un coup d'arrêt (...) à la procédure de révision générale des politiques publiques et à l'application mécanique du non-remplacement d'un fonctionnaire sur deux* »[5].

Si la révision générale des politiques publiques appartient désormais au passé, paradoxalement, un « *Conseil stratégique de la dépense publique* » (CSDP) a été créé par le décret[6] n° 2014-46 du 22 janvier 2014. Son rôle est de « *proposer et de suivre le programme de réalisation des économies structurelles qui sont présentées dans le cadre du programme de stabilité de la France. Il assure le redressement des comptes de la Nation tout en veillant à favoriser la croissance et l'emploi* »[7]. Le gouvernement est chargé de mettre en œuvre les principales décisions traduites dans la programmation pluriannuelle des finances publiques et transmises aux autorités

---

[1] LAFARGE (F.), *op. cit.* p. 759.
[2] Cour des Comptes, *rapport thématique : les effectifs de l'État 1980-2008, un état des lieux*, Paris, La Documentation française, 2009.
[3] LAFARGE (F.), *op. cit.* p. 758.
[4] SENAT, *La RGPP dans les préfectures : pour la délivrance des titres, la qualité du service public est-elle en péril ?, op. cit.*, p. 57.
[5] HOLLANDE (F.), *Le changement, c'est maintenant. Mes 60 engagements pour la France, Election présidentielle 22 avril 2012*, p. 11.
[6] Décret n° 2014-46 du 22 janvier 2014 relatif au Conseil stratégique de la dépense publique, NOR : PREX1402037D ; JO n° 0019 du 23 janvier 2014, p. 1249, texte n° 1.
[7] Article 1er du décret n° 2014-46 du 22 janvier 2014 relatif au Conseil stratégique de la dépense publique.

européennes[1]. Comme l'indique le décret[2], le *conseil stratégique de la dépense publique est présidé par le président de la République* et comprend le Premier ministre, les ministres de l'Économie et des Finances ; des Affaires sociales et de la santé, du Travail, de l'emploi, de la formation professionnelle et du dialogue social ; de la Réforme de l'État, de la décentralisation et de la fonction publique ainsi que des représentants d'organismes intéressés par les problématiques de dépenses publiques et toute autre personnalité qualifiée. Le gouvernement envisage d'ici la fin du quinquennat, en 2017 de réaliser 50 milliards d'économies. On peut se demander si la création du conseil stratégique de la dépense publique ne constitue pas un doublon dans la mesure où la modernisation de l'action publique entend promouvoir elle aussi une « évaluation systématique des politiques » et que la LOLF envisage d'étendre l'évaluation à l'« ensemble des actions de l'État ». On reviendra sur ces aspects dans les prochains développements.

La stratégie de réduction de la dépense publique n'est pas propre à la France. Elle a déjà été expérimentée au Canada en 1993 et en Grande – Bretagne en 1998. Le Canada confronté à un déficit public de 6 % du PIB et à une dette de 70 % s'est engagé à le ramener en trois ans à 3 %. Pour y parvenir, le gouvernement a décidé en 1994 de mettre en place une « revue générale » des dépenses nécessitant l'audit de tous les programmes : « *le résultat fut spectaculaire puisque la dette fut ramenée en 1998 à 65 % du PIB, les dépenses ayant diminué de près de 17 milliards de dollars canadiens (il est à noter que le budget canadien est en excédent depuis 1998). (...) Le Royaume-Uni s'est engagé de son côté dans une direction similaire en 1998 avec les Comprehensive spending reviews (CSR)* »[3]. Les programmes canadiens et anglais permettent de mettre en évidence le retard de l'État en France dans ce domaine.

D'autres pays de l'OCDE ont engagé des réformes similaires. En Allemagne, la politique de réduction du personnel de l'État a été facilitée par les départs à la retraite, les politiques de privatisation d'entreprises publiques, les délégations d'activités publiques aux entreprises privées employant le personnel des Länder. Au total, « *l'emploi dans les services publics allemands passe de plus de 6,4 millions de salariés en 1991 à 4,2 millions en 2003, perdant ainsi un tiers de ses effectifs en dix ans* »[4].

---

[1] Alinéa 2 de l'article 1er du décret n° 2014-46 du 22 janvier 2014.

[2] Article 2 du décret n° 2014-46 du 22 janvier 2014 relatif au Conseil stratégique de la dépense publique.

[3] BOUVIER (M.), « La révision générale des politiques publiques et la métamorphose de l'État », *AJDA*, n° 7, février 2008, p. 330.

[4] FONS (J.-P.) et MEYER (J.-L.), *DGAFP, La « flexibilité » dans les fonctions publiques en Angleterre, en Allemagne et en France, rapport remis au Comité de la Recherche et de la Prospective de la DGAFP*, Paris, La Documentation française, 2005, p. 28.

La RGPP peut être appréhendée également sous l'angle de la réforme administrative.

b) La RGPP porteuse d'une stratégie de réforme de l'administration

Initialement présentée comme une « réforme de l'État », la RGPP s'est finalement traduite en « simple » réforme de l'administration[1]. Elle peut dès lors être appréhendée sous l'angle de la *rationalisation des structures administratives*. La *RGPP est porteuse de diverses réformes* ; les enjeux organisationnels sont considérables. L'*allègement des structures* implique la *réorganisation de l'appareil administratif*. La démarche consiste à réduire le nombre de structures existantes afin d'améliorer l'efficacité. L'analyse portera d'une part, sur quelques réorganisations d'administrations centrales et d'autre part, sur les administrations déconcentrées.

La RGPP a permis de fusionner et de créer de nouvelles structures. En premier lieu au niveau ministériel, plusieurs ministères ont été fusionnés sous la présidence Sarkozy comme par exemple le ministère de l'Économie et celui de l'Emploi ; le ministère de la « Santé » avec le ministère des « Sports » ou encore le ministère de l'« Intérieur » avec celui de l'« Outre-mer ». La RGPP a permis de regrouper[2] de nombreuses directions d'administration comme par exemple celles concernant les ministères de l'Intérieur, de l'Agriculture, de la Défense. À titre d'illustration, en 2008, 32 directions d'administration centrale du ministère de l'Écologie, du Développement et de l'Aménagement durables ont été regroupées en 16 directions, dont 5 grandes directions[3]. De même, le ministère du Budget a été concerné par les réorganisations : le décret n° 2008-310 du 3 avril 2008 [4]a créé au ministère du Budget la *direction générale des Finances publiques* (DGFiP). Elle fusionne deux grandes directions à savoir la direction générale des impôts et la direction générale de la comptabilité publique afin de créer un *guichet fiscal unique pour les contribuables*. La création de la DGFiF a été annoncée le 4 avril 2008 lors du deuxième Conseil de modernisation des politiques publiques.

---

[1] LAFARGE (F.), « Réforme de l'État et RGPP : histoire, enjeux et mécanisme. Entretien avec François Lafarge », *Regards sur l'actualité*, n° 360, avril 2010, p. 8.

[2] Dans cette dynamique de regroupement de structures, on peut rappeler la création de la Direction générale du Trésor et de la politique économique suite à la fusion de trois directions stratégiques : la direction du Trésor, la direction des relations économiques extérieures, la direction de la prévision. Cela a déjà été précisé au chapitre consacré à l'anticipation.

[3] Décret du 9 juillet 2008 ; il s'agit des directions « énergie et climat » ; « infrastructures, transports et mer » ; « prévention des risques » ; « aménagement, logement et nature » ; « aviation civile ».

[4] Selon l'article 1er du décret n° 2008-310 du 3 avril 2008 relatif à la direction générale des finances publiques, « *il est créé au sein du ministère du Budget, des Comptes publics et de la Fonction publique une direction générale des finances publiques, par la fusion de la direction générale des impôts et de la direction générale de la comptabilité publique* ».

La réorganisation des ministères à travers les fusions d'administrations comporte un certain nombre d'effets. Le rôle des secrétaires généraux des ministères de la Justice, des Affaires sociales, de l'Intérieur et de la Défense se trouve renforcé[1]. On le voit bien, il existe une réelle volonté des pouvoirs publics de « moderniser » le fonctionnement des structures administratives afin de renforcer la dynamique de performance.

Au niveau déconcentré, les effets de la RGPP sur les structures sont considérables : l'architecture administrative est bouleversée et réorganisée autour de la « Réforme de l'administration territoriale de l'État » (la REATE) arrêtée par le troisième CMPP en date du 11 juin 2008 et pilotée par la « Mission sur l'inspection de la réforme des administrations territoriales de l'État » (la MIRATE).

La LOLF favorise une responsabilité verticale incitant les services territoriaux de chaque ministère à rendre compte de l'utilisation des crédits et des résultats obtenus. On sait que le *préfet est le représentant de l'État* et assure la *coordination de la mise en œuvre des politiques sectorielles*. La *régionalisation de l'action de l'État* dans les territoires correspond avec la montée en puissance du préfet de région grâce au décret n° 2010-146 du 16 février 2010 modifiant le décret n° 2004-374 du 29 avril 2004 relatif aux pouvoirs des préfets, à l'organisation et à l'action des services de l'État dans les régions et les départements. Le préfet de région a autorité sur le préfet du département pour la mise en œuvre des politiques publiques. Du même coup, du fait de la RGPP, l'organisation de certaines structures déconcentrées de l'État est modifiée. D'où les circulaires du 19 mars 2008 relatives à l'organisation des services territoriaux de l'État, du 7 juillet 2008 et du 31 décembre 2008 relatives à l'organisation de l'administration départementale de l'État. Selon le décret du 3 décembre 2009 et la circulaire du 7 juillet 2008 relative à l'organisation départementale de l'État, la région est le niveau de pilotage de droit commun des politiques locales tandis que le département est chargé de la mise en œuvre des politiques sectorielles du fait de sa proximité avec les usagers et du territoire. La réduction des structures est encore plus spectaculaire dans les administrations locales où l'on assiste parfois à une « *réduction drastique par fusion du nombre de directions régionales et de directions départementales soumises à l'autorité hiérarchique de figures préfectorales affirmées* »[2]. À l'exception de la région d'Ile-de-France bénéficiant d'une organisation particulière, la REATE a permis de fusionner les services déconcentrés au niveau régional en formant 8 entités administratives[3] alors qu'auparavant leur nombre atteignait 20. Au

---

[1] MORDACQ (F.), *La réforme de l'État par l'audit*, *op. cit.*, 2009, p. 146.

[2] LAFARGE (F.), *op. cit.* p. 761.

[3] Selon la circulaire du 7 juillet 2008 relative à l'organisation de l'administration départementale de l'État, désormais les 8 directions régionales déconcentrées sont : la direction régionale des entreprises, de la concurrence, de la consommation, du travail et de l'emploi (DIRECCTE) ; la direction régionale de l'alimentation, de l'agriculture et de la forêt

niveau départemental, la réorganisation est plus resserrée : à côté des services de la préfecture et des sous-préfectures deux ou trois directions départementales interministérielles[1] (DDI) ont été créées dans chaque département dont une direction départementale des territoires (DDT) et une direction départementale de la cohésion sociale et de la protection des populations (DDCSPP)[2] ; mais certains départements ont nécessité la création d'une direction départementale de la cohésion sociale (DDCS) et d'une direction départementale de la protection des populations (DDP).

Même si ces réformes présentent un intérêt majeur pour les gouvernants, il est encore prématuré d'en tirer toutes les conséquences organisationnelles dans la mesure où la « *définition des objectifs et des indicateurs apparaît encore peu harmonisée, le mode de pilotage, d'organisation et de gestion des services restant encore trop strictement différencié* »[3]. Même si la RGPP a été définitivement abandonnée avec l'arrivée de François Hollande à la présidence de la République, certaines mesures nouvelles envisagées vont dans le sens d'une plus grande *rationalisation des structures locales*. Conçue au départ comme un « *big bang territorial* », la *réforme territoriale* engagée par le gouvernement Manuel Valls cherche à réduire le nombre de régions en passant de 22 à 13 régions[4] : l'Assemblée nationale a définitivement adopté la loi sur la réforme territoriale. Or, la France compte plus de 36 000 communes ! L'idée étant de mettre en place de grandes régions à dimension européenne susceptibles de concurrencer les puissantes régions européennes (comme par exemple, les régions italiennes ou les Länder en Allemagne), de soutenir les pôles de compétitivité, d'attirer des talents dans les entreprises et les universités, de faciliter la mobilité des citoyens, de favoriser le développement des petites et moyennes entreprises[5], *etc.* Mais l'idée de vouloir créer de grandes régions semblables à celles qui se trouvent en

(DRAAF) ; la direction régionale de l'environnement, de l'aménagement et du logement (DREAL) ; la direction régionale des affaires culturelles (DRAC) ; la direction régionale de la jeunesse, des sports et de la cohésion sociale (DRJSCS) ; la direction régionale des finances publiques (DRFiP) ; les services du Rectorat ; l'agence régionale de santé (ARS).

[1] Décret n° 2009-1484 du 3 décembre 2009 relatif aux directions départementales interministérielles. Les directions sont au nombre de 2 ou 3 en fonction de l'importance démographique des départements.

[2] L'Ile-de-France n'est pas concernée, car elle vise les départements ayant moins de 400 000 habitants.

[3] Cour des comptes, *La mise en œuvre de la loi organique relative aux lois de finances (LOLF) : un bilan pour de nouvelles perspectives, rapport public thématique*, *op. cit.*, p. 52.

[4]*Loi n° 2015-29 du 16 janvier 2015 relative à la délimitation des régions, aux élections régionales et départementales et modifiant le calendrier électoral*. Ces régions sont selon l'art. 1er de la loi : Alsace, Lorraine et Champagne-Ardenne ; Aquitaine, Limousin et Poitou-Charentes ; Midi-Pyrénées et Languedoc-Roussillon ; Rhône-Alpes et Auvergne ; Haute-Normandie et Basse-Normandie ; Bourgogne et Franche-Comté ; Nord-Pas-de-Calais ; Ile-de-France ; Bretagne ; Centre ; Pays de la Loire ; Provence-Alpes-Côte d'Azur et Corse.

[5] ZARKA (C.), « Découpage des régions : adoption du texte par les députés en deuxième lecture », *Recueil Dalloz*, 27 novembre 2014, n° 41, p. 2345.

Espagne ou en Allemagne a été dénoncée par des députés estimant que ce n'est pas la taille qui compte, mais plutôt les « compétences » et le « poids financier » des régions[1]. Dans un contexte budgétaire difficile et de changement de majorité politique au Sénat, la fusion des régions rencontre beaucoup de difficultés et fait l'objet de nombreuses critiques[2] : hostilité de certains élus locaux, absence de réforme de l'État (réorganisation insuffisante pour certains), montant d'économie moindre que ce qui était annoncé au départ (2 milliards d'euros au lieu de 10 ou 15 milliards d'euros).

D'autres pistes[3] ont été expérimentées pour réaliser des économies en centralisant les fonctions-support comme le montre la création de l'organisme national de la Paie (ONP) ou la mise en place d'un service des achats de l'État (SAE) ou encore la mise en place du programme « Chorus » pour la gestion de la comptabilité qui n'est pas sans poser de difficultés techniques[4]. De plus, son coût est élevé et estimé à 1 milliard d'euros par an et pourrait atteindre 1, 5 milliard d'euros pour la période 2006-2015 selon un rapport d'information de la Commission des finances de l'Assemblée nationale publié en 2011. Le rapport critique le manque de visibilité concernant l'évaluation financière du projet « Chorus » : il émet un doute et s'interroge sur un possible « *mirage du retour sur investissement de Chorus* »[5].

En somme, la « *réorganisation administrative a permis de réduire de 16 % les effectifs de la fonction publique* »[6]d'État. Cela montre bien que la stratégie fondée sur le non-remplacement systématique des départs de fonctionnaires à la retraite (un fonctionnaire sur deux) ne constitue pas la seule voie possible de réduction du personnel de l'État.

Malgré l'intérêt que présente la RGPP en matière de réformes administratives, sa relation avec la thématique de l'évaluation des politiques reste cependant problématique.

---

[1] ZARKA (C.), « Découpage des régions : adoption du texte par les députés en deuxième lecture », Ibid.

[2] PAULIAT (H.), « Réformer les territoires, réformer la France… et réformer l'État ? », *JCP/ La Semaine juridique, Administrations et collectivités territoriales* n° 24, 16 juin 2014, p. 3-4. Sur cette problématique, voir également l'article de VERPEAUX (M.), « La réforme territoriale ou la bataille des régions », *JCP/ La Semaine juridique, Administrations et collectivités territoriales* n° 38-39, 22 septembre 2014, pp. 13-17.

[3] MIGEON (F.-D.), « La méthode RGPP : placer le changement au cœur de l'administration », *RFAP* n° 136, 2010, p. 992.

[4] SENAT, *La RGPP dans les préfectures : pour la délivrance des titres, la qualité du service public est-elle en péril* ?, *op. cit.*, p. 58.

[5] Assemblée Nationale, BOUVARD (M.), BRARD (J.-P.), CARCENAC (T.) et COURSON (C. de), *5 ans après : donner toute sa mesure à la LOLF, rapport d'information* n° 3644, Paris, Assemblée nationale, 2011, p. 86.

[6] DREYFUS (F.), « La révision générale des politiques publiques, une conception néolibérale du rôle de l'État ? », *RFAP* n° 136, 2010, p. 862.

3) RGPP et évaluation des politiques publiques

La RGPP censée passer au crible l'ensemble des politiques de l'État pour en accroître l'efficacité et réduire au mieux les dépenses de l'État en réformant en profondeur les structures administratives a incontestablement montré d'importantes limites en moins de cinq ans notamment sur le terrain de l'évaluation.

Tout d'abord, la révision générale des politiques publiques souffre d'une limite principale à savoir l'« *absence d'évaluation de la RGPP* »[1]. Jusqu'en 2010, ni le Comité interministériel d'audit des programmes (CIAP), ni la Cour des Comptes ni le Parlement n'ont procédé à des évaluations dans le cadre de la RGPP. Si parmi ces instances « *aucune ne l'a réellement fait jusqu'à présent, en partie sans doute à cause des problèmes d'accès à l'information, il n'est pas exclu que l'une d'elles y procède à moyenne échéance* »[2]. Mais en 2011, le Parlement s'est penché sur la question : le Comité d'évaluation et de contrôle a rendu un rapport d'information sous l'intitulé « *Une évaluation de la RGPP : méthode, contenus, impacts* »[3] ; sont évoqués dans l'étude, les points ayant des liens avec les thèmes abordés précédemment.

De manière paradoxale, dès sa conception, la RGPP était censée apporter des réponses précises et claires aux questions qui ont été formulées ainsi : « Que faisons-nous ? » ; « Quels sont les besoins et les attentes collectives ? » ; « Faut-il continuer à faire de la sorte ? » ; « Qui doit payer ? » ; « Comment faire mieux et moins cher ? » ; « Quel scénario de transformation ? ». Selon Bernard Perret, « *ces excellentes questions auraient pu déboucher sur de véritables évaluations de politiques publiques. Mais tel n'a pas été le cas* »[4]dans la mesure où la démarche a privilégié la recherche d'économies budgétaires et de réforme des structures. La RGPP a donc constitué une occasion manquée en matière d'évaluation des politiques.

Sitôt arrivé au pouvoir, le gouvernement socialiste dirigé par Jean-Marc Ayrault s'est empressé à mettre fin à la RGPP, un abandon qui serait selon certains « *idéologique et méthodologique* »[5]. Une nouvelle politique se met en place : la modernisation de l'action publique (MAP).

---

[1] LAFARGE (F.), *Ibid.*

[2] LAFARGE (F.), *op. cit.*, p. 773.

[3] CORNUT-GENTILLE (F.), ECKERT (C.), Assemblée Nationale, *Une évaluation de la RGPP : méthode, contenus, impact financiers*,

[4] PERRET (B.), « L'évaluation des politiques publiques : entre culture du résultat et apprentissage collectif », *Esprit* n° 350, décembre 2008, p. 151. L'auteur continue son argumentation en affirmant que « *compte tenu des délais et des objectifs qui leur étaient impartis, les équipes d'audit se sont rapidement focalisées sur les moyens de faire des économies sans prendre le temps de s'interroger sur les objectifs et les priorités de l'action publique, sans recours à de nouveaux travaux, ni à un véritable débat avec les fonctionnaires des ministères dépensiers* », PERRET (B.), *op. cit.*, p. 151.

[5] VILLENEUVE (P.), *op. cit.*, p. 2.

C) La « modernisation de l'action publique » (MAP)

L'absence de procédure d'évaluation des politiques n'est pas le seul défaut détecté par les auteurs dans le dispositif RGPP.

1) La RGPP a montré de nombreuses limites…

La RGPP a semble-t-il atteint sa vitesse de croisière et montré d'importantes limites : celles-ci sont diverses et variées et méritent d'être soulignées. La RGPP a été confrontée dès ses débuts à « *d'importants défauts de conception et de prescription* »[1]entraînant dans son sillage toute une série d'effets négatifs pour les agents publics en particulier les cadres : « anxiété », « solitude », « tension », « perte de sens et de repères », *etc.* Le *caractère autoritaire de la démarche* repose sur l'imposition de techniques et d'outils de travail par les cabinets de conseil. Ainsi, il a été régulièrement dénoncé dans diverses études[2] la « méthode » utilisée, l'absence de concertation tant avec les fonctionnaires [3]qu'avec les organisations syndicales et les collectivités locales[4] ; l'absence d'information et d'implication des usagers dans le processus décisionnel résultant de la RGPP ont été encore notées. Quant au législateur, il s'est trouvé totalement marginalisé[5] dans les prises de décisions. Même après la publication du rapport « Cornut-Gentile » évoquant la marginalisation de l'institution parlementaire, l'intervention du Parlement s'est limitée à quelques auditions[6]. En novembre 2011, le Conseil économique, social et environnemental prônait déjà la suspension[7] de la RGPP du fait de ses effets « déstabilisateurs » sur l'organisation des services déconcentrés de l'État et sur le plan budgétaire.

---

[1] CHAVAS (H.), « La Révision générale des politiques publiques en défaut d'expertise » in *Mélanges en l'honneur du Professeur Jacques Chevallier, Penser la science administrative dans la post-modernité*, Paris, LGDJ, 2013, p. 430 ; pour les effets négatifs chez les fonctionnaires, voir en particulier les pages 433-434.

[2] HALLINGER (P.), « En finir avec la RGPP », *RFAP* n° 136, 2010, p. 1009.

[3] Certaines de ces limites ont d'ailleurs été signalées récemment dans diverses publications notamment au travers de récents rapports publics : ainsi par exemple, le rapport publié par les trois grandes inspections d'État (dont l'Inspection Générale de l'Administration, l'Inspection Générale des Finances et l'Inspection Générale des Affaires Sociales) remis au Premier ministre le 25 septembre 2012 portant sur la RGPP a également souligné le manque de concertation avec les agents de la fonction publique ainsi que les organisations syndicale et préconise de ce fait la « réforme » de la RGPP en vue de « moderniser » l'action publique et celle des collectivités infra-étatiques. Selon Hélène Pauliat, les agents publics n'étant pas associés à la démarche, ont vécu « *la RGPP comme un repoussoir* », PAULIAT (H.), « Appréciation de la RGPP : la France doit aller plus loin ! », *JCP / La Semaine juridique n° 10-11*, 12 mars 2012, p. 5.

[4] VILLENEUVE (P.), « La RGPP est morte, vive la RGPP ! », *op. cit.*, p. 3.

[5] HALLINGER (P.), « En finir avec la RGPP », *RFAP* n° 136, 2010, p. 1009.

[6] ROUVILLOIS (F.), « Philosophie de la RGPP », in CAMDESSUS (M.), (sous la dir.), *Vers l'État optimal*, Paris, La Documentation française, 2012, p. 33.

[7] VILLENEUVE (P.), « La RGPP est morte, vive la RGPP ! », *op. cit.*, p. 3.

Il résulte de ces constats « alarmants » qu'une « *nouvelle gouvernance* » de la RGPP s'impose et le gouvernement Ayrault l'a baptisé sous le vocable la « *modernisation de l'action publique* ». Il s'agit de donner une nouvelle orientation à cette politique. Une chose est certaine maintenant : c'est que la « RGPP » est désormais enterrée pour mieux renaître sous les traits de la « modernisation sociale de l'action publique »[1] : l'annonce a été faite lors de la *grande conférence sociale* qui a été organisée par le gouvernement les 9 et 10 juillet 2012. Lors du « *Comité interministériel pour la modernisation de l'Action publique* » (CIMAP) du 18 décembre 2012, le Premier ministre Jean-Marc Ayrault a qualifié ironiquement la RGPP de « réduction générale des politiques publiques. Le gouvernement a tourné la page de cette méthode[2]. Mais que recouvre en réalité cette nouvelle politique publique ? C'est à cette question que les prochains développements vont essayer d'apporter une réponse argumentée.

2) ...Nécessitant une nouvelle politique : la « modernisation de l'action publique » (MAP)

Face aux nombreuses limites résultant de la politique de la RGPP et aux préconisations issues de différents rapports évoqués ci-dessus, le gouvernement a décidé de « rénover » la conduite de l'action politique en optant pour une formule nouvelle : la « modernisation de l'action publique » (MAP) ; celle-ci tend à apporter des réponses appropriées aux limites constatées ci-dessus en associant davantage les usagers de service public, les collectivités locales, les fonctionnaires, les organisations syndicales, *etc*., à l'effort de « modernisation » de l'action publique.

a) Modernisation de l'action publique : éléments de définition

Le thème de la modernisation est loin d'être nouveau. Sur le plan historique, la notion a émergé en France dès les années 1920 où toute réforme devait prendre en compte l'« *impératif de modernité* »[3] : entendue au sens étroit, la notion a été préférée à celle de « réforme administrative ». Après la Libération, émergea une nouvelle figure de l'État que Michel Crozier a qualifié d'« *État modernisateur* »[4]orienté vers la « gestion » du développement industriel, mais le paradoxe réside dans le fait qu'« *il ne s'est*

[1] VILLENEUVE (P.), *op. cit.*, p. 2.
[2] Déclaration du Premier ministre Jean-Marc Ayrault, Comité interministériel pour la modernisation de l'Action publique » (CIMAP) du 18 décembre 2012. La comparaison a été faite à propos de la réduction du nombre des agents du ministère de l'Education Nationale.
[3] ROUBAN (L.) et ZILLER (J.), « De la modernisation de l'administration à la réforme de l'administration », *RFAP* n° 75, juillet-septembre 1995, p. 345.
[4] CROZIER (M.), *État modeste, État moderne. Stratégies pour un autre changement*, Editions du Seuil, 1991, p. 90.

pas pour autant modernisé lui-même »[1]. Malgré quelques succès, les espoirs qui avaient été placés dans le rôle de l'État modernisateur se sont finalement heurtés aux rigidités bureaucratiques et aux dérives de la planification française réduisant toute chance de succès de la réforme. Même s'il n'existe pas de continuité entre les différentes « politiques » initiées par les gouvernements successifs et placées sous la bannière de la modernisation, la thématique a continué à nourrir les discours politiques : on ne compte plus le nombre de conférences, de débats, de colloques, de rapports, de travaux d'universitaires ainsi que de projets de réforme consacrés au thème de la modernisation[2]. Ainsi par exemple, l'administration animée par le souci d'efficacité et de recherche d'efficience a mis en œuvre en 1984 une « *politique de rigueur* »[3] tendant à réduire les effectifs de la fonction publique de 1 % pour les années 1984 et 1985 ; alors que la démarche visant la « modernisation de la fonction publique »[4] 1984-1988 était principalement axée sur l'innovation, la qualité, la participation et la gestion des ressources humaines. Sous couvert de modernisation, la politique mise en place par le Premier ministre Michel Rocard ayant fait du « *renouveau du service public* » le *fer de lance de sa politique de réforme* s'inscrit dans cette dynamique modernisatrice de l'action publique. De la même manière, certains éléments des politiques conduites par les gouvernements successifs [5]dont par exemple, la « démarche qualité » inaugurée sous Jacques Chirac constitue une illustration. Ces dix dernières années ont vu émerger une succession de réformes à visée modernisatrice : « *stratégies ministérielles de réforme* »[6]du gouvernement Raffarin (en 2003 puis abandonnée), « *audits de modernisation* »[7] du gouvernement de Villepin (en 2005-2006) s'inscrivant dans la logique de la LOLF et visant à systématiser les audits, « *révision générale des politiques publiques* » (RGPP) adoptée en 2007 : dans toutes ces démarches, « *les méthodes ont essentiellement visé les gains d'efficience et non la révision des missions ou les redéfinitions de priorités* »[8].

---

[1] CROZIER (M.), *État modeste, État moderne. Stratégies pour un autre changement*, *op. cit.*, p. 89.

[2] Jacques Chevallier aborde cet aspect dans son article sur « Le discours de la qualité administrative », *RFAP* n° 46, avril-juin 1988, p. 127.

[3] BAROUCH (G.) et CHAVAS, *Où va la modernisation ? Dix années de modernisation de l'administration d'État en France,* Paris, L'Harmattan, 1993, p. 28.

[4] BAROUCH (G.) et CHAVAS, Où va la modernisation ? Dix années de modernisation de l'administration d'État en France, Paris, L'Harmattan, 1993, p. 34.

[5] L'objectif n'est pas de les étudier ici.

[6] Circulaire du Premier ministre du 25 juin 2003.

[7] Circulaire du 29 septembre 2005 puis complétée par la circulaire du 13 juillet 2006.

[8] TROSA (S.), « Donner sens aux méthodes de modernisation de l'administration », *RFAP* n° 135, 2010, p. 539.

Mais qu'entend-on exactement par « modernisation de l'action publique »? Terme ignoré par les dictionnaires juridiques[1], la notion de modernisation est définie par le dictionnaire *Le Nouveau Petit Robert* comme l'« *action de moderniser son résultat* »[2] : une telle définition ne peut suffire à elle seule pour condenser le sens et la portée de la MAP. Quant à la définition donnée au verbe « moderniser », elle est déjà plus intéressante : « moderniser » consiste à « *organiser d'une manière conforme aux besoins, aux moyens* »[3]. La modernisation suppose donc un effort considérable d'adaptation, d'actualisation voire de transformation des politiques, des structures et de l'action publique en générale afin d'améliorer l'efficacité des politiques dans un contexte budgétaire contraint. Comme on peut le constater, la notion de modernisation n'est pas un terme juridique. L'idée est de construire une action publique plus « efficace » et plus « simple »[4]privilégiant la concertation avec les acteurs et la mobilisation des fonctionnaires. La démarche est porteuse de réformes structurelles privilégiant l'*évaluation systématique* de l'ensemble des politiques. En ce qui concerne la gouvernance des services publics, il s'agit selon le Premier ministre de promouvoir « *des services publics plus efficaces, mais aussi lorsque c'est nécessaire, des services publics nouveaux, mais aussi des services publics qui ne pèsent pas trop lourdement sur les contribuables, les finances publiques* »[5]. Même circonscrite sous cet angle, une telle définition ne peut condenser à elle seule l'ensemble des facettes de la MAP tant le contenu du terme est large[6] et les réalités plus complexes.

Ensuite, il faudra s'interroger sur la dimension stratégique de la MAP.

b) La MAP s'inscrit dans un cadre stratégique

La démarche de « modernisation de l'action publique » relève-t-elle d'une « *politique de l'affichage* »[7] consistant à montrer sa différence par rapport à la politique antérieure ou s'agit-il d'une démarche stratégique visant à réformer en profondeur l'action publique ? On ne résistera pas ici à

[1] En particulier par le « Lexique des termes juridiques 2013 » (Paris, Dalloz) et par le « Vocabulaire juridique » (Gérard Cornu et Association Henri Capitant, Paris, PUF, 9 édition 2011).

[2] *Le Nouveau Petit Robert de la langue française*, Paris, R Le Robert, 2010, p. 1615.

[3] *Le Nouveau Petit Robert de la langue française*, *Ibid.*

[4] Derrière cette philosophie se profile une ligne idéologique dans la mesure où il s'agit de construire « *un nouveau modèle français, alliant solidarité et compétitivité* », voir notamment le « relevé de décisions du CIMAP du 18 décembre 2012 », p. 3 ; le document est consultable le site www.gouvernement.fr

[5] Déclaration du Premier ministre Jean-Marc Ayrault, Comité interministériel pour la modernisation de l'Action publique » (CIMAP) du 18 décembre 2012.

[6] On sait aussi que la MAP présente un important chapitre consacré à l'« accélération de la transition numérique », thème exclu de notre champ de recherche.

[7] TROSA (S.), « Donner sens aux méthodes de modernisation de l'administration », *RFAP* n° 135, 2010, p. 541.

l'idée de retenir la deuxième hypothèse, mais en la limitant à sa propre dimension stratégique. Si la thématique de la modernisation de l'action publique entend opérer une « rupture » par rapport à la politique précédente, on se rend compte en réalité qu'elle « *s'inscrit dans la continuité de ce qui avait été fait précédemment* »[1]. La démarche de modernisation s'inscrit dans un cadre stratégique tendant à s'adapter au changement. L'évolution constante du contexte économique et social et l'impact des nouvelles technologies de l'information et de la communication conduisent à un processus d'adaptation des modes de gestion publique ; la recherche d'une plus grande efficience dans la gestion publique devient indispensable. La thématique de la modernisation semble répondre à cet impératif d'amélioration de la qualité et de l'efficacité des politiques tout en « *répondant à l'exigence du « mieux d'État », elle serait de nature à restaurer la légitimité de la gestion publique* »[2]. La MAP est une démarche qui vise à redresser les finances publiques et à améliorer l'efficience des politiques. La démarche stratégique est réelle dans la MAP.

La démarche vise à répondre à une série de contraintes auxquelles est soumise l'action publique : aux 4 contraintes[3] déjà décryptées par un auteur (contraintes économiques, financières, sociales[4], technologiques) [5]s'ajoutent deux autres : les contraintes budgétaires (déficits publics, dette publique), européennes ainsi que les impératifs managériaux guidant l'action publique (gestion publique, efficacité, efficience, performance publique et incitation, *etc*.).

Mais la modernisation de l'action publique soulève bien des interrogations : toute la difficulté est d'éviter de mettre « *du vieux vin dans de nouvelles bouteilles* »[6]. On sait que la RGPP avait pour objectif d'améliorer la qualité des services rendus aux usagers, de réduire le déficit public et de « moderniser » la fonction publique en réduisant le nombre d'agents publics afin d'améliorer leur condition matérielle et leur efficacité. La question qui se pose est donc de savoir : *en quoi la MAP est-elle différente de la RGPP ?* Une fois ce travail réalisé, il faudra ensuite essayer de comprendre les enjeux qui se profilent derrière cette nouvelle politique

---

[1] PONTIER (J.-M.), « Modernisation de l'action publique. A propos des décisions du CIMAP du 2 avril 2013 », *La Semaine juridique, édition générale*, n° 16, avril 2013, p. 755.

[2] CHEVALLIER (J.), « Le discours de la qualité administrative », *RFAP* n° 46, avril-juin 1988, p. 127.

[3] CHEVALLIER (J.), « La politique de modernisation administrative » in *Mélanges en l'honneur de Guy Braibant*, Paris, Dalloz, 1996, p. 71.

[4]Il s'agit par exemple de prendre en compte les besoins des usagers et l'attention accordée aux fonctionnaires).

[5] Le numérique produit des effets sur les méthodes de travail des administrations, sur la relation de pouvoir et plus généralement sur l'organisation du travail.

[6] DERLIEN (H.-U.), « La modernisation administrative en Allemagne : « du vieux vin dans de nouvelles bouteilles », *RFAP* n° 75, juillet-septembre 1995, p. 413.

ainsi que les implications qu'elle entraîne dans le champ juridique. Telles sont les questions que nous essaierons d'élucider.

Avant d'aborder les différentes thématiques, il n'est pas inintéressant de se pencher sur le pilotage du dispositif.

c) Le pilotage et le suivi du dispositif

La « modernisation de l'action publique » qu'entend mener le gouvernement pour améliorer l'efficacité de l'action publique est construite autour d'un nombre restreint de politiques: dans un premier temps dans son discours du 18 décembre 2012[1], trois thématiques avaient retenu l'attention du Premier ministre : la « *simplification de l'action administrative* », l'« *accélération de la transition numérique* » et enfin l'« *évaluation systématique des politiques publiques* ». Mais les thèmes ont par la suite évolué au cours du temps comme en témoigne le « *relevé de décisions du CIMAP du 18 décembre 2012* »[2] : les chantiers sont passés de trois à cinq domaines prioritaires.

Au total, 50 décisions ont été prises lors du comité interministériel de modernisation de l'action publique du 18 décembre 2012 dont l'application est déjà programmée selon un calendrier prévisionnel. Ces décisions ont été suivies de 30 autres nouvelles décisions[3] prises lors du CIMAP du 2 avril 2013. Ne seront évoquées ici que les décisions ayant une relation étroite avec la simplification et l'évaluation de politiques.

Le pilotage du dispositif est là aussi essentiellement politique : contrairement à la RGPP, le dispositif n'est pas supervisé au plus haut niveau par le président de la République ; le Premier ministre est la *clé de voûte du dispositif de pilotage* assisté par divers acteurs s'appuyant sur des structures créées à cet effet. La politique de « modernisation de l'action publique » reste essentiellement une *politique interministérielle.* Le dispositif reste centralisé : tout est organisé autour du Premier ministre et de la « ministre de la Réforme de l'État, de la Décentralisation et de la Fonction Publique »[4]. La montée en puissance de ce ministère a supplanté le rôle dévolu au ministère du Budget dans la RGPP : la ministre de la « Réforme de l'État, de la Décentralisation et de la Fonction Publique » endosse désormais le rôle de « rapporteur » général.

Deux organismes occupent une position centrale dans le dispositif de pilotage. Tout d'abord, le décret n° 2012-1198 du 30 octobre 2012 a créé *un*

[1] Déclaration de Jean-Marc Ayrault, Premier ministre devant le CIMAP, mardi 18 décembre 2012.

[2] Comité interministériel pour la modernisation de l'action publique, voir en particulier le document intitulé « Relevé de décisions du CIMAP du 18 décembre 2012 » consultable sur www.gouvernement.fr

[3] Voir le relevé de décisions du CIMAP du 2 avril 2013.

[4] Marylise LEBRANCHU en est l'actuelle titulaire.

« secrétariat général pour la modernisation de l'action publique »[1] (SGMAP) : le SGMAP est une structure interministérielle placée sous l'autorité du Premier ministre. Selon l'article 1er du décret, le SGMAP comprend deux directions à savoir d'une part, la « direction interministérielle pour la modernisation de l'action publique » (DIMAP) en remplacement de la « direction générale de la modernisation de l'État » et la « direction interministérielle des systèmes d'information et de communication de l'État » (DISICE) et d'autre part, plusieurs services dont ceux chargés de coordonner la mise à disposition des données publiques en vue de développer leur réutilisation ainsi que les services chargés de coordonner les travaux relatifs au fonctionnement des services déconcentrés de l'État.

Le secrétariat général pour la modernisation de l'action publique remplit plusieurs missions : chargé de coordonner et de soutenir les travaux conduits par les administrations au niveau interministériel, son rôle[2] est de faciliter l'évaluation et la « modernisation » de l'action publique en vue d'améliorer le service rendu aux citoyens et usagers et de contribuer à la bonne gestion des deniers publics. De même sur le plan interministériel, la coordination des travaux vise l'amélioration du fonctionnement des services déconcentrés de l'État[3]. La *coordination* concerne également l'action des services de l'État et de ses établissements publics quant à la réutilisation la plus large possible des informations publiques. Chargé d'administrer le portail unique interministériel[4], le SGMAP veille[5] au concours des systèmes d'information et de communication afin d'améliorer la qualité, l'efficacité, l'efficience et la fiabilité du service rendu ; il est appelé également à veiller à la simplification des relations entre les usagers et les administrations de l'État et entre celles-ci et les autres autorités administratives.

Parallèlement, a été institué un *« comité interministériel pour la modernisation de l'action publique »*[6] (CIMAP) par le décret n° 2012-1199 du 30 octobre 2012. Mais une lecture attentive montre que les deux décrets manquent de précision : tout d'abord l'article 1er du décret n° 2012-1198 du 30 octobre 2012 mentionne la création d'une « *direction* »[7] interministérielle pour la modernisation de l'action publique parmi les organismes composant le SGMAP alors que le décret n° 2012-1199 du 30 octobre 2012 lui fait

[1] Voir JORF n° 0254 du 31 octobre 2012.
[2] Article 2 du décret n° 2012-1198 du 30 octobre 2012 portant création du secrétariat général pour la modernisation de l'action publique.
[3] Voir le dernier alinéa du III de l'article 2 du décret n° 2012-1198 du 30 octobre 2012.
[4] Voir en particulier le point III de l'article 2 du décret n° 2012-1198 du 30 octobre 2012
[5] II de l'article 2 du décret n° 2012-1198 du 30 octobre 2012.
[6] JORF n° 0254 du 31 octobre 2012, texte n° 3.
[7] Le décret évoque le terme de « direction » dans tout le texte.

expressément référence à un « *comité* »[1] interministériel pour la modernisation de l'action publique : or, les deux décrets sont publiés le même jour et une « direction » ne se confond pas avec un « comité »[2]. Un *comité interministériel* est un organisme restreint créé par le gouvernement pour piloter des politiques ayant une dimension interministérielle : généralement présidée par le Premier ministre, la structure réunit tous les ministres concernés travaillant sur une même problématique. C'est une instance de décision politique. La *direction interministérielle est un organisme administratif* : elle est chargée de l'animation, de la conduite des politiques. Elle est dotée de personnels et de moyens financiers plus importants. Tout se passe en effet si le décret n° 2012-1198 du 30 octobre 2012 relatif au SGMAP a été rédigé dans la précipitation : à la lecture du texte, on se rend compte vite de l'existence de multiples répétitions ; certains passages de l'article 2 [3]et de l'article 3[4] témoignent de cette difficulté et on ne voit pas clairement la différence pouvant exister entre les structures. Même si elles demeurent complémentaires, cela constitue bien l'indice d'un doublon.

Présidé par le Premier ministre, le CIMAP est composé[5] de l'ensemble des ministres concernés, dont le ministre délégué au Budget. Le SGMAP assure le secrétariat du CIMAP. Pour animer les travaux du CIMAP, le SGMAP s'appuie[6] essentiellement sur les secrétaires généraux de ministères et les corps d'inspection et de contrôle des ministères.

Le CIMAP remplit diverses fonctions. De manière générale, il est chargé de fixer les orientations[7] de la politique gouvernementale dans le but d'améliorer l'organisation et le fonctionnement des services et des établissements publics de l'État. Par ailleurs, le CIMAP joue un rôle d'assistance[8] : il est appelé à assister les ministères dans l'élaboration et la mise en œuvre de leur stratégie de modernisation. Il doit par ailleurs contribuer à l'amélioration de la qualité des services rendus aux usagers et aux partenaires de l'administration. Cependant, la réussite d'une telle

---

[1] Le décret évoque le terme de « comité » dans tout le reste du texte : pas une seule fois, l'expression « direction » n'a été utilisée.

[2] Décret n° 2012-1199 du 30 octobre 2012.

[3] Dans l'article 2 du décret n° 2012-1198 du 30 octobre 2012 relatif au SGMAP, il est mentionné que celui-ci « *coordonne (...) les travaux conduits par les administrations (...) afin d'améliorer le service rendu aux citoyens et aux usagers* ».

[4] *Selon l'article 3-I* décret n° 2012-1198 du 30 octobre 2012 relatif au SGMAP « *La direction interministérielle pour la modernisation de l'action publique coordonne les travaux d'amélioration de l'action des administrations au profit des usagers* ».

[5] Article 1er du décret n° 2012-1199 du 30 octobre 2012.

[6] Article 4 du décret n° 2012-1198 du 30 octobre 2012 relatif au SGMAP.

[7] Article 1 du décret n° 2012-1199 du 30 octobre 2012.

[8] Voir le point A du III de l'article 3 du décret n° 2012-1198 du 30 octobre 2012.

mission implique que les agents publics soient davantage associés [1]au processus de « modernisation » de l'action publique.

Co-animateur des « travaux de modernisation de la gestion publique » avec différentes directions de l'administration centrale[2], le CIMAP est également une *instance de coordination* : la coordination concerne à la fois l'amélioration de l'action des administrations[3], les audits[4] et l'évaluation des politiques publiques. Le *rôle coordonnateur du CIMAP* vise aussi les « actions de communication et de formation »[5] dans le domaine de la modernisation de l'action publique. Enfin, le comité interministériel pour la modernisation de l'action publique concourt à l'adaptation[6] de l'organisation des structures administratives afin de tenir compte de l'évolution de leurs missions et de leurs modes de gestion.

Comme on a pu le remarquer et contrairement au dispositif de pilotage de la RGPP, le président de la République et le Secrétaire général de l'Elysée ne figurent pas dans l'organigramme de pilotage de la MAP : cela résulte de la volonté du président de la République de se décharger de la conduite de cette politique à visée réformatrice en la plaçant sous l'entière responsabilité du Premier ministre. Cela constitue un point de rupture par rapport à la politique précédente.

En ce qui concerne les relations entre le CIMAP et le Parlement, lors de chaque CIMAP, chaque ministre est amené à informer le Parlement[7] de l'ordre du jour, des résultats des évaluations, le suivi des réformes, les incidences sur les dépenses et l'emploi public ainsi que les modalités d'association des agents publics et des usagers.

On retiendra uniquement ici les réformes intéressant la thématique de l'État stratège tout en prenant le soin d'expliquer les grandes lignes, les méthodes retenues ainsi que le calendrier envisagé permettant de mettre en œuvre l'ensemble des décisions.

Deux idées-forces attirent l'attention : la MAP est porteuse d'une démarche de simplification et d'allègement des normes et envisage d'évaluer systématiquement les politiques publiques.

---

[1] Voir en particulier le 3° de l'article 1er du décret n° 2012-1199 du 30 octobre 2012.

[2] Ce rôle d'animation se fait en particulier avec la direction du Budget, la direction des finances publiques et la direction générale de l'administration et de la fonction publique ; voir 3° du II de l'article 1er du décret n° 2012-1198 du 30 octobre 2012 relatif au SGMAP.

[3] Voir le point I de l'article 2 du décret n° 2012-1198 du 30 octobre 2012 relatif au SGMAP.

[4] Voir le point IV de l'article 3 du décret n° 2012-1198 du 30 octobre 2012 relatif au SGMAP.

[5] Voir le point V de l'article 3 du décret n° 2012-1198 du 30 octobre 2012.

[6] Voir le point B de l'article 3 du décret n° 2012-1198 du 30 octobre 2012.

[7] BATTESTI (J.), BONDOZ (M.), MARIGEAUD (M.) et DESTAIS (N.), *Cadrage méthodologique de l'évaluation des politiques partenariales. Guide*, Paris, La Documentation française, 2012, p. 17.

d) La MAP porteuse d'une démarche de simplification de l'action publique

Le premier chantier concerne la « *simplification de l'action publique* »: la simplification de l'action publique est une nécessité guidée par le bon sens. C'est un *souci d'amélioration de la qualité des politiques* qui conduit les gouvernants à s'engager dans la voie de la simplification. *Les instruments juridiques sont essentiels pour atteindre cet objectif.* La circulaire du 7 janvier 2013 du Premier ministre invite chaque ministre de préparer un « *programme ministériel de modernisation et de simplification* » (PMMS) pour la période 2013-2015 pour conduire les réformes nécessaires et de réaliser des économies d'échelle dans le cadre de la programmation pluriannuelle des finances publiques : il s'agit de simplifier les services rendus aux usagers, aux entreprises et à améliorer l'organisation et le fonctionnement des administrations[1]. L'annexe 3 du relevé de décisions du CIMAP du 2 avril 2013 détaille les programmes ministériels de modernisation et de simplification. Le PMMS comporte deux volets. Le document annexé souligne que le premier volet « *vise l'amélioration des services rendus aux citoyens et aux usagers* »[2] : il s'agit de simplifier les normes et les processus, de simplifier les démarches aux usagers (particuliers et entreprises) et de mettre en place une stratégie ministérielle en faveur de la transition numérique et de la publication des données. Le deuxième volet des PMMS « *vise l'amélioration de l'organisation et du fonctionnement des administrations dans le respect de la trajectoire fixée pour les finances publiques* »[3] : le volet met l'accent sur la *professionnalisation des fonctions support des ministres* (rationalisation des fonctions support, budget/achat, *etc.*), la redéfinition du rôle, des moyens et de l'organisation des administrations centrales et déconcentrées des ministères, la rationalisation du paysage des agences et des opérateurs et la rénovation du paysage stratégique et enfin la rénovation des conditions de gestion des ressources humaines et du dialogue social.

Pour parvenir à cet objectif, le gouvernement Ayrault s'engage à « *diffuser une culture de la simplification* »[4] dans la politique de modernisation de l'action publique. Prise sous cet angle, la simplification de l'action publique peut-elle constituer un « antidote » efficace contre la « complexification » et renforcer la dimension stratégique des politiques ? La réponse est loin d'être évidente. Pour savoir concrètement ce qu'il en est, il importe d'analyser les réformes en cours portant sur cet aspect. On l'a dit, la thématique de la simplification concerne en premier lieu *les démarches*

[1] Ce dernier aspect sera longuement étudié dans la dernière partie de la thèse en ce qui concerne la problématique des agences et des opérateurs de l'État.
[2] Annexe 3 du relevé de décisions du CIMAP du 2 avril 2013, p. 31.
[3] Annexe 3 du relevé de décisions du CIMAP du 2 avril 2013, p. 36.
[4] Voir la décision n° 23 du relevé de décisions du CIMAP du 2 avril 2013.

administratives pour les particuliers. Dans cette rubrique, certaines décisions du CIMAP du 18 décembre 2012 ont trait aux personnes handicapées[1], au logement[2] et à l'emploi[3] : les décisions seront mises en œuvre au cours de l'année 2013 et certaines d'entre elles feront l'objet d'une expérimentation. D'autres décisions concernent plus directement la situation des jeunes[4], des personnes en situation de précarité,[5] mais aussi la vie citoyenne[6], la perte d'un proche[7], la sécurité et la justice[8] ou la santé et le

---

[1] Selon le relevé de décisions du CIMAP du 18 décembre 2012, la « *décision n° 1. Handicap* » a pour but de faciliter les démarches des personnes handicapées auprès des maisons départementales des personnes handicapées pour simplifier les conditions d'attributions de la carte de stationnement.

[2] La « *décision n° 2. Logement* » a pour but de permettre la demande en ligne d'aide au logement en envoyant les pièces justificatives en format dématérialisé. Le gouvernement envisage d'expérimenter la mesure au cours de l'année 2013 auprès de trois Caisses d'allocations familiales.

[3] Envisagée au second trimestre 2013, la « *décision n° 3. Emploi* » vise à améliorer la transparence du marché du travail en facilitant la publicité des offres et de la demande. Il s'agit aussi de mettre en place une base de données nationale de formation financée sur fonds publics à destination des jeunes et des adultes sans emploi (*projet Dokelio*), mais aussi de faciliter la dématérialisation de la procédure de demande de rupture conventionnelle pour améliorer la sécurité juridique.

[4] La « *décision n° 4 en faveur des jeunes* » est consacrée à différentes mesures de simplification des démarches administratives perçues par eux comme étant comme particulièrement complexes ; les pouvoirs publics comptent :

- développer l'inscription en ligne et le choix des options pour les élèves du collège (pour 2014) et du Lycée (pour 2013) ;
- améliorer la lisibilité des formations supérieures en simplifiant les intitulés par domaines disciplinaires et par métier et une nomenclature des intitulés des licences dès 2013 puis celle des masters ;
- faire du portail numérique admission post bac le point d'entrée unique d'inscription dans l'enseignement supérieur ;
- simplifier les changements d'affiliation en matière de sécurité sociale étudiante en proposant un nouveau forma d'affiliation en 2013.

[5] Les mesures visant les personnes en situation de précarité portent notamment sur la simplification des procédures de domiciliation dans le cadre d'un plan pluriannuel de lutte contre la pauvreté. Le deuxième chantier a pour objet d'assurer la lisibilité et la régularité des aides versées par les CAF afin de limiter les flux et les rappels. Enfin, la Seine-et-Marne et la Loire Atlantique ont expérimenté en 2013 des mesures de simplification pour réduire le non-recours aux prestations sociales des personnes en situation d'exclusion.

[6] L'essentiel des mesures tend à supprimer les demandes d'extraits d'acte d'état civil s'agissant des principales démarches, mais aussi de permettre à l'usager de préparer en ligne sa demande de vote par procuration. La démarche a pour but aussi de faciliter la création, la modification et la dissolution d'associations loi 1901 par Internet, etc.

[7] Il s'agit de développer l'usage du télé-service lors d'un décès d'un proche auprès d'organismes sociaux en faisant une seule déclaration.

[8] Décision n° 8 du CIMAP du 18 décembre 2012. Il s'agit d'expérimenter dès janvier 2013 dans une vingtaine de départements la mise en ligne des dépôts de plainte (pré-plainte) et de permettre aux usagers de suivre leurs plaintes sur Internet.

social[1]. De nouvelles mesures[2] visant à amplifier le mouvement de simplification ont été prises lors du CIMAP du 2 avril : parmi elles figurent la création d'un site proposant une information adaptée sur la qualité des prises en charge dans les établissements de santé à destination des usagers et de leurs représentants, un plan d'amélioration des procédures relatives aux communautés françaises à l'étranger, une rénovation des procédures relatives aux demandes de visas, l'extension de la télé-déclaration des revenus et de paiement des impôts aux mobiles, la mise en place d'une procédure de déclaration de grossesse en ligne, *etc*. Les récents résultats publiés[3] par le CIMAP du 2 avril 2013 à propos de la mise en place des mesures de simplification à destination des usagers sont pour l'instant « insignifiants », d'où la difficulté d'apprécier leur portée.

En deuxième lieu, la MAP a aussi pour objectif de *simplifier les démarches administratives pour les entreprises afin d'améliorer la compétitivité de l'économie française* : la simplification relève bien ici d'une démarche stratégique. Les principales décisions prises lors du premier CIMAP concernent la mise en place d'un « dispositif permanent de consultation des entreprises » pour l'élaboration de mesures de simplification[4] ; l'identification par les ministères des *chantiers prioritaires* permettant de localiser des attentes des entreprises afin de *réduire significativement les complexités vécues ou perçues par les chefs d'entreprises*[5] ; plus largement, la simplification des démarches pour les entreprises[6] et celles relatives aux secteurs agricole et alimentaire [1]est

[1] Les principales mesures concernent en particulier la mise en place d'un espace numérique pour les salariés et les employeurs (nouveau guichet en ligne) et des outils de simulation. D'autres portent sur le paiement en ligne des frais hospitaliers ou l'allègement des formalités de rattachement du nouveau-né à l'assurance maladie de ses parents.

[2] Décision n° 26 du CIMAP du 2 avril 2013.

[3] Les résultats obtenus concernent en particulier les demandes en ligne des usagers aux maisons départementales des handicapés pour désengorger les guichets et le canal téléphonique, l'expérimentation du télé-service d'inscription et de choix des options pour les élèves entrant aux lycées, etc., (voir la page 13 des relevés de décisions du CIMAP du 2 avril 2013).

[4] « Décision n° 10 » du relevé de décisions du CIMAP du 18 décembre 2012, p. 8. Le gouvernement a mis en place le projet dit « *Dites-le-nous une seule fois* » pour simplifier les déclarations pré-remplies de contribution sociale de solidarité des sociétés, mais aussi le développement de la dématérialisation des attestations fiscales et sociales. D'autres décisions tendent à unifier les déclarations sociales ou simplifier et accélérer les procédures applicables à l'immobilier d'entreprises ou encore la mise en place d'un portail unique d'aides en mars 2013. Par ailleurs, il existe d'autres mesures visant à lutter contre la « sur-transposition » du droit communautaire en droit français ; l'évaluation de l'impact des nouvelles règles sur les PME et TPE et la réduction des obstacles à l'export des PME et TPE.

[5] C'est la décision n° 12 du CIMAP.

[6] C'est la décision n° 13 : celle-ci vise l'amélioration de la lisibilité et de la cohérence des franchissements de seuils de nombre de salariés pour l'application de la législation fiscale et sociale ; la simplification de l'utilisation du titre emploi service entreprises (TESE) ; l'aide aux entreprises à respecter leurs obligations en matière d'égalité professionnelle ; la

désormais au cœur des préoccupations de l'État. Afin d'atteindre l'objectif de simplification, le gouvernement s'est engagé à associer l'ensemble des acteurs économiques concernés par la démarche. Le relevé de décisions du CIMAP du 2 avril 2013 vient d'indiquer que « *des résultats concrets ont été atteints dès le premier trimestre 2013* »[2]. Mais une lecture attentive montre qu'au-delà des 250 000 entreprises bénéficiant depuis mars 2013 du pré-remplissage de la contribution sociale de solidarité des sociétés, l'essentiel des chantiers évoqués[3] sont en cours de réalisation comme par exemple les « tests PME » expérimentaux pour simplifier la production normative ou encore s'agissant de la simplification des procédures douanières à l'export : paradoxalement, pour certains résultats déjà annoncés définitifs, ils ne seront en réalité mis en œuvre que bien plus tard. D'où l'utilisation du verbe au futur simple de l'indicatif : c'est le cas lorsque le document précise que « *les premières déclarations sociales nominatives (DSN) seront émises par les entreprises pilotes dans les prochains mois* »[4] alors même que la mesure sera obligatoire en 2016. Une telle démarche est préoccupante et donne l'impression d'« aller vite en besogne » en annonçant des résultats alors même que la réalité montre bien qu'ils ne seront pas connus avant plusieurs mois.

Enfin, la « modernisation » de l'action publique conduit plus généralement à la *simplification des normes pour les citoyens, les entreprises et les collectivités locales*. L'idée majeure est bien entendu d'alléger et de simplifier les *normes qui ont un coût pour la collectivité*. Certaines décisions concernant cet aspect tendent à améliorer la qualité[5] des normes nouvelles : les *études d'impact* constituent un excellent instrument d'application pour passer au crible l'ensemble des textes réglementaires et des textes permettant de transposer le droit communautaire. D'autres décisions ont pour objet de *limiter l'inflation normative*[6] : pour y arriver, une règle a été posée : « *une norme créée = une norme supprimée* ». De même, le gouvernement s'est engagé à développer l'*évaluation « ex-post »* des principaux textes législatifs en créant un « *commissariat à la stratégie et à la prospective* »[7]. Egalement, les pouvoirs publics s'engagent à simplifier les normes en vigueur en

---

facilitation des procédures d'achats de l'État auprès des PME du secteur de la défense et l'accélération de la procédure de paiement.

[1] La décision n° 14 a pour but la poursuite de la dématérialisation des procédures de demande des aides de la PAC ; la mise en place d'un bouquet de services en ligne « *Mes démarches* » pour faciliter l'accès aux informations, formulaires, aux différentes démarches ; etc.

[2] Relevé de décisions du CIMAP du 2 avril 2013, p. 14.

[3] Relevé de décisions du CIMAP du 2 avril 2013, p. 14 et voir l'annexe 8 en particulier la page 63.

[4] Relevé de décisions du CIMAP du 2 avril 2013, voir l'annexe 8 en particulier la page 62.

[5] Décision n° 15 du CIMAP du 18 décembre 2012.

[6] Décision n° 16 du CIMAP du 18 décembre 2012.

[7] Décision n° 17 du CIMAP du 18 décembre 2012.

allégeant le « stock » de normes déjà existantes[1] : à titre d'illustration, les « *états généraux de la modernisation du droit de l'environnement* » à la fin du premier semestre 2013 auront pour mission de « simplifier et d'alléger » le droit de l'environnement.

Il s'agit ici de savoir *en quoi la politique de simplification permet aux pouvoirs publics d'atteindre les objectifs stratégiques auxquels ils se sont fixés* (c'est-à-dire, les objectifs visant à la fois l'administration, les différents bénéficiaires ou destinataires et les politiques) ? À cette question, le professeur Jean-Marie Pontier apporte quelques éléments de réponse : selon lui, la simplification peut être conçue « *en vue d'une plus grande performance* »[2] ou du moins en vue d'une plus grande efficacité ou d'une plus grande efficience des politiques. Cet argument avancé par l'auteur n'est pas dénué d'intérêt : le modèle administratif français « *en voie d'épuisement* » aurait besoin d'un nouveau souffle, d'où l'incitation des gouvernants à entreprendre en permanence des « réformes » pour *adapter l'action publique aux nouveaux défis du 21ème siècle.* C'est ainsi que l'administration est invitée à adapter son organisation et ses modes d'action pour répondre le plus efficacement et le plus rapidement possible aux multiples demandes des usagers et des citoyens de plus en plus exigeants dans leurs attentes à la fois en termes d'efficacité, de coût, de rapidité, *etc.* Du côté des entreprises, les exigences ne sont pas les mêmes, mais elles sont de plus en plus dépendantes de cadre juridique qui régit les activités des entreprises : *si le cadre normatif est suffisamment souple, il attire les investisseurs étrangers* ; *à l'inverse, il les faire fuir vers d'autres destinations plus accueillantes*. Comme on peut le constater, *la politique de simplification renforce d'une certaine façon, l'attractivité de la destination France ;* c'est un *élément de compétitivité* dans la « guerre économique ».

La simplification vise par ailleurs l'amélioration de l'action de l'administration et des politiques : selon la loi du 2 juillet 2003, la « *simplification constitue une condition de l'efficacité de l'action administrative* »[3]. En France, plusieurs réformes administratives ont comporté des volets de simplification. À titre d'illustration, certaines d'entre elles ont ciblé plus directement les procédures administratives[4], les démarches administratives, la réglementation, la législation, le droit[5], *etc.*

[1] Décision n° 18 du CIMAP du 18 décembre 2012.

[2] PONTIER (J.-M.), « Performance et simplification », in ALBERT (N.), (sous la dir.), *Performance et droit administratif*, Paris, Litec, Collection « Débats & Colloques », 2010, p. 91.

[3] Loi n° 2003-591 du 2 juillet 2003 habilitant le gouvernement à simplifier le droit.

[4] Certains aspects de la loi n° 2004-1343 du 9 décembre 2004 de « simplification de droit » visent l'allègement des procédures administratives dont la lourdeur. D'autres tendent à renforcer la sécurité juridique et de lever les obstacles législatifs à la dématérialisation des procédures.

[5] Loi n° 2003-591 du 2 juillet habilitant le gouvernement le droit.

Cela étant, la simplification porteuse d'une démarche de performance et/ou d'efficacité mérite d'être nuancée : d'une part, la simplification peut constituer un moyen d'occulter[1] la performance; d'autre part, elle ne poursuit pas nécessairement comme but la performance[2] et celle-ci ne s'acquiert pas obligatoirement par la simplification[3]. En réalité, il existe bien des obstacles[4] politiques et juridiques à la simplification.

L'évaluation de politiques est l'autre dimension stratégique de la MAP.

e) La MAP envisage l'évaluation systématique de l'ensemble des politiques

L'« *évaluation systématique des politiques* » constitue un pilier essentiel de la modernisation de l'action publique (MAP). Comme l'a souligné le CIMAP dans les relevés de décisions du 2 avril 2013, « *c'est l'action publique dans son ensemble qui est évaluée* »[5]. Étonnamment, on constate que ni le relevé de décisions du CIMAP du 18 décembre 2012, ni les décrets portant création du SGMAP et du CIMAP ne font référence à la LOLF. Or, celle-ci a pour objet d'évaluer systématiquement l'ensemble des politiques de l'État. La MAP présente quelques traits communs avec la LOLF puisque celle-ci envisageait d'étendre l'évaluation à l'« *ensemble des actions de l'État* ». Il existe cependant une différence entre les deux évaluations dès l'instant où l'évaluation entendue au sens de la MAP (ensemble des politiques) englobe celle promue par la LOLF. Si LOLF et MAP visent toutes les deux l'efficacité et l'efficience des politiques, la démarche d'évaluation reste différente. L'*évaluation de la performance des politiques* introduite par la LOLF est basée sur des *indicateurs de performance* alors que dans le dispositif MAP, on note l'*absence d'indicateurs*. On ne peut s'empêcher de se demander dans ces conditions s'il n'existe pas de doublon dans la démarche évaluative et de se demander finalement laquelle de deux démarches est la plus pertinente. Dans la MAP, un « simple » « guide » méthodologique se borne à indiquer le respect des règles de procédure concernant la phase de diagnostic et d'élaboration de scénarios de réformes. Dans le dispositif RGPP, la démarche est essentiellement orientée vers la *« maîtrise » de la dépense publique* puisque le mécanisme envisageait de passer au crible l'ensemble des dépenses de l'État. S'inscrivant dans le « prolongement » de la RGPP, la MAP cherche aussi à « *évaluer pour*

---

[1] PONTIER (J.-M.), « Performance et simplification », in ALBERT (N.), (sous la dir.), *Performance et droit administratif*, Paris, Litec, Collection « Débats & Colloques », 2010, p. 107.

[2] PONTIER (J.-M.), *op. cit.*, p. 111.

[3] PONTIER (J.-M.), *op. cit.*, p. 113.

[4] PONTIER (J.-M.), *op. cit.*, p. 114 et 116.

[5] Relevé de décisions du CIMAP du 2 avril 2013, p. 23 (Annexe 1).

moderniser les politiques publiques »[1] en inscrivant son action dans un cadre stratégique. La démarche de modernisation conduit les gouvernants à élargir le champ des acteurs liés au processus décisionnel pour « *construire une vision collective des enjeux, des objectifs, des résultats et des modalités de mise en œuvre de chaque politique publique* »[2]. Pour rappel, une des critiques qui avait été adressée à la RGPP est d'avoir exclu un ensemble d'acteurs essentiels à la réussite d'une politique publique. C'est la raison pour laquelle, la démarche cherche à associer l'ensemble des acteurs concernés par les politiques aux différentes actions menées : État, collectivités locales, opérateurs et organismes sociaux.

En ce qui concerne la gouvernance et le pilotage du nouveau dispositif, le *comité interministériel* reste l'« *instance décisionnelle* »[3] : programmeur des évaluations, il valide les travaux et retient les scénarios de réformes les plus plausibles. Mais en réalité, la décision d'engager l'évaluation relève de la responsabilité de chaque ministre. Celui-ci désigne les personnalités compétentes pour piloter les évaluations en partenariat avec les acteurs concernés.

Un *comité de pilotage restreint* a été mis en place et dirigé par le directeur de cabinet du Premier ministre. Le comité est appuyé par le ministre chargé de la réforme de l'État, mais la coordination des travaux relève de la responsabilité du ministre du Budget.

Un « *guide* » servant de « *cadrage méthodologique de l'évaluation des politiques partenariales* »[4] a été élaboré par les inspections [5]pour donner un cadre commun à tous les acteurs de l'évaluation. Le « guide » « *prône souplesse et pragmatisme dans les pratiques de concertation et d'examen de scénarios de réforme en fonction des politiques, de leur contexte et de leurs acteurs* »[6]. L'évaluation des politiques publiques partenariales cherche à promouvoir une « vision partagée » d'une politique afin d'apprécier son efficacité et construire une vision « collective » de l'avenir en mettant en cohérence les moyens et les objectifs. Comme son nom l'indique, la démarche se veut partenariale. Selon le « guide » conçu, toute démarche tendant à évaluer une politique doit respecter les deux phases : tout d'abord la *phase de diagnostic*, elle consiste à faire un état des lieux, une présentation des objectifs et de leur cohérence, l'identification des priorités

[1] Relevé de décisions du CIMAP du 18 décembre 2012, p. 16, consultable sur le site www.gouvernement.fr

[2] Relevé de décisions du CIMAP du 18 décembre 2012, p. 16, consultable sur le site www.gouvernement.fr

[3] Décision n° 39 du CIMAP du 18 décembre 2012.

[4] BATTESTI (J.), BONDOZ (M.), MARIGEAUD (M.) et DESTAIS (N.), *Ibid.*

[5] Parmi ces hauts fonctionnaires figurent un agent de l'Inspection générale de l'administration, de l'Inspection générale des finances et de l'Inspection générale des affaires sociales.

[6] BATTESTI (J.), BONDOZ (M.), MARIGEAUD (M.) et DESTAIS (N.), *op. cit.*, p. 1.

et leur hiérarchisation afin d'apprécier l'efficacité, l'efficience et la « soutenabilité » (entendue comme la capacité de mobiliser des ressources tout en prenant en compte les contraintes financières) de la politique ; ensuite, la *phase d'élaboration de scénarios de réforme et* consiste à faire des propositions de réforme au CIMAP. Durant la *phase de diagnostic*, deux documents sont établis : un « *rapport d'analyse* » restituant le plus fidèlement possible l'état des lieux, des convergences des débats ; et un « *rapport opérationnel* », « *court et normé afin de faciliter la décision, qui présente les conclusions du responsable opérationnel incluant notamment les priorités hiérarchisées de la politique évaluée et quelques pistes d'évolution possibles* »[1]. Signés par le responsable opérationnel, les deux rapports sont ensuite transmis au coordonnateur ; puis les deux rapports sont présentés au comité de pilotage pour délibération. Au vu des informations contenues dans les deux rapports, le comité de pilotage peut demander la poursuite des travaux en cas d'insuffisance de diagnostic en accordant un nouveau délai. En ce qui concerne les propositions de réformes formulées pendant la deuxième phase, elles sont transmises au CIMAP pour validation. Deux organismes interviennent dans l'animation du dispositif en jouant un rôle central dans l'encadrement méthodologique des travaux : d'une part, le SGMAP qui apporte de l'aide méthodologique aux différents travaux et d'autre part, les inspections générales interministérielles qui proposent une « méthodologie type » permettant aux ministères concernés d'engager les évaluations. Le « *commissariat à la stratégie et à la prospective* »[2] est chargé d'assurer *le suivi des évaluations* sur le plan méthodologique. L'organisme associera aux cycles d'évaluations un ensemble d'acteurs, dont des partenaires sociaux, des personnalités qualifiées et des élus.

Au total, 40 politiques publiques [3]ont fait l'objet des trois premiers cycles d'évaluations pour l'année 2013 recouvrant ainsi un champ de dépenses publiques estimé environ à 250 milliards[4] d'euros. L'objectif est clair : toutes ces politiques exigent un « *examen systématique de leurs objectifs et de leurs modalités de mise en œuvre* »[5]. Le premier cycle d'évaluations commençant à partir de janvier 2013 et concerne 26 thématiques[6]. Quant au deuxième

[1] BATTESTI (J.), BONDOZ (M.), MARIGEAUD (M.) et DESTAIS (N.), *op. cit.*, p. 25.
[2] Décision n° 40 du CIMAP du 18 décembre 2012.
[3] Décision n° 41 du CIMAP du 18 décembre 2012.
[4] Relevé de décisions du CIMAP du 2 avril 2013, p. 3.
[5] Relevé de décisions du CIMAP du 2 avril 2013, p. 3.
[6] Le premier cycle d'évaluations concerne la gouvernance et le pilotage de la communication gouvernementale ; l'appui aux entreprises à l'international ; la scolarisation des enfants en situation de handicap ; la politique d'éducation prioritaire ; la gestion de l'aide juridictionnelle ; les politiques d'aide aux entreprises : les aides individuelles directes, les acteurs du développement économique local ; le pilotage de la politique en faveur de l'économie sociale et solidaire ; l'efficience de la gestion des prestations d'assurance maladie ; la gouvernance de la politique de la petite enfance et du soutien à la parenté ; l'architecture, le ciblage et l'efficacité des aides à la famille ; la gouvernance territoriale des

cycle d'évaluations débutant en avril 2013, il portera sur 10 thèmes[1]. Enfin, seulement 4 thématiques[2] concernent le troisième cycle d'évaluations et a eu lieu en juin 2013. On est frappé ici par l'« impressionnisme » du nombre de thèmes retenus faisant l'objet d'évaluation. On peut se demander réellement si ce programme tellement chargé ne finira pas par alourdir le procédé et s'avérer contre-productif. Une évaluation exige beaucoup de temps ; la mise en place d'une équipe compétente, de préférence peu nombreuse travaillant en osmose et dotée de moyens suffisants pour accomplir leur mission est indispensable. Par ailleurs, si le calendrier fixé par le gouvernement indique de manière précise le début de chaque évaluation, en revanche, il n'existe aucune limite mettant fin aux cycles d'évaluations. Or, toute démarche d'évaluation digne de ce nom doit comporter au-delà des membres composant l'équipe, un *calendrier précisant le début des travaux et une date de remise des travaux.* Le risque qui peut découler de l'imprécision est de voir les évaluations s'éterniser : lorsque les évaluations arriveront à terme, il y a un risque de voir les scénarios de réformes en décalage avec les réalités de la décision ; l'évaluation s'éternisant peut dès lors s'avérer peu utile et utilisable compte tenu du déplacement des enjeux. Cet aspect a d'ailleurs retenu l'attention des rédacteurs du « guide » méthodologique de l'évaluation des politiques partenariales pour qui toute *« évaluation complète de politique publique partenariale requiert six à neuf mois ; au-delà de ce délai, il y a un risque d'enlisement »*[3]. Or, les délais excessifs de travaux réduisent considérablement l'intérêt, la portée des rapports. La lenteur est un indice d'inertie : cela va à l'encontre d'une *démarche stratégique qui demande de la réactivité de la part des gouvernants* ; il s'agit de *mener des*

politiques d'insertion et de lutte contre l'exclusion ; le pilotage de l'allocation aux adultes handicapés ; la territorialisation de la politique du logement ; la politique d'intégration ; la politique de l'eau ; les financières aux contrats de formation par alternance ; la formation professionnelle des demandeurs d'emploi ; les évaluations dans le cadre du « livre blanc sur la défense et la sécurité nationale » ; l'optimisation de la gestion des prestations en faveur des anciens combattants ; le bilan de la réforme de la maîtrise d'ouvrage et de la maîtrise d'œuvre des monuments historiques ; la politique de soutien à la vie étudiante ; la politique de développement agricole ; l'affectation et la mobilité des fonctionnaires sur les territoires ; les dispositifs d'incitation fiscale à l'investissement outre-mer et le soutien au sport professionnel.

[1] Le deuxième cycle d'évaluations porte sur le pilotage de la politique de prévention et de lutte contre les drogues et la toxicomanie ; l'organisation et le pilotage des réseaux à l'étranger (commerce extérieur/économie et finances) ; la gouvernance de la protection de l'enfance ; la gestion de la politique de sécurité sanitaire des aliments ; la tarification des établissements et services médico-sociaux pour personnes handicapées ; la politique territoriale d'incendie et de secours ; la police de l'environnement ; la politique territoriale de l'emploi ; l'organisation du soutien au spectacle vivant ; la coordination de l'action internationale en matière d'enseignement supérieur et de recherche.

[2] Le troisième cycle d'évaluations va porter sur la lutte contre le décrochage scolaire ; la prévention des expulsions locatives ; la politique de sécurité routière ; la politique publique de numérisation et d'archivage numérique.

[3] BATTESTI (J.), BONDOZ (M.), MARIGEAUD (M.) et DESTAIS (N.), *op. cit.,* p. 4.

évaluations en temps utile présentant un intérêt stratégique pour la prise de décision.

Depuis le lancement des premiers cycles d'évaluation, seules huit[1] politiques publiques ont réellement fait l'objet d'évaluation ; les autres sont en cours de réalisation. Selon le relevé de décisions du CIMAP du 2 avril 2013, elles concernent diverses thématiques : appui aux entreprises à l'international, politique d'aide aux entreprises, aides à la famille, gouvernance de la politique de la petite enfance et du soutien à la parentalité, gouvernance territoriale des politiques d'insertion et de lutte contre l'exclusion, pilotage de l'allocation aux adultes handicapés, maîtrise d'ouvrage et maîtrise d'œuvre des monuments historiques, politique de développement agricole. À cet égard, deux critiques principales peuvent être formulées. En premier lieu, la présentation laconique en quelques mots des évaluations réalisées est problématique. Or, toute démarche d'évaluation doit respecter toute une série de conditions, de phases : plus encore, elle doit informer les difficultés, les échecs, l'appréciation des différentes instances d'évaluation des travaux qui ont été menés ; tout cela a été omis dans le relevé de décisions du 2 avril 2013 (y compris les annexes). En deuxième lieu, se pose la question de la dimension stratégique des politiques évaluées. On l'a évoqué, la MAP privilégie une évaluation systématique de l'ensemble des politiques : cependant sur les huit politiques évaluées, seuls l'appui aux entreprises à l'international, la politique d'aide aux entreprises et la politique de développement agricole peuvent présenter une dimension stratégique. Si les autres évaluations sont importantes, leur dimension stratégique susceptible d'améliorer l'efficacité des politiques n'est pas démontrée. On peut se demander dans ces conditions si une démarche privilégiant une évaluation globale de l'ensemble des politiques était la solution la plus efficace qu'une démarche favorisant la sélectivité consistant à se focalisant d'abord sur l'évaluation de politiques présentant une forte valeur ajoutée à l'action stratégique de l'État.

Dans un Etat stratège, l'évaluation ne concerne pas que les politiques publiques ; elle vise aussi le droit.

SECTION 2. L'ÉVALUATION DU DROIT

La démarche évaluative intéresse aussi la législation et plus largement le droit.

Si l'évaluation relève du thème de l'État stratège, force est de constater qu'elle ne « *répond plus à l'exigence de réflexivité qui est au cœur de la démarche stratégique* »[2] : le manque de souplesse ayant limité sa portée contraste fortement avec celle que présente le droit expérimental.

[1] Relevé de décisions du 2 avril 2013, p. 4.
[2] CHEVALLIER (J.), « L'État stratège », *op. cit.*, p. 381.

§1. Le droit expérimental comme stratégie de mise à l'épreuve d'une réforme

L'État stratège est un État qui met à l'épreuve les politiques avant de procéder à une généralisation ou à un abandon. L'expérimentation n'est pas un phénomène récent en France puisque la première expérimentation législative date de 1959[1] ; puis elle a été suivie d'une vague de réformes portant sur l'organisation administrative de l'État.

Du point de vue conceptuel, l'expérimentation est selon Roland Drago l'« *ensemble des procédés permettant aux autorités publiques, à partir d'hypothèses et de projets qu'elles ont élaborés, d'expérimenter une réforme qu'elles envisagent* »[2]. Les origines de la notion d'expérimentation remontent aux travaux de Claude Bernard[3]. L'expérimentation est une démarche scientifique qui se fonde sur des hypothèses vérifiables et reproductibles : l'objectivité de la démarche rend les résultats difficilement contestables. Le procédé de l'expérimentation est de plus en plus mobilisé dans l'élaboration des politiques. La montée irrésistible de la thématique du droit expérimental est une traduction de la « *tendance générale à la scientifisation* »[4] des interventions étatiques. L'expérimentation est en passe de devenir un « mode de gouvernement »[5].

Avant d'approfondir la réflexion, il est essentiel de distinguer l'expérimentation de l'évaluation. L'évaluation, on l'a souligné, consiste à porter un jugement d'appréciation sur les effets d'une politique. Dans la démarche expérimentale, les pouvoirs publics testent une politique ; en fonction des résultats obtenus, la politique est ajustée et les correctifs sont apportés. Paradoxalement, la « *déconnexion entre les idées d'évaluation et d'expérimentation* »[6]a longtemps prévalu en France.

Toute politique expérimentale[7] comporte la définition de l'objet, de la durée, l'élaboration du cadre juridique et une procédure d'évaluation. Il existe deux types d'expérimentation : l'expérimentation globale et l'expérimentation partielle. L'« *expérimentation globale* » [8]permet

---

[1] Loi n° 59-1557, 31 décembre 1959, JO. 2 janvier 1960, p. 66.

[2] DRAGO (R.), « Le droit de l'expérimentation » in *Mélanges en hommage à François Terré, L'avenir du droit*, Paris, Dalloz, PUF, 1999, p. 231.

[3] BERNARD (C.), *Introduction à l'étude de la médecine expérimentale*, Paris, Flammarion, rééd. 1984 (1ère édition en 1865).

[4] MADER (L.), MORAND (C.-A.), *L'évaluation législative : pour une analyse empirique des effets de la législation, op. cit.,* p. 169.

[5] DRAGO (G.), « Expérimentation et Constitution », AJDA 21 octobre 2002, p. 989.

[6] CHEVALLIER (J.), « Les lois expérimentales. Le cas français », *op. cit.*, p. 123.

[7] On en revient en définitive aux quatre conditions posées par le Professeur Jacques Chevallier pour qui : 1) toute loi expérimentale présente un caractère temporaire ; 2) celle-ci comporte un terme mettant fin à son application ; 3) elle envisage l'évaluation ; enfin, une loi ultérieure est nécessaire pour pérenniser le dispositif, voir en particulier CHEVALLIER (J.), « Les lois expérimentales : le cas français », *op. cit.*, p. 121.

[8] CHEVALLIER (J.), *op. cit.*, p. 125.

d'appliquer une politique pour une durée limitée sur l'ensemble du territoire pour vérifier les effets alors que l'« *expérimentation partielle* »[1]consiste à tester une politique nouvelle sur une échelle réduite du territoire ou sur une population cible. Avant de procéder à la généralisation de la politique, l'évaluation est indispensable. L'expérimentation est toujours limitée dans le temps. Les caractéristiques de l'expérimentation sont au nombre de trois[2] impliquant la création de règles nouvelles qui doivent préciser la durée de l'expérimentation et enfin l'évaluation de la politique envisagée.

La question qui nous intéresse ici précisément est de chercher à comprendre en quoi l'expérimentation relève de la figure de l'État stratège et de quelle manière elle contribue à améliorer l'efficacité des politiques. Tel est le fil conducteur de ces lignes qui suivent.

L'étude s'attachera tout d'abord à cerner le caractère stratégique du droit expérimental avant d'analyser son encadrement juridique.

A) La dimension stratégique du droit expérimental

L'expérimentation relève bien du thème de l'État stratège, car « *les matières les plus techniques sont celles qui se prêtent le mieux à des expériences : telles les matières administratives* »[3]. Mobilisée pour mettre à l'« épreuve » le bien-fondé des réformes, l'expérimentation a pu parfois apparaître comme un moyen privilégié de réorganisation des services administratifs notamment à travers les politiques de déconcentration. Le droit expérimental comporte bel et bien une ligne stratégique évidente : « *prévenir l'échec* »[4] d'une politique en faisant « *l'économie des inconvénients inhérents à l'application immédiate des mesures généralisées*»[5]. Toute politique ou réforme comporte une part d'incertitude quant à l'atteinte des résultats. L'aide qu'apporte la technique de l'expérimentation est décisive dans la mesure où « *la prévision des résultats de l'action devient possible* »[6]. La démarche expérimentale présente

---

[1] CHEVALLIER (J.), *Ibid.*

[2] Selon le professeur Jacques Moreau, l'expérimentation « *implique la création de règles nouvelles et, par définition, dérogatoires au droit commun (...) elle suppose une durée, ce que disait déjà le Conseil d'État en évoquant une « extension progressive », ce qui suggère le Conseil constitutionnel (« maintien, modification, généralisation, abandon ») (...) elle est inséparable d'un mécanisme d'évaluation, ce qui lui confère un aspect très moderne. Toute expérimentation est une « manière de voir »*[2], *Ibid.*

[3] CARBONNIER (J.), *Sociologie juridique*, Paris, PUF, Collection Quadrige, 2ème édition, 2004, p. 220.

[4] CHEVALLIER (J.), *op. cit.*, p. 375.

[5] BOULOUIS (J.), « Note sur l'utilisation de la « méthode expérimentale » en matière de réformes » in *Mélanges offerts à Monsieur le Doyen Louis Trotabas*, Paris, LGDJ, 1970, p. 35.

[6] Ministère de l'Intérieur, de la Sécurité intérieure et des Libertés locales, *Les collectivités locales et l'expérimentation : perspectives nationales et européennes*, Paris, La Documentation française, 2004, p. 35.

ensuite un « avantage technologique » dès l'instant où elle participe à l'adaptation des règles aux réalités nouvelles[1].

Le droit expérimental peut contribuer à renforcer la légitimité de l'action des pouvoirs publics. Une expérimentation réussie réduit les critiques ; plus encore, elle « *aide à vaincre les résistances de structures* »[2] et à gagner l'adhésion d'acteurs nouveaux en démontrant l'efficacité de la politique. L'expérimentation remplit dans cette perspective une « fonction politique »[3].

Mais le droit expérimental présente d'autres enjeux stratégiques. Il peut être conçu comme une méthode d'intervention souple de l'État privilégiant l'essai avant la généralisation d'une mesure nouvelle ; il « *ne connaît pas le caractère brutal des réformes. Appliquée à l'administration, elle permet ainsi sa modernisation sans risque de contestation* »[4]. De plus, le droit expérimental évite d'appliquer des *« réformes mal conçues, inadaptées, voire contraires aux objectifs poursuivis* [5]» ou la *« généralisation d'erreurs sur l'ensemble du territoire »*[6].

Dans le même esprit, l'expérimentation locale résultant de l'article 72 de la Constitution présente un enjeu stratégique. Elle vise à faire évoluer la place et le rôle des collectivités territoriales. Si l'action publique est appelée de plus en plus à s'inscrire dans une approche stratégique, la consécration de l'expérimentation législative dans la Constitution permet aux collectivités locales de tester de nouvelles politiques. Même si les mesures expérimentées par elles ne font pas toujours l'objet de généralisation à l'échelle du territoire, les collectivités locales s'engagent à tester les mesures qui leur paraissent pertinentes tout en assumant les coûts financiers. On le voit l'approche stratégique du droit expérimental est bien réelle.

Plus largement, le droit expérimental contribue à renforcer l'efficacité des politiques et de l'administration. L'expérimentation contribue à l'amélioration du service public[7]. L'efficacité est devenue aujourd'hui une valeur cardinale : toute politique publique doit démontrer la preuve de son efficacité. Les informations obtenues sur la base des résultats enregistrés permettent aux gouvernants de décider utilement. L'expérimentation

---

[1] PONTIER (J.-M.), « La loi organique relative à l'expérimentation par les collectivités territoriales », *AJDA*, 29 septembre 2003, p. 1717.

[2] BOULOUIS (J.), « Note sur l'utilisation de la « méthode expérimentale » en matière de réformes », *op. cit.*, p. 39.

[3] ROUX (A.), « Constitution, expérimentation et décentralisation » in FAVOREU (L.), HERTZOG (R.) et ROUX (A.), *Etudes en l'honneur de Loïc Philip, Constitution et finances publiques*, Paris, 2005, p. 207.

[4] DESPOIX-LARTHOMA (J.), *L'expérimentation, Thèse de doctorat Droit public*, Université Paris 2, 2008, p. 244.

[5] CHEVALLIER (J.), *op. cit.*, p. 377.

[6] MAMONTEUFF (C.), « Réflexions sur l'expérimentation du droit », *RDP* n° 2, 1998, p. 365.

[7] PONTIER (J.-M.), « Décentralisation et expérimentation », *AJDA* 28 octobre 2002, p. 1037.

présente un autre avantage : essayer de « maîtriser » le temps nécessaire à la réforme.

À travers le droit expérimental, plusieurs réformes phares ont été couronnées de succès en matière sociale. C'est à travers l'expérimentation que la réforme relative à l'IVG (loi du 15 janvier 1975) a été pérennisée et acceptée. Le revenu minimum d'insertion (RMI) a fait par exemple l'objet d'une expérimentation législative (la loi n° 88-1088 du décembre 1988). De même, la loi n° 2003-1200 du 18 décembre 2003 visant à décentraliser la gestion du RMI et instituant le revenu minimum d'activité (RMA) a exigé la mise en place d'un dispositif expérimental. D'autres politiques ont été concernées par la démarche expérimentale : c'est le cas de certaines dispositions de la loi du 3 janvier 1979 sur la fiscalité locale ou encore de la loi « Auroux » du 4 août 1982 relative aux libertés des travailleurs dans l'entreprise[1]. La démarche expérimentale a été réactivée[2] en 1995 avec la politique de régionalisation des transports ferroviaires. On reviendra dans les pages suivantes sur les derniers développements du RSA en matière d'expérimentation.

En matière administrative, pour apprécier la valeur professionnelle des agents de l'État en vue de leur avancement d'échelon et de grade, la loi n° 2007-148 du 2 février 2007 de modernisation de la fonction publique a permis à certaines administrations d'utiliser à titre expérimental pour la période 2007-2009 l'entretien professionnel dans le but de « moderniser » et de rénover la fonction publique. On rappellera que le nouveau mécanisme se substitue à la traditionnelle notation des agents publics dans les deux fonctions publiques (il s'agit essentiellement de la fonction publique d'État et de la fonction publique hospitalière). À l'issue de l'expérimentation, le dispositif a été pérennisé par la loi du 3 août 2009 relative à la mobilité dans la fonction publique et étendu à la fonction publique territoriale. Ainsi qu'on le verra dans un prochain chapitre, l'évaluation du fonctionnaire comporte un enjeu essentiel en matière de formation professionnelle et de rémunération de certains agents.

Paradoxalement, toutes les politiques sectorielles ne peuvent faire l'objet d'expérimentation par l'État. Le droit médical et plus généralement les politiques de santé publique illustrent bien cet aspect : ainsi, la loi dite « bioéthique » du 29 juillet 1994 a formellement interdit les

---

[1] ROUX (A.), « Constitution, expérimentation et décentralisation », *op. cit.,* p. 209.

[2] On précisera aussi la loi n° 2002-276 du 28 février 2002 dite « loi démocratie de proximité du 27 février 2002 » ayant accordé des compétences expérimentales aux régions dans la gestion des ports et aérodromes, la protection et la gestion du patrimoine culturel, etc. Mais une telle expérimentation « dérogatoire » n'était possible qu'avec l'autorisation du législateur et était assortie de conditions visant la nature, la portée ainsi que les conditions et procédures débouchant sur le maintien, la modification, la généralisation ou l'abandon (voir en particulier la décision du Conseil constitutionnel du 28 juillet 1993 n° 93-322 DC, Etablissements publics universitaires, Rec. 204, RFDC, 1993. 830, note X. Philippe).

expérimentations sur « l'embryon » pour éviter des dérapages tels que le clonage humain (à des fins commerciales ou industrielles) et autorise les « études » ne portant pas atteinte à l'embryon. La législation actuelle maintient toujours le principe de l'interdiction, mais permet « *à titre dérogatoire et temporaire, l'autorisation des recherches sur l'embryon et les cellules embryonnaires sous certaines conditions* »[1].

Enfin la réforme constitutionnelle du 28 mars 2003 a consacré deux types d'expérimentation : l'expérimentation par les collectivités territoriales prévue à l'article 72 alinéa 4 C et l'expérimentation par l'État prévue à l'article 37-1 de la Constitution. On y reviendra plus longuement sur ces deux aspects.

Si le droit expérimental présente de réels enjeux pour l'État, il est en revanche fortement encadré par le droit.

B) Le dispositif d'expérimentation juridique : un « droit d'essai » encadré

Même en l'absence d'habilitation législative, certaines collectivités territoriales n'ont pas attendu la réforme constitutionnelle de 2003 pour entreprendre des expérimentations[2]. En 1999, un auteur soulignait à juste titre que l'expérimentation et l'évaluation étaient constitutives des méthodes d'intervention de l'État dans les sociétés modernes notamment en ce qui concerne le fonctionnement des institutions politico-administratives malgré l'absence de cadre juridique précis et suffisant[3] : chose désormais faite. La notion d'expérimentation a été consacrée par la révision constitutionnelle n° 2003-276 du 28 mars 2003 relative à l'organisation décentralisée de la République. Aujourd'hui, l'expérimentation juridique est une pratique courante ; l'usage fait l'objet d'un encadrement par la Constitution. L'appel aux procédés de l'expérimentation par l'État n'est cependant pas exempt de problèmes. Le thème du droit expérimental soulève la problématique de l'unité et de l'égalité dès l'instant où « *toute expérimentation constitue une dérogation ; toute dérogation signifie atteinte au principe d'égalité ; or, le principe d'égalité a valeur constitutionnelle* »[4]. La problématique a déjà été identifiée par les juristes dès les années 1970 : selon Jean Boulouis, l'expérimentation crée dans l'ordre juridique des atteintes à la sécurité juridique et aux principes sur lesquels se fonde l'ordonnancement des règles

---

[1] Conseil d'État, *La révision des lois de bioéthique*, Paris, Conseil d'État, Les Études du Conseil d'État, La Documentation française, 2009, p. 20.

[2] ROUX (A.), « Constitution, expérimentation et décentralisation », *op. cit.*, p. 210.

[3] DRAGO (R.), « Le droit de l'expérimentation » in *Mélanges en hommage à François Terré, L'avenir du droit*, Paris, Dalloz, PUF, 1999, p. 229.

[4] MOREAU (J.), « De l'expérimentation », *La Semaine Juridique Administrations et Collectivités territoriales*, n° 3, 28 octobre 2002, p. 98.

juridiques[1]. Par exemple, l'expérimentation par les collectivités locales rompt avec l'application uniforme de la loi sur l'ensemble du territoire. Selon l'article 1er de la Constitution, « *la France est une république indivisible* » qui assure « l'égalité » de tous les citoyens devant la loi. Le Conseil d'État a « *jugé que la méthode expérimentale ne constitue pas une atteinte au principe d'égalité dès lors que l'expérimentation est provisoire* »[2]. Seule l'expérimentation partielle est susceptible de porter atteinte au principe d'égalité et non l'expérimentation globale.

L'expérimentation a fait l'objet d'un encadrement par la jurisprudence administrative et par la jurisprudence constitutionnelle. Concernant la jurisprudence du Conseil d'État, au début seuls deux arrêts[3] ont visé indirectement l'expérimentation, puis d'autres arrêts[4] sont venus plus directement circonscrire le dispositif dans un cadre plus précis. Dans son avis[5] du 24 juin 1993, la haute juridiction administrative a précisé les conditions de l'expérimentation administrative prenant en compte le champ d'application, la durée de l'expérimentation et justifier la nécessité d'intérêt général.

Droit à l'« essai », l'expérimentation a fait par ailleurs l'objet d'un encadrement par le Conseil Constitutionnel. Plus exigeant que le Conseil d'État quant au respect des conditions validant l'expérimentation, le Conseil constitutionnel dans sa décision de principe [6]à propos de la *décision n° 93-322 DC du 28 juillet 1993, Loi relative aux établissements publics à caractère scientifique, culturel et professionnel*[7] exige du législateur une définition claire et explicite de l'expérimentation, la nature, la portée ainsi que les conditions et procédures permettant d'évaluer le dispositif. Les conditions imposées au législateur par le Conseil constitutionnel sont donc plus strictes. Puis en 1996, le Conseil constitutionnel a exigé du législateur l'obligation d'évaluer la politique à la fin de la période d'essai : or, en 1993 l'obligation d'évaluer un dispositif expérimental n'existait pas formellement.

---

[1] BOULOUIS (J.), *op. cit.*, p. 35.

[2] CROUZATIER-DURAND (F.), p. 20

[3] Voir sur cette question CE sect., 13 octobre 1967, Pény, RDP, 1968, concl. Mme Questiaux ; CE, 21 février 168, Ordre des avocats près de la Cour d'Appel de Paris, Dalloz, 1968, 222, concl. DUTHEILLET DE LAMOTHE. Ces arrêts concernaient le cadre réglementaire.

[4] Par exemple, le Conseil d'État a reconnu la légalité du décret ayant permis l'expérimentation de nouveaux tarifs par le ministre de l'Equipement (CE, 2ème sous-section, 27 janvier 1989, Meyet, req. n° 91287) ; voir également CE, 18 novembre 2002, Conseil national des professions de l'automobile.

[5] Voir en particulier CE, ass. Gén. Sect. TP, avis n° 353605, 24 juin 1993. L'expérimentation administrative portait sur les cahiers des charges de la SNCF.

[6] Voir notamment la décision du Conseil constitutionnel n° 93-322 DC, 28 juillet 1993, Etablissements publics à caractère scientifique, culturel et professionnel (JO, 30 juillet 1993, p. 10750).

[7] Pour plus de commentaires sur cette question, voir les commentaires de DRAGO (R.), « Le droit de l'expérimentation » in *Mélanges en hommage à François Terré, L'avenir du droit*, Dalloz, 1999, p. 236.

Comme on vient de le remarquer, l'expérimentation partielle implique le respect des conditions posées par le Conseil constitutionnel, d'où le sens de la réforme constitutionnelle du 28 mars 2003. Il s'agit d'apporter des réponses aux problèmes soulevés plus haut. La réforme est essentielle, car elle allège [1]les conditions du recours au droit expérimental par rapport à la pratique antérieure. Elle distingue deux types d'expérimentation : l'expérimentation par l'État et l'expérimentation par les collectivités locales[2].

1) L'expérimentation par l'État au sens de l'article 37-1 Const.

L'article 37-1 de la Constitution habilite la loi et le règlement « *pour un objet et une durée limités, des dispositions à caractère expérimental* ». Ce type d'expérimentation est piloté par l'État ; l'initiative de l'expérimentation appartient au Parlement. De nombreux projets gouvernementaux à visée réformatrice ont besoin d'être expérimentés ; c'est le cas plus précisément des politiques de décentralisation. Mais toute expérimentation implique la réalisation d'un bilan ou d'une évaluation. À l'issue de l'« *expérimentation étatique* »[3], deux cas de figure se présentent : soit la norme ayant fait l'objet d'expérimentation est pérennisée sous réserve de modification si les résultats sont satisfaisants ou dans le cas contraire, la mesure envisagée est simplement abandonnée. Toute expérimentation réussie ne débouche pas nécessairement sur une généralisation dans le sens où les pouvoirs publics peuvent décider de ne pas généraliser[4] la politique expérimentée pour différentes raisons. À titre d'exemple, la crise des finances publiques, le poids de la dépense publique, le respect des engagements européens de la France en matière de croissance et la lutte contre les déficits peuvent bel et bien conduire l'État à ne pas généraliser une mesure qui va peser lourdement sur les finances publiques.

Depuis la révision constitutionnelle de mars 2003, diverses expérimentations ont été engagées soit par la loi, soit par décret ou par ordonnance. Sans faire un inventaire à la « Prévert », quelques-unes de ces réformes attirent l'attention. Ainsi, c'est sur le fondement de la loi n° 2004-809 du 13 août 2004 relative aux libertés et responsabilités locales que des

---

[1] Voir notamment l'ouvrage d'AUBY (J-B), AUBY (J-F) et NOGUELLOU (R.), *Droit des collectivités locales, Paris, PUF, collection « Thémis droit », 4ème édition, 2008*. Selon ces auteurs, « les conditions générales de recours à l'expérimentation juridique sont donc sensiblement allégées par rapport aux limites posées par le Conseil constitutionnel », p. 225.

[2]La loi organique du 1er août 2003 relative à l'expérimentation par les collectivités territoriales (LO n° 2003-704 du 1er août 2003) consacre le régime juridique de l'expérimentation normative au niveau local.

[3]JANIN (P.), « L'expérimentation juridique dans l'acte II de la décentralisation », *JCP A (Administrations et collectivités territoriales)* n° 41, 10 octobre 2005, p. 1525.

[4] PONTIER (J.-M.), « La loi organique relative à l'expérimentation par les collectivités territoriales », *AJDA*, 29 septembre 2003, p. 1719.

expérimentations portant sur les schémas régionaux de développement économique[1], la gestion des fonds structurels européens[2], la protection judiciaire de la jeunesse, la politique de résorption de l'habitat insalubre, etc. ont été réalisées. En ce qui concerne les expérimentations décidées à base d'ordonnances, figure l'ordonnance[3] n° 2010-104 du 28 janvier 2010 relative au vote électronique pour les élections aux caisses de mutualité sociale agricole. Quant aux expérimentations réalisées par décret, elles sont nombreuses et concernent diverses thématiques à l'instar du dispositif expérimental visant à déconcentrer la gestion des demandes d'acquisition de la nationalité française qui a été institué par le décret n° 2009-1671 du 30 décembre 2009.

Du côté des collectivités territoriales, elles sont désormais autorisées à procéder à des expérimentations, mais sous certaines conditions.

2) L'expérimentation par les collectivités locales au sens de l'article 72 alinéa 4 Const.

Le constituant a dans le même temps renforcé les compétences des collectivités territoriales en matière expérimentale. Seuls deux types d'acteurs peuvent être autorisés à procéder à des expérimentations : les collectivités locales ou leurs « groupements » ; les établissements publics de coopération intercommunale (EPCI) sont les principaux groupements concernés et l'article 72 alinéa 4 Const. exclut de fait une autre catégorie d'EPCI, les « syndicats mixtes »[4]. L'introduction de l'« *expérimentation-dérogation* » prévue à l'article 72-4 de la Constitution ne doit pas être confondue avec l'expérimentation ouverte à l'État à l'article 37-1 Const. Dans l'« expérimentation-dérogation », le législateur ou le pouvoir réglementaire confie la gestion d'une politique publique à titre expérimental à une collectivité territoriale ; cette « *expérimentation-transfert* » exige la précision de l'objet et la durée de l'expérimentation. La durée est limitée et ne peut excéder les cinq ans. En l'absence de précision de la durée de l'expérimentation, le Conseil constitutionnel a été amené à censurer six[5] expérimentations décidées par la loi du 21 juillet 2009 portant réforme de l'hôpital et relative aux patients, à la santé et aux territoires.

Plus largement, l'expérimentation par les collectivités locales présente un intérêt pour elles dans le cadre des transferts de compétence dès l'instant où

---

[1] Voir la loi du 13 août 2004 relative à l'expérimentation des schémas régionaux de développement économique.

[2] Loi du 13 août 2004 sur l'expérimentation de la gestion des fonds structurels européens.

[3] Voir en particulier l'article 6 de l'ordonnance : JO du 29 janvier 2010, p. 1793.

[4] PONTIER (J.-M.), « La loi organique relative à l'expérimentation par les collectivités territoriales », *op. cit.,* p. 1717.

[5] STAHL (J.-H.), « L'expérimentation en droit français : une curiosité en mal d'acclimatation », *Revue juridique de l'Économie publique*, décembre 2010, p. 6.

elles peuvent faire état des dysfonctionnements et des inconvénients de l'expérimentation afin qu'ils soient pris en compte par l'État dans l'évaluation finale[1].

L'expérimentation dérogatoire constitue sans doute une avancée majeure puisque dans « *les conditions prévues par la loi organique, et sauf lorsque sont en cause les conditions essentielles d'exercice d'une liberté publique ou d'un droit constitutionnellement garanti, les activités territoriales ou leurs groupements peuvent, lorsque, selon le cas, la loi ou le règlement l'a prévu, déroger, à titre expérimental et pour un objet et une durée limités, aux dispositions législatives ou réglementaires qui régissent l'exercice de leurs compétences* ». C'est une avancée majeure dans le sens où en 2002, le Conseil constitutionnel dans sa décision du n° 2001-454 du 17 janvier 2002 (cons. 20 et 21, *Loi relative à la Corse*) avait émis un avis défavorable en rappelant qu'aucune collectivité territoriale ne peut déroger à la loi, considérant « *qu'en ouvrant au législateur, fût-ce à titre expérimental, dérogatoire et limité dans le temps, la possibilité d'autoriser la collectivité territoriale de Corse à prendre des mesures relevant du domaine de la loi (...) ne relève que de la Constitution* ». La loi organique n° 2003-704 du 1er août 2003 est venue rectifier ces lacunes et consolider le dispositif. Dotées de pouvoirs normatifs plus étendus qu'auparavant, les collectivités locales peuvent dès lors « *écarter des dispositions nationales* »[2] qu'elles soient législatives ou réglementaires. En ce qui concerne le pouvoir d'adaptation ouvert aux collectivités, force est de constater qu'il reste cantonné à l'exercice des compétences locales et limité aux « dispositions législatives » ou « réglementaires ». Certains auteurs considèrent que la formule comporte de l'ambiguïté, car elle est « peu claire »[3] ; en réalité, seul le transfert du pouvoir normatif en matière législative entre dans le périmètre de l'article 72 alinéa 4 et non les expérimentations-transferts[4].

Pour comprendre le sens et la portée de la dimension stratégique de l'expérimentation par les collectivités territoriales, il faut essayer d'analyser ce qui se profile derrière l'encadrement juridique du procédé par l'État. Ce type d'expérimentation présente divers enjeux stratégiques pour l'État. En effet, c'est la loi organique[5] du 1er août 2003 qui a défini les contours du régime juridique[6] des expérimentations locales distinguant l'expérimentation législative[7] de l'expérimentation réglementaire[8]. L'expérimentation par les

[1] ROUX (A.), « Constitution, expérimentation et décentralisation », *op. cit.* p. 213.
[2] AUBY (J-B), AUBY (J-F) et NOGUELLOU (R.), *Droit des collectivités locales, op. cit.*, p. 225.
[3] ROUX (A.), « Constitution, expérimentation et décentralisation », *op. cit.,* p. 214.
[4] PONTIER (J.-M.), *op. cit.,* p. 1715.
[5] Voir loi organique du 1er août 2003 (J.O du 2 août 2003, p. 13217).
[6] Décision du Conseil Constitutionnel du 30 juillet 2003 (décision n° 2003-478 DC).
[7] Elle est autorisée par la loi.
[8] Elle est autorisée par un décret pris en Conseil d'État.

collectivités locales au sens de l'article 72 alinéa 4 Const. est purement facultative dès l'instant où ce sont les collectivités elles-mêmes qui adressent la demande préalable aux autorités compétentes. Cela signifie que certaines collectivités locales seront autorisées à expérimenter des mesures nouvelles tandis que d'autres préfèrent s'abstenir : atteignant un certain seuil, une telle situation est nécessairement créatrice de « *différenciations juridiques* »[1]entre collectivités locales et posant des problèmes en termes d'égalité et d'« unité juridique » dans la République. Mais ce n'est pas là que se situe l'intérêt de la démarche ; l'enjeu est ailleurs. L'intérêt stratégique de ce type d'expérimentation repose tout d'abord sur l'octroi de l'accord de l'État : le fait d'autoriser certaines collectivités territoriales ou leurs « groupements » à procéder à des expérimentations en posant tout un ensemble de conditions (précisant l'objet, la durée, *etc.*) confère au gouvernement et au Parlement un levier d'action stratégique. Cela conduit à ne sélectionner que les candidatures les plus intéressantes et les plus pertinentes susceptibles d'apporter une plus-value ou d'éclairer l'action publique sur un aspect particulier de sa politique. C'est dans ce cadre que certains considèrent d'ailleurs que le « *nouvel article 72 consacre davantage un droit à demander une expérimentation qu'un droit à l'expérimentation* »[2]. Le cadre juridique restrictif réservé aux expérimentations faites par les collectivités locales conduit à penser qu'il y a une ferme volonté des pouvoirs publics de préserver à la fois la « forme étatique » et l'unité juridique de la France. Plus encore, l'octroi de l'autorisation gouvernementale à expérimenter permet d'encadrer l'expérimentation et prévenir le « désordre ».

Le deuxième enjeu de l'encadrement juridique de l'expérimentation concerne la durée de l'expérimentation qui ne peut excéder cinq ans (art. L. 1113-1 du CGCT). Après évaluation, elle peut être prolongée de trois ans. Comme on peut le remarquer, l'expérimentation permettant aux collectivités locales de tester la pertinence et l'efficacité d'une mesure ou d'une politique nouvelle est loin d'être un droit « illimité » en matière d'expérimentation locale : c'est un droit temporaire.

La dimension stratégique de l'encadrement de l'expérimentation normative locale consiste aussi à poser des limites pour restreindre le périmètre d'intervention des collectivités locales. En posant des limites ne devant être franchies par aucune collectivité « cobaye », les gouvernants gardent le contrôle du pouvoir normatif local en leur donnant des marges de manœuvre. C'est ainsi que l'expérimentation au sens de l'article 72-4 C ne peut porter sur les conditions d'exercice d'une liberté publique ou d'un droit constitutionnellement garanti : la difficulté qui se pose ici c'est que la loi organique ne précise pas quels sont les libertés publiques et les droits visés

---

[1] AUBY (J.-B.), « L'expérimentation », *DA.*, octobre 2002, p. 3.

[2] BRISSON (J.-F.), « Les nouvelles clefs constitutionnelles de répartition matérielle des compétences entre l'État et les collectivités locales », *AJDA* 24 mars 2003, p. 534 et p. 536.

par la Constitution : il appartient donc au Conseil d'État et au Conseil constitutionnel de préciser le contenu et le périmètre de ces notions[1].

L'autre enjeu stratégique se situe dans le type de contrôle exercé par les pouvoirs publics. Comme on peut le constater, ce type d'expérimentation est entièrement sous le contrôle du gouvernement : étendre le pouvoir normatif aux collectivités territoriales dans certains domaines ne dispense pas la puissance publique d'exercer son contrôle. Les mesures expérimentées au niveau local font l'objet d'un contrôle de légalité[2] de la part du représentant de l'État, en l'occurrence le préfet de département ou de région : à l'issue du contrôle, les mesures jugées illégales sont déférées devant le juge administratif.

Enfin, à l'issue de l'expérimentation, la décision d'abandon ou de généralisation des mesures expérimentées appartient toujours au pouvoir politique qui garde le dernier mot. Le gouvernement est tenu d'informer le Parlement des effets des politiques expérimentées. La ligne stratégique est présente dans l'encadrement juridique du procédé de l'expérimentation : c'est la puissance publique qui décide du choix des collectivités territoriales à tester de nouvelles mesures, décide des conditions et des procédures d'évaluation, contrôle, pose des limites et décide de la modification, de l'abandon ou de la généralisation de l'expérimentation. Dans ces conditions, on est amené à constater que l'État décide unilatéralement de procéder à l'expérimentation et choisit les collectivités avec leur consentement[3]. Il y a là, une volonté de l'État de tout ramener à lui : c'est en ce sens que l'on peut parler de « *recentralisation par l'encadrement normatif des compétences locales* »[4].

Les départements et les régions d'outre-mer sont aussi concernés par l'expérimentation[5] : l'article 73 de la Constitution apporte une innovation importante : au « *nom de l'expérimentation normative et du pouvoir d'adaptation, les collectivités des D.R.O.M peuvent ainsi être habilitées à déroger aux règles législatives de droit commun* »[6]pour procéder à des expérimentations. Les départements et les régions d'Outre-mer endossent désormais eux aussi le rôle de stratège et peuvent tester des réformes nouvelles, mais de manière limitée. Toutefois, il importe de souligner la difficulté de généraliser les mesures expérimentées par ces entités sur l'ensemble du territoire du fait de leurs spécificités (conditions économiques,

---

[1] ROUX (A.), « Constitution, expérimentation et décentralisation », *op. cit.*, p. 216.

[2] BRACONNIER (S.), AUBIN (E.) et ROCHE (C.), *Droit de la nouvelle décentralisation*, Paris, Gualino, 2005, p. 78.

[3] ROUX (A.), « Constitution, expérimentation et décentralisation », *op. cit.*, p. 213.

[4] CHAVRIER (G.), *Le pouvoir normatif local : enjeux et débats*, Paris, LGDJ, 2011, p. 21.

[5] Loi organique du 1er août 2003[5] relative à l'expérimentation par les collectivités territoriales.

[6] BLERIOT (L.), « Le développement de la spécialité de législation dans les Départements et Régions d'outre-mer » in MAESTRI (E.), *Décentralisation : histoire, bilans, évolution*, Paris, L'Harmattan, 2003, p. 361.

politiques et sociologiques) ; *« les DROM ne constitueraient pas un groupe expérimental suffisamment pertinent »*[1]. L'*« expérimentation normative décentralisée »*[2]au sens de l'article 72-4 C sous-tend le *« droit de l'expérimentation locale »*[3]. Les illustrations d'expérimentations engagées sur la base de l'article 74 alinéa 4 sont rares et *« demeurent cantonnées au domaine des aides sociales »*[4].

Plusieurs politiques ont fait l'objet d'expérimentation ces dernières années : sans avoir la prétention de les étudier toutes, un rappel de quelques exemples s'avère indispensable afin d'avoir une vision globale.

3) Illustration de mesures ayant fait l'objet d'expérimentation

De nombreuses expérimentations ont été menées en France : parmi elles, figurent, les modalités d'organisation des services de l'État[5], les expérimentations appliquées aux transports ferroviaires de voyageurs[6]. L'expérimentation a permis de procéder à d'importants transferts de compétences de l'État vers les collectivités territoriales dans divers domaines. Cela explique le relatif succès de la technique notamment dans la formation professionnelle[7], la santé publique, la gestion des ports maritimes[8], des équipements sanitaires [9]et des aérodromes[10], *etc.*

Depuis la révision constitutionnelle du 28 mars 2008, de récents travaux permettent de tirer un bilan provisoire des expérimentations engagées sur la base de l'article 72-4 de la Constitution. Dans son rapport thématique de 2009, la Cour des comptes faisait déjà état d'une *« timidité des expérimentations »*[11]dans la politique de décentralisation.

Parmi les nombreuses expérimentations réalisées dans le cadre de l'expérimentation-dérogation, celle ayant porté sur le *revenu de solidarité*

---

[1] BLERIOT (L.), *op. cit.,* p. 367.

[2] JANIN (P.), « L'expérimentation juridique dans l'acte II de la décentralisation », *JCP A (Administrations et collectivités territoriales) n° 41*, 10 octobre 2005, p. 1525.

[3] PISSALOUX (J.-L.), « Réflexions sur l'expérimentation normative », *DA.*, n° 11, 2003, p. 18.

[4] FAURE (B.), *Droit des collectivités territoriales*, Paris, Dalloz, 2ème édition, 2011, p. 548.

[5] La réforme a d'abord été appliquée dans quatre départements en 1962 avant d'être généralisée en 1964.

[6] Phase expérimentale lancée dès 1997 dans sept régions. On a ensuite transféré la gestion du transport ferroviaire local aux collectivités locales.

[7] L. n° 2004-809, art. 13 relative à l'organisation et au financement des stages de formation de l'AFPA.

[8] L. n° 2004-809, art. 30 relative au transfert de la propriété, de l'aménagement, de l'entretien et de la gestion de tout ou partie des ports non autonomes.

[9]L. n° 2004-809, l'art. 70 permet aux régions de participer au financement et à la réalisation d'équipements sanitaires, dans le cadre d'une convention signée avec l'Agence régionale d'hospitalisation.

[10] Loi n° 2004-809, art. 28.

[11] Cour des comptes, *La conduite par l'État de la décentralisation, rapport public thématique*, Paris, La Documentation française, 2009, p. 77.

active[1] *(RSA)* retiendra ici l'attention. En effet, en 2007 les départements sont autorisés au titre de l'article 142 de la loi de finances pour 2007[2] à tester des mesures en faveur des bénéficiaires du revenu minimum d'insertion dans les départements de l'Eure et de la Côte d'Or. L'expérimentation [3]vise l'amélioration des conditions d'incitation financière pour le retour à l'emploi. Il existe deux types de RSA : d'abord le *RSA « socle »* (qui a remplacé le RMI et l'allocation de parent isolé (API), est financé par les départements ; ensuite, le *RSA « chapeau » ou « activité »* qui, pris en charge par l'État vise à compléter les revenus[4] des travailleurs pauvres en les encourageant à s'insérer professionnellement. Parmi les organismes participant à l'expérimentation du dispositif figurent « Pôle Emploi » et la Caisse d'allocations familiales (CAF). Les exécutifs locaux chargés d'expérimenter le RSA sont autorisés à étendre le dispositif aux bénéficiaires des contrats d'avenir.

Au départ, si l'expérimentation du RSA a été timide avec seulement deux candidatures, le dispositif va connaître rapidement un succès spectaculaire puisqu'avant la fin de l'année 2007, 41 départements[5] ont vu leur candidature acceptée.

Expérimenté en 2007[6]par divers départements, le revenu de solidarité active a été généralisé sur le plan national par la loi du 1er décembre 2008 à compter du 1er juin 2009 [7]en remplacement du revenu minimum d'insertion. La loi a mis fin[8] à la dynamique d'expérimentation engagée en 2007. L'expérimentation menée par les collectivités locales a cessé dès le 1er janvier 2010 : mais les départements peuvent continuer à conclure des conventions individuelles pour les bénéficiaires du RSA afin de faciliter l'accès au contrat d'avenir alors même que ces contrats sont censés être supprimés dès le 1er janvier 2010. La principale raison invoquée en est que le législateur ne souhaite pas étendre l'expérimentation des « contrats d'accompagnement dans l'emploi » ainsi que le « contrat initiative emploi » débutant à cette date aux collectivités territoriales[9].

---

[1] En particulier les articles 18 à 22 de la loi du 21 août 2007 sur le travail, l'emploi et le pouvoir d'achat.

[2] Loi n° 2006-1666 du 21 décembre 2006.

[3] Décret n° 2007-691 du 4 mai 2007.

[4] Le montant dépend de deux éléments : les revenus du travail et la situation familiale.

[5] MARCOU (G.), « Le bilan en demi-teinte de l'Acte II. Décentraliser plus ou décentraliser mieux ? », *RFDA* mars-avril 2008, p. 299-300.

[6] Loi n° 2007-1223, 21 août 2007. Voir en particulier l'article 142 de la loi de finances.

[7] Article 3 -II, Loi n° 2008-1249, 1er décembre 2008.

[8] WILLMAN (C.), « La loi du 1er décembre 2008 : comment réformer les contrats de travail aidés sans évaluation ou sans expérimentation », *Revue de droit sanitaire et social* n° 2, mars-avril 2009, p. 263.

[9] Pour Christophe Willman, « *il semble que le législateur n'a pas voulu étendre cette possibilité d'expérimentation ouverte aux collectivités territoriales, aux deux seuls contrats de travail aidés dédiés aux bénéficiaires de minima sociaux à compter du 1er janvier 2010* », WILLMAN (C.), « La loi du 1er décembre 2008 : comment réformer les contrats de travail

L'expérimentation du RSA a posé plusieurs problèmes. Par exemple, le gouvernement s'est empressé d'annoncer la généralisation du dispositif alors même que les expérimentations n'étaient pas arrivées à terme : de ce fait, « *les modalités législatives de mise en œuvre de l'expérimentation, notamment au regard des collectivités pressenties, n'ont pas été respectées* »[1]. Plus préoccupant encore, l'évaluation du dispositif n'a pas été menée. Ayant été amenée à dresser un bilan critique de l'expérimentation du RSA dans les 43 départements volontaires, la Cour des comptes dans son rapport thématique de juillet 2011 a établi le même constat : en « *mettant fin de façon prématurée aux expérimentations, le législateur a introduit une certaine insécurité juridique* »[2]. Les implications[3] d'une telle démarche limitent la portée de l'expérimentation du RSA. Globalement, l'expérimentation du RSA par les collectivités locales a été décevante et n'a pas permis réellement aux acteurs concernés d'aller jusqu'au bout de la démarche pour tirer toutes les leçons qui s'imposaient en matière d'insertion sociale. En définitive, les expérimentations n'ont permis de tester que le RSA « chapeau ». Le Premier ministre Manuel Valls a envisagé de réformer le RSA en le transformant en « prime d'activités » applicable dès le 1er janvier 2016.

D'autres types d'expérimentations se sont déroulés en marge de tout cadre légal : c'est le cas lorsque « *le gouvernement continue de recourir à des formes d'expérimentations qui se situent en dehors du cadre constitutionnel. Ainsi en est-il de l'appel à projet, concernant les « expérimentations sociales », lancé dans le cadre du Grenelle de l'insertion* »[4]. Cela est problématique, car ni l'article 37-1 C, ni l'article 72-4 C n'ont été mobilisés.

Il est essentiel de revenir sur quelques implications juridiques du thème de l'expérimentation.

---

aidés sans évaluation ou sans expérimentation », *Revue de droit sanitaire et social* n° 2, mars-avril 2009, p. 263.

[1] LONG (M.), « L'expérimentation : un premier bilan décevant pour les collectivités territoriales », AJDA, n° 30, 15 septembre 2008, p. 1625. Selon l'auteur, « *Une telle mesure, loin de favoriser l'expertise et l'innovation, maintient les acteurs dans un cadre prédéfini qui réduit la portée et l'intérêt de leurs initiatives* », *Ibid.*

[2] Cour des comptes, *Du RMI au RSA : la difficile organisation de l'insertion. Constats et bonnes pratiques, rapport public thématique*, juillet 2011, Paris, La Documentation française, 2011, p. 13.

[3] Pour la Cour des Comptes, « *Faute d'avoir pu mener l'expérimentation à son terme, les départements n'ont pas pleinement bénéficié du retour d'expérience des innovations introduites, notamment en matière d'accompagnement, compte tenu des délais de mise en œuvre des politiques d'insertion* », Cour des comptes, *DU RMI au RSA : la difficile organisation de l'insertion. Constats et bonnes pratiques, rapport public thématique*, *Ibid.*

[4] LONG (M.), « L'expérimentation : un premier bilan décevant pour les collectivités territoriales », *op. cit.*, p. 1625.

4) De quelques effets de l'expérimentation sur le droit administratif

Les implications de l'expérimentation-dérogation sont considérables. L'expérimentation entretient des liens étroits avec la thématique de la subsidiarité dans la mesure où elle permet de répartir les compétences entre les niveaux de collectivités : l'intervention d'une collectivité de niveau supérieur n'est justifiée que lorsque l'action du niveau inférieur s'avère inopérante (pour des raisons financières ou techniques, *etc.*). Dans cette perspective, l'expérimentation ne s'oppose pas à l'idée de subsidiarité et s'inscrit plutôt dans une logique de complémentarité. C'est une pratique privilégiée dans les États fédéraux ou dans les États évoluant vers le modèle espagnol ou italien. Tel n'est pas le cas de la France même si la Constitution donne la possibilité aux collectivités territoriales d'expérimenter des mesures nouvelles dans le cadre prévu par la loi ou le règlement. Selon l'alinéa 2 de l'article 72 de la Constitution, « *les collectivités territoriales ont vocation à prendre les décisions pour l'ensemble des compétences qui peuvent être mises en œuvre à leur échelon* ». L'enjeu est de déterminer la collectivité la plus pertinente pour exercer telle ou telle compétence.

Pour certains auteurs, on assiste bel et bien à la « *territorialisation du droit* »[1], c'est-à-dire « *la manière qu'à un système juridique donné de s'accommoder de cette inéluctable territorialité, de lui faire sa part* »[2]. Deux thèses s'affrontent ici. Pour les tenants de la « territorialisation du droit », l'adaptation du droit au territoire est nécessaire : le but est de répondre à des demandes particulières et de résoudre des problèmes locaux ayant une certaine spécificité par rapport au reste du pays. La « *territorialisation des normes* »[3] résulte de l'adaptation des politiques locales et des normes au territoire sur lequel elles s'appliquent. Pour autant, le pluralisme juridique ne signifie pas atteinte à l'unité du droit : l'unicité du territoire va de pair avec l'unicité du système juridique même si les pouvoirs publics accordent de plus en plus de compétences aux collectivités infra-étatiques. D'autres auteurs défendent la thèse contraire et émettent des réserves quant au bien-fondé de la notion de « territorialisation du droit » : pour les tenants de cette thèse, « *le droit à l'expérimentation des collectivités territoriales n'atteint*

---

[1] De nombreux auteurs ont écrit sur ce thème, voir en particulier AUBY (J.-B.), « Réflexions sur la territorialisation du droit » in *Mélanges en l'honneur de Jean-Claude Douence*, La profondeur du droit local, Dalloz, 2003, p. 1 ; PONTIER (J.-M.), « La problématique du territoire et du droit » in DOAT (M.), LE GOFF (J.), PEDROT (P.), (sous la dir.), *Droit et complexité. Pour une nouvelle intelligence du droit vivant*, Presses universitaires de Rennes, Collection « L'univers des Normes », 2007, pp. 39-62.

[2] AUBY (J.-B.), « Réflexions sur la territorialisation du droit » in *Mélanges en l'honneur de Jean-Claude Douence, La profondeur du droit local*, Dalloz, 2003, p. 3.

[3] FIALAIRE (J.), « Synthèse générale. Le droit à l'expérimentation des collectivités territoriales et la subsidiarité : les apparences et « faux-semblants » d'une prétendue territorialisation des normes » in FIALAIRE (J.), (sous la dir.), *Subsidiarité infranationale et territorialisation des normes. État des lieux et perspectives en droit interne et en droit comparé*, Presses Universitaires de Rennes, 2004, p. 11.

pas un stade que l'on pourrait qualifier de « territorialisation de la norme »[1]. Yves Madiot considère que la « territorialisation » est une composante du droit et participe à l'amélioration de sa qualité[2] dans le sens où elle permet de saisir les inégalités affectant la richesse des territoires et les déséquilibres sociaux ; elle rend de fait le droit plus adapté au contexte local dans lequel il s'applique.

En ce qui concerne l'existence d'un « droit à l'expérimentation », celui-ci ne figure ni dans la loi organique ni dans les termes de l'article 72 alinéa 4 de la Constitution : seule la loi donne la possibilité aux collectivités locales de déroger à titre expérimental les dispositions ayant une portée nationale ; il s'agit plutôt d'un « *droit législatif ou décrétal que d'un droit constitutionnel opposable à la loi* »[3]. Des auteurs en concluent « *qu'il n'est nullement question d'un droit des collectivités territoriales à l'expérimentation* »[4] alors que pour d'autres, on assiste à la « *consécration d'un droit de l'expérimentation* »[5] et à l'émergence d'un « *droit constitutionnel de l'expérimentation* »[6]. Mais on est en droit de douter sur l'utilité même de constitutionnaliser le « droit à l'expérimentation » dès l'instant où le monopole de l'État dans l'exercice du pouvoir normatif initial est entier et n'est pas remis en cause[7]. Pour certains juristes, le droit à l'expérimentation des collectivités territoriales reste encore fragmentaire[8].

En dépit de cela, le « droit à l'expérimentation » constitue une innovation majeure. Le droit expérimental tel qu'il résulte de la révision constitutionnelle du 28 mars 2003 s'insère parfaitement dans l'ordre juridique interne[9]. Malgré l'extension du pouvoir normatif des collectivités locales, l'unité du pouvoir normatif étant préservée : on assiste selon certains à l'émergence d'« *État plurilégislatif* »[10]. Toutefois, il faut reconnaître que le

---

[1] FIALAIRE (J.), « Le droit à l'expérimentation des collectivités territoriales et la subsidiarité : les apparences et « faux-semblants » d'une prétendue territorialisation des normes », *op. cit.*, p. 16.

[2] L'auteur défend l'idée que la *« territorialisation qui, en tant que composante du droit, doit contribuer à une amélioration de la qualité de notre droit »*, MADIOT (Y.), « Vers une « territorialisation » du droit », *RFDA*, septembre-octobre 1995, p. 948.

[3] FAURE (B.), *Droit des collectivités territoriales*, Paris, Dalloz, 2ème édition, 2011, p. 548.

[4] MARCOU (G.), « Le bilan en demi-teinte de l'Acte II. Décentraliser plus ou décentraliser mieux ? », *op. cit.*, p. 298.

[5] FAURE (F.), « L'intégration de l'expérimentation au droit public français » in *Mélanges en l'honneur de Franck Moderne, Mouvement du droit. Du droit administratif au droit constitutionnel. Du droit français aux autres droits*, Paris, Dalloz, 2004, p. 178.

[6] DRAGO (R.), « Le droit de l'expérimentation » in *Mélanges en hommage à François Terré, L'avenir du droit*, Dalloz, 1999, p. 238.

[7] FIALAIRE (J.), *op. cit.*, p. 14.

[8] FIALAIRE (J.), *op. cit.*, p. 13.

[9] La thèse est défendue par Bertrand FAURE : pour lui, « *l'expérimentation trouve sa place dans l'ordre juridique, et plus précisément, dans l'ordre constitutionnel* », « L'intégration de l'expérimentation au droit public français », *op. cit.*, p. 169-170.

[10] ROUX (A.), « Constitution, expérimentation et décentralisation », *op. cit.*, p. 218.

droit expérimental demeure un droit instable[1] dans le sens où l'évaluation des effets qu'il entraîne, implique plus largement l'ajustement des règles.

Cependant, les pratiques étrangères peuvent s'avérer utiles dans la compréhension du phénomène.

5) La dimension comparative

En Europe, même si la France demeure le seul pays à avoir inscrit le recours à l'expérimentation législative dans la constitution[2], force est de constater qu'elle est loin d'être la seule à développer la méthode expérimentale. L'expérimentation législative au sens de l'article 72 de la Constitution n'a de comparaison en Europe qu'avec celle qui a été initiée en Suède[3] dans les années 1980 avec l'instauration de ce qu'il convient d'appeler l'expérience de la « commune libre » qui, « victime » de son succès a été rapidement imitée par les pays voisins (en particulier la Norvège, le Danemark et la Finlande) et dans une moindre mesure dans les années 1990 par les Länder allemands. L'étude du cas suédois sert d'exemple de référence du fait de sa singularité. Dans ce pays, l'expérimentation législative consiste à alléger la tutelle administrative, financière de l'État sur les collectivités locales : cela implique l'octroi d'une plus grande liberté aux communes pour organiser librement leur administration dans le respect des règles administratives. La loi détermine le périmètre de l'expérimentation et conditionne son exercice au respect des droits fondamentaux : le gouvernement fixe le cadre juridique et décide de la suite à donner à l'expérimentation. Globalement, le bilan de l'expérimentation législative en Suède a été jugé positif [4]malgré les résistances déclenchées par diverses corporations.

Plus largement, le rôle et l'impact de l'évaluation dans les politiques de réforme des pays nordiques demeurent différents d'un pays à un autre : ainsi par exemple « *la Norvège est le seul pays où l'évaluation a joué un rôle dans le processus de réforme. En Suède, les réformes essentielles ont été dictées avant que l'on connaisse les conclusions de l'évaluation. Au Danemark, le ministre chargé de la Réforme était opposé à l'évaluation. En Finlande, l'évaluation était absente de l'agenda* »[5]. Bien que présentant un intérêt

---

[1] Pour Karine GILBERT, « *Le droit expérimental est par nature instable : le test suppose une révision de la règle en fonction des effets produits* », GILBERT (K.), *op. cit.*, p. 474.

[2] MARCOU (G.), « Expérimentation et collectivités locales : expériences européennes », *op. cit.*, p. 18.

[3] La Suède a par ailleurs développé la « régionalisation expérimentale » à partir de 1997 prolongée par deux comtés jusqu'en 2006 visant à transférer des attributions d'administrations d'État des comtés aux structures autonomes régionales.

[4] MARCOU (G.), *op. cit.*, p. 21.

[5] MARCOU (G.), *Ibid.*, p. 22. Pour l'auteur, la ministre danoise de la Réforme était opposée à l'évaluation parce qu'elle l'a trouvé « coûteuse » et la démarche comportait en outre des risques politiques qu'elle ne souhaitait pas endosser, *op. cit.*, p. 44.

stratégique, l'expérimentation comporte une série de faiblesses : d'abord, certaines difficultés sont d'ordre méthodologique comme le « *montrent les expérimentations relatives aux programmes sociaux aux États-Unis* »[1]; d'autres révèlent la « *difficulté d'expérimenter certaines matières* »[2]; quant au cas finlandais, il souffre d'absence d'évaluation. En outre, l'expérimentation peut présenter un risque : l'instabilité de la législation[3].

Le droit expérimental est nécessaire pour améliorer l'action publique, mais comporte aussi des limites.

Reste la question de l'évaluation législative. On essaiera d'appréhender ses enjeux.

§ 2. L'évaluation législative

Traditionnellement, le rôle du Parlement consiste à contrôler l'action du gouvernement en s'intéressant à la mise en œuvre des lois. Mais toute loi est censée produire un certain nombre d'effets. L'action du Parlement s'est progressivement orientée vers la mesure des effets. Derrière le procédé de l'évaluation législative se profile en réalité « *le recentrage de la fonction évaluative sur la loi et la volonté du Parlement de ne pas s'en laisser déposséder, par la construction à son initiative et sous son contrôle d'un dispositif spécifique* »[4]. Par évaluation législative, il faut entendre par là « *l'analyse de la mise en œuvre et des effets des actes législatifs basés sur l'emploi de méthodes scientifiques* »[5]. Sur le plan méthodologique, l'évaluation législative s'appuie sur « *des techniques telles que la simulation, le jeu, ou le test pratique* »[6]. On le sait, toute loi présente nécessairement une part d'incertitude : dans le cycle d'élaboration d'une loi, le législateur n'est pas toujours en mesure d'appréhender tous les effets. L'évaluation législative peut être appréhendée comme un procédé permettant de contrôler[7] l'efficacité d'une législation.

---

[1] MARCOU (G.), *op. cit.*, p. 22.

[2] MAMONTEUFF (C.), « Réflexions sur l'expérimentation du droit », *RDP* n° 2, 1998, p. 370.

[3] CHEVALLIER (J.), « Les lois expérimentales. Le cas français », *op. cit.*, p. 147.

[4] CHEVALLIER (J.), « Rapport introductif », *R.R.J.*, 1994-4, p. 1082

[5] MADER (L.), MORAND (C.-A.), *L'évaluation législative : pour une analyse empirique des effets de la législation*, Payot Lausanne, 1985, p. 5.

[6] MADER (L.), *L'évaluation législative. Pour une analyse empirique des effets de la législation*, *op. cit.*, p. 46.

[7] HÖLAND (A.), « L'évaluation législative comme auto-observation du droit et de la société » in MORAND (C.-A.), (sous la dir.), *Evaluation législative et lois expérimentales*, Presses Universitaires d'Aix-Marseille, 1993, p. 19.

L'évaluation présente sur le plan juridique[1] des implications considérables. Et « *toute législation comporte (...) une part d'expérimentation* »[2]impliquant le respect d'un ensemble de conditions.

La réflexion autour des effets de la loi peut être envisagée sous un double registre : ex-ante et ex-post.

A) L'évaluation ex-ante

L'évaluation vise l'étude des coûts, des avantages et des inconvénients d'une législation avant son adoption. Appelée aussi évaluation prospective, l'évaluation ex-ante commande l'anticipation des effets de la loi. L'étude essaiera d'analyser les différents dispositifs mobilisés pour améliorer les politiques.

1) Les « études d'impact » : approche stratégique

La thématique des « *études d'impact* »[3]fait partie de l'évaluation ex-ante. Elle implique de manière incontestable un « changement d'esprit » voire quasiment « un changement de culture »[4] dans la manière d'élaborer les projets de loi.

La pratique connaît un succès incontestable même si les modalités de mise en œuvre ne sont pas simples.

La notion d'« impact » comprise au sens de la circulaire du 26 janvier 1998 est *« un document distinct, annexé à l'exposé des motifs du projet de loi ou au rapport de présentation du décret en Conseil d'État »*[5]ainsi que les projets d'ordonnance. Plus largement, l'étude d'impact se présente sous la forme d'un « bilan coûts-avantages » synthétisant les principaux éléments d'appréciation.

---

[1] Pour M. Costa, « *l'évaluation pénètre dans le droit, le droit s'infiltre dans l'évaluation* », COSTA (J.-P.), « Droit et évaluation », *RFAP*, n° 66, avril-juin 1993, p. 223

[2] CHEVALLIER (J.), « Les lois expérimentales. Le cas français » in MORAND (C.-A.), (sous la dir.), *Evaluation législative et lois expérimentales*, Presses Universitaires d'Aix-Marseille, 1993, p. 119. Selon l'auteur, toute expérimentation doit respecter quatre conditions : elle doit avoir un caractère temporaire et être prévue par un texte et suivie d'évaluation des effets et de la mise en place d'un dispositif correctif au vu des effets constatés.

[3] En France, les premières études d'impact réalisées datent de la loi du 10 juillet 1976 relative à la protection de la nature où dans certains cas elles demeurent même obligatoires : c'est le cas lorsque la construction d'un ouvrage risque de porter atteinte à l'environnement naturel.

[4] WARSMANN (J.-L.), *Simplifions nos lois pour guérir un mal français, rapport au Premier ministre*, Paris, La Documentation, 2009, p. 27.

[5] BRACONNIER (S.), « La technique de l'étude d'impact et le renouveau de l'action publique », *RDP*, n° 3, 1998, p. 827. Dans le même sens, l'alinéa 2 du II de la circulaire du 26 janvier 1998 relative à l'étude d'impact des projets de loi et de décret en Conseil d'État définit l'étude d'impact comme « *un document qui accompagne le projet de texte. Elle complète les documents obligatoires comme l'exposé des motifs des projets de loi ou le rapport de présentation des projets de décret* ».

Mais il n'est pas aisé de trouver dans les dictionnaires juridiques et encore moins dans les dictionnaires de « politiques publiques »[1] une définition précise consacrée à la notion d'« évaluation préalable ». En 2007, la thématique de « l'évaluation préalable » a été relancée et le « Secrétaire d'État chargé de la prospective et de l'évaluation des politiques publiques » a été invité à proposer un *« processus d'évaluation préalable de l'impact des projets de loi »*[2] prenant en compte le diagnostic des difficultés à résoudre, l'énoncé précis des objectifs poursuivis, l'examen des différentes options ainsi que leurs incidences respectives. Dans le dictionnaire de droit administratif[3] de 2012, l'étude d'impact est définie comme un *« procédé d'évaluation préalable des conséquences d'un projet ou d'un acte »*[4]. Partant de ce constat, l'« évaluation préalable » des effets d'un texte est ici synonyme d'« étude d'impact ». C'est le sens retenu ici. Il est important en effet de rappeler que le périmètre des notions d'« évaluation préalable » ou d'« études d'impact » est plus restreint que celui réservé à l'« évaluation des politiques » : les deux premiers termes font d'ailleurs partie intégrante du thème d'« évaluation des politiques publiques ».

Quoi de plus stratégique pour les autorités politiques que d'anticiper les effets de tout projet de loi, d'ordonnance et de tout projet de décret en Conseil d'État en vue de renforcer l'efficacité des politiques : l'évaluation préalable[5] est conçue ici comme une technique d'aide à la décision ayant pour but d'apporter un éclairage dans le processus décisionnel. L'intérêt du procédé se situe en amont de la décision : anticiper les effets des lois pour guider les décideurs publics relève bien de la démarche stratégique. Le thème de l'étude d'impact soulève la problématique générale de la relation entre l'expertise et le pouvoir politique. Or, pouvoir politique et expertise ne sauraient être confondus. Si les deux domaines sont radicalement différents, l'expertise contribue à la prise de décisions stratégiques. Mais parfois, il existe une imbrication forte entre les deux notions comme dans la relation pouvant exister entre la technocratie et le pouvoir politique[6]. Certains auteurs

---

[1] Comme par exemple le « Dictionnaire des politiques publiques » dirigé par Laurie Boussaguet, Sophie Jacquot, Pauline Ravinet aux Presses de Sciences Po (2010), voir par exemple la définition de la notion d'évaluation aux pages 257 et suiv.

[2] Article 1 de décret n° 2007-1006 du 12 juin 2007 relatif aux attributions déléguées au Secrétariat d'État auprès du Premier ministre, chargé de la prospective et de l'évaluation des politiques publiques.

[3] VAN LANG (A.), GONDOUIN (G.) et INSERGUET-BRISSET (V.), *Dictionnaire de droit administratif*, Paris, Sirey, 6ème édition, 2012, p. 188.

[4] VAN LANG (A.), GONDOUIN (G.) et INSERGUET-BRISSET (V.), *Ibid.*

[5] Selon la version consolidée du 26 octobre 2007, l'évaluation préalable « *est une méthode d'aide à la décision destinée à éclairer les choix possibles, en apportant à l'autorité les éléments d'appréciation qui lui seront nécessaires, sur des bases aussi précises et objectives que possibles* ».

[6] LIANOS (I.) et FAZEKAS (M.), « Le patchwork de la pratique des études d'impact en Europe : proposition de taxinomie », *RFAP* n° 149, 2014, p. 34.

ont vu dans le mécanisme, un apprentissage de l'interaction entre l'expertise et la politique « *le modèle symbiotique d'études d'impact* »[1]. Les études d'impact favorisent l'apprentissage dans le processus décisionnel. Ces apprentissages sont au nombre de trois : l'apprentissage instrumental, conceptuel et politique[2]. En procédant à l'évaluation préalable et « globale » des effets administratifs, juridiques, économiques, sociaux, budgétaires et environnementaux des mesures envisagées, certains ont vu dans le procédé de l'étude d'impact un instrument permettant d'améliorer la « qualité de la décision publique »[3]. Quant au législateur, les études d'impact l'aident à mieux comprendre les enjeux liés à la production législative : l'étude d'impact aussi prospective et technique soit-elle vise à « *éclairer le législateur sur la portée du texte* »[4] présenté par le gouvernement ; la circulaire du 15 avril 2009 s'inscrit d'ailleurs dans cette perspective puisque l'obligation d'accompagner tout projet de loi d'études d'impact a pour but de « *mieux éclairer le Parlement sur la portée des réformes* » envisagées.

Toute étude d'impact s'inscrivant dans une démarche stratégique contribue à l'amélioration de la « *lisibilité des réformes envisagées* »[5]. Produire un projet de texte plus lisible présente un enjeu stratégique : clarifier les objectifs fixés, justifier la nécessité et la cohérence d'une nouvelle réglementation assorties d'options permettant d'atteindre les résultats envisagés tout en mettant en évidence leurs implications économiques, sociales, environnementales. En outre, les études d'impact ont une vertu pédagogique : il s'agit d'expliquer de manière précise et objective la pertinence du projet. Cela suppose une justification du bien-fondé du recours à une nouvelle réglementation au regard des objectifs poursuivis et des effets attendus de la réforme.

Parallèlement, l'étude d'impact contribue sans doute à l'amélioration de la « *qualité de l'action publique dans un sens non juridique* »[6]. L'amélioration de l'efficacité des politiques au travers du procédé des études d'impact n'a de sens et de pertinence que lorsqu'il s'inscrit dans une démarche plus globale de rationalisation de l'action publique. Même si la démarche de rationalisation demeure nécessairement « limitée »[7] ; elle

---

[1] LIANOS (I.) et FAZEKAS (M.), « Le patchwork de la pratique des études d'impact en Europe : proposition de taxinomie », *op. cit.,* p. 38.

[2] DUNLOP (C.A.), FRITSCH (O.) et RADAELLI (C. M.), « Étudier l'étude d'impact », *RFAP* n° 149, 2014, p. 173.

[3] BRACONNIER (S.), « La technique de l'étude d'impact et le renouveau de l'action publique », *op. cit.*, p. 833.

[4] HACQUET A.), « Les études d'impact des projets de loi : espérances, scepticisme et compromis », *AJDA*, 2 novembre 2009, p. 1987.

[5] DEBBASCH (C.) et COLIN (F.), *Administration publique*, *op. cit.,* p. 514.

[6] BRACONNIER (S.), « La technique de l'étude d'impact et le renouveau de l'action publique », *op. cit.,* p. 834.

[7] NOURY (A.), « L'étude d'impact des projets de loi et de décret en Conseil d'État : une tentative de rationalisation du travail gouvernemental », *RRJ*, 2002-2, p. 625.

contribue à la « modernisation »[1] de l'action publique. La démarche est sous-tendue par d'autres enjeux : la visée légitimatrice et la recherche de cohérence des projets de loi ne sont pas totalement absentes du procédé de l'évaluation préalable : à partir du moment où la réalisation d'études d'impact exige de l'expertise, les autorités politiques peuvent se prévaloir d'une caution scientifique pour justifier le bien-fondé de leurs politiques.

Plus largement, la ligne stratégique est bien présente dans la démarche tendant à l'amélioration de la qualité des lois dans le but d'accroître l'attractivité de la destination France pour les investisseurs étrangers : c'est un élément décisif dans la compétition économique dans la mesure où la qualité de la législation constitue sans doute un atout pour attirer les investisseurs étrangers à venir s'implanter dans le pays afin de créer des emplois et de la richesse. C'est la raison pour laquelle le Premier ministre François Fillon a nommé un conseiller d'État au poste de Commissaire[2] chargé de la « simplification et de la stabilité du cadre réglementaire des entreprises » ; son rôle est d'anticiper et d'évaluer l'impact des nouvelles normes sur la vie des entreprises : sera désormais soumis à la réalisation d'étude d'impact tout texte réglementaire créant de nouvelles charges pour les entreprises. La circulaire du 17 février 2011 place le commissaire à la simplification auprès du Secrétaire général du Gouvernement ayant pour « *mission de s'assurer de la qualité des évaluations préalables effectuées par les ministères, de rechercher avec eux les solutions les plus simples dans la mise au point des projets de mesure et de signaler (...) les difficultés que l'exercice de ses fonctions lui fera apparaître dans la réglementation en vigueur* »[3]. Ainsi tout projet de loi, d'ordonnance, de décret ou d'arrêté susceptible de présenter des incidences sur les petites et moyennes entreprises et sur les entreprises du secteur industriel nécessite une analyse d'impact circonstanciée. Au-delà de l'objectif de renforcement de la cohérence et de la sécurité juridique, l'amélioration de la qualité des lois implique des mesures de simplification. La simplification consiste comme l'a si bien souligné Jean-Luc Warsmann dans un rapport de 2009 à réduire le « *fardeau administratif* »[4] pesant sur les entreprises. Dans ce cadre, certains auteurs voient dans le mécanisme de l'étude d'impact un « *instrument au service du libéralisme économique* »[5] permettant de faire des économies et

[1] HACQUET A.), *op. cit.*, p. 1986.

[2] Lettre de mission du Premier ministre François Fillon à Rémi Bouchez, Commissaire à la simplification et à la stabilité du cadre réglementaire des entreprises (Lettre datant du 2 novembre 2010).

[3] Circulaire du 17 février 2011 relative à la simplification des normes concernant les entreprises et les collectivités territoriales.

[4] WARSMANN (J.-L.), *Simplifions nos lois pour guérir un mal français, rapport*, *op. cit.*, p. 61.

[5] DENOLLE (A.-S.), « Les études d'impact : une révision manquée ? », *RFDC* n° 78, 2011, p. 512.

de lutter contre les déficits publics. Comme on le verra dans les pages qui suivent, certaines décisions du Comité Interministériel de Modernisation de l'Action Publique (CIMAP) s'inscrivent dans cette direction et tendent à améliorer la qualité de la réglementation et à réduire le « stock » des normes existantes.

Les études d'impact présentent par ailleurs un intérêt considérable en ce qui concerne l'élaboration des normes dans les enceintes régionales et internationales. Aussi, dès le stade de la négociation du texte, une fiche d'impact et une étude d'impact plus détaillée[1]s'avèrent indispensables. La Commission européenne a rendu obligatoires les études d'impact pour les projets de directives et les projets de règlements. Dès l'instant où le droit communautaire irrigue le droit français, il appartient aux décideurs français de développer la pratique des études d'impact pour anticiper les effets possibles des projets de directive pour augmenter les marges de manœuvre de la France dans les négociations et anticiper également la transposition. L'enjeu juridique et stratégique est ici évident : défendre et influencer la position de la France à Bruxelles pour ensuite « *adopter un droit transposé de qualité* »[2].

Enfin, on attribue volontiers à la technique des études d'impact la « vertu » de lutter plus ou moins efficacement contre l'inflation législative : il s'agit d'endiguer la prolifération des textes législatifs et réglementaires et maîtriser la complexité de l'ordonnancement juridique[3]. Comme on le verra plus loin, le succès n'est pas garanti.

Le procédé de l'étude d'impact relève de la thématique de l'État stratège. Pour autant, le procédé n'est pas dénué de toute critique. Il est critiqué pour des raisons de transparence et d'objectivité ; des auteurs plaident pour la mise en place d'une « instance indépendante »[4] chargée d'élaborer les études d'impact. On sait que la qualité d'une étude d'impact repose sur cinq[5] éléments précis à savoir l'efficience, l'accès au système réglementaire, la transparence, l'utilisation d'éléments probants et l'implication des parties prenantes par le biais de leur participation : malgré ces précisions, la notion reste ambiguë[6]. Des études ont montré que la plupart des études d'impact demeurent descriptives et mettent l'accent sur la difficulté d'évaluer l'usage

[1] Selon la circulaire du Premier ministre du 27 septembre 2004, « *l'impact de l'acte en préparation doit être apprécié le plus en amont possible, pour permettre, à la fois d'arrêter les positions de négociation de la France en connaissance de cause et de préparer la transition* ».

[2] WARSMANN (J.-L.), *op. cit.,* p. 40.

[3] Alinéa 1 du II-1 de la circulaire du 26 janvier 1998.

[4] BRACONNIER (S.), « La technique de l'étude d'impact et le renouveau de l'action publique », *op. cit.*, p. 828.

[5] DUNLOP (C.A.), FRITSCH (O.) et RADAELLI (C. M.), « Étudier l'étude d'impact », *RFAP* n° 149, 2014, p. 165.

[6] DUNLOP (C.A.), FRITSCH (O.) et RADAELLI (C. M.), *Ibid.*

qui en est fait[1]. Dans de rares cas, l'étude d'impact peut donner lieu à des manipulations[2].

Plus généralement, si on observe une tendance à l'amélioration de la qualité des études d'impact, force est de constater qu'elles sont le plus souvent l'œuvre de « *fonctionnaires ayant peu ou pas de connaissances économiques ou faites sous forme passive avec des croix à cocher* »[3].

La pratique des études d'impact n'est pas récente dans le paysage juridique français ; il convient d'étudier les origines.

a) Le dispositif originaire

La technique des études d'impact a réellement commencé dès les années 1970 dans le cadre des politiques environnementales (article 2 de la loi du 10 juillet 1976[4] relative à la protection de la nature). Les études d'impact environnementales étaient prioritairement centrées sur les incidences sur l'environnement résultant des projets d'aménagement. La thématique a été relancée à travers la loi n° 2010-788 du 12 juillet 2010 « portant engagement national pour l'environnement » connue sous le nom de « Grenelle II »[5]. Ces deux grandes lois présentent à la fois des similitudes et des différences importantes[6] : leur point commun c'est que les deux procédés se sont largement inspirés des pratiques anglo-saxonnes ; ils se différencient néanmoins par leurs objectifs et le caractère des sanctions qui en découlent en cas d'absence ou d'insuffisance d'études d'impact.

Comme on le verra plus loin, les États-Unis ont été les pionniers en matière d'études d'impact visant l'évaluation des incidences environnementales et économiques des projets de réglementation. On n'insistera pas ici davantage sur toutes les problématiques soulevées par les études d'impact dans le champ du droit de l'environnement.

Les préconisations de l'Organisation de coopération et de développement économiques dans les années 1990 tendant à encourager les États à recourir aux études d'impact dans le but d'améliorer la qualité de la réglementation[7]

---

[1] DUNLOP (C.A.), FRITSCH (O.) et RADAELLI (C. M.), *op. cit.,* p. 170.

[2] DUNLOP (C.A.), FRITSCH (O.) et RADAELLI (C. M.), *op. cit.,* p. 174.

[3] RENDA (A.), « Les études d'impact des réglementations de l'Union européenne : état des lieux et pistes de réforme », *RFAP* n° 149, 2014, p. 97.

[4] Voir notamment la loi n° 76-629 du 10 juillet 1976, JO, 13 juillet 1976, p. 4203.

[5] JO, n° 160, 13 juillet 2010, p. 12905.

[6] TURPIN (D.), « conclusion générale » in PHILIP-GAY (M.), (sous la dir. de), *Les études d'impact accompagnant les projets de loi*, Paris, LGDJ, 2012, p. 168.
En ce qui concerne la différence au niveau des objectifs, l'auteur souligne par exemple que les études d'impact résultant du « Grenelle II » visent notamment à infléchir la décision administrative.

[7] Plusieurs rapports ont été publiés dans ce sens ; parmi lesquels figurent OCDE, rapport de l'OCDE sur la réglementation, Paris, OCDE, 1997 ; OCDE, *évolution prévisionnelle de l'impact des lois et des réglementations*, Paris, OCDE, 1997, *etc.*

ont conduit le législateur français à prendre une série de circulaires allant dans ce sens. Selon la circulaire du 26 juillet 1995, le Secrétaire général du Gouvernement a « *l'obligation d'accompagner d'une véritable étude d'impact les projets de loi et les principaux projets de décret* ». Certains auteurs s'interrogent sur le caractère prescriptif et y voient plutôt une « *dimension politique et faiblement juridique des circulaires relatives aux études d'impact* »[1]. La technique des études d'impact a fait l'objet d'une expérimentation[2] (circulaire du 21 novembre 1995). Malgré un bilan négatif du dispositif, il sera pérennisé[3] par le gouvernement Jospin et ajusté par la circulaire du 26 janvier 1998[4] pour permettre la généralisation des études d'impact. La procédure privilégie une évaluation *a priori* des actes administratifs, juridiques, économiques pour s'assurer que l'ensemble des effets a été pris en compte avant la prise de la décision.

La technique des études d'impact a globalement contribué à renforcer l'exécutif dans l'élaboration des normes législatives au détriment des prérogatives du Parlement. De plus, les objectifs ambitieux affichés dans le dispositif d'études d'impact ont été loin d'être atteints du fait du manque de moyens. L'obligation de soumettre l'ensemble des projets de loi et des décrets à la procédure des études d'impact a été par ailleurs ressentie comme une contrainte[5] au niveau procédural. Enfin, si la technique des études d'impact a été considérée au départ comme un instrument d'aide à la décision, elle a finalement été assimilée à « une formalité » s'imposant aux pouvoirs publics pour l'élaboration des normes.

Plus largement, l'étude d'impact résultant de la circulaire de 1995 est loin de constituer un outil parfait de rationalisation de l'action gouvernementale ; sa portée reste néanmoins limitée[6]. Rarement appliquées[7], les circulaires de 1995 et de 1998 ont montré leurs limites : d'où la nécessité d'envisager une réforme du dispositif.

---

[1] NOURY (A.), « L'étude d'impact des projets de loi et de décret en Conseil d'État : une tentative de rationalisation du travail gouvernemental », *Revue de la recherche Juridique*, n° 2, 2000, p. 624.

[2] Voir la circulaire du 21 novembre 1995.

[3] BRACONNIER (S.), « La technique de l'étude d'impact et le renouveau de l'action publique », *op. cit.*, p. 819.

[4] Au fond, selon la circulaire, il s'agit « *d'évaluer a priori les effets administratifs, juridiques, sociaux, économiques et budgétaires des mesures envisagées et de s'assurer, de manière probante, que la totalité de leurs conséquences a été appréciée préalablement à la décision publique. Il s'agit ainsi d'obtenir une meilleure adéquation des mesures proposées aux objectifs poursuivis pour une plus grande efficacité de l'action de l'État* ».

[5] LASSERRE (B.), *Pour une meilleure qualité de la réglementation*, *op. cit.*, p. 5.

[6] Ainsi, il en résulte que l'étude d'impact « *n'est pas apparue à même de juguler l'inflation normative. Plus généralement, la technique de l'étude d'impact ne paraît pas constituer un levier suffisant, propre à améliorer la « qualité du droit* », BRACONNIER (S.), « La technique de l'étude d'impact et le renouveau de l'action publique », *RDP*, n° 3, 1998, p. 831.

[7] DENOLLE (A.-S.), « Les études d'impact : une révision manquée ? », *RFDC* n° 78, 2011, p. 501. Selon l'auteur, « *ces deux circulaires ne furent que trop peu appliquées* », *Ibid.*

b) La réforme de 2003

Afin de maîtriser l'inflation normative et d'améliorer la qualité de la réglementation, la technique des études d'impact a de nouveau été réformée en 2003 à la suite de nombreuses difficultés [1]constatées. La procédure a été recadrée par la circulaire du 26 août 2003[2] parce que celle qui a été mise en place par la circulaire du 26 janvier 1998 n'a pas permis d'atteindre les résultats envisagés.

Les études d'impact sont placées sous l'entière responsabilité du ministère porteur de l'initiative du projet de loi. Celui-ci peut s'appuyer sur les compétences existantes au sein de son département ministériel ; il peut aussi mobiliser d'autres acteurs comme certaines personnalités qualifiées, les corps d'inspection, les universitaires, *etc.* La circulaire soumet tout projet présentant une certaine ampleur ou complexité à une évaluation préalable impliquant une étude approfondie des difficultés à résoudre, la définition de l'objectif assigné à la réforme et une analyse rigoureuse des différentes options envisageables.

Si la circulaire du 26 janvier 1998 préconisait la généralisation des études d'impact, celles-ci ne sont plus systématiques avec la circulaire du 26 août 2003 : désormais chaque projet de texte fera l'objet d'une appréciation au cas par cas[3] « *compte tenu de la nature et de la portée du dispositif envisagé, d'une part, s'il convient de lancer une étude d'impact, d'autre part, sur quels aspects doit porter cette étude et selon quelles modalités elle sera envisagée* »[4]. Lorsqu'une étude d'impact est décidée, les points d'application privilégiés doivent porter sur l'impact juridique, social, budgétaire, économique, environnemental, *etc.* Pour les textes faisant l'objet d'une étude d'impact, la priorité est donnée à ceux qui sont susceptibles d'affecter significativement la situation des administrés (personnes physiques ou entreprises). Quant aux projets de loi et décret les plus significatifs, la décision de procéder ou non à une étude d'impact sera prise à l'issue d'une réunion interministérielle[5].

---

[1] La technique des études d'impact a rencontré une série de problèmes en particulier matériels (pour la mise en œuvre), méthodologiques, etc. ; cela peut s'expliquer par le fait que le champ d'action de la circulaire de 1995 est assez large embrassant divers secteurs. D'où un cadrage plus précis par la circulaire de 1998 assorti d'une méthodologie plus stricte faisant l'état des lieux de la législation et mettant l'accent sur la portée des lois modifiées et leur implication dans la réalisation des objectifs fixés.

[2] Circulaire du 26 août 2003 relative à la maîtrise de l'inflation normative et à l'amélioration de la qualité de la réglementation.

[3] Il faut souligner que dans certains cas, l'étude d'impact sera inutile lorsque les auteurs du texte ne disposent que d'une marge de manœuvre limitée ou lorsqu'il s'agit de dispositions requises pour l'application d'une loi ou la transposition d'une directive.

[4] Circulaire du 26 août 2003.

[5] Celle-ci doit être placée sous la responsabilité de la présidence du cabinet du Premier ministre et du Secrétariat du Gouvernement.

Visant à réformer la procédure de l'étude d'impact, la circulaire du 26 août 2003 invitait les ministères à se doter d'une « charte de la qualité de la réglementation » sous la conduite de hauts fonctionnaires. La circulaire du 30 septembre 2003 dote chaque ministère d'instruments et de cadre permettant d'améliorer la réglementation tout en prenant en compte son évolution. Malgré cette avancée majeure, « *l'évaluation préalable n'est que rarement pratiquée, tombant de fait en désuétude* »[1].

Il résulte de ce qui précède que l'objectif qui avait été assigné aux deux circulaires visant à injecter de la souplesse dans le but d'améliorer la qualité de la réglementation n'a pas été atteint.

c) La loi organique du 15 avril 2009

La consécration juridique du procédé résultant de la loi organique du 15 avril 2009 prise sur le fondement de l'article 39 alinéa 3 de la Constitution a été entérinée par la révision constitutionnelle du 23 juillet 2008. Mais celle-ci n'en fait pas mention.

La réforme résulte des préconisations du Conseil d'État dans son rapport public 2006 consacré à la « Sécurité juridique et complexité du droit » dans lequel il s'interrogeait sur *« l'opportunité de recourir à un instrument juridique de rang élevé dans la hiérarchie des normes que la circulaire et tendant à fixer quelques obligations de procédure, en particulier à subordonner le dépôt d'un projet de loi devant les Assemblées à ce qu'il soit assorti d'une évaluation préalable de l'impact de la réforme. Ces règles pourraient figurer dans une loi organique, prise sur le fondement d'un alinéa ajouté à l'article 39 de la Constitution en vue d'organiser la procédure d'élaboration et de dépôt des projets de loi devant le Parlement »*[2].

Ces propositions ont été suivies d'effets. La loi organique n° 2009-403 du 15 avril 2009 oblige dorénavant le gouvernement à déposer les projets de loi devant le Parlement accompagnés d'études d'impact et qui « *définissent les objectifs poursuivis par le projet de loi, recensent les options possibles en dehors de l'intervention de règles de droit nouvelle et exposent les motifs du recours à une nouvelle législation* »[3]ainsi que les différents effets. Ce sont les « projets de loi » qui sont visés, non les « propositions de loi » : la précision est d'importance pour la suite de la réflexion. L'étude d'impact est conçue comme un instrument censé être un gage de sécurité, de cohérence,

---

[1] GILBERT (K.), *La légistique au concret. Les processus de rationalisation de la loi*. Thèse de doctorat en droit, Université Panthéon-Assas (Paris 2), 2007, p. 454.

[2]Conseil d'État, *rapport public 2006, Jurisprudence et avis de 2005, Sécurité juridique et complexité du droit*, Paris, Conseil d'État et La Documentation française, 2006, p. 313.

[3] Article 8 de la loi organique n° 2009-403 du 15 avril 2009 relative à l'application des articles 34-1, 39 et 44 de la Constitution.

d'efficacité et de légitimité. Selon la circulaire[1] du Premier ministre datant du 15 avril 2009 relative à la mise en œuvre de la révision constitutionnelle (procédure législative), « *l'étude d'impact n'est pas assimilable à un exposé des motifs enrichi, mais constitue un outil d'évaluation et d'aide à la décision* ». Mais l'étude d'impact ne doit pas non plus être confondue avec les avis[2] du Conseil d'État centrés sur la régularité des textes même si l'institution peut statuer sur les questions d'opportunité. Elle peut être assimilée à un « *un rapport d'information amoindri* »[3]. Cela étant, le contenu d'une étude d'impact accompagnant une réforme « doit être plus développé, plus argumenté »[4]. Quant à l'utilité de ce document, il permet au gouvernement de s'appuyer sur celui-ci pour défendre le projet de texte en discussion. Les études d'impact accompagnant les projets de loi sont principalement l'œuvre du gouvernement bénéficiant du concours de divers organismes, ce qui a conduit certains auteurs à dénoncer le « caractère unilatéral »[5] des études d'impact. Les études d'impact sont rarement utilisées[6] dans la procédure législative par les parlementaires.

L'enjeu juridique de la réforme est d'importance. L'étude d'impact met mettre en évidence les conséquences économiques, financières, sociales et environnementales des mesures envisagées. Dans tous les cas, les options envisagées pour résoudre les problèmes sont à apprécier « *au regard de la sécurité juridique, de la stabilité et de la complexité du droit, de son intelligibilité et de son effectivité* »[7].

Tous les projets de loi ne sont pas concernés par les nouvelles dispositions. Les exceptions sont au nombre de cinq ; il s'agit en particulier des projets de loi de finances, des projets de loi de financement de la sécurité sociale, les projets de révision constitutionnelle, les projets de loi de programmation ainsi que les projets de loi relatifs aux états de crise. Cela étant, les projets de loi de finances et de financement de la sécurité sociale

---

[1] Circulaire du Premier ministre du 15 avril 2009 relative à la mise en œuvre de la révision constitutionnelle (procédure législative).

[2] HACQUET A.), *op. cit.*, p. 1990.

[3] DENOLLE (A.-S.), *op. cit.*, p. 511.

[4] GOASGUEN (C.), MALLOT (J.) et Comité d'évaluation et de contrôle, *Les études d'impact et l'élaboration de la loi, rapport d'information n° 2094*, Paris, Assemblée nationale, 2009, p. 36.

[5] BLACHER (P.), « Les études d'impact dans la procédure législative » in PHILIP-GAY (M.), (sous la dir. de), *Les études d'impact accompagnant les projets de loi*, Paris, LGDJ, 2012, p. 59.

[6] Ainsi que le précise Philipe BLACHER, « *l'étude d'impact est un document que les acteurs législatifs n'utilisent pas. Les rapporteurs ne citent pas explicitement ces études. Les discussions en séance plénière n'y font jamais référence* », BLACHER (P.), « Les études d'impact dans la procédure législative », *op. cit.*, p. 58.

[7] Secrétariat général du gouvernement et Conseil d'État, *Guide pour l'élaboration des textes législatifs et réglementaires*, Paris, La Documentation française, 2007, p. 22.

comportent des « *fiches d'impact* »[1] visant à mesurer les effets économiques, sociaux, financiers et environnementaux.

L'étude d'impact doit commencer dès le stade des réflexions préalables portant sur le projet de réforme. Le ministère porteur de l'initiative du projet est responsable de la réalisation de l'étude d'impact. Lorsqu'une réforme concerne plusieurs ministères, ces derniers sont invités à coordonner leurs efforts en constituant un groupe de travail. La confection d'une étude d'impact peut également être confiée à une personnalité qualifiée, à un corps d'inspection ou à des universitaires. Sur le plan méthodologique, les décideurs publics peuvent bénéficier du concours du secrétariat général du gouvernement : un « *Guide pour l'élaboration des textes législatifs et réglementaires* »[2] a d'ailleurs été rédigé par les services du secrétariat général du gouvernement et par le Conseil d'État. Le gouvernement peut aussi solliciter l'expertise auprès du secrétariat général aux affaires européennes pour toute réforme ayant un lien avec les politiques communautaires. Enfin, il importe de souligner la participation du Commissariat général à la stratégie et à la prospective à l'élaboration des études d'impact. Le décret n° 2013-333 du 22 avril 2013 souligne qu'« *il peut apporter un appui méthodologique aux administrations et au secrétariat général du Gouvernement pour l'élaboration des études d'impact des projets de loi* »[3]. Néanmoins, le décret ne précise pas selon quelles modalités.

La procédure à laquelle est soumise l'étude d'impact est devenue plus contraignante puisqu'elle fait l'objet de trois contrôles ou « filtres » comme cela est indiqué dans la circulaire du 15 avril 2009 « relative à la mise en œuvre de la révision constitutionnelle » : désormais pour être présenté au Conseil d'État tout projet de loi accompagné d'étude d'impact doit être « jugée suffisante »[4] par le cabinet du Premier ministre et par le « secrétaire général du gouvernement ». La circulaire du 15 avril 2009 n'explique pas ce qu'on entend par « étude d'impact jugée suffisante ». Dès l'instant où les critères n'existant pas, le texte de la circulaire présente de l'ambiguïté et de l'incertitude.

Ensuite, l'étude est transmise au Conseil d'État qui apprécie la qualité globale des études d'impact accompagnant les projets de loi.

---

[1] WARSMANN (J.-L.), Simplifions nos lois pour guérir un mal français, rapport, *op. cit.*, p. 28.

[2] Secrétariat général du gouvernement et Conseil d'État, *Guide pour l'élaboration des textes législatifs et réglementaires*, Paris, La Documentation française, 2007.

[3] Décret n° 2013-333 du 22 avril 2013 portant création du Commissariat général à la stratégie et à la prospective.

[4] Selon la circulaire du 15 avril 2009 relative à la mise en œuvre de la révision constitutionnelle (procédure législative), le Premier ministre affirme ceci : « *le Conseil d'État ne sera saisi du projet de loi que si l'étude d'impact est jugée suffisante par mon cabinet et par le secrétaire général du gouvernement* ».

Soumise au contrôle du juge constitutionnel, la mise en œuvre des études d'impact a fait l'objet de diverses réserves d'interprétations. Dans sa décision n° 2009-579 DC du 9 avril 2009, le Conseil constitutionnel a indiqué que l'obligation de procéder à une étude d'impact concernant les rubriques énoncées à l'article 8 de la loi organique ne s'imposait que pour celles qui sont pertinentes au regard de l'objet de la loi[1]. Au nom du respect des règles de répartition des compétences entre les pouvoirs exécutif et législatif, le juge constitutionnel a censuré une disposition de l'article 8 de la loi organique du 15 avril 2009 pour motif que « *les projets de loi font l'objet d'une étude d'impact dès le début de leur élaboration* »[2]. Ce qui était en cause, ce n'est pas le principe d'accompagner les projets de loi d'études d'impact *« mais le moment où il est imposé »*[3], c'est-à-dire « dès le début de leur élaboration ». L'exigence visait à remédier à certaines limites constatées précédemment, car les études d'impact étaient réalisées tardivement et leur impact sur la décision était faible[4].

Une fois ces étapes franchies, les études d'impact accompagnant le projet de loi sont ensuite déposées sur le bureau d'une des assemblées parlementaires après délibération du conseil des ministres[5] : il s'agit de vérifier si les conditions imposées par la loi organique sont respectées. Le Parlement dispose d'une marge de manœuvre pour apprécier la qualité des études d'impact et peut apporter son concours en sollicitant l'expertise d'autres instances d'évaluation dont l'Office parlementaire des choix scientifiques et technologiques puisque l'article 21 de la loi du 8 juillet 1983 prévoyait de manière expresse une évaluation préalable de la loi. S'agissant plus spécifiquement de l'Assemblée nationale, elle dispose du comité d'évaluation et de contrôle des politiques publiques (CEC) ; le CEC peut solliciter l'assistance de la Cour des Comptes[6] dans le cadre de l'évaluation des politiques et bénéficier du concours d'experts extérieurs[7] à l'Assemblée. En cas de saisine, le Comité d'évaluation et de contrôle est compétent pour donner son avis sur les documents rendant compte de l'étude d'impact[8]

---

[1] Voir le considérant 15 de la décision n° 2009-579 DC du 9 avril 2009.

[2] Voir en particulier le considérant n° 13, Conseil constitutionnel, décision n° 2009-579 DC du 9 avril 2009, Loi organique relative à l'application des articles 34-1, 39 et 44 de la Constitution.

[3] VERPEAUX (M.), « Le nouveau droit parlementaire est arrivé. A propos de la loi organique du 15 avril 2009 », *La Semaine juridique*, édition générale, n° 29-30, 13 juillet 2009, p. 46.

[4] BALCOU (J.-P.), « Les études d'impact : mieux légiférer par l'évaluation préalable » in PHILIP-GAY (M.), (sous la dir. de), *Les études d'impact accompagnant les projets de loi*, Paris, LGDJ, 2012, p. 105.

[5] Dernier alinéa du point 1 de la circulaire du 15 avril 2009 relative à la mise en œuvre de la révision constitutionnelle (procédure législative).

[6] Cela est prévu par la LOLF (cela sera amplement développé dans les parties relatives à « la relance de l'évaluation »).

[7] Alinéa 4 de l'article 146-3 du nouveau « Règlement de l'Assemblée nationale ».

[8] Article 146-5 du nouveau « Règlement de l'Assemblée nationale ».

joints à un projet de loi déposé par le gouvernement. Cet avis sert à éclairer[1] la décision de la Conférence des présidents. En cas de saisine d'un amendement d'un député, le CEC peut réaliser l'évaluation préalable[2] lorsque cela porte sur les questions de fond.

La première assemblée saisie peut s'opposer au dépôt du projet de loi si elle estime qu'il n'est pas accompagné d'une étude d'impact. Comme le prévoit l'article 39 alinéa 4 de la Constitution, les projets de loi ne peuvent pas être inscrits à l'ordre du jour si la Conférence des présidents constate que les règles fixées par la loi organique sont méconnues : selon l'article 9 de la loi organique du 15 avril 2009, elle dispose d'un délai de dix jours pour constater la méconnaissance des règles fixées. En cas de désaccord entre le gouvernement et la Conférence des présidents, le Chef du gouvernement ou le président de l'Assemblée peut saisir le Conseil constitutionnel pour statuer dans un délai de huit jours[3]. Mais de telles hypothèses ne peuvent être que rarissimes[4] et réservées aux périodes de cohabitation.

Lorsque l'assemblée est saisie d'un projet de texte après la date de dépôt de ce dernier, le Conseil constitutionnel est compétent pour apprécier le respect des dispositions précitées à l'article 8 de la loi organique au regard des exigences de la continuité de la Nation[5]. Selon un auteur, l'appréciation du Conseil constitutionnel concernant les études d'impact dans le cadre du contrôle préventif de l'article 61 de la Constitution est « plus souple »[6] que celle que pourrait formuler le Conseil d'État. Par ailleurs, le Conseil d'État a considéré que l'étude d'impact relative aux projets de loi tendant à autoriser le gouvernement à prendre par ordonnance des mesures relevant du domaine de la loi « *ne saurait, sans méconnaître l'article 38 de la Constitution, être interprétée comme imposant au gouvernement de faire connaître au Parlement la teneur des ordonnances qu'il entend prendre sur le fondement de l'habilitation qu'il demande pour l'exécution de son programme* »[7].

La problématique des études d'impact soulève la question de l'étendue du contrôle du juge constitutionnel pour examiner la conformité des études d'impact à la loi organique. Au vu du considérant 17 de la décision du Conseil constitutionnel du 9 avril 2009, il est légitime de s'interroger sur la portée de la réserve d'interprétation formulée par les juges constitutionnels : « *si, par suite des circonstances, tout ou partie d'un document constituant*

---

[1] COMBRADE (B.-L.), « À qui profite l'étude d'impact ? », *Petites Affiches*, 24 janvier 2012, n° 17, p. 10.
[2] Article 146-6 du nouveau « Règlement de l'Assemblée nationale ».
[3] Alinéa 4 de l'article 39 de la Constitution.
[4] CAUDAL (S.), « Etudes d'impact législatives et études d'impact environnementales : éléments de comparaison » in PHILIP-GAY (M.), (sous la dir. de), *Les études d'impact accompagnant les projets de loi*, Paris, LGDJ, 2012, p. 34.
[5] Considérant 17 de la décision n° 2009-579 DC du 9 avril 2009.
[6] BLACHER (P.), *op. cit.*, p. 56.
[7] Considérant 21 de la décision n° 2009-579 DC du 9 avril 2009.

l'étude d'un projet de loi venait à être mis à la disposition de la première assemblée saisie de ce projet après la date de dépôt de ce dernier, le Conseil constitutionnel apprécierait, le cas échéant, le respect des dispositions précitées de l'article 8 de la loi organique au regard des exigences de la continuité de la vie de la Nation ». On peut se demander néanmoins comment le Conseil constitutionnel pourra effectuer son contrôle sur la réalité, le sérieux et la qualité des études d'impact.

S'agissant du contenu des études d'impact, au-delà du respect d'exigences constitutionnelles et organiques, toute étude d'impact doit au moins, selon le Comité d'évaluation et de contrôle des politiques, respecter les six étapes suivantes[1] : la réalisation d'un diagnostic comportant une description précise et concrète du problème identifié en fait et en droit ; une définition du ou des objectifs poursuivis permettant d'apprécier l'intervention d'une règle de droit nouvelle ; les options possibles et les motifs du recours à une nouvelle législation ; les incidences prévisibles du dispositif (sur le plan juridique, économique, social, environnemental) ; la liste des consultations menées avant la saisine du Conseil d'État et enfin, la liste prévisionnelle des décrets nécessaires à la mise en œuvre de la réforme envisagée. Selon le « guide méthodologique » élaboré par le secrétariat général du gouvernement et par le Conseil d'État, toute étude d'impact doit obligatoirement apporter des réponses à quatre[2] problématiques : les difficultés auxquelles la réforme entend remédier nécessitant une nouvelle réglementation ; l'objectif de la réforme ; les options envisageables pour atteindre l'objectif et enfin, l'impact prévisible des options retenues.

De façon générale, les études d'impact contribuent à la rationalisation[3] de la décision publique et s'inscrivent pleinement dans le champ de la légistique[4], science visant à déterminer les « meilleures modalités d'élaboration et d'application » des normes.

---

[1] GOASGUEN (C.), MALLOT (J.) et Comité d'évaluation et de contrôle, *Les études d'impact et l'élaboration de la loi, rapport d'information n° 2094, op. cit.*, p. 18-20.

[2] Secrétariat général du gouvernement et Conseil d'État, *Guide pour l'élaboration des textes législatifs et réglementaires*, Paris, La Documentation française, 2007, p. 20.

[3] La rationalisation n'est jamais « optimale ».

[4] Selon le Professeur Jacques Chevallier, la légistique est *« une science appliquée de la législation qui cherche à déterminer les meilleures modalités d'élaboration, de rédaction, d'édiction et d'application des normes* », CHEVALLIER (J.), « Rapport introductif », *Revue de la recherche juridique*, 1994-4, p. 1083.

En effet, la légistique est composée de deux branches : la légistique formelle et la légistique matérielle. La légistique formelle « *vise à étudier l'activité de production normative et à définir les techniques adaptées à la gestion de cette production, valoriser une meilleure connaissance des normes existantes, assurer la mise à jour et l'actualisation du dispositif juridique, améliorer la rédaction et la formulation des textes* », CHEVALLIER (J.), « Vers un droit post-moderne », *RDP*, 1998, p. 684. En revanche pour Karine Gilbert, la légistique matérielle « *définit des règles d'écriture du droit en vue d'harmoniser la technique législative et offrir des outils aux rédacteurs : il s'agit d'une démarche méthodique qui n'est pas seulement descriptive (systématisation des pratiques) mais aussi performative (systématiser*

Parallèlement, le procédé de la démocratie participative visant à associer les citoyens aux travaux préparatoires des études d'impact des projets de loi a été mis en place via le site Internet de l'Assemblée nationale pour recueillir leur avis. Il s'agit d'introduire une dose de participation du public dans le processus décisionnel. Tout citoyen intéressé par la problématique de l'étude d'impact accompagnant les projets de loi peut émettre son avis sur le site pendant un délai de six semaines (après le dépôt du projet de loi jusqu'à la discussion). L'étude d'impact peut être conçue comme « *un outil de démocratie délibérative ou participative* »[1]. Cependant, les premiers bilans du procédé sont pour le moins mitigés : synthétisés dans les annexes des rapports, les avis des internautes « *sont pour l'instant rares et les critiques en général plus centrées sur le projet de loi que sur l'étude d'impact elle-même* »[2]. De fait, l'inefficacité des consultations par voie électronique est dénoncée[3] depuis l'entrée en vigueur de la loi organique. En bonne logique, on peut s'interroger sur la portée réelle des avis des citoyens recueillis sur Internet qui sont sans réel impact sur la décision finale. Si la démarche participative est sans doute utile dans le jeu démocratique, on reste cependant sceptique quant à son efficacité dans la procédure législative en particulier dans l'amélioration de la qualité de la loi et la lutte contre l'inflation législative. Aucune place n'a par ailleurs été accordée à l'opposition parlementaire pour élaborer une contre-expertise permettant de confirmer ou d'infirmer le sérieux des études d'impact et par-delà proposer des évaluations alternatives.

Le fait de contraindre les gouvernants à accompagner les projets de loi d'une étude d'impact s'inscrit dans une stratégie de réduction de l'inflation législative[4], d'amélioration de la qualité de la loi, de rationalisation de la production des normes et de légitimation des politiques. L'amélioration de la qualité des textes et la maîtrise de l'« inflation législative » méritent d'être discutées. Si le mécanisme tend à améliorer la qualité des textes. Toutefois, de réels doutes subsistent en ce qui concerne le deuxième objectif : il ne suffit pas d'anticiper les effets environnementaux, économiques, sociaux, financiers, budgétaires d'un projet de loi pour prétendre lutter efficacement contre l'« *activisme législatif* »[5], l'adoption d'une nouvelle politique

---

les pratiques afin d'améliorer la rédaction normative et d'accroître l'efficacité de la norme », GILBERT (K.), *op. cit.*, p. 147.

[1] LIANOS (I.) et FAZEKAS (M.), « Le patchwork de la pratique des études d'impact en Europe : proposition de taxinomie », *op. cit.*, p. 36.

[2]COMBRADE (B.-L.), *op. cit.*, p. 10.

[3]Par exemple, pour Anne-Sophie Denolle, « depuis l'entrée en vigueur de la loi organique, ce système de consultation ne semble pas efficace », *op. cit.,* p. 506.

[4] La prolifération des normes nuit à la lisibilité des textes : comme le rappelle Jean Picq, « quand le droit bavarde, le citoyen ne lui prête qu'une oreille distraite », in PICQ (J.), *L'État en France. Servir une nation ouverte sur le monde, rapport au Premier ministre*, *op., cit.*, p. 37.

[5] HACQUET A.), *op. cit.,* p. 1988.

publique appelle une réponse en termes normatifs. L'obligation d'accompagner les projets de loi d'études d'impact n'empêche pas le Parlement de continuer à voter des lois.

L'avènement de la thématique de l'État stratège s'accompagne d'une explosion de la réglementation. Le fait n'est pas nouveau : dans une « note de veille » de 2009, le Centre d'analyse stratégique a souligné que l'augmentation spectaculaire[1] de la réglementation a commencé dès les années 1970 avec l'avènement de l'État-providence. Le débat sur la réduction du nombre des textes réglementaires date de longtemps et il est loin d'être clos : or, ni l'État-providence, ni l'État stratège n'a réussi à mettre un terme à l'inflation législative. Le champ de l'étude d'impact a été plus récemment étendu aux projets de décrets dans un « *souci de bonne gouvernance et d'évaluation des politiques publiques* »[2]depuis la loi Grenelle 2[3]. Le gouvernement Ayrault s'est engagé lors du « comité interministériel de modernisation de l'action publique » (CIMAP) à « *améliorer la qualité de la réglementation et la clarté du langage administratif* »[4]. L'objectif est de rendre le langage de l'administration plus clair pour les usagers du service public et/ou pour les citoyens pour la compréhension, la lisibilité des politiques. En outre, le gouvernement s'est engagé à alléger le « stock » des normes en appliquant la règle selon laquelle « *toute création d'une norme sera accompagnée de la suppression d'une autre* »[5]. La lutte contre l'inflation normative est devenue un enjeu national, car derrière la démarche il y a des enjeux de compétitivité. Dans son discours de Dijon prononcé le 12 mars 2013, le président de la République François Hollande a défendu l'« allègement des normes » et le « raccourcissement des délais » : pour lui, « *un État fort, c'est un État simple, un État puissant, c'est un État rapide, un État efficace, c'est un État qui fait confiance* »[6]. Lors du CIAP du 18 décembre 2012, le gouvernement Ayrault s'est engagé dans la régulation du flux des normes nouvelles et l'amélioration de leur qualité. Les conclusions du « rapport de la mission de

---

[1]Centre d'analyse stratégique/MALONE (A.), « Règlementer moins, réglementer mieux ? Les analyses d'impact de la réglementation », *La note de veille*, n° 151, 2009, p. 2.

[2] PRIEUR (M.), *Droit de l'environnement*, Paris, Dalloz, 6ème édition, 2011, p. 122.

[3] Voir en particulier l'article 244 de la loi Grenelle 2.

[4] Voir le point 3° de l'article 3 du décret n° 2012-1198 du 30 octobre 2012.

[5]*Déclaration de Jean-Marc Ayrault, Premier ministre, Comité interministériel pour la modernisation de l'action publique*, Hôtel de Matignon, mardi 18 décembre 2012, p. 3. Le Premier ministre poursuit son argumentation : « *Et puis bien sûr, ça ne suffit pas, un programme pluriannuel de simplification va être arrêté pour alléger le « stock », je dis bien le stock parce qu'il est considérable, de normes existantes, en commençant par les « blocs » les plus complexes, notamment le droit de l'environnement, les règles d'urbanisme. Certains pourraient y voir un recul, non, parce que souvent ces normes accumulées ne sont appliquées ou mal appliquées, coûtent cher dans leur contrôle et n'atteignent pas les objectifs qui ont été affichés. Donc, il faut remédier à l'empilement aussi de tous les organismes qui ont été créés cas par cas, sans plan d'ensemble, avec une tendance à la stratification* », *Ibid.*

[6] Discours du président François Hollande tenu à Dijon le 12 mars 2013.

lutte contre l'inflation normative »[1] conduit par Alain Lambert et Jean-Claude Boulard remis le 26 mars 2013 au Premier ministre prolongent la réflexion. Le nombre impressionne : « *le stock est évalué à 400 000 normes. Il s'est constitué au fil du temps par addition, sédimentation, superposition, comme les couches d'une géologie juridique* »[2]. Or, les normes ont un coût. Selon la Commission consultative d'évaluation des normes, le coût des normes nouvelles a atteint en 2008 le chiffre symbolique de 455 millions d'euros ; 290 millions en 2009 ; 577 millions en 2010 et 728 millions d'euros en 2011 soit plus de 2 milliards d'euros en quatre ans[3]. C'est dans ces conditions que le rapport a prôné un allègement du « poids des normes en stock ». Parmi les nouvelles mesures prises lors du CIMAP du 2 avril 2013 visant à « *endiguer l'inflation normative* »[4], certaines d'entre elles tendent à « bloquer l'inflation normative » et accélérer la simplification des normes existantes [5]en faisant prévaloir systématiquement les « bonnes pratiques » de législation et en évitant de « sur-transposer » les directives européennes[6]. D'autres encore ont pour objectif de renforcer l'étude d'impact des textes afin de mieux prendre en compte leur impact sur les collectivités territoriales, les missions, l'organisation des services déconcentrés, l'impact des textes d'origine communautaire ainsi que la mise en œuvre du principe de proportionnalité[7]. Enfin, d'autres mesures cherchent à « stabiliser la réglementation en évaluant avant de réformer »[8] : la mesure concerne les acteurs économiques afin de ne pas les pénaliser dans la compétition économique des effets de l'instabilité normative. Pour atteindre l'objectif, il faut passer au crible l'ensemble des normes en stock impliquant un effort d'interprétation, d'abrogation et d'adaptation de la norme « *afin de prévenir le retour de l'intempérance normative* »[9]ruinant de fait les effets du

[1] LAMBERT (A.) et BOULARD (J.-C.), *rapport de la mission de lutte contre l'inflation normative*, Paris, La Documentation française, 2013.
[2] LAMBERT (A.) et BOULARD (J.-C.), *op. cit.*, p. 10.
[3] LAMBERT (A.) et BOULARD (J.-C.), *Ibid.*
[4] Relevé de décisions du CIMAP du 2 avril 2013, p. 10.
[5] Décision n° 16 du relevé de décisions du CIMAP du 2 avril 2013.
[6] Décision n° 17 du relevé de décisions du CIMAP du 2 avril 2013. La décision n° 17 envisage d'appliquer le principe de proportionnalité dans la rédaction des lois ; de renforcer la sécurité juridique des textes réglementaires et enfin, d'associer les agents des services déconcentrés à l'élaboration des instructions et des circulaires ministérielles pour des exigences de simplicité et d'opérationnalité.
[7] Décision n° 18 du relevé de décisions du CIMAP du 2 avril 2013.
[8] Décision n° 19 du relevé de décisions du CIMAP du 2 avril 2013.
[9] LAMBERT (A.) et BOULARD (J.-C.), *rapport de la mission de lutte contre l'inflation normative*, *op. cit.*, p. 91. Reprenant à son compte quelques grandes idées du « rapport de la mission de lutte contre l'inflation normative », Julien Morel rappelle la nécessité de « *mettre en place des objectifs de révision du corpus juridique, de lier l'adoption d'une nouvelle norme à l'abrogation d'une autre, de produire un État annuel du flux des normes, de réaliser des études d'impact ex post des normes réglementaires, de s'inspirer des expériences étrangères, de renforcer la formation des cadres de la fonction publique à la légistique et aux*

« *choc de compétitivité* » *(choc symbolique, mais aussi politique*) du droit. Tirant les enseignements des préconisations du rapport Alain Lambert et Jean-Claude Boulard sur l'allègement des contraintes pesant sur les projets publics et privés, le Premier ministre dans sa circulaire du 2 avril 2013 incite les ministres et les préfets à privilégier systématiquement une interprétation facilitatrice des normes existantes : « *à l'exception des normes touchant à la sécurité, il vous est désormais demandé de veiller personnellement à ce que vos services utilisent toutes les marges de manœuvre autorisées par les textes et en délivrent une interprétation facilitatrice pour simplifier et accélérer la mise en œuvre des projets publics ou privés* ». À fin de *traiter le stock de normes* existant un « changement de culture normative de l'État »[1]s'impose.

Si la nouvelle démarche est intéressante du point de vue de la méthode, certaines questions restent pour le moment sans réponse. Ainsi, peut-on dire que la démarche sera suffisante pour réduire drastiquement le « stock » de normes existantes ? À cet égard, certains propos des rapporteurs de la « mission de lutte contre l'inflation normative » sèment le doute et le scepticisme : « *il n'est pas suffisant de traiter le « stock » de normes existant, en l'allégeant et en le débarrassant des scories majeures qui le rendent inopérant. Il est impératif de changer de paradigme pour l'élaboration des normes à venir et de révolutionner notre culture administrative et politique de la norme* »[2]. On peut se demander si l'équilibre entre le nombre de normes nouvelles et le nombre de normes supprimées sera assuré de manière systématique.

Dans le même temps, de récents travaux ont bien montré que jusqu'en 2012, le CEC n'a pas encore fait l'objet[3] de saisine pour apprécier la qualité d'une étude d'impact. La lourdeur de la procédure a été dénoncée notamment en ce qui concerne la production de la contre-expertise par le CEC. Dans ces conditions, la technique des études d'impact ne risque-t-elle pas de produire « un mirage légistique »[4] ?

La circulaire du 15 avril 2009 montre bien la volonté des pouvoirs publics de renforcer les études d'impact accompagnant les projets de loi. On le voit bien les conditions sont plus strictes que celles figurant dans la circulaire du 21 novembre 1995, du 26 janvier 1998 et de la circulaire du 26 août 2003.

---

enjeux du droit » pour prévenir le retour de l' « intempérance normative », MOREL (J.), « État de droit ou état de paralysie par le droit ? », *JCP A Administrations et collectivités territoriales* n° 14, 2 avril 2013, p. 7.

[1] LAMBERT (A.) et BOULARD (J.-C.), *op. cit.*, p. 99.

[2] LAMBERT (A.) et BOULARD (J.-C.), *op. cit.*, p. 80.

[3] COMBRADE (B.-L.), *op. cit.*, p. 10.

[4] MBONGO (P.), « La « constitutionnalisation » des études d'impact préalables à la loi. Un mirage légistique », *Recueil Dalloz* 2009, n° 2, p. 108.

Des exemples précis permettent d'apprécier la portée des études d'impact.

d) Illustrations d'études d'impact résultant de la nouvelle procédure

Depuis la réforme de 2009, on ne compte plus le nombre d'ouvrages, de colloques ou d'articles consacrés à la thématique. Les dernières statistiques disponibles portant sur la question ont recensé[1] en 2010, 31 études d'impact portant sur des projets de lois ordinaires, organiques ou de finances et 55 sur des projets de loi autorisant la ratification d'accords internationaux.

On s'appuiera sur le rapport conduit par les députés Claude Goasguen et Jean Mallot pour illustrer nos propos. Comme le montrait la circulaire du 15 avril 2009, le Premier ministre avait demandé à ses différents services une application immédiate des études d'impact sans attendre la date du 1er septembre 2009. La précision a son importance. Le rapport d'information a réparti les études d'impact en deux séquences distinctes : celles réalisées avant le 1er septembre 2009 et celles entreprises après cette date. S'agissant des études d'impact entreprises dans la période transitoire donc antérieures au 1er septembre 2009, le rapport fait état d'une vingtaine d'études d'impact transmises aux assemblées portant sur des problématiques diverses : la plus petite étude d'impact compte quelques pages et la plus importante près d'une centaine. Les rapporteurs soulignent néanmoins que ces études sont passées presque inaperçues[2]. Mais ce qui est problématique dans ces études, c'est que « *l'exposé de la problématique, des objectifs poursuivis et du dispositif juridique finalement retenu occupe le plus souvent une place prépondérante, au détriment de l'étude des options alternatives, de la mesure des éléments quantitatifs (...) et de l'appréhension des conditions d'application de la nouvelle législation* »[3]. Dans le même temps, le rapport mentionne que les études d'impact ont été réalisées dans un temps relativement court sans disposer d'instruments adéquats permettant de mener des travaux de qualité[4].

En ce qui concerne les études d'impact réalisées après le 1er septembre 2009, trois d'entre elles accompagnant des projets de loi ont attiré l'attention des parlementaires. La première concerne le « projet de loi relatif à la lutte contre la piraterie et à l'exercice des pouvoirs de police en mer » déposé au Sénat le 3 septembre 2009. Globalement, si les études d'impact ont été jugées satisfaisantes et comportant seulement une quinzaine de pages « utiles », il n'en demeure pas moins qu'elles présentent des limites

[1] BALCOU (J.-P.), *op. cit.*, p. 96.
[2] GOASGUEN (C.), MALLOT (J.), *op. cit.* p. 21.
[3] GOASGUEN (C.), MALLOT (J.), *Ibid.*
[4] Les rapporteurs précisent que « *les études d'impact ont été présentées sur le fondement d'une démarche volontaire et réalisées dans des conditions particulières, sans toujours disposer ni de temps (...) ni de tous les outils nécessaires à un travail de qualité* », GOASGUEN (C.), MALLOT (J.), *op. cit.*, p. 22.

importantes : par exemple s'agissant des consultations, le rapport précise que l'étude d'impact s'est simplement bornée à indiquer des rencontres avec les acteurs du monde maritime pour recueillir leurs observations sans qu'« *aucun compte-rendu de ces rencontres n'est livré, pas même leurs dates (...) Les composantes de ce monde maritime français ne sont pas précisées ; leurs positions au regard des choix du gouvernement opérés dans les projets de loi ne sont en aucune façon relatées* »[1].

La deuxième étude d'impact analysée dans le rapport vise les projets de loi organique et ordinaire relatifs au « Défenseur des droits » déposé au Sénat le 9 septembre 2009. Si la qualité des études d'impact a été globalement satisfaisante, les rapporteurs constatent toutefois que l'étude d'impact à proprement parler n'occupe qu'une dizaine de pages sur un total de 65 pages. De plus, le rapport pointe certaines limites telles que la justification sommaire du périmètre du « Défenseur des droits » et l'utilisation de termes généraux pour présenter les impacts [2]sociaux, administratifs, juridiques.

Enfin, la dernière étude d'impact étudiée concerne le projet de loi relatif au Grand Paris, déposé à l'Assemblée nationale le 7 octobre 2009. L'étude compte 91 pages et apporte des informations précises à la fois sur les objectifs, les options possibles, les impacts des dispositions envisagées, le régime des consultations et la liste des textes d'application nécessaires. Là encore, les rapporteurs soulignent plusieurs problèmes. Si les impacts ont été analysés sous différents angles, le rapport d'information dénonce néanmoins le caractère sommaire[3] de l'analyse des incidences budgétaires et le caractère laconique[4] de l'exposé des consultations. À cela, s'ajoute le manque de précisions[5] des indications relatives aux concertations politiques engagées. Pour ce qui est de l'estimation du montant des dépenses nécessaire à la mise en œuvre des transports du Grand Paris, c'est l'absence de méthode de calcul[6] des coûts directs et indirects qui est dénoncée. De plus, l'impact environnemental concernant la construction des 130 kilomètres de ligne dans le milieu urbain est renvoyé à d'autres études ultérieures[7]. Selon les

---

[1] GOASGUEN (C.), MALLOT (J.) et Comité d'évaluation et de contrôle, *op. cit.*, p. 23.

[2] Le rapport précise que « *la question du périmètre du Défenseur des droits n'est justifiée que de façon sommaire. En outre, les impacts sont souvent présentés dans des termes généraux, qu'il s'agisse de l'impact social (« la réforme permettra une action plus efficace »), administratif (« on peut parier sur un développement maîtrisé du nombre des saisines »), juridique (« la réforme devrait avoir un effet-bénéfice sur les juridictions)* », etc., GOASGUEN (C.), MALLOT (J.) et Comité d'évaluation et de contrôle, *Les études d'impact et l'élaboration de la loi, rapport d'information n° 2094*, Paris, Assemblée nationale, 2009, p. 24.

[3] GOASGUEN (C.), MALLOT (J.), *op. cit.*, p. 25.

[4] GOASGUEN (C.), MALLOT (J.), *op. cit.*, p. 27.

[5] GOASGUEN (C.), MALLOT (J.), *op. cit.*, p. 27.

[6] GOASGUEN (C.), MALLOT (J.), *op. cit.*, p. 26.

[7] GOASGUEN (C.), MALLOT (J.), *op. cit.*, p. 27.

rapporteurs, certaines données restent parfois non renseignées[1] comme par exemple l'évaluation des conséquences des dispositions envisagées sur l'emploi public.

Les espoirs portés par les différentes réformes visant à restaurer le rôle du Parlement sont décevants. Sur le plan de la procédure législative, l'influence du Parlement reste limitée[2] en matière d'expertise et subit l'influence du gouvernement. Plus largement des auteurs ont dénoncé le « déficit d'impartialité » dont souffre le procédé : les études d'impact sont perçues comme un instrument politisé[3] au service du gouvernement affaiblissant ainsi la fonction politique du Parlement.

Même si la généralisation des études d'impact est accompagnée de la « *volonté de se rapprocher d'une hiérarchie des normes idéalisées* »[4], la constitutionnalisation du procédé ne bouleverse pas l'architecture du droit constitutionnel : loin d'être une révolution, elle s'inscrit plutôt dans une dynamique d'évolution des dispositifs expérimentaux précédemment mis en place. Les limites du procédé appellent une évolution du dispositif : le rapport Goasguen et Mallot va dans ce sens et milite pour l'amélioration de la présentation des études d'impact, du contenu, des méthodes d'investigation et des procédures à mettre en œuvre afin d'apporter des réponses adéquates aux limites constatées[5]. À propos des études d'impact législatives, les rapporteurs précisent que « *l'exposé de la problématique, des objectifs poursuivis et du dispositif juridique finalement retenu occupe le plus souvent une place prépondérante* » « *au détriment de l'étude des options alternatives* »[6].

Afin d'avoir une vision plus globale des études d'impact, l'approche comparative devient une nécessité.

---

[1] GOASGUEN (C.), MALLOT (J.), *Ibid.*

[2] Pour COMBRADE Bertrand-Léo, « *La réforme, loin de restaurer la place du Parlement dans la procédure législative, le conduit donc à subir les résultats des expertises gouvernementales, sans pouvoir les discuter efficacement, encore moins de les contester. Le dispositif de sanction prévu avec l'intervention possible du Conseil constitutionnel est en effet fort difficile à mettre en œuvre pour les assemblées* », COMBRADE (B.-L.), *op. cit.*, p. 11.

[3] DENOLLE (A.-S.), *op. cit.*, p. 510.

[4] PHILIP-GAY (M.), « L'obligation de joindre des études d'impact aux projets de loi. Une illustration des évolutions récentes du droit issu de la Constitution du 4 octobre 1958 » in PHILIP-GAY (M.), (sous la dir. de), *Les études d'impact accompagnant les projets de loi*, Paris, LGDJ, 2012, p. 158.

[5] À propos des études d'impact législatives, les rapporteurs précisent que « *l'exposé de la problématique, des objectifs poursuivis et du dispositif juridique finalement retenu occupe le plus souvent une place prépondérante* » « *au détriment de l'étude des options alternatives* », GOASGUEN (C.), MALLOT (J.), Ibid.

[6] GOASGUEN (C.), MALLOT (J.), *Ibid.*

2) Les études d'impact : dimension comparative

L'évaluation *ex-ante* a débuté aux États-Unis dans les années 1970 avant de connaître une rapide diffusion dans les pays occidentaux[1] à partir des années 1990 comme au Canada, au Royaume-Uni, etc. Dans ces pays, *l'évaluation prospective* est *obligatoire pour toute nouvelle législation.* En l'absence d'études d'impact ou de vice de procédure, la légalité des études d'impact peut être contestée devant les tribunaux de certains États[2]. En Europe, l'influence des études d'impact sur la décision des juges (à l'occasion d'examen des principes de proportionnalité et de subsidiarité) participe au mouvement général d'amélioration de la qualité de la législation et de la jurisprudence[3]. L'objectif des études d'impact est d'anticiper les effets de la loi en particulier les incidences budgétaires : les États-Unis et les Pays-Bas ont adopté des modèles de calcul leur permettant d'évaluer le coût[4] de la réglementation tout en prenant en compte le coût administratif et les coûts économiques.

L'utilisation de la technique des études d'impact est croissante dans les pays développés et émergents en raison des difficultés liées à la pauvreté et aux inégalités[5].

Au niveau communautaire, les études d'impact font partie des instruments d'action dans l'élaboration des politiques sectorielles. Il faut souligner d'emblée que l'OCDE et l'Union européenne[6] exercent une influence de plus en plus importante dans la diffusion des études d'impact dans les différents États du continent européen suite à la publication du « rapport du groupe Mandelkern ». Mais la diffusion a été aussi relayée par des consultants et des « communautés épistémiques »[7]. On sait que l'initiative lancée lors des conseils européens de Göteborg et de Laken de 2001 autour du slogan « *Mieux légiférer* » (*Better Regulation*) » s'inscrivait dans une démarche de simplification et d'amélioration de l'environnement réglementaire : il s'agit d'intégrer dans l'élaboration des législations communautaires les implications économiques, sociales, environnementales des politiques envisagées. Certains ont vu dans la démarche, l'émergence de

---

[1] CHEVALLIER (J.), *L'État postmoderne*, *op. cit.*, p. 154.
[2] ALEMANNO (A.), « Le juge et les études d'impact », *RFAP* n° 149, 2014, p. 182.
[3] ALEMANNO (A.), « Le juge et les études d'impact », *op. cit.* p. 191.
[4] Les modèles de calcul prennent notamment en compte « le coût administratif résultant de l'élaboration de la norme et du contrôle de son application, et les coûts économiques directs ou indirects », in Conseil d'État, *rapport public 2006, Jurisprudence et avis de 2005, Sécurité juridique et complexité du droit*, *op. cit.*, p. 309.
[5] LIVERMORE (M. A.) et ROSENBERG (J. S.), « L'analyse distributive dans les études d'impact, ou comment prendre la répartition des conséquences d'une réglementation », *RFAP* n° 149, 2014, p. 145.
[6] LIANOS (I.) et FAZEKAS (M.), « Le patchwork de la pratique des études d'impact en Europe : proposition de taxinomie », *RFAP* n ° 149, 2014, p. 30.
[7]LIANOS (I.) et KARLIUK (M.), « L'émergence de l'étude d'impact comme norme de gouvernance en Europe : genèse, diffusion et acteurs », *RFAP* n° 149, 2014, p. 11.

« *l'État réglementaire* »[1] en Europe. Dès 2003, la Commission européenne s'est dotée d'une méthode consistant à intégrer l'analyse d'impact de toutes les initiatives importantes ayant un caractère réglementaire. L'objectif est triple : il s'agit d'identifier les effets positifs et négatifs prévisibles des mesures envisagées (prenant en compte la dimension environnementale, économique, sociale) d'identifier les compromis possibles dans la réalisation des objectifs concurrents et de compléter l'application du protocole sur la subsidiarité[2] et la proportionnalité. Selon la « Communication de la Commission (2002) 276 final », il s'agit « *d'introduire l'analyse de l'impact en tant qu'un instrument destiné à améliorer la qualité et la cohérence du processus d'élaboration des politiques* »[3]. Depuis 2011, le Parlement européen est devenu un acteur majeur en matière d'études d'impact des réglementations alors qu'auparavant, c'est la Commission qui avait le monopole. Le Parlement accorde de l'importance à la qualité, à l'indépendance, à la transparence et à l'objectivité des études d'impact. Cependant, sa contribution ressemble davantage à *« une rectification, une correction ou un complément à celle de la Commission »*[4].

L'étude d'impact adoptée par la Commission se présente comme un « outil d'aide à la décision » : elle privilégie la souplesse en tenant compte de la diversité des politiques nationales et privilégie une analyse systématique des incidences probables de l'action des pouvoirs publics. En France, le rapport « *Pour une meilleure qualité de la réglementation* »[5] rédigé par un groupe de travail présidé par Bruno Lasserre à la demande du Premier ministre s'inscrit dans cette démarche. Après avoir fait un bref état des lieux des limites des études d'impact, le groupe de travail a estimé utile qu'au-delà des problématiques de coût de la réglementation, la nécessité d'adopter une démarche pragmatique dans la réalisation des études d'impact (en distinguant clairement les éléments suivants : le moment pertinent pour la réalisation de l'étude, son contenu, le champ des études, l'auteur, le processus et les niveaux de contrôle). Le rapport préconise d'intégrer l'étude d'impact en amont du processus décisionnel comme le fait déjà la Grande-Bretagne[6] pour tous les projets ayant une dimension nationale. En ce qui concerne les décisions nationales, le rapport milite davantage « *pour que l'étude ne porte pas sur un texte juridique (projet de loi ou de décret), mais*

[1] LIANOS (I.) et KARLIUK (M.), *op. cit.*, p. 9.

[2] Les deux principes doivent être pris en compte à travers les analyses d'impact. La question concerne la pertinence et l'efficacité de l'intervention communautaire (sur le plan réglementaire) par rapport aux interventions des États membres.

[3] Voir « Communication de la Commission sur l'analyse d'impact » (COM (2002/ 278) mai 2002, p. 2.

[4] DELILLE (T.), « La dimension interinstitutionnelle des études d'impact des réglementations dans l'Union européenne à l'ère de la « réglementation intelligente », *RFAP* n° 149, 2014, p. 69.

[5] LASSERRE (B.), *Pour une meilleure qualité de la réglementation*, *op. cit.*, 2004.

[6] LASSERRE (B.), *op. cit*, p. 11.

sur un exposé des moyens (juridiques, mais aussi administratifs et financiers) supposés permettre d'atteindre un objectif donné »[1]. Selon la Commission européenne, l'impact des projets de décisions doit faire l'objet d'une analyse préliminaire (permettant d'identifier le problème, les objectifs ainsi que les principales options d'actions possibles) suivie d'une analyse d'impact plus approfondie. S'agissant du « coût » de la réglementation, la LOLF (article 27) permet de calculer les coûts des différentes actions engagées dans le cadre des programmes, car toute réglementation comporte des implications budgétaires.

En Grande-Bretagne, le champ des études d'impact se limitait dans les années 1985 aux seuls secteurs à « *risque* »[2] tels que l'environnement, la santé… ; puis le dispositif a été systématisé à partir de 1997 avant d'être ensuite étendu par le gouvernement aux lois d'habilitation législative.

Au Danemark, depuis 1993 l'anticipation des incidences environnementales et économiques[3] pour tout projet de loi relative aux entreprises est obligatoire ; le dispositif a été étendu en 1998 à tous les ministères tenus désormais de réaliser des études d'impact de la réglementation.

En Suisse, les dispositions constitutionnelles rendent obligatoire la mesure des effets de la loi. Selon l'article 170 de la Constitution fédérale de 1999, « *l'assemblée fédérale veille à ce que l'efficacité des mesures prises par la Confédération fasse l'objet d'une évaluation* »[4]. L'évaluation prospective et[5] l'évaluation rétrospective [6]constituent les deux pratiques autorisées par le législateur.

En Allemagne, l'évaluation législative est une pratique courante et s'appuie sur la « Loi fondamentale » favorable aux pratiques expérimentales. Mais les évaluations se déroulent sous le contrôle du juge[7]. La Cour constitutionnelle encourage l'évaluation ex-ante et oblige[8] le législateur à apporter les correctifs nécessaires à l'issue de l'évaluation ex-post.

Plus largement, la thématique des études d'impact vise essentiellement l'évaluation des effets des lois dans les parlements nationaux ou au niveau européen : la démarche « européenne » contraste[9] avec la pratique développée par le Congrès américain exonéré de toute obligation d'études

---

[1] LASSERRE (B.), *op. cit.*, p. 7.

[2] LASSERRE (B.), *op. cit.*, p. 27.

[3] LASSERRE (B.), op. cit., p. 47.

[4] Constitution confédérale suisse du 18 avril 1999.

[5] À titre d'exemple, l'évaluation prospective pratiquée au Conseil fédéral vise notamment les charges financières ainsi que leur effet à long terme sur l'économie.

[6] Quant à l'évaluation rétrospective, elle met l'accent sur l'efficacité et le « rendement ».

[7] Voir en particulier l'article de MORAND (C.-A.), « L'obligation d'évaluer les effets des lois », *op. cit.*, p. 78 et suivant.

[8] Voir l'Arrêt IVG, BVerGE 88, 203.

[9] LIANOS (I.) et FAZEKAS (M.), « Le patchwork de la pratique des études d'impact en Europe : proposition de taxinomie », *op. cit.*, p. 43.

d'impact même s'il existe des organismes au sein de l'exécutif chargés de réaliser des études d'impact comme le bureau de la « gestion et du budget » où les agences indépendantes porteuses d'initiatives réglementaires.

Si la diffusion du modèle d'évaluation d'impact de l'Union européenne n'est pas encore un succès total auprès des États membres, force est de constater que les études d'impact restent un instrument de contrôle et de promotion du principe de conditionnalité vis-à-vis des États tiers. L'Union européenne a dénoncé en 2012[1] le manque de progrès concernant le développement des études d'impact en Turquie dans le but d'accroître la qualité de la législation.

Enfin, on peut se demander s'il est possible de procéder à une classification des études d'impact : selon des auteurs, une telle étude a peu de chance de réussir dans la mesure où elle se heurtera à des difficultés méthodologiques et « *au flou des limites séparant les différentes utilisations identifiées et l'interaction des différents variables (le système politique, les institutions, la foule d'acteurs chargés de leur mise en œuvre)* »[2].

Après avoir rappelé les enjeux de l'évaluation ex-ante, on peut aborder la problématique qui sous-tend l'évaluation ex-post.

B) L'évaluation ex-post

L'évaluation ex-post cherche à identifier et à mesurer les effets d'une « *législation interventionniste* »[3]. S'appuyant sur des « *méthodes ou des techniques d'analyse empirique* »[4], l'évaluation rétrospective a pour but d'apporter les correctifs nécessaires en vue d'améliorer la loi. L'idée d'évaluer les effets de la loi illustre bien une inflexion profonde de la conception traditionnelle de la loi : œuvre des représentants de la nation et « expression de la volonté générale », la loi bénéficiait de la légitimité démocratique et ne pouvait faire l'objet d'évaluation remettant en cause son bien-fondé. Aujourd'hui, seules la pertinence et la qualité justifient la raison d'être de la loi dans les États modernes.

Parmi les nombreuses réformes ayant fait l'objet d'évaluation législative, figure en première place la réforme relative à l'interruption volontaire de la grossesse[5] ; les réformes portant sur la révision des lois « bioéthique »[6] par

[1] LIANOS (I.) et KARLIUK (M.), *op. cit.*, p. 18.

[2] LIANOS (I.) et FAZEKAS (M.), « Le patchwork de la pratique des études d'impact en Europe : proposition de taxinomie », *op. cit.*, p. 31.

[3] MORAND (C.-A.), « L'obligation d'évaluer les effets des lois » in MORAND (C.-A.), (sous la dira.), *Evaluation législative et lois expérimentales*, *op. cit.*, p. 90.

[4] MADER (L.), MORAND (C.-A.), *L'évaluation législative : pour une analyse empirique des effets de la législation*, *op. cit.*, p. 46.

[5] Il s'agit de la loi du 17 janvier 1975.

[6] Dans la même lignée, se trouve tout un ensemble de lois : loi du 1er juillet 1994 relative au traitement des données nominatives dans le domaine de la santé ; la loi n° 94-653 du 29 juillet 1994 relative au respect du corps humain, JO. Du 30 juillet 1994, p. 11056 ; la loi n° 94-654

l'Office parlementaire d'évaluation des choix scientifiques dont l'enjeu est d'adapter les textes aux évolutions de la médecine, ou celles relatives aux mœurs et à *« l'état d'avancement des recherches sur l'embryon et sur les cellules souches embryonnaires »*[1]. La succession de lois permettant d'encadrer et d'évaluer les effets de la législation a sans doute fait de la France, le premier pays européen à se doter d'un cadre juridique complet en matière de bioéthique[2].

Sur le plan institutionnel, l'évaluation législative s'est traduite par la création d'offices parlementaires pour évaluer les politiques sectorielles. C'est en 1983 qu'a été créé l'Office parlementaire des choix scientifiques et technologiques (OPECST) : l'office « *a pour mission d'informer le Parlement des conséquences des choix scientifiques et technologiques afin, notamment d'éclairer ses décisions. À cet effet (...) procède à des évaluations* »[3]. La plupart des évaluations législatives conduites par l'Office parlementaire concernaient l'évaluation ex-post. La forte mobilisation d'experts par les parlementaires témoigne de leur préoccupation à mener des évaluations indépendantes. C'est dans le cadre des travaux de l'OPECST que l'évaluation des lois bioéthiques a été faite à la demande du Parlement. La loi n° 94-654 du 29 juillet 1994[4] a fixé le cadre général dans lequel l'évaluation devrait se dérouler. C'est le cas pour les questions relatives au don, à l'utilisation des éléments et des produits du corps humain, à l'assistance médicale, à la procréation et au diagnostic prénatal. La loi « *fera l'objet, après évaluation de son application par l'Office parlementaire d'évaluation des choix scientifiques et technologiques, d'un nouvel examen par le Parlement dans un délai maximum de cinq ans après son entrée en*

du 29 juillet 1994 relative au don et à l'utilisation des éléments produits du corps humain, à l'assistance médicale à la procréation et au diagnostic prénatal, JO du 30 juillet 1994, JO du 30 juillet 1994, p. 11060 : c'est la loi du 6 août 2004 qui a permis de réviser la loi n° 94-654 du 26 juillet 1994 ; pour plus de précision, voir la clause de révision dans l'article 40 de la loi n° 2004-800 du 6 août 2004 relative à la bioéthique, JO du 7 août 2004, p. 14040. Cette loi a également prévu un mécanisme de réexamen du dispositif dans un délai de cinq ans après son entrée en vigueur.

Dans le même sens, la loi n° 2011-814 du 7 juillet 2011 relative à la bioéthique prévoit un mécanisme d'évaluation périodique des mesures envisagées. Ainsi, selon l'article 47 de la loi, la réforme « *fait l'objet d'un nouvel examen d'ensemble par le Parlement dans un délai maximal de sept ans après son entrée en vigueur. Elle fait en outre l'objet, dans un délai de six ans, d'une évaluation de son application par l'Office parlementaire des choix scientifiques et technologiques* ».

[1] Article 50. I. 2 de la loi n° 2011-814 du 7 juillet 2011 relative à la bioéthique.

[2] Selon le Conseil d'État, « *la France fut ainsi le premier pays en Europe à se doter d'une législation complète en matière de bioéthique* », Conseil d'État, *La révision des lois de bioéthique, rapport*, Paris, Conseil d'État, La Documentation française, 2009, p. 13.

[3] Voir la Loi n° 83-609 du 8 juillet 1983, art. 6.

[4] Voir l'article 21 de la loi 94-654 du 29 juillet 1994.

vigueur ». Avec les avancées scientifiques, l'Office[1] a estimé au terme d'une évaluation réalisée en 1999 que les pratiques biomédicales en cours nécessitaient une adaptation du cadre juridique. De même, l'OPECST a été sollicité dans le cadre de la loi n° 2004-800 du 6 août 2004[2]pour procéder à des évaluations à propos des lois bioéthiques au regard des évolutions scientifiques et techniques : il s'agit de trouver un équilibre entre la nécessité de faire évoluer le cadre législatif protecteur des droits fondamentaux reconnus à chaque individu (par exemple en matière de dons d'organes) et le souci de ne pas entraver les recherches en matière biomédicale.

Si la qualité des évaluations ex-post conduites par l'Office n'a pas été remise en cause. Mais force est de constater que sa composition politique (essentiellement composée de parlementaires), ses moyens matériels limités, l'étendue de son champ d'intervention ont limité la portée de son action.

Globalement, le bilan de l'Office parlementaire d'évaluation des choix scientifiques est décevant. « Déconsidéré » d'une certaine manière par le législateur qui ne lui a confié que quelques rares missions d'évaluation de la loi, l'OPECST n'a été désigné comme instance d'évaluation ex post de la loi qu'à travers seulement cinq lois[3] depuis sa création comme le montrent certains travaux universitaires portant sur les lois de « bioéthique » (du 29 juillet 1994 et du 6 août 2004) ; de sécurité sanitaire (loi n° 2001-398 du 9 mai 2001 créant l'autorité française de sécurité sanitaire de l'environnement, loi n° 98-535 du 1er juillet 1998) et enfin sur la recherche (loi du 18 avril 2006). C'est pourquoi, le Parlement a créé en 2002 *l'Office parlementaire d'évaluation des politiques de santé* (OPEPS)[4] pour élargir ses capacités d'évaluation en matière sociale, sanitaire et d'information. C'est une délégation parlementaire[5] ayant « *pour mission d'informer le Parlement des conséquences des choix de santé publique, afin d'éclairer ses décisions. À cet effet, elle recueille des informations, met en œuvre des programmes d'études et procède à des évaluations* »[6]. Certaines missions de l'OPEPS et de l'OPESCT sont problématiques dans la mesure où elles posent la question

[1] CLAEYS (A.), HURIET (C.), *L'application de la loi n° 94-654 du 29 juillet 1994 relative au don et à l'utilisation des éléments et produits du corps humain, à l'assistance médicale à la procréation et au DPN*, Paris, Documents de l'Assemblée nationale n° 1407, Sénat n° 232, 18 février 1999, p. 44.

[2] Selon l'article 40 de la loi « *I. La présente loi fera l'objet d'un nouvel examen d'ensemble par le Parlement dans un délai maximum de cinq ans après son entrée en vigueur. II. Elle fera en outre l'objet, dans un délai de quatre ans, d'une évaluation de son application par l'Office parlementaire d'évaluation des choix scientifiques et technologiques* ».

[3] GILBERT (K.), *La légistique au concret. Les processus de rationalisation de la loi*, *op. cit.*, p. 426.

[4] Loi n° 2002-1487 du 20 décembre 2002 de financement de la sécurité sociale pour 2003.

[5] L'OPEPS est une émanation de la délégation de l'Assemblée nationale (en particulier la Commission des affaires culturelles et des finances) et pour partie de la délégation du Sénat (notamment les commissions des affaires sociales, des finances et des affaires culturelles).

[6] Article 2 de la loi n° 2002-1487 du 20 décembre 2002 de financement de la sécurité sociale pour 2003.

du *double emploi* en particulier dans les domaines de la sécurité sanitaire et de la bioéthique.

Corrélativement, il importe de rappeler également que deux nouvelles structures ont été créées en 1996 élargissant les pouvoirs d'information du Parlement: *l'Office parlementaire d'évaluation de la législation* (OPEL) et *l'Office parlementaire d'évaluation des politiques publiques* (OPEPP). L'Office parlementaire d'évaluation de la législation est une institution commune aux deux assemblées : ses fonctions ont été élargies et dépassent le simple cadre sectoriel. Mais, l'office n'a pas su répondre avec pertinence les objectifs qui lui étaient assignés. De plus, le bilan des travaux reste mitigé : depuis sa création, seulement trois rapports[1] ont été publiés. Bénéficiant de moyens matériels limités et n'ayant pu adapter[2] leur mode de fonctionnement et résister aux pressions politiques des deux assemblées parlementaires, les deux structures d'évaluation n'ont pas survécu et furent « supprimées » en 2001. C'est la raison pour laquelle, l'Assemblée nationale s'est dotée à nouveau en 1999 d'une « *Mission d'évaluation et de contrôle* » (MEC) des politiques publiques sous la présidence de Laurent Fabius : il s'agit de créer les conditions permettant de pérenniser l'évaluation législative en matière financière. L'intervention de la MEC est cependant fortement encadrée : chargée d'apprécier l'efficacité de l'activité gouvernementale en matière de dépenses publiques, elle est compétente en matière d'évaluation ex-post. Paradoxalement, la MEC se trouve dans une situation ambiguë ; en tant qu'instance d'évaluation et de contrôle, « *elle ne doit pas devenir pour autant, selon la commission des finances, un instrument de critique des choix gouvernementaux antérieurs et des politiques en cours d'élaboration. La Mec est seulement chargée d'examiner les résultats obtenus et de mesurer, par conséquent, l'efficacité et l'utilité des dépenses engagées à cette occasion* »[3]. Les travaux de la MEC sont un outil précieux d'aide à la décision « budgétaire » : si les rapports présentés

---

[1] GILBERT (K.), *op. cit.*, p. 429 ; il s'agit des rapports conduits par Albertini (P.), *rapport au nom de l'Office parlementaire d'évaluation de la législation, sur les conditions dans lesquelles certaines associations sont habilitées à exercer les droits reconnus à la partie civile*, Paris, Doc Assemblée nationale n° 1583, Doc. Sénat n° 343, 1999 ; OPEL HYEST (J-.J.), *rapport d'information sur la législation applicable en matière de prévention et traitement des difficultés des entreprises*, Paris, Doc. Assemblée nationale n° 3451, Doc. Sénat n° 120, 2001 ; OPEL, GELARD (P.), *rapport sur les autorités administratives indépendantes*, Paris, Assemblée nationale n° 3166, Doc. Sénat n° 404, 2006.

[2] Les deux organes « *ont montré l'impossibilité d'assurer le fonctionnement d'un organe commun aux deux chambres. La concurrence jalouse entre elles en est une des raisons ; l'autre, l'inéluctable dépendance d'un tel organisme vis-à-vis des groupes politiques de chacune des assemblées, portée à son paroxysme lorsque les majorités politiques de l'une et de l'autre divergent* », GROSHENS (J.-C.) et KNAUB (G.), « A propos de la rénovation de l'évaluation » in *Etudes en l'honneur de Gérard Timsit*, Bruxelles, Bruylant, 2004, p. 347-348.

[3] CHEVILLEY-HIVER (C.), « La mission d'évaluation et de contrôle à l'Assemblée nationale », *RDP* n° 6, 2000, p. 1692.

par la MEC ont un « intérêt limité »[1], force est de constater qu'ils permettent de renforcer le débat public et d'infléchir la politique budgétaire[2]. Corrélativement, le Sénat s'est doté en 2000 d'un *Comité d'évaluation des politiques publiques* (CEPP). En matière sociale, les deux assemblées ont mis en place en 2004 la « *Mission d'évaluation et de contrôle des lois de la sécurité sociale* » (MECSS)[3]. La loi organique relative aux lois de finances (LOLF) votées en 2001 et les lois de sécurité sociale contribuent à pérenniser l'activité des deux missions d'évaluation : et comme nous le verrons, la LOLF présente d'importantes limites en matière d'évaluation. Depuis sa création, la MEC a élaboré plusieurs rapports. Mais il est difficile de mesurer leurs impacts en termes de décisions publiques.

La révision constitutionnelle de juillet 2008 traduit la volonté politique des gouvernants de renforcer le rôle du Parlement. Selon l'article 24 de la Constitution, « *le Parlement vote la loi. Il contrôle l'action du gouvernement. Il évalue les politiques publiques* ». La loi n° 2011-140 du 3 février 2011 tendant à renforcer les moyens du Parlement en matière de contrôle de l'action du Gouvernement et d'évaluation des politiques publiques est venue renforcer les prérogatives des deux assemblées en matière de contrôle et d'évaluation de politiques. En vertu de l'article 47-2 de la Constitution, le Parlement bénéficie en cas de besoin de l'assistance[4] de la Cour des comptes. Pour Olivier Dord, la rédaction de l'article 24 reste maladroite[5] dès l'instant où l'évaluation n'est pas du seul ressort du Parlement : la France est marquée par le pluralisme des organismes d'évaluation et de contrôle des politiques publiques.

On rappellera à titre indicatif que la loi n° 2009-689 du 15 juin 2009 a supprimé les offices parlementaires d'évaluation de la législation et d'évaluation de la politique de la santé, la délégation parlementaire à la planification et la délégation parlementaire aux problèmes démographiques. De même, le Parlement a supprimé l'Office parlementaire d'évaluation des politiques publiques pour des raisons d'inadaptation[6]. Ainsi la résolution du

---

[1] CHEVILLEY-HIVER (C.), *op. cit.*, p. 1694.

[2] CHEVILLEY-HIVER (C.), *op. cit.*, p. 1695.

[3] Loi du 13 août 2004 relative à l'assurance maladie.

[4] De même, selon l'article 3 de la loi n° 2011-140 du 3 février 2011, « *au titre de l'assistance du Parlement dans le domaine de l'évaluation des politiques publiques prévue par l'article 47-2 de la Constitution, la Cour des comptes peut être saisie d'une demande d'évaluation d'une politique publique par le président de l'Assemblée nationale ou le président du Sénat, de leur propre initiative ou sur proposition d'une commission permanente dans son domaine de compétence* ».

[5] DORD (O.), « Vers un rééquilibrage des pouvoirs publics en faveur du Parlement », *RFDC* n° 77, 2009, p. 105.

[6] BOURDIN (J.), ANDRE (P.) et PLANCADE (J.-P.), *Placer l'évaluation des politiques publiques au cœur de la réforme de l'État, rapport*, *op. cit.*, p. 143.

27 mai 2009 réformant le règlement[1] de l'Assemblée nationale a créé malgré les réticences[2] du Sénat, un Comité d'évaluation et de contrôle des politiques publiques (CEC) à l'Assemblée nationale ; il n'a pas d'équivalent au Sénat.

Le Comité d'évaluation et de contrôle des politiques est composé de membres de droit[3] et de membres désignés[4]. Le bureau est restreint[5] ; il est chargé d'assurer la publicité des travaux.

En cas de saisine, le Comité est compétent pour donner son avis sur les documents rendant compte des études d'impact[6] joints à un projet de loi déposé par le gouvernement. Il est également compétent en cas de saisine d'amendement parlementaire visant la réalisation de l'évaluation préalable[7] portant sur les questions de fond.

En matière d'évaluation de politiques, le rôle du Comité d'évaluation et de contrôle peut être appréhendé selon que l'on se situe sous l'angle ex-ante ou sous l'angle ex-post. Sous l'angle ex-ante, le CEC peut engager une contre-expertise en matière d'études d'impact. Le comité d'évaluation peut entreprendre tout un ensemble de travaux d'évaluation sous sa propre initiative ou à la demande d'une commission permanente[8]. La conduite des évaluations peut nécessiter le concours d'experts extérieurs. À l'issue de l'évaluation, le comité est en mesure de formuler des recommandations à l'intention du gouvernement prenant la forme de rapport d'information : six mois après la publication du rapport, un second rapport[9] de suivi sur la mise en œuvre des conclusions du comité est élaboré. Le Comité d'évaluation et

[1] Voir le nouveau Règlement de l'Assemblée nationale, en particulier les articles 142-2 à 146-7.

[2] Le « désaccord de principe qui oppose les deux assemblées sur les pouvoirs du Comité d'évaluation et de contrôle dont l'institution à l'Assemblée nationale, mais sans équivalent au Sénat atteste de manière manifeste des réticences sénatoriales à l'égard des procédures de contrôle et d'évaluation des politiques publiques », BAGHESTANI (L.), « A propos de la loi tendant à renforcer les moyens du Parlement en matière de contrôle de l'action du gouvernement et d'évaluation des politiques publiques », Petites Affiches, 20 avril 2011, n° 78, p. 4.

[3] Selon l'article 146-2 du nouveau « Règlement de l'Assemblée nationale », les membres de droit du comité sont composés de personnalités suivantes : le président de l'Assemblée nationale (qui le préside) ; les présidents des commissions permanentes et celui de la Commission des Affaires européennes ; le rapporteur général de la Commission des finances, de l'économie générale et du contrôle budgétaire ; le député président ou premier vice-président de l'Office parlementaire d'évaluation des choix scientifiques et technologiques ; le président de la délégation parlementaire aux droits des femmes et à l'égalité des chances entre les hommes et les femmes ; les présidents des groupes parlementaires.

[4] Quant aux membres désignés, ils sont au nombre de quinze et choisis par les groupes suivant la procédure prévue à l'article 37.

[5] Il s'agit notamment du président de l'Assemblée, des présidents des groupes, de quatre vice-présidents et de quatre secrétaires désignés parmi ses membres.

[6] Article 146-5 du nouveau « Règlement de l'Assemblée nationale ».

[7] Article 146-6 du nouveau « Règlement de l'Assemblée nationale ».

[8] Article 146-3 du nouveau « Règlement de l'Assemblée nationale ».

[9] Alinéa 8 de l'article 146-3 du nouveau « Règlement de l'Assemblée nationale »

de contrôle peut formuler des propositions[1] à la Conférence des présidents sur l'ordre du jour de la semaine et proposer l'organisation en séance publique de débats sans vote ou de séances de questions relatives aux conclusions de ses rapports.

Si le pluralisme des structures chargées d'évaluer les politiques, les législations au sein du Parlement est un élément essentiel du jeu démocratique et institutionnel, force est de constater que la création de certaines cellules d'évaluation ne s'est pas faite sans concurrence ou sans réticence [2]de la part de l'une ou de l'autre Chambre du Parlement. On est conduit à s'interroger sur le bien-fondé de l'opposition du Sénat à la création du CEC à l'Assemblée nationale : une telle attitude peut s'expliquer par le désir d'indépendance de chacune des deux chambres du Parlement par rapport à l'autre.

En parallèle, le droit communautaire fait de l'obligation d'évaluer un levier d'action efficace. Les autorités communautaires encouragent l'évaluation rétrospective et prospective des effets induits des politiques. La méthode consiste à comparer l'évaluation de l'action communautaire à celle des États membres dans les secteurs réglementés.

L'évaluation législative aussi pertinente soit-elle pour l'action publique présente toutefois tout un ensemble de difficultés. D'abord, la question de « *l'identification des effets propres de la loi est incertaine, car toutes les transformations constatées ne lui sont pas imputables* »[3]. L'évaluation législative et les lois expérimentales *« marquent le déclin de la mystique (...) L'instabilité juridique qu'impliquent ces législations contingentes apparaît (...) comme une des manifestations de la « crise du droit* »[4]. Elles soulèvent la problématique de l'« *insécurité juridique* » [5] *;* pour le doyen Georges Ripert, le « *véritable déclin du droit est celui qui résulte des lois* »[6]. De tels propos méritent en effet d'être nuancés, car pour le professeur Paul Amselek, il ne *« paraît pas du tout exact de parler d'un déclin du droit : c'est plutôt à l'apparition de nouvelles formes de technique juridique et de notre expérience juridique que nous assistons* »[7]. Plus largement, « *l'évaluation législative et la logique de l'adaptation qui lui est inhérente portent atteinte à la stabilité des lois dans le temps, et ainsi à la sécurité du droit* »[8].

---

[1] Article 146-7 du nouveau « Règlement de l'Assemblée nationale ».

[2] On indiquera ici la réticence du Sénat lors de la Création du CEC.

[3] BERCEL (J.-L.), in MORAND (C.-A.), (sous la dir.), *Evaluation législative et lois expérimentales*, *op. cit.,* (partie préfacée).

[4] BERCEL (J.-L.), *Ibid.*

[5] RIPERT (G.), *Le Déclin du droit, Etudes sur la législation contemporaine*, Paris, LGDJ, 1949, p. 153.

[6] RIPERT (G.), *op. cit*., p. VI.

[7] AMSELEK (P.), « L'évolution générale de la technique juridique dans les sociétés occidentales », *RDP,* mars-avril 1982, p. 293.

[8] HÖLAND (A.), *op. cit*., p. 40.

Conclusion

La démarche évaluative a été un indicateur pertinent pour rendre compte de la manière dont l'État cherche à améliorer l'efficacité des politiques, des administrations et de l'action publique en général ; elle contribue au renouvellement des instruments d'action de l'État.

L'évaluation *prospective* est plus récente que l'évaluation rétrospective. L'évaluation ex-ante n'a de sens véritable qui si elle est suivie d'une évaluation ex-post permettant de porter un jugement global sur les résultats de la politique envisagée et de formuler en cas de nécessité des mesures adaptées destinées à pallier les limites constatées. Par ailleurs, la « constitutionnalisation » des études d'impact constitue sans doute une étape décisive dans l'amélioration de la qualité des réglementations, des législations, des normes. La mise en œuvre est plus contraignante que les dispositifs précédents. Mais il serait illusoire de penser que le procédé constitue un instrument efficace de lutte contre l'inflation législative et normative. Les implications du droit expérimental sont considérables dans le champ du droit public. Même si « *petit à petit, l'expérimentation s'acclimate* »[1]dans le paysage juridique français, force est de constater que la stratégie qui sous-tend le procédé place l'expérimentation locale sous le contrôle de l'État.

Quant à la LOLF, le « changement culturel » qu'elle introduit est évident : l'évaluation de la performance de l'action publique est désormais consacrée par le législateur organique. Mais la démarche pose cependant un ensemble de problèmes. De nombreuses difficultés résultant des premières applications montrent que l'évaluation de la performance reste un exercice délicat et loin d'être la panacée. Si la LOLF est censée renforcer le rôle du Parlement en matière d'information et de contrôle de l'action gouvernementale, il est regrettable que le Parlement ne se serve pas des travaux de la Cour des comptes pour renforcer son contrôle[2] alors même qu'il en a la possibilité. Même sous l'empire de la LOLF, l'institution parlementaire reste régulièrement « *l'otage de l'agenda décidé par le pouvoir exécutif* »[3] même si on observe dans le même temps une légère [4]amélioration du pouvoir du Parlement en matière d'amendement. De plus, très peu d'acteurs de la LOLF s'appuient réellement

[1] STAHL (J.-H.), « L'expérimentation en droit français : une curiosité en mal d'acclimatation », *op. cit.,* p. 11.

[2] CHAFFARDON (G.) et JOYE (J.-F.), « La LOLF a dix ans : un rendez-vous (déjà) manqué ? » *op. cit.*, p. 321. Pour les auteurs, *« le Parlement ne s'appuie pas toujours sur les travaux du juge financier pour resserrer son contrôle (...) Jusqu'à présent, la Cour des comptes a toujours certifié les comptes de l'État. Or, le Parlement ne s'en est guère servi »*, *op. cit.*, p. 321.

[3] CHAFFARDON (G.) et JOYE (J.-F.), *op. cit.*, p. 325.

[4] CHAFFARDON (G.) et JOYE (J.-F.), *op. cit.,* p. 328.

sur les évaluations de performance pour la prise de décisions[1]. On est alors amené à s'interroger sur le bien-fondé des évaluations si l'on n'arrive pas à tirer toutes les conséquences qui s'imposent. Le nombre important d'objectifs et d'indicateurs de performance ainsi que la pluralité des acteurs intervenant dans le dispositif de la LOLF sans réelle coordination sont autant d'éléments révélateurs de la difficulté d'implanter durablement la culture du pilotage par les résultats dans le paysage administratif. De ce fait, la portée de l'évaluation de la performance doit être relativisée d'autant plus que les liens entre l'évaluation des politiques et la mesure des performances restent encore ambigus[2]. Du même coup, la « *culture du résultat* » se transforme souvent en « *culte du chiffre* »[3], ce qui constitue une dérive. Plus généralement, comme le souligne à juste titre la Cour des Comptes, « *l'État paraît encore, près de dix ans après le vote de la LOLF, essentiellement mobilisé sur des considérations d'organisation et de méthode, et pas encore suffisamment sur l'utilisation de la démarche de performance pour moderniser la gestion publique* »[4].

La RGPP peut être envisagée comme une stratégie visant à réaliser des économies budgétaires et un instrument de réforme de l'État : la révision générale des politiques publiques est un outil indispensable pour le pilotage stratégique des politiques et contribue à la « *métamorphose de l'État* »[5].

Les décisions prises dans le cadre de la RGPP sont très hétérogènes. Si l'absence de connexion entre propositions de réformes et processus décisionnel a été régulièrement dénoncée, l'articulation entre recommandations et décisions résultant du pilotage centralisé de la RGPP est plus forte[6]. En outre, si la LOLF a contribué au renforcement des pouvoirs du Parlement, celui-ci n'est pas associé aux prises de décision des différents Conseils de modernisation des politiques publiques. La modernisation de l'action publique (MAP) entend favoriser la dynamique de concertation en associant l'ensemble des acteurs intéressés par la démarche d'évaluation. La démarche n'est pas à l'abri de ce que certains appellent « *les pièges de l'évaluation* »[7], c'est-à-dire éviter le « *délai excessif* » des travaux, le « *contenu très académique* » et l'écart entre démarche d'évaluation et prise de décision.

---

[1] Selon CHAFFARDON (G.) et JOYE (J.-F.), « *on ne sent pas un intérêt excessif de la part de nombreux acteurs à s'appuyer réellement sur les évaluations de performance pour prendre des décisions* », *op. cit.*, p. 317.

[2] JANY-CATRICE (F.), *La performance totale : nouvel esprit du capitalisme ?*, Presses universitaires du Septentrion, 2012, p. 92.

[3] GAZIER (A.), « Comment « faire mieux avec moins » ? Esquisse d'une comparaison entre les réformes de l'État en France et en Russie », *op. cit.*, p. 463.

[4] Cour des comptes, *Résultats et gestion budgétaire de l'État exercice 2009*, Paris, La Documentation française, mai 2010, 129.

[5] BOUVIER (M.), « La révision générale des politiques publiques et la métamorphose de l'État », *op. cit.*, p. 329.

[6] BEZES (P.), « Morphologie de la RGPP, une mise en perspective historique et comparative », *RFAP* n° 136, 2010, p. 798.

[7] BOURDIN (J.), ANDRE (P.) et PLANCADE (J.-P.), *op. cit.*, p. 202.

CONCLUSION DE LA PREMIÈRE PARTIE

L'État stratège est d'abord et avant tout un État qui anticipe ses politiques. Prévision et prospective constituent dans cette perspective des instruments d'action stratégique. Evoluant dans un environnement aléatoire, incertain, complexe, l'action publique gagne en efficacité et en légitimité en s'appuyant sur la prévision et la prospective pour la prise de décisions pertinentes et cohérentes. L'anticipation comporte des effets juridiques et présente des limites.

Corrélativement, l'État stratège est un État qui ajuste ses stratégies d'intervention sur le terrain économique. Dans un environnement économique ultra concurrentiel, l'État est invité à déployer des stratégies d'intervention en s'appuyant sur des techniques juridiques. La diversité des techniques juridiques illustre la complexité de l'environnement dans lequel l'État doit inscrire son action. Deux types de stratégies opposées sont mobilisés : la stratégie offensive et la stratégie défensive. Le but étant d'attirer les investisseurs étrangers pour créer de l'emploi, de la richesse. Lorsque les normes juridiques mobilisées relèvent de la stratégie offensive, l'État cherche à attirer les entreprises en mettant en place des dispositifs incitatifs dans le domaine fiscal. Les incitations peuvent prendre plusieurs formes : conseil, « crédit d'impôt recherche », aide financière, accès à l'information stratégique ou économique, accompagnement des entreprises dans la conquête de nouveaux marchés, etc. La crise immobilière américaine transformée en crise financière a sans doute contribué l'accélération de l'intervention de l'État dans le financement de l'économie nationale en apportant son soutien au secteur bancaire et en facilitant le recours à la garantie de l'État. Dans le même temps, l'État met en place un régime strict de contrôle pour superviser, encadrer l'activité des investisseurs étrangers. La démarche vise la protection du périmètre stratégique de l'économie nationale. Derrière ce droit protecteur, s'esquisse la thématique du protectionnisme, du patriotisme économique, de la sécurité économique.

L'État stratège est aussi un État qui évalue régulièrement ses politiques pour renforcer l'efficacité en mettant en place des dispositifs visant à corriger les effets négatifs. L'évaluation s'inscrit dès lors dans une démarche stratégique et permet de procéder à des adaptations nécessaires. L'évaluation reste centralisée en France (gouvernement, Parlement, Cour des comptes, Conseil d'État et divers autres établissements spécialisés). L'évaluation peut-être *« ex-post »* ou « *ex-ante* ». Elle concerne les politiques publiques, la législation, le droit et les fonctionnaires (voir le chapitre 7). L'évaluation s'intègre dans une démarche plus globale qu'est l'expérimentation. Celle-ci permet de mettre « à l'épreuve » une politique ou une réforme. Encadrée par la Constitution, elle constitue un outil « efficace » des pouvoirs publics. Néanmoins, elle présente un certain nombre de limites. La relance de l'évaluation par la LOLF s'inscrit dans une démarche de performance. On est passé de la logique de moyens à la logique de résultats. La logique de responsabilisation vise les gestionnaires publics. La portée de la LOLF doit cependant être relativisée s'agissant par exemple du principe de sincérité : si les hommes politiques et les gestionnaires publics ne respectent pas le principe de sincérité en créant « *l'illusion d'une bonne gestion* »[1], cela ne servira à rien. On se trouverait alors dans une situation de « mauvaise gouvernance » contraire à l'esprit de la LOLF. On sait que la sincérité est un principe vertueux, mais difficile à mettre en œuvre. La récente création du Haut conseil des finances publiques (HCFP) résultant de la loi organique relative à la programmation et à la gouvernance des finances publiques (en application du Traité sur la stabilité, la coordination et la gouvernance) vise l'amélioration[2] du principe de sincérité des lois de finances. Le HCFP est habilité à se prononcer sur la sincérité des lois de finances en rendant des avis.

En ce qui concerne la RGPP, elle a pour but de remettre à plat l'ensemble des missions de l'État. Il s'agit de maîtriser les dépenses et d'améliorer la qualité des services rendus aux usagers à moindre coût. La RGPP s'est traduite par la réduction du nombre des agents de l'État, la restructuration des administrations (fusions de structures) pour réaliser des économies d'échelle. La modernisation de l'action publique qui a succédé à la RGPP ambitionne d'amplifier la dynamique de l'évaluation.

---

[1] JOYE (J.-F.), « Les vicissitudes du principe de sincérité », *JCP/ La Semaine juridique, édition générale* n° 12, 18 mars 2009, p. 37.

[2] BARQUE (F.), « Un nouveau départ pour le principe de sincérité des lois de finances ? », *JCP, La Semaine juridique, Administrations et collectivités territoriales* n° 5, 28 janvier 2013, p. 2. Voir aussi LASCOMBE (M.), « La nouvelle gouvernance financière », *AJDA* n° 4, 4 février 2013, p. 229.

DEUXIEME PARTIE

L'ACTION PUBLIQUE RENOUVELÉE

L'*État stratège ne désigne pas seulement une nouvelle conception du rôle de l'État ;* le thème illustre encore le développement de *techniques d'intervention plus souple* : l'action publique contractuelle bénéficie d'une faveur renouvelée.

La démarche contractuelle est loin d'être une pratique nouvelle : en revanche *ce qui est nouveau, c'est la fréquence et l'étendue du champ du contrat dans la sphère publique.*

Derrière la démarche contractuelle se profile une ligne stratégique. Afin de prendre la mesure du phénomène et illustrer la dimension stratégique et les implications juridiques, on peut envisager l'étude en se focalisant dans un premier sur la thématique de l'externalisation.

Les *procédés d'externalisation* (chapitre 1) soulèvent la problématique plus générale de l'*organisation et de la gestion du service public* reposant sur la démarche contractuelle. *L'externalisation est guidée par une certaine logique.* Le *procédé permet à l'administration de renoncer à gérer par elle-même certaines activités jugées non stratégiques en les confiant au secteur privé.* L'externalisation est loin d'être une notion juridique : notion « englobante », elle résulte d'une démarche stratégique. L'étude de la thématique conduit aussi à s'intéresser aux *procédés juridiques d'externalisation.* L'externalisation présente des enjeux d'importance et la démarche n'est pas dénuée de tout risque.

Entendue au sens large, l'externalisation englobe à la fois la délégation de service public, le partenariat public-privé et le marché public. Mais la délimitation du périmètre de la recherche empêche de consacrer de larges développements au procédé du marché public. L'étude des procédés juridiques d'externalisation peut dès lors être envisagée sous deux angles : l'externalisation par voie de délégation ou à travers la démarche partenariale.

Tout d'abord, le régime juridique de la délégation diffère sensiblement du procédé du partenariat. La recherche exclut l'analyse systématique de toutes les formes de gestion du service public. Dans le procédé de la délégation, la collectivité publique délègue l'exploitation d'un service à un opérateur public ou privé pour son compte et sous son contrôle et le critère de la rémunération est soumis à des conditions précises qui seront abordées plus loin. La gestion déléguée peut par ailleurs résulter d'une décision unilatérale ; l'hypothèse est rare et l'opération n'est pas exempte de difficultés[1]. Ainsi qu'on le verra, la délégation de service public implique une diversification des modes de gestion des services publics : confrontés à l'exigence d'efficacité et de qualité des services, les pouvoirs publics privilégient la souplesse en recourant aux opérateurs privés pour assurer des missions d'intérêt général à moindre coût. Alors que dans le *procédé du partenariat*, le recours permet aux pouvoirs publics de *confier au partenaire privé une mission globale* en vue de réaliser une opération complexe en faisant supporter par le secteur privé la charge du financement, de la construction et de l'exploitation des équipements publics. Toutefois, *le partenariat public-privé ne constitue pas une délégation*. Mais les deux procédés juridiques bien que différents sont devenus indispensables dans la *gouvernance des services publics* pour diverses raisons que nous évoquerons dans les prochains développements ainsi que les conséquences juridiques qu'ils produisent.

Corrélativement, la thématique de *la contractualisation prise comme mode d'intervention souple de l'*État (chapitre 2) est en vogue : le pragmatisme et la quête d'efficacité des politiques ont eu raison de la conduite des pouvoirs publics à développer l'approche contractuelle ou conventionnelle à tel point qu'elle tend à devenir un nouveau mode d'action publique. Face à la rigidité, l'État privilégie la souplesse. Ces techniques d'intervention souples s'opposent radicalement aux méthodes d'intervention unilatérale de l'État : plutôt que d'utiliser la contrainte, les gouvernants favorisent le dialogue, la coopération des acteurs et des procédés plus incitatifs.

Pour comprendre l'ampleur du phénomène, on essaiera de comprendre en quoi la *contractualisation peut être appréhendée comme un nouveau style d'action publique*. Puis on se penchera sur les implications juridiques : la tendance générale à la contractualisation pose diverses difficultés. On s'interrogera enfin sur la place de la contractualisation dans l'ordonnancement juridique. Des exemples viendront étayer l'argumentation.

---

[1] DOUENCE (J.-C.), « L'évolution des modes de gestion des services publics industriels et commerciaux locaux », in AUBY (J.-B.) et BRACONNIER (S.), (sous la dir.), *Services publics industriels et commerciaux : questions actuelles*, Paris, LGDJ, 2003, p. 118.
En réalité, la gestion unilatérale ou statutaire soulève ici deux difficultés majeures qui méritent d'être relevées : premièrement, elle porte atteinte à l'autonomie des personnes privées; deuxièmement, la délégation statutaire est inconcevable entre collectivités publiques en vertu du principe de libre administration des collectivités locales et toute démarche visant à favorisant la tutelle étant interdite.

CHAPITRE 4

LES PROCÉDÉS D'EXTERNALISATION DES ACTIVITÉS DE SERVICE PUBLIC

Le thème concerne les procédés de gestion permettant d'externaliser les activités d'intérêt général au secteur privé : toute opération d'externalisation repose sur la mobilisation d'une série de *techniques juridiques* ; le procédé contractuel est l'outil juridique par excellence de l'externalisation d'activités non stratégiques.

Cependant, la notion d'externalisation est non seulement une notion polysémique, mais aussi complexe à cerner.

L'externalisation est au principe même de l'État stratège. C'est une démarche qui résulte d'un choix stratégique : *tout État guidé par la logique d'efficacité est amené à externaliser les activités opérationnelles aux partenaires extérieurs afin de se recentrer sur ses missions essentielles.* L'externalisation témoigne dès lors de la volonté des autorités publiques d'adapter les modes de gestion des activités de service public en faisant preuve de souplesse et de flexibilité. La pratique d'externalisation est « *la preuve que des formules innovantes peuvent être déployées dans la sphère administrative* »[1].

Pratique largement répandue dans le secteur privé, l'externalisation a fini par gagner le secteur public. Si « *l'externalisation est un mode gestion ancien* »[2], la nouveauté de la démarche réside dans l'ampleur du phénomène. Le succès de la formule ne se dément pas et *de plus en plus d'activités faisant partie du noyau dur du « cœur de métier » sont concernées.* D'ailleurs, l'Union européenne incite les États membres à préciser le périmètre des activités régaliennes et non régaliennes pour faciliter l'intervention du secteur privé ; la raison est la suivante : l'externalisation d'un service non régalien trouve sa justification dès l'instant où *« celui-ci*

[1] DREYFUS (J.-L.), « L'externalisation, éléments de droit public », *AJDA*, 18 novembre 2002, p. 1214.
[2] DASSEUX, *L'externalisation dans les armées : enjeux et limites*, rapport parlementaire n° 3595, Paris, Assemblée nationale, 2002, p. 9.

pourrait être rendu à moindre coût et à qualité équivalente par le secteur privé »[1]. Plusieurs raisons ont été invoquées pour justifier le recours aux procédés d'externalisation. Si l'externalisation reste une formule attrayante, elle suscite dans le même temps méfiance et critiques.

L'analyse des procédés juridiques d'externalisation peut être envisagée sous deux angles : l'externalisation par voie de délégation ou à travers le partenariat public-privé. Les deux démarches s'appuient sur le procédé contractuel et constituent bel et bien une forme renouvelée de l'action publique.

Mais avant de rentrer dans le vif du débat, des clarifications sont nécessaires afin de délimiter le périmètre de la recherche.

En premier lieu, le thème de la *« délégation de la gestion du service public »*[2] se situe bien au cœur de la problématique de l'externalisation : la création, l'organisation ainsi que les modalités de gestion et de contrôle des services publics relèvent soit de la compétence de l'État, des collectivités locales ou des établissements publics locaux. C'est autour de la notion de service public que le droit administratif s'est progressivement construit : *le service public constitue la « pierre angulaire »[3] du droit administratif*; comme le souligne Léon Duguit, le « *droit public est le droit objectif des services publics* »[4] ; les services publics sont même un des éléments constitutifs de l'État[5]. Mais le *service public* est non seulement une « *notion insaisissable* »[6], « *détournée de son sens* »,[7] mais également « *éclatée* »[8]du fait notamment de l'absence de « critères stables » permettant de l'identifier.

---

[1] LIGNIERES (P.), « Le droit communautaire et la distinction des activités régaliennes et non régaliennes » in AUBY (J.-B.) et DUTHEIL (J. de la Rochère), *Droit administratif européen*, Bruxelles, BRUYLANT 2007, p. 996.

[2] DELVOLVE (P.), « Les contradictions de la délégation de service public », *AJDA* 20 septembre 1996, p. 678.

[3] L'expression a été citée par STIRN (B.), « La conception française du service public », *op. cit.*, p. 299. Pour Gaston JEZE « *Le service est, aujourd'hui, la pierre angulaire du Droit administratif français. Cette notion sert à remodeler toutes les institutions du droit public* », JEZE (G.), *Les principes généraux du droit administratif, Tome 1. La technique juridique du droit public français, (Préface de Serge Salon et Jean-Charles Savignac)*, Paris, Dalloz 2005, p. XV.

[4] DUGUIT (L.), *Les transformations du droit public*, Paris, Armand Colin, 1913, La Mémoire du droit, 1999, p. 52. Selon l'auteur, « *le fondement du droit public, ce n'est plus le droit subjectif de commandement, c'est la règle d'organisation et de gestion des services publics* », *Ibid.*

[5] Selon Léon Duguit, « *les services publics sont un des éléments de l'État* », DUGUIT (L.), *Traité de droit constitutionnel, Tome II*, Paris, Librairie Fontemoing & Cie, Editeurs, 1928, p. 59.

[6] ESPLUGAS (P.), *Le service public*, Paris, Dalloz, Collection « Connaissance du Droit », 3ème édition, 2012, p. 54.

[7] ESPLUGAS (P.), *Le service public*, *op. cit.*, p. 46. Selon l'auteur, la notion de service public était destinée à l'origine à « *démystifier la puissance de l'État. Pourtant, les effets obtenus ont pu être inverses à ceux recherchés initialement* », *Ibid.*

[8] ESPLUGAS (P.), *Le service public*, *op. cit.*, p. 47.

L'explication est simple : le « *législateur ne s'en est pas soucié, le juge ne l'a pas voulu, la doctrine ne l'a pas pu* »[1].

Il existe traditionnellement *trois*[2] *grands modes de gestion des services* : dans *la formule de la régie* et de *l'établissement public*, ce sont les personnes publiques qui sont en charge de la gestion du service public. La formule de la *concession de service public* se distingue des deux premiers procédés de gestion dans la mesure où c'est la personne privée qui a la responsabilité de la gestion du service public. Cette diversification des modes de gestion à côté des formules anciennes découle sans doute de la complexification des modes gestion du service public qui implique *l'appel croissant au secteur privé*. Le secteur public est en pleine transformation sous l'influence de la mondialisation et des politiques communautaires. D'autres éléments contribuent aux mutations de l'action publique comme les politiques budgétaires, les réformes managériales. Le développement de la concurrence ayant mis fin aux monopoles publics a largement contribué à la privatisation d'une série d'entreprises publiques et du même coup « *le droit des services publics s'est plié aux commandements de l'approche libérale* »[3]. Dans le même temps, l'État est conduit à abandonner ses fonctions d'opérateur et de producteur de service public privilégiant désormais la collaboration avec le secteur privé.

Si la pratique de la délégation est courante dans le secteur public, force est de constater que l'idée est loin d'être nouvelle puisque la pratique existait déjà depuis le Moyen Âge[4]. Ce qui est nouveau en revanche dans le procédé de la délégation, c'est l'ampleur du phénomène. Mais la délégation repose sur le procédé contractuel hormis quelques cas de délégation unilatérale. Ce n'est donc pas nouveau[5] de voir l'administration ou les collectivités locales déléguer la gestion de service public à des opérateurs privés pour leur compte et sous leur contrôle. L'administration fait ici preuve de souplesse en confiant la gestion d'un service à un opérateur privé moyennant une rémunération.

Mais la délégation est une notion large. Des précisions sont là encore indispensables : la délégation ainsi étudiée se distingue de la « *délégation de compétence* »[6], de la « *délégation de pouvoir* »[7] et de la « *délégation de*

---

[1] TRUCHET (D.), « Label de service public et statut du service public », *op. cit.*, p. 428.

[2] GAUDEMENT (Y.), *Droit administratif*, Paris, LGDJ, 20ème édition, 2012, p. 394.

[3] AUBY (J.-F.) et RAYMUNDIE (O.), *Le service public. Droit national et droit communautaire. Régime juridique et catégories. Modes de gestion*, Paris, Editions du Moniteur, 2003, p. 37.

[4] GLENARD (G.), « La notion de délégation dans le droit de la délégation de service public (1ère partie) », *Droit administratif*, février 2002, p. 4.

[5] Le procédé est ancien comme en témoigne le procédé de la concession.

[6] Pour une autorité administrative, il s'agit d'attribuer une partie de ses attributions à une autorité subordonnée pour les exercer directement dans le but de désengorger les services.

[7] Elle « *équivaut à transférer ses compétences, dans un domaine (le transfert ne peut pas être total), à une autre autorité (non identifiée personnellement, mais par ses fonctions)* » in

signature »[1]. La délégation étant ici entendue dans le sens de la « *gestion déléguée* »[2]. La précision est d'importance[3] dans le sens où la notion même de « délégation de service public » est problématique : comme le mentionne Pierre Delvolvé, *ce n'est pas le service public qui fait l'objet de délégation, mais bien sa gestion*[4].

Le sujet ne traite pas non plus tous les aspects de la *délégation d'activités publiques* dans le sens où cette thématique recouvre un champ d'application plus large que la simple délégation de gestion du service public[5]. L'analyse exclut d'emblée du champ de l'étude toutes les problématiques liées au thème des *marchés publics* : lorsqu'il sera fait mention de la notion de marché public, c'est pour montrer la singularité de la délégation.

On le sait l'aide publique est parfois accordée au délégataire exploitant le service public à ses risques et périls. Aussi, dans l'approche communautaire, le financement des obligations de service universel peut prendre la forme d'octroi de subventions directes. Les aides publiques[6] servant à financer les services publics à caractère industriel et commercial qu'ils soient nationaux ou locaux ne sont pas retenues ici comme terrain d'investigation.

En deuxième lieu, la thématique de l'externalisation peut être appréhendée sous l'angle du partenariat. Loin d'être un mode de gestion du service public, le partenariat public-privé comme son nom l'indique n'est pas un mode de gestion du service public ; il permet d'apporter le concours financier du privé pour l'édification projets d'équipements publics.

Au sens large, *délégation de service public et contrat de partenariat appartiennent à la thématique de la commande publique*. Quant aux *marchés publics*, ils constituent un autre procédé de la commande publique, mais qui n'est pas retenu ici comme terrain d'investigation. Il convient de souligner

---

SCARANO (J.-P.), (sous la dir.), *Dictionnaire de droit administratif*, Paris, Ellipses, 2008, p. 103.

[1] Il s'agit par exemple de la part de l'autorité bénéficiaire de prendre des mesures pour le nom et pour le compte de l'autorité qui détient les attributions.

[2] Circulaire du 7 août 1987 relative à la gestion par les collectivités locales de leurs services publics locaux, voir J. O. R. F., 20 décembre 1987, p. 14863.

[3] Les notions de « délégation de gestion du service public » et celles de la « gestion déléguée » sont ici interchangeables.

[4] À ce propos, l'auteur précise : *« ce n'est pas le service public qui est délégué, puisque la collectivité publique conserve un rôle à son égard. Bien plus, si elle ne conservait pas ce rôle, il n'y aurait plus de service public (...) C'est seulement la gestion du service public qui est déléguée »*, DELVOLVE (P.), « Les contradictions de la délégation de service public », *AJDA* 20 septembre 1996, p. 678.

[5] COSSALTER (P.), *Les délégations d'activités publiques dans l'Union européenne*, Paris, LGDJ, 2007, p. 253.

[6] Sur cette question, voir en particulier ECKERT (G.), « Les modes de financement du service public dans l'environnement concurrentiel », in KOVAR (R.) et SIMON (D.), (sous la dir.), *Service public et communauté européenne : entre l'intérêt général et le marché. Tome II : approche transversale et conclusions. Actes du colloque de Strasbourg 17-19 octobre 1996*, Paris, La Documentation française, 1998, p. 429.

que *les deux premiers procédés ne se cofondent pas : la délégation de service public est un contrat de service public alors que le partenariat public-privé est un contrat de commande publique.* Exigence d'efficacité, souplesse de gestion des services et logique de financement des équipements publics font qu'aujourd'hui les deux premiers procédés sont devenus incontournables pour les décideurs publics en quête de solutions durables susceptibles de soulager les finances publiques et de satisfaire les exigences des usagers.

On sait que le Conseil de l'Union européenne a approuvé le 11 février 2014 trois nouvelles directives[1] après leur adoption par le Parlement européen le 15 janvier 2014 ; en droit interne français, l'ordonnance n° 2015-899 du 23 juillet 2015 relative aux marchés publics remplace les contrats de partenariat créés en 2004. Le but n'est pas ici d'aborder toutes les facettes des marchés de partenariat, mais de faire le lien entre certains aspects de la réforme et le thème de l'externalisation d'activités de service public en insistant seulement sur les enjeux stratégiques.

Et on en arrive à la problématique de la recherche qui peut être formulée dans les termes suivants : *en quoi les procédés d'externalisation relèvent-ils de la thématique de l'État stratège et dans quelle mesure contribuent-ils à renforcer l'efficacité des politiques ?* On se penchera ensuite sur les effets juridiques qu'ils produisent sur le terrain du droit public.

Ainsi qu'on le verra, chaque procédé relève d'une approche stratégique à partir du moment où il est le produit d'un calcul rationnel. Le travail va s'atteler à analyser les différents enjeux qui se profilent derrière les procédés.

De l'étude de ces données essentielles, se dégagent deux idées-forces. Dans un premier temps, nous essaierons de comprendre la *logique d'externalisation* (section 1): partant de là, on montrera que l'externalisation n'est pas une notion juridique et qu'elle résulte d'une démarche stratégique ; il convient ensuite de se focaliser sur les *procédés juridiques d'externalisation* sans faire l'impasse sur les problèmes juridiques et les limites qu'ils posent (section 2). Ces différents éléments constituent la charpente du chapitre.

Section 1. La logique d'externalisation

L'externalisation est au principe même de l'État stratège : l'État ne peut tout faire par lui-même et en tout temps. C'est donc la *démarche stratégique* qui conduit la puissance publique à *confier la gestion d'une série de*

[1] Directive 2014/23/UE du 26 février 2014 à propos des contrats de concession ; directive 2014/24/UE du 26 février 2014 sur la passation des marchés publics appelés directives « secteurs classiques » ; enfin, la directive 2014/25/UE du 26 février 2014 appelée directive « secteurs spéciaux » (concerne les entités adjudicatrices exerçant dans le domaine de l'eau, de l'énergie, des transports et des services postaux).

missions d'intérêt général à des opérateurs privés sous son contrôle afin de se recentrer sur ses activités stratégiques. Les activités visées concernent principalement les fonctions opérationnelles. C'est en partant de ce constat que certains spécialistes ont comparé l'externalisation à une forme de « *privatisation* »[1] d'activités étatiques.

Si l'externalisation d'activités publiques est une pratique ancienne, *elle a d'abord trouvé sa terre d'élection dans le secteur privé* (notamment le secteur industriel : automobile, alimentaire, le textile ou l'informatique, *etc.*) particulièrement sensible à l'« *efficacité opérationnelle* »[2]. Sous couvert d'externalisation, *l'État s'est inspiré du modèle entrepreneurial*, pour transposer les recettes du privé dans la gestion des services publics. Diverses raisons expliquent le recours des entreprises du secteur privé à la démarche d'externalisation : réduction des coûts de fabrication, stratégie de pénétration vers de nouveaux marchés pour écouler les produits, mais surtout cela leur permet de se spécialiser.

L'externalisation a connu une rapide diffusion à l'échelle planétaire. Elle connaît une application privilégiée dans le secteur de la Défense : en 2008, le coût des externalisations au ministère de la Défense a atteint 1 695 millions d'euros[3].

Le droit de la concurrence ainsi que la recherche de performance dans le secteur public ont sans doute contribué à promouvoir le thème de l'externalisation. Dans un *contexte budgétaire contraint, l'intervention publique se doit d'être efficace et économe* : du même coup, la recherche de la mutualisation des moyens avec d'autres opérateurs privés devient nécessaire. La démarche partenariale permet alors dans certaines conditions d'y parvenir.

Lorsque les gouvernants préfèrent confier la gestion d'un certain nombre d'activités ne relevant du « cœur de métier » à des opérateurs privés par le biais du procédé contractuel, on dira qu'une telle démarche relève de la logique d'externalisation. L'approche économique n'est donc pas absente du procédé d'externalisation.

La *démarche d'externalisation s'inscrit dans une tendance lourde de l'évolution des modes d'intervention de l'État*. Les politiques communautaires ne sont pas indifférentes à la démarche d'externalisation. Celle-ci est promue et encadrée au niveau européen : on remarque que l'attitude des autorités européennes reste ambivalente : d'un côté, la

---

[1] BELLESCIZE (R. de), « La Constitution comme obstacle à la privatisation de l'État » in ROUVILLOIS (F.) et DEGOFFE (M.), (sous la dir.), *La privatisation de l'État,* Paris, CNRS Editions, 2012, p. 89.

[2] MARMUSE (C.), « Les enjeux de l'externalisation », *Les Petites affiches* n° 147, 9 décembre 1998, p. 4.

[3] GISCARD D'ESTAING (L.), et Assemblée nationale, *La politique d'externalisation de la défense : coûts et bénéfices attendus, rapport d'information* n° 3141, Paris, Assemblée nationale, février 2011, p. 7.

Commission européenne incite les États membres à externaliser les activités « économiques » (ayant un rapport avec le droit des aides publiques) lorsque les fonctions d'opérateur et de régulateur de l'activité concernée sont exercées par la même administration ; en outre, l'« incitation communautaire » se double de « contraintes communautaires »[1] dès l'instant où les activités déléguées constituent un obstacle au droit de la concurrence. Le droit communautaire s'oppose[2] ainsi à toute forme d'entente ou d'abus de position dominante. De même, toute démarche d'externalisation doit privilégier la mise en concurrence des opérateurs[3] intéressés.

Pour bien cerner les enjeux qui sous-tendent la démarche d'externalisation, on se propose ici de commencer par définir par ce qu'on entend par le terme d'externalisation avant d'étudier la dimension stratégique de la démarche.

§ 1. L'externalisation, une notion « englobante »

On essaiera dans un premier temps de définir la notion avant de déterminer le périmètre des activités concernées.

La définition de l'externalisation est problématique. C'est une notion polysémique qui résulte de la traduction du mot anglais « *outsourcing* » : c'est un terme ambigu dans la mesure où il vise « *tant l'externalisation que la délocalisation* »[4]. Cependant, il n'existe pas de définition officielle de la notion d'externalisation. Elle fait néanmoins l'objet de nombreuses définitions parmi lesquelles figure celle élaborée par le dictionnaire *Le Petit Larousse illustré* définissant la notion d'externalisation comme étant « *l'action d'externaliser* »[5]. Mais une telle définition reste laconique et insatisfaisante.

Pour les *économistes*, l'externalisation consiste à *déléguer la gestion d'une ou plusieurs activités de l'entreprise à un prestataire extérieur*[6] en vue d'*obtenir des produits de qualité et de réaliser des économies d'échelles*.

Pour les *spécialistes du management*, toute opération d'externalisation poursuit la *réalisation* de *trois objectifs*[7] : l'amélioration du fonctionnement de l'activité externalisée, l'accroissement de la contribution de l'activité

---

[1] CARTIER-BRESSON (A.), « Externalisation et contraintes communautaires » in ROUVILLOIS (F.) et DEGOFFE (M.), (sous la dir.), *La privatisation de l'État*, Paris, CNRS Editions, 2012, p. 33.

[2] Voir en particulier l'arrêt *Van Eycke*, CJCE 21 septembre 1988, *Van Eycke*, affaire 276/86.

[3] Voir en particulier l'article 82 et 86 §1 TCE.

[4] CHANSON (G.), « L'externalisation, les raisons d'une stratégie gestionnaire », *La Semaine juridique, Administrations et Collectivités territoriales*, n° 17, 30 avril 2012, p. 2131.

[5] LAROUSSE, *Le Petit Larousse Illustré*, Paris, Larousse, 2012, p. 439.

[6] BEITONE (A.), CAZORLA (A.), DOLLO (C.) et DRAI (A.-M.), *Dictionnaire des sciences économiques*, Paris, Armand Colin, 2ème édition, 2007, p. 222.

[7] BARTHELEMY (J.), *Stratégies d'externalisation. Préparer, décider et mettre en œuvre l'externalisation d'activités stratégiques*, Paris Dunod, 3ème édition, 2007, p. 18-19.

externalisée à la performance globale de l'entreprise et l'exploitation commerciale de l'activité externalisée. Dans cette perspective, l'externalisation peut se résumer à ceci : *plutôt que de réaliser par soi-même le management d'une activité, il vaut mieux le confier à un prestataire extérieur pour des raisons d'efficacité.*

Après avoir rappelé ces brèves remarques, il importe dès à présent de préciser les qualifications retenues par les juristes à propos de la notion d'externalisation.

La notion d'externalisation ne fait l'objet d'aucune définition précise, ni législative ni jurisprudentielle. Il existe une pluralité de définitions. La définition élaborée par le *Vocabulaire juridique* est pour le moins problématique : vu l'importance de la définition[1], celle-ci a perdu en précision.

Des juristes ont essayé de définir le terme pour en saisir le sens. Pour Paul Lignières et Ludovic Babin, « *l'externalisation (outsourcing) est un outil de gestion qui permet à une organisation de déléguer certaines fonctions non stratégiques, précédemment exercées directement par elle, à des prestataires de services extérieurs* »[2]. Il en existe bien d'autres[3] encore, mais cela n'est pas l'objet de la recherche.

Le *ministère de la Défense* a élaboré sa propre définition de l'externalisation : selon la directive ministérielle du 3 août 2000, l'externalisation est conçue comme *« un mode de gestion contractuel consistant à confier à des partenaires extérieurs à l'administration des activités ou des fonctions précédemment assurées en régie »*[4]. La notion a été redéfinie[5] en 2003 dans un document intitulé « guide de l'externalisation »

---

[1] Le Vocabulaire juridique définit la notion d'externalisation dans les termes suivants : c'est un *« nom donné dans le jargon des affaires à une stratégie économique en forte croissance, pour un opérateur économique, à confier à un ou plusieurs autres opérateurs indépendants telle ou telle des activités ordinairement intégrées dans une même entreprise (fabrication, transport, comptabilité, gestion informatique, etc.) afin de profiter au maximum des ressources extérieures du marché (moindres coûts, avantages fiscaux), et de se consacrer à celle à des activités qu'il se réserve (...) et la réalisation juridique s'inscrit dans la durée moyennant le truchement des contrats les plus divers, sous-traitance, commission, mandat, vente, etc.* », CORNU (G. et Association Henri Capitant, *Vocabulaire juridique*, Paris, PUF, 9ème édition, 2011, p. 438.

[2] LIGNIERES (P.) et BABIN (L.), « L'externalisation : au cœur des préoccupations de l'État », *Droit administratif*, mai 2002, p. 37.

[3] Ainsi par exemple, selon Jean-David Dreyfus, « l'externalisation est une opération par laquelle une personne publique confie, à un opérateur extérieur à l'administration, une activité ou un service qu'elle prend normalement elle-même en charge », DREYFUS (J.-D.), « L'externalisation, éléments de droit public », *AJDA*, 2002, p. 1215.

[4] Il s'agit de la directive n° 30 892 du 3 août 2000 du ministère de la Défense.

[5] L'externalisation est définie comme « *un mode de gestion consistant pour l'administration à confier à un ou des opérateurs externes spécialisés, une fonction, une activité ou un service assurés jusqu'alors en régie, en responsabilisant cet opérateur sur des objectifs de qualité de service et de coût* ».

du ministère de la Défense et insiste sur la « responsabilisation » de l'opérateur sur des objectifs de qualité de service à moindre coût.

Mais le terme d'« externalisation » n'est pas non plus synonyme de « sous-traitance ». La sous-traitance est définie par la loi du 31 décembre 1975 : c'est l'« *opération par laquelle une entreprise confie par un sous-traité et sous sa responsabilité, à une autre personne appelée sous-traitant, tout ou partie de l'exécution du contrat d'entreprise ou du marché public avec le maître de l'ouvrage* »[1].

L'externalisation se distingue[2] donc de la sous-traitance ; elle suppose un partenariat plus développé et privilégie une obligation de résultat.

L'externalisation ne se confond pas non plus avec la délégation. Le critère principal porte sur la mission qui est confiée à l'opérateur. La mission doit être globale et assortie d'une obligation de résultat. En contrepartie, le prestataire bénéficie d'une certaine liberté d'action[3]. On a vu que le critère financier de la délégation est lié à la rémunération du cocontractant assuré par les résultats de l'exploitation et que celui-ci doit désormais prendre en compte le risque commercial de l'exploitation. La nouvelle directive européenne sur les concessions a adopté la même approche. Comme on peut le voir, le droit européen n'a fait que consolider le « risque d'exploitation » en transférant au concessionnaire le risque lié aux aléas du marché, mais en minorant le critère de l'objet du contrat [4]alors que dans le procédé du marché public, il y a absence de prise de risque. Mais, c'est ce « risque d'exploitation » qui a permis à la CJUE de différencier la concession des marchés publics, qui en réalité, n'est pas un « risque opérationnel d'exploitation », mais plutôt un « risque endogène »[5].

En règle générale, seules les activités « périphériques » sont susceptibles d'être externalisées. Le ministère de la Défense s'est doté en 2008 d'une doctrine d'externalisation : désormais, toute externalisation suppose la

---

[1] Loi n° 75-1334 du 31 décembre 1975 relative à la sous-traitance.

[2] Selon le « guide de l'externalisation » du ministère de la Défense révisé en 2003, l'externalisation « *se distingue de la sous-traitance par l'existence d'un réel partenariat entre l'entreprise et l'administration, et par une démarche « de gains réciproques », fondée sur des obligations de moyens et de résultats, et sur un pilotage stratégique de la relation* ».

[3] Pour certains auteurs, « *une certaine liberté doit être laissée au prestataire par l'externalisant. Ce qui s'apparente à une délégation plus poussée, reposant sur un partenariat renforcé entre la puissance publique et l'opérateur* », DREYFUS (J.-D.), « L'externalisation, éléments de droit public », *AJDA*, 18 novembre 2002, p. 1215.

[4] BRACONNIER (S.), « La consécration du critère du risque opérationnel dans la directive « concession », *Contrats publics* n° 141, mars 2014, p. 27.

[5] BRACONNIER (S.), « La consécration du critère du risque opérationnel dans la directive « concession », *op. cit.*, p. 29. Selon l'auteur, « *le transfert d'un risque d'exploitation suppose que le concessionnaire puisse potentiellement supporter un risque de pertes, le pouvoir adjudicateur ne lui garantissant pas un revenu minimal supérieur ou égal aux investissements effectués et aux coûts qu'il doit effectuer dans le cadre de l'exécution de ce contrat* », *Ibid.*

réunion de quatre conditions précises[1]. Pour un spécialiste du droit public, la question qui se pose est de savoir si toutes les missions d'intérêt général peuvent faire l'objet d'externalisation. La réponse est évidemment négative dès l'instant où les *activités dites « régaliennes » ne peuvent faire l'objet d'externalisation* : il s'agit en particulier des domaines relevant de la politique étrangère, de la police, de la justice, de l'Éducation, *etc*. Ces domaines restent sous la compétence exclusive de l'État et tirent leur légitimité de la Constitution : ces activités s'apparentent beaucoup à ce que Louis Favoreu a qualifié de « *services publics constitutionnels* »[2], c'est-à-dire ceux dont « *la nécessité (...) découle de principes ou de règles de valeur constitutionnelle* »[3]. Théoriquement, l'externalisation ne vise que les activités connexes de l'État et épargne les activités stratégiques. Mais dans la pratique, la réalité est beaucoup plus complexe que cela : comme nous le verrons à travers l'étude de cas concrets, l'externalisation commence à toucher des activités appartenant au « cœur de métier »[4].

On voit qu'il existe une difficulté réelle d'élaboration d'une définition unique, précise et stable : de fait, la notion d'externalisation reste floue.

§ 2. Les raisons de l'externalisation

Les enjeux de l'externalisation sont considérables. On s'efforcera de comprendre la logique qui la sous-tend.

L'externalisation de missions de service public résulte d'une démarche stratégique. Les raisons qui conduisent à la démarche d'externalisation sont nombreuses. La première et la plus citée concerne le *recentrage de l'État sur les fonctions stratégiques pour des raisons d'efficacité* parce que tout simplement l'efficacité est un élément décisif participant à la *légitimation de l'action de l'État*. Ce qu'il faut concentrer sur le « cœur de métier », ce sont à la fois « compétences » et les « moyens ». Le *souci de performance* n'est

---

[1] Les quatre conditions posées par le ministère de la Défense visent en particulier les partenariats et les externalisations :
- les projets ne doivent pas affecter la capacité des armées à réaliser leurs missions opérationnelles ;
- ils doivent assurer dans la durée des gains économiques et budgétaires significatifs, évalués par de méthode rigoureuse ;
- ils doivent préserver les intérêts du personnel au travers de conditions de reclassement correctes ;
- ils ne doivent pas favoriser la formation d'oligopoles chez les fournisseurs, mais au contraire, permettre l'accès des PME à ces marchés. », GISCARD D'ESTAING (L.), et Assemblée nationale, *La politique d'externalisation de la défense : coûts et bénéfices attendus, rapport d'information n° 3141*, *op. cit.*, p. 8.

[2] FAVOREU (L.), « Service public et Constitution », *AJDA* 20 juin 1997, n° spécial, p. 17.

[3] Décision à propos des *Privatisations* n° 86-207 DC des 25-26 juin 1986, cons. 53.

[4] Le terme est courant dans le vocabulaire militaire et correspondrait aux activités stratégiques. Mais la notion reste indéfinie.

pas non plus absent dans la démarche d'externalisation : la LOLF s'inscrit dans cette démarche dès lors que l'attention est portée sur les (résultats) effets des politiques engagées. Des « *raisons idéologiques* »[1] expliquent l'appel croissant à la collaboration du secteur privé pour la gestion du service public pour *pallier au déficit de légitimité* auquel l'État est confronté.

La stratégie de recentrage signifie que l'État se décharge de la gestion d'activités non essentielles en les confiant au secteur privé afin de *s'adapter aux exigences du marché et de la concurrence.* La démarche d'externalisation permet aux pouvoirs publics de *bénéficier du savoir-faire du secteur privé* pour moderniser par exemple l'outil de défense : la politique d'externalisation du ministère de la Défense illustre parfaitement cette tendance.

Étant donné que *la plupart des armées modernes sont confrontées à la problématique de la restructuration et de la professionnalisation,* il va devoir trouver des solutions « *intelligentes* » permettant de *réduire drastiquement le coût des inventions des armées sans pour autant les affaiblir.* L'externalisation s'inscrit dans un *contexte budgétaire contraint* qui *travaille les modes d'action de l'État.* Or, de nombreux pays comme la France ou les États-Unis ont des dettes et des déficits publics atteignant des niveaux historiques. Le *procédé de l'externalisation livre de lui-même la réponse à la problématique entre faire soi-même ou faire faire* : en réalité, la démarche d'externalisation va de pair avec le slogan « faire faire ». Aussi, la crise financière de l'État a-t-elle accéléré et amplifié le phénomène d'externalisation ces dernières années dans l'optique de *réaliser des économies d'échelle.* La situation contrainte des finances publiques a conduit les décideurs publics à diversifier les modes de gestion des services publics en faisant appel à l'initiative privée.

Par ailleurs, la démarche d'externalisation ne présente un intérêt stratégique que lorsqu'elle contribue à *mieux organiser les services publics* en vue *d'améliorer les prestations* : en développant la technique de l'externalisation dans le secteur public, les gouvernants espèrent *améliorer* la *qualité des services* rendus aux usagers et à moindre coût afin de mieux répondre à leurs attentes. De plus, la *logique de performance* guidant l'action publique vers l'atteinte des résultats doit contribuer plus globalement à l'amélioration des services. Un rapport parlementaire établi en 2011 sur la *politique d'externalisation du ministère de la Défense* précise bien que « *la qualité du service fourni par des prestataires extérieurs est en général bonne, voire meilleure que lorsque celui-ci était en régie* »[2]. À l'inverse, le recours à des prestataires privés ne garantit pas toujours l'obtention de biens

---

[1] CHEVALLIER (J.), *Science administrative*, Paris, PUF, Collection « Thémis droit », 2007, p. 431.

[2] GISCARD (L. D'Estaing) et Assemblée nationale, *La politique d'externalisation de la défense : coûts et bénéfices attendus, rapport d'information n° 3141, op. cit.*, p. II.

de meilleures qualités ; des *dysfonctionnements* importants ont été *constatés* à l'occasion de la construction de l'« *Hôpital sud francilien* » via le procédé partenarial et « *il n'y aurait pas moins de 130 défauts de constructions majeurs* »[1].

Même si l'entreprise prestataire bénéficie d'un savoir-faire[2] que ne possèdent pas toujours les pouvoirs publics, la *technique de l'externalisation* permet *de partager les risques* et de *bénéficier d'une expertise constamment actualisée*[3].

L'externalisation présente un autre enjeu : *réaliser un gain de temps*. Le *temps* comporte un *enjeu essentiel pour l'action publique* : *toute action publique se déploie dans le temps*, c'est-à-dire selon un *calendrier prévisionnel* (selon un instant donné) ; le temps recouvre deux réalités : *il peut être un atout ou un obstacle à l'action publique*. Ainsi la livraison d'un équipement public selon le calendrier qui a été initialement prévu contribue sans doute à renforcer la crédibilité des politiques engagées. À l'inverse, lorsque l'édification d'un ouvrage public accumule d'importants retards dans les délais impartis à tel point que l'intervention de l'État devienne « impuissante », alors le temps (le retard) affaiblit, « paralyse » et rend inefficace l'action publique ; plus encore, il discrédite la politique des gouvernants. Par exemple, l'« *Hôpital sud francilien* »[4] qui aurait dû être livré depuis janvier 2011 a accusé un énorme retard.

On l'a souligné, *l'externalisation permet à l'État de se recentrer sur ses fonctions stratégiques* ; dans le même temps, elle est devenue un moyen privilégié de « *modernisation* » *de la gestion publique*[5].

Afin de comprendre le bien-fondé du procédé, un détour par l'approche juridique de l'externalisation s'avère utile.

---

[1] BOUTOUILA (N.), « Les premiers retours d'expérience des formes renouvelées de partenariats public-privé en France. Une solution à tous les maux ou une fausse bonne solution ? » in ROUVILLOIS (F.) et DEGOFFE (M.), (sous la dir.), *La privatisation de l'État*, Paris, CNRS Editions, 2012, p. 143.

[2] Pour Yves Cabuy et Jean-Marc Wolter, « *l'externalisation peut être motivée par l'existence en dehors de la sphère publique d'un savoir-faire, d'une technologie, d'une capacité supérieure ceux qui seraient disponibles en interne* » in CABUY (Y.) et WOLTER (J.-M.), *Externalisation des missions des pouvoirs locaux*, *op. cit.*, p. 34.

[3] DASSEUX (E.), *rapport d'information déposé par la commission de la Défense, L'externalisation dans les armées : enjeux et limites*, *op. cit.*, p. 13.

[4] BOUTOUILA (N.), « Les premiers retours d'expérience des formes renouvelées de partenariats public-privé en France. Une solution à tous les maux ou une fausse bonne solution ? », *op. cit.*, p. 144.

[5] VOISIN (A.), « Le développement du recours à l'externalisation au sein de la défense : problématiques et comparaisons internationales », *PMP*, vol. 20, n° 1, 2002, p. 179.

SECTION 2. LES PROCÉDÉS JURIDIQUES D'EXTERNALISATION

L'externalisation des activités opérationnelles repose sur des techniques juridiques. Les *procédés juridiques de l'externalisation* (DSP, marchés publics, et PPP) constituent les *leviers stratégiques d'action de l'État* et font partie intégrante de ce que Jean-Bernard Auby a appelé les « *ingrédients juridiques de la réforme de l'État* »[1].

Avant de procéder à une étude détaillée de chaque procédé juridique, il convient de lever un doute : l'externalisation aussi pertinente soit-elle se fonde paradoxalement sur les procédés juridiques existants. Afin de comprendre la complexité du phénomène, des exemples viendront appuyer l'argumentation. Aussi, on n'omettra pas de préciser les limites de chaque procédé.

§ 1. L'externalisation se fonde généralement sur les procédés juridiques classiques de gestion des services publics : une situation qui n'est pas dépourvue d'ambiguïtés

Sur le plan juridique, l'externalisation est un procédé qui privilégie un accord de volonté des parties. Le procédé contractuel est l'instrument permettant de donner un cadre légal aux relations. Il peut donner lieu à un « contrat d'externalisation », c'est-à-dire un contrat *« passé pour une longue durée, pour encadrer un flux de relations, ce qui implique ultérieurement la conclusion de nombreux contrats d'application »*[2]. On est frappé ici par la diversité des contrats d'externalisation[3]. Même s'il n'existe pas[4] de mode contractuel de principe de l'externalisation, dans la plupart des cas, les pouvoirs publics disposent de trois mécanismes par lesquels ils peuvent confier aux opérateurs privés les activités susceptibles d'être externalisées à savoir la délégation de service public, les marchés publics et les partenariats public-privé.

Tout d'abord, les pouvoirs publics peuvent mobiliser le procédé des marchés publics malgré leur rigidité (en particulier quant au formalisme et à la durée limitée des contrats). À travers ce procédé contractuel, les pouvoirs publics confient l'exécution de la mission à un opérateur privé et prennent en charge le risque économique.

---

[1] AUBY (J.-B.), « Les ingrédients juridiques de la réforme de l'État », *D. A,* n° 5, mai 2002, p. 3.

[2] DELEBECQUE (P.), « Les contrats, vecteurs de l'externalisation », *Les Petites affiches*, n° 147, 9 décembre 1998, p. 9.

[3] Pour l'auteur à partir du moment où il n'existe pas un, mais des contrats d'externalisation, « plusieurs cas se présentent, selon que le contrat est un contrat de mandat, un contrat de commission ou un contrat de sous-traitance », DELEBECQUE (P.), « Les contrats, vecteurs de l'externalisation », *op. cit.,* p. 10.

[4] LIGNIERES (P.) et BABIN (L.), *op. cit.,* p. 37.

Ensuite, les décideurs publics peuvent faire appel au procédé de la délégation. L'opérateur privé se voit confier la responsabilité de la gestion du service et supporte dans le même temps le risque économique. Même si le procédé de l'externalisation s'appuie sur le procédé de la délégation, *il existe une différence fondamentale entre les deux mécanismes au niveau de la rémunération du cocontractant* : on sait que dans *la délégation de service public, le cocontractant de l'administration est rémunéré par les usagers, ce qui n'est pas le cas de l'externalisation* dans la mesure où « *les usagers ne payent pas toujours un prix* »[1].

Enfin, les décideurs publics peuvent aussi utiliser le tout *nouveau procédé contractuel : le partenariat public-privé* tel qu'il résulte de l'ordonnance du 17 juin 2004. Dans la majeure partie des cas, la logique économique conduit la personne publique à choisir le contrat de délégation[2] parmi les trois procédés contractuels.

Ce qui différencie l'externalisation de la délégation ou du marché de service public concerne la globalité de la mission assortie de l'obligation de résultat s'apparentant d'ailleurs « *à une délégation plus poussée, reposant sur un partenariat renforcé entre la puissance publique et l'opérateur* »[3]. La démarche d'externalisation entraîne en outre une *« privatisation (lato sensu) d'un service jusque-là assuré directement par une personne publique* »[4] : cela ne signifie pas le transfert d'activités de la sphère publique vers le secteur privé. On assiste plutôt à une sorte de « *privatisation du régime juridique* »[5] de l'activité concernée. Pour Jean-David Dreyfus, les pouvoirs publics acceptent de se placer dans ce cadre privé parce qu'en réalité, ils trouvent bien leur compte[6].

On sait qu'en France, généralement les personnes publiques disposent d'une certaine liberté en matière d'externalisation de services ou d'activités qu'elles jugent nécessaires sauf celles faisant partie des fonctions régaliennes même si ces dernières années certaines d'entre elles ont fait l'objet d'inflexion comme les activités administratives de la police ou certaines activités de l'administration pénitentiaire. Aux États-Unis depuis l'adoption du « *Federal Activities Inventory Act ou Fair act* » en 1998, les

---

1 DREYFUS (J.-D.), « L'externalisation, éléments de droit public », *AJDA*, 18 novembre 2002, p. 1217.
2 MENEMENIS (A.), « L'ordonnance sur les contrats de partenariat : heureuse innovation ou occasion manquée ? », *op. cit.,* p. 1739.
3 DREYFUS (J.-D.), « L'externalisation, éléments de droit public », *op. cit.*, p. 1215.
4 LICHERE (F.), « Externalisation et personnes publiques », *Cahiers de droit de l'entreprise* n° 3, mai-juin 2006, p. 67.
5 LICHERE (F.), « Externalisation et personnes publiques », *op. cit.*, p. 67.
6 Selon l'auteur, « *dans le cadre d'une opération d'externalisation, l'administration accepte de se placer dans un cadre privé parce qu'elle y trouve un intérêt* », DREYFUS (J.-D.), « L'externalisation, éléments de droit public », *AJDA*, 18 novembre 2002, p. 1214.

administrations fédérales ont l'obligation de publier[1] la liste des activités qu'elles souhaitent externaliser afin de comparer les coûts des services avec ceux proposés par le secteur privé : l'objectif est de faire jouer la concurrence dans le but de choisir l'opérateur privé offrant les coûts les plus bas avec l'obligation de résultat. Toutefois il faut souligner qu'en matière d'externalisation, la frontière des activités concernées reste incertaine[2].

Le procédé contractuel permettant de confier l'externalisation d'activités à des tiers implique néanmoins le respect des règles de publicité, de mise en concurrence et d'égalité de traitement des candidats pour chacun des trois procédés étudiés (la délégation de service public, le marché public et le partenariat public-privé). Il existe cependant une exception à ce principe dès l'instant où la personne publique ne s'adresse pas à un opérateur distinct[3].

En général, les contrats d'externalisation sont établis sur une longue période. À titre d'illustration, au Royaume-Uni, la *Royal Air Force* a contractualisé en 2002 avec une *société prestataire de service le ravitaillement en vol sur une échéance de 27 ans*[4]. De même, le ministère britannique de la Défense a confié *la gestion de son siège londonien à une société privée pour une durée de trente ans*[5].

Pour déterminer le critère du régime de l'externalisation de la gestion d'un service public, la jurisprudence se fonde généralement sur « *la nature marchande ou non marchande de l'activité externalisée* »[6]. Selon Michel Bazex et Sophie Blazy, dans le cas où l'activité est marchande[7], les décideurs publics doivent faire jouer la concurrence et privilégier soit la délégation de service public ou le marché public de service ; inversement, lorsque l'activité est non marchande, la question de la mise en concurrence ne se pose pas et l'externalisation ne peut se faire par voie de délégation.

On l'a dit, l'externalisation se fonde sur les procédés traditionnels de gestion du service public ; une telle situation n'est pas dépourvue d'ambiguïtés. Il importe dès lors de préciser que la *frontière entre les services publics « délégables » et les services publics non délégables* et *celle*

---

[1] DREYFUS (J.-D.), « Externalisation et liberté d'organisation du service », *AJDA*, 7 septembre 2009, p. 1531.

[2] DREYFUS (J.-D.), « Externalisation et liberté d'organisation du service », *op. cit.*, p. 1532.

[3] C'est la thèse défendue par le professeur Jean-David Dreyfus, DREYFUS (J.-D.), « Externalisation et liberté d'organisation du service », *AJDA* 7 septembre 2009, p. 1533.

[4] Cette référence se trouve dans le même rapport cité, in DASSEUX (E.), *rapport d'information déposé par la commission de la Défense, L'externalisation dans les armées : enjeux et limites*, Paris, Ass. Nat., 12 février 2002, n° 3595, p. 35.

[5] DASSEUX (E.), *rapport d'information déposé par la commission de la Défense, L'externalisation dans les armées : enjeux et limites*, *op. cit.*, p. 13.

DASSEUX (E.), *rapport d'information déposé par la commission de la Défense, L'externalisation dans les armées : enjeux et limites*, *Ibid.*

[6] BAZEX (M.) et BLAZY (S.), « Les voies de l'externalisation des activités de service public », *Droit administratif*, juin 2007, p. 37.

[7] Sur ce point, voir CJCE, 16 juin 1987, aff. 188/85, Commission c/République italienne : Rec. CJCE 1988, p. 4193.

des services publics pouvant faire ou non l'objet d'externalisation reste floue. Pour autant, on ne saurait confondre le procédé d'externalisation à la délégation de service public pour deux raisons : d'une part, les deux procédés ne s'appuient pas sur les mêmes règles juridiques et d'autre part ne produisent pas les mêmes effets. Pourtant, de nombreux auteurs contribuent à entretenir la confusion. Par exemple, certains d'entre eux[1] s'accordent à ranger les *tâches de police administrative* dans la catégorie d'activités publiques non « externalisables » et la *restauration* dans les services externalisables ; à l'inverse, pour les mêmes fonctions, d'autres auteurs[2] rangent les activités de surveillance de la police dans la voie publique dans la catégorie d'activités non délégables et la restauration[3] dans la catégorie des services publics délégables.

De même, d'autres auteurs[4] emploient l'externalisation des missions en matière de défense dans le cadre du partenariat public-privé. Le raisonnement n'est pas faux à partir du moment où l'externalisation ne correspond pas à l'identification d'un contrat type, et qui de surcroît, emprunte la voie de la délégation, du marché public ou des techniques du partenariat public-privé. On comprend dès lors, pourquoi le procédé de l'externalisation contribue à brouiller la frontière entre les différents mécanismes contractuels.

Par ailleurs, la longue durée des contrats d'externalisation peut être problématique à partir du moment où les risques peuvent déboucher sur une sorte de *« capture de la réglementation », qui revient à substituer au monopole public un monopole privé »*[5]. Dès l'instant où les contrats d'externalisation sont des relations contractuelles de longue durée, il est indispensable de prévoir des clauses permettant de procéder à des évaluations périodiques du contrat pour ajuster le dispositif en fonction des conjonctures et de l'environnement économique et social, *etc.* L'inconvénient majeur de la formule, c'est que *les cocontractants peuvent se retrouver prisonniers de relations contractuelles inadaptées*. Dans cette perspective, il vaut mieux envisager la promotion d'un « *contrat*

---

[1] Figure dans cette liste François Lichère (voir en particulier LICHERE (F.), « Externalisation et personnes publiques », *op. cit.*, p. 68.

[2] PEREON (P.), *op. cit.*, p. 1452.

[3] PEREON (P.), *op. cit.*, p. 1453.

[4] C'est le cas de Pierre Sadran lorsqu'il affirme que « *le ministre de la Défense s'engage, à l'instar de son homologue britannique dans le PFI (private financing initiative), en externalisant des opérations comme la formation des pilotes d'hélicoptères ou le service de logistique des opérations militaires extérieures, dans le cadre de PPP très intégrés* », SADRAN (P.), « Le partenariat public-privé en France, catégorie polymorphe et inavouée de l'action publique », *RISA* volume 70, n° 2, juin 2004, p. 257.

[5] VOISIN (A.), *op. cit.,* p. 193.

d'externalisation souple et évolutif »[1]pour anticiper les évolutions économiques, technologiques, techniques, budgétaires, etc. pouvant se présenter. Un tel contrat doit prendre en compte la détermination du prix ainsi que les clauses relatives à l'évolution du périmètre du contrat, les modalités permettant de la résiliation, les règles relatives à la concurrence, les aléas, etc. Cela est nécessaire pour la préservation des intérêts de chacun des contractants. À titre d'illustration, dans les années 2000, la Grande-Bretagne a décidé de confier la *gestion du ravitaillement en vol* à des opérateurs privés *pour des raisons budgétaires*. En 2008, un contrat d'une valeur de 12 milliards de livres sterling a été signé entre la *Royal Air Force* et un *consortium privé « AirTanker »* après un appel d'offres. Le contrat s'étale sur une période de 27 ans. L'opérateur devrait fournir à la *Royal Air Force*, une flotte de *14 Airbus A330* entre 2011 et 2016. Enfin le contrat prévoit aussi le *ravitaillement, le transport, l'entretien, la réparation et la formation des équipages*. Le caractère stratégique du projet a soulevé de vives critiques à la Chambre des communes. Mais la crise des finances publiques a contraint le gouvernement britannique à réduire son parc d'aéronefs. La *deuxième difficulté a résulté du fait que le matériel servant à ravitailler les avions est américain*. Il est *considéré par le Pentagone comme étant sensible et stratégique* empêchant l'opérateur privé de le louer aux compagnies privées en dehors des périodes d'utilisation par la *Royal Air Force* afin de le rentabiliser. Mais cela était prévu dans le contrat. Ces deux aléas ont considérablement « *réduit à néant l'intérêt économique du projet en supprimant toute source annexe de revenus* »[2]. Cela a conduit la Grande-Bretagne à s'engager dans des phases de renégociation difficiles avec l'opérateur privé. La leçon que l'on peut tirer de l'expérience, c'est que les aléas peuvent perturber et dénaturer un contrat d'externalisation.

Comme cela a été rappelé, l'externalisation peut être appréhendée sous l'angle de la délégation de gestion du service public.

[1] CHAFIOL-CHAUMONT (F.) et OLIVIER (V.), « Les points clés d'un contrat d'externalisation souple et évolutif », *Cahiers de droit de l'entreprise* n° 6, novembre-décembre 2009, p. 68.

[2] GISCARD (L. D'Estaing), CAZENEUVE (B.), Mission d'évaluation et de contrôle, *Les externalisations du ministère de la Défense : l'heure des choix, rapport parlementaire, op. cit.*, p. 65.

§ 2. L'externalisation par voie de délégation de service public répond à un souci de souplesse de gestion et d'efficacité

La recherche d'efficacité dans la gestion des services publics a conduit les pouvoirs publics à privilégier une approche favorisant souplesse[1] et collaboration entre l'État et les opérateurs privés.

On abordera dans un premier temps la dimension stratégique de la délégation de gestion du service public avant de cerner le cadre juridique et les difficultés que le procédé soulève.

A) La dimension stratégique de la délégation de gestion des services publics

L'État stratège est un État qui délègue la gestion d'une série d'activités d'intérêt général au secteur privé pour renforcer l'efficacité des services publics. La délégation de gestion des services publics résulte d'une démarche stratégique : plusieurs avantages se profilent derrière la démarche. Il convient de les élucider.

La gestion déléguée peut être conçue comme un levier d'action stratégique permettant à l'État de confier la gestion des services publics à des tiers pour des *raisons d'ordre budgétaire* : « *la délégation présente pour l'administration un intérêt particulier : elle lui permet de répondre en partie au problème du financement des interventions publiques* en « *externalisant* » *la gestion du service public* »[2]. Désormais, l'approche pragmatique prime dans la gouvernance des services publics. La crise des finances publiques a conduit les pouvoirs publics à diversifier les modes de gestion des services publics. Les considérations financières ne sont donc pas exclues dans le choix des décideurs publics : il s'agit de se décharger de la gestion des services en les confiant à des tiers censés être plus efficaces afin de ne pas supporter les coûts financiers des installations et de l'exploitation du service. Par exemple, dans la concession, c'est le délégataire qui prend en charge le coût de la réalisation des équipements du service. En d'autres termes, la gestion déléguée du service peut être conçue comme un procédé permettant de transférer la charge des infrastructures au secteur privé. C'est en ce sens que certains ont vu dans le procédé de la délégation du service public « *une opération de débudgétisation ou de « déconsolidation » com*ptable »[3]. En

---

[1] BABUSIAUX (C.) et Institut de la Gestion Déléguée, *Régie, marché, partenariat, délégation. Quelle compétition pour l'amélioration du service ?*, Paris, La Documentation française, 2005, p. 34.

[2] FRIER (P.-L.) et PETIT (J.), *Précis de droit administratif*, Paris, Montchrestien, 6ème édition, 2010, p. 218.

[3] MARAIS (B. du), *Droit public de la régulation économique*, Paris, Presses de Sciences PO et Dalloz, 2004, p. 352.

réalité, la délégation de service public pose la question du financement de l'ouvrage public et le paiement du service par l'usager[1].

S'agissant de la formule de la *concession*, elle constitue un autre mode de gestion du service public et s'étale sur une longue période (30 à 50 ans) ; la concession pose généralement la question de la gestion privée du service public. On l'a dit, dans le cas d'une DSP, on est en présence d'un procédé de gestion des services publics consistant à externaliser la gestion d'une activité d'intérêt général généralement au secteur privé pour une durée limitée (fixée par le contrat); la rémunération du cocontractant étant substantiellement liée aux résultats de l'exploitation du service. Depuis la loi Sapin, le procédé de la concession est englobé dans la formule plus large de la délégation : les deux procédés tendent à se confondre : la « *concession de service public, aujourd'hui délégation* »[2]est à entendre au « sens large »[3]dans la mesure où le législateur a fini par l'englober dans la formule générale de la délégation. D'ailleurs, on remarque une proximité entre la définition de la délégation et celle de la concession. La concession de service public est un « mode de gestion du service public selon lequel une collectivité publique (concédant) charge une personne privée (concessionnaire), par un accord conclu avec celui-ci, de faire fonctionner le service public en se rémunérant au moyen de redevances perçues sur les usagers »[4]. Dans ce cadre, c'est le concessionnaire qui prend en charge l'intégralité des frais de réalisation des ouvrages affectés au service à ses « risques et périls » même si le procédé n'exclut pas les apports du concédant en début de contrat (prenant diverses formes : garanties d'emprunt, subventions d'équipement, indemnités de prévision, *etc.*) dans l'hypothèse où les investissements constitueront une lourde charge pour le concessionnaire[5]. Mais pour que la concession de service public puisse bénéficier du « label » de la délégation de service public, « *les redevances doivent toujours représenter une part substantielle de la rémunération totale du délégataire* »[6].

---

[1] Selon certains auteurs, la délégation « *conduit à faire financer la construction de l'ouvrage public et/ou l'exploitation du service public, en général, par l'usager et non par le contribuable, ce qui est un choix politique important* », FRIER (P.-L.) et PETIT (J.), *Précis de droit administratif*, *op. cit.*, p. 219.

[2] GAUDEMENT (Y.), *Droit administratif*, Paris, LGDJ, 20ème édition, 2012, p. 411-412.

[3] GUGLIELMI (G.-J.) et KOUBI (G.), *Droit du service public*, Paris, Montchrestien, 3ème édition, 2011, p. 506.

[4] LAUBADERE (A. de), MODERNE (F.) et DELVOLVE (P.), *Traité des contrats administratifs*, Paris, LGDJ, 1983, p. 100.

[5] BRACONNIER (S.), *Droit des services publics*, Paris, PUF, collection « Thémis Droit », 2007, p. 501.

[6] Selon Stéphane Braconnier, afin de « *ne pas remettre en cause la qualification de délégation de service public accordée à la concession, les redevances doivent toujours représenter une part substantielle de la rémunération totale du délégataire* », BRACONNIER (S.), *Droit des services publics*, *op. cit.*, p. 501.

Le procédé de la concession comporte une dimension stratégique : il permet à la puissance publique de fixer les caractéristiques des ouvrages ainsi que le cadre juridique permettant d'exploiter le service « *sans avoir à financer, par la mobilisation de considérables masses budgétaires, l'édifice qu'elle récupéra gratuitement en fin de concession. C'est donc un excellent moyen de mettre en place un réseau d'équipements et de services publics, à moindre coût et à moindre charge administrative* »[1]sans aggraver les déficits publics. Dans ce cadre, le concessionnaire assure la maîtrise de l'ouvrage, mais encore assume à ses risques et périls le financement des équipements. On le voit bien, la ligne stratégique est bien présente dans le procédé de la concession dans la mesure où il permet de faire supporter par le secteur privé les frais de la construction d'équipements publics.

La *gestion déléguée comporte une autre dimension stratégique : elle répond par ailleurs à un besoin d'efficacité* : en règle générale, l'exigence d'efficacité de la gestion des services conduit les pouvoirs publics à solliciter la collaboration des acteurs du privé pour *améliorer la qualité des services*. Les gouvernants sont soumis de plus en plus à l'exigence de qualité des services publics et recherchent constamment des solutions innovantes donnant plus de satisfaction aux usagers/clients. Accroître la qualité des services publics contribue aussi à l'amélioration de la qualité de l'action publique : la délégation peut être conçue ici comme un vecteur de « relégitimation » de l'action des gouvernants en matière de gestion des services publics.

La délégation de gestion du service comporte un autre enjeu stratégique comme en matière de *réduction des prix du service*[2]. Par exemple, en matière de gestion de l'eau et d'assainissement, la publicité de l'offre permet de faire jouer la concurrence. Lorsqu'une autorité publique procède à une délégation, elle doit faire en sorte que le prix du service rendu à l'usager soit le plus bas possible et veiller à une bonne exécution du contrat. Or, il faut rappeler que le prix de l'eau avait fortement augmenté en France vers la fin des années 80. Un des objectifs assignés à la loi Sapin de 1993 était justement d'assainir les pratiques douteuses et de rétablir un climat de confiance dans un contexte de médiatisation des affaires de corruption et de fortes augmentations du prix de l'eau. C'est dans ce contexte particulier que l'usager s'est mis à réclamer des prix plus bas, de la transparence et plus de qualité des services rendus. La délégation peut donc être conçue comme un moyen permettant de contribuer à *l'amélioration de la qualité de la relation*[3] *administration/usagers*. Mais c'est surtout au niveau des collectivités territoriales que le recours à la formule de la gestion déléguée connaît le plus

---

[1] FRIER (P.-L.) et PETIT (J.), *op. cit.*, p. 219.

[2] Certes le contraire existe aussi : dans certaines métropoles, la gestion du service public de l'eau est parfois accompagnée d'une augmentation du prix de l'eau.

[3] BABUSIAUX (C.) et Institut de la Gestion Déléguée, *Régie, marché, partenariat, délégation. Quelle compétition pour l'amélioration du service ?*, *op. cit.*, p. 36.

de succès ; elle tend même parfois à devenir la règle d'attribution et de gestion des services et des équipements publics. La crise des finances locales peut conduire les décideurs locaux à faire appel *aux modes de gestion déléguée*. Là encore, le procédé contractuel apparaît comme l'instrument privilégié de gestion des politiques publiques locales. Même si la gestion des services en régie ne garantit pas toujours le meilleur prix à l'usager qui s'explique essentiellement par le coût du renouvellement des installations vétustes, certaines communes parviennent toutefois à produire des services à moindre coût dans le but d'améliorer la productivité. La raison est simple : « *la crainte des coûts et des délais importants (...) peut conduire les élus à éviter la délégation* »[1]. Ainsi, la Cour des comptes précise dans un rapport particulier que « *la Ville de Saint-Maur-des-Fossés (Val-de-Marne), (...) facture au consommateur l'un des prix de l'eau les plus bas de l'agglomération parisienne* »[2]. Parfois, les communes s'organisent en mettant en place une gestion commune pour faire baisser significativement le prix de l'eau en jouant sur la concurrence : c'est le cas du *district de Forbach en Moselle* qui a su faire jouer la concurrence en baissant le prix de l'eau de 25,8 %[3]. D'autres villes ont procédé à des regroupements de services pour améliorer la qualité du service et unifier le prix de l'eau pour les usagers comme la *communauté urbaine de Nantes*[4].

Globalement, il faut souligner que la loi Sapin a eu des incidences sur le prix de l'eau. L'évolution du prix de l'eau a permis de générer une baisse du prix moyen et paradoxalement la *« baisse profite essentiellement aux moyennes et grosses collectivités avec une baisse de prix de 15 % eau et assainissement confondus, pour les collectivités de plus de 20 000 habitants. Cependant, les collectivités de moins de 4 000 habitants connaissent une diminution de seulement de 1 % »*[5].

Le *transfert des risques* dans la gestion déléguée des services publics résulte bien d'une démarche stratégique : il s'agit du transfert des risques juridiques, techniques et financiers découlant de la gestion des services aux opérateurs privés. C'est seulement au moment du transfert des risques au

---

[1] BABUSIAUX (C.) et Institut de la Gestion Déléguée, *op. cit.*, p. 39.

[2] Cour des comptes, *La gestion des services publics d'eau et d'assainissement, rapport public particulier*, Paris, Les éditions des journaux officiels, 2003, p. 31.

[3] Cour des comptes, *La gestion des services publics d'eau et d'assainissement, rapport public particulier, op. cit.*, p. 74.

[4] Selon la Cour des comptes, « *la communauté urbaine de Nantes, constituée en 2001, veut uniformiser en cinq ans les tarifs de l'eau et de l'assainissement sur les 24 communes membres. Sur le territoire communautaire, la majorité des usagers y trouveront avantage avec une baisse des prix de l'assainissement de 1,15 à 10,6 % pour ceux qui habitent les communes où les tarifs sont supérieurs au tarif moyen en 2001 ; les autres, au contraire, devront supporter une hausse de 0, 19 à 10,6 %* », Cour des comptes, *Ibid.*, p. 73.

[5] GUERIN-SCHNEIDER (L.), BONNET (F.), BREUIL (L.), « Dix ans de loi Sapin dans les services d'eau et d'assainissement : évolution et perspective du modèle de délégation à la française », *Annales des MINES*, juillet 2003, p. 49.

cocontractant rémunéré substantiellement aux résultats de l'exploitation que la gestion du service public est déléguée[1]. Certains auteurs préfèrent évoquer la notion d'« *affectation des risques entre les deux partenaires* »[2] alors que dans le procédé des marchés publics, l'essentiel des risques de construction et des risques commerciaux pèse sur le délégataire. Même si le procédé ne permet d'éviter que partiellement la mise en cause éventuelle de leur responsabilité civile et pénale[3], force est de reconnaître que la démarche peut s'avérer utile dans la mesure où la gestion des services publics comporte plusieurs types de risques en particulier sanitaires, alimentaires, *etc.* On sait par exemple que certains secteurs comportent un fort potentiel de risque sanitaire comme la gestion de l'eau ou la restauration collective.

Enfin, l'État remplit mieux son rôle dans la gouvernance des services publics lorsqu'il délègue la gestion opérationnelle à des tiers afin de se recentrer sur l'élaboration de la législation, le pilotage et le contrôle des opérations. Selon certains, la régulation constitue « *un changement de paradigme* »[4]. Pour d'autres, c'est la « crise »[5] des méthodes traditionnelles de réglementation qui explique la nécessité de la régulation. Sous couvert de privatisation et de « déréglementation », la régulation des services publics en réseaux devient essentielle dans le secteur électrique, gazier, le transport ferroviaire, le secteur de la Poste et celui des télécommunications en France comme dans le reste de l'espace communautaire. Il s'agit au fond de séparer la fonction de régulation impartie à la puissance publique et celle de gestion et/ou d'exploitation du service relevant des opérateurs privés. L'ouverture à la concurrence des services en réseaux a mis le thème de la régulation au-devant de la scène publique. La thématique de la régulation[6] soulève ici la

---

[1] PELLISSIER (G.), « Les délégations de service public et le juge administratif : 20 ans d'application de la loi Sapin », *La Semaine juridique, Administrations et collectivités territoriales*, n° 9, 25 février 2013, p. 32.

[2] MARAIS (B. du), *Droit public de la régulation économique*, *op. cit.*, p. 357-358.

[3] BABUSIAUX (C.) et Institut de la Gestion Déléguée, *op. cit.*, p. 35.

[4] COHEN (E.), « Régimes économiques et régulation du service public », in ROUBAN (L.), (sous la dir.), *Le service public en devenir*, Paris, L'Harmattan, Collection « Logiques politiques », 2000, p. 230.

[5] C'est la thèse défendue par Herbert Maisl pour qui « *lorsque les juristes parlent de régulation, ils admettent que les méthodes de réglementation traditionnelles sont en crise et qu'une re-réglementation doit se définir : notamment, pour assurer les équilibres du marché et la défense de l'intérêt général, en étant parfois plus incitatif que normatif et plus dissuasif que répressif* », MAISL (H.), « La régulation des télécommunications, changements et perspectives », *RFDA*, mai-juin 1995, p. 451.

[6] Selon Richard Descoing, « *la régulation vise alors des secteurs économiques particuliers, mais dont le point commun est d'être des secteurs qui n'ont pas en l'état la capacité intrinsèque de produire leur propre équilibre. Le secteur doit alors être régulé, parce qu'il souffre de faiblesses requérant une tutelle des marchés.* », DESCOING (R.), « La nécessité d'une réflexion générale et croisée sur la régulation », in FRISON-ROCHE (M.-A.), (sous la dir.), *Les régulations économiques : légitimité et efficacité*, Paris, Presses de Sciences PO et Dalloz, 2004, p. 4.

problématique de l'« *adaptation et la conciliation du droit et de l'économie* »[1]. L'action stratégique de l'État consiste à réguler les « *activités présentant un intérêt stratégique de service public* »[2] comme les services en réseaux ; et cela relève bien de la vision stratégique de l'État. Celui-ci devant assurer la fonction de réglementation dans la gouvernance des services publics et par là même veiller au respect[3] des règles édictées. L'État stratège se muant en « *État régulateur* » s'oppose ainsi radicalement aux techniques d'intervention de l'État planificateur. Le rôle régulateur de l'État consiste en effet « *à superviser le jeu économique en établissant certaines règles et en intervenant de manière permanente pour amortir les tensions, régler les conflits, assurer le maintien d'un équilibre d'ensemble* »[4]. Afin d'exercer efficacement son rôle d'arbitre du jeu économique, l'État régulateur fait appel aux autorités de régulation. La création d'autorités administratives indépendantes ayant pour mission d'exercer une « fonction de régulation » répond bien à cet objectif et participe à la conception de l'action stratège de l'État. L'État stratège économique se désengage pour éviter toute critique de son interventionnisme unilatérale en confiant la « mission de régulation » à des organes indépendants pour réglementer, sanctionner les abus constatés dans les secteurs d'activités concernées (accès aux marchés, la structure et le fonctionnement). Certaines autorités administratives indépendantes sont dotées de personnalité morale comme le Conseil des marchés financiers ; d'autres non (par exemple la COB). Pourtant, il ne s'agit pas d'un retrait de l'État dans l'économie de marché, mais il reste bien présent sous une autre forme.

La démarche stratégique conduit encore les *autorités de régulation* à inscrire leur action hors du territoire de l'État en particulier dans le « cadre européen des autorités de régulation » afin d'exercer plus d'influence (conseils, prise de décisions, préparation des normes) auprès de la Commission européenne (comme à travers le réseau européen de la concurrence, l'Autorité européenne des marchés financiers, *etc.*). L'efficacité des stratégies portées par les autorités administratives indépendantes doit désormais s'inscrire dans le cadre d'une « *co-régulation nationale et européenne des réseaux* »[5].

---

[1] BRACONNIER (S.), « La régulation des services publics », *RFDA,* janvier-février 2001, p. 45.

[2] LINOTTE (D.), LINOTTE (D.), « Le droit public de la concurrence », *AJDA* 20 février 1984, p. 62.

[3] MARCOU (G.), « Introduction », in MARCOU (G.) et MODERNE (F.), *Droit de la régulation, service public et intégration régionale, Tome 2 : expériences européennes*, Paris, L'Harmattan, 2006, p. 11.

[4] CHEVALLIER (J.), « L'État régulateur », in LOMBARD (M.), (sous la dir.), *Régulation économique et démocratie*, Paris, Dalloz, 2006, p. 35.

[5] IDOUX (P.), « Régulateurs nationaux et régulateurs européens », *op. cit.*, p. 301.

Selon André Delion et Laurent Vidal, l'explosion des organismes de régulation dans diverses politiques sectorielles (tant dans la sphère publique qu'au sein des institutions internationales) a sans doute conduit à la banalisation : les organismes de régulation « *ne doivent plus être considérés comme exceptionnels, mais comme une forme courante de la gestion publique* »[1]dont il faut approfondir la réflexion sur leur différente manifestation. On assiste ainsi à un développement sans précédent d'un ensemble d'îlots d'autorités aux appellations fort différentes telles que les autorités administratives indépendantes, les autorités constitutionnelles indépendantes (comme le défenseur des droits), les autorités indépendantes publiques (Autorité des marchés financiers bénéficiant de la personnalité juridique) aux fonctions diverses : conseil, enquête, avis, investigations, édiction de normes, supervision, sanction sous le contrôle d'un juge, recommandation, évaluation, etc.). Même si les autorités de régulation ne dépendent pas administrativement du pouvoir politique, les politiques qu'elles mènent s'inscrivent dans une « *conception plus globale de l'action publique* »[2]. L'essor des AAI n'est pas sans poser de difficultés. Elles soulèvent en général quatre grandes séries de problèmes. En premier lieu, les « problèmes d'organisation générale des régulations »[3] : la multiplication de ces AAI et l'indépendance dont elles bénéficient peuvent être source d'« insécurité juridique », un « facteur de complexité » et de « chevauchement des compétences » même si elles sont créées par le Parlement et restant sous son contrôle. En deuxième lieu, le développement des autorités de régulation pose des « difficultés d'ordre technique »[4]en particulier dans le domaine économique et financier : la complexité des mécanismes rend difficile l'appréciation des avantages et des inconvénients des solutions à retenir. En troisième lieu, d'autres difficultés sont relatives à l'« application de la notion d'indépendance »[5] : il s'agit d'éventuels conflits d'intérêts qui vont à l'encontre de l'indépendance et de la transparence auxquelles les autorités de régulation sont censées promouvoir et garantir. Des risques de conflits peuvent être localisés au sein des régulateurs, entre régulateurs, entre régulateurs et tribunaux, entre régulateurs et autorités indépendantes et soulever plus largement la problématique de la régulation

---

[1] DELION (A.) et VIDAL (L.), (sous la dir.), *Les réformes des régulations financières*, Paris, IRJS éditions, Coll. « Les annales de la régulation vol. 3 », 2013, partie préfacée (non paginée).

[2] IDOUX (P.), « Régulateurs nationaux et régulateurs européens », *RDP* n° 2, 2014, p. 291.

[3] DELION (A.), « L'évolution de la notion et des organismes de régulation », in DELION (A.) et VIDAL (L.), (sous la dir.), *Les réformes des régulations financières*, Paris, IRJS éditions, Coll. « Les annales de la régulation vol. 3 », 2013, p. 43.

[4] DELION (A.), « L'évolution de la notion et des organismes de régulation », *op. cit.*, p. 46.

[5] DELION (A.), « L'évolution de la notion et des organismes de régulation », *op. cit.*, p. 50.

des régulateurs[1]. Sous cet angle, les « interférences politiques » sont bien réelles. Enfin, étant soumises aux « exigences de performance »[2], les autorités de régulation peuvent être défaillantes posant la problématique de la transparence et de l'évaluation de la performance des régulateurs. D'où le rôle de plus en plus actif du Parlement et de la Cour des comptes s'agissant des activités des autorités de régulation afin qu'elles évaluent les effets de leur politique en les rendant publics.

Le droit de la concurrence et le droit communautaire ont sans doute accéléré le démantèlement des monopoles publics en érigeant la régulation[3] comme un procédé juridique permettant d'organiser autrement le fonctionnement du marché. Le droit communautaire a mis fin aux monopoles publics en imposant la séparation[4] des fonctions d'autorité et de gestion, la séparation de la gestion des infrastructures et des activités d'exploitation. Par exemple, l'ouverture totale du marché de l'énergie a nécessité la mise en place dans les années 2000 d'un régulateur sectoriel : la Commission de régulation de l'énergie. Chargée du bon fonctionnement du marché de l'énergie, elle garantit un accès équitable aux réseaux de transport et de distribution, mais aussi en veillant « *en particulier à l'absence de subventions croisées entre activités concurrentielles et non concurrentielles et à l'indépendance du gestionnaire du réseau à haute tension, RTE (réseau de Transport d'électricité)* »[5]. La Commission de régulation de l'énergie (CRE) est compétente en matière de surveillance des marchés en ce qui concerne les transactions effectuées entre différents acteurs du secteur de l'énergie ; elle produit des normes afin de réguler l'accès aux réseaux et infrastructures et contrôle les activités de gestionnaires de réseau de transport d'électricité et de gaz naturel[6]. Un Comité des règlements de différends et des sanctions (CORDIS) a été institué pour résorber les problèmes liés à l'accès au réseau et les difficultés techniques et financières mettant aux prises gestionnaires et utilisateurs du réseau. Plus généralement, la CRE a favorisé une « *régulation incitative* » et la *production de « normes de soft law », de « droit doux », « souple »* (règles non contraignantes) en

[1] DELION (A.), « Régulation : progrès et problèmes. Actualisations 2006-2008 », in REVET (T.) et VIDAL (L.), (sous la dir.), *Annales de la régulation*, volume 2, Paris, IRJS, 2009, p. 23.
[2] DELION (A.), « L'évolution de la notion et des organismes de régulation », *op. cit.,* p. 55.
[3] MAJONE (G.), *La Communauté européenne : un État régulateur*, Paris, Montchrestien, Coll. « Clefs », 1996.
[4] BUBOS (O.), « Performance, droit administratif et droits européens : transmutation », in ALBERT (N.), (sous la dir.), *Performance et droit administratif*, Paris, Litec, Collection « Débats & Colloques », 2010, p. 43.
[5] LEVÊQUE (F.), *Economie de la réglementation*, Paris, La Découverte, Coll. « Repères », 2004, p. 75.
[6] COIN (R.), « La régulation du secteur de l'énergie en France à l'heure de l'ouverture totale du marché », in REVET (T.) et VIDAL (L.), (sous la dir.), *Annales de la régulation*, volume 2, Paris, IRJS, 2009, p. 654-655.

encourageant les entreprises à réduire les coûts et renforcer la sécurité et l'efficacité de la gestion des réseaux[1]. Les pouvoirs de certaines autorités administratives indépendantes comme ceux de *l'Autorité de régulation des télécommunications et de la poste* (ARCEP) et de la *Commission de régulation de l'énergie* « se combinent avec ceux de *l'État actionnaire* ou *stratège* » : à travers la régulation, on assisterait selon un auteur à une *renaissance partielle* de ce qui fut la *tutelle administrative* à travers l'action des autorités administratives indépendantes[2]. L'ouverture partielle puis totale du marché français de l'électricité à la concurrence a été facilitée grâce aux directives communautaires [3]transposées en droit français[4]. Contrairement à ce que pensent certains, ce n'est pas l'Union européenne qui a contraint certains États membres à la « dérégulation »[5] : non seulement les États sont liés aux réformes et décisions communautaires, mais bien d'autres facteurs y ont contribué comme les mutations économiques, les politiques de concurrence et de privatisation, les exigences des consommateurs ainsi que la prise en compte des intérêts des acteurs privés.

Il résulte de ce précède que l'ouverture des industries de réseaux à la concurrence rend indispensable « *un changement des réglementations et non pas (...) leur suppression* »[6]. Mais la régulation des réseaux ne s'est pas faite « *sans résistance du droit interne* »[7]. De plus, l'encadrement communautaire des réseaux à travers les directives et leur mise en œuvre dans les États membres participe à créer de l'« insécurité juridique » du fait notamment du contenu incertain des règles propres à chaque secteur et de la très grande flexibilité du droit. Une telle situation « *rend instable le droit interne* »[8] des États.

Si la *régulation des services publics* est indispensable dans l'économie de marché, la question de l'« *interrégulation entre organes de régulation* » n'a pas encore trouvé de réponse définitive et satisfaisante.

De même, l'approche stratégique conduit l'autorité publique à veiller à l'exécution du contrat par l'entreprise privée chargée de gérer la gestion du service public. Sous couvert d'État-providence, la gestion des services

---

[1] COIN (R.), « La régulation du secteur de l'énergie en France à l'heure de l'ouverture totale du marché », in REVET (T.) et VIDAL (L.), (sous la dir.), *Annales de la régulation*, volume 2, Paris, IRJS, 2009, p. 662-666.
[2] DELION (A. G.), « De l'État tuteur à l'État actionnaire », *RFAP* n° 124, 2007, p. 550.
[3] Il s'agit en particulier des directives 96/92 CE et 2003/54.
[4] Loi du 10 février 2000 modifiée ensuite par la loi du 9 décembre 2006.
[5] STOFFAËS(C.), Commissariat général du Plan, *Services publics, question d'avenir*, rapport de la Commission présidée par Christian Stoffaës, Paris, Éditions Odile Jacob, La Documentation française, 1995, p. 9.
[6] LEVÊQUE (F.), *Economie de la réglementation*, Paris, La Découverte, Coll. « Repères », 2004, p. 76.
[7] VOISSET (M.), « De quelques effets du droit communautaire sur le droit français des services publics industriels et commerciaux », *RFDA* mars-avril 1995, p. 312.
[8] VOISSET (M.), *op. cit.*, p. 318.

publics a longtemps été dominée par le monopole public : celui-ci pouvait selon les objectifs envisagés placer la gestion d'un service directement sous sa tutelle ou indirectement sous la responsabilité d'un organisme privé de manière unilatérale ou conventionnelle. En l'absence de toute concurrence, l'État a conservé aussi le monopole de la fixation des prix. Mais l'octroi d'autonomie aux collectivités territoriales a favorisé une certaine liberté des entités infra-étatique dans la fixation des tarifs même si le pouvoir central conserve son rôle de régulation afin de limiter les excès. La réglementation des activités et/ou des politiques sectorielles reste du ressort de la puissance publique. Malgré les mutations nombreuses que connaît aujourd'hui l'action publique, la réglementation étatique n'est pas remise en cause.

Après avoir rappelé ces quelques enjeux stratégiques du procédé de la délégation, il est nécessaire de circonscrire le cadre juridique.

B) Approche juridique

Un bref rappel de quelques notions est nécessaire avant de préciser le régime juridique de la délégation. On engagera ensuite la réflexion sur le périmètre des activités concernées suivies des inflexions dont fait l'objet le procédé.

1) Définition des contrats de délégation de service public

Déléguer la gestion des services publics à un organisme privé est loin d'être anodin et encore moins une pratique nouvelle en France puisque des formules anciennes analogues existaient déjà. La délégation du service public est régie par un cadre juridique reposant sur un contrat administratif qui fixe de manière précise les conditions qui permettent d'organiser le service. On est frappé par la diversité des formes de délégation : *gérance*[1], *concession*[2], *affermage*[3], *régie intéressée.* On a choisi de ne pas traiter ici les « mandats » ou les « quasi-mandats » même s'ils rentrent dans le champ de la délégation de service public[4]. De même, on ne s'attardera pas non plus sur l'étude de ce qu'on a appelé « les contrats administratifs par détermination de la loi »[5]qui concernent les contrats d'occupation du

---

[1] La *gérance* est un marché de prestation de service dans lequel le gérant est rémunéré de manière forfaitaire avec la possibilité d'un intéressement aux résultats. Le risque induit de l'exploitation n'est pas à sa charge.

[2] Dans la formule de la *concession*, le concessionnaire est rémunéré par les usagers, mais s'engage à exploiter le service public quel que soit les risques que cela présente.

[3] Le coût des investissements initiaux n'est pas à la charge du fermier.

[4] Pour aller plus loin sur cette question, voir l'article de Monsieur AUBY (J.-B.) et MAUGÜE (C.), « Les contrats de délégation de service public », *La Semaine juridique JCP*, édition G, n° 9, 1994, p. 118.

[5] DRAGO (R.), « Paradoxes sur les contrats administratifs » in *Etudes offertes à Jacques Flour*, Paris, Répertoire du Notariat Defrénois, 1979, p. 151.

domaine public, les contrats d'engagement d'agents publics, les marchés de travaux publics et les marchés de fournitures. La *concession et l'affermage sont juridiquement des contrats de délégation de service public* dès l'instant où le critère financier est « lié substantiellement aux résultats de l'exploitation » ; la *régie intéressée* peut l'être également tandis que la « *gérance n'est en principe pas un contrat de délégation de service public* »[1]. La concession constitue sans doute le mode de gestion des services publics le plus utilisé et le plus ancien. On sait aussi que l'attribution de la gestion d'un service public à une personne privée peut se faire par décision unilatérale. Bien que fondés sur le contrat, *ces différents modes de gestion des services publics ne se confondent pas les uns les autres* : chacun d'eux garde bien sa spécificité[2].

Dans la plupart des cas, les pouvoirs publics mobilisent le procédé du contrat pour les collaborations que ce soit dans le domaine de la gestion des transports publics, de la distribution de l'électricité et du gaz, de l'eau ou encore la gestion du secteur hospitalier. Mais quelle que soit la nature de la délégation, la responsabilité de « *la direction stratégique du service public appartient toujours à la personne publique* »[3].

En principe, un *contrat de délégation de service public* peut être entendu comme « *une convention entre personnes publiques et les dispositions légales permettant de mettre en concurrence au cours d'une même procédure de passation des personnes publiques et des personnes privées* »[4]. Les contrats de délégation de service public sont des *contrats administratifs* comme en témoigne l'arrêt Bertin[5]. En réalité, seuls les critères organiques et matériels permettent d'identifier ce qu'est un contrat administratif.

2) Eléments caractéristiques de la délégation de service public

On vient de le rappeler, un *contrat de délégation de service public* est un *contrat administratif.* Pour qu'un contrat soit qualifié de délégation de

---

[1] AUBY (J.-B.), AUBY (J.-F.) et NOGUELLOU (R.), *Droit des collectivités locales*, Paris, PUF, Collection « Thémis droit », 2008, p. 308.

[2] Pour exploiter le service, le fermier est tenu de payer un droit à la personne publique et se rémunère sur l'usager. Pour certains auteurs, « *la différence entre ces contrats est que le fermier n'a pas à faire l'avance de l'équipement initial ou l'investissement des frais de premier établissement, alors que le concessionnaire doit d'abord construire ce qu'il va ensuite faire fonctionner* » « *la différence entre ces contrats est que le fermier n'a pas à faire l'avance de l'équipement initial ou l'investissement des frais de premier établissement, alors que le concessionnaire doit d'abord construire ce qu'il va ensuite faire fonctionner* », GUGLIELMI (G. J.) et KOUBI (G.), *Droit du service public*, Paris, Montchrestien, 2000, p. 235.

[3] GUGLIELMI (G. J.) et KOUBI (G.), *op. cit.*, p. 244.

[4] DOUENCE (J.-C.), « Les contrats de délégation de service public », *RFDA*, septembre-octobre 1993, p. 941-942.

[5] Voir l'arrêt Epoux Bertin (CE, section, 20 avril 1956 : Rec. CE, p. 167.

service public [1](DSP), *trois conditions* sont essentielles. En premier lieu, le contrat doit avoir pour objet[2] l'exploitation d'un service public. Il n'est toujours pas aisé de reconnaître si l'activité déléguée présente ou non le caractère d'intérêt général. Pour dissiper l'incertitude, Jean-Bernard Auby et Christine Maugüé prônent d'« *appliquer à la situation un faisceau d'éléments (...) pour déceler la présence d'un service public dans l'activité de personnes privées* »[3] : il faut que l'activité déléguée présente le caractère d'intérêt général assorti d'un contrôle administratif (en l'occurrence le juge administratif). La principale limite de l'objet de l'exploitation, c'est qu'elle ne concerne que l'exploitation économique et ne vise pas la conception et la construction. En deuxième lieu, le contrat doit permettre le transfert de la responsabilité[4] de l'exploitation au cocontractant. Enfin, le critère financier est essentiel dans la définition d'une délégation : il faut que la rémunération du cocontractant soit assurée substantiellement par les résultats de l'exploitation [5]du service : celle-ci n'est valable que lorsque 30 % des ressources[6] du cocontractant de l'administration sont tirées de l'exploitation du service. Le problème qui se pose ici concerne l'« incertitude » pesant sur la rémunération du délégataire de service public dès l'instant où « *le contrat de délégation de service public ne garantit au délégataire que la possibilité d'être rémunéré* »[7]. Le mode de rémunération du cocontractant est donc l'élément essentiel caractérisant la délégation. Comme on peut le constater, cette condition n'est qu'une résurgence d'un des éléments de définition de la concession de service public *dans laquelle* le concessionnaire doit exploiter le service à ses risques et périls[8]. Selon un auteur, une application stricte du critère jurisprudentiel « *risque d'accroître encore l'insécurité juridique des*

---

[1] Il s'agit de la nouvelle notion telle qu'elle résulte de la loi MURCEF de 2001 (article 3 de la loi du 11 décembre 2001) selon laquelle la délégation de service public est « *un contrat par lequel une personne morale de droit public confie la gestion d'un service public dont elle a la responsabilité à un délégataire public ou privé, dont la rémunération est substantiellement liée aux résultats de l'exploitation du service. Le délégataire peut être chargé de construire des ouvrages ou d'acquérir des biens nécessaires* ». Le terme a été ensuite codifié à l'article L. 1411-1 du Code général des collectivités territoriales.

[2] ESPLUGAS (P.), *Le service public*, Paris, *op. cit.* p. 78.

[3] AUBY (J.-B.) et MAUGÜE (C.), « Les contrats de délégation de service public », *op. cit.*, p. 117.

[4] LLORENS (F.), « Remarques sur la rémunération du cocontractant comme critère de la délégation de service public » in WALINE (J.), *Mélanges en l'honneur de Jean Waline, Gouverner, administrer et juger*, Paris, Dalloz, 2002, p. 303.

[5] CE, 15 avril 1996, Préfet des Bouches-du-Rhône c/Commune de Lambesc, RFDA, 1996, p. 715, concl. Ch. Chantepy ; CE, 15 avril 1996, Préfet des Bouches-du-Rhône c/Commune de Lambesc, rec. p. 131, *AJDA* 1996, p. 729, ch. D. Chauvaux et T.-X. Girardot.

[6] CE, 30 juin 1999, SMITOM, concl. C. Bergeal : Juris-Data n° 1959-050752.

[7] GUGLIELMI (G.-J.) et KOUBI (G.), *Droit du service public*, Paris, Montchrestien, 3ème édition, 2011, p. 418.

[8] GUGLIELMI (G.-J.) et KOUBI (G.), *Droit du service public*, Paris, Montchrestien, 3ème édition, *op. cit.,* p. 417.

parties »[1]. À l'inverse, si la rémunération provient substantiellement de la collectivité publique, le contrat est un marché public[2]. *Le mode de rémunération de l'opérateur est donc ici un critère décisif permettant de distinguer la DSP du marché public.*

Par ailleurs, on l'a rappelé, pendant longtemps, la jurisprudence retenait comme critère principal de la délégation, la rémunération du cocontractant substantiellement liée aux résultats de l'exploitation et du même coup ignorait d'autres risques comme le risque commercial, technique. Or, toute délégation de gestion du service public comporte des risques de différentes natures : risques industriels, commerciaux, financiers, juridiques (vis-à-vis des usagers du service public et des tiers), techniques (tenant aux évolutions technologiques), économiques, etc. Comme le note Jean-Claude Douence, « le *critère financier de la délégation ne prend en compte que le risque commercial (par le lien établi avec les recettes d'exploitation). Il ignore complètement le risque industriel qui est pourtant réel* »[3]. Or, risque industriel et risque commercial sont intimement liés et leurs effets sur le résultat de l'exploitation sont évidents. L'auteur identifie trois cas de figure[4] où le procédé de la délégation peut être invoqué sur le seul critère des risques d'exploitation dans les contrats de délégation.

Si le critère financier a été pendant longtemps l'élément principal permettant de qualifier juridiquement une délégation de service public, force est de reconnaître qu'il doit désormais être combiné avec le critère du risque d'exploitation (risque économique et financier). Selon la doctrine, on est passé du critère de la rémunération de l'exploitant (*arrêt des Bouches-des-Rhône c/Commune de Lambesc*) au critère du risque de l'exploitation[5]. Les délégations de service public ont ainsi été qualifiées de « *contrats aux*

---

[1] DOUENCE (J.-C.), « Le critère financier de la délégation de service public à l'épreuve de la pratique contractuelle », in *Mélanges en l'honneur de Franck Moderne, Mouvement du droit public*, Paris, Dalloz, 2004, p. 505.

[2] MARAIS (B. du), *Droit public de la régulation économique*, *op. cit.*, p. 361.

[3] LLORENS (F.), « Remarques sur la rémunération du cocontractant comme critère de la délégation de service public » in WALINE (J.), *Mélanges en l'honneur de Jean Waline, Gouverner, administrer et juger*, *op. cit.*, p. 318. Pour l'auteur, *« la limite du critère est qu'il autorise dans certains cas un déficit d'expansion sans compromettre les résultats bénéficiaires du délégataire », Ibid.*

[4] Selon l'auteur, une délégation pourrait être « *le contrat qui mettrait tous les risques à la charge de délégataire* » ; et inversement une délégation est un « *contrat dans lequel le délégataire ne court aucun risque de déficit puisque toutes les dépenses du service sont prises en charge ou remboursées par le délégant* » ; constituent également des délégations « *les contrats qui prévoient un partage plus ou moins complexe des risques de l'exploitation pourvu qu'une partie du risque commercial pèse sur le délégataire* », pour toutes ces citations voir DOUENCE (J.-C.), « Le critère financier de la délégation de service public à l'épreuve de la pratique contractuelle », in *Mélanges en l'honneur de Franck Moderne, Mouvement du droit public*, Paris, Dalloz, 2004, p. 514.

[5] RAPP (L.), « La prise en compte du critère économique et financier dans les contrats publics : le risque d'exploitation », *BJCP* n° 9, 2000, p. 83.

risques et périls »[1] : dans la plupart des cas, le risque lié à l'évolution de la réglementation est à la charge du délégataire alors que tous les autres risques sont à la charge du délégataire. Il est important de souligner que si la rémunération du cocontractant de l'administration provenait essentiellement des recettes payées par les usagers, dorénavant, elle peut provenir de la collectivité elle-même. Cette précision est fondamentale dans la mesure où « *ce n'est plus l'origine de la rémunération qu'il faut prendre en compte, mais sa nature* »[2].

Plus largement, le critère du « risque » est aussi pris en compte dans l'exploitation des services en droit communautaire, mais l'importance du risque varie selon que l'on se situe dans le droit français ou communautaire. En règle générale, il est de moindre importance[3] en France. En droit communautaire[4], la notion de risque renvoie à l'exploitation du service « aux risques et périls » du concessionnaire. Dans sa communication du 29 avril 2000 sur les concessions, la Commission européenne a souhaité faire de la notion de « transfert de risque »[5] un élément de définition du contrat de concession avant d'abandonner le projet en 2001. Par ailleurs, l'arrêt de la Cour de justice des Communautés européennes du 18 juillet 2007 remet en cause le risque d'exploitation comme étant l'élément permettant d'identifier la délégation de service public : désormais, « *le premier indice qui serait regardé par le juge serait non plus le risque d'exploitation supporté par le titulaire du contrat, mais l'origine des recettes perçues par le titulaire* »[6]. Il y a délégation de service public lorsque les recettes perçues par le titulaire du contrat proviennent directement des usagers du service ; mais lorsque celles-ci résultent essentiellement du prix versé par la personne publique, on est en présence d'un marché public au sens communautaire.

Cependant dans l'arrêt du 10 septembre 2009 *WAZV Gotha c/Eurowasser* [7]la Cour de justice admet l'origine de la rémunération du cocontractant provenant des tiers dans le procédé concessif et la prise en charge du risque qui y découle. Néanmoins cela n'empêche pas le pouvoir adjudicateur de

[1] Institut de la gestion déléguée, *Partenariats public-privé : mode d'emploi juridique et approche économique*, Paris, La Documentation française, 2006, p. 40.

[2] NICINSKI (S.), *Droit public des affaires, Paris*, Montchrestien, 2009, p. 520. Sur ce point, voir aussi l'« *arrêt Département Vendée,* Conseil d'*État*, 7 novembre 2008, n° 291794, *Contrats et marchés publics*, n° 12, comm. 96, note G. ECKERT.

[3] Le « critère du risque en droit français n'implique qu'un risque de moindre grain, alors que le critère du risque en droit communautaire implique risque de pertes », NICINSKI (S.), *Droit public des affaires, op. cit.,* p. 523.

[4] Communication interprétative de la Commission sur les concessions en droit européen, voir en particulier JOCE 2000/C, 29 avril 2000.

[5] GUGLIELMI (G.-J.) et KOUBI (G.), *Droit du service public, op. cit.,* p. 421.

[6] EGLIE-RICHTERS (B.), « Les frontières entre les délégations de service public, les contrats de partenariat et les marchés publics a-t-elle bougé le 18 juillet 2007 ? », *AJDA* 15 décembre 2008, p. 2348.

[7] C-206/08.

transférer une « part significative » du risque de l'exploitation, aussi « limitée » soit-elle au concessionnaire. Le transfert d'une part significative de risque (portant les « gains » et les « pertes ») suffit selon certains à qualifier une concession en droit communautaire[1]. Enfin, dans un autre arrêt datant de mars 2011 (*Affaire Privater Rettungsdienst und kranken-transport Stadler du 10 mars 2011*)[2], la Cour de justice des Communautés européennes n'a fait que confirmer la jurisprudence précédente portant sur l'origine de la rémunération : *lorsque la rémunération du prestataire a pour origine les tiers, on est en présence d'un contrat concessif* tandis que lorsque la rémunération du prestataire résulte d'un paiement direct par le pouvoir adjudicateur, on est en présence d'un *marché*[3]. C'est ce qui a conduit Sophie Nicinski à soutenir l'existence d'une nouvelle divergence entre le droit français et communautaire à partir du moment où « *le Conseil d'État s'est affranchi du critère de l'origine de la rémunération pour se focaliser sur sa variabilité, laquelle recèle un risque* »[4]ouvrant la réflexion sur les éléments constitutifs du « risque d'exploitation économique » d'un service. Le critère de la rémunération reposant sur les résultats de l'exploitation a été tantôt appréhendé comme un « baromètre »[5] précisant les charges pesant sur l'opérateur, tantôt permettant de qualifier une DSP[6] ou un marché public,[7] mais sans que l'exploitant supporte de risques d'exploitation.

Selon certains commentateurs, le critère de la concession de service en droit communautaire repose sur le *transfert de responsabilité*, ce qui signifie que le transfert du risque économique ne constitue en réalité qu'un indice permettant de réaliser le transfert du risque[8].

Pour d'autres encore, l'application du *critère financier* permettant de qualifier la délégation de service public *est problématique* dans la mesure où celui-ci est inapproprié à la délégation des services publics administratifs (SPA) : le critère de la rémunération substantiellement liée aux résultats de l'exploitation « *joue ainsi un véritable rôle de verrou et constitue un obstacle à leur délégation* »[9].

Mais la détermination des éléments caractérisant la délégation ne fait point l'unanimité des auteurs. Parfois ces éléments tournent autour de

---

[1] NICINSKI (S.), *Droit public des affaires*, Paris, Montchrestien, 3ème édition, 2012, p. 653.
[2] C-274/09.
[3] NICINSKI (S.), *Droit public des affaires*, *op. cit.*, p. 653.
[4] NICINSKI (S.), *Droit public des affaires, Ibid.*
[5] *Arrêt Smitom* (*AJDA* 1999, p. 714).
[6] Conseil d'État, Arrêt Département de la Vendée (2008).
[7] Société Avenance-Enseignement et Santé, *BJCP* n° 66 octobre 2009, concl. DACOSTA.
[8] RICHIER (L.), « La concession de service en droit communautaire : hiérarchie des critères ou critère unique ? » in *Terres du droit, Mélanges en l'honneur Yves Jégouzo*, Paris, Dalloz, 2009, p. 118.
[9] PEREON (P.), « La délégation des services publics administratifs », *AJDA* 19 juillet 2004, p. 1457.

quatre[1] points : l'objet du contrat doit viser un service public ; le contrat constitue le procédé permettant de matérialiser la démarche ; la délégation de service public doit être accompagnée d'un réel transfert de l'exploitation du service ; enfin, quant au critère financier, la rémunération doit être substantiellement liée aux résultats de l'exploitation du service.

En revanche, ne constitue pas une délégation de service public, tout contrat prévoyant une rémunération à la performance ou la fixation d'un prix forfaire comme mode de rémunération du cocontractant.

La *délégation de service public ne se confond pas avec la thématique des marchés publics* : les deux formules obéissent à des logiques différentes. La délégation de gestion du service public consiste à confier la réalisation d'une mission de service public à un prestataire extérieur tout en gardant la propriété des équipements et la possibilité d'exercer un contrôle sur la responsabilité. Dans un marché public[2], la rémunération du titulaire n'est pas assurée substantiellement par les résultats de l'exploitation, le prix est payé par la collectivité alors que dans la délégation, il est payé par les usagers du service.

Pour bien comprendre la complexité du procédé de la délégation, l'étude du régime juridique s'avère indispensable.

3) Régime juridique

Les contrats de concession, de régie et d'affermage désormais regroupés sous le terme « *conventions de délégation de service public* » sont strictement encadrés. La passation des contrats de délégation de service public régis par la loi Sapin du 29 janvier 1993[3] obéit à une procédure de publicité et de mise en concurrence afin de permettre la présentation d'offres concurrentes. Le rôle de la Commission consultative des services locaux (CCSL) et celui de la Commission des délégations de service public (CDSP) sont essentiels dans la procédure de désignation des candidats. L'avis de la commission consultative des services publics locaux est indispensable pour toute décision tendant à privilégier le procédé de la gestion déléguée[4]. Une commission technique examine les mérites de chaque candidat selon une procédure règlementée (respectant la concurrence et la publicité) et donne un avis pour la désignation définitive de l'opérateur. Pour la haute juridiction

---

[1] NICINSKI (S.), *Droit public des affaires*, Paris, Montchrestien, 2009, p. 512.

[2] C'est l'hypothèse où l'autorité publique confie la réalisation d'une prestation à une entreprise. Sous cet angle, deux principes régissent cette distinction : le contrat de délégation est un contrat d'objectifs et non de moyens et commande une rétribution directe de l'entreprise par les usagers.

[3] Voir en particulier les dispositions particulières relatives aux collectivités locales (les articles 42 à 47 de la loi).

[4] FLEURY (B.), « Les délégations de service public à l'épreuve des chambres régionales des comptes », *La Semaine juridique, Administrations et collectivités territoriales*, n° 9, 25 février 2013, p. 38.

administrative, la personne publique est libre d'engager la négociation avec les candidats qu'elle souhaite entendre et n'est pas tenue d'engager la négociation avec l'ensemble des candidats sélectionnés[1]. Cependant, la loi Sapin ne rendent pas obligatoires la mise en concurrence des modes de gestion et encore moins une analyse comparative en amont du choix du mode de gestion. Dorénavant, la loi du 27 février 2002 a rendu obligatoire l'avis de la *commission consultative des services publics* sur le principe même de la délégation.

Aussi, la loi Sapin a-t-elle imposé une procédure rigoureuse pour améliorer la transparence dans les passations de délégation de service public. Le dispositif législatif a été modifié et complété par d'autres instruments juridiques : par exemple, la loi Barnier du 2 février 1995 impose un rapport annuel du maire sur le prix et la qualité du service public ; la loi dite Mazeaud du 8 février 1995 impose aussi un rapport annuel du délégataire sans oublier les apports de la loi Murcef du 11 décembre 2001. Globalement, les lois Sapin ont eu un impact positif sur la transparence. Enfin, si la loi du 29 janvier 1993 prévoyait pour le délégataire l'établissement d'un rapport annuel précisant le compte de la délégation, le décret du 14 mars 2005 apporte une précision d'importante : désormais, les comptes annuels prennent la forme d'un compte de résultats de l'exploitation de la délégation.

Mais la formule de la délégation de gestion de service public ne vise pas uniquement les services publics industriels et commerciaux ; elle intéresse aussi les services administratifs. On sait que la loi organique relative aux lois de finances d'août 2001 promeut la logique de performance dans tous les services de l'État. Dans ce sens, une nouvelle procédure de gestion a été instituée dans les services de l'État : la *délégation de gestion*. Selon l'article 1er du décret n° 2004-1085 du 14 octobre 2004 relatif à la délégation de gestion dans les services de l'État, la délégation de gestion est « *l'acte par lequel un ou plusieurs services de l'État confient à un autre service de l'État, pour une durée limitée éventuellement reconductible, la réalisation, pour leur compte, d'actes juridiques, de prestations ou d'activités déterminées concourant à l'accomplissement de leurs missions* »[2]. Ainsi, tout responsable de service peut s'il le souhaite confier à un autre service la gestion en son nom et pour son compte des prestations indispensables à l'accomplissement de sa mission. La procédure vise l'optimisation de la gestion des moyens des services de l'État ; elle privilégie la « fonction support » comme la gestion de biens ou de personnels. Mais la mise en place d'une délégation de gestion ne constitue pas une nouveauté puisque l'article 38 de la loi du 29 janvier 1993 prévoyait déjà les délégations de gestion de

---

[1] CE, 23 mai 2008, n° 306153, Musée Rodin, Rec. CE tables 2008, p. 805.

[2] Article 1er du décret n° 2004-1085 du 14 octobre 2004 relatif à la délégation de gestion dans les services de l'État.

service public par des personnes morales de droit public soumises à une procédure de publicité afin de permettre la présentation d'offres concurrentes dans les conditions prévues par un décret pris en Conseil d'État[1].

La *gestion déléguée des services publics est soumise à plusieurs types de contrôle*. D'abord, le juge administratif exerce un *contrôle de droit commun* pour s'assurer du respect de la légalité et de la conformité des différents actes liés aux délégations de gestion de service public. Quant au *contrôle juridictionnel des comptes*[2], il est exercé par la Cour des comptes et les Chambres régionales des comptes : ces dernières exercent des *contrôles externes plus réguliers* avec le développement de l'intercommunalité sur les communes et les activités déléguées[3] et disposent d'un droit d'enquête[4]. Par exemple, en matière de gestion de l'eau et d'assainissement, les investigations menées par la Cour des comptes ont permis de faire un bilan de l'état des lieux en matière de gestion de l'eau. En 2003, « *les services de l'eau et d'assainissement sont le plus souvent délégués sous le régime de l'affermage, quelquefois sous celui de la concession et plus rarement, celui de la régie intéressée* »[5]. Dans une récente étude publiée le 21 octobre 2013 portant sur les activités externalisées des collectivités locales, la chambre régionale des comptes d'Île-de-France a souligné de nombreux dysfonctionnements[6] dans le pilotage[7], le contrôle de l'opérateur et relevé des déficiences dans la maîtrise de l'économie et de l'équilibre financier des activités confiées aux opérateurs privés comme la gestion du « Vélib » par la mairie de Paris.

Enfin, un *contrôle pénal* peut être mené dans le cadre des délégations de service public en cas d'« abus de biens sociaux » ou de « prise illégale d'intérêt », etc. On sait aussi que le délit de favoritisme porte « *atteintes à la liberté d'accès et d'égalité des candidats dans les marchés publics et les*

[1] DELACOUR (E.), ANTOINE (J.), DAVIGNON (J.-F.), RIBOT (C.), *La Loi Sapin et les délégations de service public, 10 ans d'application jurisprudentielle*, Paris, Litec, 2003, p. 174.
[2] Loi du 8 février 1995.
[3] En application de l'article L. 211-8 du Code des juridictions financières.
[4] Depuis la loi 8 février 1995.
[5] Cour des comptes, *La gestion des services publics d'eau et d'assainissement, rapport public particulier*, Paris, Les éditions des journaux officiels, 2003, p. 33.
[6] ADVIELLE (F.) et VAN HERZELE (P.), « Les chambres régionales des comptes et les activités externalisées des collectivités locales, *AJDA*, n° 35, 2013, p. 2023.
[7] S'agissant des déficiences de pilotage d'activités externalisées au secteur privé, la chambre régionale des comptes d'Île-de-France a par exemple mentionné dans son rapport d'observations financières adressées le 19 octobre 2012 au maire de Paris à propos de la gestion du « Vélib » que les collectivités locales « *rencontrent des difficultés à faire respecter par les tiers les obligations qui leur incombent (...), la collectivité ne met pas en œuvre les pouvoirs de contrôle que la convention lui attribue (...), certaines hausses tarifaires apparaissent insuffisamment justifiées et la vielle a renoncé à appliquer certaines pénalités contractuelles* », ADVIELLE (F.) et VAN HERZELE (P.), *op. cit*., p. 2026.

délégations de service public »[1] : dans ce cadre, le juge pénal joue un rôle décisif dans la qualification des délits.

On rappellera aussi que la gestion déléguée d'un service public doit respecter scrupuleusement les *grands principes régissant le service public* (les principes sont appelés également les « *lois de Rolland* » : il s'agit en particulier de la *continuité* du service public qui commande un fonctionnement sans interruption du service ; la *mutabilité* qui exige l'adaptation du service par rapport aux demandes des usagers et à l'évolution économique, technologique, *etc*., et le *principe d'égalité* qui appelle un traitement identique des usagers sauf s'il existe un motif d'intérêt général justifiant les différences de traitement). Le cocontractant doit donc prendre toutes les décisions utiles de telle sorte que l'usager puisse bénéficier des prestations de manière continue : c'est le *principe de continuité du service public*. Deuxièmement, le cocontractant doit faciliter l'égal accès de tous les usagers au service public même si l'égalité de traitement des usagers peut être plus problématique dès l'instant où celle-ci repose sur les tarifs publics. Troisièmement, l'adaptation du service public à l'évolution sociale, économique et aux nouvelles technologies de l'information et de la communication peut entraîner des modifications sur la nature, la quantité ainsi que le coût des prestations destinées aux usagers du service public. Sous l'influence du droit communautaire, de la concurrence, la crise des finances publiques et les exigences managériales, ces principes ne suffisent plus à créer les meilleures conditions d'une gestion efficace des services publics. *Mais comme tout État qui se dit stratège adapte constamment la gestion des services publics pour satisfaire les exigences des usagers,* les gouvernants sont dès lors invités à renforcer la dynamique de performance à laquelle toute gestion du service public est désormais soumise. Cette préoccupation a conduit selon Lucie Cluzel-Metayer à l'émergence d'un quatrième[2] principe du régime de service public : *la qualité*. Le principe de qualité se différencie cependant de la notion de qualité telle qu'elle se pratique dans l'entreprise privée. Consacrée par le législateur et non par la jurisprudence, le principe de qualité est selon l'auteure, un « principe complémentaire » du régime de service public non « déconnecté » des autres principes : c'est un « principe à part entière »[3].

---

[1] MESA (R.), « Les délégations de service public vues par le juge pénal », *La Semaine juridique, Administrations et collectivités territoriales*, n° 9, 25 février 2013, p. 47.

[2] CLUZEL-METAYER (L.), *Le service public et l'exigence de qualité*, Paris, Dalloz, Coll. « Nouvelle bibliothèque de thèses », 2006, p. 565.

[3] Selon l'auteur, « *complémentaire ne veut pas dire accessoire : il s'agit d'un principe supplémentaire, qui n'est ni secondaire, ni dépendant des autres principes. Bien sûr, le principe n'est pas déconnecté de ces derniers : de la même manière que les principes de mutabilité et de continuité connaissent des interactions, le principe de qualité interfère avec eux ; il en éclaire même les évolutions (...) Il s'agit donc bien d'un principe à part entière* », CLUZEL-METAYER (L.), *Le service public et l'exigence de qualité*, *op. cit.,* p. 573.

L'étude du cadre juridique de la gestion déléguée amène aussi à s'interroger sur les règles posées par les institutions communautaires.

Même si le droit communautaire ignore [1]le service public local, il accorde néanmoins une très grande liberté aux États et aux collectivités locales pour décider du choix de gestion des services publics. Une telle démarche s'inscrit dans la droite ligne des principes de liberté de concurrence[2], de neutralité[3] et de subsidiarité[4]. Cependant, les directives européennes ne prévoient pas[5] de procédure spécifique de passation pour les délégations de service public hormis les concessions de travaux publics.

Si pendant longtemps, il n'existait pas sur le plan formel, une obligation de mise en concurrence des modes de gestion, force est de constater que depuis l'« *arrêt CJCE Télaustria Verlags GmbH du 7 décembre 2000* », la Commission européenne dans sa communication interprétative à propos des concessions en droit communautaire (2000/C 212/02) est désormais favorable à « *une obligation de mise en concurrence et à l'exigence de mesures de publicité adéquates pour garantir l'effectivité de la concurrence* »[6]. Désormais, la directive 2014/24 du 26 février 2014 impose une « *procédure concurrentielle avec négociation* ». Le droit communautaire est favorable à la concurrence. La nouvelle directive met plus l'accent sur la concurrence que sur la négociation[7]. De plus, le droit européen n'intègre pas la spécificité française[8] faisant une claire distinction entre le marché public et la délégation de service public ; sa vision de la notion de marché public est entendue au sens large, mais trouve néanmoins une application partielle[9] aux délégations de service public. Ainsi, si la « *directive travaux* »[10] s'applique aux concessions de travaux, la « *directive services* »[11] en revanche ne peut s'appliquer aux affermages et concessions. Le thème de la délégation de

[1] DELAIRE (Y.), *La délégation des services publics locaux*, Paris, Berger-Levrault, 2008, p. 122.

[2] Article 3 du Traité sur la Communauté européenne.

[3] Article 295 TCE.

[4] Article 5 TCE.

[5] DELAIRE (Y.), *op. cit.*, p. 189.

[6] BABUSIAUX (C.) et Institut de la gestion déléguée, *Régie, marché, partenariat, délégation. Quelle compétition pour l'amélioration du service public ?, op. cit.*, p. 24.

[7] LICHERE (F.), « Qui de la place nouvelle des procédures négociées et du dialogue compétitif », *BJCP* n° 94, 2014, p. 164.

[8] AUBY (J.-F.), *La délégation de service public. Guide pratique*, Paris, Dalloz, 1996, p. 75.

[9] AUBY (J.-F.), *op. cit.*, p. 76.

[10] Voir en particulier les directives 89/440/C. E. E. du 18 juillet 1989, modifiant la directive 71/ 305/ C. E. E du 26 juillet 1971 portant coordination des procédures de passation des marchés publics, article J. O. C. E. du 21 juillet 1989, L. 210/1 ; directive 90/ 513/ C. E. E. du 17 septembre 1990 relative aux procédures de passation des marchés dans les secteurs de l'eau, de l'énergie, des transports et des télécommunications, article 1-3, J. O. C. E. du 29 octobre 1990, L. 297/1.

[11] Directive 2006/123/CE du 12 décembre 2006 sur les services dans le marché intérieur communément appelée « *directive Bolkestein* ».

gestion du service public a un contenu juridique en France, mais le terme a longtemps été ignoré par le droit communautaire[1]. La « directive concession » de février 2014 fait explicitement référence aux « concessions de travaux » et aux « concessions de service » ; mais « *les concessions au sens européen ne sont pas les concessions au sens interne* »[2]. Selon un auteur[3], un des apports de la directive concession est d'avoir opéré un rapprochement total du critère matériel des marchés publics et celui des concessions.

Par ailleurs, on sait que la gestion d'un service public peut être assurée directement ou indirectement par les pouvoirs publics sous leur contrôle et pour leur compte. Paradoxalement, le droit communautaire est complètement insensible à cette problématique et du même coup le cadre juridique de la gestion d'un service d'intérêt général demeure le « droit interne »[4].

Laurent Richer admet que « *le régime français de la délégation de service public (DSP) est euro-compatible* »[5]. Marceau Long observe que le droit communautaire n'a pas remis en cause la définition de la notion de délégation de service public telle qu'elle a été formulée en France[6]. L'auteur explique néanmoins que le terme « risque d'exploitation » retenu comme critère de distinction de la DSP a été critiqué par le Comité économique et social européen (CESE), car il ne peut s'appliquer à toutes les activités de service public. Le CESE a de son côté retenu le concept de « transfert de responsabilité d'exploitation » et la notion de « longue durée » du contrat. Hormis cet aspect, les règles relatives à la passation des contrats de concession doivent être respectées : l'égalité de traitement des candidats sur des critères objectifs, respect des règles de transparence (publicité), respect du principe de proportionnalité[7], durée non excessive du contrat. On retrouve presque tous ces éléments dans le procédé de la délégation de service public.

---

[1] Pour Yves Delaire, « *une des faiblesses actuelles de la notion de gestion déléguée des services publics réside dans son absence de reconnaissance par le droit communautaire* » in *La délégation des services publics locaux, op. cit.,* p. 121.

[2] GREGORY (K.), « Les concessions : faut-il avoir peur du rapprochement avec les marchés ? », *Contrats et marchés publics*, juin 2014, p. 20.

[3] GREGORY (K.), « Les concessions : faut-il avoir peur du rapprochement avec les marchés ? », *op. cit.,* p. 19.

[4] BLUMANN (C.), « Quelques variations sur le thème du service public en droit de l'Union européenne », *op. cit.,* p. 57.

[5] Selon l'auteur, « *le régime français de la délégation de service public (DSP) est euro-compatible puisque les contrats de délégation de service public qui sont des concessions de services et/ou de travaux au regard du droit communautaire sont soumis à un régime législatif qui comporte une publicité qui peut être considérée comme adéquate* », RICHER (L.), « Que reste-t-il de la délégation de service public ? », *AJDA*, 3 décembre 2007, p. 2225.

[6] LONG (M.), « Système concessif et droit communautaire dans le domaine de l'eau », *Revue administrative*, n° 318, 2000, p. 576.

[7] Pour l'auteur, « un État-membre ne saurait exiger, lors de la sélection des candidats, des capacités techniques, professionnelles ou financières dépassant le niveau requis par rapport à

Enfin, *comme tout contrat, il y a un début et une fin*. Ce qui caractérise la spécificité des contrats de délégation de service public, c'est qu'ils sont des contrats de longue durée s'étalant sur de nombreuses années environ entre 30 ans et 50 ans et parfois même davantage. Si la loi Sapin de 1993 a encadré de manière stricte les mécanismes de prolongation des contrats de délégation, force est de constater que les pouvoirs publics peuvent mettre fin à un contrat par la voie amiable avec le cocontractant ou de manière unilatérale (pour cause de faute ou lorsque l'intérêt général le justifie). Mais en cas d'aléa, le délégataire a droit à des indemnités selon « *la théorie de l'imprévision* ». Dans cette configuration, les décideurs publics peuvent gérer directement le service en question en *mode régie* ou *en confiant de nouveau la gestion du service à un tiers à la condition de respecter les règles de publicité et de concurrence*. Même si les décideurs publics disposent d'un pouvoir de modification unilatérale des contrats de délégation de service (*théorie du fait du prince*), il est *prudent de prévoir des clauses de révision* permettant de procéder à des modifications du contrat en fonction des aléas et de l'évolution des coûts de production sans altérer l'objet et l'économie du contrat. On est donc amené à constater qu'il existe un paradoxe lié au fait qu'on a érigé la prise de risque comme étant l'élément central de la notion de délégation « *alors même que le critère retenu ne permet d'en identifier ni l'existence, ni la portée effective, (...) il ne tient pas compte de l'évolution du contrat en cours d'exécution* »[1].

Toutefois, la fin du contrat de délégation du service public pose la question des biens ayant permis de faire fonctionner le service. Les biens appartenant au délégant posent moins de problèmes. La question devient plus problématique lorsqu'il s'agit des biens du délégataire. Dans l'affermage, l'opérateur privé ne fait que gérer les infrastructures existantes. Le fermier conserve les équipements mis à sa disposition. Dans la gérance et dans le modèle de la régie, la collectivité publique conserve la propriété exclusive des ouvrages. Dans la concession, « *les cahiers des charges des concessions distinguent les biens qui reviennent à l'autorité concédante – soit à titre gratuit (biens de retour), soit à titre onéreux (biens de reprise) – des biens qui demeurent la propriété du concessionnaire* »[2].

Le développement de la gestion déléguée des services publics s'est accompagné ces dernières années d'une explosion des contentieux dû principalement à l'action des associations d'usagers, de riverains ou simplement de concurrents évincés devant les juridictions.

---

l'objet de la concession », LONG (M.), « Système concessif et droit communautaire dans le domaine de l'eau », *Revue administrative*, n° 318, 2000, p. 578.

[1] DOUENCE (J.-C.), « Le critère financier de la délégation de service public à l'épreuve de la pratique contractuelle », *op. cit.*, p. 517.

[2] AUBY (J.-B.) et MAUGÜE (C.), « Les contrats de délégation de service public », *op. cit.*, p. 123.

Bien que présentant une certaine singularité, le modèle français de la gestion déléguée de service public présente quelques *similitudes avec les formules adoptées par certains pays comme la Belgique, l'Italie, l'Espagne ou le Portugal,* mais la formule s'adapte moins avec l'univers juridique anglo-saxon caractérisé par « *un assez grand pragmatisme, une quasi-absence d'autonomie du droit administratif, et une prévalence du contrat sur les règles générales* »[1]. En *Grande-Bretagne*, la volonté du gouvernement central de réduire de manière drastique l'étendue du secteur public local a conduit les autorités locales à mettre systématiquement en concurrence la gestion des services publics locaux. Le « *local government* » doit « *garantir de façon ininterrompue, des services au moindre coût, de bonne qualité et efficaces (duty to secure economic, efficient and effective services continuously)* »[2]. Il s'agit principalement de la gestion de l'eau, du gaz, de l'électricité, des transports ferroviaires et des télécommunications. Le gouvernement central a imposé aux collectivités locales l'application des principes issus de la « gestion managériale des entreprises »[3]afin de réduire les coûts : la stratégie qui a été mise en place consiste à privilégier la concurrence entre les candidats à travers les *appels d'offres*. *Les entreprises prétendant obtenir l'offre de service doivent proposer le prix le plus bas et le plus avantageux du marché*. Des objectifs stratégiques leur sont alors fixés et évalués sur la base d'indicateurs de performance. La démarche de performance qui a été mise en place permet de faire la comparaison des services fournis par la collectivité avec ceux proposés par les entreprises publiques ou privées chargées de gérer les services publics. Entre 1980 et la fin des années 1990, *le périmètre des secteurs soumis à ce type de gestion ne cesse de s'élargir*[4] : collecte des ordures, nettoyage des édifices, cafétérias scolaires, entretien des véhicules et des parcs, stationnement dans les rues, gestion des flottes de véhicules et de logements, services informatiques, *etc.* Une des principales critiques de la démarche portait sur les choix faits par les

---

[1] AUBY (J.-F.), *op. cit.*, p. 141.
[2] LE MESTRE (R.), « L'administration territoriale britannique : du local government à la local governance », *RDP* n° 1, 2011, p. 235.
[3] LE MESTRE (R.), « L'administration territoriale britannique : du local government à la local governance », *op. cit.,* p. 234.
[4] LE MESTRE (R.), *op. cit.*, p. 235. Dans la liste énumérée par l'auteur, il existe d'abord les entreprises publiques ayant le statut de droit public : parmi lesquelles figurent *la régie* (service de l'administration communale) dépourvue d'autonomie juridique, mais régie aux règles du droit budgétaire ; *l'entreprise propre* (une entreprise gérée par la commune et dotée d'autonomie financière) ; entre ces deux procédés, il existe ce qu'on appelle *l'institution en forme d'entreprise propre*. Ensuite, on a les entreprises publiques ayant le statut de droit privé : parmi lesquelles figurent *les sociétés à responsabilité limitée* et *la société par actions*. En ce qui concerne les modes de gestion des services publics locaux par le secteur privé, les procédés juridiques qui sont mobilisés visent les « *contrats de concession* », l'« *auxiliaire de l'administration* » (personne privée bénéficiant du statut d'agent de l'État et assure des missions de service public en son nom), des « délégations de droit public » ou de « droit privé ».

autorités territoriales ayant privilégié le coût par rapport à la qualité ; d'où l'abandon de cet aspect, mais qui n'a pas remis en cause la démarche globale de mise en concurrence systématique des modalités de gestion des services publics locaux.

En *Allemagne*, la gestion des services publics notamment locaux présente quelques différences avec le « modèle » français. En vertu de la libre administration des collectivités locales, les entités infra-étatiques d'Outre Rhin ont une vieille tradition de gestion directe des services publics locaux, mais la part réservée aux entreprises du secteur privé demeure relativement faible[1]. La Loi fondamentale garantit à ces entités locales l'entière liberté de choix quant au mode de gestion du service. Deux modes gestion des services publics locaux sont privilégiés[2] : ils peuvent être gérés par des entreprises publiques locales ou par des entreprises du secteur privé. Mais quel que soit le mode de gestion du service public local retenu, les entreprises choisies sont tenues de respecter les règles posées par le droit de la concurrence.

Après avoir précisé ces éléments, il reste néanmoins à déterminer les activités directement concernées par la délégation et celles qui en sont traditionnellement exclues.

C) Activités délégables et activités non délégables

Avant de préciser le périmètre des activités délégables et celles qui ne peuvent l'être, il est essentiel de distinguer d'abord les *services publics administratifs* (SPA) des *services publics industriels et commerciaux* (SPIC), car ces notions structurent même le régime des délégations de service public. La distinction remonte depuis l'*arrêt rendu en 1921* (dit *Bac d'Eloka*) où le *Tribunal des conflits*[3] a attribué aux personnes publiques la qualité de gestionnaire de services publics dans les conditions similaires que les commerçants ou les industriels privés. Depuis lors, l'évolution de la gestion du service a beaucoup évolué et a débouché sur ce que les juristes ont appelé les services publics industriels et commerciaux (SPIC) qui se trouvent placés sous le *pavillon du droit privé*. Dès le XIXème[4] siècle, divers services publics fonctionnaient déjà sous le régime des concessions de service public et donc régi au droit privé. Si le caractère administratif d'un service public

[1] Selon Gérard Marcou, le « recours au secteur privé est au contraire l'exception », MARCOU (G.), « Les modes de gestion des services publics locaux en Allemagne et le problème de l'ouverture à la concurrence », *RFDA*, mai-juin 1995, p. 463.

[2] MARCOU (G.), « Les modes de gestion des services publics locaux en Allemagne et le problème de l'ouverture à la concurrence », *op. cit.*, p. 470 et suiv.

[3] Voir en particulier les *conclusions de Matter sur Tribunal des Conflits 22 janvier 1921, Sté commerciale de l'Ouest africain, D. 1921. 3. 1.*

[4] FRIER (P.-L.) et PETIT (J.), *Précis de droit administratif*, Paris, Montchrestien, 6ème édition, 2010, p. 222.

est toujours présumé par le juge, le caractère industriel et commercial d'un service public lui doit être démontré[1].

La liberté contractuelle des personnes publiques a été affirmée par le juge constitutionnel depuis 1983[2] et le principe s'applique à diverses activités gouvernementales. En principe, toutes les politiques de l'État peuvent faire l'objet de délégation sauf ce qu'on a traditionnellement appelé les « *fonctions de souveraineté* »[3] ; elles concernent principalement la *justice, la diplomatie, la défense, l'Education ou la sécurité, etc.* Par exemple, la loi 87-432 du 22 juin 1987 relative au *service public pénitentiaire* a permis de confier au secteur privé la conception, la construction et l'aménagement d'établissements pénitentiaires tout en excluant les opérateurs privés d'exercer les fonctions de direction, de greffe et de surveillance : seules les personnes publiques peuvent en être chargées. Cela signifie que *tous les services publics qu'ils soient administratifs ou ayant un caractère industriel et commercial peuvent faire l'objet de délégation sauf tous ceux qui relèvent des fonctions régaliennes de l'État*. Il n'existe pas à proprement dit de liste d'activités délégables ou non. Le périmètre des activités publiques délégables au secteur privé est limité du fait de l'existence de *« matières » non contractuelles* [4]et du *caractère évolutif de la notion de service public*. Le champ des « matières » non délégables a été précisé de manière progressive par la jurisprudence et par divers textes réglementaires et législatifs. Le Conseil d'État a rappelé dans un avis de 1986 que les services publics établis « *par nature* »[5] ou par « la volonté du législateur » ne peuvent faire l'objet de délégation. Selon les auteurs du *Traité des contrats administratifs,* les matières échappant au contrat par leur nature[6] concernent *l'organisation des services publics*, l'exercice des compétences de police, les compétences de « police économique », l'impôt (exclusion du contrat en matière fiscale, l'interdiction étant liée au principe d'égalité fiscale). Quant aux matières soustraites au contrat par l'effet de la loi, elles visent en particulier les situations légales et réglementaires des fonctionnaires [7](statut de la fonction

---

[1] STRAUB (B.), *Guide budgétaire et comptable de la délégation de service public*, Paris, Berger-Levrault, 2004, p. 13.

[2] Décision du Conseil constitutionnel, DC n° 83-160 ; voir *AJDA* 1984, note J.-P. Jarnevic ; *RDP* 1986, p. 395, note L. Favoreu.

[3] SILICANI (J.-L.), « Y a-t-il une politique de l'État dans le domaine de la gestion déléguée du service public ? », RFDA n° 3, 1997, sur le thème : « *Colloque des 14 et 15 novembre 1996 au Sénat organisé par l'Institut français des sciences administratives »*, p. 127.

[4] MOREAU (J.), « Les matières contractuelles », *AJDA* 20 octobre 1998, p. 750.

[5] Ainsi « *le pouvoir de la police de stationnement, par sa nature, ne saurait être confié qu'à des agents placés sous l'autorité directe du maire* », CE, 1er avril 10994, Cne de Menton et autres, Société Scetauparc exploitation, rec., p. 175.

[6] LAUBADERE (A. de), MODERNE (F.) et DELVOLVE (P.), *Traité des contrats administratifs*, Paris, LGDJ, 1983, p. 45-50.

[7] LAUBADERE (A. de), MODERNE (F.) et DELVOLVE (P.), *op. cit.*, p. 51.

publique) même si l'usage du procédé contractuel se développe dans l'administration.

On a rangé dans la catégorie des services non délégables « par nature » tout ce qui relève du *« noyau dur » du service public* »[1]. À titre d'illustration, s'agissant des services publics administratifs, le Conseil d'État a précisé que dans le cadre de la gestion des cantines scolaires, les missions relevant du service de l'enseignement public en particulier la *surveillance*[2] *des élèves* pendant les repas ne peuvent être déléguées. En revanche, la *restauration scolaire*[3], *l'entretien de la cuisine ou de la salle de restaurant* peuvent bel et bien faire l'objet d'une délégation : *l'externalisation par voie de délégation vise essentiellement comme on peut le voir les activités opérationnelles.*

De même, au niveau local, tous les services publics locaux ne sont pas « délégables » comme en matière de santé publique. Ainsi, la mission départementale de prévention des maladies mentales infantiles[4], l'activité de gérance d'un débit de tabac attribuée par l'État [5]ne peuvent faire l'objet de délégation. Dans la liste des activités non délégables, on peut y ajouter l'information et la documentation des élus municipaux sur les affaires de la commune[6], ou les compétences agricoles d'un département[7]. *Dans la nouvelle directive européenne relative aux concessions de février 2014, certaines matières sont exclues comme l'eau, l'exploitation du domaine public, etc.*

Certaines activités non délégables ont cependant connu des infléchissements ces dernières décennies. Pour comprendre l'ampleur du problème, il serait intéressant de s'appuyer sur l'analyse de certaines activités de la police administrative afin de mettre en évidence les transformations à l'œuvre.

D) Inflexion du principe d'interdiction de déléguer des activités de la police administrative

On sait bien que sur le terrain du droit administratif, les activités administratives de la police gardent une certaine spécificité : leur délégation est strictement encadrée. Le rôle de la police administrative dira-t-on consiste principalement à « *faire régner l'ordre, la tranquillité et la sécurité à l'intérieur du groupe social et sur le territoire occupé par lui* »[8]. Un détour

---

[1] MARAIS (B. du), *Droit public de la régulation économique*, *op. cit.*, p. 391.
[2]Conseil d'État, 7 octobre 1986, avis 340 609.
[3] Voir en particulier CE, avis, Section de l'Intérieur, 7 octobre 1986 ; circulaire du ministre de l'Intérieur du 7 août 1987.
[4] CE, 17 mars 1989, Syndicat des psychiatres français, rec., p. 95.
[5] CE, 17 déc. 2007, Min. Eco., Fin. Et Emploi c/ Cne de Lopérec, n° 282303.
[6] TA d'Orléans, 22 octobre 1992, Préfet du Cher c/Maire de Bourges, rec., p. 622.
[7] CE, 27 mars 1995, Chambre d'agriculture des Alpes-Maritimes, rec., p. 142.
[8] DUGUIT (L.), *Traité de droit constitutionnel, Tome II*, op. cit., p. 64.

par ces activités est donc indispensable si l'on veut saisir le sens des évolutions en cours.

L'étude conduit à s'interroger sur les activités de la police traditionnellement exclues du champ de la contractualisation. À cet égard, la jurisprudence administrative exclut[1] tout recours au procédé contractuel pour déléguer des activités de police : pour le professeur Jacques Moreau, il existe une *« interdiction à l'autorité de police d'utiliser une technique d'ordre contractuel »*[2]dans l'exercice de ses missions. L'interdiction s'impose au législateur.

Afin de préciser la frontière entre les activités policières délégables et celles qui ne peuvent faire l'objet de délégation, certains universitaires utilisent la « *notion de détachabilité* »[3]. Selon une jurisprudence bien établie, les activités « non délégables» concernent le pouvoir de police du maire[4], les pouvoirs de police de stationnement, la réalisation et l'exploitation de la télésurveillance d'alarme et la vidéosurveillance d'une zone portuaire, etc. La *loi d'orientation et de programmation pour la performance de la sécurité intérieure du 14 mars 2011 appelée Loppsi 2* traduit le passage d'une *logique de surveillance du citoyen* (par vidéosurveillance) à *une logique de protection* (par vidéo protection) : tout l'enjeu est de concilier l'usage de la vidéo protection avec les droits et libertés des citoyens. En réalité, il s'agit d'œuvrer à « *une nouvelle conciliation des principes contradictoires de sécurité et de liberté* »[5].

Toutefois, l'interdiction de déléguer les activités de la police n'est plus ce qu'elle était il y a encore quelques années : en s'immisçant dans les activités de la police[6], le contrat a contribué à infléchir « *certaines idées fondatrices de l'antinomie entre contrat et police* »[7]. Mais, une telle inflexion s'explique par des raisons d'efficacité et de pragmatisme.

---

[1] Arrêt d'assemblée Ville de Castelnaudary (CE, ass., 17 juin 1932) : Rec. CE. 1932, p. 595. MOREAU (J.), « De l'interdiction faite à l'autorité de police d'utiliser une technique d'ordre contractuel. Contribution à l'étude des rapports entre police administrative et contrat », *AJDA* 20 Janvier 1965, p. 8.

[2] MOREAU (J.), « De l'interdiction faite à l'autorité de police d'utiliser une technique d'ordre contractuel. Contribution à l'étude des rapports entre police administrative et contrat », *op. cit.*, p. 8.

[3] LEMAIRE (E.), « Actualité du principe de prohibition de la privatisation de la police », *RFDA* juillet-août 2009, p. 776. L'auteur reprend à son compte ce terme déjà employé par le Conseil constitutionnel dans sa décision n° 2002-461 DC du 29 août 2002.

[4] CE, 17 juin 1932, Ville de Castelnaudary, rec., p. 595. Le pouvoir de police du maire n'est confié qu'aux seuls agents placés sous son autorité directe.

[5] CROUZATIER-DURAND (F.), « De la vidéosurveillance à la vidéoprotection, une nouvelle conciliation des exigences de sécurité et de liberté ? », *JCP A Administrations et collectivités territoriales*, n° 22, 30 mai 2011, p. 27.

[6] RICHER (L.), RICHER (L.), « Présence du contrat », *AJDA* 20 juillet/20 août 1999 numéro spécial, p. 35.

[7] PETIT (J.), « Nouvelles d'une antinomie : contrat et police » in PETIT (J.), *Les collectivités locales, Mélanges en l'honneur de Jacques Moreau*, Paris, Economica, 2003, p. 255.

On a observé ces dernières décennies la multiplication des dérogations au principe de l'interdiction de déléguer les activités de la police aux tiers : cela a sans doute contribué à fragiliser le principe. Cela étant, *le « cœur de métier » de la police administrative ne peut faire l'objet de contrat* : les inflexions de cette « matière » « rebelle » concernent généralement les « opérations matérielles »[1]. Il résulte de ce qui précède que *les nouveaux développements contractuels en matière de police administrative ont fait voler en éclats*[2] *un principe datant de 1932.*

Diverses raisons expliquent l'accélération du processus. On notera que la *multiplication des textes* permettant de confier des missions de police à des tiers a d'une certaine façon « *ébranlé le principe de l'interdiction de la délégation de la police* »[3]. Les inflexions s'expliquent aussi par l'« *insuffisance chronique d'effectifs et de moyens financiers* »[4]en matière de sécurité. D'autres éléments ont également contribué à remettre en cause le principe : il s'agit du *rôle joué par les juges administratifs et constitutionnels dans la production des normes* oscillant entre prudence et réalisme[5].

Après avoir largement insisté sur quelques enjeux résultant du droit de la délégation du service public, il importe de mentionner les limites.

E) Les limites résultant du procédé de la délégation

La délégation de la gestion du service public a posé de nombreuses difficultés. Ces limites méritent d'être explicitées.

Tout d'abord, le cadre juridique posé par la loi Sapin du 29 janvier 1993 est aujourd'hui complètement inadapté pour « *régir de façon cohérente et complète l'ensemble du mode de gestion que recouvre le terme de délégation de service public* »[6]. De plus, les procédures qui avaient été introduites par la loi dans le but de promouvoir la transparence et concurrence ne sont plus conformes aux principes communautaires et des contrats de commande publique augmentant de fait l'insécurité juridique[7].

De même, la difficulté pour le juge de délimiter avec précision un partage égal des risques d'exploitation est ressentie par les praticiens comme un « facteur d'insécurité juridique ». Mais également la diversité des contrats

---

[1] GUETTIER (S.), *Droit des contrats administratifs*, Paris, PUF, 2008, p. 145.
[2] TRUCHET (D.), *Droit administratif*, Paris, PUF, « Thémis », 2008, p. 311.
[3] LEMAIRE (E.), « Actualité du principe de prohibition de la privatisation de la police », *RFDA* juillet-août 2009, p. 773.
[4] LEMAIRE (E.), *op. cit.*, p. 772.
[5]*LEMAIRE (E.), Ibid.*
[6] DOUENCE (J.-C.), « Dix ans de délégations du service public : bilan et perspectives », *Contrats et marchés publics*, mais 2003, p. 48.
[7] ECKERT (G.), « Pour une réforme du droit des délégations de service public », in *Réformes des finances publiques & Modernisation de l'Administration. Mélanges en l'honneur de Robert Hertzog*, Paris, Economica, 2011, p. 170.

administratifs résultant du procédé de la délégation « *brouille toute image cohérente de ce mode de gestion* »[1] et « *accroît les incertitudes* »[2].

La multiplication des normes encadrant le dispositif a révélé des contradictions de la législation sur la délégation de service public[3] : la prolifération des textes est créatrice de confusion.

On peut ajouter à cela, le problème de la *dénaturation*[4] de la délégation de service public s'agissant des délégations entre collectivités publiques.

D'autre part, on a remarqué que malgré la législation encadrant la délégation instaurée par la loi Sapin du 29 janvier 1993 (visant à assainir le « climat » des affaires teinté de corruption), la suspicion a longtemps demeuré et la loi n'a fait qu'accentuer les inégalités entre les entreprises. Par exemple, les droits d'entrée « *favorisent ceux qui sont en mesure de verser tout de suite des sommes importantes, alors que seules la compétence et la capacité à gérer le service devraient être les seuls critères à prendre en considération* »[5]. De plus, des études dénoncent l'absence de sociétés de conseils indépendantes[6] et dotées de moyens financiers suffisants capables de mettre à la disposition des collectivités territoriales des conseils utiles. Ce point rejoint un autre aspect de la réforme de la gestion déléguée qui consiste à créer des organismes compétents, indépendants permettant de compenser l'asymétrie d'information concernant la relation entre l'opérateur et les collectivités locales dont le rôle sera de réguler l'information entre les parties aux contrats et avec les clients. Qualifiées de révolutionnaires sur le plan juridique au moment de son adoption, les lois Sapin ont vite fait preuve de « lourdeur « et de « rigidité »[7].

En ce qui concerne la *multiplication des clauses* concernant l'exploitant, la pratique actuelle montre bien que celles-ci visent davantage la « qualité du service »[8] fourni faisant l'objet d'évaluation en fonction d'indicateurs précis qu'aux résultats purement financiers.

---

[1] DOUENCE (J.-C.), « Dix ans de délégations du service public : bilan et perspectives », *op. cit.*, p. 49.

[2] DOUENCE (J.-C.), *Ibid.*

[3] DELVOLVE (P.), « Les contradictions de la délégation de service public », *AJDA* 20 septembre 1996, p. 678.

[4] Pour Pierre Delvolvé, les « *délégations de service public entre collectivités publiques elles-mêmes (...) en transforme complètement les données et la nature. (...) La délégation de service public est alors « dénaturée », Ibid.*

[5] BETTINGER (C.), *La gestion déléguée des services publics dans le monde. Concession ou Bot*, Paris, Berger-Levrault, 1997, p. 59.

[66] MARAIS (B. du), *Droit public de la régulation économique*, *op. cit.*, p. 446.

[7] LLORENS (F.) et SOLER-COUTEAUX (P.), « La loi Sapin a dix ans », *Contrats et marchés publics* n° 3, mars 2003, p. 3.

[8] DOUENCE (J.-C.), « Dix ans de délégations du service public : bilan et perspectives », *op. cit.*, p. 49.

S'agissant du critère financier de la délégation, celui-ci autorise dans certains cas un « *déficit d'exploitation sans compromettre les résultats bénéficiaires du délégataire* »[1].

La *longue durée des contrats* soulignée appelle à approfondir la réflexion afin de réduire les durées en privilégiant la recherche d'une voie moyenne qui prend en compte l'intérêt des deux cocontractants. Le fait que « *les cocontractants se détournent du procédé de la délégation* »[2], on est alors en droit de s'interroger dans ces conditions sur la pertinence du procédé dès l'instant où la « *notion est floue, le système, incohérent* »[3].

La délégation de service public ne connaît pas un franc succès partout où elle a été mise en œuvre. Un exemple emblématique attire ici l'attention. Il s'agit de la *gestion des eaux de Paris* qui a été attribuée en 1984 à la *Compagnie des eaux de Paris (filiale de Veolia) et à Eau-et-Force (filiale de Suez) sous le régime de la concession*. Comme le précisent Etienne Fatôme et Laurent Richer, la région parisienne a été par excellence après 1900 la *terre d'élection de la gestion des services publics locaux en régie intéressée*[4]. Le Conseil municipal de la Ville de Paris [5]a décidé de reprendre en novembre 2008 la distribution de l'eau en la confiant à une régie municipale via la *société d'économie mixte Eau de Paris* alors que dans le même temps, le conseil d'Ile-de-France veut garder l'exploitation de l'eau en DSP et porte l'affaire devant le tribunal administratif. Cela signifie que *l'État stratège est un État qui délègue pour se désengager de la gestion de certains services publics et il est contraint de reprendre la gestion lorsque le fonctionnement devient problématique.*

Face à toutes ces nombreuses limites, la réforme du dispositif encadrant le régime juridique des délégations de gestion de service public devient une impérieuse nécessité. Telle est la voie défendue par Gabriel Eckert[6] : selon l'auteur, la réforme du dispositif doit obligatoirement s'inscrire dans un cadre plus large englobant toute la panoplie des contrats de la commande publique et des contraintes communautaires, mais également l'intérêt général et les exigences des usagers-consommateurs. L'idée est non seulement d'améliorer la qualité du droit (impliquant une évolution de la définition

---

[1] DOUENCE (J.-C.), « Le critère financier de la délégation de service public à l'épreuve de la pratique contractuelle », in *Mélanges en l'honneur de Franck Moderne, Mouvement du droit public. Du droit administratif au droit constitutionnel. Du droit français aux autres droits*, Paris, Dalloz, 2004, p. 511.

[2] DOUENCE (J.-C.), « Le critère financier de la délégation de service public à l'épreuve de la pratique contractuelle », *op. cit.*, p. 519.

[3] DELVOLVE (P.), « Les contradictions de la délégation de service public », *op. cit.*, p. 691.

[4] FATÔME (E.) et RICHER (L.), « Régie intéressée et maîtrise d'ouvrage publique », *AJDA* 20 juin 1997, p. 492.

[5] DELION (A. G.), DURUPTY (M.), « Chronique du secteur public économique », *RFAP* n° 129, 2009, p. 194-195.

[6] ECKERT (G.), « Pour une réforme du droit des délégations de service public », *op. cit.,* p. 171 et suiv.

légale des conventions de DSP en donnant plus de place au risque d'exploitation au-delà du critère lié aux résultats de l'exploitation), mais aussi d'améliorer les procédures de passation (afin de prendre en compte les implications des régimes des concessions de service et des concessions de travaux) débouchant sur l'abandon de la liberté de choix du délégataire. Il s'agit surtout de compléter le régime juridique des délégations de service public, d'adapter les contraintes procédurales (en les améliorant et en les simplifiant) en préservant la liberté de choix du mode de gestion du service public (de la collectivité délégante) ainsi que la transparence des activités du délégataire.

La délégation de gestion du service public n'est pas le seul procédé d'externalisation : le contrat de partenariat public-privé constitue un autre procédé qu'il convient d'examiner.

§ 3. De nouvelles modalités d'externalisation : les contrats de partenariat public-privé

L'État stratège est aussi un « État partenaire » : cela signifie que la démarche d'externalisation consiste à *nouer des partenariats entre le secteur public et le secteur privé*. Dans une *situation budgétaire contrainte*, le *recours au privé* permet aux pouvoirs publics de *financer des projets d'équipement public d'envergure*. La démarche d'externalisation implique l'« *action conjointe* »[1] des partenaires pour réaliser une mission d'intérêt général.

On laissera donc de côté, le débat sur la « coopération public-public » privilégiant une gestion des services par des personnes publiques même si elle vise l'amélioration de l'efficacité de l'action publique[2].

Le *partenariat public-privé* constitue ici à l'évidence un mode d'organisation et de gestion du service public. Le procédé constitue une autre forme d'« externalisation » de missions relevant des prérogatives de puissance publique. Technique à la mode, le thème du partenariat connaît un développement sans précédent dans la sphère publique à tel point que certains auteurs se demandent s'il ne constitue pas « *une clé pour l'investissement public en France* »[3]. Le procédé consiste à privilégier la collaboration du secteur privé pour financer les équipements publics. Derrière la formule du partenariat, se profile une logique de coopération entre acteurs publics et privés.

---

[1] DURAN (P.), *Penser l'action publique*, Paris, LGDJ, 1999, p. 114.

[2] ECKERT (G.), « La coopération public-public, entre espoirs et inquiétudes », in *Mélanges en l'honneur du Professeur Laurent Richer, À propos des contrats des personnes publiques*, Paris, LGDJ, 2013, p. 629.

[3] LAFITTE (M.), *Les partenariats public-privé. Une clé pour l'investissement public en France*, Paris, Revue Banque Edition, 2006. Il est fait référence au sous-titre de l'ouvrage de l'auteur.

On l'a dit, dans le procédé de la délégation, la personne publique transfère la responsabilité de la gestion du service au cocontractant et la réalisation d'ouvrages publics n'est qu'une éventualité tandis que *« le cumul de la réalisation des ouvrages et de leur exploitation est au cœur de la définition du partenariat »*[1].

Avant d'approfondir la réflexion, il est indispensable d'apporter quelques clarifications : l'objet n'est pas d'étudier toutes les formes de partenariat ; il s'agit plus précisément de nous focaliser sur le partenariat de type contractuel. Il ne s'agit pas bien entendu de traiter là encore de tous les partenariats contractuels existants comme par exemple le bail emphytéotique administratif (BEA), mais de nous situer sur le terrain du partenariat public-privé résultant de l'ordonnance de 2004.

Pour appréhender les enjeux de la thématique, il convient dans un premier temps de faire un bref rappel des raisons ayant conduit à l'institution des partenariats public-privé. Ensuite, la précision du cadre juridique et stratégique s'impose. Des cas d'études viendront appuyer les propos avant de pointer les limites du procédé.

Enfin, on rappellera les lignes directrices des nouvelles directives européennes de février 2014 ayant un rapport direct avec les contrats de partenariat public-privé.

Certains développements de cette partie peuvent apparaître longs pour le lecteur, mais ils restent nécessaires pour une meilleure compréhension des enjeux soulevés par le thème.

Ainsi qu'on le verra, le procédé du partenariat dépasse largement le seul cadre du financement, de la construction et de la gestion des services publics ; il est de plus en plus mobilisé par l'État notamment dans diverses politiques sectorielles.

A) Les raisons de la création du partenariat public-privé

La France a une vieille tradition de pratiques partenariales comme en témoigne le succès dont a bénéficié le régime de la concession [2]sur la scène internationale. Les travaux de Xavier Besançon[3] ont montré que la démarche partenariale a eu droit de cité en France dès le Moyen Âge en permettant au roi de trouver de nouvelles sources de financement pour aménager des villes. La démarche partenariale a donc rythmé la vie publique française du Moyen Âge jusqu'à nos jours sous des formes multiples. Ailleurs, la démarche partenariale est plus récente comme par exemple aux États-Unis et au

---

[1] ROLIN (F.) et BRUNET (P.), « L'ordonnance du 17 juin 2004 sur les contrats de partenariat et le problème de la classification des contrats administratifs », *RDC* n° 3-4, 2000, p. 1041.

[2] Conseil d'État, *rapport public 2002. Jurisprudence et avis de 2001. Collectivités publiques et concurrence*, Paris, Conseil d'État/La Documentation française, 2002, p. 319.

[3]BESANÇON (X.), *Essai sur les contrats de travaux et de services publics. Contribution à l'histoire administrative de la délégation de mission publique*, Paris, LGDJ, 1999, p. 27.

Royaume-Uni où elle a été mobilisée par les pouvoirs publics dans les politiques d'aménagement et de développements urbains dans le but de réduire le train de vie de l'État ou de trouver des solutions alternatives au retrait du financement public[1]. L'intérêt qu'a suscité la démarche partenariale est remarquable et mérite l'attention.

La thématique du partenariat public-privé a connu une rapide diffusion dès les années 1990 : promu par *Neil Kinnock*[2] dès 1997 à l'occasion de la publication du rapport relatif au financement du réseau transeuropéen de transport par le secteur public et privé, le thème a ensuite était repris par le gouvernement Tony Blair en 1999 consacrant le terme de « *Public Private Partnerships* » en remplacement du « *Private Finance initiative (PFI)* ». Le thème va connaître son apogée avec les politiques de privatisation et de libéralisation des services publics, réformes imposées par la Banque mondiale et le Fonds monétaire international (FMI) dans les pays en voie de développement.

Les « *Private Finance Initiatives* » britanniques ont constitué pour les décideurs français une source d'inspiration pour l'élaboration des contrats de partenariats public-privé. De là à dire que cela constitue une transposition du modèle britannique, il y a un pas à ne pas franchir d'autant plus qu'il faut souligner ici que la méfiance[3] a longtemps prévalu en France lorsqu'il s'agit d'instituer des contrats globaux ayant pour but le financement, la construction, l'exploitation d'équipements publics.

Plusieurs raisons ont été avancées par des universitaires et des chercheurs pour justifier les raisons de la création des contrats de partenariat. Pour certains d'entre eux, le recours à la démarche partenariale s'explique par les « *insuffisances des dispositifs existants* »[4]permettant de régir les contrats de longue durée à paiement public à partir du moment où la délégation de service public et le marché public présentaient des limites importantes en matière de développement des équipements publics. Comme le précise Lucien Rapp, les contrats existants n'offraient pas de « sécurité

---

[1] MARCOU (G.), « Le partenariat public-privé : retrait ou renouveau de l'intervention publique ? » in Caisse des Dépôts, *Partenariat public-privé et collectivités territoriales*, Paris, La Documentation française, 2002, p. 21.

[2] LIGNIERES (P.), « Le partenariat public-privé, un nouveau contrat pour réformer l'État » in *Contrats publics, Mélanges en l'honneur du Professeur Michel GUIBAL*, Université de Montpellier, Press de Monéditeur.com, 2006, volume II, p. 576.

[3] MORAND-DEVILLER (J.), *Droit administratif*, Paris, Montchrestien, Lextenso éditions, 2011, p. 397.

[4] AUBY (J-B.), « Les contrats de partenariat. Ces nouveaux contrats étaient-ils nécessaires ? », *RFDA*, novembre-décembre 2004, p. 1095. Pour l'auteur, ces insuffisances sont dues au fait que « *les dispositifs existants ne permettaient pas de répondre à toutes les attentes de l'association entre les personnes publiques et les personnes privées pour développer les équipements publics et améliorer l'efficience du service public* », *Ibid.*

juridique totale »[1] aux opérateurs économiques désireux de conclure un véritable contrat de partenariat avec les personnes publiques. Certains ont parlé d'« inadéquation »[2]du droit public français au développement des partenariats entre le secteur public et le secteur privé. D'autres soutiennent une autre thèse, comme celle défendue par Alain Ménéménis : l'auteur émet des doutes et soutient que tous les éléments constitutifs des partenariats « *se retrouvent dans la DSP, contrat global, de longue durée, dans lequel la personne publique n'est pas maître d'ouvrage et procède (...) à des versements échelonnés pendant toute la durée du contrat... On notera de plus que (...) les délégations de service public sont négociées* »[3]. Pour d'autres encore, les motifs ayant conduit les pouvoirs publics à créer les contrats de partenariat se situent dans un autre registre : l'avènement de la formule du partenariat public-privé renvoie « *à la fois à la crise de la commande publique et à l'influence des principes associés à la nouvelle gestion publique* »[4] en France. Si chacune de ces thèses est soutenable, la crise des finances publiques et la remise en cause de l'efficacité des politiques publiques ne peuvent être ignorées parmi les raisons justifiant la collaboration du secteur public et du secteur privé.

Comme on peut le remarquer, les régimes juridiques de la délégation de service public et des marchés publics ne permettent pas de mobiliser les financements privés pour des projets d'ampleur ; alors que l'ordonnance de 2004 permet cela. C'est pourquoi, il était devenu nécessaire de mettre à la disposition des pouvoirs publics des instruments juridiques ayant pour objet une « mission globale » pour la conception, la construction et l'exploitation de projet d'intérêt général.

La stratégie qui se profile derrière la logique partenariale illustre bien la promotion de nouvelles techniques d'intervention publique s'opposant aux méthodes d'intervention unilatérale de l'État.

Afin d'être plus concis, la notion de partenariat est ainsi entendue au sens strict, celui de l'ordonnance du 17 juin 2004. Une telle précision est d'importance dans la mesure où elle permet d'exclure toutes les autres formes de collaboration associant l'État et des partenaires privés pour remplir des missions d'intérêt général.

Les développements s'appuient notamment sur la réforme de 2004. Mais certains aspects de l'ordonnance n° 2015-899 du 23 juillet 2015 relative aux

---

[1] RAPP (L.), RAPP (L.), « Il faut désormais séparer la question du partenariat public-privé de toute référence à une doctrine économique », *Petites Affiches*, 18 mars 2004, p. 4.

[2] C'est le cas de Stéphane Braconnier : pour lui, « *le droit français, et notamment le droit public, se révèle inadapté au développement des partenariats entre le secteur public et le secteur privé* », *BJCP* n° 22, mai 2002, p. 174.

[3] MENEMENIS (A.), « L'ordonnance sur les contrats de partenariat : heureuse innovation ou occasion manquée ? », *AJDA*, 27 septembre 2004, p. 1739.

[4] CAMPAGNAC (E.), « Contribution à l'analyse des contrats de partenariat public-privé en France et au Royaume-Uni », *RFAP* n° 130, 2009, p. 368.

marchés de partenariat ne seront évoqués ici que pour prendre en compte les dernières réformes du droit de la commande publique.

Les contrats de partenariats public-privé traduisent une nouvelle forme d'action publique et demeurent fortement encadrés par le droit.

B) Dimension stratégique de la démarche partenariale

Le partenariat public-privé fait partie des procédés juridiques d'externalisation. Plusieurs éléments justifient le caractère stratégique de la formule du partenariat public-privé. Comme le mentionne Gérard Marcou, le partenariat public-privé peut être conçu « *comme une stratégie d'action* »[1], c'est-à-dire une *stratégie tendant à faire participer le secteur privé au financement et la production d'équipements publics jugés indispensables au bon fonctionnement des services publics*.

L'appel à la collaboration du privé peut étonner à plus d'un titre dans la mesure où le secteur public et le secteur privé sont conçus comme deux mondes opposés : ils sont invités à conjuguer ensemble leurs efforts pour remplir des missions d'intérêt général. En général, les politiques engagées par la personne publique et par l'entreprise privée ne poursuivent pas les mêmes finalités. La première promeut l'intérêt général alors que la seconde privilégie l'intérêt particulier. La difficulté résulte de cette tension et de la nécessité de leur collaboration en vue de financer, d'exploiter des équipements collectifs pour améliorer les services aux usagers.

La *dégradation financière des comptes publics* a sans doute accéléré le recours à la formule partenariale dans un but de *diversification des sources de financement des grands projets d'équipements publics*. La *démarche de cofinancement* des projets n'est pas absente dans le recours à l'initiative privée. On est ici au cœur de la démarche stratégique : se repositionner sur un point stratégique en faisant appel aux capitaux privés pour financer les équipements collectifs dans un contexte budgétaire contraint pour éviter de supporter par soi-même l'intégralité des coûts des projets. La *stratégie de mobilisation des capitaux privés pour le préfinancement d'infrastructures publiques* est emblématique des modes d'intervention de l'État stratège dans le but de moderniser, de construire ou de relancer la politique d'équipement du pays. On voit bien que l'*État ne se désengage pas,* mais plutôt opère un repli stratégique pour avoir les financements dont il a besoin. De ce point de vue, les contrats de partenariats constituent un instrument pragmatique[2] et

---

[1] MARCOU (G.), « Le partenariat public-privé : retrait ou renouveau de l'intervention publique ? », *op. cit.*, p. 16.

[2] Pour ces auteurs, « le contrat de partenariat constitue un outil pragmatique qui répond à un besoin exprimé par les personnes publiques, celui de faire participer le partenaire privé au développement et à la modernisation des équipements et des services publics », LAGUMINA (S.) et DERUY (L.), « L'ordonnance relative aux contrats de partenariat : dépasser la polémique », *Bulletin juridique des contrats publics* n° 36, 2004, p. 361.

stratégique des pouvoirs publics : ils permettent à l'État de *relancer*[1] *les investissements sans aggraver le déficit*. En d'autres termes, c'est une stratégie de « *débudgétisation* »[2]des déficits publics qui se profile derrière le thème du partenariat visant en réalité à dissimuler l'*endettement indirect de l'État*. La difficulté qui se pose ici c'est que l'endettement résultant d'un partenariat risque d'échapper aux règles du droit communautaire et soulève du même coup la question de sa prise en compte dans les comptes publics. Dans sa décision du 11 février 2004 à propos du traitement comptable des actifs objets de partenariat public-privé, Eurostat a finalement précisé que les actifs liés aux partenariats public-privé constituent des actifs non publics à la condition[3] que le partenaire privé supporte le risque de construction.

La démarche partenariale peut s'inscrire dans un cadre plus large de *recherche d'économies d'échelle*. Elle peut contribuer à atténuer le poids des déficits publics, de l'endettement public et soulager les finances publiques, car la construction de gros œuvres mobilise des investissements financiers conséquents. L'objectif de réaliser des économies à travers le procédé partenarial doit être relativisé : de récentes études ont cependant mis en évidence des effets qui sont à l'opposé des objectifs recherchés. Ainsi par exemple, la construction de l'« Hôpital sud francilien » a entraîné d'importants surcoûts pour la personne publique à tel point que le Conseil de surveillance de l'établissement public de santé a envisagé une sortie du partenariat public-privé[4].

L'évaluation préalable du projet présente un intérêt stratégique dès l'instant où elle permet d'avoir une *idée précise du coût global du service* avec à la clé une évaluation chiffrée des investissements publics.

La démarche partenariale est sous-tendue par la *logique d'efficacité* : la réalisation du bilan entre les avantages et les inconvénients doit permettre d'identifier l'offre la plus économiquement avantageuse. Derrière la formule du partenariat se profile une *recherche d'efficience et d'efficacité des politiques publiques*. Ainsi, l'ordonnance n° 2015-899 du 23 juillet 2015 relative aux marchés publics vise une *meilleure efficacité* du contrat dans les marchés de partenariat en associant la conception à la réalisation.

De plus, pour les décideurs publics, la mise à disposition des usagers d'un service de qualité dans de brefs délais est un gage d'efficacité. La *logique de performance* promue par la LOLF permet aux décideurs publics de fixer des

---

[1] BRACONNIER (S.), « Les contrats de partenariat et les collectivités territoriales locales : entre mythe et réalités », *BJCP* n° 36, 2004, p. 344.

[2] DREYFUS (J.-D.), « Le partenariat public-privé et le financement de l'opération », *RDI* novembre-décembre 2003, p. 495.

[3] NICINSKI (S.), *Droit public des affaires*, Paris, Montchrestien, 2010, p. 634.

[4] BOUTOUILA (N.), « Les premiers retours d'expérience des formes renouvelées de partenariats public-privé en France. Une solution à tous les maux ou une fausse bonne solution ? » in ROUVILLOIS (F.) et DEGOFFE (M.), (sous la dir.), *La privatisation de l'État*, Paris, CNRS Editions, 2012, p. 145.

objectifs de performance. D'ailleurs certains auteurs voient dans la création des contrats de partenariat les bienfaits du passage de la logique de moyens à la logique de résultats[1]. Dans ce sens, selon l'article 1er in fine de l'ordonnance du 17 juin 2004, la rémunération du cocontractant faisant l'objet d'un paiement par la personne publique pendant la durée du contrat est liée à des objectifs de performance. On voit bien que la démarche partenariale entretient une relation étroite avec le thème de la performance consacrée par la LOLF d'août 2001 même si la portée est « *plus pédagogique que normative* »[2]. De même, les *objectifs de performance* ne sont pas absents dans le choix d'un marché de partenariat. Conformément à l'article 83 I de l'ordonnance du 23 juillet 2015, *la rémunération* du cocontractant est obligatoirement *liée aux objectifs de performance* qui lui sont assignés dans le contrat. L'acheteur pourra ainsi diminuer la rémunération du cocontractant lorsque celui-ci réalise une moindre performance.

Le recours à la formule du partenariat public-privé permet en outre de *réduire les risques* liés à la conception, à la réalisation et à l'exploitation d'équipements publics. La démarche partenariale présente un autre enjeu d'importance : elle permet de *transférer les risques* techniques, financiers ou économiques à l'acteur privé chargé de la gestion du projet même si la formule est fondée sur une répartition des risques. Les risques empêchent le bon déroulement du projet et agissent sur les délais, les coûts ou la qualité des prestations réalisées[3]. Mais la logique partenariale commande une « solidarité » entre les partenaires : un auteur a même parlé de « *solidarité d'intérêts* »[4] conditionnant la réalisation du projet et finit par conclure que « *le PPP tend à produire une mutualisation des risques, qui l'emporte sur la stricte répartition des risques résultant des contrats, dès lors que les circonstances s'écartent des prévisions sur la base desquelles le PPP s'est formé* »[5]. De même, l'ordonnance du 23 juillet 2015 relative aux marchés publics privilégie le *partage des risques entre les différents acteurs*. L'acheteur doit identifier les principaux risques internes et externes au contrat et justifier leur répartition avec le titulaire du marché.

---

[1] MENEMENIS (A.), *op. cit.*, p. 1738.

[2] MENEMENIS (A.), *op. cit.*, p. 1746.

[3] PIGNON-XARDEL (S.), MANOUKIAN (S.) et VITSE (L.), *Le financement des partenariats public-privé. Problématiques juridiques et financières, pratiques et enjeux*, Paris, Editions le Moniteur, 2010, p. 72. Pour les auteurs, les risques portés par le secteur public sont difficilement déterminables. Ils définissent un risque comme « *un événement, un facteur ou une influence qui menace la bonne marche du projet en agissant sur les délais, les coûts ou la qualité des prestations réalisées* », *Ibid.*, p. 72.

[4] MARCOU (G.), p. 39.

[5] MARCOU (G.), *op. cit.*, p. 47. Pour l'auteur, « *le partenariat public-privé n'est pas une façon d'éviter les risques, il n'implique pas seulement un partage de risques, il opère aussi leur mutualisation en fonction du sort du projet* », *op. cit.*, p. 48.

L'État a doté les collectivités territoriales des mêmes instruments juridiques pour financer, construire et exploiter des équipements publics à moindre coût comme en témoigne la « circulaire du 29 novembre 2005 relative aux contrats de partenariat à l'attention des collectivités territoriales » pour l'exercice de leurs missions de service public. Désormais, les collectivités infra-étatiques peuvent faire appel à la formule du partenariat public-privé pour trouver des solutions globales et de long terme. Les enjeux stratégiques qui se profilent derrière l'outil sont considérables : « *les gains suivants sont à attendre : intégration dans une procédure unique de contrats normalement séparés, réduction des risques d'interface entre conception, réalisation et exploitation ou gestion, économies d'échelles potentielles sur des séries longues et gains de productivité tenant au recours à une gestion privée dont la qualité est contractualisée et financièrement sanctionnée* »[1].

Plus globalement, François Lichère voit dans la formule du partenariat public-privé telle qu'elle a été développée récemment en France quatre avantages[2] : le financement privé et le respect des délais de construction, le partage des risques, la rémunération à la performance censée améliorer la qualité du service public rendu et l'avantage d'avoir un interlocuteur unique et responsabilisé.

Une bonne exécution de contrat de partenariat contribue à *l'amélioration du fonctionnement et donc de la continuité des services publics*.

Enfin, l'ordonnance du 23 juillet 2015 relative aux marchés publics permet à la personne publique de *bénéficier de l'expérience opérationnelle du partenaire privé* en l'impliquant davantage dans la gouvernance du projet *en gardant le contrôle stratégique du projet et en* confiant la maîtrise opérationnelle du projet au titulaire.

Le partenariat public-privé traduit une nouvelle forme d'intervention de l'État dans le champ de la commande publique, mais le procédé demeure fortement encadré par le droit.

C) Cadre juridique

On commencera tout d'abord par définir par ce qu'on entend par « partenariat » avant d'envisager l'étude des « matières » concernées. Puis, il sera opportun de s'arrêter un instant pour apporter quelques clarifications concernant le régime juridique. Enfin, on s'interrogera plus largement sur les implications du thème du partenariat sur le terrain du droit public en insistant notamment sur son ordonnancement juridique.

---

[1] Voir en particulier la partie 1. 3 de la circulaire du 29 novembre 2005 relative aux contrats de partenariat à l'attention des collectivités.

[2] LICHERE (F.), « Les partenariats public-privé en droit français » in LICHERE (F.), (sous la dir.), *Partenariats public-privé : rapports du XVIII Congrès de l'Académie Internationale de Droit comparé*, Bruxelles, Bruylant, 2011, p. 314-315.

1) Eléments de définition et délimitation du périmètre des « matières » faisant l'objet de partenariat

La notion de partenariat est en vogue : le terme condense à lui seul un nouveau style de relations liant d'une part personnes publiques et d'autre part personnes publiques et privées. Sans doute, l'aspect fonctionnel de[1] la notion explique son usage régulier dans diverses politiques dès l'instant où elle permet de concrétiser différents types de coopération entre acteurs multiples. Le terme est non seulement vague, mais encore, il ne relève pas de l'univers juridique, d'où l'absence de définition.

Par définition, un partenariat est un système dans lequel sont associés des partenaires en vue de réaliser ensemble des projets : le rôle et les responsabilités de chaque partenaire étant fixés dans un document juridique ; les partenaires assument du même coup les effets juridiques résultant de leur engagement.

La notion de partenariat a toutefois bénéficié ces dernières années d'un intérêt grandissant dans le secteur public en faveur du cofinancement d'infrastructures publiques. La réalisation de projets d'équipements publics correspond à des montages juridiques complexes. En effet, c'est l'ordonnance du 17 juin 2004[2] en application de la loi d'habilitation du 2 juillet 2003 qui a mis en place la formule des contrats de partenariat public-privé : l'article 6 de la loi habilite le gouvernement à créer de nouvelles formes de contrats « *conclus par des personnes publiques ou des personnes privées chargées d'une mission de service public pour la conception, la réalisation, la transformation, l'exploitation et le financement d'équipements publics, ou la gestion et le financement de services, ou une combinaison de ces différentes missions* »[3].

L'ordonnance du 23 juillet 2015 consacrant le marché de partenariat comme catégorie particulière de marché public « *permet de confier à un opérateur économique ou à un groupement d'opérateurs économiques une mission globale* » ayant pour objet : 1) la construction, la transformation, la rénovation, le démantèlement ou la destruction d'ouvrages, d'équipements ou de biens immatériels nécessaires au service public ou à l'exercice d'une mission d'intérêt général ; 2) tout ou partie de leur financement. Cette mission globale peut aussi avoir pour objet : 1) tout ou partie de la conception des ouvrages, équipements ou biens immatériels ; 2) l'aménagement, l'entretien, la maintenance, la gestion ou l'exploitation d'ouvrages, d'équipements ou biens immatériels ou une combinaison de ces éléments ; 3) la gestion d'une mission de service public ou des prestations de

---

[1] HEMERY (V.), « Le partenariat, une notion juridique en formation ? », *RFDA*, mars-avril 1998, p. 348.

[2] Cette ordonnance a été modifiée par la loi du 28 juillet 2008.

[3] Loi n° 2003-591 habilitant le gouvernement à simplifier le droit, JO du 3 juillet 2003, p. 11192.

services concourant à l'exercice, par la personne publique, de la mission de service public dont elle est chargée.

La mission globale de financement, de construction, d'entretien ou de maintenance est le premier élément constitutif du contrat de partenariat. Le deuxième élément porte sur la durée qui est généralement étalée sur une longue période ; elle est établie en fonction des modes de financements retenus prenant en compte l'amortissement des investissements. En ce qui concerne le financement du projet, la part revenant au cocontractant de l'administration est variable selon les modalités retenues ; en revanche, lorsque le partenariat concerne les collectivités locales, le cocontractant assume la totalité du financement des projets. S'agissant de la rémunération du partenaire par la personne publique, celle-ci est étalée pendant toute la durée du contrat ; rémunération peut être liée à « des objectifs de performance ». Enfin, dans un contrat de partenariat, les risques sont à la charge des deux cocontractants.

Les contrats de partenariat sont loin d'être les seuls à permettre le cofinancement et la construction d'équipements publics d'envergure, il en existe bien d'autres[1]. Dans sa décision du 26 juin 2003, le juge constitutionnel a déclaré constitutionnelle la loi de simplification du droit. Les partenariats publics-privés constituent pour le Conseil constitutionnel des « *dérogations au droit commun de la commande publique ou de la domanialité publique* »[2].

On ne saurait aborder la problématique du partenariat public-privé sans se poser la question de la détermination du périmètre des services publics concernés par la démarche. Dans une réserve d'interprétation, le juge constitutionnel a précisé dans sa décision du 26 juin 2003 que le contrat de partenariat ne permet pas de déléguer à une personne privée une mission de souveraineté[3]. De même, le contrat de partenariat ne permet pas à la personne publique de déléguer la gestion d'une mission de service public à un tiers. Cela signifie que les contrats de partenariats ne peuvent concerner que les missions dites périphériques ; ils ne peuvent en aucune manière concerner les missions stratégiques de l'État.

Cependant, le *contrat de partenariat se différencie de la délégation de service public*. Dans la délégation de service public, il y a transfert de la

---

[1] On peut énumérer des contrats types comme les baux emphytéotiques, les marchés d'entreprise de travaux publics, les conventions de bail, etc. Ces thèmes ne font pas ici l'objet de développements pour des raisons tenant à la délimitation du périmètre du sujet.

[2] Le juge constitutionnel a considéré aussi que « *les ordonnances prises sur le fondement de l'article 6 de la loi (...) devront réserver de semblables dérogations à des situations répondant à des motifs à des motifs d'intérêt général tels que l'urgence qui s'attache, en raison de circonstances particulières locales, à rattraper un retard préjudiciable, ou bien la nécessité de tenir compte des caractéristiques techniques, fonctionnelles ou économiques d'un équipement ou d'un service déterminé* », voir en particulier Décision n° 2003-473 DC, Rec., Cons. const., p. 382 ; *AJDA*, 2003, p. 1391, note (J.-E.) Schoettl.

[3] Décision n° 2003-473 DC 26 juin 2003, considérant 19.

gestion du service public ; le critère de la rémunération est lié au risque commercial de l'exploitation du service public. À l'inverse, dans une approche partenariale, le cocontractant est payé par la personne publique pendant toute la durée du contrat et le partenariat public-privé n'est pas un mode de délégation du service public[1]; le recours à ce type de contrat n'est possible qu'en cas d'urgence, de complexité du projet sans oublier le critère économique. En outre, dans un contrat de partenariat, les décideurs publics confient de manière globale le financement, l'exploitation, la construction et l'entretien de l'ouvrage pendant toute la durée du contrat ; ce qui n'est pas le cas de la délégation, car celle-ci ne comporte pas le financement systématique et la construction des équipements. En ce qui concerne la répartition des risques : dans le partenariat public-privé, on assiste à une répartition optimale des risques entre la personne publique et l'acteur privé alors que dans la délégation, l'opérateur assure l'exploitation à ses risques et périls.

Dans le partenariat public-privé, la rémunération du cocontractant de l'administration « *peut être liée à des objectifs de performance* »[2] alors que cela n'est pas permis dans les marchés publics. De plus, dans la logique partenariale, le contractant est rémunéré tout au long de la durée du contrat par un paiement différé par la personne publique alors que dans les marchés publics, il est formellement interdit de procéder à des paiements de cette nature.

Ces éléments étant précisés, il est primordial ensuite de mentionner les règles qui gouvernent les partenariats public-privé.

2) Régime juridique

Le rappel des règles relatives à la publicité est essentiel dans la conclusion de tout contrat de partenariat. D'autres règles concernent plus directement la procédure de passation. On mettra ensuite l'accent sur la problématique relative à l'exécution du procédé partenarial.

a) Règles de publicité

Les procédures de passation des contrats de partenariat obéissent à diverses règles ayant pour but de favoriser la transparence. Les pouvoirs publics sont tenus de respecter les principes fondamentaux de la commande publique, c'est-à-dire les règles relatives à la publicité, à la mise en concurrence et l'atteinte d'un certain seuil. On sait que les contrats de partenariat comportent la plupart du temps des enjeux financiers

---

[1] WASS-NOCQUET (R.), « Le service public dans les partenariats public-privé », *La Semaine juridique, Edition Administration et collectivités territoriales*, n° 14, 30 mars 2009, p. 50.
[2] Selon l'article 2 de l'Ordonnance.

d'importance : l'État ainsi que les collectivités territoriales ont l'obligation de publier les offres dans le « Bulletin officiel d'annonce des marchés publics » et dans le « Journal officiel de l'Union européenne »[1]. En ce qui concerne les montants les moins importants, les pouvoirs publics disposent d'une certaine liberté pour faire diffuser l'offre au public. Comme on vient de le rappeler, la directive 2014/24 du 26 février 2014 impose désormais une « *procédure concurrentielle avec négociation* ». S'agissant du chiffre d'affaires du concessionnaire pendant la durée du contrat, la directive a fixé un seuil ne dépassant pas les 5 186 000 euros hors TVA[2].

Il est important que les candidats soient traités sur un pied d'égalité. L'objectivité est essentielle dans cette procédure et doit guider l'action des pouvoirs publics. La procédure ne peut être déclenchée qu'après la phase d'évaluation préalable des projets de partenariat. D'autres conditions sont essentielles : par exemple, les candidats doivent avoir non seulement la qualité, mais aussi l'aptitude à soumissionner.

En ce qui concerne les modalités de l'appel d'offres, la durée ne peut dépasser les 40 jours : c'est le délai légal autorisé entre le début de l'appel à la concurrence et la réception des offres. L'attribution de l'offre économique la plus avantageuse résultant des opérations complexes se fait à travers une procédure négociée ou à travers un dialogue compétitif.

Mais tous les États ne respectent pas toujours les différentes règles énumérées ci-dessus. Afin d'illustrer les propos sur la procédure de passation, la guerre en Irak a constitué un laboratoire d'expérimentation à grande échelle de la formule des contrats de partenariat entre le « *Department of state* » américain et les sociétés militaires privées. On est bien loin de la démarche française de la formule du partenariat ayant pour but le financement, la construction et l'exploitation d'ouvrages publics. De fait, la mise en œuvre de la formule a montré les *limites* en particulier s'agissant des *règles de publicité et de mise en concurrence des candidats.* La principale difficulté soulevée par les partenariats conclus entre l'administration américaine et les *sociétés militaires privées* est le non-respect des règles de publicité et de la concurrence. Or, le respect de telles règles est indispensable pour la conclusion des contrats de partenariat. Des travaux ont montré que lorsque les contrats de partenariat lient le gouvernement fédéral américain aux sociétés militaires privées ayant la nationalité américaine comme « *Blackwater, DynCorp ou Triple Canopy* », la plupart des contrats sont alloués sans [3]mise en concurrence des projets. Cela est problématique.

---

[1] Pour l'État, le montant doit être supérieur à 150 000 euros ; et pour les collectivités territoriales, la somme doit être supérieure à 230 000 euros.

[2] Article 2 de la directive concession.

[3] DANET (D.), « Guerre d'Irak et partenariats public-privé », *RFAP* n° 130, 2009, p. 256.

b) Procédure de passation

Une des mesures phares de l'ordonnance du 17 juin 2004 est d'avoir introduit le critère de *l'évaluation préalable* dans la démarche partenariale ; il est obligatoire avant le lancement de toute procédure de passation. L'objectif est de déterminer le contrat le plus adapté pour l'atteinte des objectifs visés : il s'agit de comparer les avantages de chaque procédé contractuel en mettant en évidence les aspects financiers, la répartition des risques, l'atteinte des résultats, *etc.* Le recours au contrat de partenariat est donc un contrat conditionné à la réalisation de l'évaluation préalable. Celle-ci constitue un des critères d'éligibilité. Les décideurs publics peuvent solliciter de l'expertise extérieure pour procéder à une évaluation préalable. En règle générale, ce sont les *services ministériels qui sont chargés de réaliser l'évaluation préalable pour le compte de l'État* et les exécutifs locaux [1]pour les collectivités locales. Après l'évaluation préalable, place est faite aux débats financiers et économiques concernant « *les coûts du secteur public qu'il est toujours difficile de déterminer avec précision* »[2] ; et la LOLF est censée apporter des éléments de réponse. La loi du 28 juillet 2008 a étendu le champ d'application de l'évaluation préalable. Elle a pour objet de faire « *apparaître des motifs de caractère économique, financier, juridique et administratif qui conduisent la personne publique à engager la procédure de passation d'un tel contrat (...) Cette évaluation comporte une analyse comparative des différentes options, notamment en termes de coût global hors taxes, de partage des risques et de performance* »[3].

Le *ministère de la Défense* a créé en 2009 une structure dénommée la *mission « Partenariats publics-privés »* afin de capitaliser et de renforcer ses capacités en matière d'externalisation et de partenariats. Les membres qui la composent viennent d'horizon divers et parmi lesquels figurent des chargés d'affaires, des économistes, des juristes, etc. Les fonctions que remplit la mission « *Partenariats publics-privés* »[4] sont nombreuses. Son rôle est d'abord d'accompagner les différentes équipes chargées de piloter les projets de partenariats public-privé ou d'externalisation (comme par exemple l'appui des équipes sur le plan juridique et financier lors des passations des contrats). Elle réalise des études et procède à des *évaluations préalables* de partenariats dans le but d'estimer économiquement la prestation. À l'inverse de la France, la *Turquie* s'est dotée elle aussi d'un *organisme expert* ; cependant, l'évaluation préalable reste non obligatoire[5].

---

[1] Après la réalisation de l'évaluation préalable, celle-ci doit être validée par l'assemblée délibérante et après avis de la commission consultative des services publics locaux.

[2] LIGNIERES (P.), *Partenariats public-privé*, Paris, Litec, 2ème édition, 2005, p. 75.

[3] Article 2. 1 de la loi du 28 juillet 2008.

[4] GISCARD (L. D'Estaing), CAZENEUVE (B.), Mission d'évaluation et de contrôle, *op. cit.*, p. 12.

[5] LICHERE (F.), (sous la dir.), *Partenariats public-privé : rapports du XVIII Congrès de l'Académie Internationale de Droit comparé*, Bruxelles, Bruylant, 2011, p. 20.

Plus généralement, *trois critères permettent de justifier le recours aux contrats de partenariat*. En premier lieu, *l'urgence* qui est un élément essentiel permettant de justifier le recours au contrat de partenariat ; selon l'ordonnance de 2004 sur les contrats de partenariats, un projet de partenariat n'est acceptable que lorsqu'il présente le caractère d'urgence[1]. Selon une réserve d'interprétation du Conseil constitutionnel, le recours au partenariat public-privé concerne les projets répondant « *à des motifs d'intérêt général tels que l'urgence qui s'attache, en raison de circonstances particulières ou locales, à rattraper un retard préjudiciable, ou bien la nécessité de tenir compte des caractéristiques techniques, fonctionnelles ou économiques d'un équipement ou d'un service déterminé* »[2]. D'ailleurs, le Conseil d'État a admis la légalité du caractère d'urgence[3]. La loi du 28 juillet 2008 a apporté des précisions sur la notion d'urgence : la décision du juge constitutionnel[4] est similaire à celle prise par le Conseil d'État ; l'urgence résulte de la nécessité de rattraper un retard particulièrement grave et affectant la réalisation d'un équipement public dans une zone géographique déterminée ou l'exercice d'une mission de service public. À titre d'illustration, la Cour administrative d'appel de Nantes a admis en 2009 le caractère d'urgence d'un projet de partenariat en autorisant un département à construire un collège dès lors que « *le principe de ce recours se trouvait justifié par la nécessité de rattraper un retard particulièrement grave, préjudiciable à l'intérêt général et affectant le bon fonctionnement du service public de l'enseignement* »[5]. Une telle décision contraste avec celle prise en première

---

[1] Selon l'article 2 -II-2° de l'ordonnance sur les contrats de partenariat et L. 1414-2 du CGCT, un projet relève de l'urgence « *lorsqu'il s'agit de rattraper un retard préjudiciable à l'intérêt général affectant la réalisation d'équipement collectifs ou l'exercice d'une mission de service public, quelles que soient les causes de ce retard, ou de faire face à une situation imprévisible* ».

[2] Décision du Conseil constitutionnel du 26 juin 2003, n° 2003-743 DC, *AJDA* 2003, p. 1391, note de J.-E. Schoettl.

[3]CE, 29 oct. 2004, Sueur et autres, req. n° 269814.

[4] Pour le Conseil constitutionnel, l'urgence est justifiée « *dès lors qu'elle résulte objectivement, dans un secteur ou une zone géographique déterminés, de la nécessité de rattraper un retard particulièrement grave, préjudiciable à l'intérêt général et affectant la réalisation d'équipements collectifs ou l'exercice d'une mission de service public* », Cons. const., DC n° 2008-567 DC du 24 juillet 2008, considérant n° 9. Auparavant, dans sa décision n° 2003-473 du 3 juillet 2003, le Conseil constitutionnel dans ses réserves d'interprétation a bien précisé que « *les ordonnances prises sur le fondement de l'article 6 de la loi déférée devront réserver de semblables dérogations à des situations répondant à des motifs d'intérêt général tels que l'urgence qui s'attache, en raison de circonstances particulières ou locales, à rattraper un retard préjudiciable, ou bien la nécessité de tenir compte des caractéristiques techniques, fonctionnelles ou économiques d'un équipement ou d'un service déterminé ; considérant, enfin, que l'article 6 ne saurait être entendu comme permettant de déléguer à une personne privée l'exercice d'une mission de souveraineté* », voir Décision n° 2003-473 DC : JO 3 juillet 2003.

[5] CAA Nantes, 23 janvier 2009, n° 08NT01579, Département du Loiret.

instance par le tribunal administratif d'Orléans pour qui le caractère d'urgence n'était pas fondé[1].

Vient s'ajouter à cela le critère de la *complexité du projet*. Il y a complexité lorsque la personne publique n'est pas en mesure de déterminer par elle-même et à l'avance[2] les aspects techniques, juridiques et financiers du montage d'un projet. Pour le Conseil constitutionnel, la complexité résulte « *de la nécessité de tenir compte des caractéristiques techniques, fonctionnelles ou économiques d'un équipement* »[3]. Autrement dit, la personne publique n'est pas en mesure de définir de manière objective elle seule et à l'avance les moyens techniques pouvant répondre à ses besoins ou d'établir le montage financier ou juridique du projet[4]. Mais la notion de complexité n'est en réalité que la traduction en droit interne de la directive européenne n° 2004/18/CE du 31 mars 2004[5] autorisant le recours au dialogue compétitif pour la passation de marchés dans lesquels « *le pouvoir adjudicateur n'est pas en mesure de définir (...) les moyens techniques pouvant répondre à ses besoins ou à ses objectifs (...) n'est pas en mesure d'établir le montage juridique et/ou financier d'un projet* ». Il est important de rappeler que les contrats de partenariat diffèrent des marchés publics, mais leur mode de passation reste identique. En réalité, le dialogue compétitif présente l'avantage de permettre à la personne publique de préciser son projet et le partenaire privé d'affiner ses propositions.

Le juge administratif est compétent pour contrôler et apprécier la réalité de la complexité d'un projet dans le cadre d'un référé précontractuel.

La complexité des contrats de partenariat a conduit les pouvoirs publics à mettre en place des structures adéquates pour mener à bien les projets. Ces structures sont largement inspirées du modèle anglais de la « *Treasury Taskforce* » mis en place au niveau ministériel dont l'objet est d'appliquer les contrats de partenariat dans différentes politiques sectorielles. La création en France de structures semblables comme l'« *Agence de maîtrise d'ouvrage des travaux* »[6] au ministère de la Justice et la « *mission nationale d'appui à l'investissement hospitalier* »[7] au ministère de la Santé s'inscrivent dans cette démarche.

---

[1] TA d'Orléans, 29 avril 2008, M. Jean-Pierre Lenoir, req. n° 0604132.
[2] Selon l'article 2 -II-I° de l'ordonnance de 2004 sur les contrats de partenariat et l'article L. 1414-2 II 1° du CGCT, un contrat de partenariat est tout à fait envisageable « *compte tenu de la complexité du projet, la personne publique n'est pas objectivement en mesure de définir seule et à l'avance les moyens techniques répondant à ses besoins ou d'établir le montage financier ou juridique du projet* ».
[3] Décision n° 2003-473 DC du 26 juin 2003, considérant 18.
[4] Selon l'article 2 de l'ordonnance de 2004.
[5] Directive 2004/18/CE du Parlement européen et du Conseil du 31 mars 2004 relative à la coordination des procédures de passation des marchés publics de travaux, de fournitures et de services, JOUE L 134, 30 avril 2004, p. 114 à 156.
[6] Sous le sigle AMO
[7] Sous le sigle MAINH

Il existe d'autres structures similaires dans les autres ministères. Ainsi par exemple, le décret n° 2004-1119 du 19 octobre 2004 a permis au ministère de l'Economie, des Finances et de l'Industrie de se doter d'une « *mission d'appui à la réalisation des contrats de partenariats publics-privés* » (MAPPP)[1]. La mission principale est de *rendre des avis*[2] *sur les évaluations préalables de partenariats* : les *avis sont obligatoires* lorsque les contrats de partenariat concernent l'État et les établissements publics à caractère national et facultatif pour les contrats visant les collectivités locales. Plus largement, la MAPPP est un *organisme expert* chargé d'assister les personnes publiques qui demandent un appui[3] dans la préparation, la *négociation* et le *suivi des contrats de partenariat* : elle rend dans ce cas un avis[4] sur les projets complexes. Selon le rapport Louis Giscard D'Estaing et Bernard Cazeneuze, la « Mission d'appui à la réalisation des contrats de partenariats publics-privés » ne travaille que sur le seul projet[5] concernant le transfert des services du ministère de la Défense à Balard.

En troisième lieu, le *critère de l'efficacité* : il est introduit par la loi du 28 juillet 2008 relative aux contrats de partenariat. On l'appelle aussi le *bilan coûts/avantages* ; validé par le Conseil constitutionnel[6], le critère d'efficacité représente le bilan le plus favorable de toutes les autres formes alternatives. Visant à stimuler le recours à la technique du partenariat, la loi sur les contrats de partenariat a élargi les conditions de recours, assoupli et précisé le cadre juridique des contrats de partenariat. Le Conseil constitutionnel a en revanche invalidé[7] les articles 2 et 19 de la loi qui fixaient jusqu'à la fin 2012 une liste de secteurs bénéficiant de manière présumée le critère de l'urgence. Le bilan coûts/avantages est inspiré de la terminologie anglaise du « *best value for money* ». Néanmoins, en l'absence des deux premiers critères, le juge constitutionnel admet le recours au contrat de partenariat en se fondant sur le bon usage des deniers publics[8].

L'administration est tenue par ailleurs de respecter les droits du cocontractant sous peine de voir sa responsabilité engagée devant le juge administratif.

---

[1] Décret n° 2004-1119 du 19 octobre 2004 portant création de la mission d'appui à la réalisation des contrats de partenariat, JO du 21 octobre 2004, p. 17821.

[2] Article 3-1 du décret n° 2004-1119 du 19 octobre 2004 portant création de la mission d'appui à la réalisation des contrats de partenariat.

[3] Article 2 du décret n° 2004-1119 du 19 octobre 2004.

[4] Article 3 du décret n° 2004-1119 du 19 octobre 2004.

[5] GISCARD (L. D'Estaing), CAZENEUVE (B.), Mission d'évaluation et de contrôle, *Les externalisations du ministère de la Défense : l'heure des choix, rapport parlementaire, op. cit.*, p. 13.

[6] Voir en particulier la décision n° 2008-567 DC du 24 juillet 2008 Loi relative aux contrats de partenariat.

[7] Décision n° 2008-567 DC du 24 juillet 2008 Loi relative aux contrats de partenariat.

[8] Voir en particulier la Décision Conseil cons. DC n° 2008-567.

Mais, c'est surtout au niveau des collectivités territoriales que les contrats de partenariats posent le plus de difficultés. À partir du moment où elles peuvent recourir comme l'État à la démarche partenariale, la question qui se pose est de savoir si elles sont soumises au respect des conditions posées par le juge constitutionnel justifiant le recours aux contrats de partenariat. Selon un auteur, « *l'utilisation du contrat de partenariat est faussement conditionnée* »[1] ; plus largement encore, les conditions posées par l'ordonnance de 2004 « *apparaissent plus virtuelles que réelles* »[2]dans les collectivités infra-étatiques.

L'ordonnance de 2004 relative aux contrats de partenariat constitue une étape décisive dans le renouvellement des techniques de financement des équipements publics, mais force est de constater qu'elle a montré des limites. Ainsi, la loi du 28 juillet 2008 a pour but d'apporter plus de souplesse et de rendre la procédure plus attractive. Avec la loi de juillet 2008, il est désormais possible d'avoir une *collectivité « chef de file »* dans les projets dits complexes ou dans la procédure négociée[3]. L'exercice de la fonction de collectivité chef de file a été relancé. Désormais, la loi du 27 janvier 2014 a généralisé le procédé de la collectivité chef de ville s'agissant des compétences les plus importantes faisant l'objet de partage entre différents niveaux de collectivités[4]. Mais, l'activité faisant l'objet de délégation doit s'exercer dans le cadre de la libre administration : « *l'a collectivité délégataire n'est pas placée sous l'autorité de la collectivité délégante* »[5]. On voit donc que le régime de passation des contrats de partenariat se différencie bien de celui des délégations de service public.

c) Exécution

Les contrats de partenariat sont fondés sur de longues périodes. Or l'évolution de l'environnement économique, social et technologique appelle l'adaptation permanente des services publics au nom des principes de mutabilité, de continuité, d'efficacité. De fait, « *la rigidité du mécanisme contractuel est un risque pour le service public* »[6].

En cas de défaillance du cocontractant, les pouvoirs publics disposent néanmoins du pouvoir de coercition pour faire exécuter le contrat. Ils

---

[1] BRACONNIER (S.), « Les contrats de partenariat et les collectivités territoriales locales : entre mythe et réalités », *op. cit.,* p. 341.
[2] BRACONNIER (S.), *op. cit*., p. 342.
[3] Parmi les différentes procédures de passation, on peut citer entre autres, le dialogue compétitif, l'appel d'offres, la procédure négociée.
[4] FAURE (B.), « Penser le changement » ou « changer le pansement » ? », *AJDA* n° 11, 2014, p. 601.
[5] BRISSON (J.-F.), « Clarification des compétences et coordination des acteurs », *AJDA* n° 11, 2014, p. 610.
[6] PIGNON-XARDEL (S.), MANOUKIAN (S.) et VITSE (L.), *op. cit*., p. 25.

peuvent aussi substituer le cocontractant par un autre prestataire ou procéder à la « mise en régie ».

En fonction des évolutions technologiques, des contraintes budgétaires ou des aléas, les décideurs publics peuvent mettre fin à un contrat de partenariat de manière anticipée soit de façon amiable[1] ou de manière unilatérale pour des motifs d'intérêt général[2]. D'où l'importance de recourir à un « accord autonome » entre différents partenaires (personnes publiques, partenaires privés, prêteurs) qui garantit la disponibilité du « financement bancaire en phase de construction » : toute fin anticipée du contrat de partenariat « *entraîne indemnisation du cocontractant et des banques, à hauteur des dépenses jugées « utiles » à la collectivité publique* »[3].

Enfin, la résiliation ou la fin d'un contrat de partenariat pose inéluctablement la problématique de la propriété des équipements construits. Il faut rappeler qu'à ce propos, le cocontractant de la personne publique reste[4] le propriétaire des ouvrages construits pendant toute la durée du contrat. En règle générale, *les installations et des bâtiments concernés reviennent de plein droit à l'État à la fin du contrat ou en cas de résiliation*.

Comme nous venons de le voir, le régime juridique des partenariats publics-privés exige le respect d'une multitude de conditions ; ses implications juridiques méritent-elles aussi d'être examinées avec attention.

3) Implications et place des contrats de partenariat dans l'ordre juridique

Les implications juridiques de la thématique du partenariat sont diverses et variées ; la question qui se pose est donc de les identifier et d'engager le débat sur les problématiques qu'elles soulèvent. Comme on le verra, le recours au contrat de partenariat est strictement encadré ; puis, on essaiera de comprendre le bien-fondé des critiques émises par plusieurs auteurs de la doctrine sur la « fausse » nouveauté des contrats de partenariat. On s'interrogera ensuite sur la relation dialectique pouvant exister entre le procédé partenarial et le droit de la commande publique ; enfin une réflexion plus large sera engagée autour de la place du contrat de partenariat dans l'ordonnancement juridique.

---

[1] Voir l'article 1134 du Code civil : « *les conventions légalement formées tiennent lieu de loi à ceux qui les ont faites. Elles ne peuvent être révoquées que de leur consentement mutuel ou pour les causes que la loi autorise* ».

[2] Voir CE, décision d'assemblée du 2 février 1987, Sté TV6, Req., p. 29.

[3] BRACONNIER (S.), « L'accord autonome dans les contrats de partenariat public-privé. De la pratique à la théorie », in *Mélanges en l'honneur du Professeur Laurent Richer, À propos des contrats des personnes publiques*, Paris, LGDJ, 2013, p. 514.

[4] Pour Alain Ménéménis, les ouvrages construits sont sur *« un terrain d'assiette purement privé et resteront, pendant toute la durée du contrat, la propriété pleine et entière du partenaire privé »*, MENEMENIS (A.), « L'ordonnance sur les contrats de partenariat : heureuse innovation ou occasion manquée ? », *op. cit.*, p. 1751.

a) Le recours au contrat de partenariat : un droit strictement encadré

On l'a évoqué, les contrats de partenariat public-privé font l'objet d'un encadrement par le Conseil constitutionnel et par le Conseil d'État[1]. Les conditions de fond résultant de la décision du Conseil constitutionnel du 26 juin 2003 sont au nombre de trois : la complexité du projet, l'urgence et le bilan coûts/avantages. S'agissant des règles de forme, elles portent sur l'évaluation préalable du projet. On n'insistera pas davantage sur ces points qui ont été largement développés.

Mais le contrat de partenariat intéresse également les politiques communautaires : la Commission européenne est favorable au développement de la démarche partenariale afin d'accélérer le développement du réseau transeuropéen de transport et la réalisation de travaux d'infrastructure comme en témoigne la présentation de son livre vert[2] le 30 avril 2004 sur « *les partenariats public-privé et le droit communautaire des marchés publics et des concessions* ».

Au sens du droit communautaire, *les contrats de partenariat constituent des marchés publics*. Même si leur proximité avec les marchés publics est évidente, force est de constater qu'ils ne relèvent pas du Code des marchés publics en droit interne. Le caractère global de l'objet des contrats de partenariat contraste[3] ainsi avec le cadre du code des marchés publics du fait notamment de l'« interdiction du paiement différé » et des « règles d'allotissement ».

En droit communautaire, il n'existe pas de définition précise textuelle ou jurisprudentielle de la notion de partenariats public-privé correspondant à un régime juridique identifié[4]. Il s'agit selon le Livre vert, « *des formes de coopération entre les autorités publiques et le monde des entreprises qui visent à assurer le financement, la construction, la rénovation, la gestion ou l'entretien d'une infrastructure ou la fourniture d'un service* »[5]. Une telle définition se veut « englobante ». Au-delà de la définition du Livre vert, les autorités européennes ont néanmoins apporté quelques précisions sur « les

---

[1] Voir en particulier la décision du Conseil d'État : CE Sect., 29 octobre 2004, M. Sueur et autres, req. 269 814.

[2] À ce propos, voir en particulier la Communication 2004. 327. Final. Pour le Conseil d'État, les contrats de partenariat sont des marchés publics au sens du droit communautaire.

[3] Pour Yves Gaudemet, le caractère global de l'objet du contrat de partenariat n'est pas compatible avec le code des marchés publics pour deux raisons bien connues : « *l'interdiction du paiement différé, puisque, dans un contrat global, le cocontractant préfinance le contrat et est rémunéré par annuités constantes tout au long de celui-ci ; - des règles d'allotissement qui obligent le cocontractant à diviser son offre en plusieurs lots même si tous sont attribués au même cocontractant* », GAUDEMET (Y.), *Droit administratif*, Paris, LGDJ, 19ème édition, 2010, p. 301.

[4] BRENET (F.) et MELLERAY (F.), *Les contrats de partenariat de l'ordonnance du 17 juin 2004. Une nouvelle espèce de contrats administratifs*, Paris, LexisNexis Litec, 2005, p. 70.

[5] Commission européenne, *Livre vert de la Commission sur les partenariats public-privé et le droit communautaire des marchés et des concessions*, préc. § 1.1.1.

critères » permettant d'identifier les partenariats public-privé. Le premier est un *critère temporel* et concerne la durée relativement longue des relations partenariales. Le deuxième *critère est financier* et vise le financement privé. Le quatrième critère est inhérent au *rôle important dévolu à l'opérateur privé* dans la conception, le financement, la réalisation et l'entretien des équipements publics. Enfin, la *répartition des risques* entre les acteurs publics et privés constitue le dernier critère.

Il est important de mentionner que la Commission européenne distingue les partenariats publics-privés contractuels des partenariats dits institutionnalisés. Dans le premier cas, le partenariat concerne les deux acteurs publics et privés : il s'agit de relations purement contractuelles. À l'inverse, dans les contrats de partenariats public-privé version institutionnalisée, la coopération entre le secteur public et l'opérateur privé implique la création d'une entité juridique distincte.

Enfin, il importe de souligner que l'influence du droit communautaire et du « *Projet Finance Initiative* » (PFI) britannique ont été considérables sur le nouveau contrat français de partenariat en leur empruntant[1] notamment les termes de transfert équilibré des risques, d'évaluation et de dialogue compétitif.

De tout ce qui précède, on peut se poser la question de savoir si réellement les contrats de partenariat inaugurent un nouveau contrat public : des doutes sont permis.

b) La « fausse » nouveauté des contrats de partenariat : un état des lieux des débats

On affirme parfois que les contrats de partenariat constituent une « nouvelle » forme de contrat administratif. Si nouveauté il y a, elle réside dans le « caractère global »[2] des contrats de partenariats public-privé. Mais le caractère « nouveau » des contrats de partenariat est largement contesté par la plupart des auteurs, car en « *introduisant une nouvelle catégorie de contrats qui n'en est pas une réellement, le gouvernement a introduit une nouvelle source de complexité* »[3]. La formule du partenariat est donc loin d'être une nouveauté puisque des pratiques similaires anciennes avaient existé comme la concession de service public à la française devenue par la suite « délégation de service public » : pour Alain Ménéménis, « *tous se retrouvent dans la DSP, contrat global, de longue durée, dans lequel la personne publique n'est pas maître d'ouvrage et procède, si elle*

[1] BREVILLE (A.), « Avantages comparatifs du contrat de partenariat par rapport aux autres contrats complexes », *AJDA*, 27 septembre 2004, p. 1756.
[2] GAUDEMET (Y.), « Les contrats de partenariat public-privé : étude historique et critique », *BJCP* n° 36, 2004, p. 331.
[3] LICHERE (F.), « Les contrats de partenariat. Fausse nouveauté ou vraie libéralisation dans la commande publique ? », *RDP* n° 6, 2004, p. 1560.

subventionne son délégataire, à des versements échelonnés pendant toute la durée du contrat... »[1]. En réalité les contrats de partenariat ne sont pas à l'égard des marchés publics des contrats nouveaux. Des contrats permettent de confier des missions globales ayant pour but le financement, la construction et l'exploitation d'ouvrages publics. De plus, le fait que le contractant est rémunéré tout au long de la durée du contrat avec un paiement différé par la personne publique rappelle bien le procédé des marchés d'entreprise de travaux publics. Ces derniers [2]ont été consacrés dès 1971 par la jurisprudence du Conseil d'État afin de concevoir ou de rénover, d'exploiter ou de maintenir les équipements publics ; puis ils ont été finalement abrogés par le Code des marchés publics[3] qui tarde d'ailleurs à faire preuve de son efficacité[4]. Sans doute la corruption qui avait émaillé la conclusion des marchés a joué un rôle décisif. Selon Lucien Rapp, les marchés d'entreprises de travaux publics n'auraient pas dû être condamnés, car les procédés ont montré leur efficacité dans diverses politiques sectorielles et auraient dû constituer un bon modèle partenarial[5]. Par ailleurs, le professeur Gaudemet s'inscrit dans la même démarche précédente : pour lui, les contrats de partenariat existaient[6] bel et bien à l'image des « marchés d'entreprise de travaux publics » en dépit de leur limite (à travers divers montages « pseudo-concessifs » comme la « concession » du Stade de France). L'auteur rappelle que tous les éléments constituant les contrats de partenariat étaient réunis dans ces procédés comme en témoignent les diverses dispositions législatives (comme celles contenues dans la loi du 29 août 2002) ayant permis à l'État de concevoir, de construire, d'aménager, d'entretenir et de maintenir des immeubles affectés à la police et à la gendarmerie nationale ainsi que certaines dispositions relatives à l'administration pénitentiaire (loi de 1987).

Après avoir fait état de ces quelques positions doctrinales, la question de la relation du contrat de partenariat avec le droit de la commande publique se pose avec acuité.

---

[1] MENEMENIS (A.), « L'ordonnance sur les contrats de partenariat : heureuse innovation ou occasion manquée ? », *op. cit.,* p. 1739.

[2] Ils sont à mi-chemin entre les DSP et les marchés publics.

[3] Ce sont les décrets du 7 mars 2001 et du décret du 7 janvier 2004 qui ont mis en place le Code des marchés publics.

[4] RAPP (L.), JEVAKHOFF (A.) et MAILLARD (F.), « Interventions des représentants des ministères de la Défense, de la Justice et de l'Equipement », *Petites Affiches*, 18 mars 2004, p. 17.

[5] Pour l'auteur, « On a détruit un instrument juridique qui, dans de nombreux domaines, celui de l'éclairage public auquel je faisais précédemment référence ou celui de l'incinération des ordures ménagères, avait fait la preuve de son efficacité et pouvait constituer le moyen de partenariats public/privé, autrement plus utiles pour l'économie du pays. Comme on le dit, on a imprudemment jeté le bébé avec l'eau du bain », *op. cit.*, p. 4.

[6] GAUDEMET (Y.), « Les contrats de partenariat public-privé : étude historique et critique », *op. cit.*, p. 332.

c) Contrat de partenariat et droit de la commande publique

Il existe plusieurs approches de la formule du partenariat dans le champ de la commande publique. Selon certains auteurs, le contrat de partenariat apparaît comme une « *nouvelle alternative aux modes traditionnels d'achat* »[1] : les procédés juridiques visés concernent en particulier la délégation de service public et les marchés publics qui ne permettent pas d'envisager toutes les formes de collaboration entre l'État et les acteurs privés pour financer les projets d'équipement dans un contexte budgétaire contraignant. Pour d'autres encore, le contrat de partenariat traduit « *le passage d'une logique fractionnée d'achat d'ouvrage public à une logique plus globale d'achat de services* »[2]. Pour d'autres commentateurs encore, l'ordonnance de 2004 sur les partenariats public-privé illustre « *une certaine libéralisation dans la commande publique* »[3]se traduisant essentiellement par le passage d'un régime public des travaux à une maîtrise d'ouvrage privée, le financement privé des équipements publics.

Même en admettant la constitutionnalité de l'approche globale de la démarche partenariale, le juge constitutionnel a néanmoins posé des limites afin de faire respecter les exigences constitutionnelles telles que l'accès à la commande publique, le bon usage des deniers publics, la propriété publique. Les restrictions posées par le Conseil constitutionnel à travers les réserves d'interprétation dérogent à trois règles[4] du « droit commun » de la commande publique : il s'agit de la règle de séparation des fonctions de concepteur et de constructeur, de la règle d'appréciation séparée des lots de construction et d'exploitation/maintenance et l'interdiction du recours au crédit-bail ou à l'option d'achat anticipé pour le préfinancement d'un équipement public. Ces règles sont dépourvues de valeur juridique : « *considérant (...) qu'aucune règle ni aucun principe de valeur constitutionnelle n'impose de confier à des personnes distinctes la conception, la réalisation, la transformation, l'exploitation et le financement d'équipements publics, ou la gestion ou le financement de services ; qu'aucun principe ou règle de valeur constitutionnelle n'interdit non plus qu'en cas d'allotissement, les offres portant simultanément sur plusieurs lots fassent l'objet d'un jugement commun en vue de déterminer l'offre la plus satisfaisante du point de vue de son équilibre global ; que le recours au crédit-bail ou à l'option d'achat anticipé pour préfinancer un ouvrage*

[1] MARTOR (B.) et THOUVENOT (S.), « Les contrats de partenariat : une nouvelle alternative aux modes traditionnels d'achat public », *JCP A* n° 28, 5 juillet 2004, p. 932.

[2] BRACONNIER (S.), « Les contrats de partenariat et les collectivités territoriales locales : entre mythe et réalités », *op. cit.*, p. 345.

[3] LICHERE (F.), « Les contrats de partenariat. Fausse nouveauté ou vraie libéralisation dans la commande publique ? », *op. cit.*, p. 1561.

[4] Ces trois règles sont précisées par Etienne Fatôme et Laurent Richer, « Le Conseil constitutionnel et le « droit commun » de la « commande publique » et de la domanialité publique », *AJDA*, 22 décembre 2003, p. 2348-2349.

public ne se heurte, dans son principe, à aucun impératif constitutionnel »[1]. D'où pour le Conseil constitutionnel, « *la généralisation de telles dérogations au droit commun de la commande publique et de la domanialité publique serait susceptible de priver de garanties légales les exigences constitutionnelles inhérentes à l'égalité devant la commande publique, à la protection des propriétés publiques et au bon usage des derniers publics* ».

Une des principales difficultés soulevées par le contrat de partenariat, c'est que la séparation des missions de maître d'œuvre et d'entrepreneur ne peut être érigée en règles de droit commun de la « commande publique »[2]. À cet égard, un auteur se demande si la collaboration des entrepreneurs et des maîtres d'œuvre ne porte pas atteinte au principe d'indisponibilité des compétences dans la mesure où le principe interdit les personnes publiques de confier l'exercice de leur compétence à des tiers[3].

Le contrat de partenariat entretient d'étroits rapports avec la notion de commande publique. Mais ni l'un, ni l'autre ne sont des termes juridiques[4]. Pour certains, la commande publique englobe tous les contrats publics dans lesquels les pouvoirs publics sollicitent le concours du privé pour le financement d'un équipement public ou l'exploitation et la gestion d'un ouvrage ; pour d'autres encore, le terme « commande publique » n'est que la version modernisée [5]des marchés publics définie à l'article 1er du nouveau Code des marchés publics[6].

Trois *grands principes*[7] *gouvernent la commande publique* : la liberté[8], l'égalité[1] et la publicité[2] : ces principes trouvent leur fondement dans le droit

---

[1] Voir la décision n° 2003-473 DC du 26 juin 2003. Pour les auteurs, le recours au crédit-bail est néanmoins possible en de préfinancer la réalisation d'ouvrages « ordinaires », FATÔME (E.) et RICHER (L.), « Le Conseil constitutionnel et le « droit commun » de la « commande publique » et de la domanialité publique », *op. cit.*, p. 2352.

[2] FATÔME (E.) et RICHER (L.), *op. cit.*, p. 2351.

[3] LICHERE (F.), « Le Conseil constitutionnel, la commande publique et le partenariat public/privé : bis repetita non placent », *RDP* n° 4, 2003, p. 1176.

[4] GAUDEMET (Y.), « La commande publique et le partenariat public-privé. Quelques mots de « synthèse », *RDI*, novembre-décembre 2003, p. 534.

[5] GAUDEMET (Y.), « La commande publique et le partenariat public-privé. Quelques mots de « synthèse », RDI, novembre-décembre 2003, p. 535. L'auteur précise que selon certains, « *la commande publique n'est qu'une appellation, plus moderne, des marchés publics ; tandis que, pour d'autres, tout aussi légitimes dans leur convention, la commande publique dépasse le cercle des marchés pour couvrir l'ensemble des contrats publics* », *Ibid.*

[6] Selon l'article 1er du Code des marchés publics (Dalloz, 5ème édition 2012), « *les marchés publics sont des contrats conclus à titre onéreux entre les pouvoirs adjudicateurs définis à l'article 2 et des opérateurs économiques publics ou privés, pour répondre à leurs besoins en matière de travaux, de fournitures ou de services* ». Cependant, les marchés publics doivent scrupuleusement respecter les principes d'accès à la commande publique, d'égalité de traitement des candidats et de transparence des procédures.

[7] DELVOLVE (P.), « Le partenariat public-privé et les principes de la commande publique », *RDI* novembre-décembre 2003, p. 484.

[8] En droit public interne, le droit français est favorable aux libertés contractuelles (Décision Cons. const. n° 81-132 DC, 16 janvier 1982, Rec. P. 18 ; de commerce, de concurrence,

public interne et dans le droit communautaire. À cela, s'ajoutent d'autres principes comme le « principe de proportionnalité » consacré par le droit communautaire[3]. En ce qui concerne l'exécution de la commande, le respect des *trois grands principes régissant la matière*[4] est essentiel : le principe d'égalité, le principe de continuité et le principe de la mutabilité.

Se pose enfin, la question de l'ajustement des contrats de partenariat dans l'ordre des contrats publics.

d) Place des contrats de partenariat dans l'ordre des contrats administratifs

Tout d'abord, en ce qui concerne la législation encadrant les partenariats des collectivités territoriales ainsi que de leurs établissements publics, la réglementation[5] relève des articles 72 et 34 de la Constitution. Mais certains éléments du régime juridique des contrats de partenariat relèvent de la loi[6].

Si les contrats de partenariat ne constituent pas à proprement parler une nouveauté dans l'univers des contrats publics, ils illustrent en revanche *« une variété de contrat administratif, une sorte de « contrat spécial »*[7]. Ce sont des « contrats globaux » et permettent à la personne publique de confier au cocontractant une mission globale dans le but de financer, de construire et d'exploiter des équipements publics[8]. La loi du 28 juillet 2008 a redéfini le

---

d'entreprendre (Décision Cons. const. n° 2000-437 DC, 19 déc. 2000, Rec. P. 190), etc. Elles ont une valeur constitutionnelle. De même, le traité instituant la Communauté européenne est favorable à la circulation des marchandises, des travailleurs et des capitaux, de la prestation de service, etc. (voir sur cet aspect les articles 28, 49).

[1] En droit interne, le principe est énoncé à l'article 6 de la DDHC de 1789 et consacré par le juge constitutionnel dans sa décision du 26 juin 2003. Alors qu'en droit communautaire, l'arrêt « Teleaustria » a consacré le « principe de non-discrimination en raison de la nationalité » par la Cour de justice (CJCE, 7 déc. 2000, Teleaustria, aff. C-324/98, Rec. P. I-10745.

[2] Le principe vise la transparence.

[3] Voir en particulier CJCE, 11 juillet 1989, Schröder, aff. 265/87, et la communication interprétative sur les concessions (en particulier les paragraphes 3.1.3.)

[4] DELVOLVE (P.), « Le partenariat public-privé et les principes de la commande publique », *op. cit.,* p. 491.

[5] MENEMENIS (A.), *op. cit.*, p. 1743.

[6] MENEMENIS (A.), « L'ordonnance sur les contrats de partenariat : heureuse innovation ou occasion manquée ? », *op. cit.*, p. 1744. Pour l'auteur, c'est le cas lorsque les éléments « *dérogent à des dispositions législatives, les modifient ou les complètent (...) soit encore parce qu'ils sont indissociables d'éléments eux-mêmes de nature législative* », *Ibid.*

[7] GAUDEMET (Y.), « Les contrats de partenariat public-privé : étude historique et critique », *op. cit.*, p. 339.

[8] Selon l'article 1er de l'ordonnance de 2004, « *une mission globale relative au financement d'investissements immatériels, d'ouvrages ou d'équipements nécessaires au service public, à la construction ou transformation des ouvrages ou équipements, ainsi qu'à leur entretien, leur maintenance, leur exploitation ou leur gestion, et, le cas échéant, à d'autres prestations de services concourant à l'exercice, par la personne publique, de la mission de service public dont elle est chargée* ».

contrat de partenariat, mais sans bouleversements majeurs puisque le contrat de partenariat reste un contrat administratif[1]. Malgré la prolifération des catégories de contrats, la classification [2]faite par les juristes à propos des contrats administratifs n'est pas remise en cause.

Avec l'adoption du contrat de partenariat comme procédé juridique dans la sphère publique, « *le paysage contractuel n'en finit pas de se charger* »[3]pour reprendre la formule du professeur Jacques Caillosse. On assiste dès lors à un foisonnement[4] des contrats de partenariat dans diverses politiques sectorielles. Pour autant, les gouvernants ne doivent pas perdre de vue les objectifs d'intérêt général.

Il résulte de tout ce qui précède que la délimitation du périmètre exact du contrat de partenariat est délicate. N'étant ni une délégation et encore moins un marché public, son caractère « hybride » lui confère un statut de « contrat nomade »[5] : c'est la raison pour laquelle le contrat de partenariat « peine à trouver sa place dans l'archipel des contrats publics »[6]. La formule contribue ainsi à brouiller les frontières entre les différents procédés contractuels rappelés ci-dessus.

Plus généralement, *les contrats de partenariat se situent entre les marchés publics et la délégation de service public* : cela étant, certains

---

[1] Selon l'article 1er de la loi du 28 juillet 2008, un contrat de partenariat est un « *contrat administratif par lequel l'État ou un établissement public de l'État confie à un tiers, pour une période déterminée en fonction de la durée d'amortissement des investissements ou des modalités de financement retenues, une mission globale ayant pour objet le financement, la construction ou la transformation, l'entretien, la maintenance, l'exploitation ou la gestion d'ouvrages, d'équipements ou de biens immatériels nécessaires au service public* ».

[2] Frédéric Rollin et Pierre Brunet ont procédé à une classification pertinente des contrats administratifs sous la forme suivante :

- *Marché public* = distinction réalisation et gestion + prix payé par la personne publique + caractère préfixé du prix.
- *Contrat de partenariat* = fusion réalisation et gestion + prix payé par la personne publique + caractère aléatoire de la rémunération fondé sur l'exploitation.
- *Délégation de service public avec travaux* = fusion réalisation et gestion + prix payé soit par l'usager du service + caractère aléatoire de la rémunération fondé sur l'exploitation.
- *Délégation de service public sans travaux* = gestion seule + prix payé soit par l'usager du service soit par la personne publique + caractère aléatoire de la rémunération fondé sur l'exploitation.

Pour les références des travaux, voir en particulier ROLIN (F.) et BRUNET (P.), « L'ordonnance du 17 juin 2004 sur les contrats de partenariat et le problème de la classification des contrats administratifs », *RDC* n° 3-4, 2000, p. 1044.

[3] CAILLOSSE (J.), « Interrogations méthodologiques sur le « tournant » contractuel de l'action publique » in *Contrats publics, Mélanges en l'honneur du Professeur Michel GUIBAL*, Université de Montpellier, Press de Monéditeur. com, 2006, volume II, p. 480.

[4] Il existe une variété de procédés : le partenariat public-privé d'initiative publique, le partenariat public-privé d'initiative privée et le partenariat public-privé « institué ».

[5] TARDIVEL (B.), « La place du contrat de partenariat dans l'ordre des contrats publics » in *Contrats publics, Mélanges en l'honneur du Professeur Michel GUIBAL*, Université de Montpellier, Press de Monéditeur.com, 2006, volume I, p. 851.

[6] TARDIVEL (B.), *Ibid.*

pensent que « les contrats de partenariat se rapprochent davantage des marchés que des délégations de service public »[1]. Bien qu'il s'agit d'une catégorie autonome de contrat public, il importe de rappeler comme le souligne Didier Linotte que le contrat de partenariat emprunte au marché public le procédé du paiement public et à la délégation du service public en particulier la concession, la technique de l'étalement de la charge financière et le transfert des risques sur ou avec l'opérateur privé[2]. On peut néanmoins considérer les contrats de partenariat comme des « contrats conditionnels »[3] dans le sens où leur recours justifie une évaluation préalable et l'exigence de critères comme l'urgence, la complexité et l'efficacité économique.

Le constat du professeur Yves Gaudemet est pour le moins sévère à propos des contrats de partenariat. L'auteur souligne d'abord, que l'avènement du partenariat public-privé entraîne inéluctablement « un grand désordre dans l'état du droit »[4]. Selon lui, il existe deux types de désordre. Le premier est un « désordre du vocabulaire »[5] dans la mesure où la notion de partenariat n'est pas un terme juridique, mais relève plutôt d'un « choix politique ». De plus, c'est un terme dont le périmètre est beaucoup plus large que la commande publique et le contrat en général. Le deuxième désordre est lié à multiplication des contrats spéciaux et des réglementations spécifiques sans véritable cohérence avec la catégorie générale du contrat administratif. On sait que le phénomène est loin d'être nouveau. En perdant de vue la globalité du contrat, les décideurs publics ont contribué à l'inflation des textes en instituant tel ou tel type de contrat. De ce constat, l'auteur propose de « revenir à la catégorie générale du contrat administratif »[6]dont les principes sont ceux d'un contrat en général fondés sur l'autonomie de la volonté, la liberté contractuelle, la force juridique du contrat, les conditions de formation, le régime des nullités et respectant les prérogatives spécifiques de la partie publique et droit à l'équilibre financier, *etc.*

On ne saurait aborder l'étude des contrats de partenariat sans examiner les implications fiscales[7]: afin d'améliorer l'attractivité des contrats de

---

[1] LICHERE (F.), *Droit des contrats publics*, Paris, Dalloz, 2005, p. 31.

[2] LINOTTE (D.), « Un cadre juridique désormais sécurisé pour les contrats de partenariat », *AJDA*, 10 janvier 2005, p. 16.

[3] TARDIVEL (B.), *op. cit.*, p. 865.

[4] GAUDEMET (Y.), « Libres propos sur le droit des contrats administratifs (la réforme de la commande publique et le partenariat public-privé) », *CJEG* n° 605 janvier 2004, p. 1.

[5] Pour Yves Gaudemet, « *Ce désordre du droit est d'abord désordre du vocabulaire ; ni la commande publique ni le partenariat ne sont des termes juridiques, tout au plus révélateurs d'une attitude politique, d'un « choix politique » (...) Le « partenariat » vide de sens en droit, a évidemment un champ plus large que la commande publique, voire que le contrat en général* », GAUDEMET (Y.), « Libres propos sur le droit des contrats administratifs (la réforme de la commande publique et le partenariat public-privé) », *op. cit.*, p. 1.

[6] GAUDEMET (Y.), *op. cit.*, p. 3.

[7] Voir en particulier l'article 26 de l'ordonnance de 2004 et l'article 1382 du Code général des impôts.

partenariat, les pouvoirs publics ont multiplié les incitations fiscales en allégeant la taxe foncière (sous forme d'exonération fiscale) des immeubles construits sous le dispositif. De plus, on sait que les exonérations fiscales attirent les investisseurs privés.

Plus largement, l'introduction des contrats de partenariat (au sens de l'ordonnance du 17 juin 2004) dans le droit administratif n'a pas affecté l[1]'unité des contrats globaux : l'unité des missions et des modes de rémunération est préservée. Les contrats confient généralement au cocontractant un même type de mission et accordent un même type de rémunération.

Comme tout procédé juridique, les contrats de partenariat présentent de nombreuses limites qu'il convient de préciser.

D) Malgré leur utilité, les contrats de partenariat présentent des limites

Malgré les nombreux avantages que comportent les contrats de partenariat, force est de constater qu'ils présentent tout un ensemble de limites et d'effets pervers. À cette longue liste, retenons les nombreuses atteintes aux principes d'égalité devant la commande publique ; l'« *atteinte au « bon usage des deniers publics* »[2] sans oublier le « *risque de corruption ou à tout le moins de favoritisme* »[3].

Chargée à la fois de la promotion de la formule des contrats de partenariats public-privé et d'appui aux collectivités territoriales sur le bien-fondé du recours au procédé, la « mission d'appui aux partenariats public-privé (MAPPP) a vu ce double rôle contesté : le rapport parlementaire appelle d'ailleurs à mettre fin à cette ambiguïté [4]tout comme Didier Migaud, premier président de la Cour des comptes lors de la présentation du rapport public annuel[5]. D'où la nécessité pour la mission d'appui aux partenariats de se séparer de son rôle de promotion en se focalisant uniquement sur la mission d'appui aux collectivités territoriales pour évaluer l'intérêt de faire appel à un tel procédé.

Mais le recours aux partenariats public-privé n'a pas été sans poser d'autres difficultés : l'évaluation préalable est souvent « biaisée »[6]. Cette

---

[1] DELVOLVE (P.), « De nouveaux contrats publics. Les contrats globaux » », *RFDA*, 2004, p. 1085.
[2] LICHERE (F.), « Les contrats de partenariat. Fausse nouveauté ou vraie libéralisation dans la commande publique ? *», op. cit.*, p. 1567.
[3] LICHERE (F.), *Ibid.*
[4] SUEUR (J.-P.) et PORTELLI (H.), *Les contrats de partenariat : des bombes à retardement ?*, rapport d'information,
[5] MONTECLER (M.-C. de), « La Cour des comptes sceptique sur les contrats de partenariat », *AJDA* n° 5, 16 février 2015, p. 244.
[6] LLORENS (F.) et SOLER-COUTEAUX (P.), « Le partenariat public-privé dans la tourmente », *Contrats et marchés publics*, octobre 2014, p. 2.

situation constitue pour certains, une source *d'insécurité juridique* dès l'instant où elle est conçue comme une étape supplémentaire de la procédure[1]. L'annulation par le tribunal administratif d'Orléans de la délibération autorisant le Conseil général du Loiret à conclure un contrat de partenariat pour la construction d'un collège a permis de mettre en évidence les « *zones d'insécurité juridique qui entourent ce contrat* »[2]. De même, la Cour des comptes précise que les vingt-neuf contrats de partenariats conclus par les collectivités territoriales ont été réalisés « *sans analyse préalable suffisante* »[3]. François LLORENS et Pierre SOLER-COUTEAUX dénoncent la part d'« hypocrisie » que comporte l'actuelle évaluation préalable et militent pour son remplacement par « *une évaluation de la soutenabilité budgétaire des contrats* »[4] confiée à des organismes publics indépendants.

Du fait de sa complexité, le contrat de partenariat pose des difficultés d'un autre ordre : « *dérapage des coûts, délais, problèmes d'interface, mauvaise anticipation et optimisation des frais de gros entretien et renouvellement, défaillance dans le respect du niveau de performance attendu dans la durée, faible ou impossible mobilisation des financements nécessaires au démarrage rapide des travaux* »[5], *etc.* Si le recours à la formule du partenariat-public est justifié par des raisons budgétaires et financières, le procédé est qualifié de « *bombe à retardement budgétaire souvent ignorée* »[6] dans la mesure où la personne publique ignore l'ensemble des risques étalant sur la durée du contrat. Cela entraîne un « *double effet de rigidification et d'éviction sur le budget des personnes publiques* »[7] : le risque budgétaire est important, car de nouvelles dépenses seront engagées sur le long terme. C'est la raison pour laquelle, Jacqueline Morand-Deviller attire l'attention sur le bien-fondé de l'intégration progressive de la notion de « sincérité »[8] dans le droit des contrats administratifs comme en témoignent les derniers développements à propos des finances publiques.

D'autres difficultés résultent de la procédure du dialogue compétitif. En effet, le tribunal administratif de Versailles a dans sa décision du 22 janvier

---

[1] LIGNIERES (P.), *Partenariats public-privé*, (éd. 2005), *op. cit.*, p. 77.
[2] TERRIEN (G.), « Les contrats de partenariats à l'épreuve du juge », *La Semaine juridique*, Edition Administrations et collectivités territoriales, n° 28, 7 juillet 2008, p. 32.
[3] MONTECLER (M.-C. de), « La Cour des comptes sceptique sur les contrats de partenariat », *op. cit.*, p. 244.
[4] LLORENS (F.) et SOLER-COUTEAUX (P.), « Le partenariat public-privé dans la tourmente », *op. cit.*, p. 2.
[5] PIGNON-XARDEL (S.), MANOUKIAN (S.) et VITSE (L.), *op. cit.*, p. 15.
[6] SUEUR (J.-P.) et PORTELLI (H.), *Les contrats de partenariat : des bombes à retardement ?*, rapport d'information, *op. cit.*, p. 23.
[7] SUEUR (J.-P.) et PORTELLI (H.), *Les contrats de partenariat : des bombes à retardement ?*, *op. cit.*, p. 24.
[8] MORAND-DEVILLER (J.), « rapport de synthèse », *Droit et ville* n° 60/2005, Colloque « Le contrat de partenariat public-privé », Toulouse, 2 et 3 juin 2005, p. 336.

2008 validé le contrat de partenariat, mais a remis en cause certains éléments de la procédure de passation. Selon Hugues Portelli et Jean-Pierre Sueur, les contrats de partenariat se caractérisent par un « manque de transparence » dans la mesure où « *la personne publique ne connaît pas forcément toutes les formes d'intermédiation ou d'ingénierie* »[1]. Or, la commande publique est gouvernée par des règles de transparence, d'égalité, de publicité et de mise en concurrence. En l'espèce, le ministre de la Défense par l'intermédiaire de la *Direction générale pour l'armement* (DGA) a lancé le 14 janvier 2006 une *procédure de dialogue compétitif* mettant aux prises la *société Eurocopter & la société « Heli Union »* et le *groupement DCI & Proteus*. Après l'appel d'offres, le groupement DCI & Proteus ont été choisis au titre d'attributaire du contrat de partenariat. Mais la société « Heli Union » a saisi le juge précontractuel au motif que le dialogue engagé avec l'administration était relativement faible et soutient l'argument selon lequel l'État détenait des parts d'action dans le capital de la société attributaire du contrat de partenariat et que de surcroît, la société DCI a pu bénéficier de précieuses informations avant même le début du dialogue compétitif. Au final, le juge a rejeté la requête, estimant que la DGA n'avait ni méconnu les obligations de mise en concurrence ni porté atteinte au principe de l'égalité de traitement des candidats[2]. Comme on peut le voir, le contrat de partenariat comporte « *un risque contentieux proportionnel à la taille du projet* »[3] pouvant viser le contrat ou les actes détachables.

Parallèlement, des « effets d'éviction des PME-TPE » ont été soulignés dans la procédure de sélection : seul un nombre réduit de grands groupes est en capacité de répondre à la procédure de sélection créant une « *situation oligopolistique dans le secteur concurrentiel* »[4] réduisant les « PME aux fonctions de sous-traitance »[5].

L'exécution d'un contrat de partenariat soulève d'autres inquiétudes : on sait qu'il reste difficile d'apprécier de manière précise l'étendue des risques étant sur la durée d'un contrat. Il reste tout aussi difficile de maîtriser l'externalisation des coûts qui ne prend pas en compte tous les frais de soumission, de suivi du contrat, mais aussi l'évolution du coût du crédit et celui de l'explosion des contentieux[6].

---

[1] SUEUR (J.-P.) et PORTELLI (H.), *Les contrats de partenariat : des bombes à retardement ?*, *op. cit.*, p. 26.

[2] TERRIEN (G.), *op. cit.*, p. 36.

[3] SUEUR (J.-P.) et PORTELLI (H.), *op. cit.*, p. 29.

[4] SUEUR (J.-P.) et PORTELLI (H.), *op. cit.*, p. 30.

[5] SUEUR (J.-P.) et PORTELLI (H.), *op. cit.*, p. 32.

[6] MORAND-DEVILLER (J.), « rapport de synthèse », *Droit et ville* n° 60/2005, Colloque « Le contrat de partenariat public-privé », Toulouse, 2 et 3 juin 2005, p. 336. L'auteur fait référence ici à la multiplication des contentieux liés à l'exploitation, aux promesses non tenues et à la propriété intellectuelle.

En outre, les partenariats public-privé peuvent entraîner *une relation de dépendance* des maîtres d'ouvrage publics en l'absence d'une véritable concurrence entre grands groupes. En renonçant à sa compétence de maître d'ouvrage, les personnes publiques s'en remettent toujours au partenaire privé faute d'avoir conservé l'expertise nécessaire : c'est en ce sens, que Jean-Pierre Sueur et Hugues Portelli, auteurs d'un rapport sénatorial publié le 16 juillet 2014 parlent d'un « *syndrome d'addiction* »[1]. En outre, l'absence de contrôle étatique pourrait avoir des incidences sur la qualité des ouvrages[2].

Si en France, il n'existe pas encore de travaux évaluant la qualité des équipements publics construits sous le régime des partenariats public-privé, l'expérience britannique peut servir de leçon pour réfléchir sur la formule la plus efficace avant d'engager une procédure de passation du contrat de partenariat. On le sait, *le procédé du partenariat a trouvé sa terre d'élection dans les années 1990 en Angleterre* qui a vu émerger la formule du « *Private Finance Initiatives* » : la formule a connu son apogée dans le *secteur public sous le gouvernement Tony Blair* notamment dans le secteur de la *défense, des transports, des hôpitaux*, etc. Mais il a été démontré à l'issue de diverses évaluations réalisées au Royaume-Uni[3]que les délais de construction et d'entretien de bâtiments scolaires étaient relativement longs ; plus encore, aucune différence significative n'a été constatée sur le coût des équipements ; en outre, la qualité des constructions des écoles étudiées est bien inférieure à la moyenne des autres écoles. Cela signifie simplement que la démarche partenariale même si elle présente de nombreux avantages ne garantit pas toujours le succès du projet. Cela nous conduit à soutenir que le partenariat public-privé présente à l'évidence des risques importants dans la qualité globale des équipements. Avec l'arrivée au pouvoir du Premier ministre conservateur David Cameron, le procédé du partenariat va connaître une inflexion spectaculaire dans la mesure où le chef du gouvernement a fait une « marche en arrière » dans l'usage du procédé. Diverses raisons ont été invoquées : les sommes versées par l'État dans les procédés sont considérables. La crise économique entraînant une raréfaction des ressources publiques et appelant une maîtrise des dépenses et des déficits publics a conduit le gouvernement à faire des économies sur les contrats de partenariat. Si cette tendance se confirme à l'avenir, on assiste bel et bien à un début d'inflexion de la politique britannique en matière de partenariats public-privé.

---

[1] SUEUR (J.-P.) et PORTELLI (H.), *Les contrats de partenariat : des bombes à retardement ?*, rapport d'information n° 733 (2013-2014) du 16 juillet 2014, Paris, Sénat, 2014, p. 23.

[2] LIGNIERES (P.), *Partenariats public-privé*, *op. cit.*, p. 76.

[3] BRENET (F.) et MELLERAY (F.), *Les contrats de partenariat de l'ordonnance du 17 juin 2004. Une nouvelle espèce de contrats administratifs*, *op. cit.*, p. 38.

En ce qui concerne les économies d'échelle escomptées, il faut se rendre à l'évidence que le compte n'y est pas. Les critiques émises aux États-Unis par le « *Congressionnal Budget Office* » remettent même en cause l'efficacité des opérations d'externalisation : dans ce sens, le rapport[1] souligne le *caractère « illusoire » des gains budgétaires attendu*s du remplacement des forces armées par les employés des sociétés militaires privées.

Malgré l'intérêt que présentent l'ordonnance de 2004 et la loi du 28 juillet, force est de constater que les contrats de partenariat peinent à se développer dans le secteur de la défense en France[2]. Cela est dû à divers facteurs : institutionnels, organisationnels et contractuels. On observe la même tendance au niveau national puisque les chiffres livrés par la *Mission d'appui à la réalisation des contrats de partenariat* mentionnent seulement 29 contrats de partenariat[3] attribués entre mars 2005 et février 2008, dont 22 initiés par les collectivités locales. Plusieurs raisons sont invoquées pour expliquer la timidité des contrats de partenariat dans la sphère publique : parmi les éléments régulièrement invoqués figurent l'absence de diffusion à grande échelle de la formule partenariale à destination du grand public, la non-attractivité du régime juridique des contrats de partenariat ainsi que le régime fiscal, la durée dissuasive de la procédure de passation, etc. Dans un contexte de contraintes budgétaires, les risques sur les finances locales sont réels : c'est la raison pour laquelle, la Cour des comptes considère que la formule des contrats de partenariat « *ne présente pas pour les collectivités d'avantages décisifs par rapport aux formules classiques de la commande publique ou de la gestion déléguée* »[4].

Il résulte de tout ce qui précède que les contrats de partenariat créés par l'ordonnance de 2004 présentent des avantages, des limites et des risques financiers importants que le législateur ne saurait nier. C'est la raison pour laquelle, Jean-Pierre Sueur et Hugues Portelli invitent le Parlement à se saisir « *à nouveau de ce sujet afin que les conditions de l'accès aux contrats de partenariat et leur mise en œuvre soient profondément revues (...) pour transposer les directives européennes du 11 février 2014 tendant à modifier les règles de passation des marchés publics* »[5]. Les rapporteurs formulent trois en effet recommandations[6] : tout d'abord, ils invitent les pouvoirs

---

[1] DANET (D.), *op. cit.*, p. 256.

[2] BELLAIS (R.) et OUDOT (J.-M.), « Le recours aux contrats de partenariat dans la défense en France », *RFAP* n° 130, 2009, p. 263.

[3] PISSALOUX (J.-L.), « Vers la relance des contrats de partenariat », *op. cit.*, p. 66.

[4] MONTECLER (M.-C. de), « La Cour des comptes sceptique sur les contrats de partenariat », *AJDA* n° 5, 16 février 2015, p. 244. L'auteur se réfère au dernier rapport annuel de la Cour des comptes.

[5] SUEUR (J.-P.) et PORTELLI (H.), *Les contrats de partenariat : des bombes à retardement ?*, rapport d'information, *op. cit.*, 4ème de couverture.

[6] SUEUR (J.-P.) et PORTELLI (H.), *op. cit.*, p. 36-37.

publics à « préciser la définition du critère de complexité » ; à réduire le « critère de l'urgence » ; et enfin à « supprimer le critère de l'efficience économique » pour justifier tout recours au contrat de partenariat. Quant à la doctrine, certains auteurs [1]invitent les gouvernants à mettre à plat le droit des partenariats public-privé en transformant les contrats de partenariat en « marchés publics » lors des futures transpositions de la directive 2014/24/UE sur la passation des marchés publics. Désormais, le droit régissant les *marchés publics relève bien du domaine de la loi (art. 34)*. Tout d'abord, « la loi n° 2014-1545 du 20 décembre 2014 relative à la simplification de la vie des entreprises »[2] a autorisé le gouvernement à prendre les mesures qui relèvent du domaine de la loi afin de *transposer la directive du 20/24/UE du Parlement et du Conseil du 26 février 2014 sur la passation des marchés publics et abrogeant la directive 2004/18/CE, et la directive 2014/25/UE du Parlement européen et du Conseil, du 26 février 2014, relative à la passation de marchés par des entités opérant dans les secteurs de l'eau, de l'énergie, des transports et des services postaux et abrogeant la directive 2004/17/CE.* La loi vise à *rationaliser pour l'ensemble des contrats de la commande publique* qui sont des *marchés au sens du droit de l'Union européenne*.

En deuxième lieu, s'agissant de la procédure de passation, on sait que *l'évaluation préalable* restant indispensable à tout marché de partenariat doit nécessairement faire apparaître « les motifs de caractère économique, financier, juridique et administratif » et comportant une « étude de soutenabilité budgétaire » permettant d'apprécier les conséquences du contrat sur les finances publiques ou locales et la disponibilité des crédits (art. 66). L'évaluation préalable est en outre soumise pour avis auprès d'un organisme expert ou au service de l'État compétent (à l'exception de l'étude de soutenabilité). Dans tous les cas, le recours à un marché de partenariat doit présenter « *un bilan plus favorable que ceux d'autres contrats de la commande publique* » (art. 68). L'évaluation préalable de soutenabilité budgétaire faisant clairement apparaître les motifs de caractère économique, financier, juridique et administratif susceptible de justifier leur utilisation par un service expert marque selon Florian Linditch « *le retour de l'État* »[3]. D'autre part, force est de constater que les conditions d'urgence et de complexité ne permettent plus de justifier le recours aux marchés de partenariat : l'unique critère qui subsiste est le critère de l'efficience

---

[1] FRACKOWIAK (C.) et DELALOY (G.), « Pour une rationalisation de l'architecture du droit français de la commande publique », *BJCP* n° 95, 2014, p. 241. Voir aussi TENAILLEAU (F.), « L'influence des directives sur les partenariats public-privé », *Contrats et marchés*, juin 2014, p. 48.

[2] Loi n° 2014-1545 du 20 décembre 2014 relative à la simplification de la vie des entreprises.

[3] LLORENS (F.) et SOLER-COUTEAUX (P.), « Le projet d'ordonnance relative aux marchés publics et l'avenir des contrats globaux », *Contrats et marchés publics*, février 2015, p. 2.

économique[1]. Comme on peut le constater, cela s'inscrit à l'inverse des préconisations du rapport d'Hugues Portelli et de Jean-Pierre Sueur qui proposaient d'une part, de supprimer le critère de l'efficience économique et d'autre part, de préciser la définition du critère de complexité et de réduire le critère d'urgence.

Les marchés de partenariat instaurés par l'ordonnance n° 2015-899 du 23 juillet 2015 sont désormais soumis à une démarche d'évaluation plus renforcée : ils sont soumis à un *organisme expert* succédant à la Mission d'appui aux partenariats public-privé (MAPP). L'organisme expert ici est la Mission d'Appui au Financement des Infrastructures qui rend un avis sur l'évaluation préalable des modes de réalisation du projet (EMRP). C'est un organisme expert placé auprès du ministre chargé de la réglementation de la commande publique.

Tout projet doit ainsi faire l'objet d'une *étude de soutenabilité budgétaire* et doit être soumis à l'*avis des services compétents* pour déterminer sa viabilité pour les finances de l'acheteur. Tout lancement de procédure de passation d'un marché de partenariat comprend *l'évaluation préalable des modes de réalisation du projet* (EMRP), (art. 144 du décret n° 2016-360 du 25 mars 2016) et *l'étude de soutenabilité budgétaire* (art. 74 ordonnance du 23 juillet 2015).

En troisième lieu, s'agissant du *partage des risques entre le pouvoir adjudicateur et le titulaire*, « aucun risque d'exploitation ne peut être transféré au titulaire » (art. 62 al. 1). Cependant, « le risque d'exploitation est réputé transféré au titulaire lorsque celui-ci est exposé aux aléas du marché et que, dans des conditions d'exploitation normales, il n'est pas assuré d'amortir les investissements ou les coûts qu'il a supportés et qui sont liés à l'exploitation de l'ouvrage ou du service » (art. 62). S'agissant de la rémunération du titulaire par le pouvoir adjudicateur, elle se fait par « paiement » dès la fin des opérations pendant toute la durée du contrat (art. 76). La rémunération du titulaire peut être liée à des objectifs de performance, mais elle ne peut varier en fonction des aléas du marché.

Si le rappel de ces quelques éléments s'impose, il convient d'illustrer les propos en s'appuyant sur des exemples concrets afin d'appréhender l'ampleur du phénomène.

E) Exemples d'externalisation et ampleur du phénomène

De nombreuses politiques sectorielles comportent bien des aspects relevant du partenariat entre le secteur public et le secteur privé. La démarche adoptée ici privilégie l'étude de politiques ayant fait l'objet de

[1] LLORENS (F.) et SOLER-COUTEAUX (P.), « Le projet d'ordonnance relative aux marchés publics et l'avenir des contrats globaux », *Ibid.*

partenariat ces dernières années en vue d'apporter des éclairages sous un jour nouveau les transformations de l'action publique en cours.

En général, le mouvement d'externalisation ne concerne pas les fonctions présentant le « caractère régalien » de l'activité et la « sensibilité » en termes de droits corrélatifs du citoyen[1] : ainsi par exemple, « *le droit français proscrit l'externalisation des activités de police, le droit américain proscrit celle des fonctions militaires ou diplomatiques, le droit britannique, celle des fonctions judiciaires* »[2].

Dans le secteur ferroviaire, la réalisation d'infrastructures exige une charge financière considérable ; des entités publiques comme l'État, la SNCF et Réseau Ferré de France[3](RFF) ont fait appel à la technique du partenariat public-privé sur la base de la loi 2006-10 du 5 janvier 2006 relative à la sécurité et au développement des transports. La loi leur permet de faire appel à la formule en utilisant soit le procédé de la délégation de service public soit la forme partenariale conformément à l'ordonnance du 14 juin 2004 (en fixant les objectifs de performance, la répartition des risques, la durée du contrat, la rémunération, l'évaluation de la performance du partenaire privé, *etc.*). Réseau Ferré de France est propriétaire et gestionnaire des infrastructures. La Société nationale des chemins de fer (SNCF) gère quant à elle, la circulation, l'installation et le fonctionnement des infrastructures techniques ainsi que la sécurité selon le cadre fixé par Réseau ferré de France. Celui-ci participe activement au financement des projets. L'avantage de la démarche, c'est que « *les établissements publics peuvent se focaliser pour l'essentiel sur le contrôle de la qualité du service offert à leur client* »[4]. De plus, l'appel à la collaboration du secteur privé permet l'aboutissement des projets dans de plus brefs délais.

De même, la *technique du partenariat public-privé a été fortement été mobilisée par l'État pendant la crise financière pour relancer l'économie nationale.* Ainsi, la « loi n° 2009- 179 du 17 février 2009 pour l'accélération des programmes de construction et d'investissements publics et privés » appelée aussi loi « plan de relance » vise à neutraliser les effets corrosifs de la crise financière. Elle s'inscrit dans la droite ligne du *Plan de relance de l'économie*. La loi privilégie le cofinancement public et privé des projets et rend possible l'octroi de la garantie de l'État. La garantie étant accordée par le ministère de l'Économie et des Finances privilégie le financement de projets jugés prioritaires à hauteur de 80 %[5] dans la limite d'une enveloppe globale de 10 milliards d'euros. De telles mesures s'inscrivent dans la droite ligne du discours du président Nicolas Sarkozy tenu à Douai le 4 décembre

[1] COLSON (J.-P.) et IDOUX (P.), *Droit public économique*, Paris, LGDJ, 2010, p. 331
[2] COLSON (J.-P.) et IDOUX (P.), *Droit public économique*, *Ibid.*
[3] Réseau ferré de France est institué par la loi n° 97-135 du 13 février 1997.
[4] SALQUE (C.), « Les contrats de partenariat public-privé (PPP) : une innovation utile pour financer les projets ferroviaires ? », *Contrats et marchés publics*, février 2007, p. 8.
[5] Voir en particulier l'article 6 de la loi de finances rectificative pour 2009.

2008 sur les solutions à apporter face à la crise financière. Les contrats de partenariat sont ici conçus comme un *instrument de relance de l'investissement public* dans le but de *faciliter le financement des contrats de partenariat*[1].

La démarche partenariale intéresse aussi l'activité des collectivités territoriales. Au niveau infra-étatique, les contrats de partenariat ont rencontré un certain succès en témoigne l'appel croissant à la formule. Au 31 décembre 2009, 45 contrats de partenariats ont été signés pour un montant total de 1,1 milliard d'euros d'investissement, et plus de 206 projets de contrats de partenariats étaient soit en phase d'étude (146), ou soit en cours d'attribution (60)[2]. Mais les contrats portaient sur des financements d'équipement collectif de taille modeste[3].

Pour comprendre l'ampleur du phénomène, l'analyse de quelques exemples s'avère nécessaire pour confronter certains éléments théoriques rappelés ci-dessus à la pratique. On examinera tout d'abord, le processus d'externalisation d'activités au sein du ministère de la Défense suivi de celui pratiqué dans la police et dans l'administration pénitentiaire. Enfin, un regard croisé sera porté sur les pratiques de quelques pays comparables à la France afin de mettre en évidence la singularité des uns et des autres.

1) L'externalisation au ministère de la Défense

La logique stratégique conduit les pouvoirs publics à externaliser la gestion d'un ensemble de missions qui relèvent en général de son périmètre d'intervention. Les contrats de partenariat n'ont pas épargné les *activités du Ministère de la Défense* et s'inscrivent dans *un mouvement plus général de rationalisation de l'organisation géographique du ministère et des coûts des politiques* dans un cadre budgétaire contraint. Les années 2000 ont sans doute constitué un tournant dans la politique d'externalisation au sein du ministère de la Défense : celui-ci a en effet constitué un *véritable laboratoire d'externalisation d'activités* dont certaines d'entre elles se rapprochent davantage du « cœur de métier ». L'ampleur du mouvement a été favorisée en premier lieu par les *stratégies ministérielles de réformes* engagées en 2002-2003, mais aussi la politique dite de la révision générale des politiques publiques. La loi de programmation militaire pour 2003-2008[4] engageant le

[1] TENAILLEAU (F.), « Les contrats de partenariat, la crise financière et la loi », *La Semaine juridique, Edition Administration et Collectivités territoriales*, n° 14, 30 mars 2009, p. 43.
[2] HUET (G.), « Contrat de partenariat : vers un premier bilan », *La Semaine juridique, Edition Administrations et Collectivités territoriales* n° 16, 18 avril 2011, p. 18.
[3] À ce propos, l'auteur nous informe que le montant d'un projet avoisinait les 23 millions d'euros d'investissement hors taxes.
[4] Projet de loi relatif à la programmation militaire pour les années 2003 à 2008, présenté au nom de M. Jean-Pierre Raffarin, Premier ministre, par Mme Michèle Alliot-Marie, ministre de la Défense, Paris, Assemblée Nationale, document n° 187, 17 septembre 2002, p. 37.

ministère de la Défense dans un processus d'externalisation témoigne de l'essor du procédé.

Les secteurs ayant fait l'objet d'externalisation sont divers et variés : cinq [1]fonctions du *détachement de l'air 277 de Varennes-sur-Allier* ont été externalisées et concernent la *sécurité*, le *transport stratégique, la restauration-hôtellerie, l'entretien des infrastructures, le nettoyage*.

De même, le ministère de la Défense a engagé l'externalisation des *fonctions de soutien* [2]entre 2003 et 2008 : c'est dans ce cadre que *l'externalisation de la gestion du parc de véhicules* a permis de remplacer en une fois, plus de 20 000 véhicules de la gamme commerciale dans un contexte budgétaire contraint.

La rationalisation des moyens budgétaires a amené les pouvoirs publics à *externaliser* la *gestion des satellites de télécommunications miliaires.* On sait que le *secteur* demeure extrêmement *sensible et stratégique*. Mais, c'est la logique budgétaire qui a animé les promoteurs du *projet dénommé « Nectar »* : la *recherche d'économies d'échelle* et la *création de valeur* ne sont pas absentes de la démarche. En confiant la gestion du projet à un opérateur privé, celui-ci percevra un loyer qui lui sera versé. L'externalisation est ici considérée comme un instrument de rationalisation ; plus largement, il s'agit « *de passer d'une logique patrimoniale à une logique d'acquisition de services* »[3].

Dans le même ordre d'idées, la « *Base Ecole de Dax* » dans le cadre de sa politique d'externalisation a signé le 31 janvier 2008 *un contrat de partenariat* concernant *l'achat d'heures de vol d'hélicoptères sans équipage* [4]afin de réaliser des économies d'échelle. À l'issue de l'évaluation préalable (2003) et de l'engagement du dialogue compétitif (en 2006), le contrat a été attribué à une entreprise dont *l'État est actionnaire minoritaire*.

Il existe d'autres projets d'importance au sein du ministère de la Défense et qui ont fait l'objet d'un partenariat public-privé. Le *regroupement des services centraux et stratégiques* (en particulier les états-majors) du ministère de la Défense envisagé par le gouvernement au *site de Balard au 15ème arrondissement de Paris* a mobilisé la démarche partenariale : il s'agit de faire appel au secteur privé pour la *construction d'un bâtiment moderne et fonctionnel*[5] ; certains ont qualifié le *projet Balard de futur « Pentagone à la*

---

[1] GISCARD (L. D'Estaing), et Assemblée nationale, *La politique d'externalisation de la défense : coûts et bénéfices attendus, rapport d'information, op. cit.*, p. 71.

[2] GISCARD (L. D'Estaing) et Assemblée nationale, *La politique d'externalisation de la défense : coûts et bénéfices attendus, rapport d'information, op. cit.*, p. 21.

[3] GISCARD (L. D'Estaing), CAZENEUVE (B.), Mission d'évaluation et de contrôle, *Les externalisations du ministère de la défense : l'heure des choix, rapport parlementaire*, Paris, Assemblée nationale, Juillet 2011, p. 58.

[4] GISCARD (L. D'Estaing) et Assemblée nationale, *La politique d'externalisation de la défense : coûts et bénéfices attendus, rapport d'information, op. cit.*, p. 98.

[5] Il s'agit de construire à l'Ouest du site un ensemble immobilier de 140 000 m² et rénover 140 000 m² de bâtiments existants sur la parcelle Est.

française ». Ce projet inédit résulte d'une décision du *Conseil de modernisation des politiques publiques* du 12 décembre 2007 sous la présidence Nicolas Sarkozy. Le projet a pour but *l'amélioration de la gouvernance du ministère de la Défense et poursuivre la « réforme » des armées*. Pour piloter le projet, le ministère de la Défense s'est doté d'une « *Délégation pour le regroupement des états-majors et des services centraux de la défense* » (DRESD) [1]composée essentiellement d'experts et de personnalités qualifiées.

La *durée du contrat* s'étale sur une *durée de 30 ans* (de 2015 à 2041) ; la personne publique versera un loyer à l'opérateur privé soit un montant annuel de 155, 4 millions d'euros[2]. *À la fin du contrat, l'État deviendra le propriétaire exclusif de tous les équipements ainsi que le terrain et les murs de la parcelle*. Sur les trois plus grandes entreprises de BTP françaises (Eiffage, Vinci et Bouygues) candidates à l'appel d'offre, le *consortium* dirigé par *Bouygues et Thalès a été finalement retenu en février 2011*[3]dans le cadre d'un dialogue compétitif qui a duré 18 mois. Le consortium prendra en charge la conception, la réalisation, l'entretien, la maintenance des bâtiments ainsi divers services (restauration, nettoyage, gardiennage, etc.). Le contrat est signé en septembre 2011. En revanche, le permis de construire avait été retardé par rapport au temps prévu[4]. L'avenir de ce projet ambitieux a été dans un premier incertain pour plusieurs raisons. D'abord, l'arrivée de la gauche au pouvoir a ralenti le projet dans la mesure où le nouveau pouvoir exige un audit pour apprécier le bien-fondé du projet avant de donner son accord pour la suite des travaux. Par ailleurs, le projet Balard a fait l'objet d'une information judiciaire pour corruption instruite par le parquet de Paris depuis février 2011. De plus, la Ville de Paris a déposé un recours contre le permis de construire (du projet Balard) pour cause de modification du Plan local d'urbanisme (Plu). Selon le calendrier prévisionnel, la livraison des bâtiments est prévue pour 2015 et l'achèvement du transfert du personnel en 2016.

---

[1] Arrêté ministériel du 9 octobre 2008.

[2] Selon le rapport parlementaire, « un loyer d'un montant de 129, 9 millions d'euros annuel hors taxes, soit 155, 4 millions d'euros TTC, sera versé au partenaire privé pendant 27 ans. Ce loyer sera non seulement la contrepartie du droit d'occupation des murs, mais comprendra également un certain nombre de services de fonctionnement : restauration, propreté, entretien, informatique, assistance bureautique, gardiennage extérieur… », GISCARD (L. D'Estaing), CAZENEUVE (B.), Mission d'évaluation et de contrôle, *Les externalisations du ministère de la défense : l'heure des choix, rapport parlementaire*, *op. cit.*, p. 74.

[3] GISCARD (L. D'Estaing), CAZENEUVE (B.), Mission d'évaluation et de contrôle, *Les externalisations du ministère de la défense : l'heure des choix, rapport parlementaire*, *op. cit.*, p. 73.

[4] SALIOU (F.), « L'externalisation permet-elle une réduction des dépenses publiques ? L'exemple du ministère de la Défense », *La Semaine juridique, Administrations et Collectivités territoriales* n° 17, 30 avril 2012, 2144.

L'externalisation ne concerne pas que les activités de la défense, elle intéresse aussi l'administration pénitentiaire.

2) En matière d'administration pénitentiaire

L'État stratège est un État qui externalise certaines activités de l'administration pénitentiaire aux acteurs privés. Le procédé juridique ayant permis de déléguer la gestion de tout un ensemble de fonctions des établissements pénitentiaires à d'autres partenaires s'appuie sur la formule du partenariat public-privé. Déjà au début des années 2000, les pouvoirs publics ont eu recours à la formule du partenariat public-privé pour réaliser et gérer des équipements affectés aux besoins de la justice[1], de la police et de la gendarmerie[2]. Auparavant, il faut rappeler que la loi du 22 juin 1987 relative au service public pénitentiaire autorisait à une même personne de remplir « *une mission portant à la fois sur la conception, la construction, et l'aménagement des prisons* ». C'est grâce aux *contrats globaux* que permettait la loi du 22 juin 1987 que 21 établissements pénitentiaires[3] ont pu être construits. *Il y a encore quelques années, il était impensable de confier la gestion d'établissements pénitentiaires à des entreprises privées.* Pourtant l'idée a été émise dès 1987[4] par le ministre de la Justice de l'époque, Albin Chalandon ; mais il a fallu attendre le début des années 1990 pour voir enfin se concrétiser une gestion mixte des premières prisons. Visant à apporter des réponses adéquates au *surpeuplement du milieu carcéral*, l'appel à la collaboration du secteur privé dans la gestion d'établissements pénitentiaires s'inscrit dans un *contexte budgétaire contraint* où les pouvoirs publics sont invités à faire des économies partout où cela est possible et nécessaire. En l'espèce, les gouvernants y ont procédé par le canal de la délégation. Le législateur a autorisé les décideurs publics à externaliser certaines missions traditionnellement assurées par l'administration pénitentiaire elle-même : une limite a été cependant posée et celle-ci exclut formellement « *les fonctions de direction, de surveillance et de greffe. On peut a priori en déduire que toutes les activités, hors les trois prévues, peuvent être confiées au secteur privé* »[5]. Cela signifie que le bloc de compétences externalisées comprend la construction, le transport, la maintenance, l'hôtellerie, le travail

[1] Voir la loi du 9 septembre 2002 d'orientation et de programmation pour la justice (LOPJ).
[2] Voir la loi du 29 août 2002 d'orientation et de programmation pour la sécurité intérieure (LOPSI).
[3] PISSALOUX (J.-L.), « Vers la relance des contrats de partenariat », *Revue Lamy des collectivités territoriales*, n° 39, 2008, p. 65.
[4] Ce projet est inspiré des expériences anglaises, américaines et australiennes. En ce sens, plusieurs lois successives ont contribué à faire aboutir le projet : loi du 22 juin 1987, loi relative au « plan 13 000 » (loi du 7 août 1987 portant approbation du cahier des charges).
[5] COUVRAT (P.), « L'externalisation des missions de l'administration pénitentiaire : l'impact du développement de la gestion déléguée », *RFAP* n° 99, juillet-septembre 2001, p. 458.

et la formation professionnelle, la blanchisserie, etc. En l'espèce, *l'État ne conserve que les fonctions administratives.*

On a constaté globalement une certaine satisfaction. Les *avantages*[1] du procédé de l'externalisation concernent : la simplification de la démarche pour l'État avec la désignation d'un interlocuteur unique, le respect des délais de construction, une meilleure gestion déléguée du parc immobilier, l'amélioration de la restauration et des conditions de vie des détenus, etc. Dans le même temps, les *inconvénients extrêmes sont nombreux*[2] : difficultés de fonctionnement, « malfaçons et pannes » comme par exemple à Roanne ou à Mont-de-Marsan où des difficultés liées à la rédaction des contrats (imprécision, décalage entre dispositif de performance et réalité opérationnelle) ont été signalées ; d'autres difficultés portent sur le manque de clarté dans la répartition des compétences, l'insuffisance des mécanismes de suivi et de contrôle, la difficulté de comparer les coûts entre le public et le privé, les surcoûts ou la rétention des informations par les entreprises, *etc.*

L'externalisation de missions d'intérêt général par voie partenariale n'a pas épargné les politiques de sécurité publique avec de plus en plus de sollicitation d'entreprises privées de sécurité.

3) En matière de police administrative et de sécurité publique

L'État stratège est par ailleurs un État qui externalise certaines « activités » de la police à des partenaires privés. Ainsi, on a vu la préfecture de police de Paris mobiliser fortement l'outil contractuel à des fins d'externalisation de toute une série d'activités à des opérateurs privés. Le procédé a connu un essor important dans les années 2000 : les domaines visés[3] concernent l'enlèvement et le transport des véhicules en stationnement gênant destinés à la fourrière, la gestion du parc informatique, la réparation de véhicules automobiles. La listes des activités concernées va croissante et est loin d'être exhaustive.

Si les *activités de police administrative* ne peuvent faire l'objet d'externalisation, le procédé n'a pas épargné la gestion des activités de la police en particulier le maintien de la sécurité publique. *Le mouvement d'externalisation va progressivement toucher le secteur de la sécurité publique* conduisant les pouvoirs publics à *associer les sociétés privées de sécurité dans la « coproduction de la sécurité ».* Or, pendant longtemps, l'État avait le monopole du maintien de l'ordre et de la sécurité sur

---

[1] YOLKA (P.), « Surveiller et construire : le partenariat public/privé en prison (s) » in FROMENT (J.-C.) et KALUSZYNSKI (M.), (sous la dir.), *L'administration pénitentiaire face aux principes de la nouvelle gestion publique*, Grenoble, PUG, 2011, p. 118.

[2] YOLKA (P.), « Surveiller et construire : le partenariat public/privé en prison (s) », *op. cit.*, p. 121-123.

[3] Pour aller plus loin sur cette question, voir en particulier les récents travaux de RENAUDIE (O.), *La préfecture de police*, Paris, LGDJ, Lextenso éditions, 2008, p. 511.

l'ensemble du territoire. La problématique de l'insécurité questionne ici le rôle et la place de l'État dans « *les politiques publiques de sécurité* »[1].

On le sait, le maintien de la sécurité relève des fonctions régaliennes de l'État : selon l'article 1er de la loi d'orientation et de programmation relative à la sécurité du 21 janvier 1995, « *la sécurité est un droit fondamental et l'une des conditions de l'exercice des libertés individuelles et collectives. L'État a le devoir d'assurer la sécurité en veillant sur l'ensemble du territoire de la République, à la défense des institutions et des intérêts nationaux, au respect des lois, au maintien de la paix et de l'ordre publics, à la protection des personnes et des biens* ». Mais l'apparition de *nouvelles menaces* liées au *terrorisme*, l'*augmentation de la délinquance urbaine*, etc., ont participé à *infléchir les missions de la police administrative*. L'efficacité des politiques de sécurité passe nécessairement par l'adaptation des modalités d'intervention aux enjeux territoriaux de sécurité : cela appelle la mobilisation d'acteurs divers et variés et de multiples dispositifs institutionnels dès l'instant où « *la perspective de « maintien de l'ordre » est désormais englobée dans une problématique beaucoup plus large, celle de la sécurité* »[2]. De manière stratégique, la démarche permet à l'État de « *consolider les capacités opérationnelles essentielles de ses propres forces, grâce à une implication accrue de la sécurité privée dans l'offre globale de sécurité, tout en garantissant une qualité de service optimale* »[3].

L'*ouverture de la police aux entreprises privées de sécurité* intervenant sur le terrain de la sécurité n'a pas toujours été le cas de par le passé. Au départ, les pouvoirs publics n'étaient pas favorables à l'idée d'associer les sociétés privées au maintien de la sécurité : en réalité, ils étaient « *hostiles et très crispés sur la défense du thème du monopole de la sécurité publique* »[4]. Il a fallu donc attendre la loi de programmation du 21 janvier 1995 (LOPS) pour que l'État se décide enfin d'engager *des partenariats avec les sociétés privées de sécurité* en admettant définitivement que « *certaines fonctions de sécurité privée participent à la co-production de la sécurité collective* »[5]. La démarche témoigne de « *la souplesse de l'État à admettre que la satisfaction de l'intérêt général ne relève pas du monopole de la puissance publique* »[6].

---

[1] BAUER (A.), SOULLEZ (C.), *Les politiques publiques de sécurité*, Paris, PUF, Coll. « Que sais-je ? », 2011. Il est fait référence au titre de l'ouvrage des auteurs.

[2] CHEVALLIER (J.), *L'État postmoderne*, Paris, LGDJ, 2004, p. 50.

[3] MIGNAUX (J.), « Le regard porté par la gendarmerie sur la problématique sécurité publique-sécurité privée », in BRAJEUX (P.), DELBECQUE (E.) et MATHIEU (M.), *Sécurité privée, enjeu public*, Paris, Armand Colin, 2013, p. 172.

[4] OCQUETEAU (F.), « La sécurité privée en France. État des lieux et questions pour l'avenir », *Les Cahiers de la sécurité intérieure*, 33, 3ème trimestre 1998, p. 108.

[5] OCQUETEAU (F.), « La sécurité privée en France. État des lieux et questions pour l'avenir », *op. cit.*, p. 123.

[6] LATOUR (X.), « La place du secteur privé dans la politique moderne de sécurité », *AJDA*, 5 avril 2010, p. 659.

Les sociétés privées de sécurité interviennent dans la protection des biens et des personnes. Le rôle des entreprises privées de sécurité ne cessent de s'élargir. Les *principales missions* tournent autour de trois grandes thématiques[1] : *inspection-filtrage dans les aéroports et les sites sensibles, sécurité des manifestations sportives ou culturelles, surveillance à distance*, etc. À cela, il faut ajouter les activités de gardiennage et de transport de fonds sans oublier la « protection du patrimoine social des collectivités » et même la « *gestion de dispositifs de vidéosurveillance de certaines villes* »[2].

Le secteur de la sécurité privée est en pleine croissance. On recense en France plus de *2000*[3] *entreprises privées de sécurité* réalisant un chiffre d'affaires de 2, 9 milliards d'euros en 2005 alors que la Belgique n'en compte que 170 entreprises agréées. Le chiffre d'affaires a atteint en 2008 [4]la somme de 4, 8 milliards d'euros sur un total de 2 820 entreprises réparties en 3 850 établissements. En 2011, le secteur de la sécurité privée a généré un chiffre d'affaires de plus de 5 milliards d'euros hors taxes[5]. Sur l'ensemble des entreprises, la moitié du chiffre d'affaires est détenue par un petit nombre, environ une trentaine. La santé financière des sociétés privées de sécurité est donc très inégale. Plus problématique encore, « *près de 40 % du marché français de la surveillance humaine est désormais contrôlée par des groupes d'origine étrangère* »[6]: cela est préoccupant pour un pays comme la France dans la mesure où le secteur de la sécurité privée est un secteur éminemment stratégique auquel la puissance publique doit y veiller pour empêcher que certaines informations sensibles ou stratégiques (concernant par exemple la sécurité de l'État ou des entreprises) ne fassent l'objet de manipulation pour le compte d'acteurs internes et/ou de gouvernants étrangers malveillants (espionnage économique, industriel, terrorisme, *etc.*).

S'agissant des effectifs, si l'on additionne le nombre de policiers et de gendarmes, il avoisinerait les 240 000 en 2007 alors que la sécurité privée emploie déjà 135 000[7] agents de sécurité. En 2011, de récents travaux[8] ont réévalué l'effectif total des agents des sociétés de sécurité privée qui atteint désormais les 165 000. L'effectif global des agents des sociétés privées de

---

[1] GAUDIN (M.) et BAUER (A.), *Vers une plus grande efficacité du service public de sécurité au quotidien, rapport au ministre de l'intérieur*, *op. cit.*, p. 121.

[2] LATOUR (X.), « La puissance publique et les contrôles exercés sur les entreprises de sécurité privée », *AJDA*, 27 avril 2009, p. 800.

[3] BRAJEUX (P.), « Le marché de la sécurité privée à n'importe quel prix ? » in ARGAGIAN (N.), (sous la dir.), *Liberté, Egalité... Sécurité*, *op. cit.*, p. 138.

[4] WARFMAN (D.) et OCQUETEAU (F.), *La sécurité privée en France*, Paris, PUF, Collection « Que sais-je ? », 2011, p. 73.

[5] PAUVERT (B.), « L'intervention de la sécurité privée sur la voie publique », in VALLAR (C.) et LATOUR (X.), (Sous la dir.), *Quel avenir pour la sécurité privée ?*, Presses universitaires d'Aix-Marseille, 2013, p. 73.

[6] BRAJEUX (P.), *op. cit.*, p. 141.

[7] BRAJEUX (P.), *op. cit.*, p. 138.

[8] WARFMAN (D.) et OCQUETEAU (F.), *op. cit.*, p. 73.

sécurité dépasse déjà largement celui des agents des polices municipales qui n'est que de 20 000 environ. Le nombre d'agents de sociétés privées de sécurité devient de plus en plus important devant les fortes sollicitations des populations. Paradoxalement la police et la gendarmerie sont appelées à emprunter le chemin inverse en diminuant les effectifs dès l'instant où la LOLF (le budget consacré à la mission « sécurité » concerne les programmes « police » et « gendarmerie ») et la RGPP imposent une réduction des dépenses publiques ; d'où le sens du bien-fondé de la *carte militaire et de la professionnalisation des armées en vue de réaliser des économies d'échelle*. Cela dit, la police et la gendarmerie continuent de recruter face à l'augmentation de la délinquance et de la violence urbaine. Le succès de l'action publique est tributaire de l'adéquation des moyens au but recherché.

L'organisation du partenariat entre acteurs publics et partenaires privés en matière de sécurité n'a été possible que grâce à l'amélioration du cadre juridique. Si la collaboration des sociétés privées de sécurité à l'action publique est chose admise, le premier texte[1] organisant cette profession date de 1983. Avant cette date, c'est le « flou juridique » qui prévalait. Ensuite, divers textes[2] sont venus encadrer le dispositif. Les sociétés privées sont devenues des acteurs incontournables de la politique de sécurité : selon l'article 1er de la loi du 21 janvier 1995 d'orientation et de programmation relative à la sécurité (LOPS), « *la sécurité privée concourt à la sécurité générale de la Nation* ». La légitimité de la profession découle de différentes lois rappelées ci-dessus et de la décision du 13 mars 2003 du Conseil constitutionnel ayant jugé constitutionnelle[3] la participation d'agents de sécurité à une mission de surveillance relevant en principe du champ de compétence de la police administrative. De même, la loi du 5 mars 2007 relative à la prévention de la délinquance rend *obligatoire la possession* d'une *carte professionnelle*.

La démarche stratégique implique un *contrôle strict de l'activité de ces entreprises privées de sécurité*. La réglementation des activités issues des sociétés privées de sécurité est nécessaire dans la mesure où il est important de clarifier le périmètre d'intervention des différents acteurs afin d'éviter les ambiguïtés, le « flou » et d'éventuelles dérives du métier comme par exemple certains effets pervers dérivant de l'atteinte aux libertés individuelles [4]en rapport avec l'utilisation de la vidéosurveillance. Ce *recentrage du pouvoir central sur la production de la réglementation encadrant les activités des sociétés de sécurité privée relève bel et bien*

---

[1] Loi n° 83-629 du 12 juillet 1983 réglementant les activités privées de surveillance, de gardiennage et transport de fonds.

[2] On peut rappeler ici la Loi n° 2003-239 du 18 mars 2003 pour la sécurité intérieure, voir JO du 19 mars 2003, p. 4. 761.

[3] Décision n° 2003-367 DC du 13 mars, Lebon, p. 211.

[4] OBERDORFF (H.), « La liberté individuelle face aux risques des technologies de sécurité » in *Mélanges J. Robert*, Paris, Montchrestien, 1998, p. 179.

d'une démarche stratégique et témoigne de « *la marque et le contrôle de l'État* »[1]. L'activité de production des règles est ici essentielle pour dissiper la méfiance des pouvoirs publics vis-à-vis du secteur de la sécurité privée. Le contrôle demeure un instrument d'action stratégique : il permet à l'État de savoir si les règles encadrant la profession ont été respectées et dans le cas contraire de prendre des mesures coercitives. Les contrôles opérés par l'État sont de deux sortes : les *contrôles préalables*[2] à l'exercice de l'activité opérés par le préfet (étant le seul à accorder l'agrément) portent sur la moralité, l'honorabilité, les compétences des agents dans un objectif de moralisation et de professionnalisation des sociétés privées de sécurité instaurant la carte professionnelle ; quant aux *contrôles des activités proprement dites*[3] exercés par la police et la gendarmerie, ils concernent plus directement le port des armes, l'usage de la vidéosurveillance, *etc*.

Le rapport Alain Bauer intitulé « *vers une plus grande efficacité du service public de sécurité au quotidien* »[4] militait en 2008 pour la création d'une structure administrative chargée de *superviser les activités liées à la sécurité privée* permettant *d'appliquer la loi et les plans de formation,* mais aussi la mise en place de conventions de coordination avec les acteurs des entreprises de sécurité privée à l'instar de la coordination existant entre polices municipales et police ou gendarmerie nationale. La loi n° 2011-267 du 14 mars 2011 d'orientation et de programmation pour la performance de la sécurité intérieure dite LOPPSI 2[5] apporte quelques réponses : au-delà du renforcement des pouvoirs du ministre de l'Intérieur et du préfet de département, les sociétés privées sont de plus en plus associées à l'exercice des missions de sécurité intérieure. La loi a renforcé l'encadrement des activités des entreprises privées de sécurité en créant *un Conseil national des activités privées de sécurité* (CNAPS) doté d'une « *personne morale de droit public* »[6]. La structure nouvellement créée est un *organe de régulation* et exerce en partenariat avec les commissions régionales d'agrément et de contrôle plusieurs fonctions : mission de police administrative (agréments, délivrance des cartes professionnelles, retrait) à la place du préfet. En outre, le CNAPS est chargé d'une *mission de conseil* (qui émet des propositions et rend des avis sur divers aspects du secteur de la sécurité privée) et peut prendre des mesures disciplinaires prenant la forme d'avertissement, de

---

1 NICOUD (F.), « La participation des personnes privées à la sécurité publique : actualité et perspectives », *RDP* n° 5, 2006, p. 1266.

2 LATOUR (X.), « La puissance publique et les contrôles exercés sur les entreprises de sécurité privée », *op. cit.*, p. 801.

3 LATOUR (X.), « La puissance publique et les contrôles exercés sur les entreprises de sécurité privée », *op. cit.,* p. 801 et suiv.

4 GAUDIN (M.) et BAUER (A.), *op. cit.,* p. 123.

5 Voir JO 15 mars 2011, p. 4582.

6 LATOUR (X.) et MOREAU (P.), « Le Conseil national des activités de sécurité et la moralisation de la sécurité privée », *La Semaine juridique, « Administrations et collectivités territoriales »* n° 15, 11 avril 2011, p. 2147.

blâme ou de pénalités financières à l'encontre d'entreprises incriminées. L'organisme assure une « fonction de police administrative »[1]. Pour certains, la création du CNAPS a pour but d'enrayer les carences[2] des contrôles traditionnels de l'État. Un « *code de la déontologie* » de la sécurité privée a été rédigé suite à la publication du décret[3] du 10 juillet 2012.

L'essentiel des membres du CNAPS provient de différents corps de l'État. Les organisations syndicales de salariés ou d'employeurs sont entendues par le CNAPS sur les problématiques relatives aux conditions de travail des agents de la sécurité privée. Mais l'ambiguïté résultant de la démarche de l'État c'est que d'« *un côté, il est désireux de transférer la charge financière des contrôles aux entreprises ; d'un autre, il ne peut pas faire autrement que les associer au fonctionnement de l'entité créée sans leur en laisser le contrôle* »[4].

Parallèlement à la volonté d'encadrer et de réguler l'activité des sociétés privées de sécurité, les pouvoirs publics ont nommé un « *délégué interministériel à la sécurité privée* »[5](décret du 10 septembre 2010). Rattaché sur le plan administratif au ministre de l'Intérieur, il est chargé de la *coordination des actions de l'État avec les sociétés de sécurité privée* ; il fixe le cadre juridique des partenariats entre l'État et les entreprises concernées et veille au respect des règles édictées. Pour mener à bien ses missions, il s'appuie sur diverses structures de l'administration centrale et des administrations déconcentrées.

Si les sociétés privées de sécurité sont de plus en plus associées à des missions de sécurité intérieure, force est de constater que les personnes privées ne jouent qu'un « *rôle résiduel* »[6] dans la politique de sécurité déséquilibrant de fait la relation partenariale au profit des pouvoirs publics. C'est ce qui a conduit Xavier Latour à considérer que la sécurité privée est dans une « *situation juridique de cantonnement* »[7]. Autrement dit, *le rôle des sociétés privées de sécurité est complémentaire à celui des forces publiques* même si les pouvoirs publics cherchent à organiser et à mieux contrôler au prix d'un recentrage de l'État sur l'encadrement juridique de l'activité de ce

---

[1] MIGNAUX (J.), « Le regard porté par la gendarmerie sur la problématique sécurité publique-sécurité privée », in BRAJEUX (P.), DELBECQUE (E.) et MATHIEU (M.), *Sécurité privée, enjeu public*, Paris, Armand Colin, 2013, p. 174.

[2] WARFMAN (D.) et OCQUETEAU (F.), *op. cit.*, p. 6.

[3] Décret n° 2012-870 du 10 juillet 2012.

[4] LATOUR (X.) et MOREAU (P.), *op. cit.*, p. 2148.

[5] Décret du 10 septembre 2010, JO du 11 septembre 2010.

[6] MINET (C.-E.), « Les aspects administratifs de la loi d'orientation et de programmation pour la performance de la sécurité intérieure du 14 mars 2011 », *DA. m*ai-juin 2011, p. 48.

[7] LATOUR (X.), « La sécurité privée ou l'État autrement », in BRAJEUX (P.), DELBECQUE (E.) et MATHIEU (M.), *Sécurité privée, enjeu public*, Paris, Armand Colin, 2013, p. 220.

secteur. Mais force est de constater que « *l'État n'est pas menacé par la sécurité privée qui en est, en réalité, le produit* »[1].

La logique partenariale telle qu'elle est développée en France reste timide si on la compare à certaines pratiques étrangères : l'*Espagne* a confié *la gestion de la sécurité de son métro à la sécurité privée* tandis que *l'Afrique du Sud a recruté et associé 200 agents privés au côté des forces publiques dans la ville du Cap*[2].

On l'a dit, la France n'est pas le seul pays occidental à mobiliser les procédés juridiques de l'externalisation pour se décharger de la gestion d'une série de missions non essentielles en les confiant aux opérateurs du secteur privé. De ce fait, certaines pratiques développées par d'autres pays similaires peuvent être d'une grande utilité pour une meilleure compréhension du phénomène.

F) Dimension comparative

L'étude de l'externalisation n'est pertinente que lorsqu'elle est mise sous tension avec quelques pratiques étrangères. Le mouvement d'externalisation s'est étendu presque à l'ensemble des pays industrialisés, mais à des degrés divers. Or, la pratique française est récente par rapport à *l'expérience britannique et américaine*. La France a introduit le procédé dans son système administratif vers la fin des années 1980. À l'inverse, aux États-Unis, le procédé a réellement débuté dès les années soixante (1970) d'abord dans le secteur privé avant d'être introduit dans la sphère publique. En général, le mouvement d'externalisation ne concerne pas les fonctions présentant le « caractère régalien » de l'activité et la « sensibilité » en termes de droits corrélatifs du citoyen[3] : ainsi par exemple, « *le droit français proscrit l'externalisation des activités de police, le droit américain proscrit celle des fonctions militaires ou diplomatiques, le droit britannique, celle des fonctions judiciaires* »[4].

Au Royaume-Uni, les pouvoirs publics ont lancé les premières expérimentations en matière d'externalisation dès 1979. La politique a été amplifiée dans les années 1990 dans le cadre de la diversification des sources de financement des équipements publics en particulier dans les domaines de la Santé, de la Défense, de l'Éducation, etc. Pour recentrer les militaires dans le « cœur de métier », le recours à l'externalisation des « fonctions périphériques » a été nécessaire : cela a permis d'expérimenter divers types de contrats comme les « contrats de service », les contrats de partenariat public-privé, *etc. Le ministère de la Défense a consacré en 2009,*

---

[1] LATOUR (X.), « La sécurité privée ou l'État autrement », *op. cit.*, p. 217.

[2] LATOUR (X.), « La place du secteur privé dans la politique moderne de sécurité », *AJDA*, 5 avril 2010, p. 660.

[3] COLSON (J.-P.) et IDOUX (P.), *Droit public économique*, Paris, LGDJ, 2010, p. 331

[4] COLSON (J.-P.) et IDOUX (P.), *Droit public économique*, *Ibid.*

25 % du budget de la défense[1] *aux contrats d'externalisation représentant environ 10 milliards d'euros ;* les secteurs d'activités concernés [2]par l'externalisation sont divers et portent sur la *gestion des cantines* et visent de plus les activités sensibles comme la *sécurité des armes, les installations nucléaires, la fourniture et la gestion des avions ravitailleurs et de transport (MRTT) ou les télécommunications satellitaires (Skynet 5).*

De même ordre d'idées, le ministère britannique de la Défense a externalisé la gestion de son siège londonien en la confiant à une société privée pour une durée de trente ans[3].

S'agissant des avantages et les inconvénients de la politique d'externalisation anglaise en matière de défense, le rapport Giscard d'Estaing ne fournit pas d'éléments probants à ce propos : il se contente seulement d'indiquer une satisfaction plutôt globale des décideurs publics.

L'Allemagne n'a pas la même expérience d'externalisation que la Grande-Bretagne en matière de défense. Elle a lancé ses premières expérimentations en matière d'externalisation dans les années 1990. Elle a créé des *sociétés d'économie mixte*[4] destinées à la *gestion du parc automobile et de l'habillement.* Les montants externalisés de l'armée allemande représentent 5 % du budget[5] de la *Bundeswehr* soit 1,6 milliard d'euros ; la France présente un budget similaire.

Ailleurs, l'Italie a fait appel depuis une décennie à la démarche partenariale dans un nombre limité de politiques publiques. Confrontée à un problème d'investissement public, elle a procédé à un ajustement du cadre législatif en 2001 pour *rattraper son retard en matière d'infrastructures en particulier dans le domaine du transport.* Le partenariat public-privé est conçu dans le cas italien « *comme un moyen de pallier l'insuffisance de l'investissement public* »[6]. L'exemple italien est intéressant dans la mesure où les *opérations de partenariats public-privé ont été instrumentalisées par les pouvoirs publics afin de masquer la réalité des comptes publics.* Cela a conduit Eurostat à émettre en mars 2005 des doutes sur la sincérité des comptes publics italiens ; d'où la mise en place de toute une série de mesures

---

[1] GISCARD (L. D'Estaing) et Assemblée nationale, La politique d'externalisation de la défense : coûts et bénéfices attendus, rapport d'information, *op. cit.,* p. 5.

[2] GISCARD (L. D'Estaing) et Assemblée nationale, *Ibid.*

[3] DASSEUX (E.), rapport d'information déposé par la commission de la Défense, L'externalisation dans les armées : enjeux et limites, *op. cit.,* p. 13.

DASSEUX (E.), *Ibid.*

[4] GISCARD (L. D'Estaing) et Assemblée nationale, *op. cit.*, p. 7.

[5] GISCARD (L. D'Estaing), CAZENEUVE (B.), Mission d'évaluation et de contrôle, *Les externalisations du ministère de la défense : l'heure des choix, rapport parlementaire, op. cit.*, p. 11.

[6] MARTY (F.), TROSA (S.) et VOISIN (A.), *Les partenariats public-privé*, Paris, Editions La Découverte, 2006, p. 17.

correctrices visant à réviser le déficit public pour 2004 pour l'amener au-delà du seuil de 3 % et lancer la procédure dite du déficit excessif[1].

Dans les États fédéraux, le partenariat public-privé a droit de cité dans les politiques publiques. Du fait de la structure fédérale des États, *l'État fédéral* peut utiliser la démarche partenariale. Ainsi par exemple, aux États-Unis, le pouvoir fédéral a eu recours aux contrats de partenariat dans le secteur de la Défense comme nous l'avions évoqué précédemment dans la guerre en Irak ou en Afghanistan. Mais les *États fédérés* sont sans doute les acteurs qui ont mobilisé le plus[2] la technique partenariale dans les politiques sectorielles comme en matière sociale, la construction de logements sociaux, le transport.

En Belgique, l'utilisation du partenariat public-privé est une pratique bien développée. Au niveau fédéral, les projets[3] de partenariat portent prioritairement sur la construction d'infrastructures ferroviaires et de prisons tandis qu'au niveau fédéré, les projets concernent surtout les écoles, le logement social et la voirie, *etc.*

Aux États-Unis, l'externalisation d'activités périphériques est un phénomène bien connu. Les secteurs couverts par l'externalisation sont extrêmement variés[4] et concernent en particulier les politiques sociales et sanitaires, éducatives (comme l'éducation scolaire), la distribution de l'eau et de l'électricité, la gestion des prisons, *etc.*

Il résulte de ce qui précède que malgré l'intérêt que présente la démarche d'externalisation, celle-ci est loin d'être la panacée.

G) Les limites de l'externalisation

La politique d'externalisation de missions de service public ne présente pas que des avantages. Elle aboutit bien souvent à des déceptions. Les risques ne doivent donc pas être sous-estimés.

L'externalisation pose plusieurs difficultés d'ordre méthodologique et de détermination du périmètre des externalisations[5] : le rapport Giscard d'Estaing consacré à l'externalisation au sein du ministère de la Défense insiste les problèmes méthodologiques (nombreux et non homogènes) et sur la non-fiabilité des résultats.

---

[1] MARTY (F.), TROSA (S.) et VOISIN (A.), *op. cit.*, p. 18.

[2] MARTY (F.), TROSA (S.) et VOISIN (A.), *op. cit.*, p. 21.

[3] VAN GARSSE (S.) et WYCKAERT (S.), « Les partenariat public-privé en Belgique » in LICHERE (F.), (sous la dir.), *Partenariats public-privé : rapports du XVIII Congrès de l'Académie Internationale de Droit comparé*, *op. cit.*, p. 185.

[4] AUBY (J-B.), « Les problèmes posés par le développement du contrat en droit administratif comparé » in Contrats publics, *Mélanges en l'honneur du Professeur Michel Guibal*, Université de Montpellier, Volume I, 2006, p. 414.

[5] GISCARD (L. D'Estaing) et Assemblée nationale, *La politique d'externalisation de la défense : coûts et bénéfices attendus, rapport d'information, op. cit.*, p. 13.

On l'a dit, les personnes publiques disposent d'une certaine liberté contractuelle en matière d'externalisation à la condition de respecter les règles applicables à la sélection du prestataire. Cette liberté est toutefois limée : elle « *disparaît en principe lorsque les personnes publiques font appel par voie contractuelle à une personne morale juridiquement distincte d'elles pour se procurer de dont elles ont besoin* »[1].

L'externalisation censée améliorer la qualité des services peut toutefois conduire à une « *sous-performance* »[2] de la prestation. Cela va à l'encontre du but recherché puisque selon l'ordonnance de 2004, la rémunération du cocontractant de l'administration peut être « liée à des objectifs de performance ». Une telle hypothèse est possible.

L'externalisation vise la recherche d'économies d'échelle. Il importe cependant de souligner que la Cour des comptes dans un récent rapport fait état de la difficulté d'évaluer l'impact économique [3]des activités externalisées.

L'externalisation peut entraîner « *la perte du savoir-faire et des compétences* »[4]. Une telle situation survient lorsque par exemple les pouvoirs publics pour diverses raisons externalisent des missions de service public puis se désintéressent de l'état d'avancement du savoir et des évolutions techniques et technologiques tout en se séparant de son personnel technique. Sur cet aspect, le rapport de la Commission des Finances de l'Assemblée nationale de février 2011 indique qu'à ce jour, aucune des externalisations étudiées n'a réduit la capacité opérationnelle des armées[5]. À l'opposé des tenants de cette ligne, des travaux universitaires affirment le contraire et insistent sur la perception négative des décideurs publics quant au bilan des externalisations. Des chercheurs mentionnent la perte de connaissance, d'efficacité ou de motivation [6]à l'issue d'une externalisation. D'ailleurs, un autre rapport de la Mission d'évaluation et de contrôle de l'Assemblée nationale de juillet 2011[7] a alerté les pouvoirs publics sur les risques liés à la perte de compétence dans un domaine aussi stratégique que celui de la gestion des satellites de télécommunications militaires.

---

[1] DREYFUS (J.-D.), « Externalisation et liberté d'organisation du service », *op. cit.*, p. 1533.

[2] BARTHELEMY (J.), *op. cit.*, p. 62.

[3] Par exemple, sur six dossiers examinés par la Cour, « *pour l'un, le bilan est négatif, pour un autre, il est suffisamment faible pour pouvoir être considéré comme incertain ; quatre, enfin, présentent des gains économiques apparents, parfois très importants* », GISCARD (L. D'Estaing) et Assemblée nationale, op. cit., p. V. Enfin, le rapport souligne qu'« *à ce jour, il n'est donc pas possible de connaître le gain économique global du processus engagé depuis quinze ans ni même son véritable bilan* », *op. cit.*, p. 63.

[4] BARTHELEMY (J.), *op. cit.*, p. 65.

[5] GISCARD (L. D'Estaing) et Assemblée nationale, *La politique d'externalisation de la défense : coûts et bénéfices attendus*, *op. cit.*, p. II.

[6] CHANSON (G.), *op. cit.*, p. 2134.

[7] GISCARD (L. D'Estaing), CAZENEUVE (B.), *Mission d'évaluation et de contrôle*, *op. cit.*, p. 59.

Dans certaines circonstances, l'externalisation peut entraîner de la « *dépendance envers le prestataire* »[1] : cela peut intervenir dans les services publics exigeant de la maintenance informatique. Dès l'instant où la science évolue rapidement du fait des avancées technologiques, il est indispensable de mettre à jour régulièrement l'état du réseau informatique et des programmes. La dépendance des pouvoirs publics envers les opérateurs privés est une hypothèse plausible lorsqu'il n'existe plus au sein de l'État d'experts capables de prendre la relève en cas de refus de l'entreprise prestataire de service ou en cas de situation conflictuelle.

Toutes les politiques d'externalisation ne sont pas couronnées de succès ; bien au contraire, elles conduisent parfois même à l'échec comme l'illustre l'externalisation du *gardiennage de l'« Ilot Saint Germain »*. En effet, après le retrait des agents de la gendarmerie nationale des postes de surveillance statiques, le ministère de la Défense a externalisé le gardiennage de l'ilot. Une première convention a été signée le 5 septembre 2008 et prévoyait le filtrage des entrées du site, l'établissement des laissez-passer permanents, l'accueil des visiteurs et la surveillance du site par des rondes de jour et de nuit ainsi que le contrôle des alarmes. Ensuite, une seconde convention a été signée le 14 octobre 2008 en vue de l'exécution des prestations le 1er décembre 2008. Du fait de l'échec de l'externalisation, « *le ministère de la Défense a décidé de totalement reprendre en régie le gardiennage de l'ilot Saint-Germain. Il est de nouveau entièrement assuré par des militaires* »[2]. Parmi les causes ayant conduit à l'échec du projet figurent les délais trop longs entre le moment de la prise de décision de l'externalisation et la date de début des prestations ou encore une mauvaise prise en compte des besoins par le prescripteur, etc. Comme le note le rapport de la Commission des Finances[3] de l'Assemblée nationale de février 2011, les difficultés soulevées par le projet révèlent bien l'importance de l'analyse préalable dans la définition des besoins et le rôle du dialogue avec l'opérateur en vue de s'assurer de sa capacité réelle à répondre à la demande dans les meilleurs délais.

En règle générale, toute politique d'externalisation procède d'une démarche stratégique découlant d'un calcul méthodique pesant les avantages et les inconvénients attendus à l'issue du procédé. Mais, des travaux ont montré que certaines externalisations s'éloignent de la démarche et ne résultent pas d'un choix stratégique comme le montre l'externalisation de la maintenance navale où « *la sous-traitance et l'externalisation sont plus subies que choisies* »[4].

---

[1] BARTHELEMY (J.), *op. cit.*, p. 63.
[2] GISCARD (L. D'Estaing) et Assemblée nationale, *op. cit.,* p. 75.
[3] GISCARD (L. D'Estaing) et Assemblée nationale, *op. cit.*, p. 76.
[4] GISCARD D'ESTAING (L.) et Assemblée nationale, *op. cit*, p. 85.

En application de l'article 58-2 de la LOLF, la Cour des comptes a réalisé une étude sur « le coût et les bénéfices attendus de l'externalisation au sein du ministère de la Défense »[1] à la demande de la Commission des Finances de l'Assemblée nationale. Le rapport est très critique sur certains aspects de la politique d'externalisation : il précise notamment que l'externalisation est un outil permettant d'augmenter l'efficacité des politiques du ministère de la Défense et ne doit en aucune manière être une alternative à des réformes nécessaires ni une « finance inventive » pour contourner [2]les obstacles budgétaires.

Plus largement, la démarche d'externalisation recèle plusieurs risques dans les politiques de défense : « *captations d'informations sensibles, interruption du service pour cause de grève, prise de contrôle par l'étranger, si le capital de la société venait à être cédé, sans le consentement de la puissance publique* »[3], etc.

En ce qui concerne les *opérations extérieures* (OPEX), un rapport parlementaire [4]montre que les dépenses résultant des contrats d'externalisation ont considérablement augmenté respectivement 22 % et 23 % de surcoût en 2012 et 2013. Les externalisations liées aux OPEX sont donc loin d'être une panacée : elles « comportent de graves inconvénients sur le plan de l'autonomie stratégique de la France »[5]. Si les rapporteurs reconnaissent que l'externalisation est « un outil très utile » et parfois indispensable ; ils invitent les pouvoirs publics à la manier avec des précautions particulières[6] en tenant compte des contraintes propres aux OPEX et de la spécificité de leur financement.

[1] Le rapport est annexé à la fin du rapport GISCARD (L. D'Estaing) et Assemblée nationale, *La politique d'externalisation de la défense : coûts et bénéfices attendus, rapport d'information* n° 3141, Paris, Assemblée nationale, février 2011.

[2]GISCARD (L. D'Estaing) et Assemblée nationale, *op. cit.*, p. 9.

Pour la Cour, « l'externalisation ne doit pas devenir un principe général d'administration permettant de ne pas réaliser en interne des réformes qu'on ne sait pas ou qu'on ne veut pas mener », GISCARD (L. D'Estaing) et Assemblée nationale, *op. cit.*, p. 8.

[3] LINDITCH (F.), « Puissance publique et externalisation » in Association Française pour la Recherche en Droit Administratif, *La Puissance publique, Actes du colloque organisé du 22 au 24 juin 2011 à la Faculté de droit de l'Université Pierre Mendès France de Grenoble II*, Paris, LexisNexis, 2012, p. 82.

[4] KRATTINGER (Y.) et LEGGE (D. de), *Les externalisations en opération extérieure : un outil à manier avec précaution, rapport d'information* n° 673 (2013-2014) du 2 juillet 2014, Paris, Assemblée nationale, 2013-2014, p. 9.

[5] KRATTINGER (Y.) et LEGGE (D. de), *Les externalisations en opération extérieure : un outil à manier avec précaution, rapport d'information*, *op. cit.*, p. 10.

[6] KRATTINGER (Y.) et LEGGE (D. de), *Les externalisations en opération extérieure : un outil à manier avec précaution, rapport d'information* n° 673 (2013-2014) du 2 juillet 2014, *Ibid.*

CONCLUSION

L'externalisation d'activités de service public résulte d'un choix politique et d'une démarche stratégique.

Sous couvert d'État stratège, la thématique de l'externalisation met bien en évidence l'adaptation de la gestion du service public aux impératifs de la nouvelle gestion publique largement inspirés des pratiques du secteur privé (optimisation de l'offre de services et des ressources publiques dans un contexte budgétaire contraint, recherche d'efficacité et de performance, exigence de qualité, réduction des coûts, amélioration des services rendus aux usagers, *etc.*).

La montée en puissance de l'externalisation dans le secteur public est « *révélatrice de l'affaiblissement de la puissance publique* »[1].

L'analyse des procédés juridiques de l'externalisation témoigne du *renouvellement des techniques juridiques* et met en lumière la figure d'un « É*tat protéiforme* »[2] tantôt délégataire, tantôt régulateur, tantôt partenaire.

La réforme des contrats de partenariat visant à transposer les récentes directives européennes de février 2014 sur les marchés publics reconnaît d'ores et déjà formellement la nature administrative des marchés de partenariat.

L'enjeu pour les pouvoirs publics est de savoir comment utiliser les différents procédés à bon escient sans compromettre les principes régissant la gestion des services publics et sans remettre en cause l'identité de l'État.

Ces différents procédés juridiques de l'externalisation s'inscrivent dans un mouvement plus large de contractualisation de l'action publique.

---

[1] LINDITCH (F.), « Puissance publique et externalisation », *op. cit.*, p. 89.

[2] BOURGOUGNOUX (J.), Commissariat général du Plan, *Services publics en réseau : perspectives de concurrence et nouvelles régulations,* rapport, Paris, La Documentation française, 2000, p. 16.

CHAPITRE 5

CONTRACTUALISATION ET ACTION SOUPLE

Un curieux phénomène s'est développé ces dernières années sous une appellation quelque peu « inhabituelle » : la « contractualisation ». En réalité, le thème n'est pas si nouveau que cela : des juristes se sont penchés sur l'essor du concept contractuel dès les années 1960 lors du « *passage de l'économie concertée à l'économie contractuelle* »[1].

On voudrait ici réfléchir sur les enjeux de la contractualisation et discuter des implications juridiques dans le thème de l'État stratège. La thématique de la contractualisation concerne les modes d'action de l'État envisagés seulement sous l'angle de la technique juridique. Devant l'essor du phénomène, le juriste ne peut « *être que troublé par cette évolution, qui est de nature à rendre plus difficile l'identification du droit et de la technique juridique* »[2]. L'idée que l'État est invité à faire un usage souple de la technique juridique entre bien dans le thème de la contractualisation. La technique juridique est un moyen qui permet d'influencer le comportement de l'homme. Plus précisément, « *le droit lui-même étant une technique, la technique juridique est le droit dans sa mise en œuvre* »[3].

Le contrat est à la fois une « philosophie » et une « démarche » ; il transforme le rôle et le mode d'agir de l'État[4]. *L'État stratège est un État qui contractualise la majeure partie des actions à mener avec une pluralité d'acteurs qu'ils soient publics ou privés.* L'essor du procédé contractuel n'épargne ni les politiques publiques nationales ni les politiques locales.

La diffusion des techniques contractuelles dans le secteur public a connu un spectaculaire développement à partir des années 1980. Sans doute, cela

---

[1] VASSEUR (M.), Un nouvel essor du concept contractuel. Les aspects juridiques de l'économie concertée et contractuelle », *Rev. Trim. de Dr. Civ.*, janvier-mars, n° 1, 1964, p. 9.
[2] AUBY (J.-B.), « Prescription juridique et production juridique » in CHAZEL (F.) et COMMAILLE (J.), (sous la dir.), *Normes juridiques et régulation sociale*, Paris, LGDJ, Collection « Droit et société », p. 159.
[3] ARNAUD (A.-J.), *Dictionnaire encyclopédique de théorie et de sociologie du droit*, Paris, LGDJ et Ed. Story-Scientia, 1988, p. 413.
[4] TROSA (S.), *op. cit.*, p. 15.

n'est pas sans rapport avec ce que Bruno Jobert a nommé le « tournant néolibéral »[1]. La progression de l'outil contractuel dans l'action publique est aussi le résultat d'une volonté politique[2]. On assiste selon Yvonne Fortin à « *une véritable invasion* »[3] de l'outil contractuel dans la sphère publique. Même le Conseil d'État est favorable à une extension de la sphère contractuelle à condition que certaines exigences et limites soient respectées[4]. Certains auteurs avaient même imaginé une « *société contractuelle* »[5] reposant sur l'autonomie de la volonté. Pour certains « utopistes », la « société de l'an 2000 » sera « essentiellement contractuelle »[6].

Ces précisions étant apportées, la notion de contractualisation reste néanmoins problématique tant les approches sont nombreuses et les contours difficiles à cerner. Plusieurs précisions sont dès lors nécessaires avant de rentrer dans le fond du sujet. Un travail de clarification conceptuelle s'impose. La prise de distance avec certaines notions est indispensable. La confrontation des termes permettra de gagner en clarté afin de procéder à une sorte de « *démystification de la contractualisation* »[7].

Historiquement, le thème de la contractualisation a d'abord été ignoré par les chercheurs français avant d'être investi à partir des années 1990. « *Objet d'étude aux contours fuyants* »[8], la contractualisation est aujourd'hui un thème largement investi par les chercheurs en témoigne l'explosion de colloques, de séminaires, d'où la production doctrinale [9]considérable.

---

[1] JOBERT (B.), *Le tournant néolibéral en Europe*, Paris, L'Harmattan, 1994.

[2] CAILLOSSE (J.), « L'action publique contractuelle : beaucoup de bruit pour rien ? », *Droit et société* n° 47, 2001, p. 289. Selon l'auteur, « *on fait le choix de réformer par contrat, ponctuellement, secteur par secteur, cas par cas, plutôt que de procéder globalement, en décrétant une transformation générale des règles d'organisation et de fonctionnement de l'État* », *Ibid.*

[3] FORTIN (Y.), « Introduction », in FORTIN (Y.), (sous la dir.), *La contractualisation dans le secteur public des pays industrialisés depuis 1980*, Paris, L'Harmattan, 1999, p. 8.

[4] Conseil d'État, *Le contrat mode d'action publique et de production de normes*, rapport public 2008, Paris, La Documentation française, p. 216.

[5] COHEN-TANUGI (L.), *Le droit sans l'État. Sur la démocratie en France et en Amérique*, Paris, PUF, 1985, p. 46.

[6] HOLLEAUX (A.), « Vers un ordre juridique conventionnel », *Bulletin de l'Institut international d'administration publique et Revue d'administration publique* n° 32, octobre-décembre, 1974, p. 685.

[7] ANCEL (P.), « Contractualisation et théorie générale du contrat : quelques remarques méthodologiques », in CHASSAGNARD-PINET (S.) et HIEZ (D.), (sous la dir.), *Approche renouvelée de la contractualisation*, Presses universitaires d'Aix-Marseille, 2007, p. 16.

[8] CHASSAGNARD-PINET (S.) et HIEZ (D.), « Le système juridique français à l'ère de la contractualisation. Synthèse générale » in CHASSAGNARD-PINET (S.) et HIEZ (D.), (sous la dir.), *La contractualisation de la production normative*, Paris, Dalloz, 2008, p. 5.

[9] GARBAR (C.-A.), « Les personnes. Discussion » in Association Henri Capitant, *La relativité du contrat*, Paris, LGDJ, 2000, p. 49.

La notion de contractualisation peut être appréhendée de diverses façons selon que l'on se situe sur le terrain de l'anthropologie, de l'économie, de la sociologie ou du droit public, *etc.*

On sait que les anthropologues accordent une grande place au phénomène du « don » ; c'est ce qui explique la faible place accordée au procédé contractuel[1].

Pour les économistes, l'essor du procédé contractuel s'explique par la place « spécifique » qu'il occupe dans les questions économiques contemporaines[2].

Sous un angle sociologique, il s'agit d'étudier la relation dialectique entre le contrat, la société, l'État et le droit afin de mettre en lumière toute la complexité du phénomène et ses éventuelles contradictions[3]. Mais il n'existe pas de consensus autour de la notion dans la mesure où les juristes envisagent la contractualisation sous le prisme du contrat et les sociologues et les économistes sous l'angle de la négociation[4].

La contractualisation ne doit cependant pas être confondue avec d'autres notions voisines. Elle se différencie de la notion de « contractualisme » qui incite le recours au « tout contrat ». La « contractualisation » doit également être différenciée de la notion de « contrat ». En général, un contrat se fonde sur un accord de volonté entre deux sujets de droit avec l'intention de produire des effets de droit[5]. Ce sont les « *déclarations de volonté concordantes des parties contractantes* »[6] qui créent la norme. Mais tout accord de volonté ne débouche pas nécessairement sur un contrat[7]. En

[1] LE ROY (E.), « Formes et raisons de la place marginale du contrat dans les « accords juridiquement validés » en Afrique noire au tournant du XXème », in CHASSAGNARD-PINET (S.) et HIEZ (D.), (sous la dir.), *Approche critique de la contractualisation*, Paris, LGDJ, Collection « Droit et Société, recherches et travaux », 2007, p. 49 et suiv.

[2] POSTEL (N.), « Contrat, coercition et institution : un regard d'économiste », in CHASSAGNARD-PINET (S.) et HIEZ (D.), (sous la dir.), *Approche critique de la contractualisation*, Paris, LGDJ, Collection « Droit et Société, recherches et travaux », 2007, p. 48 et 69.

[3] CHASSAGNARD-PINET (S.) et HIEZ (D.), (sous la dir.), *Approche critique de la contractualisation*, Paris, LGDJ, Collection « Droit et Société, recherches et travaux », 2007, p. 48 et SERVERIN (E.), « Lectures socio-juridiques sur l'État et le contrat » in CHASSAGNARD-PINET (S.) et HIEZ (D.), (sous la dir.), *Approche critique de la contractualisation*, Paris, LGDJ, Collection « Droit et Société, recherches et travaux », 2007, p. 95 et suiv.

[4] CHASSAGNARD-PINET (S.) et HIEZ (D.), (sous la dir.), *Approche critique de la contractualisation*, *op. cit.*, p. 13.

[5] RICHER (L.), « Présence du contrat », *AJDA n° spécial* 1999, p. 34.

[6] KELSEN (H.), *Théorie pure du droit*. Traduction française de la 2ème édition par Charles EISENMANN, Paris, Dalloz, 1962, p. 346. Selon Kelsen, « le fait appelé contrat se compose de déclarations de volonté concordantes de deux ou de plusieurs individus qui portent sur une certaine conduite de ces individus », *op. cit.*, p. 344.

[7] TRUCHET (D.), « Le contrat administratif, qualification juridique d'un accord de volontés » in CADIET (L.), (sous la dir.), *Le droit contemporain des contrats*, Paris, Economica, 1987, p. 186.

réalité, la notion de « contrat » a émergé dans les « terres » du droit privé : sa codification[1] (article 1101 du Code civil) montre toute l'importance que lui accorde le législateur. Dans une démarche contractuelle, les contractants présentent des situations et des intérêts contradictoires[2]. Les juristes distinguent bien d'ailleurs les notions d'engagement, d'accord, de convention et de contrat[3]. Paradoxalement, les contrats et les conventions d'administration conclus par des personnes publiques s'assimilent[4] parfois : la notion de « contrat » se confond abusivement[5] avec la notion de « convention » alors que les deux termes ne signifient pas exactement la même chose[6]. Si la « convention »[7] est mobilisée dans les rapports entre les personnes publiques, force est de constater que le législateur a préféré l'usage de la notion de « contrat » à la place de « convention » pour la simple raison que « *les conventions ne constituent pas de véritables contrats* »[8]. Aussi, le Conseil d'État a-t-il proposé de consacrer la notion de contrat aux « actes multilatéraux » répondant aux critères du droit administratif et de réserver la notion de « convention » à « tous les autres »[9].

---

[1] Selon l'article 1101 du Code civil, le contrat est « *une convention par laquelle une ou plusieurs personnes s'obligent, envers une ou plusieurs autres, à faire ou à ne pas faire quelque chose* ».

[2] Pour Léon Duguit, dans le contrat, « *les deux contractants ont une situation et des intérêts opposés ; l'un a l'obligation d'accomplir une certaine prestation envers l'autre, lequel a le pouvoir d'exiger l'accomplissement de cette prestation. Un acte juridique n'est un contrat que s'il peut rentrer dans ce moule à contrat qu'est la stipulation ; je veux dire qu'il n'y a contrat (...) que si en un mot un lien entre créancier et débiteur est voulu par les deux individus* », DUGUIT (L.), *Traité de droit constitutionnel*, Paris, Ancienne librairie Fontemoing & Cie, E. de Boccard, 1927, tome I, troisième édition, p. 381.

[3] DELVOLVE (P.), « Contrats publics et sécurité juridique », in *Conseil d'État, Le contrat, mode d'action publique et de production de normes, rapport public*, Paris, Conseil d'État et La Documentation française, 2008, p. 339. Selon Pierre Delvolvé, « *il faudrait revenir à une terminologie rigoureuse en distinguant engagement, accord, convention et contrat : par engagement, il faudrait désigner la volonté d'une personne de faire quelque chose, par accord, la rencontre de deux ou plusieurs volontés, par convention, l'accord produisant un effet de droit, par contrat, la convention créant des droits et obligations, et n'utiliser ce dernier mot que pour les vrais contrats sauf à préciser dans le cas contraire qu'il n'est pas employé dans un sens juridique* », *Ibid.*

[4] HOURSON (S.), *Les conventions d'administration*, Paris, LGDJ, 2014, p. 41.

[5] CORNU (G.) et Association Henri Capitant, *Vocabulaire juridique*, Paris, PUF, 1987, p. 212.

[6] Une « *convention est l'accord de deux ou plusieurs personnes sur un objet d'intérêt juridique. La convention qui a pour objet la formation d'une obligation se nomme plus spécialement contrat. La convention est le genre, le contrat est l'espèce* », DUGUIT (L.), *Ibid.*, p. 383. L'auteur précise bien qu'il reprend à son compte ce passage des travaux d'Aubry et Rau sans préciser les références bibliographiques.

[7] MODERNE (F.), « L'évolution récente du droit des contrats administratifs : les conventions entre personnes publiques », *RFDA,* mai-juin 1984, p. 16.

[8] LAUBADERE (A. de), MODERNE (F.) et DELVOLVE (P.), *Traité des contrats administratifs*, Paris, LGDJ, Tome premier, 1983, p. 42.

[9] PELLISSIER (G.), « Pour un développement maîtrisé du procédé contractuel », *JCP/ La Semaine juridique, Administrations et collectivités territoriales*, n° 27, 30 juin 2008, p. 6.

Mais avec le développement « irrationnel » du procédé contractuel dans diverses politiques, « *on n'hésite plus à qualifier de contrat un accord ou une convention dépourvus de toute force juridique* »[1]. Dans ces conditions, il est difficile de soutenir qu'on est en présence d'un contrat au sens juridique du terme[2].

La notion de contrat n'est pas non plus synonyme de contractualisation. On comprend dès lors la réticence du juge administratif de faire coïncider contrat et contractualisation[3]. Comme on peut le remarquer, la contractualisation n'est absolument pas synonyme de contrat ; elle est plutôt une forme « atténuée », voire « dénaturée » du contrat.

La définition de la notion de « contractualisation » ne fait pas l'unanimité chez les auteurs. Parmi les définitions proposées, certaines d'entre elles demeurent laconiques se bornant seulement à définir la contractualisation comme étant l'« *action de contractualiser* »[4]. Certains juristes y voient plutôt un choix de politique juridique en faveur d'un traitement contractuel des questions[5].

La contractualisation dont il est question ici concerne bien l'« *action publique contractuelle* »[6] entendue comme un « *phénomène d'intrusion de l'accord de volontés, en vue de faire naître des effets juridiques* »[7] dans l'élaboration et la mise en œuvre des politiques publiques. Mais seuls le législateur et le juge administratif [8]sont compétents pour déterminer ce qui relève de la contractualisation ou pas. Jean-Pierre Gaudin emploie la notion de « politiques contractuelles » pour désigner les politiques mises en application par les « contrats d'action publique »[9].

---

[1] FORTIN (Y.), « Introduction », in FORTIN (Y.), (sous la dir.), *La contractualisation dans le secteur public des pays industrialisés depuis 1980*, Paris, L'Harmattan, 1999, p. 5.

[2] GAUDIN (J.-P.), « La négociation des politiques contractuelles » in GAUDIN (J.-P.), (sous la dir.), *La négociation des politiques contractuelles*, Paris, L'Harmattan, Coll. « Logiques politiques », 1996, p. 9.

[3] GARBAR (C.-A.), « Les personnes. Discussion » in Association Henri Capitant, *La relativité du contrat*, Paris, LGDJ, 2000, p. 54.

[4]*Dictionnaire Le Petit Larousse illustré 2006*, Paris, Larousse, 2005.

[5] CORNU (G.), Association Henri Capitant, Vocabulaire juridique, Paris, PUF, « Quadrige », 2007, p. 228. Elle traduit encore la « *substitution d'un mode conventionnel de règlement fondé sur la concertation et la négociation à un mode unilatéral de décision procédant d'une autorité (administration, juge)*[5] », CORNU (G.), *op. cit.*, p. 228.

[6] CAILLOSSE (J.), « Interrogations méthodologiques sur le « tournant » contractuel de l'action publique », in *Mélanges Michel GUIBAL*, Université de Montpellier, 2006, p. 471.

[7] LAMY (B. de), « Procédure et procédés (propos critiques sur la contractualisation de la procédure pénale) », in CHASSAGNARD-PINET (S.) et HIEZ (D.), (sous la dir.), *Approche critique de la contractualisation*, Paris, LGDJ, Collection « Droit et Société, recherches et travaux », 2007, p. 150.

[8] COLLART DUTILLEUL (F.), « Quelle place pour le contrat dans l'ordonnancement juridique ? » in JAMIN (C.) et MAZEAUD (D.), *La nouvelle crise du contrat*, Paris, Dalloz, Collection « Actes », 2003, p. 228.

[9] GAUDIN (J.-P.), *L'action publique. Sociologie et politique*, Paris, Presses de Sciences Po et Dalloz, 2004, p. 74.

La démarche traduit en effet « *une nouvelle méthode de conduite des politiques publiques* »[1] impliquant la négociation des objectifs, un accord sur le calendrier de mise en œuvre des politiques. Le professeur Jacques Caillosse a utilisé la notion d'« *agir contractuel* »[2]pour désigner l'ensemble des pratiques conventionnelles et partenariales. La contractualisation ainsi analysée peut être définie comme une politique publique par laquelle, l'État utilise la technique juridique au travers du procédé contractuel. Là, on touche le fond du problème. Envisagé comme un *mode d'intervention souple de l'État*, le procédé contractuel permet d'« *éviter les réactions de rejet provoquées par la rigidité des moyens compulsifs* »[3] et d'augmenter l'efficacité de l'action publique. La technique contractuelle étant par nature présumée souple et va dans le sens d'une plus grande « *technicisation et de la dépolitisation de l'action publique* »[4].

La notion de contractualisation comporte selon certains, trois types de démarches[5] : en premier lieu, elle permet de tisser des liens contractuels entre différents acteurs qui n'accordaient pas auparavant de l'importance au procédé ; en deuxième lieu, elle permet de renforcer ou d'adapter les relations existantes ; enfin, la démarche permet de donner un cadre juridique (contractuel) aux relations. Mais pour qu'il ait contractualisation, trois conditions sont nécessaires[6] : le pouvoir discrétionnaire de l'autorité publique, l'autonomie des parties et la convergence des intérêts.

La contractualisation de l'action publique (*government by contract*) n'est pas une spécificité française. Elle occupe également une place prépondérante dans la vie administrative et dans l'organisation des services publics et des politiques publiques en Grande-Bretagne[7]. C'est un thème central de la réforme de l'État[8].

Le procédé intéresse également les politiques communautaires, car l'Union européenne mobilise les « *contrats d'objectifs et de moyens* »[9]dans ses relations avec les États et les régions. Le thème de la contractualisation

---

[1] GAUDIN (J.-P.), *Gouverner par contrat*, Paris, Les Presses de Sciences Po, 2007, p. 31.
[2] CAILLOSSE (J.), « Interrogations méthodologiques sur le « tournant » contractuel de l'action publique », *op. cit.*, p. 470.
[3] MORITA (A.), « Les procédés formels et informels de l'action administrative », *RFAP* n° 73, janvier-mars 1995, p. 92.
[4] LASCOUMES (P.) et LE GALES (P.), *Sociologie de l'action publique*, Paris, Armand Colin, 2ème édition 2012, p. 101-102.
[5] FORTIN « Introduction », in FORTIN (Y.), (sous la dir.), *La contractualisation dans le secteur public des pays industrialisés depuis 1980*, Paris, L'Harmattan, 1999, p. 6.
[6] HECQUARD-THERON (M.), « La contractualisation des actions et des moyens publics d'intervention », *AJDA* 20 juin 1993, p. 454.
[7] BIRKINSHAW (P.), « Contrats publics et contractualisation de l'action publique : un point de vue anglais », *RFDA*, septembre-octobre 2006, p. 1015.
[8] BIRKINSHAW (P.), *op. cit.*, p. 1018.
[9] GAUDIN (J.-P.), *Gouverner par contrat*, *op. cit.*, p. 9.

dépasse donc largement le seul cadre national et européen : il présente même une dimension planétaire[1].

La contractualisation correspond en effet à un « *changement dans la conception de la place de l'État* »[2] et une « *inflexion de la conception traditionnelle du contrat* »[3]. L'outil contractuel constitue une alternative aux techniques d'intervention rigide de l'Etat. Selon Jean Waline, le contrat est une « *alternative à l'acte administratif unilatéral* »[4]. L'action rigide fait de plus en plus place à la souplesse. Contractualisation et recherche d'une plus grande souplesse ne sont donc pas antinomiques. Elles sont complémentaires et renforcent l'efficacité de l'action publique.

Le thème de la contractualisation illustre ainsi le renouveau du procédé contractuel dans l'action publique.

La question qui se pose est alors de savoir si le thème de la contractualisation relève de la figure de l'État stratège et quelles sont ses implications sur le terrain du droit public.

Deux grandes idées rythmeront l'évolution de ce chapitre : ainsi qu'on le verra, la contractualisation relève des *modes d'intervention souple de l'État* (section 1) et produit un certain nombre d'effets juridiques ; d'où la nécessité de se pencher sur la juridicité du concept (section 2).

SECTION 1. LA CONTRACTUALISATION RELÈVE DES MODES D'INTERVENTION SOUPLE DE L'ÉTAT

L'État est à un tournant décisif dans la mobilisation des techniques juridiques. L'action unilatérale de l'État qui a longtemps prévalu dans la construction des politiques est désormais remise en cause dans certaines politiques sectorielles : c'est une vision dépassée qui n'est plus conforme aux exigences d'efficacité et de performance auxquelles les États doivent inscrire leur action. L'efficacité de l'action publique passe aussi par les moyens d'invention souple. À côté des techniques d'intervention autoritaire, l'État fait appel de plus en plus aux « *instruments souples d'action* »[5] : la contractualisation relève de cette démarche. Il serait cependant excessif de

---

[1] Pour Marcou Gérard, le développement des procédures contractuelles est « *une tendance générale qui se manifeste dans la plupart des pays industrialisés, sous des formes et dans domaines extrêmement variés* », MARCOU (G.), « Introduction » in MARCOU (G.), RANGEON (F.) et THIEBAULT (J.-L.), *La coopération contractuelle et le gouvernement des villes*, Paris, L'Harmattan, Logiques juridiques, 1997, p. 7.

[2] CHASSAGNARD-PINET (S.) et HIEZ (D.), (sous la dir.), « Introduction », *Approche critique de la contractualisation*, Paris, LGDJ, Collection « Droit et Société, recherches et travaux », 2007, p. 9.

[3] GARBAR (C.-A.), « Les personnes. Discussion » in Association Henri Capitant, *La relativité du contrat*, Paris, LGDJ, 2000, p. 52.

[4] WALINE (J.), « Les contrats entre personnes publiques », *RFDA*, mars-avril 2006, p. 229.

[5] MORAND (C.-A.), *op. cit.*, p. 239.

voir dans l'essor du procédé contractuel une tendance générale visant à substituer le contrat à l'acte unilatéral.

On peut dès lors se demander si cet essor ne préfigure pas un nouveau style d'action publique. Selon le rapport public du Conseil d'État pour 2008, le procédé s'inscrit bien dans un *« nouveau registre de l'action politique et administrative se fondant sur la négociation et le consensus plutôt que sur l'autorité »*[1].

Afin de mener à bien la réflexion, on commencera d'abord par préciser la dimension stratégique de la contractualisation. Derrière la contractualisation se profile l'appel à des moyens d'action plus souple. Enfin, des exemples viendront étayer l'ampleur du phénomène.

§ 1. La dimension stratégique de la contractualisation

Derrière l'essor du procédé contractuel se dessine une démarche stratégique. Quoi de plus stratégique pour les autorités publiques que de mobiliser la technique contractuelle pour l'élaboration et la mise en œuvre des politiques : non seulement la voie contractuelle privilégie la recherche de sécurité et d'une plus grande stabilité[2] dans les rapports entre les différents partenaires, elle permet aussi *« une meilleure adaptabilité dans la durée »*[3].

La forte mobilisation du procédé contractuel par les pouvoirs publics vise à renforcer l'efficacité de l'action publique[4]. On sait que le procédé contractuel reste indispensable dans les rapports entre l'État et les collectivités territoriales du fait de l'enchevêtrement des compétences, de la multiplication des milieux décisionnels locaux et de la recherche de financements croisés. La contractualisation étant par nature une démarche privilégiant la pluralité des acteurs, promeut la logique de proximité. Le procédé *« permet de rétablir la proximité entre l'autorité de tutelle et l'autorité décentralisée »*[5].

L'appel croissant aux techniques contractuelles contribue sans doute à renforcer la cohérence des[6] politiques en accordant par exemple aux collectivités locales plus d'autonomie. Cela étant, il ne faut pas sous-estimer

---

[1] Conseil d'État, *Le contrat mode d'action publique et de production de normes,* rapport public 2008, Paris, La Documentation française, 2008, p. 15.
[2] MARCOU (G.), RANGEON (F.) et THIEBAULT (J.-L.), *La coopération contractuelle et le gouvernement des villes*, Paris, L'Harmattan, Logiques juridiques, 1997, p. 13.
[3] PELLISSIER (G.), « Pour un développement maîtrisé du procédé contractuel », *JCP/ La Semaine juridique, Administrations et collectivités territoriales*, n° 27, 30 juin 2008, p. 5.
[4] RICHER (L.), « La contractualisation comme technique de gestion des affaires publiques », *AJDA* 19 mai 2003, p. 973.
[5] FAURE (B.), *Droit des collectivités territoriales*, Paris, Dalloz, 2ème édition, 2011, p. 433.
[6] TIMSIT (G.), *Archipel de la norme*, Paris, PUF, Coll. « Les voies du droit », 1997, p. 54.

le fait que le développement des procédures contractuelles peut nuire à la cohérence des politiques[1].

La contractualisation est indissociable du thème de la performance. *L'État stratège est un État qui mobilise le procédé contractuel pour renforcer la performance des politiques* : sous couvert de contractualisation, toute recherche de performance implique le respect de trois conditions précises[2]: fixation ou négociation des objectifs, contractualisation des objectifs et des moyens destinés à les atteindre et évaluation des résultats. La LOLF privilégie la responsabilisation des gestionnaires. Il existe une *relation étroite entre la LOLF et le contrat*[3]. Le *procédé contractuel permet d'atteindre les objectifs d'une politique.* Ainsi, des « *contrats de performance* » conçus et mis en œuvre dès 2006 dans différents ministères (Économie et des Finances, Équipement, Affaires étrangères et du Budget) impliquant l'engagement de fonctionnaires sur des objectifs visaient l'amélioration de la productivité et de la qualité des politiques. Des « primes d'intéressement » leur avaient été versées en contrepartie des efforts engagés. Les « *contrats de performance* »[4] s'inscrivent dans une logique managériale ; ils sont régulièrement mobilisés lors de la mise en œuvre de politiques sectorielles par les agences d'exécution. L'État fixe les objectifs, alloue des moyens au directeur de l'agence qui dispose d'une autonomie de gestion dans la mise en œuvre des politiques. En contrepartie, les politiques sont l'objet d'évaluation. C'est le cas du « *contrat néo-zélandais* » qui permet de s'assurer que les résultats seront atteints et les obligations remplies[5]. La contractualisation a été présentée par certains comme une technique de modernisation [6]de la gestion des services de l'État. La

---

[1] RICHER (L.), *Droit des contrats administratifs*, Paris, LGDJ, 5ème édition, 2006, p. 53.

[2] GARBAR (C.-A.), « Performance et contractualisation de l'action publique », in ALBERT (N.), (dir.), *Performance et droit administratif*, Paris, Litec, Colloques & Débats, 2010, p. 139.

[3] Selon le Conseil d'État, il existe une forte « puissance de contagion » dans la LOLF en ce sens que « *la signature d'un contrat de performance englobant un ou plusieurs programmes appelle en cascade la signature de chartes de gestion aux niveaux inférieurs d'exécution de ces programmes : budgets opérationnels de programme (BOP) et unités opérationnelles (UO)* », Conseil d'État, *Le contrat mode d'action publique et de production de normes*, rapport public 2008, Paris, La Documentation française, 2008, p. 36.

[4] GARBAR (C.-A.), « Performance et contractualisation de l'action publique », *op. cit.*, p. 141.

[5] TROSA (S.), *op. cit.*, p. 82.

[6] la contractualisation est un « *procédé de modernisation de la gestion de services publics, applicable de manière interne ou externe à l'administration (...) En interne, on parle de contractualisation lorsque des engagements sont pris au sein de l'appareil d'État pour améliorer la gestion (...) En externe, la contractualisation désigne une forme de lien qui s'établit entre l'administration et des tiers, ou avec ses usagers* », SERVERIN (E.), « Lectures socio-juridiques sur l'État et le contrat » in CHASSAGNARD-PINET (S.) et HIEZ (D.), (sous la dir.), *Approche critique de la contractualisation*, Paris, LGDJ, 2007, p. 95-96.

mobilisation de « contrats d'objectifs »[1] entre l'administration centrale et les unités opérationnelles dans la mise en œuvre des politiques sectorielles relève bien de cette logique.

Parallèlement, pour désengorger les juridictions administratives de l'empilement des dossiers et réduire les délais de jugement, la mise en place de « *contrats d'objectifs et de moyens* »[2] a été indispensable entre le Conseil d'État et les cours administratives d'appel. En améliorant l'efficacité et la légitimité des politiques engagées, le procédé contractuel contribue à la « rénovation des méthodes de gestion de l'État »[3].

L'essor du procédé vise par ailleurs à renforcer la lisibilité de l'action publique et « *favoriser la responsabilisation des cocontractants »*[4]. On sait aussi que le contrat permet à l'administration de responsabiliser les agents sur des objectifs à atteindre comme dans la démarche LOLF. Mais cet objectif recherché dans les politiques contractuelles visant à promouvoir la dynamique participative peut produire des effets contre-productifs en entraînant « *un risque de fermeture et d'illisibilité des politiques publiques* »[5] pour les citoyens et les acteurs du monde économique et social.

L'essor du procédé contractuel met en évidence le rôle régulateur [6]du contrat dans les politiques.

---

[1] CLOSETS (F. de), Commission « Efficacité de l'État », *Le pari de la responsabilité*, Paris, La Documentation française et Editions Payot, 1989, p. 168.

[2] SAUVE (J.-M.), « Les cours administratives d'appel, vingt ans après : un succès incontestable », *AJDA*, 30 juin 2008, p. 1249. L'étude de Jean-Marc Sauvé est intéressante à plus d'un titre. Pour avoir une idée précise des affaires en cours dans les cours administratives d'appel, il faut signaler qu'en 1990 les 5 cours d'appel (Paris, Lyon, Nancy, Bordeaux et Nantes) enregistraient 4271 affaires, en jugeaient 4 753 et comptaient dans le même temps 7 242 d'affaires en stock : le délai de jugement étant d'un an et 6 mois. En 1996, on assiste à l'explosion des chiffres : 15 553 affaires enregistrées dont 7483 affaires jugées et 23 307 affaires en stock ; le délai de jugement est passé à 3 ans. Malgré l'augmentation du nombre de magistrats, d'agents de greffe et de création de cours supplémentaires comme celles de Marseille et de Douai, on a enregistré en 2002, 16 5667 affaires et 15 244 affaires jugées ; le stock a alors atteint un nombre record de 43 856 affaires ; le délai de jugement moyen est de 2 ans et 10 mois. C'est dans cette perspective que des *contrats d'objectifs et de moyens* ont été mis en œuvre couvrant la période 2003-2007 parce qu'il en va de la crédibilité et de la légitimité des juridictions administratives. L'objectif était de ramener le délai de jugement à un 1 an et 1 mois. Après avoir créé la Cour administrative d'appel de Versailles et 85 nouveaux postes de magistrats et 78 agents de greffe, on constate à la fin de l'année 2007 que 26 908 affaires avaient été enregistrées, le stock étant ramené à moins de 30 000 affaires. Le délai moyen de jugement est enfin passé sous la barre de 1 an et 27 jours.

[3] Conseil d'État, *Le droit souple*, étude annuelle, rapports du Conseil d'État, Paris, Conseil d'État, La Documentation, 2013, p. 32.

[4] Conseil d'État, rapport public 2008, *op. cit.,* p. 200.

[5] PORTIER (N.), « Un nouveau mode de relations entre l'État et ses partenaires : l'exemple de l'aménagement du territoire », *AJDA*, 19, mais 2003, p. 988.

[6] Selon Yves Jegouzo, « *le contrat est alors un mécanisme de régulation des politiques publiques »*[6], « Les contrats entre collectivités publiques : vers l'administration contractuelle » in SEDJARI (A.), (sous la dir.), *Gouvernance et contrôle de l'action publique au 21ème siècle*, Paris, L'Harmattan/GRET, 2003, p. 240.

Le développement du procédé contractuel participe au renouvellement de la légitimité de l'action publique [1]à travers la négociation entre acteurs engagés dans une politique donnée. Selon Loïc Cadiet, l'accélération des techniques contractuelles dans l'action publique s'explique par la crise du modèle bureaucratique conduisant l'État à investir autrement la société civile pour légitimer son pouvoir par un discours plus séducteur et par l'appel aux méthodes d'action plus souple[2].

L'essor du contrat dans le champ de l'action publique présente enfin un *enjeu démocratique* même s'il ne constitue pas la voie privilégiée. Dans le cadre de la démocratie locale, le contrat joue un rôle important dans le développement social des quartiers en faisant participer les élus, les habitants[3], les comités de quartiers et diverses associations aux politiques locales.

Après avoir indiqué la dimension stratégique de la contractualisation, il importe ensuite de se pencher sur les stratégies déployées par l'État pour « injecter » plus de souplesse dans son mode d'intervention.

§ 2. La contractualisation privilégie l'appel à des moyens d'action plus souple

En général, la contractualisation favorise souplesse et adaptation [4]dans les techniques d'intervention de l'État. L'État stratège est un « État mobilisateur »[5] d'instruments conventionnels et incitatifs pour reprendre la formule de Pierre Lascoumes et de Patrick Le Galès.

Le développement du procédé contractuel dans l'action publique s'accompagne d'un *renoncement au commandement*. L'État s'appuie aussi sur d'autres techniques juridiques comme les procédés incitatifs.

A) L'État renonce de plus en plus au commandement…

Les procédés contraignants ne sont pas toujours pertinents et efficaces pour atteindre certains objectifs de politique publique. Mais les « *instruments incitatifs et contractuels* »[6] permettent d'y parvenir. *L'État stratège est un État qui privilégie l'appel à des moyens d'action souple*.

---

[1] MARCOU (G.), RANGEON (F.) et THIEBAULT (J.-L.), *La coopération contractuelle et le gouvernement des villes*, *op. cit.*, p. 12.

[2] CADIET (L.), « Interrogations sur le droit contemporain des contrats », in CADIET (L.), (Travaux coordonnés par), *Le droit contemporain des contrats, Paris, Economica et Faculté des Sciences juridiques de Rennes*, 1987, p. 21.

[3] MARCOU (G.), RANGEON (F.) et THIEBAULT (J.-L.), *op. cit.*, p. 31.

[4] JEGOUZO (Y.), « L'administration contractuelle en question » in *Mélanges en l'honneur de Franck Moderne, Mouvement du droit public*, Paris, Dalloz, 2004, p. 543-544.

[5] LASCOUMES (P.) et LE GALES (P.), *Sociologie de l'action publique, op. cit.*, p. 101.

[6] LASCOUMES (P.), *L'éco-pouvoir. Environnements et politiques*, Paris, Éditions La Découverte, 1994, p. 179.

De plus en plus, l'État renonce au commandement. L'action publique a longtemps été marquée par le sceau de la rigidité. Elle relevait selon le professeur Paul Amselek de la « *technique de la direction dure ou rigide* »[1] ou de la technique de la « *direction autoritaire* »[2] de la « conduite humaine ». Les techniques d'intervention unilatérale sont « *synonyme d'autoritarisme, de méconnaissance des réalités, d'archaïsme, de « vielle administration* »[3]. Comme le souligne André Hauriou, le droit de la puissance publique est essentiellement un « *droit de commandement, du privilège, du contrôle et, pour tout dire, de la méfiance* »[4].

À l'opposé de la technique de la « direction imposée »[5], les procédés contractuels favorisent une *participation plus active des acteurs concernés* par la politique en *orientant les comportements* à travers le *dialogue, la confiance, l'incitation, dans le but d'obtenir leur adhésion*. On laissera de côté, l'étude des « *recommandations* »[6]dans l'orientation des comportements des acteurs, c'est-à-dire des recommandations accompagnées de mesures contraignantes[7].

La «*technique de la direction souple, de la direction proposée* »[8]ou de « la *direction (...) molle* »[9] des conduites relève bien des modes d'intervention souple de l'État. Cela signifie que l'État « *renonce à son pouvoir exclusif d'hétéronormativité pour obtenir l'adhésion des groupes qu'il cherche à orienter* »[10]. Plutôt que de procéder par décision autoritaire, source de tensions et de conflits sociaux, les gouvernants optent pour la

---

[1] AMSELEK (P.), « Autopsie de la contrainte associée aux normes juridiques », in THIBIERGE (C.), (sous la dir.), *La force normative. Naissance d'un concept*, Paris, LGDJ, 2009, p. 7.

[2] AMSELEK (P.), « L'évolution générale de la technique juridique dans les sociétés occidentales », *RDP* n° 1-4, 1982, p. 285. Pour l'auteur, la « direction autoritaire » « *consiste à tracer des lignes de conduites à suivre rigides, dont les intéressés ne devront pas en principe s'écarter, - ce qui implique, par conséquent, une limitation de leur initiative* », *op. cit.*, p. 286.

[3] JEGOUZO (Y.), « L'administration contractuelle en question » in *Mélanges en l'honneur de Franck Moderne, Mouvement du droit public*, Paris, Dalloz, 2004, p. 544.

[4] HAURIOU (A.), « Le droit administratif de l'aléatoire », in *Mélanges offerts à Monsieur le Doyen Louis Trotabas*, Paris, LGDJ, 1970, p. 224.

[5] AMSELEK (P.), « L'évolution générale de la technique juridique dans les sociétés occidentales », *RDP* n° 1-4, 1982, p. 286. La « direction imposée » « *consiste à tracer des lignes de conduite à suivre rigides, dont les intéressés ne devront pas en principe s'écarter, - ce qui implique, par conséquent, une limitation de leur initiative* », *Ibid.*

[6] Pour Charles-Albert Morand, de la même manière, certains « *instruments de persuasion comme les recommandations, les directives* »[6]n'impliquent pas d'obligations ; in MORAND (C.-A.), « Les nouveaux instruments d'action de l'État et le droit », *Ibid.*, p. 239.

[7] MORAND (C.-A.), *op. cit.*, p. 165.

[8] AMSELEK (P.), « L'évolution générale de la technique juridique dans les sociétés occidentales », *RDP* n° 1-4, 1982, p. 286.

[9] AMSELEK (P.), « Autopsie de la contrainte associée aux normes juridiques », *op. cit.*, p. 7.

[10] MORAND (C.-A.), *Le droit néo-moderne des politiques publiques*, Paris, LGDJ, Coll. « Droit et société » n° 26, 1999, p. 136.

méthode douce. L'action souple relève de ce qu'un auteur a appelé la « *gouvernementabilité coopérative* »[1].

Corrélativement, l'incitation fait partie des outils d'intervention de l'État.

B) ...tout en privilégiant l'incitation

On voudrait ici mettre l'accent sur les *techniques contractuelles incitatives* mobilisées par les pouvoirs publics *pour atteindre des objectifs de politique publique* : « la technique contractuelle est une forme d'incitation, une méthode d'action pour agir, sans recourir à la contrainte »[2]. L'État stratège est un « État incitateur » : « *l'État incitateur renonce à la contrainte pour exercer une influence douce sur les comportements* »[3]. L'incitation s'inscrit dans une démarche éminemment stratégique : il s'agit d'*obtenir par l'incitation ce que l'État ne peut avoir par l'action unilatérale*. L'efficacité de l'action publique repose davantage sur l'incitation que sur la contrainte. Il y a une raison à cela : « *l'administration peut être portée à préférer la voie du contrat à celle de l'acte unilatéral parce que les mécanismes complexes de l'activité économique ne permettent pas toujours aux interventions impératives et contraignantes* »[4].

Les techniques contractuelles à visée incitative sont également une pratique courante de l'État planificateur où « *l'économie dirigée conduit au contrat dirigé* »[5]. *L'incitation* peut prendre la forme d'octroi d'« aides financières » ou de subventions à destination des opérateurs économiques.

On laissera de côté, l'examen des aides accordées par la puissance publique de manière unilatérale. On n'insistera pas non plus sur l'étude des « *principes directeurs* »[6] (pratique courante aux États-Unis) dépourvus de force contraignante et sur l'analyse de la « *guidance administrative* »[7] (pratique courante au Japon). De même, on n'insistera pas sur la problématique des « directives »[8] qui ne peuvent être mises en œuvre qu'avec le consentement de la partie concernée. Seules les « *aides*

---

[1] CHEVALLIER (J.), « La gouvernance et le droit » in *Mélanges Paul Amselek*, Bruyant, Bruxelles, 2005, p. 200.

[2] PORTIER (N.), « Un nouveau mode de relations entre l'État et ses partenaires : l'exemple de l'aménagement du territoire », *AJDA*, 19, mais 2003, p. 988.

[3] MORAND (C.-A.), *Le droit néo-moderne des politiques publiques*, Paris, LGDJ, Collection « Droit et société » n° 26, 1999, p. 159.

[4] LAUBADERE (A. de), « Administration et contrat » in LAUBADERE (A. de), MATHIOT (A.), RIVERO (J.) et VEDEL (G.), *Pages de doctrine*, Tome 2, Paris, LGDJ, 1980, p. 247.

[5] ROUAST (A.), « Le contrat dirigé », in *Mélanges juridiques dédiés à M. Le professeur Sugiyama*, Paris, Librairie du Recueil Sirey, 1940, p. 318.

[6] MORAND (C.-A.), *Le droit néo-moderne des politiques publiques*, Paris, LGDJ, Coll. « Droit et société », 1999, p. 167.

[7] CHEVALLIER (J.), *Science administrative*, Paris, PUF, Coll. « Thémis Science politique », 3ème édition refondue, 2002, p. 175.

[8] MORITA (A.), « Les procédés formels et informels de l'action administrative », *RFAP* n° 73, janvier-mars 1995, p. 92.

contractualisées »[1]et les « *incitations par voie contractualisées* »[2] attirent ici l'attention. Selon Charles-Albert Morand, l'incitation a pour but d'« *orienter les comportements sans édicter de normes obligatoires* »[3]. Plus les incitations sont importantes, plus les acteurs concernés par la politique agissent plus volontairement dans le sens voulu par l'administration[4]. En ce qui concerne les « *incitations négociées* »[5], elles sont celles par lesquelles l'administration privilégie la voie de la négociation pour atteindre des objectifs précis.

Il existe une grande variété d'aides contractualisées. Les procédés incitatifs sont fréquents dans certaines politiques sectorielles prenant la forme d'aides financières. La pratique est courante dans le secteur industriel avec l'instauration des « *contrats de branche, de programme* » dès les années 1970. Les « *programmes de maîtrise des pollutions d'origine agricole* » ou plus récemment les « *contrats d'agriculture durable* »[6]dans le domaine agricole relèvent de cette philosophie. On a assisté ces dernières années à une inflation des contrats[7] ayant pour but d'orienter le comportement des acteurs : « contrats de programme », « contrats d'entreprise », « contrats de stabilité », « contrats fiscaux », etc. Sans doute, des raisons d'efficacité et de pragmatisme ne sont pas absentes dans la démarche. En matière environnementale[8], relèvent de cette logique les « contrats Natura 2000 », les « contrats de rivière », les « contrats territoriaux d'exploitation », les « quasi-contrats d'exécution du plan »[9], *etc.*

En général, on sait que les actes incitatifs ne sont pas obligatoires, mais cela ne signifie pas qu'ils ne sont pas susceptibles de produire des effets juridiques.

L'ampleur du phénomène est telle qu'aujourd'hui, le mouvement de contractualisation tend à concerner presque toutes les politiques sectorielles. On essaiera d'appréhender la portée.

---

[1] HECQUARD-THERON (M.), « La contractualisation des actions et des moyens publics d'intervention », *AJDA* 20 juin 1993, p. 457.

[2] GARBAR (C.-A.), « Les personnes. Discussion » in Association Henri Capitant, *La relativité du contrat*, Paris, LGDJ, 2000, p. 50.

[3] MORAND (C.-A.), *Le droit néo-moderne des politiques publiques*, *op. cit.*, p. 159.

[4] MORITA (A.), « Les procédés formels et informels de l'action administrative », *op. cit.*, p. 85.

[5] COLSON (J.-P.) et IDOUX (P.), *Droit public économique*, Paris, LGDJ, 2010, p. 478.

[6] BELRHALI-BERNARD (H.), « Le droit de l'environnement : entre incitation et contrainte », *RDP* n° 6, 2009, p. 1692.

[7] LAUBADERE (A. de), « Administration et contrat » in LAUBADERE (A. de), MATHIOT (A.), RIVERO (J.) et VEDEL (G.), *Pages de doctrine*, Tome 2, Paris, LGDJ, 1980, p. 250.

[8] BELRHALI-BERNARD (H.), « Le droit de l'environnement : entre incitation et contrainte », *op. cit.*, p. 1692.

[9] COLSON (J.-P.) et IDOUX (P.), *Droit public économique*, Paris, LGDJ, 2010, p. 478.

§ 3. Exemples de recours au procédé contractuel dans l'action publique : l'ampleur du phénomène

L'objectif n'est pas ici d'analyser toutes les politiques sectorielles résultant de la « prolifération des contrats » malgré l'« *absence d'outils statistiques pour en mesurer l'ampleur réelle* »[1]du phénomène. On se limitera donc à l'étude de certaines d'entre elles.

On l'a vu, la contractualisation intéresse les relations entre les pouvoirs publics et les personnes privées dans le cadre de la gestion des services publics. On ne reviendra pas ici sur les longs développements consacrés à la thématique de la délégation et du partenariat public-privé dans le chapitre précédent.

On a assisté ces dernières années à une multiplication des contrats entre personnes publiques. En ce qui concerne leur portée, on sait que depuis l'arrêt rendu par le Tribunal des conflits le 21 mars 1983 dans l'affaire « *Union des Assurances de Paris et autres* »[2], qu'un contrat conclu entre deux personnes publiques est un contrat public. Ces relations « *constituent de véritables contrats* »[3] administratifs impliquant des droits et des obligations réciproques. Elles sont soumises au contrôle du juge administratif qui apprécie leur portée[4]. Dans sa décision n° 83-160 DC du 19 juillet 1983 relative à la conclusion d'une convention fiscale entre l'État et un territoire d'outre-mer, le Conseil constitutionnel a précisé la portée du procédé contractuel en affirmant qu'« *aucun principe ou règle de valeur constitutionnelle ne s'oppose à ce que l'État passe des conventions avec les diverses collectivités territoriales de la République telles que les communes, les départements, les régions et les territoires d'outre-mer* »[5]. Mais une telle liberté contractuelle des personnes publiques est dépourvue de valeur constitutionnelle[6].

Les contrats d'action publique peuvent néanmoins être regroupés en trois catégories distinctes[7] : certains contrats ont pour objet « une prestation »,

---

[1] PORTIER (N.), « Un nouveau mode de relations entre l'État et ses partenaires : l'exemple de l'aménagement du territoire », *AJDA*, 19, mais 2003, p. 6.

[2] Sur ce point, voir *AJDA* 1983, n° 44, p. 356, concl. D. Labetoulle.

[3] FATÔME (E.) et MOREAU (J.), « Les relations contractuelles entre collectivités publiques. L'analyse juridique dans le contexte de la décentralisation », *AJDA*, 20 mars 1990, p. 142.

[4] Voir en particulier, *Arrêt de Section Département de la Moselle du 31 mai 1989*, *AJDA* 1989, p. 339, chron. Edmond Honorat et Eric Baptiste.

[5] Pour aller plus loin sur cette question, voir en particulier Décision n° 83-160 DC du 19 juillet 1983, Loi portant approbation d'une convention fiscale avec le territoire d'outre-mer de la Nouvelle-Calédonie, Rec. p. 43 ; JO 21 juillet 1983, p. 2251 ; *AJDA* 1984, n° 1, p. 28, note J.-P. Jarnevic.

[6] WALINE (J.), « Les contrats entre les personnes publiques », *RFDA*, mars-avril 2006, p. 229.

[7] MARCOU (G.), « Les contrats entre l'État et les collectivités territoriales. Réflexions sur quelques problèmes juridiques et administratifs », *AJDA*, 19 mai 2003, p. 982.

d'autres concernent les relations entre personnes publiques, d'autres enfin visent un exercice plus « optimal » des compétences.

Trois grandes phases rythment, selon Laurent Richer, l'essor du procédé contractuel dans la sphère publique. La première phase s'étalant de 1960-1982 concerne *«l'économie contractuelle »*[1]et correspond au développement de l'*État planificateur* avec l'apparition des « quasi-contrats » (dont le IVe Plan (1962-1965, des « conventions de plan » du Vème Plan (1966-1970), de la pérennisation des « contrats de plan » opérée par la loi du 29 juillet 1982 sur la planification). La seconde vague contractuelle[2] (1982-1992) correspond au *développement de l'administration territoriale*. Une multitude de contrats voit le jour : « conventions de mise à disposition de service », « *conventions de coopération* » entre les collectivités locales, institution des « *contrats de plan État-Régions* » du IXème Plan (1984-1988), « *contrats de ville* » (institués par la loi du 13 juillet 1991), contrats élaborés dans le cadre de l'« Université 2000 » (dans le domaine de l'enseignement supérieur). Enfin, la période 1992-2002 correspond à « *l'époque du tout contractuel* »[3]: presque toutes les politiques sectorielles sont concernées par l'utilisation de la technique contractuelle.

Parmi les « *formes renouvelées ou renforcées de la contractualisation* »[4] figurent les relations entre l'État et les collectivités locales. Le contrat a constitué dès les années 1970 un excellent levier pour organiser les rapports entre l'État et les collectivités. C'est ce qu'un auteur a appelé la « *contractualisation verticale* »[5]par opposition à la contractualisation dite « horizontale ».

L'*utilisation de la technique contractuelle* est devenue *depuis les lois de décentralisation*, le *mode d'action publique de droit commun*[6]. Selon l'article 11 de la loi du 29 juillet 1982, « L'État peut conclure avec les collectivités territoriales, les régions, les entreprises publiques ou privées et éventuellement d'autres personnes morales des contrats de plan comportant des engagements réciproques des parties en vue de l'exécution du plan et de ses programmes prioritaires ».

L'utilisation de la technique contractuelle s'inscrit dans une démarche stratégique dans la mesure où elle a pour objet « *la programmation de*

---

[1] RICHER (L.), « La contractualisation comme technique de gestion des affaires publiques », *AJDA*, 19 mai 2003, p. 973.
[2] RICHER (L.), *op. cit.,* p. 973.
[3] RICHER (L.), *op. cit.*, p. 974.
[4] GARBAR (C.-A.), « Les personnes. Discussion » in Association Henri Capitant, *La relativité du contrat, op. cit.,* p. 50.
[5] CHEVALLIER (J.), « synthèse » in FORTIN (Y.), (sous la dir.*), La contractualisation dans le secteur public des pays industrialisés depuis 1980*, Paris, L'Harmattan, 1999, p. 400.
[6] TIBERGHIEN (F.), « Le contrat, mode d'action publique et de production de normes », *JCP / La Semaine juridique, édition administrations et collectivités territoriales*, n° 27, 30 juin 2008, p. 4.

l'action publique »[1]dans diverses politiques. Le mouvement de décentralisation initié dans les années 1980 a donné un nouvel élan à la démarche contractuelle en instituant les « contrats de plan » et les « chartes de développement »[2]. L'étude s'appuiera davantage sur les « contrats de plan ». Ils peuvent être rangés dans la catégorie des « *contrats de programmation de l'action publique* »[3]. Schématiquement, Jean-Pierre Gaudin distingue *trois*[4] *types de contrats d'action publique* : en premier lieu, les « *contrats d'orientation* » privilégient la coopération et cherchent à orienter l'action ; en deuxième lieu, les « *contrats de projet* » qui impliquent un calendrier budgétaire et se distinguent par leur aspect opérationnel ; enfin, les « *contrats de programmation* » concernent les contrats de plan État/région qui comme leur nom l'indique, visent les questions budgétaires et d'organisation de financements croisés. Selon la loi du 29 juillet 1982, les contrats de plans État-régions « *définissent les actions que l'État et la région s'engagent à mener conjointement par voie contractuelle pendant la durée du plan* »[5]. Ainsi, l'État peut conclure des contrats avec tout un ensemble d'acteurs : les collectivités territoriales, les régions, les entreprises publiques et privées[6]. Selon l'article 12 de la loi, *les contrats de plan « sont réputés ne contenir que des clauses contractuelles »*. Le Conseil d'État a jugé qu'« *un contrat de plan État-région n'emporte par lui-même aucune conséquence directe quant à la réalisation des actions qu'il prévoit* »[7]. Après quelques réticences, le Conseil a estimé que les *contrats de plan* constituaient des *contrats publics*[8]. Rompant avec la logique de centralisation qui animait *les politiques de planification économique, la planification régionale* se veut une technique de gestion des affaires locales. L'objectif est de favoriser le développement local. Avec le *déclin de la planification*, la formule des contrats de plan État/régions a été réformée et transformée en « *contrats de projets » État/régions* (CPER) en 2006 s'étalant sur une durée de sept ans (2007-2013). Les *contrats de projets entre l'État et les régions s'inscrivent dans une démarche stratégique* : les CPER peuvent être considérés comme

---

[1] MARCOU (G.), « Les contrats entre l'État et les collectivités territoriales. Réflexions sur quelques problèmes juridiques et administratifs », *op. cit.*, p. 982.

[2] Les chartes de développement encadrent les relations contractuelles entre les régions, les départements et les communes.

[3] MARCOU (G.), « Les contrats entre l'État et les collectivités territoriales. Réflexions sur quelques problèmes juridiques et administratifs », *AJDA*, 19 mai 2003, p. 983.

[4] GAUDIN (J.-P.), *L'action publique. Sociologie et politique*, Paris, Presses de Sciences Po et Dalloz, 2004, p. 172-173.

[5] Article 11 alinéa 3 de la loi du 29 juillet 1982.

[6] Article 11 de la loi du 29 juillet 1982 portant réforme de la planification État-régions.

[7] CE 25 octobre 1996, « Association, Estuaire-Écologie » n° 169557, Rec. p. 415 ; *RFDA* 1997, p. 339, concl. J. H. STAHL, note MADIOT (Y.).

[8] CE, ass., 8 janvier 1988, Ministre chargé du plan et de l'aménagement du territoire C/ Communauté urbaine de Strasbourg et autres : Rec. CE 1988, p. 3 ; voir aussi *RFDA* 1988, p. 25, concl. S. Daël.

des instruments d'aménagement du territoire s'insérant parfaitement dans une conception européenne actuelle de l'aménagement du territoire et du développement économique[1]. Comme leur nom l'indique, les contrats de projets sont des projets d'importance mobilisant diverses ressources financières provenant des collectivités locales et/ou des fonds européens. De tels projets d'envergure sont susceptibles de produire des effets considérables sur la vie économique nationale. *L'État s'est en effet doté d'un « plan stratégique » au niveau local revalorisant le rôle du préfet*[2], garant des services de l'État dans la région. C'est à l'État de définir les orientations générales avec les préfets de département pour la mise en œuvre des politiques nationales et communautaires. Dorénavant, les « *projets d'action stratégique* »[3]*(PASE) succédant les « projets territoriaux de l'État »* privilégient la logique de performance. À cet égard, le « projet d'action stratégique de l'État dans la région (PASER) constitue *« un instrument de référence des relations contractuelles entre l'État et les collectivités territoriales* »[4]. En outre, *l'État a calé les contrats de projets aux stratégies européennes* (conseil européen de Lisbonne de 2000 puis de Göteborg de 2001 ainsi que des décisions Conseil européen de Bruxelles de mars 2006). Il s'agit au fond de préserver le patrimoine naturel, culturel, d'améliorer la compétitivité des économies européennes en mettant en place une économie fondée sur le savoir et l'innovation afin de créer de la richesse et de l'emploi. Comme on peut le constater, les contrats de plan sont complètement en décalage avec les nouvelles priorités européennes : de ce point de vue, leur inadéquation est saisissante.

En ce qui concerne la juridicité des contrats de projets État/régions, l'ambiguïté est totale. Étant donné que le cadre juridique des contrats de projets « *paraît beaucoup plus obscur que ne l'était celui des contrats de plan* »[5], des voix s'élèvent pour que s'appliquent aux contrats de projets les réflexions doctrinales développées ces dernières années à propos des contrats de plan État/région. Selon un auteur, « *il est permis de penser qu'elles sont transposables aux nouveaux contrats de projets, dans la mesure où les différentes analyses, retenues ici, se sont situées dans des perspectives plus générales* »[6]. Bien que constituant de « *véritables contrats administratifs* »,

---

[1] LEROUSSEAU (N.), « Les contrats de projets État-Régions » in LREROUSSEAU (N.), La *décentralisation à la croisée des chemins*, Paris, L'Harmattan, Université François Rabelais de Tours, 2007, p. 182.

[2] Décret du 29 avril 2004.

[3] Circulaire du Premier ministre du 13 mai 2004 relative à la préparation des projets d'action stratégique de l'État, JO 13 juillet 2004, p. 12 642.

[4] PONTIER (J.-M.), « Les contrats de projet État-régions 2007-2013 », *Rev. Adm.*, n° 359, 2007, p. 526.

[5] PONTIER (J.-M.), « Les contrats de projet État-régions 2007-2013 », *op. cit.*, p. 523.

[6] LEROUSSEAU (N.), « Les contrats de projets État-Régions » in LREROUSSEAU (N.), La *décentralisation à la croisée des chemins*, Paris, L'Harmattan, Université François Rabelais de Tours, 2007, p. 192.

les contrats de projets *« ne se suffisent généralement pas à eux-mêmes pour être exécutoires »*[1]. Par ailleurs, ces nouveaux contrats sont soumis à l'annualité budgétaire. Leur portée juridique est « hypothéquée » dans la mesure où les autorités signataires ne sont aucunement tenues de prendre des mesures contraignantes pour l'exécution du contrat[2]. Pour certains, *« il ne s'agit donc pas d'un contrat, mais d'un simple catalogue de bonnes intentions et de vœux pieux »*[3]. Selon d'autres, ces nouveaux contrats de projets ont une nature authentiquement contractuelle, mais à la condition de contenir des clauses suffisamment précises[4]. Enfin, pour d'autres, les contrats de projets État/régions présentent le caractère « véritable » de contrats administratifs même s'ils reconnaissent que l'effectivité de la relation contractuelle n'est que faiblement assurée pour des raisons sociologiques et institutionnelles[5].

Une nouvelle génération de contrats de plan 2014-2020 succède aux contrats de projets : *« les CPER devenus CPER sont redevenus CPER »*[6]. Comme on peut le remarquer, les contrats de plan retrouvent leur nom d'origine alors que la planification a complètement disparu depuis les années 1990. Désormais, les contrats de plan sont encadrés par deux circulaires du Premier ministre : la circulaire n° 5670/SG du 2 août 2013 sur les contrats de plan et la circulaire n° 5689/SG du 15 novembre 2013 sur la préparation des *contrats de plan État-régions 2014-2020*. Ces deux circulaires fixent le cadre général : l'accent est mis sur la *dimension territoriale et l'aménagement du territoire* est *davantage tourné vers le développement durable*. La circulaire du 15 novembre 2013 a élargi considérablement le nombre d'intervenants [7]dans le dispositif : en dehors de l'État, il y a la région, les départements, les métropoles, les autres agglomérations. La même circulaire envisage d'étendre la participation des citoyens, des jeunes, des habitants des quartiers

---

[1] JEGOUZO (Y.), « L'administration contractuelle en question » in *Mélanges en l'honneur de Franck Moderne, Mouvement du droit public*, Paris, Dalloz, 2004, p. 551.
[2] JEGOUZO (Y.), « L'administration contractuelle en question », *Ibid.*
[3] WALINE (J.), « Les contrats administratifs et leur évolution (2ème partie) », *RFDA* mars-avril 2006, p. 232.
[4] WALINE (J.), op. cit., p. 232. Selon l'auteur, *« la balle serait donc dans le camp de ceux qui négocient ces contrats pour y faire figurer de bonnes et belles obligations précises », Ibid.* Le professeur J.-D. Dreyfus défend la même thèse ; voir notamment *AJDA* 2000, p. 576.
[5] MARCOU (G.), « Les contrats entre l'État et les collectivités territoriales. Réflexions sur quelques problèmes juridiques et administratifs », *op. cit.*, p. 983. Le contrat est selon l'auteur *« un mode de relations juridiques de type contractuel même si l'effectivité de la relation contractuelle n'est au fond que faiblement assurée par les moyens de droit et par les recours juridiques et ceci pour des raisons qui relèvent de la sociologie et tiennent au fait que les parties à ces contrats sont des institutions qui ont très peu d'intérêt à rechercher une solution contentieuse à leur différends », Ibid.*
[6] PONTIER (J.-M.), « Les contrats de plan État-régions 2014-2020 », *op. cit.*, p. 17. Selon Jean-Marie Pontier, *« le nouveau changement de dénomination n'apparaît pas clairement justifiée », op. cit.*, p. 18.
[7] Circulaire du 15 novembre 2013.

prioritaires de la politique de la ville à la préparation des futurs contrats. L'élaboration des contrats de plan État-régions devra désormais associer les acteurs de la société civile aux réflexions stratégiques. On sait déjà que cela posera beaucoup de problèmes quant à l'organisation d'une telle participation. Une telle participation risque d'être « un leurre », « un faux-semblant »[1]. Etant donné que la nature juridique des contrats de plan 2014-2020 n'étant pas précisée, *le juge est libre de les qualifier « contrats administratifs » ou pas*. La crainte principale, c'est de voir dans les nouveaux contrats de plan État-régions de simples intentions généreuses dépourvues de juridicité[2]. *In fine*, si les contrats de plan État-régions constituent bel et bien un instrument stratégique pour les pouvoirs publics, ils deviennent dans le même temps de plus en plus « souples » et de plus en plus « conditionnés »[3].

L'*essor du procédé contractuel concerne également les relations entre l'État et les entreprises publiques*. La démarche contractuelle a été nécessaire pour encadrer les rapports entre l'État et les entreprises publiques. Sous couvert d'*État-providence*, la gouvernance des entreprises publiques impliquait l'usage de « contrats d'objectifs » pour atteindre des objectifs de politique économique. Figurent parmi les grandes entreprises publiques, Air France, SNCF, La Poste, RATP, GDF, EDF.

L'extension du procédé contractuel n'a pas épargné la politique de la ville. Le développement du procédé a été spectaculaire à partir des années 1970 : institution des « *contrats villes moyennes* » (1973) ; création des « *contrats de pays* » (1975) pour *dynamiser les zones rurales sur le plan économique et social* ; institution des « *contrats habitat et vie sociale* » (1977) ; mise en place des « *contrats de ville* » (1982) pour favoriser la mixité urbaine et renforcer la cohésion sociale. D'autres procédés ont été mis en place : « *conventions de développement social des quartiers* », « conventions de quartier », « conventions « Ville-Habitat », etc. Plus récemment, dans le domaine de l'aménagement du territoire, la *réforme du Grand Paris*[4] a nécessité la mise en place de « *contrats de développement territorial* » (loi du 3 juin 2010). L'objectif étant de doter la région d'équipements ultra modernes et d'améliorer la compétitivité économique et de favoriser la création d'emplois et de richesse. S'agissant des « *contrats d'agglomération* », ils concernent plusieurs acteurs (communautés urbaines,

[1] PONTIER (J.-M.), « Les contrats de plan État-régions 2014-2020 », *op. cit.*, p. 22. Selon l'auteur, « *la « participation » en question risque fort d'être un leurre, un faux-semblant, avec les risques de laisser derrière un sentiment d'amertume, voire d'avoir été trompés pour tous ceux qui y auraient cru* », *Ibid.*

[2] PONTIER (J.-M.), « Les contrats de plan État-régions 2014-2020 », *op. cit.*, p. 23.

[3] PONTIER (J.-M.), « Les contrats de plan État-régions 2014-2020 », *Ibid.* L'auteur fait ici référence à l'élargissement des intervenants, les thèmes retenus, la prise en compte des contraintes (dont budgétaires), les objectifs à atteindre, etc.

[4] Loi n° 10-597 du 3 juin 2010 relative à la réforme du « Grand Paris ».

communauté d'agglomération, l'État, la région, le département) autour d'un projet de développement économique ; d'autres secteurs sont concernés comme les transports, l'éducation, *etc.*

Le mouvement de contractualisation a visé aussi le *domaine de l'enseignement supérieur* comme le montrent les « *contrats d'établissement* »[1]prévus à l'article L. 711-1 du Code de l'Éducation : les *contrats quadriennaux* permettent à l'État de mettre à la disposition des établissements d'enseignement supérieur des moyens financiers et du personnel dans les activités de formation, de recherche et d'information scientifique et technique. Les établissements jouissent de la personnalité morale et de l'autonomie pédagogique, scientifique, administrative et financière. On assiste là aussi, à la *multiplication des conventions entre les universités et divers organismes de recherche* comme celles initiées par le CNRS (centre national de la recherche scientifique) ou l'institut national de la santé et de la recherche médicale (INSERM) pour ne citer que celles-là.

Parallèlement, la *fonction publique* [2]a été concernée par le procédé contractuel pour *encadrer les relations des agents avec les personnes publiques.* On sait que les fonctionnaires sont régis par des règles statutaires et réglementaires. Le *recrutement d'agents contractuels* est un mode dérogatoire. L'administration peut engager des contractuels à travers des « contrats à durée déterminée » ou les « contrats à durée indéterminée ». La logique stratégique guidant les pouvoirs publics conduit à créer des passerelles pour accueillir des cadres expérimentés du secteur privé pour occuper des postes de responsabilité et renforcer l'efficacité et la performance publique. *Le mouvement de contractualisation a trouvé un écho favorable dans la fonction publique territoriale où 40 % des agents sont des contractuels*[3]. Le phénomène est également connu dans la *fonction publique hospitalière* où le procédé a permis de recruter des directeurs généraux d'hôpitaux pour atteindre des objectifs de performance. Si le régime juridique des agents publics se multiplie, il faut bien se rendre à l'évidence : la *démarche de contractualisation est loin d'être une panacée.* Plus problématique, elle suscite « inquiétude » et « scepticisme » chez certains[4] quant au pouvoir discrétionnaire accordé aux employeurs publics en ce qui concerne les modalités de recrutement des CDI ; le régime de rémunération des titulaires des CDI, l'hostilité des syndicats aux CDI ; les conditions de

---

[1] Sur cette problématique, voir en particulier FINANCE (J.-P.), « Les contrats d'établissement dans le domaine de l'enseignement supérieur », *AJDA* 19 mai 2003, p. 990.

[2] Sur cette question, voir en particulier POCHARD (M.), « La place donnée au contrat dans l'organisation de la fonction publique », *AJDA* 19 mai 2003, p. 991.

[3] DEBBASCH (C.) et COLIN (F.), *Administration publique*, Paris, Economica, 6ème édition, 2005, p. 649.

[4] AUTIN (J.-L.), « La contractualisation de l'accès à la fonction publique » in *Contrats publics, Mélanges en l'honneur du Professeur Michel Guibal, volume 2*, Université de Montpellier I, 2006, p. 134.

licenciement et d'indemnisation du chômage, le risque d'instauration d'une gestion rigide des contractuels qui s'avèrera beaucoup plus complexe que celle des fonctionnaires. Mais, il est important de souligner que la place occupée par le contrat dans le recrutement d'agents est « limitée » du fait notamment du cadre statutaire et réglementaire régissant la fonction publique. Selon le rapport annuel de la Fonction publique pour 2003, le nombre d'emplois contractuels continue de diminuer[1]. La place qu'occupe le contrat dans la fonction publique reste donc marginale.

De plus en plus, la technique contractuelle est sollicitée pour encadrer et améliorer les relations entre l'État et les différents services administratifs[2]. Certains commentateurs emploient la notion d'« *administration contractuelle* »[3]pour qualifier l'appel croissant au procédé contractuel. La circulaire du Premier ministre du 23 février 1989 relative au renouveau du service public est un exemple de mobilisation de la technique contractuelle pour organiser les relations entre l'État et différents services administratifs. Dans les *rapports entre l'administration centrale et les autorités déconcentrées*, il a été envisagé par voie contractuelle de mettre en place des « *centres de responsabilité* ». Le cadre permet d'élaborer des projets de service intégrant la définition d'objectifs et de moyens. Étant donné que les autorités déconcentrées sont dépourvues de personnalité morale et représentent l'État au niveau des collectivités locales, la question qui se pose est la suivante : *l'État peut-il sur le plan juridique « contracter » avec une portion de l'administration censée la représenter* ? Certains auteurs estiment que ces contrats ne sont pas de véritables contrats au sens juridique du terme du fait de leur faible juridicité.

Enfin, en ce qui concerne les politiques culturelles, l'usage de la voie contractuelle a été courant comme en témoigne le développement des « *chartes culturelles* »[4], des « *conventions de développement culturel* » généralement conclues entre l'État, les régions, les départements et les villes.

Reste à analyser les effets juridiques de la contractualisation dans le thème de l'État stratège.

SECTION 2. LA JURIDICITÉ

L'essor du procédé contractuel ne constitue pas seulement un « mode d'action publique », il tend à devenir selon le Conseil d'État, *un mode de « production de normes »*. Le développement du procédé contractuel met en

[1] Ministère de la Fonction publique et de la Réforme de l'État, *Fonction publique : fait et chiffres 2003, rapport annuel,* Paris, La Documentation française, 2003, p. 12.

[2] RICHER (L.), « La contractualisation comme technique de gestion des affaires publiques », *op. cit.*, p. 974.

[3] MARCOU (G.), « Les contrats entre l'État et les collectivités territoriales. Réflexions sur quelques problèmes juridiques et administratifs », *op. cit.*, p. 982.

[4] WALINE (J.), « Les contrats entre les personnes publiques », *op. cit.*, p. 231.

évidence le souci des pouvoirs publics de privilégier un usage doux de la technique juridique. *L'État stratège est donc un État qui fait un usage souple de la technique juridique*. Il s'agit de se demander si la contractualisation produit des effets juridiques dans le thème de l'État stratège. Cette question transversale guidera les lignes directrices de cette partie.

La contractualisation entretient des relations étroites avec le thème du « *droit mou* » (sous-section 1). Sous cet angle, on se penchera sur le degré de normativité et la question de l'ordonnancement juridique. Les implications juridiques du thème participent au mouvement général de transformation du droit public (sous-section 2): le *droit est de plus en plus négocié* et traduit l'émergence d'un *droit « postmoderne »*.

La contractualisation soulève néanmoins des problèmes d'ordre juridique et politique qu'il ne faut pas négliger dans la compréhension des phénomènes juridiques.

§ 1. La contractualisation indissociable du « droit mou »

La contractualisation de l'action publique présente des implications juridiques qu'on ne saurait dissocier de la thématique du droit mou. Ainsi que le remarquent Sandrine Chassagnard-Pinet et David Hiez, « *la contractualisation serait donc indissociable du phénomène du droit mou* »[1]. Le droit mou est une des caractéristiques du droit souple. Il y a quelques années encore, « *le droit souple était un objet juridique mal identifié* »[2] ; mais ce n'est plus le cas. Il faut bien admettre que « *l'idée même de droit souple a de quoi faire vaciller les certitudes les mieux établies* »[3]. Le thème a depuis lors été investi par les chercheurs et plus largement par la communauté des juristes. En 2009, l'Association Henri Capitant a consacré un colloque dans ses journées nationales à Boulogne-sur-Mer sur le thème « *du droit souple* »[4]. Enfin, dans son étude annuelle de 2013, le Conseil d'État a retenu comme thème de recherche, le « *droit souple* ».[5] La thématique présente des enjeux stratégiques. Pour le Conseil d'État, le droit souple présente un quadruple avantage : il peut constituer une source « d'oxygénation du droit » en favorisant une respiration dans les interstices du corset ; accompagner la mise en œuvre du « droit dur » ou s'y substituer

[1] CHASSAGNARD-PINET (S.) et HIEZ (D.), « Le système juridique français à l'ère de la contractualisation », *op. cit.*, p. 76.
[2] THIBIERGE (C.), « Rapport de synthèse », in Association Henri Capitant, *Le droit souple*, Paris, Dalloz, 2009, p. 141.
[3] THIBIERGE (C.), « Le droit souple », *RTD civ*, octobre-décembre, 2003, p. 606.
[4] CORNU (G.), (sous la dir.) et Association Henri Capitant, *Le droit souple*, Journées nationales, tome XIII, Boulogne-sur-Mer, Paris, Dalloz, 2009.
[5] Conseil d'État, *Le droit souple*, étude annuelle, rapports du Conseil d'État, Paris, Conseil d'État, La Documentation, 2013.

pour la mise en œuvre des politiques publiques et enfin, contribuer à la simplification des normes et à la qualité de la réglementation[1].

Le droit est un « art », mais aussi une « science »[2]. Il est généralement constitué de normes coercitives dont la mise en œuvre est garantie par l'usage de la force publique. Mais, *« le droit n'est pas seulement force, mais aussi consentement »*[3].

Le *droit mou* a connu son apogée avec l'avènement de la figure de l'État stratège. Il faut souligner d'emblée que le droit mou fait référence à la *« soft law »*. Celle-ci est une norme qui ne produit pas d'effets contraignants comme le droit souple. Le droit mou est donc constitué de règles juridiques souples. On peut ainsi soutenir que la contractualisation génère elle aussi des « normes contractuelles souples ».

Parler du droit mou ou souple aux effets non contraignants est cependant « problématique » si l'on sait que le *droit classique est essentiellement un droit de commandement*. De plus, on oppose souvent le droit souple au droit dur. Or, le droit est « dur et souple », il est l'un par l'autre[4] ; il est plus ou moins dur ou souple. Évoquer l'idée d'un droit souple revient à admettre qu'il s'agit bien du droit[5]. La règle de droit va de pair avec la sanction qui relève du droit impératif. Or, *le droit souple est généralement destiné à orienter les comportements des acteurs*. Donc, droit dur et droit souple ont des relations imbriquées.

Sous couvert de « soft law »[6], on a assisté ces dernières années à une prolifération de métaphores pour désigner les *normes molles*, souples témoignant de la densité des réflexions engagées par les juristes. Le doyen Carbonnier est sans doute un des premiers juristes à avoir consacré dès 1976 le titre de son ouvrage au thème : « *Flexible droit. Textes pour une sociologie du droit sans rigueur* »[7]: pour lui, « *ce n'est pas seulement la sociologie qui peut être sans rigueur, c'est le droit aussi* »[8]. Selon l'auteur,

---

[1] Conseil d'État, *Le droit souple*, *op. cit.*, p. 5-6.

[2] ARNAUD (A.-J.) et FARIÑAS DULCE (M. J.), *Introduction à l'analyse sociologique des systèmes juridiques*, Bruxelles, Bruylant, 1998, p. 33. Les auteurs affirment que « *le droit fut longtemps un art avant de prétendre au statut scientifique* », *Ibid.*

[3] ARNAUD (A.-J.), *Dictionnaire encyclopédique de théorie et de sociologie du droit*, Paris, LGDJ et Ed. Story-Scientia, 1988, p. 208.

[4] OST (F.), « Jupiter, Hercule, Hermès : trois modèles du juge », in BOURETZ (P.), (sous la dir.), *La force du droit*, Paris, Editions Esprit, 1991, p. 245.

[5] Conseil d'État, *Le droit souple*, *op. cit.*, p. 56.

[6] Selon Georges ABI-SAAB, l'expression a été formulée par Lord McNair en opposition à la « hard law » et « synonyme de droit flou ». Mais l'expression a pris un autre sens à partir des années 1970, c'est-à-dire un « droit dépourvu de contrainte juridique », ABI-SAAB (G.), « Eloge du « droit assourdi ». Quelques réflexions sur le rôle de la soft law en droit international contemporain » in *Mélanges François Rigaux*, Bruxelles, Bruylant, 1993, p. 60.

[7] CARBONNIER (J.), *Flexible droit. Textes pour une sociologie du droit sans rigueur*, Paris, LGDJ, 1976. Il est fait référence uniquement au titre de l'ouvrage.

[8] CARBONNIER (J.), *Flexible droit. Textes pour une sociologie du droit sans rigueur*, *op. cit.*, p. 2.

« *il y a de toute part du droit qui ne tient pas dans les commandements abstraits, généraux et permanents* »[1]. En 1987, le professeur Charles Leben évoquait dans ses travaux le « droit doux, le « *droit vert* », le « *droit faible* »[2] à propos de la « *soft law* ». D'autres concepts ont été forgés par les spécialistes du droit comme le « *droit tendre*[3] », le « *droit assourdi* »[4], le « droit mou », le *droit « malléable »,* le *« droit réflexif »,* le *« droit soluble »*[5], le *« droit postmoderne »*, le « *droit caméléon* »[6], la « *direction souple de la conduite humaine* »[7], *etc.* Sans désigner la notion de « droit souple », le professeur Jean-Bernard Auby évoqua en 1991 à son tour de « *reflux des prescriptions juridiques dans la production juridique* »[8]et de « *normes non prescriptives* »[9].

Mais affirmer que le droit souple est du droit ne relevait pas de l'évidence dans les années 1980 comme en témoignent les propos du professeur Charles Leben prononcés en 1987 : « *on voit apparaître un système de « normativité graduée » qui cherche à consacrer (...) un éventail de règles, dont certaines (les règles dites de soft law) sont abusivement présentées comme étant du droit* »[10]. À l'époque, le droit souple n'avait pas encore été tant investi comme aujourd'hui par la doctrine et consacré par le Conseil d'État. L'évolution doctrinale a été considérable. Aujourd'hui, la notion de droit souple a fait l'objet d'une importante littérature. Le Conseil

---

[1] CARBONNIER (J.), *Flexible droit. Textes pour une sociologie du droit sans rigueur*, *op. cit.*, p. 17.
[2] LEBEN (C.), « Une nouvelle controverse sur le positivisme en droit international public », *Droits*, n° 5, 1987, p. 123.
[3] DUPUY (R-J.), « Droit déclaratoire et droit programmatoire. De la coutume sauvage à la « soft law », Société française pour le Droit international, Toulouse, 16-18 mai 1974, p. 14.
[4] ABI-SAAB (G.), « Eloge du « droit assourdi ». Quelques réflexions sur le rôle de la soft law en droit international contemporain » in *Mélanges François Rigaux*, Bruxelles, Bruylant, 1993, p. 59 et suiv. Selon l'auteur, le « droit assourdi » serait synonyme de droit « discret et malléable », *op. cit.*, p. 68.
[5] BELLEY (J.-G.), (sous la dir.), *Le droit soluble. Contributions québécoise à l'étude de l'internormativité*, Paris, LGDJ, n° 16, Coll. « Droit et société », 1996. C'est la métaphore de la « chimie », c'est-à-dire, le passage du droit de « l'alchimie à la chimie », *op, cit.*, p. 12.
[6] BELLEY (J.-G), (Sous la dir.), *Le droit soluble. Contributions québécoise à l'étude de l'internormativité, op. cit.*, p. 12. Le droit devient alors dans ces conditions « substance ».
[7] AMSELEK (P.), « L'évolution générale de la technique juridique dans les sociétés occidentales, *op. cit.*, p. 285.
[8] AUBY (J.-B.), « Prescription juridique et production juridique » in CHAZEL (F.) et COMMAILLE (J.), (sous la dir.), *Normes juridiques et régulation sociale*, Paris, LGDJ, Collection « Droit et société », p. 159.
[9] AUBY (J.-B.), « Prescription juridique et production juridique », *op. cit.* p. 159.
[10] LEBEN (C.), « Une nouvelle controverse sur le positivisme en droit international public », *op. cit.*, p. 121.

d'État a évoqué l'idée d'un « *droit à l'état gazeux* »[1] dans la mesure où le droit n'est plus tout à fait un corps solide[2].

L'étude n'a pas pour but d'analyser chacune des notions énumérées. Le « droit souple contractuel » est privilégié. Mais avant d'approfondir le débat sur ces questions, il est essentiel de dégager les éléments caractéristiques du droit souple pour mieux ensuite se concentrer sur le « *droit souple contractuel* »[3].

L'adjectif « souple » est relatif à « *ce qui est flexible, élastique, maniable* »[4]. La notion de « droit souple » est plus englobante et plus neutre que le terme « droit mou »[5]. Le « droit souple contractuel » peut, lui aussi, être qualifié de « droit doux », c'est-à-dire un droit dépourvu de caractère contraignant.

En 2003, Catherine Thibierge a décrypté les trois facettes du droit souple[6] : selon elle, le « *droit souple* » est un « *droit flou* » (sans précision), un « *droit doux* » (sans obligation) et un « *droit mou* » (sans sanction). Pour le Conseil d'État, trois critères caractérisent le droit souple ; c'est « l'ensemble des instruments » réunissant trois conditions cumulatives : en général, ils ont pour objet de modifier ou d'orienter les comportements de leurs destinataires en suscitant, dans la mesure du possible, leur adhésion ; ils ne créent pas par eux-mêmes de droits ou d'obligations pour leurs destinataires ; ils présentent, par leur contenu et leur mode d'élaboration, un degré de formalisation et de structuration qui les apparente aux règles de droit »[7]. Dans le droit souple, « c'est donc le contenu qui donne l'effet, non la forme ou plutôt pas seulement la forme »[8].

On l'a dit, le droit souple présente trois facettes : c'est un droit mou, doux et flou. C'est le *contraire du droit dur* qui n'est pas doux, flou et mou. En transposant ces trois critères au « *droit contractuel souple* »[9], la situation ne se présente pas de la même manière. *On peut dire avec certitude que le « droit souple contractuel » est un droit doux, mou, mais il n'est pas un droit flou.* Cela mérite quelques explications. Le droit contractuel est un droit

---

[1] Conseil d'État, *De la sécurité juridique, rapport du Conseil d'État*, Paris, La Documentation française, Etudes et documents, 1991, p n° 43, 1992, p. 15 et suiv. ; voir spécialement p. 32.

[2] MORAND (C.-A.), *Le droit néo-moderne des politiques publiques*, *op. cit.,* p. 182.

[3] JACQUET (J.-M.), « L'émergence du droit souple » (ou le droit « réel » dépassé par son double) in *Etudes à la mémoire du professeur Bruno OPPETIT*, Paris, Litec, 2009, p. 341.

[4] MEKKI (M.), « Propos introductifs sur le droit souple » in Association Henri Capitant, *Le droit souple*, Paris, Dalloz, 2009, p. 1.

[5] THIBIERGE (C.), « Le droit souple », RTD civ, octobre-décembre, 2003, p. 610.

[6] THIBIERGE (C.), « Le droit souple », *op. cit.*, p. 599.

[7] Conseil d'État, *Le droit souple*, rapports du Conseil d'État, Paris, Conseil d'État, La Documentation, 201 *op. cit.,* p. 61.

[8] DEUMIER (P.), « Saisir le droit souple par sa définition ou par ses effets », in Conseil d'État, *Le droit souple*, étude annuelle, rapports du Conseil d'État, Paris, Conseil d'État, La Documentation, 2013, p. 255.

[9] JACQUET (J.-M.), « L'émergence du droit souple » (ou le droit « réel » dépassé par son double) in *Etudes à la mémoire du professeur Bruno OPPETIT*, *op. cit.*, p. 341.

doux dans la mesure où les pouvoirs publics cherchent l'adhésion des acteurs à l'élaboration des normes et des politiques au travers de la négociation. Il n'est pas un droit prescriptif. Le « droit souple contractuel » est aussi un droit mou dès l'instant où il n'entraîne pas de sanctions en cas de non-exécution du contrat[1]. On peut affirmer comme Catherine Thibierge que *l'adjectif doux signifie une force obligatoire faible ou nulle* ; l'adjectif « mou » veut dire une force contraignante inexistante[2]. Cependant, le droit contractuel souple n'est pas un droit flou si l'on considère que la notion de flou reste imprécise, vague, *etc.* Or, toute *démarche contractuelle* invite les parties concernées à clarifier les objectifs du contrat. *Il n'y a pas de place au flou, à l'imprécision.* Par exemple, dans un *contrat de performance* ou dans un *contrat d'objectifs et de moyens*, les objectifs du contrat sont clairement fixés et l'allocation des moyens déterminés ; l'évaluation permettra de vérifier si les résultats ont été atteints ou pas. D'ailleurs, le Conseil d'État n'a pas retenu[3] le critère de « droit flou » dans la notion de droit souple. La même position sera retenue ici : le flou renvoie à ce qui est vague, imprécis.

On part du principe que le mouvement de contractualisation dont nous parlons est générateur d'une norme appelée « norme conventionnelle » ou « norme contractuelle » sous-tendue par l'idée que « *la norme contractuelle est une norme de droit objectif* »[4]. Le contrat est ici entendu comme une « norme » de droit positif[5].

Le droit est un « *ordre de contrainte* ». La rigidité est le propre du droit autoritaire. Le *droit de commandement* présente trois fonctions : il est « mesureur, directif et décisoire »[6]. Le droit est composé d'un ensemble de règles ayant pour but d'organiser la vie en société et la conduite des hommes. L'État est chargé de son application[7]. Quant à la règle de droit, elle est par nature abstraite, impersonnelle et obligatoire. La règle juridique est dans cette perspective synonyme de contrainte, c'est-à-dire porteuse d'« énonciation ayant une fonction prescriptive »[8]. Historiquement, le terme de « norme » dérive du concept « norma » chez les Romains et signifie

---

[1] Cela étant, le procédé peut produire un certain nombre d'effets.
[2] THIBIERGE (C.), « Le droit souple, *op. cit.*, p. 617.
[3] Conseil d'État, *Le droit souple, op. cit.* p. 248.
[4] BECHILLON (D. de), « Le contrat comme norme dans le droit positif », *RFDA* n° 8, janvier-février 1992, p. 24.
[5] BECHILLON (D. de), « Le contrat comme norme dans le droit positif », *op. cit.*, p. 15. Selon l'auteur, il y a encore quelques années, la norme contractuelle n'était pas admise par tous, mais qu'aujourd'hui, « la notion de norme conventionnelle n'effraie plus personne »,
[6] SOURIOUX (J.-L.), *Introduction au droit*, Paris, PUF, 1987, p. 27.
[7] Le droit dont il s'agit ici concerne le droit objectif dont le rôle est de sanctionner les droits subjectifs (droits des individus).
[8] ARNAUD (A.-J.), *Dictionnaire encyclopédique de théorie et de sociologie du droit*, *op. cit.*, p. 346.

l'« équerre du maçon et du charpentier »[1] : en utilisant le terme « norma », la notion peut se rapporter à la « *capacité de mesurer – grâce à l'équerre comme unité de mesure de l'architecte* »[2]. Plus largement, une norme désigne un « énoncé impératif ou prescriptif appartenant à un ordre ou système normatif, et obligatoire dans ce système »[3]. La norme au sens traditionnel du terme est prescrive : toute violation et/ou non-respect de la norme entraîne une sanction.

Le droit souple sous-tendu par les normes contractuelles occupe désormais une place de choix dans les techniques d'intervention souple de l'État. « La règle de droit souple pouvait parfaitement exclure par elle-même son caractère obligatoire, sans renoncer pour autant à produire des effets (accord non contraignant) »[4]. La « règle de droit souple » est marquée par l'absence de caractère contraignant de la règle de droit. La souplesse caractérisant une règle de droit ne modifie pas son statut formel ni ne remet en cause son appartenance à un ordre normatif[5]. Si les règles souples s'intègrent parmi les règles de droit[6], les règles résultant du droit contractuel souple s'intègrent à leur tour aux règles de droit.

Le « *droit souple contractuel* »[7]peut dès lors être envisagé comme un « droit souple par soustraction », la volonté des protagonistes marquant leur refus de s'engager sur le plan du contrat » (…) le droit des contrats, serait parfaitement apte à accueillir l'accord des parties et à lui conférer une pleine force obligatoire si les conditions qu'il pose étaient réunies. Mais précisément les parties s'y refusent ou souhaitent pouvoir s'y refuser. Pour autant, elles ne souhaitent nullement que leur accord reste lettre morte »[8].

Le « droit souple contractuel » est un droit flexible dépourvu de force contraignante. Le caractère flou de la règle de droit souple « *ne produit pas de conséquence immédiatement décelable au niveau des sources du droit* »[9].

Ainsi que le souligne Mustapha Mekki, le droit souple est un « vrai droit » ; c'est du « bon droit » ; c'est un « droit à part entière »[10]. L'étude annuelle du Conseil d'État pour 2013 relève de cette philosophie : selon le

---

[1] ARNAUD (A.-J.), *Dictionnaire encyclopédique de théorie et de sociologie du droit*, *op. cit.*, p. 267.

[2] ARNAUD (A.-J.), *Dictionnaire encyclopédique de théorie et de sociologie du droit*, *Ibid.*

[3] ARNAUD (A.-J.), *Dictionnaire encyclopédique de théorie et de sociologie du droit*, *Ibid.*

[4] JACQUET (J.-M.), « L'émergence du droit souple » (ou le droit « réel » dépassé par son double), *op. cit.*, p. 346.

[5] JACQUET (J.-M.), « L'émergence du droit souple » (ou le droit « réel » dépassé par son double) in *Études à la mémoire du professeur Bruno OPPETIT*, Paris, Litec, 2009, p. 334.

[6] THIBIERGE (C.), « Le droit souple », *op. cit.*, p. 620.

[7] JACQUET (J.-M.), *op. cit.*, p. 341.

[8] JACQUET (J.-M.), *Ibid.*

[9] JACQUET (J.-M.), *op. cit.*, p. 345.

[10] MEKKI (M.) « Propos introductifs sur le droit souple », in CORNU (G.), (sous la dir.) et Association Henri Capitant, *Le droit souple*, Journées nationales, tome XIII, Boulogne-sur-Mer, Paris, Dalloz, 2009, p. 5.

Conseil d'Etat, le « droit souple relève bien du droit »[1]. De la même manière, le « droit souple contractuel » est du « vrai » droit.

Après avoir évoqué cet aspect, il importe de s'interroger sur le degré de normativité et d'ordonnancement des normes.

§ 2. Degré de normativité et ordonnancement juridique

Le thème du droit souple et plus largement du droit contractuel souple soulève la question de sa relation avec la hiérarchie des normes[2] telle qu'elle a été élaborée par Hans Kelsen pour qui, le droit fonctionne selon une logique pyramidale, hiérarchisée. Le concept d'hiérarchie occupe une place essentielle dans le système juridique : toute norme de rang inférieur doit respecter obligatoirement la norme supérieure.

En ce qui concerne le degré de normativité du droit souple, on sait qu'une règle de droit souple peut être plus ou moins normative[3]. Divers travaux ont montré « *la faible normativité d'une norme contractuelle* »[4].

L'étude du droit contractuel souple conduit à s'interroger sur son intégration dans le système juridique dès l'instant où « *l'ordre juridique est apte à tout recueillir* »[5]. L'ordre juridique est un système de normes juridiques formant « *un édifice à plusieurs étages superposés, une pyramide ou hiérarchie formée (pour ainsi dire) d'un certain nombre d'étages ou couches de normes juridiques* »[6]. La notion d'ordre juridique et le terme de système juridique sont souvent utilisés de manière interchangeable. En réalité, ils présentent des significations différentes[7] : le système juridique insiste sur la dimension de systématisation et de cohérence logique alors que l'ordre juridique est du point de vue sociologique, l'ensemble de normes produites par la société, la culture et vise l'ensemble de l'ordre social résultant des normes juridiques. Certains auteurs préfèrent utiliser le concept d'ordre normatif[8]. L'ordre juridique est plus englobant que la notion de

---

[1] Conseil d'État, *Le droit souple*, *op. cit.,* p. 56.

[2] Par exemple, la Constitution est au sommet de la hiérarchie des normes en droit interne ; arrivent ensuite ce qu'il appelle les actes à valeur législative (loi organique puis la loi ordinaire) ; ensuite, les actes administratifs (les *décrets* pris par le président de la République et le Premier ministre) ; enfin, les *arrêtés* (qui peuvent être pris par le Premier ministre, les ministres ainsi que les autorités locales) se trouvent au bas de l'échelle.

[3] THIBIERGE (C.), *op. cit.,* p. 607.

[4] CHASSAGNARD-PINET (S.) et HIEZ (D.), « Le système juridique français à l'ère de la contractualisation » in CHASSAGNARD-PINET (S.) et HIEZ (D.), *op. cit.*, p. 43.

[5] DEUMIER (P.), « La réception du droit souple par l'ordre juridique », *op. cit.*, p. 114.

[6] KELSEN (H.), *Théorie pure du droit*, traduction française par Charles EISENMANN, Paris, Dalloz, 1962, p. 299.

[7] ARNAUD (A.-J.), *Dictionnaire encyclopédique de théorie et de sociologie du droit, op. cit.*, p. 405.

[8] ARNAUD (A.-J.), *Dictionnaire encyclopédique de théorie et de sociologie du droit, Ibid.*

système normatif[1]. Pour Santi Romano, l'ordre juridique ressemble à un « tout vivant »[2] à l'image d'« un « organisme » formant une unité : toute étude portant sur l'ordre juridique doit intégrer une approche institutionnelle[3]. Selon Pascale Deumier, « le droit souple est reçu par l'ordre juridique »[4] ; *« l'ordre juridique reçoit le contrat, le contrat reçoit le droit souple »*[5].

Des théoriciens du droit ont procédé à une classification du droit dur et du droit souple selon leur degré de normativité. Le droit souple s'inscrit comme le droit dur dans une « échelle de « normativité graduée »[6]. Ainsi, au « *degré le plus dense, se trouverait le droit dur, source d'obligation et de sanction (...) puis viendrait le droit souple, source de recommandation, incarnant une normativité douce, non autoritaire ; et enfin un droit très souple d'une normativité faible voire nulle, source de déclaration, d'orientation et porteur d'objectifs »*[7].

Le juriste doit ensuite se demander si le développement du droit contractuel souple n'entraîne pas « *un nouvel ordre juridique* »[8]. La logique pyramidale caractéristique du droit de l'État moderne est ici battue en brèche. Le mouvement de contractualisation pose la question du pluralisme juridique[9]. Un auteur s'est demandé si le mouvement de contractualisation n'allait pas déboucher sur « *un ordre juridique conventionnel* »[10] ; *« l'ordre juridique contractuel suppose d'adhérer au pluralisme juridique »*[11]. Pour

---

[1] KERCHOVE (M. Van de) et OST (F.), *Le système juridique entre ordre et désordre*, Paris, PUF, 1988, p. 25.

[2] ROMANO (S.), *L'ordre juridique*, traduction française de la 2éme édition de l'ordinamento giuridico par Lucien François et Pierre Gothot, Paris, Dalloz, 2002, p. 8.

[3] ROMANO (S.), *L'ordre juridique*, traduction française de la 2éme édition de l'ordinamento giuridico par Lucien François et Pierre Gothot, *op. cit.*, p. 19. Selon l'auteur, « *si l'on veut définir un ordre juridique dans son entier, il ne faut pas avoir égard seulement à ce qu'on croit être ses différentes parties, c'est-à-dire aux normes qui y sont comprises, et dire ensuite que c'est l'ensemble de ces parties. Il est au contraire indispensable d'atteindre la caractéristique, la nature, de cet ensemble, de ce tout* », *op. cit.*, p. 7.

[4] DEUMIER (P.), « La réception du droit souple par l'ordre juridique » *op. cit.*, p. 115.

[5] DEUMIER (P.), « La réception du droit souple par l'ordre juridique *op. cit.*, p. 123.

[6] Conseil d'État, *Le droit souple*, *op. cit.*, p. 65.

[7] THIBIERGE (C.), *op. cit.*, p. 623.

[8] MODERNE (F.), « L'évolution récente du droit des contrats administratifs : les conventions entre personnes publiques », *RFDA*, mai-juin 1984, p. 2.

[9] Une pluralité de systèmes juridiques distincts coexiste ensemble parmi lesquels figurent les systèmes juridiques étatiques (système juridique unitaire, fédéraux, *etc.*) ; les systèmes juridiques peuvent ne pas être de même nature comme par exemple les systèmes juridiques « supra-nationaux » (international, communautaire, etc.) ; des systèmes juridiques « infra-nationaux » (ordres juridiques corporatifs).

[10] HOLLEAUX (A.), « Vers un ordre juridique conventionnel », *Bulletin de l'Institut international d'administration publique et RFAP* n° 32, octobre-décembre, 1974, p. 9.

[11] MEKKI (M.), « Les incidences du mouvement de contractualisation sur les fonctions du contrat » in CHASSAGNARD (S.) et HIEZ (D.), La contractualisation de la production normative, Paris, Dalloz, 2008, p. 334.

Jean Carbonnier, il y a pluralisme juridique[1] lorsque plusieurs systèmes juridiques coexistent dans un même espace social. L'État n'est plus le seul foyer où se fabriquent les normes. La production monocentrique cède le pas au polycentrisme ; cela signifie que « *la production de la norme juridique n'a plus une source unique ; la régulation juridique émane de divers lieux* »[2]. Le développement des normes contractuelles souples favorise le passage du monisme juridique au pluralisme juridique. Si l'État n'a pas perdu toute place dans la production normative, force est de constater que le pluralisme juridique met fin au monopole étatique en matière de production juridique[3].

Mais le droit forme « *un tout homogène, un bloc sans fissure* »[4] ; le droit est « multiple et hétérogène ». Le « droit souple contractuel » est ici considéré comme un droit très souple. En d'autres termes, c'est un « droit faible »[5]. Il occupe « une place modeste » au sein des sources du droit[6].

Le développement de normes souples dans les modes de production du droit de l'État ne remet absolument pas en question l'unité du système juridique. Quel que soit le degré d'indépendance d'un système juridique par rapport aux autres, l'autonomie ne peut être que relative[7].

Ces différents aspects que nous venons d'évoquer annoncent des transformations en cours du droit public qu'il faudra étudier en profondeur.

§ 3. Le « droit souple contractuel »: un indice de transformation du droit public ?

Le thème de l'État stratège constitue par ailleurs un terrain d'observation privilégié pour étudier les transformations du droit public. On peut se

---

1 CARBONNIER (J.), *Sociologie juridique*, Paris, PUF, Coll. « Thémis » Droit, 2004, p. 356. Selon l'auteur, « le droit est essentiellement multiple et hétérogène. Au même moment, dans le même espace social, peuvent coexister plusieurs systèmes juridiques, le système étatique certes, mais d'autres avec lui, indépendants de lui, éventuellement ses rivaux », *Ibid.*

2 ARNAUD (A.-J.), *Entre modernité et mondialisation. Leçons d'histoire de la philosophie du droit et de l'État*, Paris, LGDJ, Série Droit, 2ème édition, 2004, p. 281.

3 ARNAUD (A.-J.), « Introduction » in CLAM (J.) et MARTIN (G.), *Les transformations de la régulation juridique*, Paris, LGDJ, Collection « Droit et société », 1998, p. 77. Selon l'auteur, « on assiste à la renaissance d'un pluralisme juridique qui contribue à minorer la place du droit par l'État », *Ibid.*

4 CARBONNIER (J.), *Sociologie juridique*, *op. cit.*, p. 356.

5 LEBEN (C.), « Une nouvelle controverse sur le positivisme en droit international public », *Droits* 1987, n° 5, p. 121 et suiv.

6 PERES (C.), « La réception du droit souple par les destinataires » in Association Henri Capitant, *Le droit souple*, Journées nationales, tome XIII, Boulogne-sur-Mer, Paris, Dalloz, 2009, p. 110.

7 OST (F.) et KERCHOVE (M. van de), *De la pyramide au réseau ? Pour une théorie dialectique du droit*, Bruxelles, Publications des Facultés universitaires Saint-Louis, 2002, p. 188.

demander si l'émergence d'un droit dit « mou » ne préfigure pas un indice de transformation du droit public.

L'étude des transformations du droit public n'est pas un phénomène récent chez les publicistes. Le droit de la puissance publique est en perpétuelle mutation. Il y a fort longtemps, Léon Duguit s'interrogeait sur ces mutations en cours : « *étudier les transformations du droit public, n'est-ce pas étudier tout simplement le droit public* ? »[1]. L'avènement de la thématique de l'État stratège correspond à l'« *émergence d'un type de production juridique postmoderne* »[2]. C'est de cela qu'il faudra désormais s'efforcer d'expliquer.

Ainsi qu'on le verra, le « *droit souple contractuel* » est un *droit négocié* ; il traduit les prémisses d'un *droit postmoderne*.

A) Le « droit souple contractuel », un droit négocié

La contractualisation entretient un lien étroit avec le droit négocié. Fruit d'un compromis, le contrat est un instrument imparfait résultant d'une négociation[3]. L'essor du mouvement de contractualisation montre que le droit unilatéral ne correspond pas toujours à la méthode d'action la plus efficace. L'État stratège est un État dans lequel le « *droit « négocié » tend ainsi à prendre place à côté du droit imposé* »[4]. *C'est un État qui se fixe des objectifs à atteindre et prévoit un cadre juridique pour les atteindre. C'est la raison pour laquelle, les États privilégient la négociation au détriment des techniques autoritaires afin de faciliter l'adhésion de ceux à qui la norme est destinée.* On assiste à un changement de style d'intervention de l'État dans la production des normes.

Mais entendons-nous : *les fondements du droit public interne sont étrangers au phénomène du droit négocié*[5]. C'est donc la logique stratégique qui guide l'État à développer les techniques de négociation pour atteindre des objectifs de politique publique.

L'État stratège est un État qui commande de moins en moins et privilégie la négociation : il s'agit d'obtenir par la démarche contractuelle ce qu'il ne peut avoir par la contrainte. L'utilisation de la contrainte est contre-

---

[1] DUGUIT (L.), *Les transformations du droit public*, Paris, Armand Colin, 1999, p. IX.

[2] ARNAUD (A.-J.), « Introduction » in CLAM (J.) et MARTIN (G.), *Les transformations de la régulation juridique*, Paris, LGDJ, Collection « Droit et société », 1998, p. 81.

[3] LIGNIERES (P.), *Partenariats public-privé*, Paris, Litec, 2ème édition, 2005, p. 199. Selon l'auteur, « « *Le contrat résulte d'un compromis. Il est souvent le résultat imparfait d'une négociation (...) Le contrat est donc souvent imparfait, c'est pourquoi il n'existe pas de modèle idéal de contrat* », *Ibid.*

[4] VASSEUR (M.), « Un nouvel essor du concept contractuel. Les aspects juridiques de l'Économie concertée et contractuelle », *Rev. Trim. de Dr. Civ.*, janvier-mars, n° 1, 1964, p. 8.

[5] DUMONT (H.), « Droit public, droit négocié et para-légalité », in GERARD (P.), OST (F.), KERCHOVE (M. Van de), *Droit négocié, droit imposé ?*, Bruxelles, Facultés universitaires Saint-Louis, 1996, p. 457.

productive. La négociation « *offre la souplesse et réactivité nécessaires pour définir celle qui convient le mieux, à un instant précis* »[1]. Toute démarche de négociation doit en effet prendre en compte la « *constellation des intérêts en présence* »[2]. En d'autres termes, la démarche de contractualisation rend incontournable l'adoption de « *stratégies de compromis, d'ajustement d'intérêts divergents, voire contradictoires* »[3]. Le procédé contractuel comporte une ligne stratégique dans une démarche de négociation : pour le Conseil d'État, il permet une « *meilleure acceptabilité de la norme et la garantie de son application* »[4] lorsque la norme est négociée. Par négociation, il faut entendre par là « *un système de décision par lequel les acteurs s'entendent de commun accord au lieu d'agir par voie unilatérale* »[5]. C'est ce qu'un auteur a appelé l'« action concertée »[6] pour désigner ce type de coopération entre pouvoirs publics et acteurs privés. Certains ont vu dans la démarche de négociation, une stratégie visant à promouvoir la « co-production de politiques »[7].

La négociation est un critère essentiel de distinction entre le « droit imposé » et le « droit autonome »[8]. La négociation est « *l'art du compromis et de la conciliation entre intérêts divergents* »[9]. Dans une démarche de négociation, la confiance joue un rôle capital. L'État joue le rôle de chef d'orchestre en dirigeant les débats, mais sans imposer son point de vue. Cela n'interdit pas chaque participant de défendre ses propres intérêts en faisant preuve de ruse, d'influence et de persuasion au lieu d'utiliser la contrainte. Le problème, c'est de trouver un équilibre savant entre l'intérêt général défendu par l'État et les intérêts particuliers. L'échange d'informations et la confrontation des idées permettent de localiser les points de tension et les désaccords éventuels. On serait alors passé selon Denis de Béchillon de

---

[1] COLSON (A.), « Contrat et négociation » in *Contrats publics, Mélanges en l'honneur de Michel Guibal*, Vol. 1, Université de Montpellier, 2006, p. 14.

[2] OST (F.) et KERCHOVE (M. van de), *De la pyramide au réseau ? Pour une théorie dialectique du droit*, Bruxelles, Publications des Facultés universitaires Saint-Louis, 2002, p. 433.

[3] LASCOUMES (P.), *L'éco-pouvoir. Environnements et politiques*, Paris, Editions La Découverte, 1994, p. 99.

[4] Conseil d'État, rapport public 2008, *op, cit.*, p. 197.

[5] DUPONT (C.), *La négociation. Conduite, théorie, applications*, Paris, Dalloz, 1994, p. 11.

[6] MOCKLE (D.), *La gouvernance, le droit et l'État*, Bruxelles, Bruylant, 2007, p. 214.

[7] GAUDIN (J.-P.), « La négociation des politiques contractuelles » in GAUDIN (J.-P.), (sous la dir.), *La négociation des politiques contractuelles*, Paris, L'Harmattan, Coll. « Logiques politiques », 1996, p. 13.

[8] CADIET (L.), « Interrogations sur le droit contemporain des contrats », in CADIET (L.), (Travaux coordonnés par), *Le droit contemporain des contrats, Paris, Economica et Faculté des Sciences juridiques de Rennes*, 1987, p. 17.

[9] BOSC (C.), « Les approches de la négociation en politique » in GAUDIN (J.-P.), (sous la dir.), *La négociation des politiques contractuelles*, Paris, L'Harmattan, Coll. « Logiques politiques », 1996, p. 31.

« *l'ordre imposé à l'ordre négocié* »[1]caractéristique des sociétés postmodernes. Une tendance générale se dessine dans la plupart des grandes démocraties occidentales (plus dans les « États de corporatisme sociétal » que les États dits pluralistes ») visant à associer certains groupes d'intérêts à la préparation des législations et des politiques publiques[2]. Le *droit imposé* cède de plus en plus de la place au *droit négocié*. Le monologue fait place au dialogue. L'émergence d'un droit dit négocié s'explique selon le professeur Gérard Timsit par son « *adaptation au concret, son rapprochement des individus, son adéquation au contexte exact des sociétés qu'il prétend régir* »[3]. La négociation fait perdre au droit étatique son caractère impératif, son hétéronormativité[4]. Mais là où elle devient problématique, c'est lorsque la norme négociée a été obtenue aux prix d'« ambiguïtés » et d'« imprécisions » concernant les points les plus difficiles devenant ainsi une « source d'inégalité »[5] (du fait de l'inégalité des forces en présence).

Pierre Lascoumes voit dans ce nouveau mode d'action de l'État, deux conceptions opposées de la négociation. La première résulte de ce qu'il appelle « *la négociation comme aveu d'impuissance* »[6] : l'État privilégie la négociation pour éviter l'échec ou parce qu'il ne dispose pas d'autres moyens d'action. La « *négociation comme tactique* »[7]est le deuxième moyen d'action ; elle implique un recours accru d'instrument flexible pour des raisons pragmatiques et d'efficacité.

Le *développement du droit négocié* s'explique par la *crise de l'État-providence dans la production des politiques et du droit*. L'État est en effet confronté à une crise de légitimité. La négociation est un des instruments qui permet à l'État de pallier à cela : comme le souligne Jürgen Habermas : *« la seule source de légitimité est la procédure démocratique par laquelle le*

---

[1] BECHILLON (D. de), « La structure des normes juridiques à l'épreuve de la postmodernité » in SERVERIN (E.) et BERTHOUD (A.), (sous la dir.), *La production des normes entre État et société civile. Les figures de l'institution et de la norme entre États et sociétés civiles*, Paris, L'Harmattan, 2000, p. 48.

[2] MORAND (C.-A.), « La contractualisation du droit dans l'État providence » in CHAZEL (F.) et COMMAILLE (J.), (sous la dir.), *Normes juridiques et régulation sociale*, Paris, LGDJ, Collection « Droit et société », 1991, p. 144.

[3] TIMSIT (G.), « Les deux corps du droit. Essai sur la notion de régulation », *RFAP* n° 78, avril-juin 1996, p. 377.

[4] MORAND (C.-A.), « La contractualisation du droit dans l'État providence », *op. cit.*, p. 153.

[5] PELLISSIER (G.), « Pour un développement maîtrisé du procédé contractuel », *JCP / La Semaine juridique, édition Administrations et collectivités territoriales,* n° 27, 30 juin 2008, p. 6.

[6] LASCOUMES (P.), « Les contrats de branche et d'entreprise en matière de protection de l'environnement en France. Un exemple de droit négocié » in MORAND (C.-A.), *L'État propulsif. Contributions à l'étude des instruments d'action de l'État*, Paris, Publisud, 1991, p. 230.

[7] LASCOUMES (P.), *op. cit.,* p. 230.

droit est généré »[1]. La « *légitimité procédurale* » permet de renforcer la légitimité du droit[2] et des politiques publiques. *L'efficacité de la norme est condition de sa légitimité.* L'action publique est légitime si elle reflète la volonté, l'assentiment des acteurs participant au processus décisionnel.

L'association des acteurs à la production de la norme négociée met en évidence le fait que l'État n'est plus le seul foyer de production des normes. Il en est résulté que « *l'État a dû partager le droit de faire du droit avec les groupes privés organisés* »[3].

L'émergence d'un droit négocié traduit aussi le passage de « *la verticalité de la pyramide étatique à l'horizontalité du réseau* »[4]. On serait également passé d'un *ordre hiérarchisé* à un *ordre négocié*. Le « *glissement du paradigme impérativiste vers le paradigme négociateur* »[5]est bien l'illustration des transformations qui affectent le droit public. Le « modèle pyramidal » est en crise ; un modèle concurrent émerge, celui du « droit en réseau »[6] sans doute plus complexe et plus « enchevêtré ». Il permet de rendre compte de la complexité des transformations en cours. Le « modèle en réseau »[7] traduit l'exigence de participation des acteurs afin d'obtenir leur adhésion (collaboration, négociation). Le réseau est caractérisé par un « *univers désordonné et enchevêtré* »[8]. Un réseau est « *une trame » ou une « structure » composée d'« éléments » ou de « points », souvent qualifiés de « nœuds » ou de « sommets », reliés entre eux par des « liens » ou « liaisons », assurant leur « interconnexion » ou leur « interaction » et dont*

---

1 HABERMAS (J.), *Droit et démocratie. Entre faits et normes.* Traduit de l'allemand par Rainer Rochlitz, Paris, Gallimard, 1992, p. 478.

2 Selon Habermas, « *la théorie de la discussion apporte une réponse simple, à première vue invraisemblable ; en effet, la procédure démocratique permet le libre jeu des thèmes et des contributions, des informations et des raisons, elle assure à la formation de la volonté politique son caractère de discussion et justifie ainsi la supposition faillibiliste que les résultats obtenus grâce à cette procédure sont plus ou moins raisonnables* », HABERMAS (J.), *Droit et démocratie. Entre faits et normes.* Traduit de l'allemand par Rainer Rochlitz, Paris, Gallimard, 1992, p. 478.

3 MORAND (C.-A.), « La contractualisation du droit dans l'État providence » in CHAZEL (F.) et COMMAILLE (J.), (sous la dir.), *Normes juridiques et régulation sociale*, Paris, LGDJ, Collection « Droit et société », 1991, p. 153.

4 OST (F.), « Le temps virtuel des lois postmodernes ou comment le droit se traite dans la société de l'information » in CLAM (J.) et MARTIN (G.), *Les transformations de la régulation juridique*, Paris, LGDJ, Collection « Droit et société », 1998, p. 441.

5 FOQUE (R.), "Le droit comme médiation » in GERARD (P.), OST (F.), KERCHOVE (M. Van de), *Droit négocié, droit imposé ?*, Bruxelles, Facultés universitaires Saint-Louis, 1996, p. 128.

6 OST (F.) et KERCHOVE (M. van de), *De la pyramide au réseau ? Pour une théorie dialectique du droit, op. cit.*, p. 14.

7 OST (F.) et KERCHOVE (M. Van de), *De la pyramide au réseau ? Pour une théorie dialectique du droit*, Publications des Facultés universitaires Saint-Louis, n° 94, Bruxelles, 2002.

8 MEKKI (M.), *L'intérêt général et le contrat. Contribution à une étude de la hiérarchie des intérêts en droit privé, Thèse de doctorat en droit* Université Panthéon-Sorbonne, 2003, p. 1.

les variations obéissent à certaines règles de fonctionnement »[1]. À la « pyramide des normes » théorisée par Hans Kelsen construite autour d'une norme fondamentale obéissant à un principe hiérarchique, linéaire, transcendant s'oppose désormais le *paradigme du « réseau »*. On assiste selon MM. François Ost et Michel Van de Kerchove à l'émergence de « réseau de normes » marquant le passage d'un « droit jupitérien », un « droit de commandement » caractérisé par le « sacré et la transcendance »[2] à un « *droit postmoderne, ou droit d'Hermès, (...) un ordre en réseau* »[3] plus souple, mais complexe.

C'est ce droit postmoderne qui attire désormais l'attention.

B) Le « droit souple contractuel », une composante du « droit postmoderne »

L'essor du mouvement de contractualisation produit un certain nombre d'effets juridiques que le juriste ne saurait ignorer.

Si les anciens modes de production juridique n'ont pas disparu avec l'avènement de l'État stratège, force est de constater que de nouvelles modalités de production juridique apparaissent. L'exigence d'efficacité guidant l'action publique signifie que le droit est appelé à s'adapter aux différentes mutations afin d'être en adéquation avec la logique stratégique de l'État.

Le thème de l'État stratège inaugure l'entrée du droit dans une ère juridique tout à fait nouvelle. Derrière le thème du droit postmoderne se profile une « *conception du droit plus ouverte* »[4]que celle de *l'État moderne*. Une nouvelle conception du droit se fait jour impliquant l'adhésion et la participation plus grande des acteurs dans l'élaboration des politiques publiques et des normes juridiques. Le droit qui régit le thème de l'État stratège correspond à une époque qu'on appelle « postmoderne ».

La *problématique du postmodernisme est donc au cœur de la production du droit dans la thématique de l'État stratège*. Le postmodernisme est selon André-Jean Arnaud « *ce qui vient après le modernisme – cette phase de la pensée juridique occidentale qui se spécifie dans les XVIe-XIXe siècles (...) pour les rapports qu'elle entretient avec la philosophie néolibérale sous-jacente à la globalisation* »[5]. Le droit postmoderne est consécutif à l'avènement d'une nouvelle conception de la production du droit. L'État

---

[1] OST (F.) et KERCHOVE (M. van de), *De la pyramide au réseau ? Pour une théorie dialectique du droit*, *op. cit.*, p. 24.

[2] OST (F.), « Jupiter, Hercule, Hermès : trois modèles du juge », in BOURETZ (P.), (sous la dir.), *La force du droit*, Paris, Editions Esprit, 1991, p. 242.

[3] OST (F.), « Jupiter, Hercule, Hermès : trois modèles du juge », *op. cit.*, p. 245.

[4] ARNAUD (A.-J.), *Entre modernité et mondialisation. Leçons d'histoire de la philosophie du droit et de l'État*, Paris, LGDJ, Série Droit, 2ème édition, 1998, p. 167.

[5] ARNAUD (A.-J), *op. cit.*, p. 271.

devient stratège en créant les conditions favorables permettant d'obtenir les compromis. Le droit postmoderne est caractérisé par « *une volonté de pragmatisme et de relativisme, l'acceptation du décentrement du sujet, d'une pluralité des rationalités, du risque qui y est attaché, un retour de la société civile, et de l'appréhension des relations juridiques dans le cadre complexe de logiques éclatées* »[1].

De nombreux juristes ont consacré des travaux sur la thématique du droit « postmoderne ». En France, André-Jean Arnaud[2] et Jacques Chevallier[3] sont les deux juristes qui ont le plus écrit sur le thème. Mais, c'est André-Jean Arnaud qui a le plus poussé la réflexion : dès le début des années 1990, l'auteur invitait déjà les juristes à « *repenser un droit pour l'époque postmoderne* »[4]. Au départ, il a utilisé prudemment le concept « postmoderne » en l'écrivant en un mot composé avant d'abandonner cette forme d'écriture et d'employer le mot « postmoderne » dans ses travaux ultérieurs à partir de 1998[5]. Mais bien d'autres auteurs ont également écrit sur le thème[6]. Au total, on a identifié pas moins de sept thèmes correspondant à la « post-modernité juridique »[7].

On sait depuis Thomas Kuhn[8] que la science progresse par paradigme. Un paradigme est constitué d'un ensemble de « *découvertes scientifiques universellement reconnues qui, pour un temps, fournissent à un groupe de chercheurs des problèmes types et de solutions* »[9]. Le paradigme dominant

---

[1] ARNAUD (A.-J.), *op. cit.*, p. 273.

[2] ARNAUD (A.-J.), *Entre modernité et mondialisation. Leçons d'histoire de la philosophie du droit et de l'État*, Paris, LGDJ, Série Droit, 2ème édition, 1998 notamment le chapitre intitulé « De la postmodernité », pp. 147-177 ; voir aussi ARNAUD (A.-J.), « Introduction » in CLAM (J.) et MARTIN (G.), *Les transformations de la régulation juridique*, Paris, LGDJ, Collection « Droit et société », 1998, p. 81.

[3] CHEVALLIER (J.), « Vers un droit postmoderne ? » in CLAM (J.) et MARTIN (G.), (sous la dir.), *Les transformations de la régulation juridique*, Paris, LGDJ, Collection « Droit et société », 1998, p. 21 ; voir aussi l'ouvrage de l'auteur sur « *l'État postmoderne* » déjà cité plus haut.

[4] ARNAUD (A.-J.), « Repenser un droit pour l'époque postmoderne », *Le Courrier du Cnrs* n° 75, 1990, p. 81.

[5] Voir les ouvrages de l'auteur indiqués ci-dessus.

[6] Parmi eux, voir par exemple, BECHILLON (D. de), « La structure des normes juridiques à l'épreuve de la postmodernité » in SERVERIN (E.) et BERTHOUD (A.), (sous la dir.), *La production des normes entre État et société civile. Les figures de l'institution et de la norme entre États et sociétés civiles*, Paris, L'Harmattan, 2000, pp. 47-75.

[7] MORAND (C.-A.), *Le droit néo-moderne des politiques publiques*, Paris, LGDJ, Coll. « Droit et société », 1999, p. 209. Selon l'auteur, « *les grands traits du nouveau paradigme résident par contraste dans l'individualisation des normes, la croissance de la complexité des décisions, un large renoncement à la systématisation du droit, une perte importante de son autonomie, un accroissement notable de la réflexivité et de la polyarchie, une augmentation de la flexibilité et du flou du droit* », *Ibid.*

[8] KUHN (T.), *La structure des révolutions scientifiques*, Paris, Flammarion, Collection « Champs », édition 1962, 1969 et 1983, voir en particulier p. 238 sur la définition du paradigme.

[9] KUHN (T. S.), *La structure des révolutions scientifiques*, Paris, Flammarion, 1972, p. 10.

qui caractérisait le droit de l'État moderne reposait sur la coercition, la simplicité. Désormais, le paradigme[1] de la postmodernité s'appuie sur des concepts et des modèles[2] construits autour de notions comme le pluralisme juridique, le droit négocié, la complexité, le pragmatisme, etc. Tout cela s'oppose à la logique qui sous-tend le *droit autoritaire de l'État*. Mais qui dit postmodernisme dit nécessairement « *déconstruction* » dès l'instant où la postmodernité met l'accent sur l'« *affaiblissement de l'État, le retour de la société civile, la nécessité de penser le droit au-delà de la dichotomie État/Société civile – tous traits spécifiques du processus de globalisation* »[3]. Il ne s'agit pas non plus de faire table rase du *droit unilatéral,* mais plutôt de *faire coexister le droit postmoderne et le droit classique*.

Le droit « postmoderne met en évidence d'une certaine manière le *déclin du droit rigide*[4]. Mais le concept de postmodernité reste problématique. Divers auteurs restent critiques[5] quant au contenu de la notion chargée d'équivoques, de confusions et d'amalgames. Etudiant la singularité de ce droit, Jacques Chevallier considère que « *la postmodernité apparaît à la fois comme une anti-modernité et une hypermodernité* »[6]. Le droit postmoderne présente un certain nombre de caractères[7] : c'est un droit négocié, un droit réflexif, complexe et source d'insécurité juridique. Le droit « postmoderne » est un droit qui privilégie le pragmatisme comme en témoigne le droit finlandais de la commande publique privilégiant la recherche d'équilibre entre transparence et efficacité[8].

Mais le droit de l'État stratège évolue sous une « vision nuageuse de la complexité »[9] : le « *spectacle de la complication du droit* »[1] dont on assiste

---

[1] ARNAUD (A.-J.), *Entre modernité et mondialisation. Leçons d'histoire de la philosophie du droit et de l'État*, *op. cit.*, p. 148. Voir aussi l'ouvrage d'ARNAUD (A.-J.) et FARIÑAS DULCE (M. J.), *Introduction à l'analyse sociologique des systèmes juridiques*, Bruxelles, Bruylant, 1998, p. 224 (notamment la partie intitulée « Le paradigme postmoderne »).

[2] ARNAUD (A.-J.), *Entre modernité et mondialisation. Leçons d'histoire de la philosophie du droit et de l'État*, *op. cit.*, p. 168.

[3] ARNAUD (A.-J.), *Entre modernité et mondialisation. Leçons d'histoire de la philosophie du droit et de l'État*, *op. cit.*, p. 271.

[4] Le professeur Paul Amselek parle d'un « *dépérissement des formes contraignantes traditionnelles du droit, de la « coercition étatique » de type classique, c'est-à-dire de la direction autoritaire et hétéronome des conduites par les pouvoirs publics* », *op. cit.*, p. 294.

[5] CHEVALLIER (J.), « Vers un droit postmoderne ? » in CLAM (J.) et MARTIN (G.), (sous la dir.), *Les transformations de la régulation juridique*, Paris, LGDJ, Collection « Droit et société », 1998, p. 21 et 22.

[6] CHEVALLIER (J.), *op. cit.*, p. 46.

[7] CHEVALLIER (J.), « Vers un droit postmoderne ? », *op. cit.*, p. 39-40.

[8] FILET (C.), « Les marchés publics en Finlande : un droit souple et transparent », *Revue de la Concurrence et de la Consommation*, n° 118, nov-déc. 2000, p. 39.

[9] CADIET (L.), « Penser et connaître le droit dans un système complexe », in DOAT (M.), LE GOFF (J.) et PEDROT (P.), (sous la dir.), *Droit et complexité. Pour une intelligence du droit vivant*, Rennes, Presses universitaires de Rennes, 2007, p. 138.

résulte de l'inflation normative. Le développement du « droit mou » participe de ce mouvement. La problématique de la complexité est loin d'être une nouveauté. Dès 1991, le Conseil d'État a dénoncé dans son rapport « De la sécurité juridique »[2] la « prolifération désordonnée des textes », la « dégradation des normes », l'« instabilité des règles ». Puis à nouveau dans son rapport public pour 2006, le Conseil rappelle avec force la « complexité croissante du droit »[3] source de fragilité pour la société, l'économie et porte atteinte à la lisibilité et à l'efficacité des décisions politiques. Si ces causes sont principalement liées à la construction européenne, à la décentralisation, etc., la complexité croissante des règles juridiques est susceptible de menacer[4] l'État de droit.

Pour autant, la notion de complexité est-elle synonyme d'émergence de paradigme tel qu'envisagé par Thomas Kuhn[5] ? Selon Mathieu Doa, le thème de la complexité n'entraîne pas mécaniquement l'émergence d'un paradigme ; l'auteur préfère parler d'« *effondrement du système juridique moderne* »[6]. La postmodernité juridique signifie aussi que le système juridique longtemps dominé par la logique hiérarchique et pyramidale n'est plus adapté à l'évolution actuelle du droit marquée par la complexité.

Le droit postmoderne est qualifié de complexe dans la mesure où l'incertitude, la récursivité et la dialectique sont les éléments constitutifs de cette complexité[7]. Cette complexité résulte de l'essor des techniques juridiques[8]. Le développement des procédés contractuels a fortement

---

[1] DOAT (M.), « Remarques sur les rapports entre concepts juridiques et complexité », in DOAT (M.), LE GOFF (J.) et PEDROT (P.), (sous la dir.), *Droit et complexité. Pour une intelligence du droit vivant*, Rennes, Presses universitaires de Rennes, 2007, p. 181.

[2] Conseil d'État, *De la sécurité juridique, rapport public*, Paris, La Documentation française, Etudes et documents, n° 43, 1991.

[3] Conseil d'État, *Sécurité juridique et complexité du droit*, rapport public 2006, p. 229. Selon le Conseil d'État, « *la complexité croissante de notre droit constitue une préoccupation constante des citoyens, des élus locaux, des entreprises, notamment des petites et moyennes entreprises, et des juristes* », *Ibid.*

[4] Conseil d'État, *Sécurité juridique et complexité du droit*, *op. cit.*, p. 233.

[5] KUHN (T.), *La structure des révolutions scientifiques*, Paris, Flammarion, Collection « Champs », édition de 1983, p. 11.

[6] DOAT (M.), « Remarques sur les rapports entre concepts juridiques et complexité », *op. cit.*, p. 186.

[7] KERCHOVE (M. van de), OST (F.), *Le droit ou les paradoxes du jeu*, Paris, PUF, 1992, p. 12. Les auteurs poursuivent leur argumentation : « *Incertitude : renoncer au paradigme de la simplicité, c'est nécessairement quitter les références familières. Le déterminisme des fausses hiérarchies fait place alors à l'ouverture des causalités multiples : l'universel perd son empire sur le local, et le structurel doit compter désormais avec l'accidentel. Les frontières perdent leur netteté rassurante (...). Récursivité : des processus en boucle se laissent observer qui font rétroagir les effets sur les causes et enchevêtrent les niveaux pourtant distingués. Dialectique : qu'une chose puisse avoir « partie liée » (pour quel jeu ?) avec son contraire ; que, s'en écartant, elle s'en rapproche cependant, voilà encore un indice de complexité* », *Ibidem*.

[8] PONTIER (J.-M.), « Le droit administratif et la complexité », *AJDA*, 20 mars 2000, p. 189.

contribué à amplifier la complexité du droit[1]. Cette complexité juridique est source de « *désordre normatif* »[2]. La complexité du droit « brouille la compréhension des phénomènes »[3]. En général, la complexité annonce l'avènement d'un « droit malade ou « en crise »[4]. Plus problématique encore, elle produit un impact négatif sur le système juridique entier en portant atteinte à l'intelligibilité des règles de droit et à la perception de l'ordonnancement juridique[5]. Pour lutter contre la montée de la complexité, le professeur Jean-Marie Pontier propose deux solutions. La première consiste à *lutter « contre la complexité par la complexité »*[6] (la complexité succédant souvent à la simplicité) ; la deuxième voie vise à *lutter « contre la complexité par la simplification »*[7] nécessitant la suppression de certaines règles passant par la codification.

Le recours croissant au procédé contractuel dans l'action publique n'est pas sans poser de problèmes en particulier sur le terrain de l'« insécurité juridique ». La « profusion contractuelle » et l'« instabilité contractuelle »[8] participent de ce mouvement d'insécurité juridique. Selon le Conseil d'État, la complexité du droit contribue fortement à mettre à mal la sécurité juridique[9]. La sécurité vise la « qualité de la norme » (comme la clarté, la cohérence) et la stabilité juridique. En 1991, le Conseil d'État a attiré l'attention dans ses « *considérations générales » consacrées à la sécurité juridique sur cette complexité du droit, caractérisée par la prolifération désordonnée des textes, l'instabilité croissante des règles et la dégradation*

---

[1] ECKERT (G.), « Réflexions sur l'évolution du droit des contrats publics », *RFDA*, mars-avril 2006, p. 239.

[2] CAMBY (J.-P), « Le désordre normatif » in *Mélanges en l'honneur de Jacqueline MORAND-DEVILLER*, Paris, Montchrestien, 2007, p. 227 et suivant.

[3] ARNAUD (A.-J.), *Critique de la raison juridique. 2. Gouvernance sans frontières*, Paris, LGDJ, 2003, p. 79.

[4] CAILLOSSE (J.), « Savoir juridique et complexité : le cas du droit administratif », in DOAT (M.), LE GOFF (J.) et PEDROT (P.), (sous la dir.), *Droit et complexité. Pour une intelligence du droit vivant*, Rennes, Presses universitaires de Rennes, 2007, p. 167.

[5] RICCI (R.), « L'ordonnancement du système juridique par la recherche de la cohérence : l'apport des études comparatives de jurisprudence », in DOAT (M.), LE GOFF (J.) et PEDROT (P.), (sous la dir.), *Droit et complexité. Pour une intelligence du droit vivant*, Rennes, Presses universitaires de Rennes, 2007, p. 195. Selon l'auteur, « *la complexité ne saurait être un élément positif dans la mesure où elle nuit à l'intelligibilité des règles juridiques et, plus largement, à la perception de l'organisation juridique* », *Ibid.*

[6] PONTIER (J.-M.), « Le droit administratif et la complexité », *AJDA*, 20 mars 2000, p. 192.

[7] PONTIER (J.-M.), « Le droit administratif et la complexité », *op. cit.*, p. 193.

[8] TIBERGHIEN (F.), « Le contrat, mode d'action publique et de production de normes », *JCP / La Semaine juridique, édition administrations et collectivités territoriales*, n° 27, 30 juin 2008, p. 4.

[9] Conseil d'État, *De la sécurité juridique, rapport public*, EDCE 1991 ; *Sécurité juridique et complexité du droit, rapport public*, EDCE 2006.

manifeste de la norme »[1]. Il n'était pas souhaitable selon la haute juridiction administrative de voir se multiplier des énoncés non normatifs. Même s'il a identifié les causes, les effets, les remèdes, le Conseil n'a pas donné une définition exacte par ce qu'on entend par « sécurité juridique »[2]. Doté d'un « caractère objectif »[3], le principe de sécurité juridique a été posé pour la première fois par *l'arrêt du 24 mars 2006, Société KPMG* [4]comme inhérent au droit interne et à l'ordre juridique communautaire. L'« exigence de sécurité juridique » consiste selon le professeur Pierre Brunet « *à empêcher que des situations juridiques établies soient remises en cause rétroactivement : les normes nouvelles doivent préserver le passé* »[5]. Mais pour la doctrine, le droit souple pourrait bien menacer la sécurité juridique[6] (du fait de la souplesse du contenu). En ce qui concerne le contenu annoncé des normes, celles qui sont non prescrites sont peu porteuses de garantie pour le citoyen[7] du fait de leur caractère plus ou moins contraignant. Ainsi, pour Pierre Delvolvé, « *si l'on veut la sécurité juridique dans les contrats publics, il faut n'appeler contrats que les actes qui correspondent exactement à la notion* »[8].

Dans son rapport de 2013 consacré au droit souple, le Conseil d'État s'oppose à l'idée communément répandue selon laquelle le développement du droit souple marquerait une dégradation des qualités attendues du droit comme la clarté et la sécurité juridique : « *le droit souple peut contribuer à la lutte contre l'inflation normative* »[9]. Dans le même temps, il attire l'attention des pouvoirs publics à propos de l'insécurité résultant de l'usage du droit souple susceptible de mettre en cause l'intérêt général et de porter atteinte à la souveraineté des États[10].

---

[1] Conseil d'État, *Rapport public 2006. Jurisprudence et avis de 2005. Sécurité juridique et complexité du droit*, rapport, Paris, La Documentation française, Collection « Études et Documents » n° 57, 2006, p. 230.

[2] DELVOLVE (P.), « Contrats publics et sécurité juridique », in *Conseil d'État, Le contrat, mode d'action publique et de production de normes, rapport public*, Paris, Conseil d'État et La Documentation française, 2008, p. 330.

[3] Voir en particulier LONG (M.), WEIL (P.), BRAIBANT (G.), DELVOLVE (P., GENEVOIS (B.), *Les grands arrêts de la jurisprudence administrative, 16ème édition, 2006*, obs. sous CE Ass., 24 mars 2006, Société KPMG et autres, p. 926.

[4] Voir *RFDA*, 2006, p. 463, concl. Y. Aguila, note Moderne ; *AJDA*, 2006, p. 1028, C. Landais et F. Lenica.

[5] BRUNET (P.), « La consécration du principe de sécurité juridique », *Revue des contrats,* juillet 2006, p. 859.

[6] MEKKI (M.), « Propos introductifs sur le droit souple » in Association Henri Capitant, *Le droit souple*, Paris, Dalloz, 2009, p. 23.

[7] AUBY (J.-B.), « Prescription juridique et production juridique » in CHAZEL (F.) et COMMAILLE (J.), (sous la dir.), *Normes juridiques et régulation sociale*, Paris, LGDJ, Collection « Droit et société », p. 166.

[8] DELVOLVE (P.), « Contrats publics et sécurité juridique », *op. cit.*, p. 338.

[9] Conseil d'État, *Le droit souple, op. cit.*, p. 13.

[10] Conseil d'État, *Le droit souple*, étude annuelle, rapports du Conseil d'État, Paris, Conseil d'État, La Documentation, 2013, p. 116. Selon le Conseil d'État, *« une vigilance particulière*

Enfin, certains voient dans le développement du droit souple (contractuel) et négocié, « *un processus de dégénérescence du droit* »[1]. Pour d'autres encore, l'essor du procédé contractuel dans la sphère publique est caractéristique d'« *une dégénérescence de la loi et l'inadéquation de l'instrument législatif* »[2]. D'autres encore défendent le contraire et considèrent que l'ampleur croissante du droit souple ne constitue en aucune manière une dégradation du droit[3]. Le Conseil d'État inscrit sa doctrine dans ce sens : le droit souple peut, au contraire, contribuer à l'élargissement de la gamme des moyens d'action de l'État[4].

Mais l'essor du procédé contractuel dans l'action publique pose évidemment tout un ensemble de problèmes qui seront pris en charge par les chercheurs.

§ 4. Problèmes et limites de la contractualisation

Si certaines études montrent que le procédé contractuel est promis à un bel avenir[5], son extension à certaines politiques est pour le moins problématique : le procédé ne présente pas que des avantages, il pose bien des risques et des dangers qu'il importe d'étudier afin d'appréhender la complexité.

On a cru à tort ou à raison aux vertus du « tout contractuel » susceptibles d'apporter des solutions aux limites de l'action unilatérale de l'État. Mais la pratique s'est bien éloignée de cette « présentation idyllique : la contractualisation s'est avérée un « *trompe-l'œil* »[6] débouchant sur une sorte

---

doit être exercée quant à l'insécurité juridique et aux coûts subis par les destinataires du droit souple. Parce que le droit souple est susceptible de mettre en cause l'intérêt général et de porter atteinte à la souveraineté des États, les pouvoirs publics doivent veiller à la prévention de ces risques d'illégitimité et d'insécurité juridique », *Ibid.*

[1] MORAND (C.-A.), « La contractualisation du droit dans l'État providence » in CHAZEL (F.) et COMMAILLE (J.), (sous la dir.), *Normes juridiques et régulation sociale*, Paris, LGDJ, Collection « Droit et société », 1991, p. 143. L'auteur cite les travaux du Doyen Ripert (1949) portant sur son célèbre ouvrage le *Déclin du droit* que nous avions cité précédemment.

[2] CHASSAGNARD-PINET (S.) et HIEZ (D.), « Le système juridique français à l'ère de la contractualisation » in CHASSAGNARD-PINET (S.) et HIEZ (D.), *op. cit.*,p. 23.

[3] MEKKI (M.) « Propos introductifs sur le droit souple », in Association Henri Capitant, *Le droit souple*, Journées nationales, tome XIII, Boulogne-sur-Mer, Paris, Dalloz, 2009, p. 4.

[4] Conseil d'État, *Le droit souple*, *op. cit.*, p. 16.

[5] TIBERGHIEN (F.), « Le contrat, mode d'action publique et de production de normes », *JCP / La Semaine juridique, édition administrations et collectivités territoriales*, n° 27, 30 juin 2008, p. 4.

[6] CHEVALLIER (J.), « synthèse » in FORTIN (Y.), (sous la dir.), *La contractualisation dans le secteur public des pays industrialisés depuis 1980*, Paris, L'Harmattan, 1999, p. 411.

d'« *illusion contractualiste* »[1]. La contractualisation affecte de manière considérable la notion de contrat[2].

M. Battifol évoquait déjà en 1968 la « crise du contrat »[3] : avec l'essor de la contractualisation, assiste-t-on à nouveau à une « nouvelle crise du contrat »[4]ou à un « déclin du contrat »[5] ? Certains voient dans le mouvement de contractualisation les racines de la crise du contrat : une « *crise de croissance et d'identité* »[6].

Le développement « sauvage »[7] de la technique contractuelle dans l'action publique a entraîné « désenchantement »[8], « méfiance »[9], « désillusions »[10], *etc.* Le « *sentiment général est qu'on ne sait plus ce qu'est le contrat* »[11].

L'essor du procédé contractuel pose deux séries de difficultés, les unes d'ordre politique et les autres d'ordre juridique.

A) Les problèmes d'ordre politique

Les limites résultant du mouvement de contractualisation sont d'abord d'ordre politique.

Il faut souligner qu'en France, on est passé d'une « *décentralisation des autorités* » (entre 1831 et 1982) à « *une décentralisation des compétences* »[12] (lois de 1982-1983) posant comme principe, la « *libre administration des*

---

[1] LEGENDRE (P.), « La marge de manœuvre », *AJDA* n° spécial, 20 avril 1992, p. 137.

[2] GARBAR (C.-A.), « Les personnes. Discussion » in Association Henri Capitant, *La relativité du contrat*, Paris, LGDJ, 2000, p. 60.

[3] BATTIFOL (H.), « La crise du contrat » et sa portée », Archives de philosophie du droit, t. XIII, 1968, p. 13-30.

[4] JAMIN (C.), « Quelle nouvelle crise du contrat ? Quelques mots en guise d'introduction », in JAMIN (C.) et MAZEAUD (D.), *La nouvelle crise du contrat*, Paris, Dalloz, Collection « Actes », 2003, p. 7.

[5] VASSEUR (M.), « Un nouvel essor du concept contractuel. Les aspects juridiques de l'économie concertée et contractuelle », *RTD civ*, 1964, p. 6.

[6] COLLART DUTILLEUL (F.), « Quelle place pour le contrat dans l'ordonnancement juridique ? » in JAMIN (C.) et MAZEAUD (D.), *La nouvelle crise du contrat*, Paris, Dalloz, Collection « Actes », 2003, p. 227.

[7] FORTIN (Y.), (sous la dir.), La contractualisation dans le secteur public des pays industrialisés depuis 1980, Paris, L'Harmattan, 1999, p. 5. L'auteur parle de « *développement tous azimuts, voire sauvage, du phénomène de contractualisation* », *Ibid.*

[8] RICHER (L.), « La contractualisation comme technique de gestion des affaires publiques », *AJDA*, 19 mai 2003, p. 975.

[9] RICHER (L.), « La contractualisation comme technique de gestion des affaires publiques », *op. cit.*, p. 975.

[10] RICHER (L.), « La contractualisation comme technique de gestion des affaires publiques », *Ibid.*

[11] SAVAUX (E.), « La dilution des catégories », in PIGNARRE (G.), (sous la dir.), *Forces subversives et forces créatrice en droit des obligations*, Paris, Dalloz, 2005, p. 38.

[12] BENOIT (F.-P.), « L'évolution des affaires locales. De la décentralisation des autorités à la décentralisation des compétences » in *Mélanges en l'honneur de Jean-Claude Douence, La profondeur du droit local*, Paris, Dalloz, 2006, p. 38.

collectivités territoriales ». On a reproché aux promoteurs de la politique de décentralisation d'avoir privilégié *une stratégie visant à transférer les charges financières de l'État aux collectivités territoriales*. Mais surtout, on a décelé dans le procédé contractuel, *« un moyen détourné, mais efficace, d'un contrôle de l'État sur les collectivités territoriales* »[1]. Le « *contrat permet de substituer à la tutelle une forme souple de contrôle* »[2] dès l'instant où l'atteinte des résultats, la procédure de contrôle et l'évaluation de résultats ont déjà fait l'objet de négociation. Le procédé contractuel ne supprime pas totalement la tutelle de l'État, mais l'assouplit en instaurant une forme de « *tutelle intelligente* »[3]. D'où le risque d'un retour à la centralisation, car « *la contractualisation ne procéderait que d'une « démarche de recentralisation »*[4]. La démarche de recentralisation met en lumière la « *renaissance de relations de type féodal* »[5]ou *« la persistance de réflexes féodaux* »[6] : or, cela va à l'encore de l'esprit des lois de décentralisation du 2 mars 1982 et du 22 juillet 1982 qui prônent la suppression de la tutelle de l'État. Sous couvert de décentralisation, la contractualisation n'a fait que contribuer à une « re-féodalisation de la France »[7]. Il faut bien se rendre à l'évidence que la décentralisation accrue des compétences de l'État aux collectivités territoriales et la mise en œuvre du droit communautaire par ces dernières constituent un véritable vecteur de recentralisation de compétences par le pouvoir central. On sait que le droit communautaire a des interférences avec le droit des collectivités locales. Tout État participant à l'élaboration des politiques communautaires est en effet habilité à intervenir dans le champ de compétences des collectivités locales pour manquement ou violation du droit communautaire constaté sur son territoire en prenant les mesures appropriées. Mais un tel « pouvoir de substitution de l'État aux collectivités défaillantes »[8] reste strictement encadré dans les *États fédéraux et régionalisés de l'Union européenne*

---

[1] WALINE (J.), « Les contrats entre personnes publiques », *RFDA*, mars-avril 2006, p. 233. Selon l'auteur, les contrats de plan constituent « *un instrument non seulement de la modification de la répartition des compétences entre l'État et les collectivités, mais aussi un moyen efficace de transfert de charges financières sur celles-ci* », *Ibid.*

[2] JEGOUZO (Y.), « L'administration contractuelle en question » in *Mélanges en l'honneur de Franck Moderne, Mouvement du droit public*, Paris, Dalloz, 2004, p. 552.

[3] JEGOUZO (Y.), « L'administration contractuelle en question *», op. cit.*, p. 553.

[4] MOREL A L'HUISSIER (P.), « Décentralisation et tentations recentralisatrices : des politiques contractuelles à refonder (exemple des contrats de plan État-régions) », *RGCT* n° 19- septembre-octobre 2001, p. 1000.

[5] RICHER (L.), *Droit des contrats administratifs*, Paris, LGDJ, 5ème édition, 2006, p. 53.

[6] LEFEBVRE (J.), « L'hypothèse du néo-féodalisme. Présentation » in LEFEBVRE (J.), (sous la dir.), *L'hypothèse du néo-féodalisme. Le droit à une nouvelle croisée des chemins*, Paris, PUF, 2006, p. 23.

[7] LEGENDRE (P.), « Remarques sur la re-féodalisation de la France » *in Etudes en l'honneur de Georges Dupuis, Droit public*, Paris, LGDJ, 1997, p. 201.

[8] GUILLOUD (L.), « Transferts de compétences et pouvoir normatif des collectivités territoriales », *Petites Affiches* n° 138, 10 juillet 2008, p. 55.

comme par exemple en Allemagne, en Autriche, en Belgique, en Espagne et en Italie[1]. On n'insistera pas ici davantage sur la nouvelle [2]politique de recentralisation de l'État visant la *création de la « métropole »* et du *« pôle métropolitain »* dans le but de renforcer les territoires urbains ou de faire des développements sur le « retour de l'État » au travers de « dispositifs de péréquation » financière (verticale et horizontale) au nom de la solidarité afin de « *concilier libre administration et réduction des inégalités* »[3]créées par la décentralisation. Mais comme on peut le voir, « *l'ombre de l'État* »[4]reste toujours présente dans la politique de décentralisation au travers de « dispositifs de recentralisation »[5] mobilisant l'outil contractuel. La dimension financière est essentielle pour comprendre les relations entre l'État et les collectivités territoriales. Étant donné que *l'État n'a pas les moyens de sa politique*, la technique contractuelle permet de trouver des financements aux politiques envisagées. C'est le cas des *contrats territoriaux* conçus comme des modes de financements croisés. L'État peut également mobiliser le procédé contractuel pour faire participer les collectivités territoriales dans ses propres compétences à travers des *contrats de sécurité.*

De même, les *contrats de plan* ont constitué un « *instrument de recentralisation consentie* » permettant d'obtenir l'adhésion des partenaires dans la mise en œuvre du Plan grâce à des mécanismes financiers. Les contrats de plan ou les contrats territoriaux impliquant l'accord du préfet et des collectivités territoriales ou des E.P.C.I. relèvent bien de la démarche de recentralisation[6]. Il en résulte que *le procédé contractuel devient un nouvel enjeu de pouvoir et de domination*[7].

---

[1] Conseil d'État, *Collectivités territoriales et obligations communautaires*, Paris, Conseil d'État, La Documentation française, 2004, p. 112-113.

[2] HOUSER (M.), « Recherches sur le concept de recentralisation », *Revue de la recherche juridique « Droit prospectif »* n° 2, 2011, p. 764.

[3] GUENGANT (A.) et LE MEUR (Y.), *Comprendre les finances publiques locales*, Paris, Le Moniteur, 2013, p. 211. Les auteurs distinguent deux types de dispositifs. La *péréquation verticale* qui repose sur le modulation des dotations de l'État (comme par exemple, la « dotation de solidarité urbaine et de cohésion sociale » (DSUCS), la « *dotation de solidarité rurale* » (DSR), la « *dotation d'intercommunalité* » (DI). Quant à la *péréquation horizontale*, elle vise les redistributions « horizontales » organisées par les collectivités territoriales au travers du « fonds de solidarité des communes de la région de la région Île-de-France » (FSRIF) ; du « fonds national de péréquation des ressources fiscales » et du « fonds départemental de péréquation de la cotisation sur la valeur ajoutée des entreprises » (CVAE), *Ibid*, p. 212.

[4] CHEVALLIER (J.), « Présentation » in MABILEAU (A.), (sous la dir.), *Les pouvoirs locaux à l'épreuve de la décentralisation*, Paris, Pedone, 1983, p. 27.

[5] CHEVALLIER (J.), « Présentation » in MABILEAU (A.), (sous la dir.), *Les pouvoirs locaux à l'épreuve de la décentralisation*, *Ibid*, p. 29.

[6] HOUSER (M.), « Recherches sur le concept de recentralisation », *Revue de la recherche juridique « Droit prospectif »* n° 2, 2011, p. 761.

[7] Selon l'auteur, le contrat « *devient donc l'enjeu de nouveaux pouvoirs et le moyen d'une domination mal maîtrisée du plus faible par le plus fort* », HECQUARD-THERON (M.), « La

La *contractualisation* constitue bel et bien un *instrument permettant à l'État de passer d'une tutelle jacobine* à une *tutelle stratégique* à une époque où la réforme territoriale est plus favorable à la décentralisation qu'à la centralisation.

À cela, il faut ajouter la problématique des « enchevêtrements de compétences » et de la « dilution des responsabilités ». Le recours croissant à la technique contractuelle est source de confusion[1] en matière de partenariats contractuels dans les politiques locales. Le mouvement de contractualisation participe à la « *diffusion d'un certain désordre dans les compétences et les responsabilités* »[2].

On ne peut s'empêcher de souligner que l'utilisation accrue du procédé contractuel conduit à un « *traitement inégalitaire des territoires* »[3] à travers la recherche d'« effets de levier financier ». De plus, la contractualisation censée favoriser plus de souplesse dans les politiques publiques constitue parfois une source de rigidité[4] en alourdissant les procédures et les délais d'attribution de financement dans les collectivités publiques.

Les autres difficultés posées par la contractualisation concernent les questions d'ordre juridique.

B) Les problèmes d'ordre juridique

Le recours systématique au tout contractuel a montré des limites évidentes entraînant « scepticisme », « désillusions », « doutes », « désenchantement », etc. Il convient de les examiner pour comprendre la portée des limites.

La contractualisation soulève des difficultés liées à l'action contractuelle de l'administration et à l'égalité devant la loi. La matière administrative constitue un terrain d'observation privilégiée dès l'instant où la liberté contractuelle ne peut avoir droit de cité dans certaines politiques. On sait que

---

contractualisation des actions et des moyens publics d'intervention », *AJDA* 20 juin 1993, p. 459.

[1] Selon Laurent Richer, « *la multiplication des contrats crée la confusion* », RICHER (L.), « La contractualisation comme technique de gestion des affaires publiques », *AJDA* 19 mai 2003, p. 975.

[2] HECQUARD-THERON (M.), « La contractualisation des actions et des moyens publics d'intervention », *op. cit.*, p. 451.

[3] PORTIER (N.), « Un nouveau mode de relations entre l'État et ses partenaires : l'exemple de l'aménagement du territoire », *AJDA*, 19, mais 2003, p. 987.

[4] MARCOU (G.), RANGEON (F.) et THIEBAULT (J.-L.), *La coopération contractuelle et le gouvernement des villes*, Paris, L'Harmattan, Logiques juridiques, 1997, p. 33. Selon les auteurs, « *la contractualisation s'accompagne d'un alourdissement des procédures, et au bout du compte d'un allongement des délais nécessaires pour l'attribution d'un financement, avec tous les inconvénients pour les opérateurs des incertitudes qui en résultent* », *Ibid.*

le maintien de l'ordre public ne peut faire l'objet de contrat[1]. En outre, la notion d'égalité est une notion essentielle dans le droit public français.

La *contractualisation n'est pas compatible avec certains principes constitutionnels comme le principe d'égalité.* On le sait, le contrat, c'est la « fiction de l'égalité » pour que le système fonctionne. Dans le principe d'égalité, la seule égalité valable est l'égalité juridique. Or, l'égalité entre les parties dans la contractualisation n'existe pas en droit administratif français. *La relation est déséquilibrée dans la mesure où l'État se trouve une position dominante.* La contractualisation entraîne de ce fait une *rupture de l'égalité.* Dans le procédé contractuel, les relations sont en principe fondées sur un principe d'égalité entre les acteurs concernés. Cependant, la démarche contractuelle privilégie parfois la logique inégalitaire et sélective. La principale difficulté résultant du procédé contractuel, c'est que l'administration « *n'y renonce pas lorsqu'elle a recours au contrat dans son action. (...) ; le contrat porte donc en germe la rupture d'égalité* »[2]. L'*inégalité*[3] existe dans les contrats intéressant les relations entre personnes publiques et personnes privées que ce soit en matière de *résiliation*, de *modification unilatérale* ou de *pouvoir de sanction*. En général, le contrat entre personnes publiques est présumé égalitaire alors que celui visant la personne publique et la personne privée est présumé inégalitaire[4]. L'inégalité des rapports débouche sur une « *illusion de la liberté* »[5]. Il en résulte que la contractualisation remet en cause le principe d'égalité devant la loi et les règlements[6].

Le thème de la contractualisation met aussi en évidence la présence de l'unilatéralité dans le contrat. Sous les « *apparences contractuelles* »[7] ou « *derrière le montage contractuel c'est un mode de décision unilatéral qui continue de s'imposer* »[8]. L'*action* unilatérale se fait *de manière discrète*[1].

---

[1] D'autres activités régaliennes sont exclues du champ de la contractualisation : les compétences fiscales[1] des collectivités publiques ne peuvent faire l'objet d'un recours au procédé contractuel ; voir en particulier GUETTIER (S.), *Droit des contrats administratifs*, Paris, PUF, 2008, p. 146.

[2] MARCOU (G.), RANGEON (F.) et THIEBAULT (J.-L.), *La coopération contractuelle et le gouvernement des villes*, *op. cit.,* p. 38.

[3] RICHER (L.), « La contractualisation comme technique de gestion des affaires publiques », *AJDA*, 19 mai 2003, p. 974.

[4] RICHER (L.), « La contractualisation comme technique de gestion des affaires publiques », *Ibid.*

[5] CHEVALLIER (J), *Science administrative*, Paris, PUF, 2007, p. 435.

[6] CHEVALLIER (J.), « synthèse » in FORTIN (Y.), (sous la dir.), *La contractualisation dans le secteur public des pays industrialisés depuis 1980*, Paris, L'Harmattan, 1999, p. 410.

[7] CAILLOSSE (J.), « Interrogations méthodologiques sur le « tournant » contractuel de l'action publique », in *Mélanges Michel GUIBAL*, Tome 2, Université de Montpellier, 2006, p. 469 et p. 477.

[8] CAILLOSSE (J.), « Interrogations méthodologiques sur le « tournant » contractuel de l'action publique », *op. cit.,* p. 475.

C'est tout l'inverse de la démarche contractuelle qui privilégie l'action douce et favorise une plus grande participation des acteurs au processus décisionnel. La contractualisation *« dissimulerait une instrumentalisation du consentement »*[2]. En multipliant le recours au procédé contractuel qui *« cache en réalité, sous une forme contractuelle, une action unilatérale déguisée »*[3] ; l'instrument juridique s'éloigne ainsi de son objectif initial. Pour François Collard Dutilleul, *« tout n'est pas contractuel dans le contrat, tout n'est pas consensuel dans le contrat »*[4]. Le contrat administratif comporte une part d'unilatéralité[5]. Il en résulte que *le déclin de l'acte administratif relève d'un « mythe »*[6] *dans la mesure où l'unilatéralisme reste présent dans le contrat administratif.*

Parallèlement, l'essor du procédé contractuel dans l'action publique présente des implications sur la *sécurité juridique* (accessibilité, prévisibilité, etc.). On sait qu'en France, tous les contrats ne sont pas publiés sur « Légifrance ». On a là un problème d'accessibilité en ce qui concerne l'accessibilité des citoyens et la possibilité de les contester.

Par ailleurs, la contractualisation pose des problèmes de qualification juridique de certains types de contrats. En ce qui concerne les « contrats de performance » mis en œuvre au ministère de l'Économie et des Finances ayant pour but de renforcer la logique de performance des politiques, ces catégories de contrats sont en effet problématiques : pour la haute juridiction administrative, *« s'ils sont baptisés « contrat », n'en revêtent pas la forme et n'en présentent pas les caractéristiques habituelles »*[7]. En outre, les

---

[1] OST (F.), « Au carrefour de l'autonomie et de l'hétéronomie, de la délibération et du marchandage : la négociation », in GERARD (P.), OST (F.), KERCHOVE (M. Van de), *Droit négocié, droit imposé ?*, Bruxelles, Facultés universitaires Saint-Louis, 1996, p. 11.

[2] CHASSAGNARD-PINET (S.) et HIEZ (D.), (sous la dir.), « Introduction », in *Approche critique de la contractualisation*, Paris, LGDJ, Collection « Droit et Société, recherches et travaux », 2007, p. 95

[3] GAUDEMET (M.), « Le développement de la contractualisation », *Les Cahiers français*, n° 346, 2008, p. 77.

[4] COLLART DUTILLEUL (F.), « Quelle place pour le contrat dans l'ordonnancement juridique ? » in JAMIN (C.) et MAZEAUD (D.), *La nouvelle crise du contrat*, Paris, Dalloz, Collection « Actes », 2003, p. 231.

[5] FARDET (C.), « Le déclin de l'acte administratif unilatéral, mythe ou réalité ? », in ROUVILOIS (F.) et DEGOFFE (M.), (Sous la dir.), *La privatisation de l'État*, Paris, CNRS éditions 2012, p. 260. Selon l'auteur, « *le contrat administratif semble entouré d'unilatéralité afin de permettre à l'action administrative de ne pas dépendre exclusivement de la volonté des cocontractants* », *Ibid.*

[6] FARDET (C.), « Le déclin de l'acte administratif unilatéral, mythe ou réalité ? *op. cit.*, p. 269.

[7] *Conseil d'État, Le contrat mode d'action publique et de production de normes*, rapport public 2008, Paris, La Documentation française, 2008, p. 37. Pour le Conseil, « le contrat se résume ici à un programme d'actions qu'une administration s'engage unilatéralement à exécuter, espérant recevoir en contrepartie un traitement budgétaire plus favorable », Conseil d'État, *Le contrat mode d'action publique et de production de normes, rapport public 2008*, Paris, La Documentation française, 2008, p. 37.

« contrats d'objectifs » conclus au sein de la même personne ne constituent pas de véritables contrats[1].

Par ailleurs, des *doutes subsistent sur la nature véritable* des *contrats locaux de sécurité*. L'incertitude demeure autour de leur qualification juridique. Erigé en fer de lance de la politique de sécurité publique locale, le *contrat local de sécurité* (CLS) s'inscrit dans une *dynamique partenariale*[2] faisant intervenir le préfet, le procureur de la République, le maire, les établissements publics. Mais les contrats locaux de sécurité restent problématiques en ce qui concerne leur juridicité. La question qui se pose est de savoir si les contrats locaux de sécurité constituent de « véritables contrats » au sens juridique du terme. En réalité, ce sont des contrats dont les *« engagements ne sont garantis par aucune sanction véritable. Or il est difficile d'imaginer de véritables contrats sans une responsabilité contractuelle »*[3]. Même si *les contrats locaux de sécurité comportent une dimension stratégique visant à co-produire de la sécurité*, force est de constater que « *leur valeur juridique est faible et la sanction de la non-application des CLS est moins juridique que morale et politique* »[4]. Un auteur les a même qualifiés de « *contrats à caractère platonique* »[5]. À l'inverse, pour d'autres, les contrats locaux de sécurité ne sont pas dépourvus de toute portée juridique et symbolique[6].

---

[1] GARBAR (C.-A.), « Performance et contractualisation de l'action publique », in ALBERT (N.), (sous la dir.), *Performance et droit administratif*, Paris, Litec, 2010, p. 146.

[2] En effet, c'est la circulaire interministérielle du 28 octobre 1997 qui a permis de mettre en place les *contrats locaux de sécurité et de prévention de la délinquance* (CLSPD) afin de fédérer les différents acteurs locaux chargés de la sécurité intérieure. Selon l'article 1er de la loi n° 2001-1062 du 15 novembre 2001 « *l'État associe, dans le cadre des contrats locaux de sécurité, les collectivités territoriales et les établissements publics de coopération intercommunale, qui participent également à la politique de sécurité. D'autres personnes, morales et privées, et notamment les associations, les bailleurs sociaux et les entreprises de transport, peuvent concourir à l'élaboration et à la mise en œuvre de ces contrats* ».

[3] MAUGÜE (C.), « Les réalités du cadre contractuel dans l'action administrative. L'exemple des contrats locaux de sécurité », *AJDA*, 1999, numéro spécial, p. 38. Néanmoins, pour l'auteur, il est possible de faire ici une nuance en faisant deux analyses suivantes : « *Soit l'on considère que les CLS comportent des stimulations pour autrui. Celles-ci ne sont pas en tant que telles illicites, mais ici elles imposent des obligations. Or il est difficile d'admettre qu'on puisse imposer des obligations à un tiers à un contrat sans son consentement. Soit l'on considère que les CLS comprennent seulement des signataires à impulser des actions avec d'autres acteurs institutionnels et sociaux. Il y aurait dès lors, à proprement parler, d'obligations que pour les signataires des contrats* », *op. cit.*, p. 37.

[4] MAUGÜE (C.), *op. cit.*, p. 38.

[5] MOREAU (J.), « Les matières contractuelles », *AJDA*, 1998, p. 747.

[6] Selon Olivier Renaudie, les contrats locaux ont « *une portée juridique tout d'abord puisque le juge administratif n'hésite pas à s'appuyer sur ces contrats pour apprécier la nécessité et la proportionnalité des mesures de police édictées par le préfet ou le maire. Une portée symbolique ensuite : les contrats locaux de sécurité témoignent du renouvellement des modes d'action de l'État, lequel cherche désormais moins à imposer sa volonté par la contrainte et davantage à convaincre et à susciter l'adhésion* », RENAUDIE (O.), *La préfecture de police*, Paris, LGDJ, Lextenso éditions, 2008, p. 508.

On sait que seuls les « véritables contrats » créent des droits et des devoirs entre les parties. Des doutes peuvent être exprimés sur la valeur juridique des *conventions d'administration*[1]. Elles sont généralement dépourvues d'impérativité et se bornent simplement à fixer des objectifs aux parties. Elles sont dépourvues d'impérativité même si elles constituent l'instrument le plus « adapté » pour résoudre les problèmes liés à la « détérioration des actions publiques conventionnelles[2].

CONCLUSION

La thématique de la contractualisation met bien en évidence le *renouveau du procédé contractuel dans l'action publique*. Elle traduit l'essor des techniques souples. Son développement s'explique aussi par des raisons liées à la *culture du résultat*. Cependant, force est de constater que si la contractualisation présente un avantage certain pour l'action publique, sa mise en œuvre reste complexe et parfois décevante.

Derrière la thématique de *l'État stratège*, se dessine une conception nouvelle du droit marqué par « *un recul du système pyramidal au profit d'un système en réseau* »[3]. Le thème débouche sur du droit mou. Le droit négocié résulte de la « *balance des intérêts* »[4]. Le *droit postmoderne* est une manifestation des transformations du droit public. Même si l'*action conjointe* est de plus en plus préférée à l'*action rigide*, paradoxalement, derrière la *démarche négociée* se profile parfois l'*action unilatérale*.

De plus en plus, l'État fait appel à l'*action souple*, parfois à l'*action incitative* pour orienter le comportement des acteurs afin d'atteindre des objectifs de politique publique.

Globalement, *la contractualisation permet à l'État de faire du centralisme* à une époque où la pratique n'y est pas favorable.

---

[1] HOURSON (S.), *Les conventions d'administration*, Paris, LGDJ, 2014, p. 535.

[2] HOURSON (S.), *Les conventions d'administration*, *op. cit.*, 537.

[3] CHASSAGNARD-PINET (S.) et HIEZ (D.), « Le système juridique français à l'ère de la contractualisation. Synthèse générale » in CHASSAGNARD-PINET (S.) et HIEZ (D.), (sous la dir.), *La contractualisation de la production normative*, *op. cit.*, p. 3.

[4] OST (F.) et KERCHOVE (M. van de), *De la pyramide au réseau ? Pour une théorie dialectique du droit*, Bruxelles, Publications des Facultés universitaires Saint-Louis, 2002, p. 431.

CONCLUSION DE LA DEUXIÈME PARTIE

L'externalisation d'activités de service public et la recherche d'une plus grande souplesse dans la démarche de contractualisation témoignent bien du *renouveau de l'action publique contractuelle*.

Le thème de l'externalisation soulève la problématique générale de la gouvernance des services publics en ce début du 21ème siècle. L'étude a montré l'hétérogénéité des modes de gestion du service public. Derrière la thématique de l'externalisation se profile une *stratégie de désengagement de l'État de la gestion directe de certaines activités jugées non stratégiques en les confiant au secteur privé*.

L'externalisation est dépourvue de cadre juridique propre ; elle s'appuie notamment sur les règles qui régissent soit la *délégation de gestion du service public*, soit les *marchés publics* ou les *partenariats publics-privés* pour donner une assise juridique aux politiques. L'externalisation participe néanmoins à brouiller les frontières entre les trois procédés.

L'étude s'est appuyée uniquement sur deux procédés juridiques : la *délégation de service public* et le *partenariat public-privé*. La *délégation* permet à la collectivité de confier l'exploitation d'un service à un opérateur public ou privé pour son compte et sous son contrôle. C'est donc pour des raisons d'efficacité et de recherche qualité des services que le recours au secteur privé est privilégié. Le *critère de la rémunération* est soumis à des conditions précises. Le procédé de la délégation présente des avantages et des limites. Dans le *procédé du partenariat*, il s'agit de faire supporter par le secteur privé la charge du financement, la conception et l'exploitation des équipements en lui confiant une mission globale afin de réaliser une opération complexe. La démarche s'inscrit dans un contexte de *crise financière de l'État*.

L'étude des nouvelles directives européennes de février 2014 montre bien que même si la notion de délégation de service public n'est pas remise en cause, elle nécessite cependant quelques aménagements dans la transposition. L'ordonnance du 23 juillet 2015 relative aux marchés publics et les décrets n° 2016-360 et 361 du 25 mars 2016 relatifs aux marchés publics et aux marchés de défense et de sécurité ont permis la transposition des directives européennes 2014/24/UE et 2014/25/UE du 26 février 2014 en réformant le droit de la commande publique. L'ordonnance du 23 juillet 2015 prévoit expressément deux types de marchés publics : les *marchés publics globaux* et les *marchés de partenariat* (art. 66 et suivants de l'ordonnance). Quant aux *marchés publics de conception-réalisation*, ils constituent des *marchés de travaux*, c'est-à-dire une forme de marchés globaux (art. 33).

On l'a dit, *le procédé d'externalisation s'est étendu à d'autres activités stratégiques comme la formation des pilotes de l'air, le ravitaillement en vol de l'Armée de l'air* : la Grande-Bretagne est sans doute le pays qui a poussé le plus loin cette logique. Un auteur a évoqué à ce propos d'« *externalisation décomplexée* »[1]. Or, il y a quelques années encore, le sujet était « tabou » en France. Les activités liées à la défense relèvent bien du « *noyau dur* » *des activités régaliennes*. Du même coup, la notion de « *cœur de métier* » a été infléchie par le mouvement d'externalisation qui tend à vider progressivement la notion de sa substance.

Parallèlement, le développement de l'approche contractuelle ou conventionnelle montre que les pouvoirs publics préfèrent l'action douce aux techniques autoritaires de l'État. *L'action souple est plus efficace que l'action rigide pour atteindre certains objectifs de politique publique.*

Si le procédé contractuel présente de nombreux atouts, ses inconvénients sont nombreux à tel point que certains se sont inquiétés des limites en militant « *pour un développement maîtrisé du procédé contractuel* »[2]dans l'action publique. Certaines préconisations du rapport public du Conseil d'État pour 2008 vont clairement dans le sens d'un « *bon usage du contrat* »[3].

La contractualisation entretient des liens étroits avec la thématique du droit mou. La démarche de contractualisation n'est pas à l'abri de toutes critiques. Derrière le procédé contractuel se dessine la présence d'actes unilatéraux qui vont à l'encontre même de la démarche de contractualisation. Elle pose aussi des *difficultés de qualification* concernant certains types de contrats. D'où la présence de « *faux contrats* » comme les *actes unilatéraux négociés*[4] ou encore les « *pseudo-contrats* ».

Mais, *derrière le thème de l'État stratège, se profilent aussi des enjeux d'organisation.*

[1] LINDITCH (F.), « Puissance publique et externalisation », *op. cit.*, p. 81.

[2] PELLISSIER (G.), « Pour un développement maîtrisé du procédé contractuel », *JCP / La Semaine juridique, édition Administrations et collectivités territoriales,* n° 27, 30 juin 2008, p. 5.

[3] Conseil d'État, *Le contrat mode d'action publique et de production de normes*, *op. cit.*, p. 216.

[4] Les actes unilatéraux négociés sont en général disqualifiés par le juge administratif (Arrêt du Conseil d'État du 23 mars 1973 Fédération du personnel de la défense nationale CFDT).

TROISIEME PARTIE

PRINCIPES D'ORGANISATION

On vient de le voir, il existe derrière le thème de l'État stratège, une nouvelle conception du rôle de l'État et un renouveau de l'action publique contractuelle. Ces deux aspects travaillent bien l'agencement institutionnel nécessitant une réorganisation des principes d'organisation de l'État. La recherche d'une efficacité plus accrue des politiques incite d'une part, à ajuster l'organisation de l'appareil administratif en vue de l'adapter et d'autre part, à gérer autrement les ressources humaines afin d'adapter la fonction publique aux fonctions stratégiques de l'État. Tout ceci conduit à l'adaptation des principes de gestion permettant de renforcer la logique d'efficacité et de performance.

L'État stratège est d'abord un État qui adapte son mode d'organisation (*Chapitre 1*) pour des raisons d'efficacité. Mais pour que l'État puisse remplir efficacement son rôle, une séparation claire entre les « fonctions stratégiques » et les « fonctions opérationnelles » doit être opérée : elle consiste à recentrer l'administration centrale sur la définition et l'élaboration des politiques en déléguant aux « structures périphériques » la mise en œuvre des principales décisions. Les « agences d'exécution » constituent dans ce cadre, un terrain d'observation privilégié. On a désigné sous le vocable de rapport centre/périphérie ce style particulier de relations. Dans le même temps, on assiste à un développement sans précédent des agences dans le système administratif. On essaiera de comprendre la complexité du phénomène en analysant les caractéristiques, la nature juridique ainsi que l'insertion des agences dans l'ordonnancement institutionnel.

Ceci nous conduit au deuxième point : *l'adaptation de la gestion des ressources humaines aux missions de service public et aux fonctions stratégiques devient indispensable* (*chapitre 2*). Cela passe par la rénovation de la gestion des ressources humaines. S'inspirant du modèle entrepreneurial, les pouvoirs publics sont invités à adapter la « *structure des emplois* » à l'évolution des missions de l'État en mobilisant les cadres de la fonction publique, mais aussi certains cadres du secteur privé recrutés par contrat dans le but d'atteindre des objectifs précis. L'adaptation des mécanismes de formation devient incontournable : il s'agit de doter les agents d'une formation adéquate afin d'être en phase avec leurs missions et responsabilités. On se penchera aussi sur l'adaptation des systèmes de rémunération et d'évaluation des agents s'inscrivant dans la droite ligne de la thématique de la performance publique.

CHAPITRE 6

UNE ORGANISATION ADAPTÉE

Les implications de la thématique de l'État stratège sont considérables. Les effets se répercutent aussi sur le terrain de l'organisation de l'appareil d'État.

Le problème qui se pose, c'est que l'appareil administratif de l'Etat tel qu'il a fonctionné jusqu'à ces dernières années n'est pas réellement en phase avec l'évolution actuelle des missions de l'État ; l'action publique étant de plus en plus soumise à diverses contraintes financières, budgétaires, juridiques, communautaires. L'Etat devra démontrer la preuve de son efficacité. Le constat du dysfonctionnement de l'État est cependant loin d'être une nouveauté. Dès le milieu des années 1990, le rapport Picq relevait déjà cet aspect : l'« *organisation et le fonctionnement de l'État sont déficients (...), sa capacité à prévoir, à concevoir et à prendre à temps les bonnes décisions s'est érodée. (...), L'État n'est toujours pas parvenu à réformer en profondeur ses méthodes de travail et ses modes d'intervention* »[1]. Or, une organisation adaptée contribue à amplifier l'efficacité de l'action publique.

La question qui nous préoccupe dès lors est de savoir comment doit être organisé un État stratège.

Mais avant d'apporter quelques éléments de réponse à cette problématique, certains éléments méritent d'être précisés. Il importe de souligner que les réformes managériales anglo-saxonnes ont considérablement contribué à faire entrer l'Europe occidentale dans l'« *âge de la réforme administrative* »[2]. En occident, presque tous les pays développés ont procédé à une série d'ajustements pour adapter l'organisation de l'appareil d'État en tenant compte des transformations diverses et des contraintes multiples auxquelles l'action publique doit désormais conjuguer.

---

[1] PICQ (J.), *L'État en France. Servir une nation ouverte sur le monde*, rapport au Premier ministre, Paris, La Documentation française, Collection des rapports officiels, 1995, p. 105.
[2] KICKERT (W. J. M.) et JORGENSEN (T. B.), « Introduction : les tendances de la réforme de gestion en Europe occidentale », *RISA* n° 4, 1995, p. 576.

Contrainte de suivre le mouvement des réformes managériales, la France va procéder à son tour à une série de réformes dans diverses directions. Certaines d'entre elles concernent plus directement ce qu'il est convenu d'appeler le « centre-périphérie ». Derrière le nouveau rapport centre/périphérie se profile une démarche stratégique (section 1). *L'État stratège est un État dans lequel l'administration centrale se concentre sur la définition des politiques*. Désigné sous le vocable de « *decision making* », le thème soulève la problématique de la conception des politiques et de la prise de décision. Comme le rappelle Jean-Claude Thoenig, toute politique publique se présente « *sous la forme d'un programme d'action propre à une ou plusieurs autorités publiques ou gouvernementales* »[1].

Corrélativement, *l'État stratège est un État qui délègue la mise en œuvre des politiques aux structures périphériques* : la mise en œuvre des politiques est appelée « *implementation* ». On est là au cœur de la démarche stratégique dans la mesure où chaque niveau institutionnel se concentre sur une fonction précise dans le but de renforcer l'efficacité de l'action publique. On retrouve ici le thème de la *subsidiarité* qui interdit à l'État toute forme d'intervention globale ; l'intervention de l'Etat n'est justifiée qu'en cas de nécessité.

La séparation du stratégique et de l'opérationnel est un gage d'efficacité. Cette affirmation mérite d'être approfondie pour apprécier le bien-fondé. Mais la séparation stricte entre les fonctions stratégiques et les fonctions opérationnelles a conduit à la *multiplication des agences publiques dans la sphère publique* sans doute pour des raisons liées au renforcement de la « culture de la performance ».

Le recours accru à la formule de l'agence par les pouvoirs publics a donné naissance à un phénomène nouveau, mais bien connu des juristes : le mouvement d'« *agencification* » *de l'État* (section 2). On essaiera de comprendre les enjeux et les difficultés que soulève le thème.

Section 1. Un nouveau rapport centre/périphérie

Deux niveaux structurent l'organisation de l'appareil d'État en France : le niveau central et le niveau local, territorial ou périphérique. L'administration centrale représente le « centre » et le niveau périphérique est représenté par une diversité d'institutions et /ou d'acteurs. Le « centre » et la « périphérie » entretiennent des relations étroites, imbriquées les unes avec les autres. En général, le « centre » s'appuie sur la périphérie pour la mise en œuvre des politiques publiques. La relation centre/périphérie est un bon indicateur pour appréhender la complexité de l'organisation de l'appareil d'État. Le lien entre ces deux niveaux d'organisation est loin d'être neutre, car « *le centre*

[1] THOENIG (J.-C.), « L'analyse des politiques publiques », in GRAWITZ (M.) et LECA (J.), *Traité de science politique. Tome 4, Les politiques publiques*, Paris, PUF, 1985, p. 6.

cherche à assujettir la périphérie, à la ramener à lui, et à lui imposer sa Loi, tandis que celle-ci essaie de lui échapper et lui résiste en s'appuyant sur le milieu extérieur avec lequel elle noue des liens privilégiés »[1].

La problématique du centre/périphérie peut être appréhendée sous divers angles. Il ne s'agit pas ici de traiter du « pouvoir périphérique » tel qu'il a été abordé par Pierre Gremion[2] dans son ouvrage mettant en évidence « interdépendance » et « influence réciproque » entre préfet et notables. Aborder la relation entre « le centre et la périphérie en France »[3] implique que l'on s'interroge sur la pertinence de la séparation entre les fonctions stratégiques et les fonctions opérationnelles dans le cadre d'une organisation adaptée de l'État. Depuis la publication du livre de Pierre Gremion en 1976, les techniques administratives ont plus ou moins changé : « *l'élaboration des règles, l'émission des ordres, les contrôles de conformité sont situés au sommet de la pyramide hiérarchique. Le niveau d'administration locale (...) est un niveau d'exécution pur et simple* »[4]. Un tel constat ne correspond plus tout à fait au fonctionnement de l'État au 21ème siècle.

Quelques clarifications méritent d'être faites. *L'État stratège est un État subsidiaire*. Seuls les services déconcentrés et/ou les « agences d'exécution » ont la charge de la responsabilité de la mise en œuvre des politiques. La subsidiarité vise en réalité à une meilleure répartition des compétences entre différents niveaux d'intervention publique. La subsidiarité est désormais inscrite dans la Constitution : ainsi selon l'article 72 alinéa 2, « les collectivités territoriales ont vocation à prendre les décisions pour l'ensemble des compétences qui peuvent le mieux être mises en œuvre à leur échelon ».

Trois grandes idées attirent l'attention. Dans un premier temps, on essaiera de comprendre l'intérêt du recentrage de l'administration sur les fonctions stratégiques. Dans un deuxième temps, l'accent sera mis sur *la mise en œuvre des politiques par les « agences d'exécution »* ou *par les services déconcentrés*. Enfin, on essaiera d'apprécier la pertinence de la séparation du stratégique et de l'opérationnel en se fondant sur des pratiques récentes et des développements doctrinaux afin d'appréhender la complexité du phénomène.

---

[1] CHEVALLIER (J.), « Le modèle centre/périphérie dans l'analyse politique », in CURAPP, *Centre, périphérie, territoire*, Paris, PUF, 1978, p. 62.

[2] GREMION (P.), *Le Pouvoir périphérique. Bureaucrates et notables dans le système politique français*, Paris, Ed. du Seuil, 1976.

[3] L'allusion est faite au titre de l'ouvrage de Monsieur DUPUIS (G.), « *Le centre et la périphérie en France* », Paris, LGDJ, Collection « Collectivités territoriales », 2000.

[4] GREMION (P.), Le Pouvoir périphérique. Bureaucrates et notables dans le système politique français, *op. cit.*, p. 11.

§ 1. Le recentrage de l'administration centrale sur les fonctions stratégiques

La littérature portant sur le thème est abondante. Dès 1989, le rapport de la commission « Efficacité de l'État » du Xème Plan présidé par François de Closets, intitulé « Le pari de la responsabilité » envisageait de « *confier à la périphérie tout ce qui ne relève pas obligatoirement du centre* »[1]. Recentrer l'administration centrale sur la stratégie et l'élaboration des politiques s'inscrit dans une démarche stratégique. Presque, sept années après la publication du « rapport Closets », le « document préparatoire à la réforme de l'État » (1996) a lui aussi clairement pris position en faveur de ce principe : « *l'État doit savoir distinguer les fonctions stratégiques, qui relèvent d'un état-major central peu nombreux, et les tâches de mise en œuvre des politiques publiques. Celles-ci doivent être systématiquement déléguées aux échelons territoriaux de l'État où à des établissements publics, qui doivent disposer de marges de manœuvre suffisantes et dont les résultats doivent être, en retour, régulièrement évalués* »[2]. Puis le rapport de la Commission « État, administration et services publics de l'an 2000 » présidé par Christian Blanc appelle aussi à différencier les fonctions stratégiques des fonctions opérationnelles : « *dans un État stratège, les administrations centrales ont essentiellement pour missions de concevoir les politiques publiques et (...) de fixer des objectifs aux services déconcentrés (...). Elles doivent être, pour l'essentiel, des directions stratégiques d'état-major* »[3].

L'efficacité de l'organisation de l'appareil d'État s'apprécie d'abord en termes de définition de la stratégie et d'élaboration des politiques. L'évolution des missions de l'État rend nécessaire l'adaptation de l'appareil administratif. Traditionnellement, en France, ce sont les administrations centrales qui s'occupent de la définition des politiques publiques. Selon l'article 2 du décret n° 92-604 du 1er juillet 1992 portant charte de la déconcentration modifié par le décret n° 97-463 du 9 mai 1997, « *les administrations centrales assurent au niveau national un rôle de conception, d'animation, d'orientation, d'évaluation et de contrôle* »[4] des politiques publiques. La définition d'une politique publique relève généralement de la compétence de l'administration centrale. En règle générale, ce sont les

[1] CLOSETS (F. de), Commission « Efficacité de l'État », *Le pari de la responsabilité*, Paris, La Documentation française et Editions Payot, 1989, p. 166.

[2] *Réflexion préparatoire à la réforme de l'État.* – Document de travail rendu public le 8 mars 1996, p. 4.

[3] BLANC (C.), *Pour un État stratège, garant de l'intérêt général*, Paris, La Documentation française, 1993, p. 83. Selon le rapport Blanc, dans « *un État stratège, les administrations centrales ont essentiellement pour missions de concevoir les politiques publiques et d'élaborer les normes juridiques, de fixer des objectifs clairs aux services déconcentrés, de veiller au développement de l'évaluation des politiques publiques*», *Ibid.*

[4] Version consolidée à la date du 23 octobre 1999.

décideurs politiques qui fixent aux directeurs d'administration centrale les grandes lignes des réformes à mener résultant de leur programme politique. Mais le *cabinet* (du Président de la République, du Premier ministre ou du ministre concerné) joue un rôle décisif dans la préparation de la décision : le cabinet approuve la décision, conseille le ministre, éclaire ses choix en formulant des avis. Le *cabinet* est selon la formule de Guy Thuillier, *« le centre principal de décisions dans les ministères »*[1]. La tradition qui fait du « haut » le « concepteur » des politiques et le « bas » l'« exécuteur » des principales mesures est bien caractéristique du fonctionnement de l'administration française. La pratique est fortement ancrée dans l'histoire administrative et politique. C'est l'*approche « top-down »* qui domine ici par opposition à l'approche *« bottom up »* (du bas vers le haut). Cette vieille tradition n'a pas changé malgré les multiples réformes et changements politiques. L'administration, « bras armé du ministère » est au service du politique. Un autre élément caractérise la singularité française : le politique s'appuie généralement sur les « technocrates » issus le plus souvent des « grands corps de l'État »[2]détenant un quasi-monopole[3]des fonctions d'élaboration des politiques, du moins, en ce qui concerne les mesures nécessitant l'intervention unilatérale de l'État. Bénéficiant d'une « formation générale » acquise au sortir des « grandes écoles » et d'une expertise solide construite au contact des dossiers, les « technocrates » notamment ceux formant le « noyau dur » de l'« Énarchie »[4] forment avec le politique, les principaux acteurs du *« milieu décisionnel central »*[5]. Selon Catherine Grémion, leur influence sur le processus décisionnel est considérable. C'est à eux que revient généralement la tâche d'élaborer, de contrôler et d'évaluer les politiques publiques. Néanmoins, il faut rappeler que l'élaboration d'une politique est le résultat de luttes de pouvoir entre différents acteurs porteurs de stratégies corporatives identifiables lors des réunions interministérielles [6](réunissant le plus souvent hauts fonctionnaires et membres du cabinet).

Etant donné que la conception d'une politique publique nécessite de la stratégie, de la prospective, bref du savoir, la logique veut que l'État

---

[1] THUILLIER (G.), *Les cabinets ministériels*, Paris, PUF, 1982, p. 3.
[2] ESCOUBE (P.), *Les grands corps de l'État*, Paris, PUF, Collection « Que-sais-je ? », 1971.
[3] MASSARDIER (G.), *Politiques et actions publiques*, Paris, Armand Colin, 2003, p. 92.
[4] GREMION (C.), « Le milieu décisionnel central » in BACQUE (F. de) et QUERMONNE (J.-L.), (sous la dir.), *Administration et politique sous la Cinquième République*, Paris, FNSP, 1982, p. 220.
[5] GREMION (C.), « Le milieu décisionnel central » in BACQUE (F. de) et QUERMONNE (J.-L.), (sous la dir.), *Administration et politique sous la Cinquième République*, Paris, FNSP, 1982, p. 205 ; QUERMONNE (J.- L.), *L'appareil administratif de l'État*, Paris, Seuil, Coll. « Points », 1991, p. 158. Voir également l'ouvrage de GREMION (C.), *Profession : décideurs. Pouvoir des hauts fonctionnaires et réforme de l'État*, Paris, Gaulhiers-Villars, 1979.
[6] JOBERT (B.) et MULLER (P.), *L'État en action. Politiques publiques et corporatismes*, Paris, PUF, Coll. « recherches politiques », 1987, p. 211.

s'efforce de renforcer ses capacités d'expertise. On comprend pourquoi les pouvoirs publics ont cherché ces dernières décennies à renforcer la capacité des « administrations prospectives » pour la fabrique des politiques. La création du Centre d'analyse stratégique (qui a remplacé le Commissariat général du Plan) transformé en « Commissariat général à la stratégie et à la prospective » témoigne bien de la *nouvelle conception du rôle de l'État en matière d'anticipation des politiques* (prospective, prévision et stratégie). De même, la LOLF et la modernisation de l'action publique visent à renforcer l'évaluation des politiques publiques pour améliorer l'efficacité de celles-ci.

Si dans certains États comme la France, l'administration centrale garde encore presque le monopole public s'agissant de la conception des politiques publiques, force est de constater qu'en *Suède*, (pays ayant servi de modèle pour de nombreux États engagés dans la voie de la délégation de la gestion des politiques), les *« agences d'exécution »* jouent un rôle essentiel dans l'élaboration des politiques[1] : ici, les « *ministères sont de simples organes de conception, de planification et de coordination* »[2]des politiques sous le contrôle du Parlement.

L'efficacité de l'organisation de l'appareil d'État s'apprécie lors de l'exécution des politiques publiques.

§ 2. L'exécution des fonctions opérationnelles par les agences

L'échelon central n'est pas le niveau le plus pertinent pour la mise en œuvre des décisions au niveau local. Si en France, ce sont les *services déconcentrés* qui sont chargés de l'exécution des principales mesures, les « *centres de responsabilité* » seront sollicités dans ce cadre.

L'État stratège est un État déconcentré[3]. La France est caractérisée par un *modèle d'administration qui est à la fois déconcentré et décentralisé*. On n'insistera pas ici sur la décentralisation dont on a vu précédemment certains aspects. Il existe en effet *deux modes de déconcentration* : la déconcentration territoriale et la déconcentration fonctionnelle. La déconcentration territoriale ou horizontale concerne les services de l'État placés sur un même territoire. Ce type de déconcentration n'est pas retenu comme terrain d'étude. On voudrait ici mettre l'accent sur la déconcentration fonctionnelle. L'appellation « *services extérieurs* » se voit remplacée par « services déconcentrés ». La France a développé une « *déconcentration exclusivement*

---

[1]MOCKLE (D.), *La gouvernance, le droit et l'État. La question du droit dans la gouvernance publique*, Bruxelles, Bruylant, 2007, p. 242.

[2] BRAUD (C.), « La notion d'« agence » en France : réalité juridique ou mode administrative », *Les Petites Affiches* 30 août 1995, n° 104, p. 5.

[3] La déconcentration peut être définie comme « *une technique d'administration qui permet à l'État, par le bais du pouvoir hiérarchique, de conserver ses compétences tout en évitant un engorgement des instances centrales de décision* », DIEDERICHS (O.) et LUBEN (I.), *La déconcentration*, Paris, PUF, Collection « Que sais-je ? », 1995, p. 4.

juridique »[1], c'est-à-dire en déléguant des compétences juridiques relevant en principe des administrations centrales au profit des préfets. *Mais la déconcentration se distingue de la décentralisation*. La *décentralisation* consiste à transférer des compétences aux collectivités territoriales en vertu du *principe de libre administration* en leur accordant plus d'autonomie financière.

L'État stratège est donc un État qui délègue la mise en œuvre des politiques publiques aux structures périphériques. L'idée qu'il faut *déléguer* systématiquement les *fonctions opérationnelles* aux services déconcentrés s'inscrit d'emblée dans un cadre stratégique. La *délégation des fonctions opérationnelles* permet à l'administration centrale de *se recentrer sur son « cœur de métier »*, à savoir l'élaboration, le pilotage stratégique des services opérationnels et l'évaluation. Dans son rapport public pour 2012, le Conseil d'État a rappelé que la mise en œuvre des politiques par les agences permet aux administrations centrales de *« se recentrer sur un rôle de « stratège »*[2]. Libérer les administrations centrales des tâches de gestion pour lesquelles elles ne sont pas conçues présente selon Charles Debbasch « *un gage de meilleure efficacité de l'action administrative* »[3]. Afin que l'État *« décide mieux et qu'il devienne un véritable État stratège »*[4], la délégation des fonctions opérationnelles est une voie privilégiée.

Ailleurs, c'est la formule des « *agences autonomes* » qui sera retenue. Une *grande autonomie juridique, financière, comptable leur sera accordée* pour prendre en charge les fonctions de gestion « *en contrepartie d'engagements mesurables* »[5]. L'externalisation des fonctions opérationnelles ne peut donc être complètement déconnectée des procédés de territorialisation et d'« agencification ». D'ailleurs, le *rapport Blanc* s'inscrit dans ce schéma de pensée : « *quand l'action publique relève davantage d'une logique fonctionnelle que d'une logique territoriale, des agences seront créées* »[6]. L'agence est selon le Conseil d'État, un « *organisme autonome* » qui exerce une « responsabilité structurante » dans la mise en œuvre d'une politique nationale[7]. Le *recours à la formule des « agences d'exécution »* s'inscrit dans une démarche de performance : mieux encore, elle correspond « *à l'esprit de la nouvelle gestion publique qui considère*

---

[1] ABATE (B.), *La nouvelle gestion publique*, Paris, LGDJ, Collection « Finances publiques », 2000, p. 17.

[2] Conseil d'État, *Etude annuelle 2012, Les agences : une nouvelle gestion publique ?*, Paris, Conseil d'État/La Documentation française, 2012, p. 13.

[3] DEBBASCH (C.), *Institutions et droit administratifs, Tome 1, Les structures administratives*, Paris, PUF, 5ème édition mise à jour, 1999, p. 178.

[4] Réflexion préparatoire à la réforme de l'État, *op, cit.*, p. 4.

[5] GUILLAUME (H.), DUREAU (G.) et SILVENT (F.), *Gestion publique. L'État et la performance*, Paris, Presses de Sciences PO et Dalloz, 2002, p. 69.

[6] Christian BLANC, *Pour un État stratège, garant de l'intérêt général*, *op. cit.*, p. 87.

[7] Conseil d'État, *Etude annuelle 2012, Les agences : une nouvelle gestion publique ?, op. cit.*, p. 57.

l'agence comme le mode d'organisation le mieux adapté à la gestion par la performance »[1]. Plusieurs éléments permettent d'identifier une agence d'exécution. *Pour qu'il y ait agence d'exécution*, il faut une définition des objectifs et l'allocation de ressources par le centre délégant la mise en œuvre aux structures périphériques bénéficiant d'une autonomie de gestion.

En *Suède*, ce sont les *ministères* qui sont chargés de la conception des grandes orientations stratégiques et de l'élaboration des projets de lois et de décret[2]. La mise en œuvre étant assurée par les agences d'exécution bénéficiant d'un budget important et d'une grande autonomie de gestion. *Les agences disposent aussi d'une grande liberté en matière de recrutement du personnel ; en contrepartie de cette liberté de gestion, elles font l'objet d'évaluation*[3] *au regard des objectifs fixés.* L'amélioration de la *qualité des services* publics aux usagers a souvent servi de justification dans la mise en œuvre des politiques par les agences : des indications objectives de qualité[4] sont fixées aux agences suédoises dans la prestation de services destinés au grand public. De même, l'autonomisation des agences d'exécution néerlandaises a permis d'améliorer la qualité et l'efficacité dans la production de biens et de services[5].

En 1988, le *Royaume-Uni* va connaître « *une véritable révolution dans la gestion* »[6] des politiques en instituant les « *agences d'exécution* » dans le système administratif. Le rapport « *Next Steps* » préconisait la conception des politiques par les départements ministériels et l'exécution par les « agences autonomes »[7]. Derrière la *formule des agences se dessine donc une démarche résolument stratégique* visant l'amélioration de l'efficacité des politiques.

Un an après l'expérience britannique, des « *centres de responsabilité* » ont été mis en place en *France* dans le cadre de la politique dite du « *renouveau du service public* » par la circulaire du 29 février 1989. Cette politique inscrit la France dans la trajectoire empruntée par la Grande-Bretagne et la Suède. *Mais dans le cas français, la réforme fut moins ambitieuse*. Chargés de l'exécution des politiques, les « centres de responsabilité » sont dotés d'un budget global de fonctionnement. Par rapport aux agences autonomes, les « centres de responsabilité » ne

---

[1] MORDACQ (F.*), Ibid.*

[2] Conseil d'État, *Etude annuelle 2012, Les agences : une nouvelle gestion publique ?, op. cit.*, p. 60.

[3] TIMSIT (G.), *Archipel de la norme*, Paris, PUF, Coll. « Les voies du droit », 1997, p. 85.

[4] REXED (K.), « Les agences exécutives : une perspective suédoise » in Conseil d'État, *Etude annuelle 2012, Les agences : une nouvelle gestion publique ?, op. cit.*, p. 269.

[5] KICKERT (W. J. M.) et VERHAAK (F. O. M.), « L'autonomisation des tâches d'exécution au sein du gouvernement central néerlandais », RISA n° 4, 1995, p. 613-614.

[6] SALTON (H.), « Les agences gouvernementales dans le monde anglo-saxon : une révolution britannique ? », *Les Cahiers de la fonction publique*, septembre 2006, p. 10.

[7] ABATE (B.), *La nouvelle gestion publique*, *op. cit.*, p. 91.

bénéficient pas de la même liberté de manœuvre : ils sont moins indépendants et restent hiérarchiquement soumis au pouvoir central.

Paradoxalement, selon un rapport parlementaire, les établissements publics ont un budget rigide et la souplesse de gestion reste très limitée[1].

On sait qu'en France, la déconcentration repose sur la figure du préfet. *Le recours aux agences se justifie pour des raisons opérationnelles*. Ces deux logiques posent parfois des problèmes lorsque par exemple, le préfet ne dispose de pouvoir hiérarchique sur les agences dotées de « délégations territoriales ». Le recours à la formule de l'agence est ainsi perçu comme « une échappatoire à la déconcentration » très mal perçue par les services déconcentrés[2]. De plus, *un recours généralisé aux agences pose trois difficultés majeures*[3] : il conduit à une juxtaposition de réseaux de mise en œuvre des politiques (l'un territorial et l'autre fonctionnel) ; provoquerait une « atomisation » de l'application et poserait des problèmes de légitimité démocratique.

Mais, s'il n'appartient pas aux administrations centrales d'assurer directement des tâches opérationnelles[4], elles restent néanmoins responsables de l'encadrement et de l'impulsion de l'action menée par les services opérationnels[5]. Dans son récent rapport consacré à l'« *État et ses agences* », l'Inspection générale des Finances souligne que le suivi de l'exécution des objectifs (par l'administration centrale) reste encore trop limité[6].

À l'instar des autres États, l'*Union européenne* fait régulièrement appel à la formule de l'agence pour améliorer *la transparence et l'efficacité* des mesures qu'elle compte mettre en œuvre. L'appel à la formule présente une ligne stratégique. Ainsi par exemple, le recours aux agences a permis à la Commission de déléguer certaines tâches opérationnelles souvent techniques et spécialisées afin de *« se concentrer sur ses fonctions essentielles de gardienne des traités et d'initiative législative »*[7].

On voit bien que la démarche entreprise par les pouvoirs publics s'explique pour des raisons pragmatiques, de recherche d'efficacité et de performance.

---

[1] BOUVARD (M.), BRARD (J.-P.), CARCENAC (T.), COURSON (C. de), *Les acteurs de la LOLF : autonomie, responsabilité et contrôle des services déconcentrés et des opérateurs de l'État*, rapport d'information n° 1058, Paris, Ass. nat., 2008, p. 36.

[2] Conseil d'État, *Etude annuelle 2012, Les agences : une nouvelle gestion publique ?, op. cit.*, p. 91.

[3] Conseil d'État, *Etude annuelle 2012, op. cit.*, p. 112-113.

[4] *Réflexion préparatoire à la réforme de l'État, op. cit.* p. 31.

[5] CLOSETS (F.), (présidé par), *Le pari de la responsabilité, rapport de la Commission « Efficacité de l'État » du Xe Plan*, Paris, Petite Bibliothèque Payot, 1989, p. 167.

[6] Inspection Générale des Finances, *L'État et ses agences*, mars 2012, Paris, Inspection générale des Finances, 2012, p. 3.

[7] DUTHEIL (J. de La Rochère), « Les agences de régulation européenne : quels problèmes juridiques ? » in *Mélanges en l'honneur de Yves Jégouzo, Terres du droit*, Paris Dalloz, 2009, p. 61.

Reste maintenant à s'interroger sur la pertinence de la séparation entre les fonctions stratégiques et les fonctions opérationnelles.

§ 3. La séparation du « stratégique » et de l'« opérationnel » est-elle encore pertinente ?

Tout d'abord, un bref rappel historique s'impose. Le *Danemark* est un des tout premiers pays au monde à avoir engagé une réflexion approfondie sur la pertinence de la séparation des tâches entre les départements ministériels et les « agences autonomes ». Dès les années 1960, un rapport public a été rédigé en ce sens par une commission administrative à la demande du gouvernement central : le « *rapport 301/1962* »[1] rédigé par la « commission A-60 » et a fixé pour la première fois les contours d'un scénario privilégiant la séparation des fonctions d'élaboration et d'exécution des politiques publiques impliquant un *« un puissant mouvement de délégation des responsabilités »*[2]. Que ce soit le « *rapport Blanc* », le « *rapport Picq* » ou le document de travail portant « *Réflexion préparatoire à la réforme de l'État* »[3], tous ont envisagé la séparation des deux fonctions. Cette distinction des fonctions stratégiques et opérationnelles a été un élément phare de la réforme de l'État en France et dans certains pays développés.

Mais le postulat selon lequel, la séparation du stratégique et de l'opérationnel, synonyme de *« garantie de bonne gestion*[4]» et gage d'efficacité a volé en éclats ; il a été dénoncé puis remis en cause. *La séparation du stratégique et de l'opérationnel favorise un « pilotage à vue »* ; elle conduit à la mise en place d'un « *gouvernement à distance* ». Dans ces conditions, *« l'agencification a pour effet d'établir un écran entre la sphère de décision politique et la réalité du terrain »*[5]. En outre, selon un auteur[6], chaque ministre désirant disposer, outre ses services centraux, des « services territoriaux spécifiques » contribue à entraver la mise en œuvre de la politique de déconcentration. Le rapport public de la Cour des Comptes pour 2003 a souligné que les administrations centrales ont rencontré de grandes difficultés pour passer d'une gestion traditionnelle des moyens à un

---

[1] JORGENSEN (T. B.) et HANSEN (C.-A.), « Création et suppression d'agences au sein du gouvernement central danois : développements contradictoires ou logique sous-jacente ? », *RISA*, n° 4, 1995, p. 640.

[2] *Réflexion préparatoire à la réforme de l'État*, *op. cit.*, p. 31.

[3] *Réflexion préparatoire à la réforme de l'État*, *Ibid.*

[4] CHEVALLIER (J.), « La réforme de l'État et la conception française du service public », *RFAP* n° 77, janvier-mars 1996, p. 202.

[5] CHEVALLIER (J.), « Agencification et gouvernance » in Conseil d'État, *Étude annuelle 2012, Les agences : une nouvelle gestion publique ?*, Paris, Conseil d'État, La Documentation française, 2012, p. 244.

[6] ALBERTINI (J.-B.), *La déconcentration. L'administration territoriale dans la réforme de l'État*, Paris, Economica, 1997, p. 200.

pilotage par objectifs[1]. En *Suède*, une étude vient de montrer récemment que le « *dialogue de performance* » entre ministères et agences s'est avéré inefficace ; les ministères ont rencontré de nombreuses difficultés en ce qui concerne le pilotage stratégique des agences et leur évaluation.

Parallèlement, *les agences sont entrées en concurrence avec les administrations centrales en ce qui concerne les fonctions stratégiques* : de plus en plus, les agences participent à l'élaboration de la stratégie et de la définition des politiques et des normes[2]. Ne détenant plus le monopole de l'élaboration des politiques, les administrations centrales se trouvent du même coup déstabilisées[3]. Plus problématique encore, la séparation du stratégique et de l'opérationnel serait « irréaliste », « coûteuse » et « contraire à l'impératif d'efficacité »[4]. La gestion des affaires publiques « *serait plus efficace quand elle est prise en charge par des ministères intégrés, où s'articulent orientation politique et mise en œuvre, et non pas divisés entre départements centraux et agences exécutives* »[5]. D'où la nécessité de combiner définition et mise en œuvre des politiques publiques par un même département ministériel. C'est pourquoi, le Conseil d'État préconise un rééquilibrage et une clarification des liens entre le centre-périphérie et les agences. Cela nécessite un renforcement du pouvoir des administrations centrales en matière de définition et d'orientation des politiques en faisant du représentant de l'État, *le préfet, le pivot de la cohérence des actions de l'État et des agences dans l'exécution des politiques sectorielles*[6].

Au *Pays-Bas*, même s'il existe une ligne de séparation claire entre les fonctions de définition et d'exécution des politiques, cela n'empêche pas les ministères de jouer un rôle important dans la mise en œuvre des principales décisions[7]. Parfois, pour mieux exécuter certaines politiques, les fonctions opérationnelles doivent être remplies par l'administration centrale, car les confier aux unités opérationnelles, c'est démultiplier les contraintes bureaucratiques[8]. Ainsi, *la séparation entre les fonctions stratégiques et les*

---

[1] Cour des Comptes, *La déconcentration des administrations et la réforme de l'État*, rapport public particulier, Paris, Les Editions des Journaux officiels, 2003, p. 154.

[2] Conseil d'État, *Etude annuelle 2012, op. cit.*, p. 88.

[3] Conseil d'État, *Etude annuelle 2012, op. cit.*, p. 90.

[4] CHEVALLIER (J.), « La réforme de l'État et la conception française du service public », *op. cit.*, p. 202.

[5] CHEVALLIER (J.), « La réforme de l'État et la conception française du service public », *Ibid.*

[6] Conseil d'État, *Etude annuelle 2012, op. cit.*, p. 16-17.

[7] GUILLAUME (H.), DUREAU (G.) et SILVENT (F.), *op. cit.*, p. 72.

[8] TENZER (N.), « La déconcentration : mythes et illusions politiques », in Institut de la décentralisation, *La décentralisation en France. L'état des politiques publiques. La réforme des dynamiques locales. La dimension européenne*, Paris, Éditions La Découverte, 1996, p. 392. Selon l'auteur, certains voient dans la déconcentration, un instrument de « reconcentration » de certaines fonctions effectuées au niveau périphérique, *Ibid.*

fonctions opérationnelles qui ne relevait que d'une conception théorique a perdu en fin de compte de sa pertinence. Selon le Conseil d'État, l'efficacité doit désormais être recherchée dans le partage des deux fonctions entre l'administration centrale et les unités opérationnelles. Cela passe par la mise en place d'un « État responsable »[1] : tout en conservant le pouvoir de décision, l'administration centrale favorise la participation des agences à l'élaboration de certaines politiques sectorielles.

Dans le même temps, le recours accru à la formule de l'agence a contribué à l'*émergence d'un phénomène nouveau : l'« agencification »*. Le thème mérite d'être approfondi.

SECTION 2. REMODELAGE DE L'APPAREIL ADMINISTRATIF : L'AGENCIFICATION DE L'ÉTAT

On l'a dit, le souci d'une meilleure efficacité de gestion a conduit ces dernières années les pouvoirs publics à faire appel à la formule de l'agence. En règle générale, l'agence relève d'une nécessité fonctionnelle. Elle semble être une solution à l'adaptation de l'appareil d'État. L'agence peut être conçue comme « *une solution de rechange à l'administration centrale* »[2].

Le développement des agences dans l'appareil administratif a conduit à l'émergence d'un phénomène curieux : le Conseil d'État a utilisé la notion d'« *agencisation* »[3] pour décrire le phénomène ; d'autres préfèrent la notion d'« *agencification* »[4]. Il est difficile de trouver ces termes dans les dictionnaires[5]. Les deux notions sont utilisées ici de manière indifférenciée.

La notion d'agence est un terme polysémique. Elle peut être définie comme « *une personne publique distincte de l'État chargée de mettre en œuvre une politique sectorielle nationale pour le compte de l'État* »[6]. De manière plus générale, l'agence peut s'entendre comme une « *entité à distance du cœur de la hiérarchie des administrations étatiques centrales, qui exerce des missions publiques à un niveau national ; elle est composée de fonctionnaires financés par le budget de l'État ou dont le financement demeure sous la responsabilité de l'État ; elle reste enfin sujette, au moins pour partie, à des procédures de droit public* »[7]. L'« agencification »

---

[1] Conseil d'État, *Étude annuelle 2012, op. cit.*, p. 116.

[2] Ecole Nationale d'Administration, *Les agences, nécessité fonctionnelle ou nouveaux démembrements de* l'*État ?*, Mémoire, Promotion « René Char », Paris, ÉNA, 1994, p. 6.

[3] Conseil d'État, *Étude annuelle 2012, op. cit.*, p. 71.

[4] CHEVALLIER (J.), « Agencification et gouvernance », *op. cit.* p. 239.

[5] ALLAND (D.) et RIALS (S.), (sous la dir.), *Dictionnaire de la culture juridique*, Paris, Lamy-PUF, 2003.

[6] Ecole Nationale d'Administration, *Les agences, nécessité fonctionnelle ou nouveaux démembrements de l'État ?, op. cit.*, p. 6.

[7] TALBOT (C.), (2004), « The Agency idea », in Pollit C. et Talbot C., Unbunded Government, Oxon, Routledge, référence citée par TOURNADRE-PLANCQ (J.) et

constitue « *un principe nouveau d'organisation administrative* »[1]et traduit le passage de la « *figure traditionnelle de l'État-ministère (...) à celle de l'État-entreprise* »[2].

L'appel croissant à la formule de l'agence dans l'action publique s'inscrit dans la problématique plus générale de la « *gouvernance* »[3]afin de « *répondre à la crise de gouvernabilité* »[4] que connaissent les sociétés actuelles. La voie souple étant privilégiée par rapport à la démarche rigide de l'État. La multiplication des agences s'inscrit bien dans cette démarche pluraliste de l'action publique favorisant l'émergence de structures fonctionnelles situées à la périphérie du pouvoir central.

Comme on le verra, l'agencification présente une ligne stratégique. On essaiera d'étudier les caractéristiques et l'ampleur du phénomène. On se penchera ensuite sur son insertion dans l'agencement institutionnel et les problèmes qu'elle soulève.

§ 1. La dimension stratégique

Le mouvement d'agencification comporte une dimension stratégique. Il traduit le souci des gouvernants d'introduire de la culture managériale orientée vers les résultats. Non seulement, le mouvement permet de *responsabiliser les responsables d'agence* dans la mise en œuvre des politiques, mais aussi, il permet aux pouvoirs publics d'« *exercer une compétence à l'abri des pressions politiques* »[5].

L'agencification permet à l'administration centrale de se recentrer sur ses missions stratégiques. La recherche d'une efficacité plus accrue n'est donc pas absente dans la démarche. La formule s'inscrit dans une *démarche globale de « réforme » de l'État* et cherche à pallier aux problèmes de productivité et d'inefficacité administrative. Elle apparaît dans cette perspective comme un *puissant vecteur de modernisation administrative*. L'intégration des agences et des opérateurs dans la « modernisation de l'action publique » a constitué un chantier prioritaire du gouvernement Ayrault. Elle vise la clarification du « paysage » des agences et des opérateurs rattachés à l'État dans la mise en œuvre des politiques. La problématique est essentielle, car *les agences posent un problème crucial*, celui de « *la cohérence d'ensemble de l'action publique* »[6]. C'est la raison

---

VERRIER (B.) in « La multiplication des agences annonce-t-elle le retrait de l'État ? », *Problèmes économiques*, mars 2009, n° 2967, p. 11.

[1] CHEVALLIER (J.), « Agencification et gouvernance », *op. cit.*, p. 239.

[2] CHEVALLIER (J.), « Agencification et gouvernance », *op. cit.*, p. 242.

[3] CHEVALLIER (C.), « la gouvernance et le droit » in *Mélanges Paul Amselek*, Bruxelles, Bruyant, 2005, p. 189 et suiv.

[4] CHEVALLIER (J.), « Agencification et gouvernance », *op. cit.*, p. 241.

[5] Inspection Générale des Finances, *L'État et ses agences*, mars 2012, *op. cit.*, p. 43.

[6] Conseil d'État, *Étude annuelle 2012, op. cit.*, p. 13.

pour laquelle, les décideurs publics envisagent de favoriser la participation[1] des agences et des opérateurs dans l'évaluation des politiques.

Par ailleurs, le recours à la formule de l'agence s'inscrit dans une démarche de modernisation de la gestion publique[2] en introduisant plus de proximité, de flexibilité. Le but étant d'améliorer la qualité, l'efficacité, la performance, l'adaptabilité des services publics tout en dynamisant l'appareil d'État[3].

Les agences ont su développer de « nouvelles formes d'expertise » à l'occasion de crises sanitaires et alimentaires. Elles contribuent au renforcement de la légitimité et de la lisibilité de l'action publique.

Dès lors, la question de la nature et des éléments caractéristiques des agences se pose avec acuité.

§ 2. Nature juridique et caractéristiques propres aux agences

En France, la notion d'« agence » est inconnue du vocabulaire du droit administratif[4]. Paradoxalement, il existe une variété d'organismes qui rentrent dans cette catégorie, mais sans pour autant porter cette dénomination. *L'agence ne correspond pas à une notion juridique uniforme*, précise permettant de l'identifier plus facilement. Dans l'univers des agences, c'est la diversité qui règne. Malgré l'hétérogénéité de la formule, les agences « *ne représentent pas une nouvelle forme juridique d'institution administrative* »[5]. Elles s'insèrent dans les cadres juridiques existants.

La formule de l'agence repose sur un cadre juridique pluriel. Selon, l'Inspection générale des Finances, « *la diversité des statuts juridiques n'avait pas relevé d'une stratégie d'ensemble cohérente* »[6]. Les agences peuvent être constituées sous la forme d'établissements publics administratifs dotés de personnalité morale bénéficiant d'une autonomie financière comme l'*Agence française de sécurité sanitaire des produits de santé* (AFSSPS) placée sous la tutelle du ministère de la Santé et des Affaires sociales ; elle dispose de pouvoirs importants[7]. L'agence peut aussi être organisée sous forme d'établissements publics à caractère industriel et

---

[1] Décision n° 44 du CIMAP du 18 décembre 2012.

[2] BOUVARD (M.), BRARD (J.-P.), CARCENAC (T.), COURSON (C. de), *Les acteurs de la LOLF : autonomie, responsabilité et contrôle des services déconcentrés et des opérateurs de l'État*, rapport d'information n° 1058, Paris, Ass. nat., 2008, p. 34.

[3] BOUVARD (M.), BRARD (J.-P.), CARCENAC (T.), COURSON (C. de), *op. cit.*, p. 35.

[4] PICARD (J.-F.), *Finances publiques*, Paris, Litec, 2009, 2ème édition, p. 41.

[5] MAHERZI (D.), « Le développement des agences : un choix risqué ? », *Rev. adm.* n° 373, 2010, p. 89.

[6] Inspection Générale des Finances, *L'État et ses agences*, *op. cit.*, p. 45.

[7] Selon Stéphane Guettier, l'AFSSPS a vocation à prendre « des décisions relatives à l'évaluation, aux essais, à la fabrication, à la préparation, à l'importation, à l'exportation, à la distribution en gros, au conditionnement (…) », etc., GUETTIER (C.), « Les agences administratives en France », *Les Cahiers de la fonction publique*, septembre 2006, p. 8.

commercial (comme l'Agence de l'environnement et de la maîtrise de l'énergie) ; enfin, *l'agence peut se présenter sous la forme d'un groupement d'intérêt public* comme les agences régionales d'hospitalisation (ARH) ou les services à compétence nationale[1]. Sur les *1244 agences répertoriées* par l'Inspection générale des Finances (IGF) en 2010, 1101 sont dotées de personnalité morale[2]. Selon l'IGF, le critère de la personnalité juridique n'est plus suffisant pour caractériser ces entités[3].

Si en France, les agences disposent de la personnalité juridique, cela n'est pas le cas pour les agences en *Grande-Bretagne* et aux *Pays-Bas*[4]. Les *agences britanniques* dépendent du pouvoir exécutif et sont dépourvues de personnalité morale[5]. En revanche, *d'autres agences sont des personnes de droit privé*[6] *comme des associations*[7] *et des sociétés commerciales*.

Les agences présentent cependant quelques caractéristiques communes permettant de les distinguer. Elles sont censées bénéficier d'une autonomie de gestion plus grande : elles sont responsables des politiques qu'elles mettent en œuvre et des résultats obtenus. Par exemple, l'agence d'exécution néerlandaise « *se voit accorder un certain degré d'autonomie de gestion sous la forme d'un régime spécial quant à ses finances et à son personnel, situation qui est comparable à celle des agences next steps britanniques. L'autonomie n'est pas externe, mais interne* »[8]. Contrairement aux modèles britanniques et hollandais, le budget des établissements français est séparé du budget de l'État. Par ailleurs, « *les agences étrangères ne sont pas des organes ayant une personnalité juridique, un budget, des dirigeants séparés de l'État* »[9]. Les agences ont l'avantage de présenter une certaine souplesse s'opposant à la rigidité bureaucratique. Au principe hiérarchique, vertical de l'administration, la formule des agences traduit des relations horizontales. La réactivité inhérente à la formule de l'agence s'oppose à la lenteur administrative, bureaucratique de l'administration traditionnelle. Mais quelle que soit la souplesse liée à la formule de l'agence, celle-ci doit être

---

[1] FERRAZZI (C.) et MORDACQ (F.), « Lolf et agences » in Conseil d'Analyse Économique, *Économie politique de la Lolf*, Rapport, Paris, La Documentation française, 2007, p. 293.
[2] Inspection Générale des Finances, *L'État et ses agences*, mars 2012, *op. cit.*, p. 1.
[3] Inspection Générale des Finances, *L'État et ses agences*, *Ibid.*
[4] BOUVARD (M.), BRARD (J.-P.), CARCENAC (T.), COURSON (C. de), *Les acteurs de la LOLF : autonomie, responsabilité et contrôle des services déconcentrés et des opérateurs de l'État*, rapport d'information n° 1058, Paris, Ass. nat., 2008, p. 35 ; voir également TOURNADRE-PLANCQ (J.) et VERRIER (B.), « La multiplication des agences annonce-t-elle le retrait de l'État ? », *Problèmes économiques*, mars 2009, n° 2967, p. 13.
[5] MOCKLE (D.), *La gouvernance, le droit et l'État*, Bruxelles, Bruylant, 2007, p. 238.
[6] Conseil d'État, *Etude annuelle 2012, op. cit.*, 2012, p. 39.
[7] Dans son étude annuelle de 2012, le Conseil d'État cite l'Association nationale pour la formation professionnelle des adultes (AFPA) et OSEO comme société commerciale, *op. cit.*, p. 39-40.
[8] KICKERT (W. J. M.) et VERHAAK (F. O. M.), « L'autonomisation des tâches d'exécution au sein du gouvernement central néerlandais », *RISA*, n° 4, 1995, p. 615.
[9] ABATE (B.), *La nouvelle gestion publique*, *op. cit.*, p. 22.

relativisée dans la mesure où « aucune agence n'échappe pleinement aux règles de la comptabilité publique »[1]. Les agences comme les administrations sont soumises au contrôle des pouvoirs publics. Du même coup, comme certaines agences n'ont pas la personnalité morale, elles ne peuvent disposer de conseil d'administration susceptible d'entériner les grandes orientations[2].

Le Conseil d'État a établi en 2012 une typologie des agences. Il existe pas moins de six grandes « familles de missions »[3] : les *agences de production et de prestation de services* comme Pôle Emploi ou l'Agence France Trésor ; les *agences de police et de contrôle* comme l'Office national des forêts ; les *agences d'expertise* en l'occurrence l'Agence française de sécurité sanitaire des aliments (AFSSA) ; les agences *de financement* comme l'Agence française de développement (AFD) ; les *agences de mutualisation de moyens* comme l'Agence de mutualisation des universités et établissements (AMUE) et enfin les *agences de réseaux* comme la Caisse nationale de solidarité pour l'autonomie (CNSA).

Ces éléments étant précisés, il est important de rappeler que la formule de l'agence ne se confond pas avec certaines structures administratives intervenant dans le champ d'action de l'État.

La thématique de l'agence se rapproche de certaines notions voisines telles que les *autorités administratives indépendantes* ; mais on ne saurait les confondre. Les *agences restent sur le plan administratif rattachées à leur ministère de tutelle du moins en France et en Suède*. La contrepartie est l'obligation de résultats. L'agence diffère fondamentalement de l'autorité administrative indépendante : « *les AAI sont indépendantes, tandis que les agences sont seulement autonomes* »[4]. Plus largement, les *autorités administratives indépendantes* sont chargées de *réguler un secteur d'activités* ; elles exercent une *fonction de régulation* alors que *les agences combinent*[5] *les fonctions de régulation du secteur dont elles ont la charge et de responsabilité de gestion*. Cependant, les agences de régulation américaines sont contrôlées par le pouvoir législatif et judiciaire.

De même, *l'agence se différencie de la formule de l'opérateur public*. Les opérateurs sont « *des organismes bénéficiaires d'une subvention pour charges de service public* »[6]. Mais pour qu'un organisme soit qualifié

---

[1] École Nationale d'Administration, *Les agences, nécessité fonctionnelle ou nouveaux démembrements de l'État ?, op. cit.*, p. 17.
[2] GUILLAUME (H.), DUREAU (G.) et SILVENT (F.), *op. cit.*, p. 70.
[3] Conseil d'État, *Etude annuelle 2012, Les agences : une nouvelle gestion publique ?, op. cit.*, p. 43 et suiv.
[4] Conseil d'État, *Etude annuelle 2012, op. cit.*, 2012, p. 48.
[5] CHEVALLIER (J.), « Les agences : effet de mode ou révolution administrative ? », *Mélanges Georges Dupuis*, Paris, LGDJ, 1997, p. 56.
[6] Voir les articles 5, 51 et 54 de la LOLF faisant allusion aux opérateurs.

d'opérateur, trois critères cumulatifs sont nécessaires[1] : une activité de service public, un financement assuré majoritairement par l'État et enfin, la mise sous tutelle de l'État exerçant un contrôle direct et disposant de la capacité d'orienter les décisions stratégiques. Dans le cadre de la révision générale des politiques publiques, une réflexion sur les opérateurs a été engagée lors du Conseil de modernisation des politiques publiques du 12 décembre 2007 pour « *la mise en place d'agences de service public, sans responsabilité morale, mais disposant d'une grande autonomie de gestion et d'une gouvernance assurant la responsabilité de leurs dirigeants, permettra de répondre aux besoins des administrations chargées de la mise en œuvre des politiques, tout en permettant à l'État de contrôler les objectifs et les résultats des politiques qu'il finance et dont il est responsable* ». Il s'agit de créer des agences autonomes s'inspirant du modèle suédois. Des « contrats de performance » ont été prévus dans le cadre de la RGPP (circulaire du 26 mars 2010) pour renforcer la gouvernance des opérateurs publics.

Les agences se distinguent aussi de la formule des administrations de mission. L'*administration de mission* ne s'occupe pas de la gestion du service public ; c'est une structure légère chargée d'animer et de coordonner une politique sectorielle. Elle répond à une fonction spécifique ; elle vise à atteindre un objectif précis et privilégie plutôt une « *activité de synthèse, d'impulsion, d'incitation ou de prospective* »[2] et d'expertise. Elle ne repose sur aucun critère juridique précis[3]. Pour qu'il y ait administration de mission, *trois conditions*[4] sont néanmoins nécessaires : premièrement, la difficulté temporaire à laquelle les pouvoirs publics doivent apporter une solution ne doit pas relever de la compétence des administrations traditionnelles ; deuxièmement, la complexité de la problématique implique l'expertise de plusieurs ministères : c'est une administration « *principalement vouée à l'interministérialité et à la coordination* »[5]; enfin, la difficulté à résoudre doit présenter le caractère d'urgence. L'administration de mission est selon Edgar Pisani « *adaptée à un problème, à un temps, à un lieu ; elle est localisée, elle est spécialisée ; elle doit s'éteindre le jour où le problème posé se trouve résolu* »[6]contrairement à une *administration de gestion* caractérisée par la généralité des objectifs à atteindre, la permanence, la stabilité et peu adaptée à certaines nouvelles tâches. C'est donc une structure

[1] BOUVARD (M.), BRARD (J.-P.), CARCENAC (T.), COURSON (C. de), *op. cit.*, p. 37.

[2] OBERDORFF (H.), *Les institutions administratives*, Paris Armand Colin, 3ème édition, 2002, p. 53.

[3] MORAND-DEVILLER (J.) et RACINE (P.), « L'administration de mission », *La Revue administrative* n° 238, p. 307.

[4] Sur ce point voir en particulier l'article de PISANI (E.), « Administration de mission, administration de gestion », *RFSP*, 1956, p. 315.

[5] École Nationale d'Administration, *Les agences, nécessité fonctionnelle ou nouveaux démembrements de l'État ?*, *op. cit.*, p. 8.

[6] PISANI (E.), « Administration de gestion, administration de mission », *RFSP* n° 1, janv-mars 1956, p. 324.

éphémère, souple (à l'instar du Commissariat général du Plan après la Seconde Guerre mondiale) et dépourvue de personnalité juridique. Mais lorsque les fonctions dédiées à l'administration de mission se pérennisent, celles-ci sont généralement reprises par les administrations de gestion[1]. Comme on peut le constater, *une administration de mission ne relève pas de la logique de l'agence* chargée de la mise en œuvre d'une politique publique. Bien au contraire, l'administration de mission joue un rôle d'intermédiaire entre l'administration centrale chargée de la conception de la politique et l'administration de gestion et d'exécution[2].

Enfin, la formule de l'agence peut être rangée dans la catégorie des administrations chargées de la mise en œuvre de certaines politiques publiques (dans les pays nordiques notamment comme on vient de le voir) ou intégrées dans une troisième catégorie d'administration : l'« *administration de régulation* »[3]comme le montre l'exemple américain avec la création d'agences fédérales ou les « commissions indépendantes » dotées de pouvoir réglementaire. En France, la formule des agences est illustrée par ce qu'on a appelé « *les autorités administratives indépendantes* » dépourvues de personnalité juridique, mais bénéficiant de garantie d'autonomie de fonctionnement et dotées de pouvoir de régulation et de réglementation. La formule des agences se distingue des administrations classiques. Les administrations traditionnelles fonctionnent selon une logique hiérarchique et dépendent du pouvoir exécutif. À l'opposé, la formule de l'agence bénéficie d'une grande autonomie de gestion assortie de moyens budgétaires ; mais elle reste soumise à une logique de performance : les résultats font l'objet d'évaluation. Cela n'a pas toujours été le cas des administrations classiques : cependant, depuis 2006 avec la mise en œuvre de la LOLF, les administrations sont désormais invitées à inscrire leur action dans la démarche de performance.

Les caractéristiques des agences n'obéissent pas à une réalité stable et homogène. Le développement des agences dans l'appareil d'État a atteint une ampleur sans précédent.

§ 3. L'ampleur du phénomène

Que ce soit en France ou ailleurs, on assiste à une *prolifération des agences dans l'appareil de l'État*. L'« agencification » résulte du développement non maîtrisé des agences dans le système administratif.

---

[1] MORAND-DEVILLER (J.) et RACINE (P.), « L'administration de mission », *op. cit.*, p. 307.

[2] MORAND-DEVILLER (J.) et RACINE (P.), « L'administration de mission », *op. cit.*, p. 308.

[3] OBERDORFF (H.), *Les institutions administratives, op. cit.*, p. 56.

Le recours croissant à la formule de l'agence traduit bien la volonté politique des gouvernants de s'écarter du schéma de construction des administrations traditionnelles. La formule est en vogue.

Plusieurs raisons justifient la création d'une agence. En Grande-Bretagne et aux États-Unis, toute création d'agence s'inscrit dans une démarche visant à réguler un secteur économique donné ou pour mettre en œuvre une politique publique. Le recours croissant à la formule s'explique en France par des considérations d'ordre « conjoncturel »[1] ou stratégique. L'agence présente un autre intérêt : elle fonctionne avec « *des chaînes de décisions courtes* »[2]. L'institution d'une agence peut s'inscrire dans une démarche ayant pour but la recherche de solutions à une crise politique ou sanitaire. L'« affaire du sang contaminé » l'illustre bien et a nécessité en 1992 la création de l'*Agence française du sang*[3]. Quant à l'« *Agence du médicament* »[4], sa création répond à un besoin de supervision du marché des médicaments en vue de réglementer et de contrôler les pratiques pour éviter les dérives. Le développement de la formule peut s'expliquer par des raisons liées au « *principe de précaution* ». En 1998, la « crise de la vache folle » a nécessité la création de l'« Agence française de sécurité sanitaire ». Si la création d'une agence peut s'inscrire dans une démarche visant à trouver des solutions à une crise sanitaire comme nous venons de le voir, elle peut s'expliquer aussi pour des raisons d'affichage[5].

Dès le début des années 1990, le rapport de la « Commission « État, administration et services publics de l'an 2000 » présidée par Christian Blanc préconisait le développement d'une « logique d'agence » « *soit dans le cadre de services à vocation fonctionnelle affirmée, soit sous forme d'établissements publics* »[6]. Dans le prolongement de ces travaux, le rapport de la « Mission sur les responsabilités et l'organisation de l'État » recommandait à son tour « *la transformation en agence de toutes les administrations qui assurent une fonction de prestation de services n'impliquant pas une appréciation discrétionnaire, mais obéissant à des critères objectifs* »[7].

Après avoir abordé le thème de l'agencification en France, on mettra l'accent sur la dimension comparative pour appréhender la complexité du phénomène. Enfin, on s'interrogera sur son insertion dans le système

---

[1] GHEBALLI-BAILLY (M.), « Les agences régionales de l'hospitalisation, ou l'État éclaté », *Revue de droit sanitaire et social*, 33 (3), juillet-septembre 1997, p. 573.

[2] Ecole Nationale d'Administration, *Les agences, nécessité fonctionnelle ou nouveaux démembrements de l'État ?*, *op. cit.*, p. 16.

[3] L'agence a été transformée en « Etablissement français du sang ».

[4] Loi n° 93-5 du 4 janvier 1993.

[5] MORDACQ (F.), *Ibid.*

[6] BLANC (C.), *Pour un État stratège garant de l'intérêt général, rapport public*, *op. cit.*, p. 88.

[7] PICQ (J.), *L'État en France*, *op. cit.*, p. 136.

administratif ; si la formule des agences est attrayante, elle fait l'objet de nombreuses critiques.

A) En France

La délégation d'activités opérationnelles aux structures périphériques a fortement contribué à l'explosion du phénomène[1]. Le développement des agences a été mouvementé en France : au départ, la notion a été victime du succès[2] de la politique de déconcentration et du procédé de l'établissement public. Puis, on a assisté à l'accélération du phénomène : on note une multiplication des agences avec la circulaire de 1989 relative au « renouveau du service public » qui envisageait la mise en place de « centres de responsabilité » expérimentaux dotés d'une plus grande autonomie administrative. Depuis lors, de nombreuses agences furent instituées presque dans toutes les politiques sectorielles. On retrouve des agences presque partout dans la sphère administrative. On peut citer l'*agence des participations de l'État* ou l'*agence France Trésor* dans le domaine des finances et du budget ; l'agence en charge du pilotage et de la coordination des achats des administrations de l'État[3]; l'agence de l'environnement et de la maîtrise de l'énergie, l'*agence de l'eau* dans le domaine de l'environnement[4]. On rencontre aussi la formule de l'agence dans le *domaine social* (telle que l'agence nationale pour la rénovation urbaine), dans le *domaine de la recherche* (comme par exemple l'agence nationale de la recherche), etc.

Dans une étude[5] publiée en septembre 2012, le Conseil d'État a énuméré pas moins de 103 agences fonctionnant avec un budget de 330 milliards d'euros et un effectif de 145 000 emplois, soit près de 8 % des effectifs de la fonction publique de l'État. Même s'il n'existe pas de recensement exhaustif de l'ensemble des agences contrôlées et financées par l'État, le rapport de l'Inspection Générale des Finances pour 2012 portant sur « l'État et ses agences »[6]en a répertorié 1244 fin 2010. Ce chiffre comparé à celui du Conseil d'État est beaucoup plus important.

---

[1] De même, l'on peut noter aussi qu'au niveau communautaire, le recours aux agences indépendances vise en effet à décharger la Commission européenne de l'exécution de certaines fonctions.

[2] CHEVALLIER (J.), « Agencification et gouvernance », *op. cit.*, p. 240. Selon l'auteur, en France, « *le procédé de l'établissement public et de la politique de déconcentration semblait répondre à tous les besoins, sans qu'il soit besoin de faire appel à la notion d'agence* », *Ibid.*

[3] Créée à l'issue du premier Conseil de modernisation des politiques publiques du 1er décembre 2007.

[4] Loi du 19 décembre 1990.

[5] Conseil d'État, *Etude annuelle 2012, op. cit.*, p. 12.

[6] Inspection Générale des Finances, *L'État et ses agences*, mars 2012, Paris, Inspection générale des Finances, 2012. Rapport non publié, mais consultable sur le site de l'Inspection Générale des Finances : www.igf.finances.gouv.fr

Face à l'essor des agences, *plusieurs initiatives ont été prises en France et à l'étranger pour contrôler le « développement sauvage » des agences pour des raisons d'efficacité et d'économies budgétaires*. Le gouvernement Ayrault s'est engagé dans la voie d'une *réduction du nombre d'agences* comme le montre le relevé de décisions du MAP du 2 avril 2013 : « *afin de limiter la création de nouvelles agences, la production d'une étude préalable à toute nouvelle création d'agence permettant d'éclairer la décision des pouvoirs publics est rendue obligatoire* »[1].

Face à la « *prolifération d'agences* » dans le système institutionnel, *l'État danois a pris des mesures radicales pour éradiquer le phénomène* dès les années 1989 et 1990 : c'est ainsi qu'on a assisté à la « suppression d'agences » et à la réduction d'autonomie d'un certain nombre d'unités opérationnelles. La suppression a été rendue possible grâce à la fusion de ministères centraux[2]. Cette « *recentralisation » des agences* autour des pôles ministériels a pour but de contrôler leurs activités.

On s'appuiera ici sur une étude de cas, les agences sanitaires afin d'illustrer notre propos. Généralement sollicitées pour répondre à des « missions d'expertise » et de « régulation sanitaire », les agences régionales de santé ont connu ces dernières décennies un certain succès dans les politiques régionales de santé. Dans les collectivités territoriales, l'architecture territoriale de la santé a été révisée avec la création d'agences régionales de santé (ARS)[3] ; l'objectif étant de rationaliser le système de santé publique et de l'adapter aux spécificités régionales. Selon un rapport d'information de l'Assemblée nationale publié en 2011, trois raisons[4] expliquent l'essor de la formule de l'agence dans la politique sanitaire : une « garantie d'indépendance vis-à-vis des pouvoirs publics » ; une « souplesse de gestion » permettant de mobiliser personnels qualifiés et moyens appropriés dans un court délai ; enfin, une « réactivité face à des crises sanitaires » nécessitant des réponses adéquates. Les *agences régionales de santé (ARS) sont constituées sous la forme d'établissement public administratif* [5]et donc proches du modèle britannique des « *executive agencies* ». Les ARS [6]sont dotées de personnalité morale. Elles sont dirigées

---

[1] Relevé de décisions du CIMAP du 2 avril 2013, p. 7.

[2] JORGENSEN (T. B.) et HANSEN (C.-A.), « Création et suppression d'agences au sein du gouvernement central danois : développements contradictoires ou logique sous-jacente ? », *op. cit.*, p. 637.

[3] Loi du 21 juin 2009.

[4] BUR (Y.), *Les agences sanitaires, rapport d'information* n° 3627, Paris, Assemblée nationale, 2011, p. 7.

[5] PONTIER (J.-M.), « La réforme du système de santé », *AJDA*, septembre 2009, p. 2210.

[6] Selon l'article L. 1431-2 du Code de la sécurité sociale, les agences ont pour mission « *de mettre en œuvre au niveau régional la politique de santé (...) et de réguler, d'orienter et d'organiser, notamment en concertation avec les professionnels de santé, l'offre de services de santé, de manière à répondre aux besoins en matière de soins et de services médico-sociaux, et à garantir l'efficacité du système de santé* ».

par un directeur général et dotées d'un conseil de surveillance. La « loi portant réforme de l'Hôpital et relative aux, patients, à la santé et aux territoires » (Loi HPST) votée les 22 juin 2009 a permis de fusionner sept organismes au niveau déconcentré (régional et départemental) dès le 1er avril 2010 (organismes d'État et de l'assurance-maladie). Le dispositif réaffirme la tutelle du ministère de la Santé avec un pouvoir de contrôle élargi aux agences et aux agents ; il a permis l'émergence d'un « système d'aide à la décision publique »[1].

Le mouvement d'agencification ne concerne pas que la France : presque tous les pays développés sont concernés.

B) Dimension comparative

Le mouvement d'agencification n'est pas propre à la France. On observe le même phénomène dans la plupart des pays occidentaux. Les *pays nordiques font couramment appel à la formule des agences* : sous couvert de réformes managériales, l'appel à la formule a rencontré un certain succès et a constitué un instrument de réforme et de modernisation administrative.

La *Suède sert de référence* dans la mesure où c'est le pays qui a la plus vieille tradition en faisant appel aux « agences administratives ». Historiquement, leur existence date de 1634 ; dès le milieu du 19ème siècle[2], les agences ont été séparées du gouvernement. Les agences sont *dépourvues de personnalité morale*. Le *procédé contractuel* permet à l'État central de déléguer la responsabilité de la mise en œuvre des politiques aux agences et de les mettre sous tutelle. Les administrations centrales sont chargées de définir les lignes stratégiques des politiques (définition, conception, évaluation). Il est courant de voir les ministères déléguer l'exécution des politiques sectorielles aux agences non indépendantes. Il existe plusieurs formes d'agences[3] : les « *petites agences* » sont généralement chargées de la mise en œuvre de lois spécifiques ; d'autres en revanche exercent des fonctions d'assistance des départements ministériels dans l'exercice de leur fonction ; quant aux « *agences commerciales* », elles correspondent à la figure de l'établissement public à caractère industriel et commercial en France. En Suède, il y a une « *tendance à la fusion et à la concentration d'agences* »[4].

Parallèlement, d'autres États ont largement participé au développement des agences dans le secteur public. C'est l'exemple du *Danemark* : c'est une des toutes premières nations européennes à avoir créé des « *unités subdépartementales* » incluant agences et directions dotées d'autonomie. Le

---

[1] BUR (Y.), *Les agences sanitaires, rapport d'information* n° 3627, Paris, Assemblée nationale, 2011, p. 9.
[2] REXED (K.), « Les agences exécutives : une perspective suédoise », *op. cit.*, p. 264.
[3] REXED (K.), *op. cit.* p. 266.
[4] REXED (K.), « Les agences exécutives : une perspective suédoise », *op. cit.*, p. 270.

phénomène a commencé à la fin de la Seconde Guerre mondiale et s'est étendu jusqu'aux années 1970. La réorganisation du gouvernement central dans les années 1990 a conduit les autorités politiques à privilégier une ligne d'évolution inverse consistant à réduire le nombre et l'autonomie des unités existantes[1]. Derrière la démarche, se profile une volonté politique forte de recentralisation afin de contrôler les entités autonomes. La *Grande-Bretagne* a été animée par la même volonté politique que les gouvernants suédois en multipliant l'appel à la formule de l'agence. Avec le programme « *Next Steps* » promu en 1988 par le gouvernement Thatcher, la Grande-Bretagne a vu plusieurs départements ministériels se transformer en « executive agencies », c'est-à-dire en agences d'exécution. La multiplication des agences dans le système administratif anglais a été spectaculaire. La liste des agences[2] s'allonge régulièrement : *« leur nombre est ainsi passé de 28 en 1986, à 164 en 2002. De même, alors que les Pays-Bas ne comptaient que 4 unités en 1994, ce sont 31 agences qui, en 2004, emploient près de 40 % des agents publics »*[3]. Le Premier ministre David Cameron a récemment lancé un *vaste programme de rationalisation* [4]*des agences* visant à réduire considérablement le nombre et le coût dans un double objectif : mieux redéfinir les services publics et améliorer la gouvernance. Les *Pays-Bas* ont aussi largement fait appel à la formule des agences publiques pour rechercher des gains de productivité et renforcer la logique d'efficacité. Dès 1988, on assiste à une multiplication des agences : une étude a recensé 17 agences avec un personnel de 25 000 agents[5]. Les agences sont considérées comme des « prestataires de services » au budget. Les ministères leur fixent les objectifs stratégiques à atteindre ; plus de liberté et d'autonomie de gestion leur sont accordées. La démarche est orientée vers la mesure des résultats. Selon certains travaux, la Grande-Bretagne, la Suède et les Pays-Bas forment ce qu'un auteur a appelé « *une trilogie marquée par la reconversion massive de l'appareil d'État en agences* »[6].

Dans les États fédérés comme les États-Unis, l'appel à la formule des agences a commencé dès les années 1946 dans l'élaboration et la mise en œuvre des règlements à la condition que leur action reste compatible avec la

[1] JORGENSEN (T. B.) et HANSEN (C.-A.), « Création et suppression d'agences au sein du gouvernement central danois : développements contradictoires ou logique sous-jacente ? », *op. cit.,* p. 644.
[2] Dès 2003, on assiste à la création de deux grandes agences : par exemple dans le secteur de l'emploi, la mise en place de « Job Centre » fonctionnant avec 90 000 agents ou encore dans le domaine de la gestion des prisons avec l'institution d'une structure dénommée « HM Prison Centre.
[3] TOURNADRE-PLANCQ (J.) et VERRIER (B.), « La multiplication des agences annonce-t-elle le retrait de l'État ? », *op. cit.*, p. 11.
[4] Conseil d'État, *Etude annuelle 2012, op. cit.*, p. 67.
[5] ABATE (B.), *La nouvelle gestion publique, op. cit.*, p. 93.
[6] MOCKLE (D.), *La gouvernance, le droit et l'État, op. cit.*, p. 197.

démocratie [1](respect de l'indépendance, de la transparence, etc.). Le système comporte deux types d'agences : les « executive agencies », l'équivalent français des « agences exécutives » et les « *independent agencies* » correspondant aux agences indépendantes. Les premières concernent les départements ministériels et restent rattachées au pouvoir politique. Alors que la catégorie des agences indépendantes restent « *indépendantes des idées politiques et préférences présidentielles* »[2] ; elles concernent les agences de régulation ou les agences indépendantes. Le président peut exercer un contrôle sur les agences de régulation. Quant au Congrès, son emprise sur l'activité des agences est réelle : il dispose de plusieurs leviers de contrôle sur l'activité des agences (notamment financier, nomination des membres, *etc.*). Les États-Unis présentent un cas particulier dans la mesure où il n'existe pas à proprement parler de séparation nette entre les fonctions de conception et d'exécution des politiques[3]. Les agences américaines disposent de pouvoirs exécutifs, législatifs et judiciaires[4]. Le pouvoir des agences dépasse le seul cadre d'exécution des politiques à tel point qu'elles sont comparables à des ministères à part entière et responsables devant le pouvoir politique[5].

Le mouvement d'agencification a gagné aussi les *institutions et les politiques communautaires dans la mise en œuvre de politiques sectorielles*. L'Union européenne fait régulièrement appel aux agences pour la mise en œuvre du droit. Il existe *deux types d'agences*[6] : les *agences de régulation,* dépourvues de compétences réglementaires, elles sont chargées de réguler un secteur donné au niveau communautaire ; et les *agences d'exécution* chargées d'exécuter les politiques communautaires. La première agence européenne – l'« *agence d'approvisionnement* d'Euratom » date de 1960[7]. Pour d'autres encore, le phénomène date des années 1975[8] avec la création d'agences dotées d'expertise technique ou scientifique. Le mouvement s'est ensuite amplifié dans les années 2000 avec la mise en place d'agences dotées de larges pouvoirs. Certaines agences peuvent prendre des décisions

---

[1] ZOLLER (E.), « Les agences fédérales américaines, la régulation et la démocratie », *RFDA*, juillet-août 2004, p. 757 et suiv.

[2] ZOLLER (E.), op. cit., p. 758.

[3] GUILLAUME (H.), DUREAU (G.) et SILVENT (F.), *Gestion publique. L'État et la performance, op. cit.*, p. 72.

[4] DELMAS (C.), « L'inflation de structures administratives d'expertise », in MBONGO (P.), (sous la dir.), *La séparation entre administration et politique en droit français et étrangers*, Paris, Berger Levrault, 2014, p. 226.

[5] GUETTIER (C.), « Les agences administratives en France », *Les Cahiers de la fonction publique*, septembre 2006, p. 4.

[6] DUTHEIL (J. de La Rochère), « Les agences de régulation européenne : quels problèmes juridiques ? » in *Mélanges en l'honneur de Yves Jégouzo, Terres du droit*, Paris Dalloz, 2009, p. 63.

[7] Conseil d'État, *Etude annuelle 2012, op. cit.*, 2012, p. 72.

[8] SCHMIDT-ASSMANN (E.), « Où va l'administration européenne ? » in *Etudes en l'honneur de Gérard Timsit,* Bruxelles, Bruylant, 2004, p. 502.

individuelles comme par exemple l'Autorité européenne de la sécurité européenne. Même si elles ne sont pas habilitées à prendre des décisions de nature politique, les agences européennes sont loin d'être des « services subordonnés » à la Commission européenne[1]. Selon Jacqueline Dutheil de la Rochère, la Commission dénombre pas moins de cinq *agences de régulation dotées de missions différentes*[2]. En premier lieu, certaines agences de *régulation* peuvent prendre des décisions individuelles produisant des effets en termes de droit sur les tiers[3]. En deuxième lieu, d'autres *agences apportent une assistance technique* (sous la forme d'avis, de rapports d'inspection, etc.) auprès de la Commission et des États membres[4]. En troisième lieu, il existe des agences chargées de la mise en œuvre d'activités opérationnelles comme « Europol ». En quatrième lieu, il existe des *agences de régulation* dont le rôle est de collecter, d'analyser et de mettre en réseau des informations de nature scientifique[5]. Enfin, d'autres agences sont destinées à fournir des services aux structures de l'Union[6]. Au total, il existe aujourd'hui au sein des institutions communautaires 29 agences de régulation[7] employant 3800 personnes et un budget annuel de 1 100 millions d'euros. En France, il existe une séparation nette entre les fonctions d'expertise, de veille et d'alerte relevant des agences et le pouvoir de réglementation incombant à l'administration classique ; de ce point de vue, elles ont beaucoup de points communs[8] avec les agences européennes.

Le *mouvement d'« agencification » n'a pas épargné l'architecture administrative des pays émergents*. Ainsi, au *Brésil*, ce sont les politiques de privatisation qui ont accéléré la création d'agences autonomes : ceci résulte de l'affaiblissement des capacités d'investissement de l'État dans des activités économiques exigeant des moyens financiers considérables. Parmi les nombreuses agences créées, figurent l'agence nationale des Télécommunications[9] (ANTEL), l'agence nationale du pétrole[10] (ANP), l'agence nationale d'énergie électrique[11] (ANEEL), l'agence nationale des eaux[12] (ANA), *etc*. Les agences sont constituées sous la forme d'organismes

---

[1] SCHMIDT-ASSMANN (E.), « Où va l'administration européenne ? », *op. cit.*, p. 503.

[2] DUTHEIL (J. de La Rochère), « Les agences de régulation européenne : quels problèmes juridiques ? », *op. cit.*, p. 62.

[3] C'est le cas de l'Agence européenne de la sécurité aérienne.

[4] C'est l'exemple de l'Agence européenne de sécurité des aliments.

[5] L'Agence européenne pour l'environnement s'inscrit dans ce registre.

[6] Le Centre de traduction des organes de l'Union illustre ce type d'agence de régulation.

[7] DUTHEIL (J. de La Rochère), « Les agences de régulation européenne : quels problèmes juridiques ? », *op. cit.*, p. 60-61.

[8] DELMAS (C.), « L'inflation de structures administratives d'expertise », *op. cit.*, p. 226.

[9] Créée par la Loi Générale sur les Télécommunications, Loi n° 9. 472 du 16. 07. 1992 (Const. du Brésil).

[10] Loi n° 9. 478/97 (de la Const. Fédérale).

[11] Loi n° 9. 427/96 de la Constitution Fédérale du Brésil, mais qui a fait l'objet de modifications ultérieures.

[12] Créée par la Loi n° 9. 984/00 du 17 juillet 2000.

publics dotés d'autonomie financière : elles sont indépendantes sur le plan administratif et ne sont pas soumises au pouvoir hiérarchique. Les activités restent cependant soumises au contrôle de la Cour des Comptes de l'État fédéral.

La question de l'insertion des agences dans le dispositif institutionnel se pose et appelle quelques précisions.

§ 4. L'insertion des agences dans l'ordonnancement institutionnel

Selon la formule consacrée, on assiste en France et en Grande-Bretagne à « *la prolifération des agences* »[1]disposant d'autonomie à l'égard de leur ministère de tutelle ; elles sont en général chargées de la mise en œuvre de politiques sectorielles. Se pose ensuite la question de l'insertion des agences dans l'ordonnancement institutionnel : la réponse à cette problématique est essentielle, car il semble que les agences « heurtent »[2] les principes d'organisation de l'État.

Réfléchir sur le thème des agences, c'est aussi réfléchir sur l'organisation de l'État [3]et sur sa pertinence. On peut s'interroger sur la manière dont les agences s'insèrent dans l'ordonnancement institutionnel. Il s'agit d'étudier les implications de l'essor des agences dans l'appareil administratif de l'État. Pour bien cerner la problématique, l'étude va s'appuyer précisément par la doctrine.

Deux thèses s'affrontent ici : l'une défend le *démembrement de l'État* et l'autre défend le contraire. Les partisans du démembrement de l'État voient dans le « *développement des agences : un choix risqué* »[4] pour l'unité et la cohésion de l'appareil d'État. Selon les tenants de cette thèse, le risque concerne le « démembrement de l'État »[5]. Des institutions prestigieuses comme l'Inspection générale des Finances continuent encore d'utiliser la notion de démembrement à propos des relations entre l'État et les agences : selon l'IGF, « *l'État paraît ainsi être allé trop loin dans son démembrement* »[6]. Elle cite formellement deux ministères visés par le démembrement de l'État : « *dans certains ministères fortement démembrés, comme ceux de la culture, de la ville ou des sports, les difficultés de gestion*

[1] DODDS (A.), « Le développement des agences en Grande-Bretagne et en France », *RFAP* n° 111, 2004, p. 484.

[2] GHEBALLI-BAILLY (M.), « Les agences régionales de l'hospitalisation, ou l'État éclaté », *op. cit.*, p. 572.

[3] Conseil d'État, *Étude annuelle 2012, op. cit.*, p. 24.

[4] MAHERZI (D.), « Le développement des agences : un choix risqué ? », *Rev. adm*, n° 373, janvier-février 2010, p. 86.

[5] École Nationale d'Administration, *Les agences, nécessité fonctionnelle ou nouveaux démembrements de l'*État *?*, *op. cit.*, p. 50. Selon certains, « le dérapage progressif de cette autonomie vers l'indépendance contient toutefois un risque réel de démembrement de l'État », *Ibid.*

[6] Inspection Générale des Finances, *L'État et ses agences*, *op. cit.*, p. 4.

peuvent apparaître »[1]. À l'opposé de la première approche, d'autres arguments ont été avancés par les partisans du « non-démembrement de l'État ». Parmi eux figure la haute juridiction administrative. L'étude annuelle du Conseil d'État de 2012 apporte un éclairage nouveau dans l'état actuel des débats consacrés aux agences : selon le rapport, les agences ne constituent pas un « risque » et encore moins un démembrement de l'État. Les sages du Conseil d'État affirment avec force que l'agence « *n'est pas moins d'État ; c'est l'État autrement* »[2]. L'articulation des relations entre l'État et les agences dans les territoires participeraient à consolider « *le réseau État-agence* »[3]. La création des agences ne signifie pas pour autant le retrait total de l'État. Quelle que soit l'importance des missions qu'elles remplissent, les agences restent en règle générale sous la tutelle de l'État. Du même coup, la haute juridiction administrative prône un « bon usage » de la formule en fixant quatre critères [4]guidant toute création d'agence : le *critère de l'efficience* censé promouvoir une meilleure gestion des politiques concernées (du fait de la spécialisation) ; *le critère de l'expertise* distincte de celle des services de l'État ; *le critère du partenariat* en vue de développer des mécanismes de coopération (tant avec les collectivités locales qu'avec les acteurs de la société civile) et enfin, le *critère de la neutralité* qui interdit tout recours du pouvoir politique dans le processus décisionnel.

Pour d'autres auteurs encore, on assisterait plutôt à l'émergence d'une « *administration endogène et subsidiaire* »[5] : celle-ci ne s'opposant pas à l'administration classique et s'inscrit dans une logique de complémentarité. On retrouve ici ce que Gérard Timsit a appelé « *le visage d'une nouvelle administration – d'une administration transfigurée* »[6]appelée à faire face à la nouvelle gestion publique. La nouvelle administration dont parle le professeur Gérard Timsit relève bien de cette philosophie. Mieux encore, « *l'administration s'est-elle hétérogénéisée, démultipliée, pour mieux traiter avec elle-même* »[7] : le recours aux agences relève de cette recherche d'efficacité, d'autonomie, de souplesse qui sont des éléments caractéristiques de la thématique de l'État stratège. Des chercheurs ont vu dans le développement « non maîtrisé » des agences au sein de l'univers administratif, l'émergence d'un « *État polycentrique* ». Gérard Timsit, lui, soutient la perspective d'un « *État polyarchique* »[8] tandis que d'autres admettent l'hypothèse d'un « *État segmenté* »[9].

---

[1] Inspection Générale des Finances, *L'État et ses agences, op. cit.*, p. 53.
[2]Conseil d'État, *Étude annuelle 2012, op. cit.*, p. 8.
[3] Conseil d'État, *Étude annuelle 2012, op. cit.*, p. 14.
[4] Conseil d'État, *Étude annuelle 2012, Ibid.*
[5] TIMSIT (G.), *Archipel de la norme, op. cit.*, p. 87.
[6] TIMSIT (G.), *Archipel de la norme, op. cit.*, p. 48.
[7] TIMSIT (G.), *Archipel de la norme*, Paris, *op. cit.*, p. 55.
[8] TIMSIT (G.), *Archipel de la norme, op. cit.*, p. 49.
[9] CHEVALLIER (J.), *op. cit.*, p. 81.

Pour autant, le développement des agences dans l'appareil d'État n'a pas fait disparaître les structures déjà existantes ; elles cohabitent côte à côte : l'action des agences s'inscrit dans une logique de complémentarité à celle des administrations centrales.

Si la formule des agences a suscité un certain attrait, elle fait aujourd'hui l'objet de multiples critiques.

§ 5. Les agences : une formule attrayante, mais critiquée

Les limites posées par la formule des agences sont nombreuses ; elles sont de plusieurs ordres.

Des *problèmes de coordination* avec l'administration centrale ont été constatés en particulier dans le modèle suédois limitant ainsi l'efficacité de la tutelle sur les agences[1].

En ce qui concerne le pilotage des agences d'exécution, un rapport du Sénat (2012) fait état d'un « *pilotage à l'aveugle* »[2] de la politique de continuité territoriale de l'« agence de l'outre-mer pour la mobilité ». Chargée de promouvoir l'insertion professionnelle des « ultramarins » en métropole en leur proposant des formations professionnelles ou des stages en entreprise (tout en finançant les déplacements), l'« agence de l'outre-mer pour la mobilité » n'applique aucune procédure de publicité et de mise en concurrence formalisée pour ses achats. C'est la raison pour laquelle, les rapporteurs appellent à mettre un terme à l'irrégularité préjudiciable en termes d'efficacité des procédures d'achat de l'opérateur[3]. De plus, le rapport souligne l'absence de contrôle interne à l'opérateur rendant l'évaluation de l'efficacité inopérante[4].

Mais toute logique d'agencification ou de territorialisation poussée à l'extrême nuit à l'efficacité du dispositif de pilotage des politiques : en Suède, *les départements ministériels ont fini par perdre la maîtrise de la définition de nouvelles politiques*. Du même coup, la tutelle ministérielle [5]a été remise en cause. Cela conduit à une sorte de « *gouvernement à distance* » interdisant tout contrôle réel sur des services devenus autonomes[6]. Le développement des agences dans le domaine sanitaire a contribué à complexifier [7]l'architecture des structures de sécurité sanitaire. Le nouveau schéma d'organisation fait de « *l'agence un instrument de gouvernement à*

---

[1] REXED (K.), « Les agences exécutives : une perspective suédoise », *op. cit.*, p. 270.

[2] PATIENT (G.), DOLIGE (E.), *L'agence de l'outre-mer pour la mobilité : un pilotage à l'aveugle ?, rapport d'information* n° 48, Paris, Sénat, 2011-2012, p. 12.

[3] PATIENT (G.), DOLIGE (E.), *op. cit.*, p. 11.

[4] PATIENT (G.), DOLIGE (E.), *Ibid.*

[5] GUILLAUME (H.), DUREAU (G.) et SILVENT (F.), *op. cit.* p. 74.

[6] CHEVALLIER (J.), « Les agences : effet de mode ou révolution administrative ? », *op. cit.*, p. 58.

[7] BUR (Y.), *Les agences sanitaires, rapport d'information* n° 3627, *op. cit.*, p. 9.

distance»[1]. Plus préoccupant encore, la lisibilité du dispositif reste problématique ; des problèmes de chevauchement des compétences et d'insuffisance de coordination entre agences ont été observés[2]. Les agences ont peu à peu « *perdu en crédibilité en raison de la mise en cause de la parole des experts et de leur manque de transparence* »[3]. En outre, des études ont montré que l'autonomie des ARS reste faible ; les directeurs généraux sont nommés par le pouvoir politique et leur marge de manœuvre reste limitée[4]. De plus, les agences sont cantonnées généralement à l'évaluation du risque sans disposer de pouvoir de décision, de police et de contrôle[5].

Dans le cas néerlandais, l'« autonomisation des tâches exécutives » a parfois constitué une « menace » pour l'administration centrale avec un risque de transformer l'agence en simple « résidu »[6]. D'où, la multiplication des « contrats d'objectifs » entre agences et ministères au Danemark pour rétablir la tutelle ministérielle sur les agences[7].

L'étude annuelle du Conseil d'État attire l'attention sur le pilotage des agences en France « *sans réelle tutelle stratégique de l'État* »[8]. Quant au rapport de l'Inspection générale des Finances, le constat est le même : malgré les récentes réformes engagées par les pouvoirs publics, elles n'ont pas permis de faire émerger une tutelle stratégique[9]. Stéphane Guettier se demande finalement si ces agences administratives ne contribuent pas au « désordre administratif »[10].

La rationalisation du dispositif des agences est devenue donc un impératif. Cela signifie qu'il faut « *inscrire les agences dans une vision stratégique* » de l'action publique[11]. Certaines décisions formulées par le gouvernement Ayrault à l'issue du CIMAP du 18 décembre 2012 visent l'harmonisation et la clarification du recours aux opérateurs et aux agences. Ainsi, tout recours à la formule des agences doit désormais être fondé sur des critères objectifs tenant aux caractéristiques des missions[12] (autonomie,

---

[1] GURRUCHAGA (M.), « La création des agences régionales de santé : enjeux d'une réforme » in KADA (N.), (sous la dir.), *De la réforme territoriale à la réforme de l'État*, PUG, 2011, p. 173.
[2] BUR (Y.), *op. cit.*, p. 17.
[3] BUR (Y.), *Ibid.*
[4] CASTAING (C.), « Les agences régionales de santé : outil d'une gestion rénovée ou simple relais du pouvoir central ? », *AJDA*, 30 septembre 2009, p. 2216-2217.
[5] DELMAS (C.), « L'inflation de structures administratives d'expertise », *op. cit.*, p. 226.
[6] KICKERT (W. J. M.) et VERHAAK (F. O. M.), *op. cit.*, p. 628.
[7] GUILLAUME (H.), DUREAU (G.) et SILVENT (F.), *op. cit.*, p. 74.
[8] VILLENEUVE (P.), « La RGPP est morte, vive la RGPP ! », *JCP/La Semaine juridique, Edition Administrations et Collectivités territoriales, n°40*, 8 octobre 2012, p. 3.
[9] Inspection Générale des Finances, *op. cit.*, p. 3.
[10] GUETTIER (C.), « Les agences administratives en France », *Les Cahiers de la fonction publique*, septembre 2006, p. 5.
[11] Conseil d'État, *Étude annuelle 2012*, *op. cit.*, p. 9.
[12] Décision n° 42 du CIMAP du 18 décembre 2012.

expertise particulière, mode de financement, particularité des missions, etc.). L'élément le plus important, c'est que *toute création future d'agence nécessite la réalisation d'une « étude d'impact »* répondant à des critères précis[1]. De son côté, l'étude annuelle du Conseil d'État consacrée aux agences (2012) préconise un « encadrement » du recours aux agences[2]. D'ailleurs, le Conseil d'État va encore plus loin que la mesure proposée par le Premier ministre en posant quatre critères[3] justifiant toute création d'agence s'inspirant des « bonnes pratiques » pour un meilleur pilotage : il s'agit des critères d'« efficience », d'« expertise », de « partenariat » et de « neutralité ».

Afin d'éviter « *une administration à deux vitesses* »[4]au sein de l'appareil d'État, la cohérence et coordination des relations centre/périphérie est indispensable. Le but étant de gérer deux impératifs contradictoires : « *l'affirmation du principe d'unité de l'autorité de l'État et le respect de l'autonomie et de la compétence de l'agence* »[5]. L'État stratège privilégie une « tutelle stratégique » en fixant des objectifs à atteindre à travers le procédé contractuel.

Plus largement, si la création des agences s'inscrit dans une démarche soucieuse de « *décongestionner les administrations* »[6] et d'éviter la reproduction du fonctionnement classique des bureaucraties wébériennes ; force est de constater que celles-ci ont suivi des évolutions « paradoxales ». Des études ont montré que la formule de l'agence a donné naissance à des

---

[1] Décision n° 43 du CIMAP du 18 décembre 2012. L'évaluation préalable prévue pour toute création d'agence ou d'opérateur doit permettre la justification du bien-fondé du recours, des moyens de fonctionnement et du mode de financement, des modalités d'articulation de son action avec les structures existantes et l'évaluation de son action.

[2] Le Conseil d'État préconise que « tout projet de création d'une agence devrait être accompagné d'une étude d'impact permettant de s'assurer qu'un ou plusieurs de ces critères sont remplis et que cette création n'est pas justifiée par de mauvaises raisons, comme celle de disposer de moyens plus importants et, espère-t-on « sanctuarisés », Conseil d'État, *Étude annuelle 2012, Les agences : une nouvelle gestion publique ?*, Paris, Conseil d'État/La Documentation française, 2012, p. 14-15.

[3] Selon le Conseil d'État, quatre critères peuvent justifier la création d'une agence : « *l'utilité de la spécialisation dans des tâches de gestion à grande échelle, afin de dégager une efficience accrue- critère de l'efficience ; la nécessité d'une expertise distincte de celle habituellement rencontrée dans les services de l'État – critère ; le caractère prépondérant des partenariats avec les collectivités territoriales ou avec des acteurs de la société pour la mise en œuvre de la politique publique – critère du partenariat ; la nécessité d'éviter l'intervention du pouvoir politique dans les processus récurrents de décision – critère de la neutralité* », Conseil d'État, *Etude annuelle 2012, Les agences : une nouvelle gestion publique ?,op. cit.*, p. 14.

[4] École Nationale d'Administration, *Les agences, nécessité fonctionnelle ou nouveaux démembrements de l'État ?, op. cit.*, p. 30.

[5] École Nationale d'Administration, *op. cit.,* p. 36.

[6] BENAMOUZIG (D.) et BESANÇON (J.), « Les agences : de nouvelles administrations publiques » in BORRAZ (O) et GUIRAUDON (V.), (sous la dir.), *Politiques, 1. La France dans la gouvernance européenne*, Paris, Presses de Sciences Po, 2008, p. 295.

« *bureaucraties de second rang, dont le pilotage s'avère complexe* »[1]. Dans certains cas, on a assisté à la naissance d'une « *nouvelle bureaucratie* »[2] résultant de la forte autonomie accordée aux agences. Selon l'IGF, le pilotage des agences peut contribuer à « *bureaucratiser l'exercice de la tutelle* »[3].

Diverses réflexions théoriques ont été entreprises ces dernières années dans les pays occidentaux afin de dégager un « *idéal typique d'agence* »[4] ; mais force est de constater qu'aucun « consensus » n'a pu être dégagé tant les expériences et les attentes suscitées par ces entités sont différentes.

CONCLUSION

Une organisation plus adaptée de l'appareil d'État participe au mouvement général d'efficacité, d'efficience des institutions et de l'action publique. Comme on a pu le voir, l'État stratège est un État qui confie l'exécution des fonctions opérationnelles aux agences afin que les administrations centrales se concentrent sur la définition de la stratégie, la conception des politiques, l'animation, le contrôle et l'évaluation des politiques publiques.

Au cours des dernières décennies, le postulat selon lequel la séparation entre les fonctions de conception (incombant à l'administration centrale) et de mise en œuvre des politiques considérée comme un gage d'efficacité a considérablement perdu de sa pertinence : par leur expertise, certaines agences d'exécution participent à la définition de la stratégie et à l'élaboration des politiques publiques.

Contrairement à une idée répandue, les « agences exécutives » ne constituent pas selon le Conseil d'État un démembrement de l'État. Elles forment avec l'État un « *ensemble institutionnel monolithique* »[5] et peuvent venir à son secours en le renforçant.

Cependant, si l'utilité des agences est incontestable, force est de reconnaître que le mouvement d'« agencification » participe bien à l'« *inflation des structures administratives d'expertise* »[6]. La multiplication des agences travaille l'appareil administratif désormais caractérisé par la diversité.

---

[1] BENAMOUZIG (D.) et BESANÇON (J.), *op. cit.,* p. 295.
[2] MORDACQ (F.), *La réforme de l'État par l'audit*, Paris, LGDJ, 2009, p. 157.
[3] Inspection Générale des Finances, *op. cit*., p. 3.
[4] REXED (K.), « Les agences exécutives : une perspective suédoise », *op. cit*., p. 261.
[5] STEVENS (A.), « Administration et gestion : mariage ou divorce ? L'expérience des agences exécutives britanniques », *Les Réformes : de l'expérimentation aux leçons ». Hommage à Alain CLAISSE*. Journée organisée par l'Institut International d'Administration Publique (IIAP) et l'Université Panthéon-Sorbonne à Paris le 12 mars 1999, Paris, La Documentation française et l'IIAP, 2000, p. 37.
[6] DELMAS (C.), « L'inflation de structures administratives d'expertise », *op. cit.,* p. 225.

Mais le bilan mitigé du pilotage des agences s'ajoutant au fait que « *l'État ne s'est doté d'aucune stratégie aux agences* »[1] explique aujourd'hui la multiplication des initiatives gouvernementales visant à rationaliser le dispositif.

Etant donné que le recours aux agences pose tout une série de problématiques non encore résolues, le Conseil d'État a élaboré une doctrine à destination des pouvoirs publics en préconisant un usage plus pertinent de la formule et une meilleure articulation des relations entre l'État et ses agences.

[1] Inspection Générale des Finances, *L'État et ses agences*, *op. cit.*, p. 44.

CHAPITRE 7

L'ADAPTATION DE LA GESTION DES RESSOURCES HUMAINES AUX FONCTIONS STRATÉGIQUES DE L'ÉTAT

La thématique de la fonction publique relève bien de la figure de l'État stratège si l'État est recentré sur ses fonctions stratégiques.

La fonction publique est à la croisée des chemins. C'est un fait incontestable. Sous couvert de « nouvelle gestion publique », l'adaptation de la fonction publique aux fonctions stratégiques implique la prise en compte de la dimension managériale et stratégique dans la gestion des ressources humaines. Ces deux aspects participent de la manière dont vont être gérées les ressources humaines. Le problème, c'est qu'aujourd'hui, la gestion des ressources humaines dans le secteur public est loin d'être satisfaisante. Il semble même que « *la GRH constitue la principale faiblesse structurelle de la gestion de la France* »[1]. La fonction publique est dès lors invitée à adapter ses règles de gestion aux exigences de la gestion des ressources humaines : ainsi que le rappellent André Barilari et Michel Bouvier, la « *nouvelle gestion publique implique une adaptation de la gestion des ressources humaines de façon à tirer toutes les conséquences de la responsabilisation des nouveaux gestionnaires* »[2]. L'adaptation de la gestion des ressources humaines aux enjeux stratégiques et managériales ne se fera pas sans les fonctionnaires, ni contre eux ; elle se fera avec eux. Les fonctionnaires sont constitués d'agents en position statutaire et réglementaire, contrairement aux contractuels qui ne sont pas titulaires de la fonction publique : ils sont recrutés uniquement sur une base contractuelle. Ils sont régis par le droit privé. Cependant, tous les contractuels ne sont pas des agents publics[3]. Par

---

[1] PAULIAT (H.), « Appréciation de la RGPP : la France doit aller plus loin ! », *JCP/ La Semaine juridique n° 10-11*, 12 mars 2012, p. 5.

[2] BARILARI (A.) et BOUVIER (M.), *op. cit.*, p. 141.

[3] DION (F.), *Contractualisation et emploi public, Thèse de doctorat droit public*, Université Panthéon-Assas, 2013, p. 76.

agents publics, il faut entendre par là, les agents employés par une personne publique pour exercer des missions de service public.

L'État stratège est un État qui adapte constamment la gestion des ressources humaines aux exigences des citoyens, à l'évolution des missions de service public et aux fonctions stratégiques de l'État. La modernisation de la gestion de la fonction publique est indispensable, car « *un bon accomplissement de ces missions dépend aussi de plus en plus de la qualité de la gestion des ressources humaines* »[1]. Toute gestion efficace des ressources humaines doit tenir compte aussi des contraintes budgétaires, financières, des évolutions sociales, sociétales, démographiques, technologiques, de l'impact du droit communautaire et des nouvelles technologies de l'information et de la communication, etc. Cependant, ces dernières années, les pouvoirs publics ont été « *contraints d'adapter la gestion de l'emploi public* »[2]aux exigences d'efficacité et de performance. Les adaptations sont liées notamment aux missions opérationnelles, mais surtout stratégiques. Pour atteindre cet objectif, l'État s'appuie nécessairement sur le talent des agents publics, sur leur compétence et leur savoir-faire. La démarche de performance introduite par la LOLF invite désormais les gestionnaires à optimiser les ressources humaines en mettant en adéquation les compétences des agents et les besoins nouveaux de l'administration. La LOLF a introduit une conception nouvelle de la gestion des ressources humaines dans le secteur public.

La question est donc de savoir comment doivent être gérées les ressources humaines dans la fonction publique. Dit autrement, l'adaptation de la gestion des ressources humaines aux missions de service public et aux fonctions stratégiques de l'État devient une nécessité.

Tout État est dès lors tenu de recruter et de retenir des agents talentueux, de les former, de faciliter la mobilité, d'évaluer leur productivité et d'améliorer leur situation matérielle.

L'étude est centrée principalement sur l'adaptation de la gestion des ressources humaines dans la fonction publique de l'État. Cela dit, on fera de temps en temps référence à certains aspects de la fonction publique territoriale et hospitalière.

La France n'est pas le seul pays à s'engager dans cette voie : les contraintes économiques et la nécessité d'améliorer l'efficacité des missions de l'État ont conduit la plupart des pays de l'OCDE[3] à emprunter une voie similaire dès la fin des années 1980 en modernisant la gestion des ressources humaines dans l'administration. Ainsi, l'Australie, le Danemark, la

---

[1] POCHARD (M.), « L'emploi dans la gestion des ressources humaines dans la fonction publique », *RFAP* n° 132, 2010, p. 690.

[2] RIGAUDIAT (J.) et Commissariat général du Plan, *Gérer l'emploi public*, rapport, Paris, La Documentation française, 1994, p. 85.

[3] OCDE, *Gestion du capital humain et réforme de la fonction publique, rapport*, Paris, OCDE, 1996, p. 9.

Nouvelle-Zélande, les Pays-Bas et la Suède ont adopté une stratégie de réforme de la gestion des ressources humaines en l'inscrivant dans une stratégie globale de réforme de la gestion publique[1].

Afin de comprendre en quoi l'adaptation de la fonction publique aux exigences d'efficacité et de performance relève du thème de l'État stratège, plusieurs points seront abordés successivement. Le secteur public a connu ces dernières décennies d'importantes inflexions en matière de gestion des ressources humaines. Diverses mesures ont été prises pour rénover la fonction publique. En premier lieu, l'adaptation de la fonction publique implique une gestion stratégique des ressources humaines (GRH), (section 1). C'est un élément essentiel pour renforcer l'efficacité[2] de la fonction publique. Diverses raisons rendent l'adaptation indispensable. La transformation du rôle de l'État crée des besoins nouveaux en termes d'emplois, de métiers. Face à ces enjeux stratégiques, l'État s'est doté d'un nouvel instrument stratégique, la gestion prévisionnelle des effectifs, des compétences des cadres et des compétences (GPEEC) dans un souci d'adaptation de la ressource à la « structure des emplois ». L'assouplissement des modes de recrutement s'inscrit dans cette démarche. En deuxième lieu, l'adaptation des mécanismes de formation et de mobilité des agents devient nécessaire (section 2). En troisième lieu, l'accent sera mis sur l'adaptation des systèmes d'évaluation et de rémunération des agents (section 3).

SECTION 1. L'ADAPTATION DE LA FONCTION PUBLIQUE IMPLIQUE UNE GESTION STRATÉGIQUE DES RESSOURCES HUMAINES (GRH)

La gestion des ressources humaines est une pratique ancienne, largement répandue dans le secteur privé. Pendant longtemps, la pratique n'a pas été transposée au secteur public à cause du régime statutaire auquel étaient régis les fonctionnaires. En réalité, trois grands obstacles[3] ont freiné le développement de la gestion des ressources humaines dans l'administration : l'organisation centralisée et hiérarchisée de l'administration ; l'existence de règles juridiques et budgétaires régissant la fonction publique (« rigidité » statutaire qui n'en est pas une) ; l'état, l'évolution des mentalités et des comportements des fonctionnaires.

Historiquement, l'administration a développé d'abord une « administration du personnel ». Elle était donc soucieuse de la manière dont vont être gérées ses ressources. Par exemple, la circulaire du 23 février 1989 relative au « renouveau

---

[1] OCDE, *Gestion du capital humain et réforme de la fonction publique, op. cit.*, p. 36.

[2] MIGEON (F.-D.), « La méthode RGPP : placer le changement au cœur de l'administration », *RFAP* n° 136, 2010, p. 986.

[3] RACINE (P.), « Gestion moderne et fonction publique », *Les Cahiers français* n° 197, septembre 1980, p. 74.

du service public » montre bien la volonté des pouvoirs publics de mettre en valeur les ressources humaines dans le secteur public : « *la richesse de notre administration, ce sont avant tout les femmes et les hommes qui la composent* »[1]. L'idée étant de valoriser la « fonction gestion du personnel », de développer la gestion prévisionnelle des emplois, des effectifs et des carrières, d'accompagner l'introduction des nouvelles technologies de l'information par une réflexion sur l'organisation, le contenu et les méthodes de travail, de mettre l'accent sur la formation initiale et continue des agents pour valoriser et adapter les qualifications aux évolutions des missions et des métiers. Comme l'indique la circulaire du 23 février 1989, « *ce n'est pas en ignorant les compétences et les spécificités de chacun (...) que l'on rendra le service public plus efficace* »[2].

Les objectifs[3] de la « gestion du personnel » dans la fonction publique sont presque les mêmes que ceux du secteur privé à quelques exceptions près[4] : détermination des besoins en personnel, recrutement, affectation, gestion prévisionnelle, qualification, réduction des effectifs, etc. Il a fallu attendre la circulaire Jospin du 3 juin 1998 relative à la préparation des programmes pluriannuels de modernisation des administrations pour qu'enfin l'État « *invite à développer une gestion des ressources humaines* qui aille au-delà d'une simple administration du personnel pour mieux répondre aux besoins des services »[5].

On l'a dit, l'évolution des missions de l'État crée des besoins nouveaux en termes d'emplois, de métiers, de compétences. La gestion stratégique des ressources humaines conduit l'administration à développer une gestion managériale des ressources humaines (sous-section 1). Dans cette perspective, l'adaptation des modes de formation et de mobilité des agents s'impose (sous-section 2). Ainsi qu'on le verra plus loin, les pouvoirs publics s'efforcent de développer l'évaluation des agents et l'incitation financière pour augmenter la productivité, la qualité et l'efficacité (sous-section 3). Tout cela n'est pas sans poser de difficultés.

§ 1. La nécessité d'une gestion managériale des ressources humaines

La LOLF a introduit de la souplesse dans la gestion des ressources humaines en l'inscrivant dans une démarche de performance. Parallèlement,

---

[1] Circulaire du 23 février 1989 relative au renouveau du service public, JO 24 février 1989, p. 2526.

[2] Circulaire du Premier ministre du 23 février 1983 relative au renouveau du service public, JO du 24 février 1989.

[3] HERBIG (G.), « La gestion du personnel », *RFAP* n° 78, avril-juin 1996, p. 331.

[4] L'auteur cite par exemple, la fixation des objectifs et le niveau des dépenses en personnel par le Parlement ; l'engagement à vie des fonctionnaires, etc., HERBIG (G.), « La gestion du personnel », *RFAP* n° 78, avril-juin 1996, p. 331.

[5] Circulaire Jospin du 3 juin 1998 relative à la préparation des programmes pluriannuels de modernisation des administrations, JO 9 juin 1998, p. 8703 et suiv.

le secteur public s'inspire des recettes du privé en développant la gestion prévisionnelle des ressources.

A) La LOLF a introduit de la souplesse dans la gestion des ressources humaines

La fonction publique est en mouvement. Elle suit le mouvement de réforme de l'État. Pendant longtemps, elle a privilégié la logique de carrière par rapport à celle de l'emploi : la gestion du personnel a été essentiellement une « gestion administrative ». Le statut de la fonction publique ne favorise pas une gestion managériale des ressources humaines dans la mesure où « *gérer les agents publics, c'est toujours et encore gérer des corps plus que gérer des ressources humaines* »[1]. C'est tout l'inverse de la démarche managériale qui privilégie l'emploi par rapport au statut. L'État stratège est un État au sein duquel « *la logique de l'emploi prend alors le pas sur la logique de la carrière, légitimant ainsi une conception plus managériale de la fonction publique* »[2].

Selon Pierre Racine, trois grands principes gouvernent toute gestion moderne des ressources humaines : une définition claire des objectifs à atteindre assortis d'évaluation ; une délégation des responsabilités à tous les niveaux de la hiérarchie et un contrôle des résultats mettant davantage l'accent sur l'appréciation de l'efficacité de la gestion[3].

Derrière la gestion stratégique des ressources humaines se profile une « *nouvelle conception de la fonction publique* »,[4] faisant largement appel aux préceptes du New Public Management (NPM). L'efficacité de la fonction publique s'apprécie aussi en termes de qualité des agents publics. La logique de performance inspirée des préceptes du New Public Management (NPM) conduit les gestionnaires publics à faire évoluer progressivement le secteur public de « *la culture administrative vers la culture de l'entreprise* »[5]. La loi organique relative aux lois de finances (LOLF) votée en août 2001 et mise en œuvre depuis 2006 a profondément réformé le cadre de la gestion publique : tout budget est dorénavant présenté en missions, programmes et actions. Avec la LOLF, on est passé de la « logique de moyens » à la « logique de résultats ». Les implications sur le plan de la gestion des ressources humaines sont considérables. La LOLF a introduit la culture de la

---

[1] POCHARD (M.), *Les 100 mots de la fonction publique*, Paris, PUF, Coll. « Que sais-je ? », 2011, p. 75.

[2] BUBOS (O.), « Performance, droit administratif et droits européens : transmutation », in ALBERT (N.), (sous la dir.), *Performance et droit administratif*, Paris, Litec, Collection « Débats & Colloques », 2010, p. 39.

[3] RACINE (P.), « Gestion moderne et fonction publique », *Les Cahiers français* n° 197, septembre 1980, p. 73.

[4] ROUBAN (L.), *La fonction publique*, Paris, La Découverte, 2009, p. 110.

[5] STEVENS (A.), « Royaume-Uni, les Agences d'exécution et leur impact sur le Civil Service », *RFAP*, n° 55, juillet-sept. 1990, p. 480.

performance dans la gestion des ressources humaines. Conçue comme une « *démarche itérative* »[1], la LOLF privilégie le dialogue de gestion quant à l'atteinte des résultats, l'utilisation des enveloppes globales de crédits et d'emplois. Des limites sont fixées aux gestionnaires afin de ne pas dépasser un certain seuil de dépense. La LOLF privilégie la *logique de responsabilisation des gestionnaires* et participe à la *rationalisation de la gestion des ressources humaines.*

Promouvoir la gestion stratégique des ressources humaines dans le secteur public, c'est donc renoncer à la « gestion administrative ». Or, le rapport public du Conseil d'État pour 2003 portant sur les « *perspectives pour la fonction publique* » a bien montré que la gestion de la fonction publique de l'État était essentiellement « bureaucratique », « peu anticipatrice », « exagérément égalitariste » avec « une utilisation désordonnée des souplesses de la flexibilité externe »[2]. Dès les années 1970, constatait Pierre Racine[3], un des obstacles au développement de la gestion moderne du personnel était principalement dû à une gestion prévisionnelle insuffisante qui permet de recruter un personnel qualifié. Or, la gestion prévisionnelle est un instrument stratégique pour tout pilotage des ressources humaines et permet d'adapter la gestion des ressources en fonction des priorités politiques. Plus récemment encore, le « rapport Pêcheur » de 2013 rappelle avec force la persistance des rigidités malgré les récentes réformes ayant permis d'harmoniser certains statuts et de réduire le nombre de corps : « *la gestion de la fonction publique de l'État reste encore trop une « gestion statutaire », une « gestion des corps », bien plus qu'une « gestion des ressources humaines » ou une gestion des personnes* »[4].

On l'a dit, l'adaptation des ressources humaines aux besoins des usagers, de l'administration et aux fonctions stratégiques de l'État est devenue incontournable. Ainsi, toute gestion stratégique des ressources humaines doit être soucieuse d'affecter « *la bonne personne au bon poste* »[5].

La gestion prévisionnelle des emplois, des effectifs et des compétences des agents constitue dans cette perspective un levier de « modernisation » de la gestion des ressources humaines.

---

[1] Les Notes Bleues de Bercy, « L'état de la fonction publique en faits et chiffres », *Les Notes Bleues de Bercy*, n° 336, octobre 2007, p. 17.

[2] Conseil d'État, *Rapport public 2003. Jurisprudence et avis de 2002. Perspectives pour la fonction publique*, Paris, La Documentation française, 2003, p. 254-257.

[3] RACINE (P.), « Gestion moderne et fonction publique », *op. cit.*, p. 75.

[4] PÊCHEUR (B.), (rapport présenté par), *Rapport à Monsieur le Premier ministre sur la fonction publique*, Paris, 2013, p. 48 (publié sur le site Internet du ministère de la Décentralisation et de la Fonction publique), www.fonction-publique.gouv.fr.

[5] OCDE, *Gestion du capital humain et réforme de la fonction publique, op. cit.*, p. 37.

B) La gestion prévisionnelle des ressources humaines

Toute gestion stratégique des ressources humaines tournée vers l'atteinte des résultats mobilise un instrument précieux : la gestion prévisionnelle ; celle-ci présente un fort impact en matière de gestion des ressources humaines.

On est marqué d'emblée par l'inflation des termes désignant la notion de « gestion prévisionnelle des emplois, des effectifs et des compétences » (GPEEC) : Christian Batal, spécialiste du thème, s'est penché sur la question ; il en a identifié au moins cinq [1]synonymes.

La gestion des ressources humaines est une notion vague qui couvre des réalités diverses. Elle « *est une véritable révolution de la gestion des problèmes d'emploi par la recherche de prévision des postes ou qualifications futures et emplois disponibles, par l'engagement de politiques de formation et d'organisation qualifiante, par le développement et l'accompagnement de mobilités internes et externes, et le traitement social et professionnel de politique de reclassement* »[2]. Dans la gestion des ressources humaines, le rôle des responsables de programmes et des directeurs d'administration centrale est de réaliser la gestion prévisionnelle tandis que les responsabilités opérationnelles sont assumées au niveau des BOP[3] : on l'a souligné, la LOLF permet la *fongibilité des emplois* (plafond d'emplois et de crédits).

L'État stratège est un État qui anticipe l'évolution des effectifs, des emplois et des compétences afin de gérer au mieux le flux du personnel (les entrées et les sorties dans les corps), *en élaborant une stratégie permettant de mettre en adéquation les compétences*, les qualifications des agents aux missions pour lesquelles ils sont appelés à remplir en vue d'atteindre un certain nombre d'objectifs. *L'anticipation des besoins en matière de ressources humaines eu égard à l'évolution des missions de l'État s'inscrit d'emblée dans une logique stratégique.* La maîtrise des flux, le souci d'économiser des deniers publics ne sont pas absents dans la démarche[4]. La

---

[1] Selon l'auteur, d'autres expressions sont couramment utilisées comme : la « gestion préventive des emplois et des compétences » (GPPEC), la « gestion anticipée des emplois et des compétences » (GAEC), la « gestion prévisionnelle des ressources humaines » (GPRH), la « gestion prévisionnelle des métiers et des qualifications » ou encore la « planification de la gestion des ressources humaines » (expression utilisée au Québec), BATAL (C.), *La gestion des ressources humaines dans le secteur public, Tome 2. Evaluer ses ressources, anticiper ses besoins, construire des politiques de G.R.H., Paris*, Les éditions d'Organisation, 1998, p. 157, (voir plus exactement la note de bas de page n°1).

[2] SAINSAULIEU (R.), « Gestion des ressources humaines dans le secteur public et privé », *RFAP* n° 49, janvier-mars 1989, p. 74.

[3] BERNARD (J.), « La LOLF : d'une administration de moyens vers une administration de résultats », in SERBA (J.) et LE JEUNE (P.), (sous la dir.), *La fonction publique face à la culture de résultat*, Bruxelles, BRUYLANT, 2006, p. 29-30.

[4] MEKHANTAR (J.), « L'employeur public et la nouvelle gestion des ressources humaines », *AJFP* septembre-octobre 1999, p. 11.

logique de performance résultant de la LOLF conduit à mobiliser de plus en plus cet instrument afin d'*anticiper les besoins de l'administration et de prévenir l'inadéquation.*

On se propose d'approfondir les notions de « gestion prévisionnelle », de « compétences », de « gestion des ressources humaines » afin d'appréhender les enjeux.

En premier lieu, la gestion prévisionnelle : la gestion du « personnel » de l'État évolue dans un monde en pleine mutation. Face à l'accélération du changement et à l'évolution des missions de l'État, la gestion du « personnel » gagnerait en efficacité en s'appuyant sur la GPEEC pour prévenir les dysfonctionnements « *liés à une mauvaise adéquation entre les besoins futurs et les ressources humaines* »[1]. Mais la gestion prévisionnelle des ressources humaines dans les organisations publiques demeure une pratique relativement récente par rapport à l'entreprise privée. Transposée au secteur public, la *gestion prévisionnelle* tient compte des spécificités de la fonction publique régie par un cadre statutaire. Toute gestion prévisionnelle implique dès lors un *effort de connaissance notamment statistique*. Derrière la gestion prévisionnelle, se profile une démarche résolument stratégique visant à « *adapter la structure des emplois à l'évolution des missions et à assurer l'allocation optimale des emplois en fonction des besoins* »[2]. De plus, la qualité des services rendus aux usagers et plus largement la qualité de l'action publique dépendent de la « qualité » des ressources humaines.

La gestion prévisionnelle des ressources humaines peut être appréhendée selon que l'on se situe sur le terrain qualitatif ou quantitatif. La « *gestion prévisionnelle des effectifs* » appelée aussi « gestion prévisionnelle quantitative » conduit à développer une « *approche démographique et quantitative* »[3] des ressources humaines ; le but étant de guider la politique de recrutement afin de maîtriser les flux (entrées et sorties). Les effectifs réels sont visés. La gestion prévisionnelle doit prendre en compte les données relatives aux corps, aux grades, aux emplois, aux âges, à l'ancienneté, *etc.* À l'inverse, la « gestion prévisionnelle des emplois et des compétences » ou la « *gestion prévisionnelle qualitative* » consiste quant à elle d'« *évaluer les qualifications existantes et à conduire des analyses sur l'évolution des emplois* »[4] compte tenu des besoins nouveaux. Il s'agit de mettre les compétences et les profils en adéquation avec les besoins futurs. Les deux démarches sont nécessaires pour toute démarche visant à

---

[1] BATAL (C.), *La gestion des ressources humaines dans le secteur public, Tome 2. Evaluer ses ressources, anticiper ses besoins, construire des politiques de G.R.H., Paris*, Les éditions d'Organisation, 1998, p. 156.

[2] CHEVALLIER (J.), « La réforme de l'État et la conception française du service public », *op. cit.*, p. 200.

[3] VALLEMONT (S.), *La gestion prévisionnelle des effectifs, des emplois et des compétences dans les trois fonctions publiques*, Paris, Berger-Levrault, 1996, p. 11.

[4] VALLEMONT (S.), *op. cit.*, p. 12.

dynamiser la gestion des ressources humaines. Toutefois, l'exigence d'efficacité incite à déconcentrer la gestion prévisionnelle au sein des ministères et/ou des services déconcentrés.

S'il existe une volonté réelle des pouvoirs publics de faire de la gestion prévisionnelle, un instrument stratégique de gestion des ressources humaines, force est de constater que l'administration n'a pas toujours su prévoir de façon satisfaisante l'évolution des métiers et organiser les redéploiements nécessaires[1].

En deuxième lieu, la notion de compétence entretient des liens étroits avec celle de « gestion des ressources humaines ». En matière de gestion des « compétences », on est bien obligé de constater là encore que le secteur privé a servi de terrain d'expérimentation pour la sphère publique. À l'origine, l'introduction de la gestion des compétences dans le secteur privé avait essentiellement pour but de favoriser une meilleure compétitivité en milieu concurrentiel[2]. Dès le début des années 1980, la « *fonction publique (civil service) britannique a envisagé une gestion des ressources humaines fondée sur la compétence* »[3]. L'introduction de la « gestion des compétences » dans la gestion des ressources traduit d'une certaine manière une inflexion des modes de gestion du personnel de l'État et renouvelle la façon de prendre en compte les carrières dans le secteur public[4].

Les compétences visent en réalité les *« capacités des individus et leur manière de se comporter en situation »*[5]. En d'autres termes, la notion de compétence complète l'appréciation des cadres supérieurs quant aux « résultats accomplis par une appréciation de leurs compétences managériales »[6]. De fait, *la gestion des compétences s'inscrit dans une démarche managériale* dès l'instant où l'impératif d'efficience et d'efficacité est érigé en valeur cardinale. La LOLF illustre l'approche et place la thématique de la compétence au cœur de la gestion stratégique des ressources humaines en s'efforçant de promouvoir une gestion plus individualisée et mieux intégrée des compétences et des carrières[7].

Parallèlement, la gestion prévisionnelle des emplois est indispensable pour piloter la gestion des ressources humaines à moyen et long terme : « *l'amélioration du fonctionnement de l'État passe par une meilleure*

---

[1] CHEVALLIER (J.), « La réforme de l'État et la conception française du service public », *op. cit.*, p. 200.

[2] HONDEGHEM (A.), HORTON (S.) et SCHEEPERS (S.), « Modèles de gestion des compétences en Europe », *RFAP* n° 116, 2005, p. 561.

[3] HONDEGHEM (A.), HORTON (S.) et SCHEEPERS (S.), *op. cit.*, p. 564.

[4] HONDEGHEM (A.), HORTON (S.) et SCHEEPERS (S.), *Ibid.*

[5] JEANNOT (G.), « Gérer les carrières des cadres de la fonction publique ? », *RFAP* n° 116, 2005, p. 555.

[6] JEANNOT (G.), *Ibid.*

[7] HERRERO (I.), « Que change la LOLF au fonctionnement d'une grande administration ? L'exemple du ministère de l'Intérieur et de l'Aménagement du territoire », *AJDA*, 13 mars 2006, p. 547.

connaissance des ressources humaines et une meilleure utilisation des compétences »[1]. L'abandon en 2006 de la *gestion prévisionnelle des emplois, des effectifs et de compétences* (GPEEC) au profit de la gestion prévisionnelle des ressources humaines s'appuie désormais sur un autre instrument stratégique : le *répertoire interministériel des métiers*. L'*approche métier* offre une meilleure équivalence entre les besoins de l'administration et les compétences des agents et une valorisation plus claire des compétences[2]. *L'approche métier résulte de la logique gestionnaire*. L'emploi dans la fonction publique doit être un emploi « au service des missions »[3]. D'ailleurs, le *rapport Silicani* intitulé « *Livre blanc sur l'avenir de la fonction publique* » incite les pouvoirs publics à « *mettre en place une fonction publique de métier* »[4] soucieuse de préserver l'« équilibre entre le grade et l'emploi ». Il faut souligner en effet qu'une « *fonction publique de métier* »[5] se distingue bien d'une « *fonction publique de carrière* » et d'une « *fonction publique d'emplois* ».

On assiste dans le même temps à un assouplissement des modes de recrutement des agents publics.

§ 2. L'assouplissement des modes de recrutement

Toute gestion stratégique des ressources humaines est appelée à se doter d'une stratégie visant à *recruter du personnel qualifié pour accroître l'efficacité de l'action publique*. Le problème qui nous préoccupe ici, c'est que le recrutement des agents publics est conçu comme « *un processus logistique et juridique et non comme la première étape – fondamentale- de la gestion des ressources humaines* »[6]. L'assouplissement des modes de recrutement est devenu indispensable pour faciliter l'accueil de certains cadres expérimentés du privé désirant servir l'État. Or, ce qu'on constate, c'est que le recrutement est de plus en plus concurrentiel entre secteur public

---

[1] Réflexion préparatoire à la réforme de l'État, *op. cit.*, p. 22.

[2] TAILLEFAIT (A.), « Sélectivité et performance de la fonction publique », in ALBERT (N.), (sous la dir.), *Performance et droit administratif*, Paris, Litec, 2010, p. 175.

[3] JUMEL (B.), « L'emploi public au service des missions », *RFFP* n° 111, septembre 2010, p. 231.

[4] SILICANI (J.-L.), *Livre blanc sur l'avenir de la fonction publique. Faire des services publics et de la fonction publique des atouts pour la France*, Paris, La Documentation française, 2008, p. 95.

[5] SILICANI (J.-L.), *Livre blanc sur l'avenir de la fonction publique. Faire des services publics et de la fonction publique des atouts pour la France*, *op. cit.*, p. 103. Selon l'auteur, « *une fonction publique de métiers n'est donc ni une fonction publique qui, comme aujourd'hui, fait prévaloir le grade sur l'emploi, ni une fonction publique d'emplois qui, à l'inverse, fait prévaloir l'emploi sur le grade et ressemble beaucoup à un régime contractuel. Dans une fonction publique de métiers, l'équilibre entre le grade et l'emploi est en permanence recherché* », *Ibid.*

[6] SILICANI (J.-L.), *Livre blanc sur l'avenir de la fonction publique. Faire des services publics et de la fonction publique des atouts pour la France*, *op. cit.*, p. 120.

et secteur privé dans certains domaines. On laissera de côté, l'étude de certains recrutements d'agents de l'État ne rentrant pas dans le champ de ceux qui participent à l'exercice de fonctions stratégiques et opérationnelles de l'État.

Comme on le verra, diverses réformes ont été engagées pour moderniser le cadre des concours administratifs et des « passerelles » ont été créées pour diversifier les modes de recrutement des cadres dans la fonction publique.

A) Les voies traditionnelles de recrutement des cadres

En France, l'État est le plus gros employeur. C'est la loi du 19 octobre 1946 qui a posé les bases modernes du statut de la fonction publique. Fruit du « *compromis historique* »[1] de 1945 entre les partisans d'un État fort, les organisations politiques et syndicales et le Conseil d'État, le statut de 1946 était principalement centré sur la fonction publique d'État. C'est la raison pour laquelle plusieurs réformes ont été nécessaires pour adapter le cadre statutaire et réglementaire afin d'apporter des réponses adéquates aux changements résultant de l'amélioration des conditions de vie et de travail des fonctionnaires, de l'évolution des missions de l'État et du service public, des implications des politiques communautaires, etc. La fonction publique est aujourd'hui régie par le statut général unifié par la loi du 13 juillet 1983 (titre I) relative aux droits et obligations des fonctionnaires qui préserve la spécificité de chacune des trois fonctions publiques (fonction publique d'État, hospitalière et territoriale). On le sait, les fonctionnaires bénéficient d'un statut protecteur, « *mais il n'est ni rigide ni uniforme* »[2]. Cela signifie que le statut présente une certaine souplesse nécessaire à la gestion efficace des ressources humaines[3]. La France est caractérisée par une fonction publique de carrière. Elle est organisée par corps. Mais la place accordée à l'emploi se renforce de plus en plus dans ce système[4]. À l'inverse, d'autres États ont développé des pratiques relevant de la « *fonction publique de métier* » dans laquelle *l'agent prime sur le statut*. Dans une fonction publique de métier, l'accent étant mis sur les compétences et les qualifications des agents. Cependant, force est de constater que la notion de « métier » a trouvé ces dernières années un écho favorable et une traduction concrète dans les réformes engagées en France en particulier à travers l'article 51 de la LOLF votée en août 2001 et dans la mise en place du

[1] POCHARD (M.), *Les 100 mots de la fonction publique*, Paris, PUF, Coll. « Que sais-je ? », 2011, p. 10.

[2] PICQ (J.), *L'État en France, servir une nation ouverte sur le monde*, *op. cit.*, p. 139.

[3] Selon le rapport, « *S'il y a trop de rigidité dans la gestion de la fonction publique, c'est que l'accent a été mis à tort sur le grade* », PICQ (J.), *L'État en France, servir une nation ouverte sur le monde*, rapport de la « Mission sur les responsabilités et l'organisation de l'État », *op. cit.*, p. 140.

[4] POCHARD (M.), *Les 100 mots de la fonction publique*, *op. cit.*, p. 19.

« répertoire interministériel des métiers de l'État » (Rime). Le *métier est composé de deux éléments*[1] : les *savoirs* (savoirs généraux et savoirs socio-professionnels) et les *savoir-faire* (savoir-faire techniques et savoir-faire relationnels). La notion de métier ne fait que renforcer un autre terme : l'emploi. Selon Jacky Richard[2], il y a une ambiguïté dans la notion de « *fonction publique de métiers* » dans la mesure où sans être une fonction publique d'emploi, elle vise à dépasser le simple cadre d'une gestion statutaire et administrative. C'est donc un entre-deux. La fonction publique d'emploi est le modèle dominant en Europe[3].

Le *concours* constitue la voie normale d'accès à la fonction publique. Le secteur public se différencie du secteur privé par son mode de recrutement. Le concours – externe ou interne – permet de sélectionner les candidats : c'est le *mérite du candidat qui est mis à l'honneur*. Le recrutement peut être entendu comme « *l'accès initial à un corps de fonction par voie externe ou interne* »[4]. Toute démarche de recrutement doit respecter certains principes de la fonction publique : neutralité, égalité des citoyens pour l'accès aux emplois publics[5], *etc.*

De nouvelles mesures prises ces dernières années ont contribué à réformer les concours[6]. En premier lieu, il s'agit de l'ouverture des concours internes aux ressortissants communautaires. On mettra de côté le débat sur l'ouverture de la fonction publique aux ressortissants des États membres de la Communauté européenne : si certains corps, cadres d'emplois ou d'emplois fonctionnels leur sont ouverts, en revanche, tous les emplois dont les attributions étant liées à l'exercice de la souveraineté ou comportant une participation à l'exercice des prérogatives de puissance publique leur sont interdites[7]. En deuxième lieu, certaines mesures nouvelles concernent la suppression des limites d'âge dans la fonction publique (ordonnance n° 2005-901 du 2 août 2005).

L'organisation du troisième concours visant certains cadres expérimentés du secteur privé permet d'accéder à certaines écoles administratives pour poursuivre une seconde carrière professionnelle dans la fonction publique.

---

[1] RICHARD (J.), « Le métier est-il soluble dans le statut général ? », *Les Cahiers de la fonction publique* n° 329, janvier-février 2013, p. 35.
[2] RICHARD (J.), « Le métier est-il soluble dans le statut général ? », *op. cit.,* p. 35.
[3] LE PORS (A.), « D'un colloque à l'autre », in SERBA (J.) et LE JEUNE (P.), (sous la dir.), *La fonction publique face à la culture de résultat*, Bruxelles, BRUYLANT, 2006, p. 18.
[4] SALON (S.), « Recrutement et formation », *Les Cahiers français* n° 197, 1980, p. 2.
[5] Le principe a été énoncé dans la Déclaration des Droits de l'Homme et du Citoyen du 26 août 1789.
[6] JEAN-PIERRE (D.), « La loi du 3 août 2009 relative à la mobilité et aux parcours professionnels dans la fonction publique », *JCP / La Semaine juridique, édition Administrations et collectivités territoriales* n° 40-41, 28 septembre 2009, p. 30.
[7] RIGAUDIAT (J.) et Commissariat général du Plan, *Gérer l'emploi public*, rapport, *op. cit.*, p. 123.

Il existe cependant des exceptions à la règle permettant de recruter d'autres agents. En ce qui concerne le *tour extérieur*, il concerne les nominations à la discrétion du gouvernement. Le procédé permet de nommer certaines personnes à des emplois de haute responsabilité au sommet de l'État.

L'assouplissement des modes de recrutement passe aussi par la création de passerelles en faisant appel aux cadres du privé.

B) Une diversification des modes de recrutement : l'appel aux cadres du privé

Le concours constituant la voie classique pour accéder à la fonction publique n'est pas toujours le moyen le plus adapté pour les emplois dits fonctionnels.

L'État stratège est par ailleurs un État qui diversifie les modes de recrutement des agents en créant des *passerelles* pour accueillir des cadres expérimentés du secteur privé, « *emplois qui ne peuvent « statutairement » être occupés par des titulaires* »[1]pour renforcer la dynamique d'efficacité de l'État. La logique veut que l'État ne se prive pas de tels talents susceptibles de lui apporter de la plus-value[2]. Une *fonction publique* est dite « *ouverte* » lorsque l'on crée des *« passerelles »* pour permettre un va-et-vient entre les agents du secteur public et du secteur privé selon une procédure particulière. Une fonction publique « ouverte » aux cadres du secteur privé est un gage d'efficacité dans la gestion des ressources humaines. Selon Marylise Lebranchu, la *« fonction publique doit être plus ouverte sur la société, plus représentative des citoyens qu'elle sert, et ce jusqu'aux niveaux les plus éminents de responsabilité* »[3]. Le *principe de l'ouverture de la fonction publique* montre bien qu'elle ne constitue pas une forteresse réservée uniquement aux agents recrutés par la voie du concours. En France, il existe deux types d'ouverture de la fonction publique aux personnels extérieurs. En premier lieu, l'« *ouverture organisée et limitée* »[4] est destinée à un public ciblé[5]. Le recrutement se fait selon une procédure particulière comme celle

---

[1] Ministère de la Fonction publique et de la Réforme de l'État, *Fonction publique : fait et chiffres 2003, rapport annuel,* Paris, La Documentation française, 2003, p. 20.

[2] Selon le Conseil d'État, « *pour faire face à certains besoins d'avoir recours à des agents contractuels, et la fonction publique ne saurait se priver* »[2] d'un tel vivier d'experts, CE, *Rapport public 2003, jurisprudence et avis de 2002. Perspectives pour la fonction publique*, Paris, La Documentation française, Collection « Études et documents » n° 54, 2003, p. 258.

[3] LEBRANCHU (M.), « La gestion des ressources humaines au cœur de la modernisation publique », *AJFP,* novembre-décembre 2012, p. 301.

[4] Institut International des Sciences Administratives, *La haute fonction publique en Belgique et dans les pays industrialisés. Recrutements, carrière et formation*, Bruxelles, Institut international des sciences administratives, 1988, p. 127.

[5] Cette pratique est assez courante aux États-Unis avec l'instauration d'un système fondé sur les quotas.

concernant la troisième voie d'accès à l'École Nationale d'Administration (ÉNA). La démarche s'adresse particulièrement aux élus, aux représentants associatifs ou syndicaux, etc. En deuxième lieu, « *l'ouverture totale* »[1] : elle vise en général aussi bien les cadres du secteur public que ceux du privé, ainsi que les hommes politiques. La tendance a commencé à se développer au début des années 1980, notamment en Hollande et dans les pays nordiques. Aux Pays-Bas, les recrutements externes favorisent les candidats possédant des qualifications en management général[2].

La diversification des modes de recrutement s'inscrit dans le cadre d'une gestion stratégique des ressources dans l'administration. Les enjeux se situent à plusieurs niveaux : pour Jean-Luc Silicani, « *il s'agit tout d'abord d'enrichir l'administration par le recrutement de personnes venant du secteur privé ayant des profils, des qualifications ou des expériences professionnelles variées. Il s'agit ensuite de répondre au cas de métiers ou de professions pour lesquels le service public se trouve en situation soit de concurrence avec le secteur privé, soit de compétition internationale, risquant de conduire à des départs massifs où à des difficultés durables de recrutement* »[3]. Selon Luc Rouban, même si la reconnaissance des cadres du privé se heurte à la hiérarchie sociale et juridique (résultant de la formation des corps dans la fonction publique et à la « fragmentation des situations individuelles »), ils sont désignés sur des postes fonctionnels et exercent généralement des *fonctions d'expertise*[4]. L'administration mobilise la *technique contractuelle*. Celle-ci est censée favoriser *plus de souplesse, de flexibilité et permet de différencier les niveaux de responsabilité*[5] : c'est un mode dérogatoire de recrutement d'agents de l'État. En général, *les agents contractuels n'ont pas vocation à faire carrière dans la fonction publique* contrairement aux fonctionnaires. Ces agents sont recrutés pour des missions précises et limitées dans le temps[6]. À titre d'illustration, le contrat permet de recruter des cadres du privé dans la fonction publique hospitalière. Ainsi, des *directeurs généraux d'hôpitaux*, des directeurs généraux des services universitaires, etc., sont recrutés sur la base d'un « *contrat de performance* » ou de « *contrat d'objectif et de moyens* » pour atteindre des objectifs précis. De plus en plus, le « poids donné à l'emploi tend à se renforcer »[7] dans les systèmes de carrière. Dans son rapport public de 2003, le Conseil d'État a

[1] Institut International des Sciences Administratives, *La haute fonction publique en Belgique et dans les pays industrialisés. Recrutements, carrière et formation*, *op. cit.*, p. 126.
[2] Institut International des Sciences Administratives, *Ibid.*
[3] SILICANI (J.-L.), *Livre blanc sur l'avenir de la fonction publique*, *op. cit.*, p. 111.
[4] ROUBAN (L.), « Les cadres du privé et du public : des valeurs sociopolitiques en évolution », *RFAP* n° 98, avril-juin 2001, p. 329.
[5] POCHARD (M.), « Quel avenir pour la fonction publique ? », *AJDA*, 20 janvier 2000, p. 15.
[6] SILGUY (T. de), *Moderniser l'État : l'encadrement supérieur*, rapport au ministre de la Fonction, et de la Réforme de l'État et de l'Aménagement du territoire, Paris, La Documentation française, Collection des rapports officiels, 2004, p. 49.
[7] POCHARD (M.), *Les 100 mots de la fonction publique*, *op. cit.*, p. 19.

attiré l'attention sur le fait que « la gestion fonctionnelle se borne à être une gestion « par » la compétence (en somme une marche vers une fonction publique d'emploi) »[1].

Derrière l'*ouverture de la fonction publique à certains cadres du privé*, se dessine une nouvelle philosophie d'enrôlement d'agents publics. Ceci implique de l'innovation dans les techniques, les procédures de recrutement et les partenariats avec d'autres acteurs institutionnels pour réussir la sélection des candidats. Mais toute démarche de diversification des modes de recrutement doit tenir compte d'un certain nombre de conditions précises : critères d'objectivité, de clarté des règles, de transparence (publicité), définition du profil des candidats recherchés, les aptitudes du candidat, etc. Le but est d'éviter de tomber dans le piège des « *erreurs de profils plus nombreuses* »[2], source d'inefficacité de l'action administrative. L'administration doit évaluer le profil des agents en mettant l'accent sur l'*adéquation du profil des candidats au poste à pourvoir*[3].

La Grande-Bretagne a fait appel aux cabinets de recrutement pour procéder à des recrutements ouverts. La séparation des rôles est clairement posée entre l'*État employeur* et le cabinet de recrutement. Les objectifs de transparence, de réduction des délais et de coûts des recrutements sont largement privilégiés. À l'issue de la procédure de sélection, le cabinet de recrutement envoie la liste des candidats retenus au Premier ministre ou au ministre concerné qui valide les choix effectués sur les candidats. La Belgique a « *prévu un dispositif pour le choix de ses Top managers* »[4]pour recruter des *emplois d'encadrement supérieur* dans le cadre de la « *réforme Copernic* » avant de l'abandonner finalement pour son prix élevé dans un contexte budgétaire contraint.

Plus globalement, en Italie, sauf exception, les agents publics sont soumis au droit privé. L'*Espagne* se caractérise par une *fonction publique duale* : une *fonction publique de carrière cohabitant avec une fonction publique d'emploi* où les contractuels sont soumis aux dispositions du *droit du travail applicables aux salariés du privé*[5]. L'*Allemagne* se distingue aussi par une fonction publique duale[6] avec d'un côté les fonctionnaires placés sous un régime statutaire et réglementaire de droit public et, de l'autre, des employés et des ouvriers placés sous un régime de droit privé. En *Grande-Bretagne*, si

---

[1] Conseil d'État, *Rapport public 2003. Jurisprudence et avis de 2002. Perspectives pour la fonction publique*, Paris, La Documentation française, 2003, p. 354.

[2] POCHARD (M.), *op. cit.*, p. 31.

[3] POCHARD (M.), *La diversification des modes de recrutement de la haute fonction publique et l'ouverture de l'accès aux fonctions d'encadrement supérieur de l'État*, *op. cit.*., p. 34.

[4] POCHARD (M.), *Ibid.*, p. 35.

[5] MAURI MAJOS (J.), et MALARET GARCIA (E.), « L'emploi public espagnol : entre publicisation des salariés contractuels et privatisation du statut des fonctionnaires », *RFAP* n° 132, 2010, p. 862.

[6] Conseil d'État, *Rapport public 2003. Jurisprudence et avis de 2002. Perspectives pour la fonction publique*, Paris, La Documentation française, 2003, p. 312.

« les civil servants » ne dépendent pas d'un statut, mais de la « common law », force est de constater que le recrutement d'agents territoriaux se fait sans concours et les personnes recrutées sont soumises au « *droit commun du travail* »[1]. Etudiant les transformations à l'œuvre dans la fonction publique en *France*, Olivier Dord observe un « dualisme » dans la fonction publique marqué d'un côté par une fonction publique de carrière constituée de fonctionnaires (titulaires) et de l'autre, une « fonction publique d'emploi » formée de contractuels (CDI et de CDD). L'auteur s'inquiète des implications de ces changements : selon lui, l'« unité » du système juridique de la fonction publique est menacée avec la constitution de trois catégories d'agents publics dans la mesure où elle favorise l'émergence d'une véritable « *échelle du fonctionnariat* »[2].

La démarche stratégique implique aussi que des formations adaptées soient prévues pour les agents publics par rapport à leurs responsabilités et à l'évolution des métiers et de l'emploi.

SECTION 2. L'ADAPTATION DES MÉCANISMES DE FORMATION ET DE MOBILITÉ DES AGENTS

On sait que l'entretien d'évaluation entretient une relation étroite avec la formation[3]. La logique veut qu'une fois la phase de recrutement terminée, que l'État organise la formation des agents.

La formation est un élément incontournable de la gestion des ressources humaines. Elle replace la gestion des ressources humaines au centre de la modernisation publique[4]. Les effets de la formation sont conséquents sur le plan budgétaire[5]. D'ailleurs, l'OCDE encourage les États à « *renforcer la formation et le perfectionnement en tant qu'éléments clefs d'une gestion stratégique des ressources humaines* »[6].

La mobilité constitue un élément phare de la thématique de l'État stratège. Elle produit des effets qui méritent d'être précisés.

On analysera, dans un premier temps, les enjeux de la formation des agents publics et la nécessité de mettre en place un plan de formation pour les cadres issus directement du privé. On se penchera dans un deuxième temps sur les enjeux que présente la mobilité dans le cadre de l'adaptation de la gestion des ressources humaines.

---

[1] SILICANI (J.-L.), *Livre blanc sur l'avenir de la fonction publique*, *op. cit.*, p. 46.
[2] DORD (O.), *Droit de la fonction publique*, Paris, PUF, Coll. « Thémis », 2012, p. 118.
[3] CHEVALIER (Y.), « Réforme de la notation des fonctionnaires de l'État », *Cahiers de la fonction publique*, juin 2002, p. 26.
[4] LEBRANCHU (M.), « La gestion des ressources humaines au cœur de la modernisation publique », *op. cit.*, p. 301.
[5] TAILLEFAIT (A.), « Mobilité professionnelle et fonction publique », *Ibid.*
[6] OCDE, *Gestion du capital humain et réforme de la fonction publique, op. cit.*, p. 47.

§ 1. La formation des agents publics

L'État stratège s'efforce de renforcer la formation de ses agents. La formation comporte une dimension stratégique pour l'administration par l'atteinte des objectifs de politique publique et de service public. L'intérêt de la formation est de rendre l'agent plus efficace dans l'accomplissement de ses missions. Il s'agit de le rendre plus opérationnel en vue d'améliorer sa productivité [1]dans les services. La formation participe aussi au développement des compétences des agents recrutés. Elle permet de se prémunir contre les *risques d'inadaptation des agents* aux exigences requises par le poste. Dans un monde en perpétuel changement, la formation n'a de sens que si elle est adaptée à la mission de l'agent prenant en compte différentes exigences et contraintes. La formation présente un autre avantage qui est l'actualisation des compétences des agents publics : « *variable d'action essentielle, la formation continue est, en effet, un outil d'adaptation constante des agents aux nouvelles missions qui leur sont confiées, en particulier à l'occasion d'une prise de poste, de changement d'organisation, d'introduction de nouvelles technologies* »[2].

Traditionnellement, on distingue deux types de formation : la *formation initiale* (formation des agents avant prise de fonction) et la *formation continue* (c'est-à-dire, tout au long de la vie).

Déjà en 1983, l'article 22 du statut général de la fonction publique avait consacré le « droit individuel à la formation du fonctionnaire ». Paradoxalement, pendant longtemps, la France s'était dotée d'un dispositif centré sur les besoins d'adaptation plutôt que sur le droit effectif à la formation tout au long de la vie[3]. La *formation permanente* est obligatoire pour tous les postes d'encadrement dès 2002. L'État a compris les enjeux de la formation continue et le Comité interministériel à la réforme de l'État (CIRE) du 12 octobre 2000 en a fait un objectif prioritaire en matière de gestion des ressources humaines. La loi du 2 février 2007 de modernisation de la fonction publique de l'État a consacré sur le plan juridique le principe de la *formation professionnelle tout au long de la vie*[4]. En effet, l'article 22 de la loi n° 83-634 du 13 juillet 1983 est ainsi modifié : les mots « formation permanente » sont remplacés par les mots « formation professionnelle tout au long de la vie ». Désormais, la loi pose le principe suivant : « tout agent bénéficie chaque année, en fonction de son temps de travail, d'un droit individuel à la formation qu'il peut invoquer auprès de toute administration à

[1] Si l'administration a longtemps hésité sur l'usage de ce terme, celui-ci est désormais en vogue en témoigne le vote de la LOLF en août 2001 mise en application en 2006.

[2] VALLEMONT (S.), Gestion des ressources humaines dans l'administration, *op. cit.*, p. 41.

[3] LE DOUARON (P.), « La formation tout au long de la vie », *RFAP* n° 104, 2002, p. 574.

[4] Loi n° 2007-148 du 2 février 2007 de modernisation de la fonction publique, JO 6 février 2007, texte 2.

laquelle il se trouve affecté »[1]. La réforme traduit une « mise à niveau »[2] par rapport au secteur privé. La formation des agents tout au long de la vie ne constitue pas une innovation dans le sens où elle ne fait que reprendre une mesure déjà en vigueur dans le secteur privé comme en témoigne la loi n° 2004 du 4 mai 2004 relative à la formation professionnelle tout au long de la vie et au dialogue social[3]. Tout agent public bénéficie de 20 heures de formation étalées sur une année. La demande se fait à l'initiative de l'agent en accord avec son supérieur hiérarchique. Les heures sont cumulables dans la limite de 120 heures sur une période de 6 ans à la charge de l'employeur. Les actions de formation peuvent se dérouler en dehors du temps de travail et les agents ont droit à une allocation de formation. La loi impose à l'administration ou à l'entreprise la prise en charge du financement de la formation.

La formation professionnelle des agents publics tout au long de la vie est une transposition du droit privé[4]. On assiste donc à une convergence du droit public et du droit privé[5]. La réduction du clivage public-privé participe progressivement à la *« mise au point d'un droit public du travail »*[6]pour souligner l'hybridation existant entre droit de la fonction publique et droit du travail. La reconnaissance d'un droit à la formation tout au long de la vie professionnelle traduit d'une certaine manière le « *reflet d'une certaine « travaillisation »* du droit de la fonction publique[7]. On assiste selon certains à un « *métissage du droit du travail et du droit de la fonction publique* »[8]. Malgré ce rapprochement, la réforme n'opère pas un basculement, car le droit de la fonction publique conserve sa base statutaire[9].

---

[1] Alinéa 2 de l'article 4 de la loi n° 2007-148 du 2 février 2007 de modernisation de la fonction publique.

[2] POCHARD (M.), « La récente loi de modernisation de la fonction publique va-t-elle dans le bon sens ? », *JCP / La Semaine juridique, édition Administrations et collectivités territoriales* n° 12, 19 mars 2007, p. 38.

[3] Loi n° 2004 du 4 mai 2004 relative à la formation professionnelle tout au long de la vie et au dialogue social, JO 5 mai 2004, p. 7983.

[4] GOMEZ-MUSTEL (M.-J.), SOUBIROUS (P.), « La formation professionnelle des agents publics tout au long de la vie : une transposition du droit privé », *AJFP*, mars-avril 2009, p. 60.

[5] ANTOINE (D.), « La formation permanente dans la fonction publique en France », *RFAP* n° 104, 2002, p. 602.

[6] TAILLEFAIT (A.), « La mobilité des agents publics après les lois de février 2007 relatives à la fonction », *RDA*, juin 2007, p. 8.

[7] AUBIN (E.), « Les dispositions relatives à la formation professionnelle des fonctionnaires tout au long de la vie », *AJDA* 12 mars 2007, p. 512.

[8] TAILLEFAIT (A.), « Sélectivité et performance de la fonction publique », in ALBERT (N.), (sous la dir.), *Performance et droit administratif*, Paris, Litec, 2010, p. 184.

[9] FIALAIRE (J.), « Réforme de la fonction publique et nouveau droit à la formation professionnelle des agents publics », *Revue Lamy des collectivités territoriales* n° 24, mai 2007, p. 37.

En *Allemagne*, la formation des fonctionnaires privilégie les catégories A et B : la formation est davantage conçue comme un instrument d'adaptation et de modernisation que comme un vecteur de promotion sociale[1]. Il n'existe pas de réglementation accordant aux fonctionnaires un droit à la formation en *Grande-Bretagne*[2].

Mais toute démarche visant l'efficacité des agents s'appuie nécessairement sur un plan de formation.

§ 2. La nécessité d'un plan de formation

Du côté des cadres recrutés directement du privé, la formation reste un élément incontournable en matière d'adaptation de la gestion des ressources humaines. Leur qualité influe sur la productivité de l'administration. Pour tout cadre issu directement du privé et servant l'État, l'entretien d'évaluation permet d'identifier « *ses besoins en formation et ses projets* »[3]. L'entretien consiste à faire « *l'écart entre les compétences dont disposent les agents et celles requises par l'évolution des missions de l'administration* »[4]. La formation participe à l'adaptation des qualifications des agents aux nouvelles missions de l'administration et à l'évolution des métiers[5]. On sait que les cadres recrutés n'ont pas été formés dans les écoles préparant à la fonction publique ; « *un déficit de formation générale apparaît souvent, au-delà de compétences techniques qu'il est souvent plus facile d'acquérir par une formation continue* »[6]. Il revient à l'« *État-employeur* » de mettre en place des formations spécifiques sous forme de cycle court ou long dans un double objectif d'adaptation par rapport au poste et à l'évolution des emplois et des missions de l'État.

Les *plans de formation* pourraient privilégier par exemple l'acquisition d'une solide formation en *économie plus qu'en droit*. Une *formation continue* de haut niveau (en économie, finances publiques) s'avère incontournable pour les cadres supérieurs afin de les adapter à l'évolution de

---

[1] ANTOINE (D.), « La formation permanente dans la fonction publique en France », *RFAP* n° 104, 2002, p. 606.

[2] ANTOINE (D.), « La formation permanente dans la fonction publique en France », *Ibid.*

[3] JEAN-PIERRE (D.), « Les agents en CDI : du statut à la carrière », *La Semaine juridique-Edition Administrations et Collectivités territoriales*, n°16-18, 16 avril 2007, p. 52.

On rappellera que le mécanisme de formation des fonctionnaires est encadré par le décret n° 2002-682 du 29 avril 2002. L'entretien des agents placés sous contrat à durée indéterminée (CDI) n'est pas accompagné de note chiffrée.

[4] ANTOINE (D.), « La formation permanente dans la fonction publique en France », *op. cit.*, p. 611.

[5] ANTOINE (D.), « La formation permanente dans la fonction publique en France », *op. cit.*, p. 603.

[6] CIEUTAT (B.), TENZER (N.), *op. cit*, p. 153.

leur mission, [1]dans la mesure où derrière le thème de l'État stratège se profile une nouvelle conception du rôle de l'État dans l'économie de marché. La culture de la performance véhiculée par la LOLF implique une meilleure connaissance en gestion publique et en gestion des ressources humaines. La formation en management public et en évaluation des politiques publiques [2]est d'un intérêt stratégique. En outre, dans la confection des plans de formation, les *programmes doivent développer une dimension prospective*[3] et *stratégique*. Il y a une raison à cela : *l'État stratège est un État qui anticipe ses politiques*. Les programmes de formation relèvent de la responsabilité des ministères concernés[4]. Pour l'organisation d'une formation spécifique destinée aux cadres issus directement du privé, la démarche peut s'inspirer de ce qui se faisait déjà au *Cycle supérieur de management du ministère de l'Équipement ou du ministère de la Défense*. On peut aussi imaginer un autre scénario de formation : la formation pourrait se dérouler à l'École nationale d'administration (ENA) à Strasbourg, en associant certains grands établissements comme l'Université Paris-Dauphine qui bénéficie d'une excellente réputation en économie. D'autres institutions prestigieuses pourraient être sollicitées comme les grandes écoles de commerce ou certaines universités ayant une spécialisation dans les disciplines concernées.

On vient de le voir, la formation comporte un enjeu stratégique tout comme la mobilité des agents de l'État.

§ 3. Une fonction publique plus mobile s'inscrit dans une logique d'efficacité

Même si des études ont montré que le lien entre la formation et la mobilité des agents reste faible[5], la problématique de la mobilité soulève une question centrale, celle du « cloisonnement des administrations » où les corps de fonctionnaires restent encore dispersés. La *mobilité des agents comporte bel et bien une dimension stratégique*. À cet égard, le *livre blanc sur l'avenir de la fonction publique* dénonce une « fonction publique cloisonnée » et milite fortement en faveur d'« *une fonction publique attractive, mobile et performante* »[6]. *L'État stratège est un État qui*

---

[1] VALLEMONT (S.), *La gestion prévisionnelle des effectifs, des emplois et des compétences dans les trois fonctions publiques*, Paris, Berger-Levrault, 1996, p. 83.
[2] CANNAC (Y.) et TROSA (S.), (sous la dir.), *La réforme dont l'État a besoin, pour un management public par la confiance et la responsabilité*, Paris, Dunod, 2007, p. 130.
[3] CHANUT (V.)/DGAFP, *La formation continue de l'encadrement supérieur de l'État*, rapport, Paris, La Documentation française, Collection « Rapports », 1998, p. 90.
[4] POCHARD (M.), *Les 100 mots de la fonction publique*, *op. cit.*, p. 85.
[5] ANTOINE (D.), « La formation permanente dans la fonction publique en France », *op. cit.*, p. 614.
[6] SILICANI (J.-L.), *Livre blanc sur l'avenir de la fonction publique*, *op. cit.*, p. 95.

encourage la mobilité, la circulation des serviteurs de l'État pour atteindre des objectifs de politique publique ou de service public. La mobilisation des fonctionnaires fait partie intégrante de toute gestion managériale des ressources humaines. Pour Emmanuel Aubin, la mobilité est un « gage de performance et un atout managérial »[1]. La mobilité présente un autre enjeu d'importance : « *assurer l'adéquation des ressources humaines aux besoins des organisations* »[2]. Elle favorise l'adaptation du service et des agents aux changements[3]. La mobilité est source d'enrichissement pour les agents en ce sens qu'elle permet de confronter les expériences vécues avec d'autres univers professionnels. Elle favorise un *processus d'apprentissage*. En principe, pour que la mobilité soit un instrument stratégique facilitant l'adaptation de la gestion des ressources humaines à l'évolution des fonctions de l'État, elle doit *rompre avec les anciennes pratiques qui favorisaient la mobilité des agents les « plus mauvais » en retenant les meilleurs éléments*[4]. On sait que l'amélioration du parcours d'un agent passe nécessairement par « *la recherche d'une plus grande fluidité et d'un enrichissement de la mobilité choisie, dans et entre les fonctions publiques* »[5].

Cependant, il est important de rappeler que le débat sur la mobilité des agents publics ne date pas d'aujourd'hui. Il a commencé déjà en 1983 par le législateur et incorporé dans le statut général de la fonction publique[6]. Le statut des trois fonctions publiques ne s'oppose pas à la mobilité. Bien au contraire, il l'encourage, car il participe à « fluidifier » la « circulation » des agents entre fonctions publiques et entre fonction publique et secteur privé.

La notion de mobilité recouvre en effet plusieurs dimensions : elle peut être *géographique*[7], *professionnelle*[8] ou *fonctionnelle*[9]. Un auteur[10] a même parlé de « *mobilité inter fonctions publiques* », de « *mobilité catégorielle* », de « mobilité structurelle » et de « mobilité statutaire ». On assiste donc à une sorte d'« inflation de la mobilité » des agents risquant de porter atteinte

---

[1] AUBIN (E.), « Flexibilité et performance dans le déroulement de carrière des fonctionnaires », in ALBERT (N.), (sous la dir.), *Performance et droit administratif*, Paris, Litec, 2010, p. 201.

[2] SILICANI (J.-L.), (sous la dir.) et Ecole nationale d'administration, Promotion Valmy (1996-1998), *La réforme de l'État*, Paris, La Documentation française, Tome 2, 1999, p. 119.

[3] FRATACCI (S.), « La gestion des ressources humaines dans l'administration », *AJFP*, novembre-décembre 2000, p. 58.

[4] GUERARD (S.), « Les spécificités de la gestion des ressources humaines dans la fonction publique territoriale », *RLCT* n° 22, mars 2007, p. 63.

[5] LEBRANCHU (M.), *op. cit.*, p. 301.

[6] Article 14 du titre 1er du Statut général de la fonction publique (Loi du 13 juillet 1983).

[7] C'est lorsque le fonctionnaire change de lieu de travail et de résidence.

[8] C'est lorsque par exemple, un agent connaît un changement dans sa carrière à travers une promotion.

[9] Le changement vise plus directement le poste et/ou la fonction.

[10] TAILLEFAIT (A.), « Mobilité professionnelle et fonction publique », *JCP / La Semaine juridique, édition Administrations et collectivités territoriales* n° 29, 15 juillet 2013, p. 30.

à la lisibilité. La mobilité fonctionnelle est ici privilégiée par rapport aux autres. Celle-ci peut être interne ou externe. La mobilité fonctionnelle vise généralement tout changement ayant un lien avec l'activité ou un poste de travail de l'agent.

La loi n° 2007-148 du 2 février 2007 de modernisation de la fonction publique a posé le principe de la « *mise à disposition entrante* » dans la fonction publique. L'article 10 de la loi définit la « mise à disposition » comme étant la *« situation du fonctionnaire qui demeure dans son corps d'origine, est réputé occuper son emploi, continue à percevoir la rémunération correspondante, mais qui exerce des fonctions hors du service où il a vocation à servir »*[1]. S'agissant de la fonction publique d'État, les agents en CDI sont concernés par le dispositif ; la mise à disposition sera calquée sur celle applicable aux fonctionnaires, tandis que la mise à disposition des agents non titulaires n'est pas permise dans la fonction publique hospitalière et territoriale[2]. Il convient de souligner que le Conseil d'État, dans son arrêt du 1er avril 2005[3] n'avait pas émis d'avis défavorable en ce qui concerne la mise à disposition des agents non titulaires de l'État.

Il résulte de ce qui précède que le périmètre de la mobilité est plus étendu aujourd'hui qu'il ne l'était il y a quelques années : *la mobilité se développe au sein de l'administration et entre secteur privé et secteur public avec la création de passerelles*[4]. La loi du 3 août 2009 a érigé la « mobilité intra et inter fonction » en « droit effectif » pour tout agent public[5]. La loi cherche à «*faciliter le passage entre les trois fonctions publiques, ainsi qu'entre fonction publique et secteur privé* »[6]. Or, il y a quelques années encore, il était impensable de parler de « mobilité du secteur privé » vers la fonction publique d'État dans la mesure où cela n'était pas prévu par les textes[7]. Des incitations financières sont mises en place pour encourager ou faciliter la mobilité contrainte[8].

La mise à disposition devient ainsi un moyen essentiel de la mobilité[9]. Reste à voir comment cela va se dérouler concrètement sur le terrain. Mais

---

[1] Article 10 de la loi n° 2007-148 du 2 février 2007 de modernisation de la fonction publique.

[2] JEAN-PIERRE (D.), « Les agents en CDI : du statut à la carrière », *La Semaine juridique-Edition Administrations et Collectivités territoriales*, n° 16-18, 16 avril 2007, p. 52.

[3] CE, 1er avril 2005, décision n° 245088, Syn. Nat. aff. Culturelles : Juris-Data n° 2005-068385 ; JCP A 2005, 1321, note B. Jorion.

[4] TAILLEFAIT (A.), « La mobilité des agents publics après les lois de février 2007 relatives à la fonction publique », *op. cit.*, p. 7.

[5] DORD (O.), « La loi mobilité ou l'adaptation du statut par une gestion rénovée des personnels », *AJDA*, 8 février 2010, p. 193.

[6] CROUZATIER-DURAND (F.), « Performance, efficience : le personnel de la fonction publique en mutation », *D.A*, mars 2012, p. 12.

[7] CABANEL (J.), « La mobilité », *Les cahiers français* n° 197, 1980, Notices 3, p. 3.

[8] DORD (O.), « La loi mobilité ou l'adaptation du statut par une gestion rénovée des personnels », *op. cit.*, p. 195.

[9] LE PORS (A.), « Une loi de dénaturation de la fonction publique », *JCP / La Semaine juridique, édition Administrations et collectivités territoriales* n° 12, 19 mars 2007, p. 37.

faute d'études récentes sur le sujet, il n'a pas été possible de porter un jugement sur l'efficacité du mécanisme et des difficultés rencontrées.

En ce qui concerne la mobilité des agents au sein de l'espace communautaire, elle est peu développée et ne concerne qu'un petit nombre de fonctionnaires[1]. Pourtant, les politiques communautaires encouragent la mobilité des fonctionnaires afin de développer les connaissances et de diversifier les expériences professionnelles pour que chaque agent puisse dynamiser les perspectives d'évolution de sa carrière[2].

Se pose ensuite la question de l'adaptation des mécanismes d'évaluation et de rémunération des agents.

SECTION 3. L'ADAPTATION DES SYSTÈMES D'ÉVALUATION ET DE RÉMUNÉRATION DES AGENTS

L'adaptation de la gestion des ressources humaines dans le secteur public implique aussi l'adaptation des mécanismes d'évaluation et de rémunération des agents. *L'État stratège est un État qui évalue ses agents en adaptant le dispositif assorti de mesures incitatives pour récompenser les efforts fournis par chaque agent.* Les implications de l'évaluation et de la rémunération des agents sont considérables.

Le dispositif de notation des fonctionnaires a été réformé et remplacé par un entretien professionnel. L'évaluation d'un agent public entretient des liens avec la rémunération.

§ 1. L'évaluation des agents de l'État

L'évaluation consiste à porter un jugement, une appréciation sur la « *valeur professionnelle* » de l'agent ; c'est un élément essentiel de la gestion de ressources humaines. Elle constitue la « *pierre angulaire de toute gestion des ressources humaines* »[3]. L'évaluation des agents publics s'inscrit dans la logique de l'État stratège.

L'évaluation des fonctionnaires comporte des enjeux stratégiques. Évaluer un agent public revient à *« comparer ce qu'il a fait à ce qu'on attendait qu'il fît. Il s'agit d'apprécier le travail effectué »*[4]. En d'autres termes, l'évaluation permet de savoir si les objectifs assignés aux

---

[1] TAILLEFAIT (A.), « La mobilité des agents publics après les lois de février 2007 relatives à la fonction publique », *op. cit.*, p. 10.

[2] SAEZ (T.), « L'organisation interne et la programmation des ressources humaines au Parlement européen » in LE THEULE (F.-G.) et LEPRÊTRE (J.), *La fonction publique européenne*, ENA, 2012, p. 204.

[3] SILICANI (J.-L.), (sous la dir.) et Ecole nationale d'administration, Promotion Valmy (1996-1998), *La réforme de l'État*, *op. cit.*, p. 116.

[4] ROUANET (H.), « L'évaluation des agents publics » in CURAPP, *L'évaluation dans l'administration*, Paris, PUF, 1993, p. 100.

fonctionnaires ont été atteints. L'appréciation de la valeur professionnelle des agents s'inscrit dans une démarche d'efficacité et de performance. La valeur professionnelle est prise en compte dans l'avancement des fonctionnaires. En outre, l'évaluation des agents publics entretient des liens avec la gestion prévisionnelle des ressources dès l'instant où elle permet d'« *affiner la gestion opérationnelle des postes* »[1].

Les récentes réformes ont tenté d'adapter le système de notation devenu obsolète. C'est le décret n° 59-308 du 14 février 1959 pris sur la base de l'ordonnance du 4 janvier 1959 relative au statut général des fonctionnaires qui a mis en place le système de la notation annuelle des agents publics. La notation consiste à porter *« une appréciation générale établie sur la base de critères et une note chiffrée exprimant la « valeur professionnelle » de l'agent »*[2]. Si la notation a été un instrument stratégique de pilotage des ressources humaines, elle a dans le même temps montré d'importantes limites. La rigidité de la notation a été régulièrement dénoncée. Jean-Bernard Auby[3] parle de « *sclérose de la notation*, du « côté mécanique de son augmentation », d'« écrasement par les critères d'harmonisation », de « procédés de lissage », de « grande part d'artificialité », pour reprendre ses formules. Pendant longtemps, la notation chiffrée reposait sur une appréciation « globalisante » fondée sur des critères généraux sans tenir compte des spécificités des fonctions publiques. De plus, le dispositif prenait peu en compte les performances des agents et sans grande portée véritable sur la carrière[4]. Pour d'autres auteurs, l'absence de dialogue entre le fonctionnaire et le supérieur hiérarchique a considérablement contribué à rendre la notation totalement inadaptée pour une gestion moderne des ressources humaines[5]. La *notation chiffrée* (de 0 à 20) a débouché sur une « *inflation généralisée des notes supérieures* »[6]. Le même phénomène a été observé en Italie où l'évaluation des agents de la fonction publique se faisait via la note chiffrée. Mais là encore, le système a été critiqué favorisant l'« *inflation des notes* » : les gestionnaires ont tendance à « gonfler les notes » pour ne pas pénaliser le personnel ou pour éviter de les comparer négativement à ceux d'autres services[7].

---

[1] ROUANET (H.), « L'évaluation des agents publics, *op. cit.,* p. 99.

[2] CHEVALLIER (J.), *Science administrative*, Paris, PUF, Collection « Thémis droit », 2007, p. 419.

[3] AUBY (J.-B.), « L'évaluation des fonctionnaires en mouvement », *DA,* octobre 2010, p. 1.

[4] *Réflexion préparatoire à la réforme de l'État, op. cit.,* p. 25.

[5] SALON (S.) et SAVIGNAC (J.-C.), « La réforme de la notation des fonctionnaires de l'État », *AJDA*, 10 mai 2004, p. 959.

[6] RACINE (P.), « Gestion moderne et fonction publique », *op. cit.,* p. 78.

[7] ONGARO (E.) et BELLE (N.), « Réforme de la fonction publique et introduction de la rémunération liée aux performances en Italie », *op. cit.*, p. 837.

La *notation chiffrée a donc bien vieilli*. Le décret du 28 juillet 2010[1] a définitivement supprimé la notation : elle a été remplacée par l'*entretien individuel*. Selon l'article 1er du décret du 29 avril 2002[2], les fonctionnaires font désormais l'objet d'une évaluation. L'appréciation de la valeur professionnelle des agents se fonde sur l'*entretien professionnel*. Celui-ci débouche sur un compte-rendu établi par le supérieur hiérarchique signé par le fonctionnaire. L'objectif de la réforme est de faire de l'évaluation, un outil de rénovation de la gestion des ressources humaines de l'État en donnant davantage de souplesse aux administrations dans l'appréciation de la valeur professionnelle et de la manière de servir les agents[3]. La loi du 2 février 2007 dite loi de modernisation de la fonction publique a encadré le dispositif expérimental mis en œuvre par les administrations[4]. Selon l'article 58 de la loi, « *au titre des années 2007, 2008 et 2009, les administrations de l'État peuvent être autorisées, à titre expérimental et par dérogation au premier alinéa des articles 17 du titre Ier du statut général et 55 de la présente loi, à se fonder sur un entretien professionnel pour apprécier la valeur professionnelle des fonctionnaires* »[5]. La loi du 3 août 2009 relative à la mobilité[6] a généralisé l'évaluation professionnelle des fonctionnaires sur la base d'un entretien professionnel (à partir 2012) en ce qui concerne la fonction publique d'État. La loi n° 2009-972 relative au dialogue social a prolongé les périodes d'expérimentation pour la fonction publique de l'État et la fonction publique hospitalière et l'a étendu à la fonction publique territoriale[7]. Néanmoins, la *généralisation de l'expérimentation* a été repoussée au 1er janvier 2013 afin de mettre en place de nouvelles modalités d'évaluation de la valeur professionnelles des fonctionnaires[8].

En général, l'entretien porte sur sept thématiques principales[9] : résultats obtenus par l'agent, eu égard aux objectifs assignés ; objectifs assignés à l'agent pour l'année à venir ; manière de servir ; acquis de son expérience ; manière dont il exercice ses fonctions d'encadrement ; besoins en

[1] Décret n° 2010-888, 28 juillet 2010 relatif aux conditions générales de l'appréciation de la valeur professionnelle des fonctionnaires de l'État, JO, 28 juillet 2010, texte 22.

[2] Décret n° 2002-682 du 29 avril 2002 relatif aux conditions générales d'évaluation, de notation et d'avancement des fonctionnaires de l'État, NOR : FPPA0200037D (version consolidée au 11 novembre 2004).

[3] GRISTI (E.), *La réforme de l'État*, Paris, Vuibert, 2007, p. 406.

[4] Pour les années 2007, 2008 et 2009.

[5] Article 58 de la loi du 2 février 2007 de modernisation de la fonction publique. L'*expérimentation de l'entretien professionnel* en vue d'apprécier la valeur professionnelle des agents est également visée par l'article 59 de cette même loi.

[6] Loi n° 2009-972 du août 2009 relative à la mobilité et aux parcours professionnels dans la fonction publique, NOR : BCFX0805629L, JO, 6 août 2009, texte 4.

[7] Voir la loi n° 2009-972, article 15 alinéa 1er.

[8] CROUZATIER-DURAND (F.), « Performance, efficience : le personnel de la fonction publique en mutation », *op. cit.*, p. 11.

[9] DORD (O.), *Droit de la fonction publique*, Paris, PUF, Coll. « Thémis droit », 2ème édition, 2012, p. 156.

formation ; perspectives d'évolution de carrière. Le décret[1] du 28 juillet 2010 encadre les modalités du déroulement de l'entretien professionnel (objet, caractère annuel de l'entretien, le compte rendu de l'entretien est signé à la fois par le supérieur hiérarchique et par l'agent évalué, *etc.*).

On assiste ainsi à un alignement des fonctions publiques sur le secteur privé où l'entretien individuel est une pratique courante[2].

L'entretien individuel comporte cependant de nombreuses limites. Il risque de tomber dans les « mêmes travers » que la notation[3]. Différents aspects ont été dénoncés par la doctrine. Son opacité a été relevée. Plus problématique encore, l'« absence de définition » et de « critères » portant sur la valeur professionnelle[4] : l'imprécision des textes risque d'entraîner des pratiques discrétionnaires, « clientélistes » et discriminatoires par l'évaluateur et biaiser les résultats. La deuxième critique tourne autour de l'incertitude de la corrélation entre la valeur professionnelle, la rémunération et la carrière de l'agent[5] : certaines critiques visent les approximations de la modulation d'ancienneté[6] à la discrétion du chef de service (valeur professionnelle fondant les décisions à effets financiers rapides comme les réductions d'ancienneté et d'avancement de grade), tandis que d'autres portent sur le risque d'arbitraire s'agissant des avancements (l'avancement étant toujours lié à l'ancienneté).

Plus largement, l'entretien annuel d'évaluation des agents est considéré pour l'instant comme un échec dans les collectivités territoriales : les principales raisons invoquées concernent le manque de temps des supérieurs hiérarchiques et l'absence de connaissance suffisante permettant de conduire les entretiens d'évaluation[7].

En ce qui concerne les cadres venant du privé (en régime CDI), ils sont évalués chaque trois ans sous la forme d'un entretien individuel portant essentiellement sur *« le bilan entre les résultats professionnels de l'agent et les objectifs qui lui avaient été assignés»*[8].

L'évaluation d'entretien des agents publics a été mise en place en France et aux États-Unis que depuis 2004 alors que dès les années 1980, le Danemark, les Pays-Bas, la Nouvelle-Zélande, l'Espagne, la Suède et le

---

[1] Décret n° 2010-888 du 28 juillet 2010.

[2] VOLUT (D.), « Le remplacement de la notation par l'entretien individuel : un coup d'épée dans l'eau ? », *AJFP*, novembre-décembre 2013, p. 307.

[3] VOLUT (D.), *op. cit.*, p. 313.

[4] VOLUT (D.), *op. cit.,* p. 311 et 312.

[5] VOLUT (D.), *Ibid.*

[6] Seulement dans la fonction publique de l'État et dans la fonction publique territoriale.

[7] GUERARD (S.), « Les spécificités de la gestion des ressources humaines dans la fonction publique territoriale », *RLCT* n° 22, mars 2007, p. 63.

[8] JEAN-PIERRE (D.), « Les agents en CDI : du statut à la carrière », *op. cit.,* p. 52.
On rappellera que le mécanisme de formation des fonctionnaires est encadré par le décret n° 2002-682 du 29 avril 2002. L'entretien des agents placés sous contrat à durée indéterminée (CDI) n'est pas accompagné de note chiffrée.

Royaume-Uni pour des raisons notamment budgétaires se sont tous dotés d'« *un système d'évaluation personnalisée* »[1] de leurs agents en l'inscrivant dans une démarche de performance.

§ 2. L'introduction de la rémunération à la performance dans la fonction publique

L'État stratège est aussi un État qui prend en compte la productivité des agents par des rétributions financières ; il s'agit de les pousser à atteindre des objectifs de politique publique ou service public. En privilégiant la relation entre la productivité du fonctionnaire et les incitations financières, c'est la culture de la performance qui est mise en valeur. L'atteinte des objectifs de politique publique ou de service public entraîne une amélioration de la situation matérielle du fonctionnaire. La mise en place d'un « *système d'incitation et d'intéressement des personnels* »[2] concourt dans le sens d'une plus grande recherche d'efficacité du secteur public : toute gestion stratégique des ressources humaines dans la fonction publique privilégie désormais la prise en compte de l'« *efficacité personnelle des agents* »[3]. La *performance est érigée en un puissant vecteur de légitimation de l'action publique*. La démarche s'est largement inspirée du secteur privé. L'introduction de la rémunération au mérite dans la fonction publique révèle bien l'influence de plus en plus grande des principes de la « Nouvelle gestion publique » : *l'incitation devient un moyen parmi d'autres pour « rénover » la gestion publique*. La LOLF a accentué dans la fonction publique la *logique de « responsabilisation »* au niveau des responsables de programmes. On sait que la rémunération au mérite entretient des relations imbriquées avec la logique de responsabilisation : les incitations financières sont particulièrement adaptées aux postes de responsabilité opérationnelle managériale (responsables de programme, dirigeants de grands opérateurs et responsables de BOP[4].

La rémunération à la performance gagne du terrain dans la fonction publique en France et dans la plupart des États occidentaux.

A) En France

Depuis quelques années, la rémunération au mérite tend à se développer dans la fonction publique : il s'agit de prendre en compte les résultats des

---

[1] BUREAU (D.) et MOUGEOT (M.), *Performance, incitations et gestion publique*, rapport du Conseil d'analyse économique, Paris, La Documentation française, 2007, p. 33.
[2] BUREAU (D.) et MOUGEOT (M.), *op. cit.*, p. 5. Pour approfondir cette question, voir aussi OCDE, *La rémunération liée à la performance pour les cadres du secteur public : évaluation de ses effets*, Paris, OCDE, 1997.
[3] DORD (O.), *Droit de la fonction publique*, *op. cit.*, p. 248.
[4] BARILARI (A.) et BOUVIER (M.), *op. cit.*, p. 139.

fonctionnaires dans l'exercice de leur fonction par l'attribution d'une *indemnité de performance*. L'amélioration des conditions matérielles des fonctionnaires passant par une meilleure productivité n'est plus un sujet tabou en France. Dans les années 1955-1960, la productivité dans les administrations était un thème de prédilection et régulièrement débattu. Paradoxalement, « *en 1980, on n'ose plus parler de productivité* »[1]. L'introduction de l'intéressement dans la sphère publique date seulement de 1987 avec le rapport présenté par Jean Arthuis, secrétaire d'État auprès de ministre de l'Économie : *l'intéressement a été présenté comme un instrument de gestion des ressources humaines*. Le thème a trouvé une traduction concrète avec la circulaire du Premier ministre Michel Rocard relative au renouveau du service public du 23 février 1989[2]. Puis, ces dernières années, le thème a de nouveau été mis sur le devant de la scène publique. En 2007, le Président Nicolas Sarkozy déclara : « *je souhaite une fonction publique moins nombreuse, mieux payée, avec de meilleures perspectives de carrière* »[3].

De son côté, l'OCDE milite en faveur d'une gestion axée sur les résultats qui « relie les performances individuelles aux objectifs généraux des organisations »[4].

Les niveaux de rémunération des agents du secteur public s'alignent progressivement sur ceux du privé. Le secteur public était largement en retard[5]. Confrontée aux problèmes de recrutements de cadres et de personnels plus qualifiés, l'« *incitation à l'effort (...) afin d'attirer et de retenir les cadres les plus compétents* »[6] était devenue incontournable. Malgré de nombreuses réformes visant à élever le niveau de rémunération des agents du secteur public, celui-ci reste encore bas. Par exemple, la prime accordée à la haute fonction publique est toujours jugée faible par rapport au secteur privé[7].

La prime de fonctions et de résultats (PFR)[8] mise en place par le décret du 22 décembre 2008 illustre la volonté des pouvoirs publics de « *dynamiser*

---

[1] FRANÇ OIS (J.), « À propos de productivité », *Les Cahiers français* n° 197, 1980, p. 79.
[2] SILICANI (J.-L.), (sous la dir.) et Ecole nationale d'administration, Promotion Valmy (1996-1998), *La réforme de l'État*, Paris, *op. cit.*, p. 113.
[3] Discours du président de la République du 9 septembre 2007.
[4] OCDE, *Gestion du capital humain et réforme de la fonction publique, op. cit.*, p. 46.
[5] Selon l'OCDE, le retard était de 30 à 50 % dans les années 1980, OCDE, *Les traitements du privé pour le public. Rémunération liée à la performance pour les cadres de la fonction publique*, Paris, OCDE, 1993, p. 15.
[6] OCDE, *Les traitements du privé pour le public. Rémunération liée à la performance pour les cadres de la fonction publique*, *op. cit.*, 1993, p. 19.
[7] LERIQUE (F.), « La performance, une nouvelle valeur pour rémunérer les fonctionnaires ? », *op. cit.*, p. 12.
[8] La prime de fonction et de résultat est aussi appelée prime au mérite.

la gestion des fonctionnaires »[1] et de renforcer la démarche de performance. Florence Lerique invite cependant à distinguer la « *rémunération au mérite* » de la « *prime à la performance* ». Selon l'auteur, la rémunération au mérite a un caractère statutaire. Le statut de 1946 reconnaissait déjà les « primes de rendement » tandis que les « primes de performance » ou « primes de résultats » sont dépourvues de caractère statutaire et privilégient l'« *individualisation de l'emploi occupé et l'atteinte par l'agent d'objectifs préalablement fixés* »[2]. Dans la rémunération à la performance, seul le volet indemnitaire de la rémunération des agents publics est pris en compte ; le volet indiciaire en est exclu[3]. La rémunération au mérite encourage l'innovation tandis que l'intéressement collectif favorise l'esprit d'équipe[4].

La prime de performance a d'abord été expérimentée au niveau des directeurs d'administration centrale[5]. La « prime de fonctions et de résultats »[6], mise en place en 2008 prend en compte deux éléments : les responsabilités liées aux fonctions exercées et l'appréciation résultant de la procédure d'évaluation individuelle. En 2010, le dispositif a été étendu aux cadres administratifs et supérieurs de l'État[7]. Sont principalement visés les chefs de service, les directeurs adjoints, les experts de haut niveau et les directeurs de projet. De plus, le dispositif a été appliqué aux magistrats [8]pour récompenser les agents ayant atteint les meilleurs résultats. Le dispositif est censé s'étendre aux fonctionnaires judiciaires. Depuis le 20 février 2011, les attachés territoriaux sont concernés[9]. En ce qui concerne le régime

[1] CROUZATIER-DURAND (F.), « Performance, efficience : le personnel de la fonction publique en mutation », *op. cit.*, p. 11.

[2] LERIQUE (F.), « La rémunération à la performance », *JCP/ La Semaine juridique, édition Administrations et collectivités territoriales* n° 4, 19 janvier 2009, p. 66-67.

[3] Cour des comptes, *La mise en œuvre de la loi organique relative aux lois de finances (LOLF) : un bilan pour de nouvelles perspectives, rapport public thématique*, Paris, La Documentation française, novembre 2011, p. 178.

[4] Cour des comptes, *La mise en œuvre de la loi organique relative aux lois de finances (LOLF) : un bilan pour de nouvelles perspectives, rapport public thématique*, Paris, *op. cit.*, p. 181.

[5] Décret n° 2006-1019, 11 août 2006 : JO 12 août 2006, texte 26.

[6] Décret n° 2008-1533, 22 décembre 2008 relatif à la prime de fonctions et de résultats, JO 31 décembre 2008, texte n° 186 ; voir aussi circulaire n° 2184, 14 avril 2009 relative à la mise en œuvre de la prime de fonctions et de résultats.

[7] Décret 2009-1211 du 9 octobre 2009.

[8] Voir en particulier le décret n° 2003-1284 du 26 décembre 2003 relatif au régime indemnitaire de certains magistrats de l'ordre judiciaire ; arrêté du 26 décembre 2003 d'application de ce texte et DSJ du 20 février 2004.

[9] Arrêté du 9 février fixant les corps et emplois bénéficiant de la prime de fonctions et de résultats, NOR : IOCA1030078A ; décret n° 2012-624, 3 mai 2012 pris en application de l'article 88 de la loi n° 84-53 du 26 janvier 1984 portant dispositions statutaires relatives à la fonction publique territoriale et fixant les modalités et les limites de la prime d'intéressement à la performance collective des services dans les collectivités territoriales et leurs établissements publics, JO 4 mai 2012.

indemnitaire des agents territoriaux[1], il existe une parité avec la fonction publique d'État. Le dispositif est appelé à s'étendre à moyen terme à l'ensemble des agents de la fonction publique d'État[2]. Des études ont montré que la plupart des cadres du secteur public adhèrent au principe de la rémunération liée à la performance[3].

Parmi les trois fonctions publiques, la fonction publique hospitalière est la plus adaptée pour une « gestion des ressources humaines performantes »[4]. La rémunération à la performance a visé dans un premier temps les cadres ; puis le dispositif a été étendu aux directeurs généraux des hôpitaux. Une « prime de fonctions » et une « indemnité de responsabilité » ont remplacé l'ancienne « prime de service » : avoisinant 20 %, la prime des directeurs d'hôpitaux est très proche d'une prime de résultats[5].

L'État stratège est par ailleurs un État qui multiplie les incitations pour attirer les cadres du secteur privé afin d'augmenter la productivité des services et/ou de renforcer l'efficacité de l'État. Pendant longtemps, l'administration a été moins attractive pour attirer les cadres du privé pour des raisons financières alors que le secteur privé pourrait bien lui apporter de l'expertise en termes d'analyse des politiques économiques et/ou de gestion[6]. Pour attirer des cadres performants du privé vers le secteur public, il faut que la rémunération soit elle-même attractive[7].

Ailleurs, d'autres États favorisent aussi l'incitation dans la fonction publique.

B) Dimension comparative

La France n'est pas le seul pays à expérimenter le dispositif de rémunération à la performance. Des États comme l'*Italie*[8], la *Grande-Bretagne*[9] et la *Suède* ont développé les incitations financières bien avant la

---

[1] Circulaire du 27 septembre 2010 instaurant la prime de fonctions et de résultats dans la fonction publique territoriale.

[2] GARBAR (C.-A.), « Performance et contractualisation de l'action publique », in ALBERT (N.), (sous la dir.), *Performance et droit administratif*, Paris, Litec, 2010, p. 143.

[3] OCDE, *Les traitements du privé pour le public. Rémunération liée à la performance pour les cadres de la fonction publique*, *op. cit.*, p. 17.

[4] SCHWEYER (F.-X.), « Santé, contrat social et marché : la fonction publique hospitalière en réformes », *RFAP* n° 132, 2010, p. 743.

[5] SCHWEYER (F.-X.), « Santé, contrat social et marché : la fonction publique hospitalière en réformes », *op. cit.*, p. 740.

[6] SILICANI (J.-L.), (sous la dir.) et École nationale d'administration, Promotion Valmy (1996-1998), *La réforme de l'État*, *op. cit.*, p. 569.

[7] POCHARD (M.), *La diversification des modes de recrutement de la haute fonction publique et l'ouverture de l'accès aux fonctions d'encadrement supérieur de l'État*, *op. cit.*, p. 38.

[8] L'Italie a mis en œuvre ce système depuis 1993.

[9] En Grande-Bretagne, la rémunération au mérite est une pratique courante dans les ministères ou les « agences d'exécution ».

France dans la gestion des ressources humaines. Divers travaux[1] de l'OCDE traitent de ces problématiques.

En *Suède*, la rémunération des fonctionnaires travaillant dans les agences gouvernementales est individualisée et évolue sur le même rythme que les salaires du privé[2]. Selon la Cour des comptes, en Allemagne, seuls 0,3 % à 0, 4 % de la masse salariale des agents de l'État fédéral sont consacrés à la rémunération à la performance[3]. Pour promouvoir la culture de la performance dans la fonction publique, l'Italie a multiplié les incitations financières pour atteindre des objectifs de politique publique. Afin d'aligner la gestion des ressources humaines sur celle du secteur privé, l'*Italie* a procédé à la *privatisation des cadres de l'administration*[4] : mais tous ne sont pas concernés comme on l'a évoqué précédemment. Diverses mesures prises avaient pour but de promouvoir la responsabilisation des agents, la productivité, la réactivité, la motivation des agents, la méritocratie, la transparence, *etc.* Des incitations sont essentiellement monétaires et destinées à récompenser les meilleurs agents par l'attribution de « *la prime annuelle de performance, le prix de l'innovation, les augmentations au mérite et le prix de l'efficacité* »[5]. Les performances des agents présentent des implications en termes d'avancement professionnel tandis que *pour les agents les moins bons, les sanctions visent la rétrogradation, la mutation ou le retrait aux postes de responsabilité voire le licenciement*[6]. L'*Espagne* illustre avec l'Italie deux modèles de privatisation de la fonction publique. Les pouvoirs publics espagnols ont multiplié les incitations financières pour accroître la qualité et la productivité des agents publics. En ce qui concerne la rémunération, les agents publics reçoivent « *une indemnité en fonction de leur niveau dans la hiérarchie des postes de l'organisation, et une indemnité spécifique, venant compenser une difficulté particulière, le degré d'implication, le niveau de responsabilité* »[7]. De même, l'influence managériale est grandissante dans la fonction publique portugaise : s'inspirant des techniques de gestion du privé, les pouvoirs publics cherchent

---

[1] Voir ces questions par exemple les travaux suivants : OCDE, *Les traitements du privé pour le public. Rémunération liée à la performance pour les cadres de la fonction publique*, Paris, OCDE, 1993 ; OCDE, *La rémunération liée à la performance pour les cadres du secteur public*, PUMA, 1997.

[2] REXED (K.), « Les agences exécutives : une perspective suédoise », in Conseil d'État, *Etude annuelle 2012, Les agences : une nouvelle gestion publique ?*, Paris, Conseil d'État, La Documentation française, 2012, p. 261.

[3] Cour des comptes, *La mise en œuvre de la loi organique relative aux lois de finances (LOLF) : un bilan pour de nouvelles perspectives, rapport public thématique*, *op. cit.*, p. 178.

[4] ONGARO (E.) et BELLE (N.), « Réforme de la fonction publique et introduction de la rémunération liée aux performances en Italie », *op. cit.*, p. 820.

[5] ONGARO (E.) et BELLE (N.), *op. cit.*, p. 825.

[6] ONGARO (E.) et BELLE (N.), *op. cit.*, p. 821.

[7] MAURI MAJOS (J.), et MALARET GARCIA (E.), « L'emploi public espagnol : entre publicisation des salariés contractuels et privatisation du statut des fonctionnaires », *RFAP* n° 132, 2010, p. 864.

à développer la « culture du résultat » dans la gestion des ressources humaines en fixant aux agents publics des objectifs à atteindre faisant l'objet d'évaluation sur la base d'indicateurs de performance[1].

Plus largement, l'introduction de la rémunération liée à la performance dans la fonction publique reste limitée [2]en Italie et dans presque tous les pays occidentaux ayant adopté le système. Le mécanisme n'est donc pas dénué de toute critique.

C) Limites

L'introduction de la *rémunération à la performance* dans la gestion des ressources humaines n'est pas sans poser de difficultés. On le sait, les fonctionnaires sont régis par le « statut de la fonction publique » qui leur garantit l'égalité.

Selon divers travaux de l'OCDE[3], le fonctionnement du système de rémunération au rendement n'est pas satisfaisant à cause de nombreuses difficultés rencontrées sur le terrain : certaines d'entre elles portent sur la « subjectivité » des appréciations portées sur la performance dans la détermination des rémunérations ; le manque de confiance du personnel dans le système de notation et de la répartition des primes ; des « schémas trop standardisés » et un contrôle « trop poussé » des administrations centrales. De plus, certains pays considèrent que les techniques de gestion des performances les plus poussées « *vont à l'encontre de l'esprit de leur fonction publique* »[4]. D'autres difficultés concernent la définition d'« indicateurs de performance pertinents ». Les indicateurs visant à mesurer la performance individuelle des agents peuvent s'avérer contre-productifs et biaiser la « forte culture de service public actuelle » sans garantir de possibles améliorations[5]. L'*Australie*, après avoir mis en place des critères objectifs pour déterminer les primes aux meilleurs agents, est revenue en arrière[6].

Par ailleurs, la relation entre prime individuelle de performance et motivation n'est pas mécanique[7]. En outre, il est possible que le « manque de

---

[1] MENDES (J.), « La réforme du système administratif portugais : New public management ou État néo-wébérien ? », *RFAP* n° 119, 2006, p. 535.

[2] ONGARO (E.) et BELLE (N.), « Réforme de la fonction publique et introduction de la rémunération liée aux performances en Italie », *RFAP* n° 132, 2010, p. 832 et p. 835.

[3] OCDE, *Gestion du capital humain et réforme de la fonction publique, rapport*, Paris, OCDE, 1996, p. 39.

[4] OCDE, *Gestion du capital humain et réforme de la fonction publique, rapport*, *op. cit.*, p. 40.

[5] VAILLANT (E.), « La LOLF : principes directeurs et mise en œuvre dans l'institution judiciaire », *AJFP* n° 12, 2006, p. 485.

[6] JEANNOT (G.), « Réforme de la fonction publique et réorganisation de l'État », *Revue Esprit*, 2008, p. 97.

[7] JEANNOT (G.), *op. cit.*, p. 96.

formation » des cadres évaluant la performance de leurs subalternes constitue un autre point faible du dispositif.

Des organisations syndicales de magistrature se sont opposées à l'institution de primes individuelles estimant qu'elles portent atteinte à leur indépendance[1], au principe d'égalité et ont dénoncé le manque d'objectivité[2]. Mais le Conseil d'État a rejeté les arguments avancés[3]. On comprend alors pourquoi la rémunération à la performance n'a pas rencontré d'adhésion totale des agents publics ; elle a plutôt favorisé l'intéressement individuel[4]. Plus préoccupant encore, le dispositif des primes demeure illisible[5].

En France, Marylise Lebranchu, Ministre de la réforme de l'État, de la décentralisation et de la fonction publique a souligné que l'introduction de la rémunération à la performance a contribué à détériorer le « climat social » dans les services de l'État créant des « tensions » et des « souffrances individuelles »[6].

En 2013, dans son rapport à Monsieur le Premier ministre sur la fonction publique, Bernard Pêcheur souligne avec insistance le « bilan mitigé »[7] de l'introduction de la prime de fonctions et de résultats (PFR). En Allemagne,

---

[1] LERIQUE (F.), « La rémunération à la performance », *op. cit.*, p. 69.

[2] SILICANI (J.-L.), (sous la dir.) et École nationale d'administration, Promotion Valmy (1996-1998), *La réforme de l'État*, *op. cit.*, p. 570.

[3] CE, 4 février 2005, n° 264843, Synd. Magistrature : JurisData n° 2005-067920 ; Rec. CE 2005, p. 33. Selon le Conseil d'État, « *la création d'une prime modulable, destinée à tenir compte de la quantité et de la qualité du travail fourni par un magistrat et, de manière générale, de sa contribution au bon fonctionnement du service public de la justice ne porte, par elle-même, aucune atteinte à l'indépendance des magistrats dans l'exercice de leurs fonctions ; qu'elle ne porte davantage atteinte ni au principe d'égalité ni aux obligations de délicatesse et de dignité qui s'imposent à tout magistrat en vertu de l'article 43 de l'ordonnance portant loi organique du 22 décembre 1958* ».

[4] SILICANI (J.-L.), (sous la dir.) et École nationale d'administration, Promotion Valmy (1996-1998), *La réforme de l'État*, Paris, La Documentation française, Tome 2, 1999, p. 300. Selon les auteurs, « *dans les fait, l'incitation des personnels à la performance n'est pas allée jusqu'à l'intéressement individuel du fait de l'opposition des syndicats* », *Ibid.*

[5] PAULIAT (H.), « Appréciation de la RGPP : la France doit aller plus loin ! », *JCP / La Semaine juridique n° 10-11*, 12 mars 2012, p. 5.

[6] LEBRANCHU (M.), « La gestion des ressources humaines au cœur de la modernisation publique », *op. cit.*, p. 301. Selon la ministre, « *l'accent mis excessivement sur la notion de performance individuelle a, ces dernières années, profondément détérioré le climat social dans les services de l'État, créant des tensions, des souffrances individuelles qui ne sont pas acceptables* », *Ibid.*

[7] Selon le rapport, « en ce qui concerne la prime de fonctions et de résultats (PFR) (…) en passe d'être transformé en un outil indemnitaire, prenant en compte la fonction et l'engagement professionnel, le bilan est lui aussi mitigé », PÊCHEUR (B.), (rapport présenté par), *Rapport à Monsieur le Premier ministre sur la fonction publique*, Paris, 2013, p. 46 (publié sur le site Internet du ministère de la Décentralisation et de la Fonction publique), www.fonction-publique.gouv.fr.

les Länder ont tout simplement abandonné le système de rémunération à la performance[1].

Globalement, les résultats du système de la rémunération au mérite dans les différents États de l'OCDE restent mitigés : la part de la rémunération des hauts cadres liée à la performance demeure faible[2].

CONCLUSION

L'adaptation de la gestion des ressources humaines comporte des enjeux stratégiques. L'adéquation de la qualité des agents publics aux missions de l'État est un défi pour la fonction publique et un enjeu essentiel pour l'État pour les années à venir. Seule une *gestion stratégique et managériale des ressources humaines est susceptible d'apporter une réponse appropriée*. La France se distingue par une fonction publique de carrière. Selon certains, la gestion des ressources humaines évolue progressivement vers une « *fonction publique de métier* »[3]. La pénétration progressive de la notion de métier dans la fonction publique confirme bien l'évolution de la fonction publique de carrière vers une fonction publique de métier. Elle relève selon Jacky Richard, de la « *stratégie des « petits pas* »[4] comme en témoignent le développement de la formation professionnelle, la mobilité des fonctionnaires et la mobilisation d'instruments stratégiques comme le « Rime » ou la gestion prévisionnelle des ressources humaines. L'auteur finit par conclure que le métier ne s'oppose pas au statut, mais le renforce en permettant des « *évolutions professionnelles et structures nécessaires* »[5]. Mais la doctrine n'est pas unanime à ce propos. Marcel Pochard par exemple s'oppose aux tenants de cette thèse. Selon lui, les réformes engagées s'inscrivent bel et bien dans la logique d'une fonction publique de carrière[6]. Les nouvelles pratiques de gestion des ressources dénaturent l'équilibre statutaire[7]. Malgré les « propositions intelligentes » du « rapport Silicani » consacré à l'avenir de la fonction publique, le statut de la fonction publique

---

[1] Cour des comptes, *La mise en œuvre de la loi organique relative aux lois de finances (LOLF) : un bilan pour de nouvelles perspectives, rapport public thématique*, *op. cit.*, p. 178.

[2] Le rapport estime « en moyenne 10 % pour les personnels et entre 20 et 25 % pour les dirigeants » in BUREAU (D.) et MOUGEOT (M.), *op. cit.*, p. 33.

[3] DORD (O.), « La loi mobilité ou l'adaptation du statut par une gestion rénovée des personnels », *op. cit.*, p. 201.

[4] RICHARD (J.), « Le métier est-il soluble dans le statut général ? », *op. cit.*, p. 36.

[5] RICHARD (J.), « Le métier est-il soluble dans le statut général ? », *op. cit.*, p. 36.

[6] Selon l'auteur, « *c'est bien à tort que certains prétendent que l'on serait en train de changer subrepticement le modèle français de fonction publique pour passer d'une fonction publique de carrière à une fonction publique d'emplois. Les réformes engagées se situent clairement dans une logique de fonction publique de carrière* », POCHARD (M.), « L'emploi dans la gestion des ressources humaines dans la fonction publique », *RFAP* n° 132, 2010, p. 700.

[7] FRATACCI (S.), « La gestion des ressources humaines dans l'administration », *op. cit.*, p. 57.

n'a pas été réformé. Sur ce point, Anicet Le Pors, ancien ministre de la Fonction publique et des réformes administratives propose, au moins trois types de statuts [1]afin de maintenir la spécificité des agents publics : le « statut général des fonctionnaires », « des statuts des agents des entreprises publiques » et « un statut des travailleurs salariés du secteur privé ». Quant au « rapport Pêcheur », il propose « plus d'harmonie entre le grade et l'emploi » et recommande la création des « statuts d'emplois » pour les trois fonctions publiques[2]. De même, le « document de travail » ayant servi à la « réflexion préparatoire à la réforme de l'État » militait aussi pour la rénovation, mais sans remettre en cause le statut général de la fonction publique.

Il résulte de ce qui précède que toute réforme de la gestion des agents publics implique nécessairement le respect des « *équilibres juridiques statutaires et les contraintes de gestion* »[3]. On est ici au cœur de la problématique de la « *fonction publique de métiers* »[4] promue par le « livre blanc sur l'avenir de la fonction publique ».

Les nouvelles réformes relatives à la mobilité montrent bien que « *l'image stéréotypée du fonctionnaire inamovible et de ce fait sclérosé est dépassée* »[5]. La France est loin d'avoir une fonction publique immobile : les blocages à la mobilité sont plus sociologiques que juridiques[6].

La gestion stratégique des ressources humaines appelle donc un équilibre entre la logique statutaire (*logique juridique*) et la *logique managériale* (efficacité, performance). Ainsi, toute gestion des ressources humaines doit tenir compte de l'« *équilibre permanent entre approche métier et approche statutaire* »[7].

Tous les pays qui ont privatisé leur fonction publique partiellement ou dans des proportions plus importantes comme l'Espagne ou l'Italie par exemple ont vu la qualité de la fonction publique baisser au regard des usagers ou des entreprises[8].

---

[1] LE PORS (A.), « Quel avenir pour le statut ? », *Les Cahiers de la fonction publique* n° 329, janvier-février 2013, p. 39.

[2] JEAN-PIERRE (D.), « Le rapport Pêcheur : une réflexion nouvelle sur le statut des fonctionnaires », *JCP / La Semaine juridique, éditions Administrations et collectivités territoriales* n° 49, 2 décembre 2013, p. 28.

[3] JEAN-PIERRE (D.), « Le rapport Pêcheur : une réflexion nouvelle sur le statut des fonctionnaires », *op. cit.*, p. 29.

[4] SILICANI (J.-L.), *Livre blanc sur l'avenir de la fonction publique. Faire des services publics et de la fonction publique des atouts pour la France*, Paris, *op. cit.*, p. 103.

[5] CABANEL (J.), « La mobilité », *Les cahiers français* n° 197, 1980, Notices 3, p. 3.

[6] JEANNOT (G.), « Réforme de la fonction publique et réorganisation de l'État », *op. cit.*, p. 106.

[7] THURAT (P.), « L'approche métiers dans la fonction publique hospitalière », *AJFP* novembre-décembre 2000, p. 68.

[8] JEANNOT (G.) et ROUBAN (L.), « Changer la fonction publique », *RFAP* n° 132, 2010, p. 668.

Du même coup, la frontière entre gestion privée et gestion publique des ressources humaines commence à s'estomper : « *la gestion des ressources humaines, qui s'impose de nos jours comme une pratique assez nouvelle de traitement des problèmes de personnel, ne se distingue pas vraiment selon qu'elle est pratiquée dans l'entreprise ou l'administration* »[1]. Plus encore, on pourrait résumer une telle évolution de la manière suivante : « *logique « privée », mais comportement « public* »[2].

Le fait d'accorder des primes aux meilleurs serviteurs de l'État traduit en effet une inflexion sensible du système de rémunération des agents de l'État.

---

[1] SAINSAULIEU (R.), « Gestion des ressources humaines dans le secteur public et privé », *op. cit.*, p. 79.

[2] THIETART (R.-A.), « Public-privé : une guerre de frontières », *RFG* n° 20, mars-avril 1979, p. 74.

CONCLUSION DE LA TROISIÈME PARTIE

La thématique de l'État stratège produit inévitablement des effets sur les principes d'organisation de l'État. Cela conduit l'État à opérer une double adaptation.

En premier lieu, l'organisation adaptée de l'appareil d'État s'impose. Il s'agit d'opérer une distinction claire entre les fonctions stratégiques qui relèvent des administrations centrales et les fonctions opérationnelles déléguées aux structures périphériques. La séparation des fonctions constitue un gage de bonne gestion. Si cette présentation a longtemps prévalu, elle n'est plus pertinente dans la mesure où des agences participent par leur expertise à la définition des stratégies et à l'élaboration des politiques.

Corrélativement, on assiste à un développement sans précédent de la formule des agences dans l'appareil administratif débouchant sur un nouveau phénomène : l'agencification. Elle présente des avantages et des limites. L'essor des agences ne remet pas en cause l'existence des structures traditionnelles : agences et administrations traditionnelles cohabitent ensemble.

En deuxième lieu, la logique stratégique implique l'adaptation de la gestion des ressources humaines à l'évolution des missions de service public et des fonctions stratégiques de l'État. Il s'agit de « *mobiliser et d'adapter aux besoins actuels et prévisionnels les compétences nécessaires aux missions* »[1] de l'État. La logique de performance qui se profile derrière la LOLF rend indispensable la gestion prévisionnelle des ressources humaines. Dans le même temps, la gestion prévisionnelle s'appuie sur un autre instrument stratégique : le répertoire interministériel des métiers de l'État (RIME) élaboré en 2005 et achevé en 2006 en collaboration avec les ministères et les organisations syndicales. Il permet d'identifier tous les métiers de l'État dans un seul document. Le Rime constitue dorénavant « la clé de voûte » de la démarche « métier » pour la fonction publique de l'État[2].

---

[1] DGAFP, *Rapport annuel sur l'État de la fonction publique. Gestion prévisionnelle des ressources humaines 2005-2007, volume 2,* Paris, La Documentation française, 2007, p. 11.
[2] DGAFP, *Rapport annuel sur l'État de la fonction publique. Gestion prévisionnelle des ressources humaines 2005-2007, volume 2, op. cit.,* p. 159.

Plus largement, l'adaptation de la gestion des ressources humaines nécessite une gestion stratégique et managériale. Les enjeux sont considérables. L'adaptation concerne le recrutement, la formation, la mobilité, l'évaluation et la rémunération des agents publics. L'adaptation commande une gestion renouvelée des ressources humaines par la création de passerelles pour accueillir certains cadres expérimentés du privé. Afin d'« *attirer et de retenir les employés dynamiques et performants* »[1], la plupart des pays occidentaux ont développé les incitations financières pour motiver les agents publics ; l'objectif étant de renforcer l'efficacité des services publics et des politiques publiques. Mais toute adaptation de la gestion des ressources humaines implique la *« coexistence du statut et du contrat »*[2] dans un souci de recherche d'efficacité et de performance.

Sous l'influence des préceptes du New Public Management, l'adaptation de la gestion des ressources humaines se fait au prix d'une certaine banalisation. Les frontières entre privé et public s'estompent progressivement.

Ainsi qu'on vient de le voir, la thématique de l'État stratège travaille bien les principes d'organisation de l'État.

---

[1] BUREAU (D.) et MOUGEOT (M.), *Performance, incitations et gestion publique, rapport* du Conseil d'analyse économique, Paris, La Documentation française, 2007, p. 33.

[2] DION (F.), *Contractualisation et emploi public, Thèse de doctorat droit public*, Université Panthéon-Assas, 2013, p. 5.

CONCLUSION GÉNÉRALE

Toute démarche scientifique commande aux termes d'une recherche de tirer les enseignements qui s'imposent.

La thématique de l'État stratège implique bel et bien des implications juridiques.

Derrière la formule de l'État stratège, se profile d'abord une nouvelle conception du rôle de l'État. L'État stratège est avant tout un État qui anticipe les politiques : dans un environnement complexe et aléatoire, l'anticipation devient indispensable dans la guidance de l'action publique. Elle permet de réduire l'incertitude, d'identifier les évolutions futures et de bâtir des scénarios prospectifs. Face au « choc du futur »[1], elle constitue un antidote efficace. L'État stratège mobilise les prérogatives de l'« *État savant* »[2]et celles de l'*« État « cerveau de la société*[3] » : savoir pour anticiper ; cette « fonction d'*« intelligence* » de l'État »[4] est indispensable. L'État stratège tend à devenir un « État intelligent »[5]. Un État qui n'anticipe pas n'est pas stratège et l'absence d'anticipation est facteur de crise. Ainsi par exemple, les États-Unis d'Amérique n'ont pas pu anticiper les attentats du 11 septembre 2001 ; la France, la canicule de l'été 2003 ; les pays du Maghreb, le « printemps arabe » de 2011 et les États africains, le « virus Ebola » en 2014. L'anticipation entretient des liens avec la norme juridique et présente des limites, des risques.

En ce qui concerne l'interventionnisme économique de l'État, celui-ci a connu d'importantes inflexions ces dernières décennies : diverses techniques d'intervention ont été sollicitées soit pour améliorer l'attractivité, la compétitivité ou la défense de l'économie. Face à la compétition

---

[1] Il est seulement fait référence au titre de l'ouvrage de TÖFFLER (A.), *Le choc du futur*, Denoël, 1971.

[2] Il est fait allusion au titre de l'ouvrage de MASSARDIER (G.), *expertise et aménagement du territoire : l'État savant*, Paris, L'Harmattan, 1996.

[3] CHEVALLIER (J.), « La réforme de l'État et la conception française du service public », *op. cit.*, p. 204.

[4] SILICANI (J.-L.), « L'État régulateur : la vision prospective d'un praticien » in LOMBARD (M.), (sous la dir.), *Régulation économique et démocratie*, Paris, Dalloz, 2006, p. 74.

[5] BOUVIER (M.), « Nouvelle gouvernance publique et transformations du pouvoir politique », in *Mélanges en l'honneur de Robert Hertzog*, Paris, Economica, 2011, p. 63.

économique, l'État déploie plusieurs stratégies parfois contradictoires. Pour attirer le maximum d'investisseurs étrangers, plusieurs outils juridiques soutenant les stratégies d'intervention ont été utilisés. Les instruments juridiques de la stratégie offensive visent à créer un cadre juridique favorable à la croissance des entreprises ; d'autres privilégient les incitations financières, l'octroi d'aides ainsi que différentes mesures de soutien, *etc.* À cette première stratégie d'intervention, correspondent les figures de l'État promoteur, incitateur, accompagnateur et partenaire du développement économique. Le corpus juridique mobilisé privilégie le droit « souple » et « attractif ».

En revanche, la défense de l'économie exige des mesures plus contraignantes. Le contrôle exercé par l'État prend la forme d'encadrement des investissements étrangers, de participation dans le capital d'entreprises stratégiques. L'État actionnaire, investisseur et sauveteur de l'économie sont les principales figures étatiques sollicitées. L'État ne se retire pas du jeu économique : la régulation des services publics en réseaux a montré que l'État intervient, mais sous une autre forme ; il se désengage en confiant la fonction de régulation à des organismes indépendants. Le droit régissant la stratégie défensive est un droit rigide : c'est un droit par essence « réglementaire », restrictif, sélectif et discriminant. La protection des « *champions nationaux* »[1] nécessite un *durcissement des législations* encadrant les activités liées aux fonds souverains ou aux OPA.

Il résulte de ce qui précède que les techniques d'intervention de l'État ont sensiblement évolué. On peut soutenir l'idée selon laquelle, la démarche d'intervention de l'État qui se profile derrière le thème de l'État stratège ressemble davantage à « *la stratégie du gagneur*[2]» dans une économie mondialisée.

Parallèlement, la démarche stratégique implique qu'une fois les politiques mises en œuvre, qu'elles fassent l'objet d'évaluation. La démarche concerne tant le niveau central que le niveau déconcentré. L'évaluation constitue un levier de modernisation des politiques et de l'action publique. Entre nécessité démocratique de rendre des comptes, souci d'efficacité des politiques et amélioration de la qualité des services publics, la performance est devenue un instrument indispensable pour piloter l'action publique. Même si l'évaluation a connu diverses difficultés d'implantation, force est de constater qu'elle participe à la rationalisation de la production normative. Ses implications concernent l'administration, le politique, le droit budgétaire. Mais l'évaluation rencontre d'autres difficultés : en France, les acteurs sont non seulement nombreux et hétérogènes, mais encore, il n'existe

---

[1] On les appelle aussi les « fleurons » : ce sont en effet les grandes entreprises de dimension nationale voire internationale qui ont vocation à se développer à l'international et que l'État est tenu de les protéger et de les accompagner dans leur stratégie d'expansion à l'étranger.

[2] Il est fait seulement allusion au titre de l'ouvrage d'OLSEM (J.-P.), *La stratégie du gagneur : entreprises et nations face à la nouvelle concurrence*, Paris, Armand Colin, 1993.

pas de dispositif unique. En outre, dans la pratique, le lien entre évaluation, décision publique et prospective reste faible ; les rédacteurs du « guide » méthodologique servant à évaluer les politiques publiques partenariales pointent cet aspect et recommandent[1] non seulement de favoriser la concertation dans le dispositif d'évaluation de la MAP, mais aussi de renforcer la connexion avec le processus décisionnel.

Si la démarche expérimentale comporte une dimension stratégique pour l'État et les collectivités territoriales, elle est loin d'être la panacée et la seule technique utilisée par l'État.

S'agissant de la LOLF, même si son introduction dans la sphère publique constitue un « bouleversement » majeur, l'évaluation de la performance pose des problèmes au niveau des indicateurs et des critères d'évaluation. La LOLF est loin d'être un instrument idéal d'évaluation des politiques publiques.

En ce qui concerne la révision générale des politiques publiques ayant pour but la réduction de la dépense publique et la rationalisation des structures administratives pour améliorer l'efficacité des politiques, force est de constater que très « *peu de décisions de la RGPP ont correspondu à une modification des missions de l'État* »[2]. Sous la présidence Sarkozy, on a assisté à une réduction importante des effectifs de la fonction publique et à une recomposition de nombreuses administrations centrales et locales. Les effets de ces politiques en matière de réalisation d'économies budgétaires restent toutefois mitigés. La révision générale des politiques publiques a été remplacée par une politique nouvelle : la modernisation de l'action publique. Du fait de sa nouveauté, tous les effets de la MAP sont loin d'être identifiés.

Parallèlement, les pouvoirs publics ont développé la pratique des études d'impact pour « mieux légiférer »[3] et renforcer la qualité de la réglementation. Les études d'impact bien que nécessaires comportent des limites.

Derrière la thématique de l'État stratège, se dessine aussi le renouveau de l'action publique contractuelle. L'externalisation d'activités « périphériques » et l'essor de la contractualisation relèvent bien de cette philosophie. L'État stratège est un État qui se recentre sur son « cœur de métier » en privilégiant l'externalisation d'activités « périphériques » pour

[1] BATTESTI (J.), BONDOZ (M.), MARIGEAUD (M.) et DESTAIS (N.), *Cadrage méthodologique de l'évaluation des politiques partenariales. Guide*, Paris, La Documentation française, 2012, p. 4 et suiv.

[2] CORNUT-GENTILLE (F.), ECKERT (C.), Assemblée Nationale, *Une évaluation de la RGPP : méthode, contenus, impact financiers, rapport d'information, op. cit*, p. 120. Le rapport fait mention de la suppression de deux missions de l'État : la suppression de l'ingénierie concurrentielle et le recentrage de l'action de la protection de la jeunesse sur la prise en charge de mineurs délinquants, CORNUT-GENTILLE (F.), ECKERT (C.), *Ibid.*

[3] OCDE, *Mieux légiférer en Europe : France 2010*, Paris, OCDE, 2010.

renforcer l'efficacité des politiques soit par la voie de la délégation, soit par le partenariat public-privé.

Dans le procédé de la délégation, la collectivité publique délègue l'exploitation d'un service à un opérateur privé ou public pour son compte et sous son contrôle. Le critère financier de la délégation est lié à la rémunération du cocontractant assuré par les résultats de l'exploitation et doit désormais prendre en compte le risque commercial de l'exploitation. Le procédé connaît un certain succès du fait de l'exigence d'efficacité et de qualité des services. Mais le périmètre du « *cœur non délégable* »[1] ne cesse de se modifier ; de plus en plus d'activités relevant du « cœur de métier » ne cessent de faire l'objet d'externalisation. L'extension du champ du « non-délégable » vers le « délégable » soulève des interrogations sur la « maîtrise » du procédé contractuel. La frontière entre activités « externalisables » et activités non « externalisables » s'efface peu à peu. La démarche partenariale contribue à rendre plus poreuses les frontières entre le public et le privé. Les directives européennes du 26 février 2014 ne remettent pas en cause la notion de délégation de service public. Désormais avec les nouvelles directives, en matière de passation des contrats publics, la « *procédure concurrentielle avec négociation* » devra trouver application dans tout l'espace communautaire.

Dans la démarche partenariale, le procédé contractuel permet de confier au secteur privé une mission globale en vue de réaliser une opération complexe. Le bilan des contrats de partenariats public-privé reste pour le moins mitigé. Selon un rapport du Sénat [2]de juillet 2014, seulement 156 contrats de partenariats public-privé ont été conclus entre 2004 et 2012 pour un montant total de 34 milliards d'euros ; 78 % des contrats concernent les collectivités territoriales. Paradoxalement, l'État a moins mobilisé le procédé alors qu'il traverse une crise financière et budgétaire sans précédent : on l'a souligné, la démarche partenariale vise surtout à faire supporter par le secteur privé le financement, la construction et l'exploitation des équipements publics. Dans le même temps, les limites du procédé appellent à des réformes. Des parlementaires et certains auteurs de la doctrine invitent les gouvernants à réformer le cadre juridique des contrats de partenariat lors de la transposition des directives du 24/24/UE du Parlement européen et du Conseil du 26 février 2014 sur la passation des marchés publics. L'ordonnance du 23 juillet 2015 relative aux marchés publics et le décret d'application du 25 mars 2016 s'inscrivent dans cette logique visant à moderniser le régime des marchés publics pour donner plus d'attractivité à la notion de marché public.

---

[1] CED- Conseil Economique de la Défense, *L'externalisation au ministère de la Défense. Avis du Conseil Économique de la Défense remis au ministre de la Défense le 16 juillet 2001*, Paris, CED, 2001, p. 19.

[2] SUEUR (J.-P.) et PORTELLI (H.), *Les contrats de partenariat : des bombes à retardement, rapport d'information* n° 733, *op. cit.*, p. 8.

Corrélativement, la contractualisation illustre le renouveau de l'action publique contractuelle. L'action souple est préférée à l'action unilatérale ; d'où le développement de la contractualisation.

Le « droit contractuel » entre dans le thème du droit mou. La contractualisation favorise l'émergence d'un droit négocié qui résulte de la « *pesée des intérêts* »[1]. Le droit négocié s'oppose à la logique pyramidale du droit. On est ici en présence d'un nouveau modèle : le réseau. Le « modèle du droit en réseau » est plus adapté et plus en phase avec la conception nouvelle du droit consécutive à l'avènement de l'État stratège. Néanmoins, force est de constater que le droit négocié n'occupe qu'une place mineure et marginale dans le droit étatique public[2].

Le thème de l'État stratège inaugure aussi l'entrée de l'État dans une ère juridique tout à fait nouvelle : le droit négocié est un élément constitutif du droit postmoderne. Le droit postmoderne est un indice de transformation du droit public.

Derrière la démarche contractuelle se profile parfois le droit autoritaire, unilatéral. La contractualisation est génératrice de risques et entraîne des doutes sur la valeur juridique de certains actes comme le contrat local de sécurité : le « *risque d'instabilité juridique qui en résulte est élevé* »[3].

Le mouvement de contractualisation peut être source d'illusions et de confusion.

Enfin, la thématique de l'État stratège implique l'adaptation des principes d'organisation. L'État stratège est un État qui s'appuie sur une organisation adaptée pour la mise en œuvre des politiques. La séparation entre les fonctions de conception, de définition, de contrôle et d'évaluation relevant des administrations centrales et les fonctions opérationnelles incombant aux structures périphériques relève bien de la figure de l'État stratège. Ce principe qui a longtemps prévalu et considéré comme un « gage d'efficacité » a perdu de sa pertinence. Par leur « pouvoir d'expertise », des agences contribuent à la stratégie et à la définition de politiques sectorielles. Selon le Conseil d'État, les agences ne constituent pas un « démembrement de l'État » ; elles en sont une composante et forment un « réseau État-agences »[4]. Leur rôle étant ici complémentaire. Dans le même temps, on assiste à une « inflation des agences » dans l'appareil d'État désignée sous le vocable d'« agencification ». Ceci n'est pas sans poser de difficultés. La

---

[1] OST (F.) et KERCHOVE (M. van de), *De la pyramide au réseau ? Pour une théorie dialectique du droit*, *op. cit.*, p. 438.

[2] DUMONT (H.), « Droit public, droit négocié et para-légalité », in GERARD (P.), OST (F.), KERCHOVE (M. Van de), *Droit négocié, droit imposé ?*, Bruxelles, Facultés universitaires Saint-Louis, 1996, p. 457.

[3] Conseil d'État, *Le contrat mode d'action publique et de production de normes, rapport public 2008*, *op. cit.*, p. 253.

[4] Conseil d'État, *Étude annuelle 2012, Les agences : une nouvelle gestion publique ?*, *op. cit.*, p. 14.

forte autonomie des agences favorise le développement d'un « pilotage à vue », la mise en place d « un gouvernement à distance ».

L'État stratège est par ailleurs un État qui privilégie la gestion stratégique des ressources humaines en s'inspirant des préceptes de la « Nouvelle gestion publique ». L'adaptation de la fonction publique aux fonctions stratégiques de l'État repose sur une gestion prévisionnelle des ressources humaines. Dans le même temps, l'État créé des passerelles pour accueillir certains cadres expérimentés du privé afin de renforcer la dynamique d'efficacité de l'action publique. L'État stratège est un État qui adapte les modes de recrutement et de formation des agents. Il encourage la mobilité. Les agents publics font l'objet d'évaluation. L'introduction de la rémunération à la performance participe au renforcement de la logique de performance.

Au-delà de ces considérations importantes, d'autres remarques s'imposent. Quatre approches sous-tendent la thématique de l'État stratège : l'approche stratégique, instrumentale, managériale ou gestionnaire et l'approche bureaucratique. *L'approche stratégique* est constituée de stratégies offensives et défensives permettant aux pouvoirs publics d'ajuster le mode d'intervention économique de l'État. *L'approche instrumentale* se manifeste au travers de la technique juridique. Diverses techniques juridiques ont été mobilisées pour construire les stratégies d'intervention de l'État. Quant à l'*approche managériale, elle* est illustrée par l'introduction de la culture du résultat avec le vote de la LOLF, l'essor de la contractualisation, le développement des procédures d'évaluation, l'introduction de la rémunération au mérite, la séparation des fonctions stratégiques des fonctions opérationnelles, la réduction des agents de l'État, la recherche d'économies d'échelle, la gestion managériale des ressources humaines, *etc.* Pour autant, l'*approche bureaucratique* n'a pas disparu, elle reste bien présente.

Du même coup, la frontière entre secteur public et secteur privé s'estompe progressivement.

Si la thématique de l'« État stratège » postule la perspective d'un « État allégé », resserré qui tend vers plus d'efficacité et de performance, régi par un droit souple cohabitant avec un droit rigide, force est de constater que les directions stratégiques et les administrations nouvelles qu'elle implique ne remplacent pas pour autant les structures existantes qui ont constitué jusque-là le centre névralgique de l'architecture étatique. Bien au contraire, tous ces éléments cohabitent. Une telle situation est tout à fait inédite et singulière dans la vie de l'État au 21ème siècle.

La thématique de l'État stratège a encore de beaux jours devant elle dans le débat public et dans la réforme des institutions si des solutions adaptées sont apportées aux diverses limites et contradictions soulevées ci-dessus afin de renforcer l'efficacité de l'action publique. Cependant, l'étude des implications juridiques du thème est loin d'épuiser toutes les facettes de l'État et du droit public. C'est là, un nouveau défi à relever par le juriste dans ses recherches futures.

Fait à Paris le 8 février 2017

BIBLIOGRAPHIE INDICATIVE

I. OUVRAGES GÉNÉRAUX

ALLAND (D.) et RIALS (S.), (sous la dir.), *Dictionnaire de la culture juridique*, Paris, Lamy-PUF, 2003.

ARNAUD (A.-J.), *Dictionnaire encyclopédique de théorie et de sociologie du droit*, Paris, LGDJ et Ed. Story-Scientia, 1988.

BAVEREZ (N.), *La France qui tombe*, Paris, Editions Perrin, 2003.

BERGER (J.-L.), *Méthodologie juridique*, Paris, PUF, Collection « Thémis », 2001.

BERSANI (J.), (sous la dir.), *Encyclopaedia Universalis*, Paris, Encyclopaedia Universalis, 3ème édition, 1989-1990.

BEITONE (A.), CAZORLA (A.), DOLLO (C.) et DRAI (A.-M.), *Dictionnaire des sciences économiques*, Paris, Armand Colin, 2ème édition, 2007.

BLOCK (M.), (sous la dir.), *Dictionnaire de l'administration française*, Paris, Berger- Levrault, 1905.

BLONDIAUX (L.), *Le nouvel esprit de la démocratie. Actualité de la démocratie participative*, Paris, Seuil, Collection « La République des idées », 2008.

COHEN (E.), *L'État brancardier. Politiques du déclin industriel (1974-1984)*, Paris, Fondation Saint Simon, Calmann-Lévy, 1989.

CORDELLIER (S.), (sous la dir.), *Le nouvel état du monde. Les 80 idées-forces pour entrer dans le 21ème siècle*, Paris, La Découverte, 1999.

CORNU (G.) et Association Henri Capitant, *Vocabulaire juridique*, Paris, PUF, 1987 ; édition 2007 ; et 9ème édition, 2011.

DALLOZ, *Lexique d'économie*, Paris, Dalloz, 11ème édition, 2010.

GHORRA-GOBIN (C.), (sous la dir.), *Dictionnaire des mondialisations*, Paris, Armand Colin, 2007.

JASKO (M.), *Dictionnaire des fonctions publiques*, Montreuil, Éditions du Papyrus, 2006.

KUHN (T.), *La structure des révolutions scientifiques*, Paris, Flammarion, Coll. « Champs », édition 1962, 1969, 1972 et 1983.

LAKEHAL (M.), *Dictionnaire d'économie contemporaine et des principaux faits politiques et sociaux*, Paris, Vuibert, 2002.

LAROUSSE, *Dictionnaire Le Petit Larousse illustré 2006*, Paris, Larousse, 2005.

LAROUSSE, *Dictionnaire Le Petit Larousse*, Paris, 1993.

LE PETIT ROBERT, *Dictionnaire Le Petit Robert de la Langue française*, Paris, 2006.

LOMBARD (M.), (sous la dir.), *Régulation économique et démocratie*, Paris, Dalloz, 2006.

MARSEILLE (J.), *Le grand gaspillage*, Paris, Editions Perrin, 2005.
MORIN (E.), *Introduction à la pensée complexe*, Paris, ESF, 1990 et Le Seuil, 2005.
PADIOLEAU (J.G.), *L'État au concret*, Paris, PUF, Coll. « Sociologies », 1982.
PORTER (M. E.), *L'avantage concurrentiel des nations*, Paris, Inter Editions, 1993.
REVEL (M.), (sous la dir.), *Le débat public : une expérience française de la démocratie participative*, Paris, La Découverte, Collection « Recherches », 2007.
ROBERT (P.), *Le nouveau Petit Robert. Dictionnaire alphabétique et analogique de la langue française*, Paris, Le Robert, 2010.
ROSANVALLON (P.), *L'État en France de 1789 à nos jours,* Paris, Éditions du Seuil, 1990.
SCARANO (J.-P.), (sous la dir.), *Dictionnaire de droit administratif*, Paris, Ellipses, 2008.
SCHAEGIS (C.), *Dictionnaire de droit administratif*, Paris, Ellipses, 2008.
VAN LANG (A.), GONDOUIN (G.) et INSERGUET-BRISSET (V.), *Dictionnaire de droit administratif*, Paris, Sirey, 6ème édition, 2012.

II. ÉTAT STRATEGE

Ouvrages

BOUAYAD (A.), *Stratégie pour la France*, Paris, Économica, 2003.
CASSESE (S.), WRIGHT (V.), (sous la dir.), *La recomposition de l'État en Europe*, Paris, La Découverte, 1996.
CHEVALLIER (J.), *L'État postmoderne*, Paris, LGDJ, Coll. « Droit et société », 2003, (et 2ème édition en 2004).
LE PORS (A.), *L'État Efficace*, Paris, Édition Robert Laffont, 1985.
TIRERA (L.), *Du commissariat général du Plan au centre d'analyse stratégique. Stratégie de réforme d'une administration de mission*, Paris, L'Harmattan, 2007.

Rapports publics

BLANC (C.), Pour un État stratège garant de l'intérêt général, rapport de la Commission «État, administration et services de l'an 2000 », Paris, La Documentation française, 1993.
Commissariat Général du Plan, Regards prospectifs sur l'État stratège n° 2, Paris, CGP, 2004.
Commissariat Général du Plan, rapport sur les perspectives de la France, Paris, La Documentation française, 2000.
PICQ (J.), L'État en France. Servir une nation ouverte sur le monde, rapport au Premier ministre, Paris, La Documentation française, « Collection des rapports officiels », 1995.
MAJOIE (B.), (rapport présidé par), Recherche et innovation : la France dans la compétition mondiale, Paris, La Documentation française, 1999.

Thèse

BAUBY (P.), *Le marxisme et l'État stratège*, thèse de doctorat, Paris, IEP, 1989.

Articles

BEZES (P.), « Le modèle de l'État stratège : genèse d'une forme organisationnelle dans l'administration française », *Sociologie du travail*, n° 4, 2005, pp. 431-450.

CHEVALLIER (J.), « L'État stratège » in BIRNBAUM (P.), *Le temps de l'Etat, Mélanges en l'honneur de Pierre Birnbaum*, Paris, Fayard, 2007, pp. 372-385.

CHEVALLIER (J.), « L'État reste présent dans l'économie, mais à la manière d'un « stratège » et non plus d'un « pilote » in CORDELLIER (S.), (sous la dir.), *Les 80 idées-forces pour entrer dans le 21ème siècle*, Paris, La Découverte, 1999, pp. 107-109.

FAUROUX (R.), et SPITZ (B.), « IV- L'État stratège » in FAUROUX (R.), et SPITZ (B.), (sous la dir.), *Notre Etat*, Paris, Robert Laffont, 2000, pp. 435-587.

JOUVENEL (H. de), « L'État stratège ? », *Futuribles n° 287*, juin, 2003, pp. 3-4.

LASSALE (J.-P.), « De l'État-administratif à l'État-stratège », *RFFF*, n° 73, 2001, pp. 87-91.

MENEMENIS (A.), « Quelques remarques sur le rapport Picq », *Rev. adm.*, n° 283, 1995, pp. 13-17.

TOULEMONDE (J.), « Stratèges et micro-stratégie dans l'administration », *RFG*, n° 85, 1991, pp. 73-81.

III. ÉTAT PLANIFICATEUR

Ouvrages

AUBY (J.-M.), AUBY (J.-B.), *Institutions administratives : organisation générale, fonction publique, contentieux administratif, interventions de l'administration dans l'économie, prix, planification, aménagement du territoire*, Paris, Dalloz, 6ème édition, 1991.

ESPING-ANDERSEN (G.), *Les trois mondes de l'État-providence. Essai sur le capitalisme moderne*, Paris, PUF, Collection « Le lien social », 1999.

EWALD (F.), *L'État providence*, Paris, Editions Grasset et Fasquelle, 1986.

FARJAT (G.), *Droit économique*, Paris, PUF, 1971.

FNSP et IEP Grenoble, *La planification française, comme processus de décision*, Paris, A. Colin, 1965.

GAUDEMET (P.-M.), *La planification économique et les transformations du droit français*, Bruxelles, Paris, LGD, 1972.

JACQUOT (H.), *Le statut juridique des plans français*, Paris, LGDJ, 1973.

JOBERT (B.), *Le Plan en social*, Paris, Éditions ouvrières, 1981.

KUISEL (R. F.), *Capitalisme et l'État en France: modernisation et dirigisme au XXème siècle*, Paris, Gallimard, 1984.

MASSE (P.), *Le plan ou l'anti-hasard*, Paris, Gallimard, Collection idées, 1965.

MIOCHE (P.), *Le Plan Monnet, genèse et élaboration, 1941-1947*, Paris, Publications de la Sorbonne, 1987.

NIZARD (L.), BELANGER (P. A.), LAURENCIN (J.-P.), LONGEPIERRE (M.),
BOUCHET (C.), MONZIES (M.-C.), MULLER (P.), (sous la dir.), *Changement social et appareil d'État - du V au VI Plan*, Grenoble, CERAT, 1974.

QUINET (E.), *La planification française*, PUF, Collection « Que sais- je ? », 1990.

SULEIMAN (E. N.) et COURTY (G.), *L'âge d'or de l'État*, Paris, Seuil, 1957.

ULLMO (Y.), *La planification en France*, Paris, Dalloz, 1974.

Traité

LAUBADERE (A. de), *Traité de droit administratif. L'administration de l'économie*, Paris, L.G.D.J., 3ème édition, 1977.

Articles

CHAPAL (P.), « Recherche sur la notion et le régime des actes juridiques à caractère « prospectif », *A.J.D.A.*, Juin, 1968, pp. 323- 334.

GAUDEMET (P. M.), « Réflexions sur le droit administratif économique », *(Separata del libro, Estudios en hoenaje al Profesor LOPEZ RODO)*, Madrid, 1972, pp. 133-143.

KATZAROV (K.), « La planification comme problème juridique », *Revue internationale de droit comparé* (continuation du Bulletin de la Société de législation comparée), n° 2, 1958, pp. 1-22.

QUERMONNE (J.-L.), « Les effets de la planification au niveau de l'appareil politique et de l'ordonnancement juridique » in FNSP et IEP de Grenoble, *La planification comme processus de décision*, Paris, Armand Colin, 1965, pp. 95-115.

RIVERO (J.), « Vers un statut juridique du Plan », *Revue Droit social*, 1949, pp. 4-7.

RIVERO (J.), « Le Plan et le Droit » in FNSP et IEP de Grenoble, *La planification comme processus de décision*, Paris, Armand Colin, pp. 121- 127.

IV. PREVISION, PROSPECTIVE

Ouvrages

BAILLY (J.-P.), *Demain est déjà là : prospective, débat, décision publique*, La Tour d'Aigues, Éditions de l'Aube, 1999.

BAILLY (J.-P.), *Prospective, débat, décision publique*, Paris, Les Éditions des Journaux officiels, 1998.

BAROUCH (G.), *La décision en miettes*, Paris, L'Harmattan, Coll. « Logiques sociales », 1989.

BERGER (G.), *Phénoménologie du temps et prospective*, Paris, PUF, 1964.

BERNARD (Y.), COSSE (P.-Y), *L'Etat et la prévision macroéconomique*, Paris, Editions Berger-Levrault, 1974.

CARNOT (N.), TISSOT (B.), *La prévision économique*, Paris, Économica, 2002.

DARCET (J.), *Étapes de la prospective*, Paris, PUF, 1967.

DATAR, *La méthode des scénarios. Une réflexion sur la démarche et la théorie de la prospective*, Paris, La Documentation française, 1975.

DECOUFLE (A.-C.), *Sociologie de la prévision : l'exemple de la prospective sociale en France*, Paris, PUF, 1976.

DECOUFLE (A.-C.), *La prospective*, Paris, PUF, Coll. « Que sais-je ? », 1972.

DESPORTES (V.), *Décider dans l'incertitude*, Paris, Économica, 2004.

DUMOULIN (L.), (sous la dir.), *Le recours aux experts : raisons et usages politiques*, Presses Universitaires de Grenoble, 2005.

DUPUY (J.-P.), *Pour un catastrophisme éclairé*, Paris, Le seuil, 2002.

FOURASTIE (J.), *La prévision économique et la direction des entreprises*, Paris, PUF, 1955.

GAUDIN (T.), *La prospective*, Paris, PUF, Coll. « Que sais-je ? », 2005.

GHERTMAN (M.), *La prise de décision*, Paris, Presses universitaires de France, 1981.

GODET (M.), *Le courage du bon sens. Pour construire l'avenir autrement*, Paris, Odile Jacob, 2009.

GODET (M.), *Manuel de prospective stratégique, Tome I : Une indiscipline intellectuelle* et *Tome II : L'art et la méthode*, Paris, Dunod, 1997.

GODET (M.), BEFFA (J.-L.), *De l'anticipation à l'action. Manuel de prospective et de stratégie*, Paris, Dunod, 2ème édition, 1995.

GODET (M.), *L'avenir autrement*, Paris, Armand Colin, 1993.

GONOD (P. F.), *Dynamique de la prospective*, Paris, Auditech, 1990.

GUILLAUME (H.), (sous la dir.), MASSE (P.), (préface.), *Faire gagner la France*, Paris, Hachette, 1986.

HATEM (F.), CAZES (B.), ROUBELAT (F.), *La Prospective. Pratiques et Méthodes*, Paris, Economica, 1993.

Institut International d'Administration publique/RFAP, *La prévision gouvernementale et administrative*, Paris, RFAP, 1979.

JOUVENEL (B. de), *L'art de la conjoncture*, Paris, SEDEIS, 2ème édition, 1972.

LASCOUMES (P.), *Expertise et action publique*, Paris, La Documentation française, 2005.

MARCH (J.G.), *Décisions et organisations*, Paris, Editions d'organisation, 1991.

MASSARDIER (G.), *expertise et aménagement du territoire : l'État savant*, Paris, L'Harmattan, 1996.

MASSE (P.), *Prévision et prospective*, Paris, PUF, 1967.

Ministère de l'Économie, des Finances et du budget, *Économie et prévision*, Paris, La Documentation française, 1981.

PATEYRON (E.), *La veille stratégique*, Paris, Economica, 1998.

PORTER (M.), *Choix stratégiques et concurrence*, Paris, Economica, 1982.

SAUVY (A.), *Conjoncture et prévisions économiques*, Paris, PUF, 8ème édition, 1977.

SFEZ (L.), *La décision*, Paris, PUF, Collection « Que sais-je ? », 2004, 4ème édition.

SFEZ (L.), *Critique de la décision*, Paris, Presses de la Fondation nationale des sciences politiques, 1999.

SFEZ (L.), *L'administration prospective*, Paris, Armand Colin, 1970.

SIMON (H. A.), *Administration et processus de décision*, Paris, Economica, 1983.

TERRY (A.), *Des francs-tireurs aux experts : l'organisation de la prévision économique au Ministère des Finances 1948-1968*, Paris, Comité pour l'histoire économique et financière de la France, 2002.

TÖFFLER (A.), *Le choc du futur*, Paris, Denoël, 1971.

Rapports publics

BOURDIN (J.), *rapport d'information sur l'information économique aux États-Unis*, Paris, Sénat, 2001.

Commissariat Général du Plan, *Les politiques de planification et de prospective dans les pays membres de l'Union européenne*, Paris, CGP, 2004.

Commissariat Général du Plan/CNRS, *Prospective 2005*, Paris, Économica, La Documentation française, 1987.
Communautés européennes/Commission, *Livre blanc : croissance, compétitivité, emploi : les défis et les pistes pour le XXIème siècle, rapport*, Luxembourg, Office des publications officielles des Communautés européennes, 1993.
JACQUAT (D.), *Prévoir l'imprévisible, changer de regard sur le vieillissement : deux défis pour demain*, rapport d'information n° 1091 tome 1, Paris, Assemblée Nationale, octobre 2003.
MALINVAUD (E.), *La fonction « statistique et études économiques » dans les Services de l'État*, rapport au Premier Ministre, Paris, La Documentation française, Coll. « rapports officiels », 1997.
TRON (G.) et DENIAUD (T.), *Mission d'évaluation et de contrôle. Evaluation et prospective : quelle organisation*, rapport n° 876, Paris, Ass. nat., 2003.

Mélange

Mélanges offerts à Monsieur Louis Trotabas, Paris, LGDJ, 1970.

Traité

DECOUFLE (A.-C.), (sous la dir.), *Traité élémentaire de prévision et de prospective*, Paris, PUF, 1978.

Thèse

GODET (M.), *Crise de la prévision et essor de la prospective : critique de la prévision et méthode prospective*, Thèse Paris I, 1976.

Articles

AUBIBERT (P.), « Diffusion et réutilisation des données publiques : l'exemple de l'Insee », *Regards sur l'actualité* n° 346, 2008, pp. 16-17.
BAILLY (J.-P.), « Prospective territoriale et action publique », *Futuribles*, n° 314, décembre, 2005, pp. 53-67.
BERTRAND (G.), MICHALSKI (A.), LUCIO (P.), « Europe 2010 : cinq scénarios », *Futuribles* octobre 1999, pp. 5-23.
BOISANGER (P. de), « Réduire l'imprévu à l'imprévisible. Du bon usage des scénarios », *Futuribles*, mars, 1988, pp. 59-68.
BUI-XUAN (O.), « Les dernières réformes de la statistique publique : entre transparence et secret », *RDA*, juin 2009, pp. 6-12.
CARPENTIER-TANGUY (X.), « Expertise et conseil en France : un modèle centralisé et élitiste », *Problèmes Économiques* n° 2912, 6 décembre, 2006, pp. 6-9.
CAZES (B.), « Sur les origines du mot « prospective », *Futuribles*, décembre, 1997, pp. 41-44.

CHAPAL (P.), « Recherche sur la notion et le régime des actes juridiques à caractère « prospectif », *AJDA*, Juin 1968, pp. 323-334.

DOURILLE-FEER (E.), « La prospective publique au Japon. De l'orientation à l'accompagnement des changements », *Futuribles*, n° 303, 2004, pp. 73-84.

DROR (Y.), « Les gouvernants en quête de prévision », *Futuribles*, février, 1986, pp. 92- 97.

GODET (M.), « La prospective stratégique. Prospective-stratégie : différences et complémentarités », *Futuribles*, avril, 1997, pp. 45-57.

GODET (M.), « De l'anticipation à l'action », *Futuribles*, juillet-août, 1991, pp. 31-38.

GODET (M.), « Prospective : Pourquoi ? Comment ? Sept idées-clefs », *Futuribles*, novembre, 1989, pp. 79-89.

GODET (M.), « Méthode des scénarios », *Futuribles*, novembre 1983, pp. 110-120.

GODET (M.), « Pour un véritable pluralisme des prévisions », *Futuribles*, décembre, 1979, pp. 79- 84.

Groupe ALEPH (CGP), « Acteurs de la prospective dans les dix nouveaux États membres de l'Union européenne », *Les Notes d'ALEPH*, n° 24, 20 octobre, 2004, pp. 1-8.

HAURIOU (A.), « Le droit administratif de l'aléatoire » in *Mélanges offerts à Monsieur Louis Trotabas*, Paris, LGDJ, 1970, pp. 197-223.

HERAULT (B.), « La prospective publique : thèmes et variations », *Futuribles*, n° 312, 2005, pp. 65-84.

JOBERT (B.), « Un monopole d'État : la prévision économique et sociale en France », *RFAP* n° 9, janvier-mars, 1979, pp. 117-142.

JOUVENEL (H. de), « Sur la démarche prospective. Un bref guide méthodologique », *Futuribles*, 1993, pp. 51-71.

JOUVENEL (H. de), « Prospective et Politique. La prospective par et pour les pouvoirs publics en Europe », *Futuribles*, juin, 1988, pp. 29-34.

LEPETIT (P.), « Le rôle des think tanks », *Problèmes Economiques*, n° 2912, 6 déc. 2006, pp. 2-5

LES NOTES BLEUES DE BERCY, « L'organisation de la prévision économique au ministère des Finances en 1948 et 1968 », *Les Notes Bleues de Bercy*, n° 250, du 1er au 15 avril 2003, pp. 1-8.

MAREUGE (C.), « Prospective et expertise publiques en Irlande », *Futuribles*, n° 299, juillet-août, 2004, pp. 97-106.

RAYMOND (C.), « La prévision économique en France », *Futuribles*, novembre 1983, pp. 75-91.

SILICANI (J.-L.), « L'État régulateur : la vision prospective d'un praticien » in LOMBARD (M.), (sous la dir.), *Régulation économique et démocratie*, Paris, Dalloz, 2006, pp. 69-82.

TERRAY (A.), « L'organisation de la prévision économique au ministère des Finances entre 1948 et 1968 », *Les Notes bleues de Bercy*, n° 250, 2003, pp. 1-8.

VIET (C.), « Le rôle de l'État dans l'anticipation et l'accompagnement des mutations économiques », *Les Petites Affiches*, n° 232, 2003, pp. 13-19.

WHISTON (T.), « La prévision au niveau gouvernemental : orientation normative », *RFAP*, n° 9, janv-mars 1979, pp. 9-19.

V. Adaptation des outils et des stratégies d'intervention économique de l'État

Ouvrages

ADAM (F.), FERRAND (O.) et RIOUX (R.), *Finances publiques*, Paris, Presses de Sciences PO et Dalloz, 3ème édition, 2010.

AGNELLET (P.), GEOFFROY (L.) et VIARNAUD (J. C.), *OPA et stratégies anti-OPA. Une approche internationale*, Paris, éditions ESKA, 1989.

ALBERT (J.-L.), *Finances publiques*, Paris, Dalloz, 7ème édition, 2011.

ALBOUY (M.) et BONNET (C.), *OPA, OPE et LBO*, Paris, Economica, 2008.

AUJEAN (M.) et SAINT-ETIENNE (C.), (sous la dir.), *Stratégies fiscales des États et des entreprises : souveraineté et concurrence*, Paris, PUF, Le Cercle des économistes, 2009.

BETBEZE (J.-P.), (sous la dir.), *Les fonds souverains. À nouvelle crise, nouvelle solution ?*, Paris, PUF, Descartes & Cie, 2008.

CANIVET (G.), FRISON-ROCHE (M.-A.), KLEIN (M.), (sous la dir.), *Mesurer l'efficacité économique du droit*, Paris, LGDJ, 2005.

CARREAU (D.) et JUILLARD (P.), *Droit international économique*, Paris, Dalloz, 4ème édition, 2010.

DELACOUR (C. B.), *Les fonds souverains. Ces nouveaux acteurs de l'économie mondiale*, Paris, Les Échos & Eyrolles, 2009.

DELBECQUE (E.), *Quel patriotisme économique ?*, Paris, PUF, 2008.

DELION (A.), *Le droit des entreprises et participations publiques*, Paris, LGDJ, 2003.

DU MANOIR (T. de Juaye), *Le droit de l'intelligence économique*, Paris, Litec, 2007.

ESAMBERT (B.), *La guerre économique mondiale*, Paris, O. Orban, 1991.

FRISON-ROCHE (M.-A.), (sous la dir.), Les régulations économiques : légitimité et efficacité, Paris, Presses de Sciences PO et Dalloz, 2004.

FUCHS (A.), MUIR WATT (H.), PATAUT (E.), (sous la dir.), *Les conflits de lois et le système juridique communautaire*, Paris, Dalloz, 2004.

GAUDUSSON (J. du Bois de), FERRAND (F.), (sous la dir.), *La concurrence des systèmes juridiques*, Actes du Colloque de Lyon 20 octobre 2006, Presses universitaires d'Aix-Marseille, 2008.

HARBULOT (C.) et LUCAS (D.), (sous la dir.), *La France a –t-elle une stratégie de puissance économique ?*, Charles Lavauzelle, 2004.

HARBULOT (C.), *La machine de guerre économique, États-Unis, Japon, Europe*, Paris, Economica, 1992.

HENARD (J.), *L'Allemagne : un modèle, mais pour qui ?*, Paris, Presses des MINES, La Fabrique de l'industrie, 2012.

HORCHANI (F.), (sous la dir.), *Où va le droit de l'investissement ? Désordre normatif et recherche d'équilibre. Actes du Colloque organisé à Tunis les 3 et 4 mars 2006*, Paris, Editions A. Pedone, 2007.

LASCOUMES (P.) et LE GALES (P.), (sous la dir.), *Gouverner par les instruments*, Paris, Presses de Sciences Po, 2004.

LE DOLLEY (E.), (sous la dir.), *Les concepts émergents en droit des affaires*, Paris, LGDJ, 2010.

LORENZI (J.-H.), (sous la dir.), *La guerre des capitalismes aura lieu*, Paris, Editions Perrin 2009.
MARAIS (B. du), (sous la dir.), *Des indicateurs pour mesurer le droit ? Les limites méthodologiques des rapports Doing Business*, Paris, La Documentation française, 2006.
MORAND-DEVILLER (J.), BONICHOT (J.-C.), TORRE-SCAUD (M.) et VIDAL (L.), *Mondialisation et globalisation des concepts juridiques : l'exemple du droit de l'environnement*, Paris, Mission de recherche « Droit & Justice », 2008.
NICINSKI (S.), *Droit public des affaires*, Paris, Montchrestien, 2010.
OLSEM (J.-P.), *La stratégie du gagneur*, Paris, Armand Colin, 1993.
PARDINI (G.), *Introduction à la sécurité économique*, Paris, Editions TEC & Doc Lavoisier, 2009.
REYSSET (P.) et WIDEMAN (T.), *La pensée stratégique*, Paris, PUF, Coll. « Que sais-je ? », 1997.
ROCCHI (J.-M.), *Les fonds souverains*, Paris, Économica, 2011.
ROUVILLOIS (F.), *Le modèle juridique français : un obstacle au développement économique ?, Colloque organisé par la Fondation pour l'innovation politique*, Paris, Dalloz, 2005.
THOMAS (P.-H.), *Dexia vie et mort d'un monstre bancaire*, Paris, Les petits matins, 2012.
THUILLIER (J-P.), *OPA, fusions et acquisitions. Une arme dans la concurrence industrielle et commerciale*, Paris, Dunod, 1992.
VASSEUR (M.), *L'État banquier d'affaires*, Paris, Dalloz, 1962.
VIRASSAMY (G.), (sous la dir.), *Entreprise et patriotisme économique*, Paris, L'Harmattan, Travaux du C.E.R.J.D.A, volume 8, 2008.

Rapports publics

Association Henri Capitant, *Les droits de tradition civiliste en question. À propos des rapports Doing Business de la Banque Mondiale (Contribution des groupes autres que le Groupe français de l'Association Henri Capitant), rapport*, Paris, Société de Législation, 2006.
CAE, COHEN (E.), LORENZI (J.H.), *Politiques industrielles pour l'Europe*, Paris, La Documentation française, 2000.
CARAYON (B.), *Intelligence économique, compétitivité et cohésion sociale, rapport au Premier ministre*, Paris, La Documentation française, 2003.
CLAEYS (A.), GORGES (J.-P.) LASBORDES (P.), Mission d'Évaluation et de Contrôle (Assemblée nationale), *Le crédit d'impôt recherche : un outil stratégique à conforter, sécuriser et mieux maîtriser, rapport* n° 2686, Paris, Assemblée nationale, 2010.
Commissariat général du Plan/BIGAY (J.-F.), (présidé par), *La nouvelle nationalité de l'entreprise*, Paris, La Documentation française, 1999.
Conseil d'Analyse Économique, MADIES (T.) et PRAGER (J.-C.), *Innovation et compétitivité des régions*, Paris, La Documentation française, 2008.
Conseil d'Analyse Économique, *Mondialisation : les atouts de la France*, Paris, La Documentation française, 2007.
Conseil d'État, *L'influence internationale du droit français*, Paris, La Documentation française, 2001.

Conseil des Impôts, *La concurrence fiscale et l'entreprise, vingt-deuxième rapport au président de la République*, Paris, Les éditions des journaux officiels, 2004.
Cour des comptes, *Les faiblesses de l'État actionnaire d'entreprises industrielles de défense*, rapport public thématique, Paris, La Documentation française, 2013.
Cour des comptes, *L'État et le financement de l'économie, rapport public thématique*, Paris, La Documentation française, juillet 2012.
FOURCADE (J.-P.), Sénat, Commission des Finances, *Rapport d'information, Fonds stratégique d'investissement. Une singularité à affirmer, une visibilité à conquérir*, rapport n° 588, 2010-2011, Paris, Sénat, 2011.
GALLOIS (L.), *Pacte pour la compétitivité de l'industrie française, rapport au Premier ministre*, Paris, La Documentation française, 2012.
GAUDIN (C.) et SÉNAT, Commission des Finances, *Rapport d'information. Le crédit d'impôt recherche à l'heure du bilan de la réforme de 2008 : des débuts encourageants, un rapport coût-efficacité perfectible*, Paris, Sénat, rapport n° 493, 2009-2010.
MALLET (J.-C.), *Défense et sécurité nationale : livre blanc*, Paris, Odile Jacob/La Documentation française, 2008.
MARINI (P.), Commission des Finances du Sénat, *Rapport d'information, Mise en œuvre de la contribution économique territoriale : la trajectoire de la réforme, rapport* n° 588, Paris, Sénat, 2010.
MARINI (P.), *La concurrence fiscale en Europe : une contribution au débat, Paris, Commissions des Finances,* Paris, Les rapports du Sénat, n° 483, 1998-1999.
VINÇON (S.), *Investissements étrangers en France : l'évaluation du dispositif public de promotion, rapport parlementaire*, Paris, Office parlementaire d'évaluation des politiques publiques, 1999.

Mélanges

PIROVANO (A.), *L'ordre concurrentiel : mélanges en l'honneur d'Antoine Pirovano*, Paris, Éd., Frison- Roche, 2003.
Université de Bourgogne-CNRS, *Souveraineté étatique et marchés internationaux à la fin du 20ème siècle. À propos de 30 ans de recherche du CREDIMI. Mélanges en l'honneur de Philippe Kahn*, Université de Bourgogne-CNRS, volume 20, 2000.

Articles

ALFREDO (P.), « L'implantation des entreprises en Espagne et les réglementations française et espagnole relatives aux investissements directs », *Gazette du Palais*, 23 janvier 1993, pp. 29-30.
ARNAUD (A.-J.), « Introduction » in CLAM (J.) et MARTIN (G.), *Les transformations de la régulation juridique*, Paris, LGDJ, Coll. « Droit et société », 1998, pp. 75-84.
AUBY (J.-B.), « La doctrine de l'État actionnaire », *D. A.* novembre 2014, pp. 1-2.
AUDIT (M.), « Les fonds souverains sont-ils des investisseurs étrangers comme les autres ? » in *Recueil Dalloz*, n° 21, 2008, pp. 1424-1428.

BACCOUCHE (N.), « Incitations aux investissements et concurrence entre Etats » in HORCHANI (F.), (sous la dir.), *Où va le droit de l'investissement ? Désordre normatif et recherche d'équilibre. Actes du Colloque organisé à Tunis les 3 et 4 mars 2006*, Paris, Editions A. Pedone, 2007, pp. 61-71.

BAZEX (M.) et BLAZY (S.), « Le dispositif de réponse à la crise », *DA*, décembre 2008, pp. 51-54.

BENCHENEB (A.), « Sur l'évolution de la notion d'investissement » in *Souveraineté étatique et marchés internationaux à la fin du 20ème siècle. A propos de 30 ans de recherche du CREDIMI. Mélanges en l'honneur de Philippe Kahn,* volume 20, Université de Bourgogne-CNRS, 2000, pp. 177-196.

BENECHOU (J.-R.), COUMERT (G.), « Les entreprises ont-elles bien pris toute la mesure du changement de nature du crédit d'impôt recherche ? », *Option Finance* n° 1133, 11 juillet 2011, pp. 20-21.

BERNARD (S.), « L'actionnariat public et la crise », *RFDA* juillet-août 2010, pp. 756-759.

BESSON (E.), « La suppression de la taxe professionnelle et la contribution carbone devant le Conseil constitutionnel », *RFDC* n° 82, 2010, pp. 397-405.

BEZARD (B.), PREISS (E.), « L'Agence des participations de l'État », *RFAP* n° 124, 2007, pp. 601-614.

BILARI (A.), « Concurrence fiscale : la France reste relativement attractive », *Problèmes économiques* n° 2. 890, 4 janvier 2006, pp. 19-21.

BOCCARA (V.), Les défenses anti-OPA malmenées par la Directive du 21 avril 2004 ? », *Petites Affiches*, novembre 2004, n° 225, pp. 3-4.

BOMBRUN (N.) et MOULIN (F.), « Défenses anti-OPA : le point après la loi « OPA » du 31 mars 2006 », *RTDF* n° 1- 2006, pp. 19- 26.

BOUVIER (M.), « Nouvelle gouvernance publique et transformations du pouvoir politique », in *Mélanges en l'honneur de Robert Hertzog*, Paris, Économica, 2011, pp. 57-65.

BLANC (J.-B.), « Le financement des collectivités locales : l'enjeu clé du début de 2012 », *JCP A (Administrations et collectivités territoriales)*, n° 3, 23 janvier 2012, pp. 26-28.

BRAÏSSUS (J.-M.), 2007, « Nous n'avons pas à craindre la compétition des systèmes juridiques », *La Semaine juridique*, édition générale, n° 24, 13 juin 2007, pp. 9-11.

CANER (M.), GRENNES (T.), « Le fonds souverain Norvégien », *Revue d'Économie Politique, n° hors-série*, 2009, pp. 125-131.

CARRIERE (F.), « Vers une véritable simplification du droit ? », *Option Finance* n° 1267, avril 2014, pp. 34-34.

CHALTIEL (F.), « La loi de finances pour 2010 contraire au principe d'égalité (À propos de la décision du Conseil constitutionnel du 29 décembre 2009) », *Les Petites Affiches* n° 113, 8 juin 2010, pp. 6-15.

CHAN-TUNG (L.), « La mise en place de la Banque publique d'investissement », *AJDA* n° 35, 2013, pp. 2011-2017.

CHEVALLIER (J.), « État et ordre concurrentiel. Rapport introductif » in *L'ordre concurrentiel, Mélanges en l'honneur d'Antoine Pirovana*, Paris Éditions Frison-Roche, 2003, pp. 59-72.

CHEVRIER (C.), « Les fonds souverains en Russie », *Revue d'économie financière*, hors-série 2009, pp. 75- 83.

CHO (H. C.), « La réglementation des investissements étrangers en Corée du Sud », *Revue de Droit des Affaires internationales*, n° 7, 1999, pp. 803-808.
COHEN (E.), « Malaise dans la mondialisation ou « patriotisme économique » ? », *Problèmes Économiques* n° 2. 903, 5 juillet 2006, pp. 2-4.
COLLET (M.) et ECKERT (G.), « Chronique de droit public financier », *RFDA*, septembre-octobre 2013, pp. 1105-1110.
CONAN (M.), « De la garantie de l'Etat en lois de finances rectificatives. Plan de refinancement et plan de relance de l'économie », *DA*, mars 2009, pp. 17-24.
DAMAREY (S.), « La société publique locale ou la fin des associations transparentes », *AJDA* 17 janvier 2011, pp. 15-17.
DATI (R.), « Si les règles sont trop nombreuses, trop contraignantes, elles découragent l'activité économique », *JCP G Semaine juridique, (édition générale)*, n° 43, octobre 2007, pp. 15-16.
DELATTRE (C.), « Le cadre d'intervention du commissaire au redressement productif dans les entreprises en difficulté », *Bulletin Joly Entreprises en difficulté*, mars- avril 2014, pp. 130-132.
DELION (A. G.), « Chronique du secteur public économique », *RFAP* n° 149, 2014, pp. 271-277.
DELION (A. G.), « Chronique du secteur public économique », *RFAP* n° 148, 2013, pp. 1089-1096.
DELION (A. G.), DURUPTY (M.), « Chronique du secteur public économique », *RFAP* n° 135, 2010, pp. 691-701.
DELION (A. G.), DURUPTY (M.), « Chronique du secteur public économique », *RFAP* n° 129, 2009, pp. 183-196.
DELION (A.), « La crise financière et les régulations », in REVET (T.) et VIDAL (L.), (sous la dir.), *Annales de la régulation*, volume 2, Paris, IRJS, 2009, pp. 105-161.
DELION (A.), « … La crise financière et le retour des Etats », *RFAP*, n° 128, 2008, pp. 799-816.
DELION (A.), « De l'État tuteur à l'État actionnaire », *RFAP* n° 124, 2007, pp. 537-572.
DELION (A. G.), « Les sociétés d'économie mixte : seulement locales ou également nationales ? », *RFDA*, septembre 2005, pp. 977-984.
DREYFUS (F.) et DURUPTY (M.), « Avant-propos », *RFAP* n° 124, 2007, pp. 533-536.
DRUMMEN (J.-B.), « Au regard de l'économie, le droit peut-être attractif comme il peut-être dissuasif », *Petites Affiches*, 30 janvier 2009, n° 22, pp. 7-12.
DUFOUR (O.), « Le rapport Doing Business *in* 2010 ravive la concurrence des systèmes juridiques », *Petites Affiches*, n° 2 octobre 2009, n° 197, pp. 3-6.
DUFOUR (O.), « Nous devons bâtir une stratégie de défense de notre droit », *Petites Affiches*, 30 avril 2004, n° 87, pp. 3-7.
DURAND (Q.), « La loi visant à reconquérir l'économie réelle : présentation des aspects relatifs aux offres publiques », *Bulletin Joly Bourse*, mai 2014, pp. 274-282.
FENA-LAGUENY (E.), « Crédit d'impôt recherche : l'irrésistible besoin de changement », *Option Finance* n° 1111, 7 février 2011, pp. 24-25.
FORNACCIARI (M.), « La place du droit dans les choix industriels » *in* ROUVILLOIS (F.), (sous la dir.), *Le modèle juridique français : un obstacle au*

développement économique ?, Colloque organisé par la Fondation pour l'innovation politique, Paris, Dalloz, 2005, pp. 71-77.

FOURNOUX (L. de), « La Banque publique d'investissement : le nouveau visage de l'intervention publique », *DA*, juillet 2014, pp. 11-16.

FRANCH (M.), « Les entreprises locales en Espagne », *Contrats publics* n° 131, avril 2013, pp. 63-66.

FRISON-ROCHE (M.-A.), « L'idée de mesurer l'efficacité économique du droit » in CANIVET (G.), FRISON-ROCHE (M.-A.), KLEIN (M.), (sous la dir.), *Mesurer l'efficacité économique du droit*, Paris, LGDJ, 2005, pp. 19-32.

GABAÏ (K.), « Le rapport Gallois, des leviers de croissance en faveur des PME-ETI et leur financement », *Bulletin Joly Bourse*, avril 2013, pp. 204-206.

GASTAUD (J.-P.), « Propos introductif : de l'entreprise d'intérêt général », *JCP/La Semaine juridique, édition entreprise et affaires* n° 41, 14 octobre 2010, pp. 8-10.

GAYMARD (C.), « Investissements internationaux : forces et faiblesses de la réglementation française », in ROUVILLOIS (F.), (sous la dir.), *Le modèle juridique français : un obstacle au développement économique ?*, Paris, Dalloz, 2005, pp. 91-96.

GRILLIER (F.), « Nouveau cadre législatif concernant les mesures anti-OPA. Enjeux et incertitudes », *RTDF* n° 3, 2006, pp. 100-102.

HATEM (F.), « Politique d'attraction des investissements étrangers et politique commerciale » in FERRANDON (B.), *La politique économique et ses instruments*, Paris, Les Notices de la Documentation française, 2004, pp. 60-65.

HELMS (D.), « Nouvelle loi sur les offres publiques d'achat (« OPA ») : Allemagne », *Gazette du Palais*, n° 152, juin 2001, pp. 32-32.

HENROT (F.), « Nouveau cadre législatif concernant les mesures anti-OPA. Enjeux et incertitudes », *RTDF* n° 3, 2006, pp. 98-99.

ICHARD (B.), « La réglementation des investissements étrangers en France », *Les Petites Affiches*, 16 décembre 1994, pp. 4-9.

JACQUOT (D.), « Une formation pour les représentants de l'État actionnaire », *RFAP* n° 124, 2007, pp. 615-618.

JOYE (J.-F.), « Les vicissitudes du principe de sincérité », *JCP/ La Semaine juridique, édition générale* n° 12, 18 mars 2009, pp. 33-38.

JUILLET (A.) et PUAUX (F.), « L'intelligence économique et le droit », *Cahiers de Droit de l'entreprise*, n° 5, septembre-octobre 2008, pp. 22-24.

KOVAR (J.-P.), « Le patriotisme économique à l'épreuve du droit communautaire », *Journal de droit européen*, n° 163, novembre 2009, pp. 265-273.

La Semaine juridique, « Projet Macron : mesures sociales adoptées en commission par l'Assemblée nationale », *La Semaine juridique, « édition générale*, n° 4, 26 janvier 2015, pp. 147-147.

LABAT-OLIVEAU (M.-L.), « La loi française est-elle pénalisante pour les entreprises étrangères ? », *Cahiers sociaux du Barreau de Paris* n° 162, 2004, pp. 28-29.

LABYE (A.), « Microfinance professionnelle et banques universelles : la singularité du cas de l'Allemagne », *Revue d'économie financière* n° 95, novembre 2009, pp. 351-365.

LAFARGE (F.), « Les autorités européennes de surveillance, la régulation financière et l'union bancaire européennes » in DELION (A.) et VIDAL (L.), (sous la dir.),

Les réformes des régulations financières, Paris, IRJS éditions, Coll. « Les annales de la régulation vol. 3 », 2013, pp. 199-239.
LASCOMBE (M.), « La nouvelle gouvernance financière », *AJDA* n° 4, 4 février 2013, pp. 229-235.
LASCOUMES (P.) et LE GALES (P.), « L'action publique saisie par ses instruments » in LASCOUMES (P.) et LE GALES (P.), (sous la dir.), *Gouverner par les instruments*, Paris, Presses de Sciences Po, 2004, pp. 11-38.
LASSERRE CAPDEVILLE (J.), « La banque publique d'investissement : présentation générale », *Bulletin Joly Bourse*, février 2013, pp. 68-69.
LEBOFF (D.), « Crédit impôt recherche : nouveautés jurisprudentielles et modifications législatives attendues », *Option Finance* n° 1099, 8 novembre 2010, pp. 24-25.
LEGEAIS (D.), « BPI (Présentation du projet de loi Conseil des ministres, 17 octobre 2012 », *Revue trimestrielle de droit commercial*, décembre 2012, pp. 825-826.
LEGEAIS (D.), « Vers un retour du service public du crédit ? », *Revue de droit bancaire et financier*, septembre-octobre 2012, pp. 1-2.
LEJONC (S.), CALDERON (C.), GUTIERREZ (R.), « Investissements étrangers au Mexique. Aspects juridiques des accords internationaux », *Cahiers Juridiques et Fiscaux de l'Exportation*, n° 3, 2001, pp. 613-617.
LIGNIERES (P.), LAZAR (R.), « Les outils d'intervention de l'État face à la crise financière », *RDA*, Janvier 2009, pp. 43-44.
LINDITCH (F.), « Actualités du droit des marchés publics. Premier état des lieux après les décrets de décembre 2008, *JCP A (Administrations et collectivités territoriales)*, n° 3, 12 janvier 2009, pp. 6-9.
LOMBARD (M.), « Les conséquences juridiques du passage de l'État propriétaire à l'État actionnaire : les contraintes du droit de la concurrence », *RFAP* n° 124, 2007, pp. 573-584.
LOUVARIS (A.), « Les raisons et l'objet de l'intervention de l'État », *JCP/La Semaine juridique- Édition entreprise et affaires* n° 41, 14 octobre 2010, pp. 11-15.
LYON-CAEN (A.), « Grandeur ministérielle », *Revue de Droit du Travail*, octobre 2012, pp. 523-523.
MACORING-VENIER (F.), « Commissaires au redressement productif : rapport annuel pour l'année 2012 », *Revue trimestrielle de droit commercial* n° 2, avril-juin 2013, pp. 337-337.
MAISL (H.), « avant-propos » in Administration et nouvelles technologies de l'information : expériences comparées France-Québec, *RFAP* n° 81, janvier-mars 1997, pp. 5-8.
MANIERE (P.), « Grandes entreprises françaises : être compétitif dans un environnement de libre concurrence », *Revue Lamy de la Concurrence*, octobre/décembre 2006, pp. 126-129.
MARAIS (B. du), « Mesurer le droit ? Ou plutôt l'évaluer ? Quelques réflexions sur les limites méthodologiques des rapports Doing Business », *Revue de Droit des Affaires internationales*, n° 5, 2006, pp. 675-679.
MARION (D.), « Investissements publics étrangers : le paradoxe nord-américain », *JCP/La Semaine Juridique, édition entreprise et affaires*, n° 41, 14 octobre 2010, pp. 15-18.

MARSH (J.), « La loi Florange – Un regard outre-Atlantique et point de vue au sein d'une entreprise multinationale », *Bulletin Joly Bourse*, octobre 2014, pp. 483-487.

MATTOUT (J.-P.), PRÜM (A.), « La loi n° 2012-1559, 31 déc. 2012, JO 1er janv. 2013, relative à la création de la Banque publique d'investissement », *Revue Droit & Patrimoine* n° 224, avril 2013, pp. 69-69.

MAZEAUD (D.), « Le droit des obligations et l'efficacité économique », in BOLLEE (S.), LAITHIER (Y.-M.) et PERES (C.), (sous la dir.), *L'efficacité économique en droit*, Paris, Économica, 2010, pp. 67-87.

MICHALET (C.-A.), « L'évolution de la législation sur les investissements directs étrangers et la dynamique de la mondialisation » in *Souveraineté étatique et marchés internationaux à la fin du 20ème siècle. À propos de 30 ans de recherche du CREDIMI. Mélanges en l'honneur de Philippe Kahn*, Université de Bourgogne-CNRS, 2000, pp. 433-451.

MOUTOUH (H.), « Le droit et l'influence internationale de la France » in ROUVILLOIS (F.), (sous la dir.), *Le modèle juridique français : un obstacle au développement économique ?* Colloque organisé par la Fondation pour l'innovation politique, Paris, Dalloz, 2005, pp. 79-83.

MUIR WATT (H.), « Comparer l'efficience des droits ? » in LEGRAND (P.), *Comparer les droits, résolument*, Paris, PUF, collection « Les voies du droit », 2009, pp. 433-456.

NICINSKI (S.), « Le plan de relance de l'économie », *RFDA* mars-avril 2009, pp. 273-283.

NOGUELLOU (R.), « La relance et le droit administratif », *DA*, janvier 2009, pp. 3-3.

PANDO (A.), « Élections présidentielles : tour d'horizon des programmes fiscaux », *Les Petites Affiches* n° 70, 6 avril 2012, pp. 3-5.

PAULMANN (S.), « Le patriotisme économique en droit allemand » in VIRASSAMY (G.), (sous la dir.), *Entreprise et patriotisme économique*, Paris, L'Harmattan, Travaux du C.E.R.J.D.A : volume 8, 2008, pp-239-253.

PERROTIN (F.), « CICE, un dispositif plébiscité et convoité », *Petites affiches*, 17 novembre 2014, n° 229, pp. 4-5.

PERROTIN (F.), « CICE et rétrocession », *Petites affiches*, 17 novembre 2014, n° 229, pp. 5-5.

PFERSMANN (O.), « Qu'entend-on exactement par l'expression « concurrence des systèmes juridiques ? », *Revue de la Recherche juridique. Droit prospectif*, n° 22, 2008, pp. 2595-2602.

PFERSMANN (O.), « Existe-t-il véritablement une concurrence des systèmes juridiques ? » in FERRAND (F.), (sous la dir.), *La concurrence des systèmes juridiques, Actes du colloque de Lyon,* octobre 2006, Presses Universitaires d'Aix Marseille, 2008, pp. 23-33.

PHILIPPE (J.), JANSSENS (T.), DERINGER (B.), « Depuis février 2006, le rachat de l'entreprise espagnole Endesa pae E.O N ou Gas Natural fait l'objet d'un bras de fer entre l'Espagne et la Commission européenne », *Gazette du Palais*, novembre 2006, pp. 6-7.

PIETRANCOSTA (A.), « Loi n° 2006-387 du 31 mars 2006 relative aux offres publiques d'acquisition : des « options » françaises », *RTDF* n° 1, 2006, pp. 5-18.

PONTHOREAU (M.-C.) et GAUDUSSON (J. Du Bois de), « Existe-t-il véritablement une concurrence entre Common Law et tradition civiliste ? Le point de vue du comparatiste de droit public » in FERRAND (F.), (sous la dir.), *La concurrence des systèmes juridiques, Actes du colloque de Lyon*, octobre 2006, Presses Universitaires d'Aix Marseille, 2008, pp. 35-47.

PROST (O.), PARMENTIER (H.), HUGON (C.), « Fonds souverains : quelle réglementation européenne ? », *Revue d'Économie Financière*, HS1, 2009, pp. 433-438.

RASPILLER (S.), « Fiscalité française et investissements des multinationales », *Problèmes Economiques*, n° 2 890, 4 janvier 2006, pp. 11-15.

RAYNOUARD (A.), « Le droit dans une économie mondialisée de la connaissance », *Revue Lamy Droit des Affaires* n° 32, novembre 2008, pp. 81-82.

ROCHER (A.), « Le monde de la fiscalité selon le rapport Paying Taxes 2014 », *La Semaine juridique-Entreprise et affaires* n° 21-22 mai 2014, pp. 51-54.

ROCHER (A.) et HE (L.), « À propos du rapport Doing Business 2012 : comparaison n'est pas raison », *La Semaine juridique-Entreprise et Affaires* n° 17, 26 avril 2012, pp. 22-26.

ROUX (P.), « Le contrôle des investissements étrangers en France : règles applicables », *Les Petites Affiches* n° 15, 3 février 1995, pp. 4-6.

SAMUEL-LAJEUNESSE (D.), « La création de l'Agence des participations de l'État (APE) », *Revue française de Finances publiques* n° 89, février 2005, pp. 63-67.

SCHILLER (S.), « Les fonds souverains : approche juridique », *JCP/La Semaine juridique, (Edition entreprise et affaires)*, n° 41, 14 octobre 2010, pp. 22-26.

SCHILLER (S.), « Les nouvelles relations entre États et sociétés » in LE DOLLEY (E.), (sous la dir.), *Les concepts émergents en droit des affaires*, Paris, LGDJ, 2010, pp. 183-205.

TERRIEN (G.), « La galaxie des entreprises publiques locales », *RLCT* n° 100, avril 2014, pp. 10-13.

TOMASI (M.), « La nouvelle loi allemande sur les OPA : entre protectionnisme et modernité », *Bulletin européen et international*, n° 4, 2003, pp. 2-7.

TOURY (L.), « Le droit : un nouveau secteur stratégique ? », *Revue Lamy Droit des Affaires* n° 32, novembre 2008, pp. 83-87.

USUNIER (L.), « Les 10 ans du rapport Doing Business : l'heure d'un nouveau bilan ? », *Revue de jurisprudence commerciale* n° 2, mars/avril 2013, pp. 129-134.

VIGOUROUX (M.), « La privatisation de GDF et les autres dispositions de la loi de 2006 sur l'énergie », *Regards sur l'actualité*, n° 339, mars 2008, pp. 75-84.

VIRASSAMY (G.), « Investissements privés en France et patriotisme économique » in VIRASSAMY (G.), (sous la dir.), *Entreprise et patriotisme économique*, Paris, L'Harmattan, Travaux du C.E.R.J.D.A : volume 8, 2008, pp. 59-72.

VRIES (G. de), « Investissements étrangers en France : le nouveau régime issu du décret du 30 décembre 2005 », *JCP/La Semaine Juridique, édition entreprise et affaires* n° 22, 1er juin 2006, pp. 943-956.

WAGNER (L.), « Aides d'État : l'art de la souplesse en temps de crise », *Cahiers de droit européen*, n° 1, pp. 231-276.

YVETOT (B.), LEDRU (V.), « L'Agence française pour les investissements internationaux », *Les Notes Bleues de Bercy*, n° 229-230, 2002, pp. 1-4.

VI. ÉVALUATION

Ouvrages

AUBY (J-B), AUBY (J-F) et NOGUELLOU (R.), *Droit des collectivités locales, Paris, PUF, collection « Thémis droit », 4ème édition, 2008.*

BAROUCH (G.) et CHAVAS, *Où va la modernisation ? Dix années de modernisation de l'administration d'État en France*, Paris, L'Harmattan, 1993.

BARILARI (A.) et BOUVIER (M.), *La LOLF et la nouvelle gouvernance financière de l'Etat*, Paris, LGDJ, 3ème édition, 2010.

BATTESTI (J.), BONDOZ (M.), MARIGEAUD (M.) et DESTAIS (N.), *Cadrage méthodologique de l'évaluation des politiques partenariales. Guide*, Paris, La Documentation française, 2012.

BOURCIER (D.) et COSTA (J.-P.), (sous la dir.), *L'administration et les nouveaux outils d'aide à la décision*, Paris, Éd. E. S. T.H., 1992.

BOUVIER (M.), ESCLASSAN (M.-C.) et LASSALE (J.-P.), *Finances publiques*, Paris, LGDJ, 2010, 10ème édition.

BRACONNIER (S.), AUBIN (E.) et ROCHE (C.), *Droit de la nouvelle décentralisation*, Paris, Gualino, 2005.

CAILLOSSE (J.), *L'analyse des politiques publiques aux prises avec le droit*, Paris, LGDJ, coll. « Droit et Société », 2000.

CAMDESSUS (M.), (sous la dir.), *Vers l'État optimal*, Paris, La Documentation française, 2012.

CANNAC (Y.) et TROSA (S.), (sous la dir.), *La réforme dont l'État a besoin, pour un management public par la confiance et la responsabilité*, Paris, Dunod, 2007.

CARBONNIER (J.), *Sociologie juridique*, Paris, PUF, Collection Quadrige, 2004.

CHAVRIER (G.), *Le pouvoir normatif local : enjeux et débats*, Paris, LGDJ, 2011.

CHEVALLIER (J.) et MORAND (C.-A.), (sous la dir. de), *L'Etat propulsif. Contribution à l'étude des instruments d'action de l'Etat*, Editions Publisud, 1991.

CLUZEL-METAYER (L.), *Le service public et l'exigence de qualité*, Paris, Dalloz, Coll. « Nouvelle bibliothèque de thèses », 2006.

Commissariat à la Réforme de l'État, *Développer la qualité du service. Charte qualité et engagements dans les services publics* », Paris, La Documentation française, 1997.

Conseil Scientifique de l'Evaluation, *Petit guide de l'évaluation des politiques publiques*, Paris, La Documentation française, 1996.

CROZIER (M.), *Etat modeste, Etat moderne. Stratégies pour un autre changement*, Éditions du Seuil, 1991.

C.U.R.A.P.P., *L'évaluation dans l'administration*, Paris, PUF, 1993.

DEBBASCH (C.) et COLIN (F.), *Administration publique*, Paris, Économica, 6ème édition, 2005.

DELCAMP (A.), *Contrôle parlementaire et évaluation*, Paris, La Documentation française, 1995.

DOUAT (E.) et BADIN (X.), *Finances publiques, Finances communautaires, nationales, sociales et locales*, Paris, PUF, Collection « Thémis droit », 2006, 3ème édition.

DUMEZ (H.), JEANMAÎTRE (A.), *Évaluer l'action publique*, Paris, L'Harmattan, Logiques politiques, 1998.

FAURE (B.), *Droit des collectivités territoriales*, Paris, Dalloz, 2ème édition, 2011.
FERSTENBERT (J.), PRIET (F.) et QUILICHINI (P.), *Droit des collectivités territoriales*, Dalloz, Collection « Cours & Travaux dirigés », 2009.
GRISTI (E.), *La réforme de l'État*, Paris, Vuibert, 2007.
GUINCHARD (S.) et DEBARD (T.), *Lexique des termes juridiques*, Paris, Dalloz, 2012, 19ème édition.
JACOB (S.), *Institutionnaliser l'évaluation des politiques publiques. Étude comparée des dispositifs en Belgique, en France, en Suisse et aux Pays-Bas*, Bruxelles, P.I.E.-PETER LANG S.A, Presses Interuniversitaires Européennes, 2005.
JANY-CATRICE (F.), *La performance totale : nouvel esprit du capitalisme ?*, Presses universitaires du Septentrion, 2012.
LAMARQUE (D.), *L'évaluation des politiques publiques locales*, Paris, LGDJ, 2004.
Ministère de l'Intérieur et des Libertés locales/Centre d'Etudes et de prospective et VILLEPIN (D.), *Les collectivités locales et l'expérimentation : perspectives nationales*, Paris, La Documentation française, 2004.
MADER (L.), MORAND (C.-A.), *L'évaluation législative : pour une analyse empirique des effets de la législation*, Lausanne, Payot, 1985.
Ministère de l'Intérieur, de la sécurité et des Libertés locales, *Les collectivités locales et l'expérimentation : perspective nationale et européennes*, Paris, La Documentation française, 2004.
MORAND (C.-A.), (sous la dir.), *Évaluation législative et lois expérimentales*, Presses Universitaires d'Aix-Marseille, 1993.
MORDACQ (F.), *La réforme de l'État par l'audit*, Paris, LGDJ, Collection « Systèmes Finances publiques », 2009.
MORDACQ (F.), *La LOLF : Un nouveau cadre budgétaire pour réformer l'État*, Paris, LGDJ, 2006.
MULLER (P.), *Les politiques publiques*, Paris, PUF, 2009.
NEMERY (J.-C.), (sous la dir.), *RGPP et réforme des collectivités territoriales*, Paris, L'Harmattan, 2012.
PAUL (M.), *L'essentiel de la LOLF. La nouvelle Constitution financière de la France*, Paris, Gualino éditeur, 2007.
PAULIAT (H.), (Textes réunis par), *La qualité : une exigence pour l'action publique en Europe*, Presses universitaires de Limoges, 2002.
PERRET (B.), L'évaluation des politiques publiques, Paris, La Découverte, 2008.
POTIER (V.) et BENCIVENGA (M.), *Évaluation des politiques locales*, Paris, Le Moniteur, 2005.
PRIEUR (M.), *Droit de l'environnement*, Paris, Dalloz, 6ème édition, 2011.
RIPERT (G.), *Le Déclin du droit, Études sur la législation contemporaine*, Paris, LGDJ, 1949.
Secrétariat général du gouvernement et Conseil d'État, *Guide pour l'élaboration des textes législatifs et réglementaires*, Paris, La Documentation française, 2007.

Études et rapports publics

Assemblée Nationale, BOUVARD (M.), BRARD (J.-P.), CARCENAC (T.) et COURSON (C. de), *5 ans après : donner toute sa mesure à la LOLF*, rapport d'information n° 3644, Paris, Assemblée nationale, 2011.

BOURDIN (J.), ANDRE (P.), PLANCADE (J.-P.), *Placer l'évaluation des politiques publiques au cœur de la réforme de l'État, rapport d'information du Sénat*, Paris, Sénat, 2003-2004.

BUREAU (D.) et MOUGEOT (M.), *Performance, incitations et gestion publique*, rapport du Conseil d'Analyse Économique, Paris, La Documentation française, 2007.

Conseil d'Analyse Économique, *Économie politique de la LOLF*, rapport, Paris, La Documentation française, 2007.

Conseil d'État, *La révision des lois de bioéthique*, Paris, Conseil d'État, Les études du Conseil d'État, La Documentation française, 2009.

CORNUT-GENTILLE (F.), ECKERT (C.), Assemblée Nationale, *Une évaluation de la RGPP : méthode, contenus, impacts financiers, rapport d'information* n° 4019, Paris, 2011.

Cour des comptes, *Le marché du travail : face à un chômage élevé, mieux cibler les politiques*, Paris, La Documentation française, 2013.

Cour des comptes, *Du RMI au RSA : la difficile organisation de l'insertion. Constats et bonnes pratiques, rapport public thématique*, juillet 2011, Paris, La Documentation française, 2011.

Cour des comptes, *La mise en œuvre de la loi organique relative aux lois de finances (LOLF) : un bilan pour de nouvelles perspectives, rapport public thématique*, Paris, La Documentation française, novembre 2011.

Cour des comptes, *La conduite par l'État de la décentralisation, rapport public thématique*, Paris, La Documentation française, 2009.

Cour des comptes, *Résultats et gestion budgétaire de l'État exercice 2009*, Paris, La Documentation française, mai 2010.

GOASGUEN (C.), MALLOT (J.) et Comité d'évaluation et de contrôle, *Les études d'impact et l'élaboration de la loi, rapport d'information n° 2094*, Paris, Assemblée nationale, 2009.

OCDE, *Mieux légiférer en Europe : France 2010*, Paris, OCDE, 2010.

OCDE, *rapport de l'OCDE sur la réglementation*, Paris, OCDE, 1997.

OCDE, *évolution prévisionnelle de l'impact des lois et des réglementations*, Paris, OCDE, 1997.

LAMBERT (A.) et BOULARD (J.-C.), *rapport de la mission de lutte contre l'inflation normative*, Paris, La Documentation française, 2013.

LASSERRE (B.), *Pour une meilleure qualité de la réglementation, rapport au Premier ministre*, Paris, La Documentation française, « Collection des rapports officiels » 2004.

NORA (S.), *L'informatisation de la société, rapport à Monsieur le président de la République*, Paris, La Documentation / Éditions du Seuil, 1978.

PEBEREAU (M.), *Rompre avec la facilité de la dette publique. Pour des finances publiques au service de notre croissance économique et de notre cohésion sociale*, rapport public, Paris, La Documentation française, 2005.

SÉNAT, *La RGPP dans les préfectures : pour la délivrance des titres, la qualité du service public est-elle en péril ?*, rapport d'information n° 35, Paris, Sénat, 2010-2011.

SÉNAT, *La RGPP : un défi pour les collectivités territoriales et les territoires*, rapport d'information n° 66, Paris, Sénat, Tome 1, 2010-2011.

SÉNAT, Service des Affaires Européennes, *L'évaluation des politiques publiques par le parlement*, Paris, Sénat, Les documents de travail du Sénat, n° LC 8, 1995.

VIVERET (P.), *L'évaluation des politiques et des actions publiques*, rapport au Premier ministre, Paris, La Documentation, Collection des « rapports officiels », 1989.

WARSMANN (J.-L.), *Simplifions nos lois pour guérir un mal français*, rapport au Premier ministre, Paris, La Documentation, 2009.

Mélanges

Institut International d'Administration Publique et Université Panthéon-Sorbonne (Paris 1), *Les réformes : de l'expérimentation aux leçons : hommage à Alain CLAISSE*, Paris, Institut International d'Administration Publique, 2000.

Mélanges en l'honneur du Professeur Jacques Chevallier, Penser la science administrative dans la post-modernité, Paris, LGDJ, 2013.

Thèses, mémoires

DESPOIX-LARTHOMA (J.), *L'expérimentation,* Thèse de doctorat Droit public, Université Paris 2, 2008.

DESPOIX (J.), *L'expérimentation,* Mémoire de DEA Droit public interne, Paris 2, 2003.

GIOVANI (O.), *Les pratiques d'expérimentation de nouvelles compétences par les collectivités locales*, Mémoire DEA Science administrative, Paris 2, 2003.

Articles

ALEMANNO (A.), « Le juge et les études d'impact », *RFAP* n° 149, 2014, pp. 179-194.

AUBY (J.-B.), « L'évaluation des fonctionnaires en mouvement », *DA*, octobre 2010, pp. 1-1.

AUBY (J.-B.), « Le jardin anglais de la réforme de l'État », *DA*, décembre 2007, pp. 1-2.

AUBY (J.-B.), « Réflexions sur la territorialisation du droit » in *Mélanges en l'honneur de Jean-Claude Douence, La profondeur du droit local*, Dalloz, 2003, pp. 1-15.

AUBY (J.-B.), « L'expérimentation », *DA*, octobre 2002, pp. 3-3.

AYRAULT (L.), « LOLF et droit administratif », *DA*, février 2007, pp. 7-14.

BAGHESTANI (L.), « À propos de la loi tendant à renforcer les moyens du Parlement en matière de contrôle de l'action du gouvernement et d'évaluation des politiques publiques », *Petites Affiches*, 20 avril 2011, n° 78, pp. 3-4.

BAGHESTANI-PERREY (L.), « Le pouvoir d'expérimentation normative locale, une nouvelle conception partagée de la réalisation de l'intérêt général », *Les Petites Affiches*, n° 55, 2004, pp. 6-7.

BALCOU (J.-P.), « Les études d'impact : mieux légiférer par l'évaluation préalable » in PHILIP-GAY (M.), (sous la dir.), *Les études d'impact accompagnant les projets de loi*, Paris, LGDJ, 2012, pp. 95-110.

BARILARI (A.), « Le comité interministériel d'audit des programmes : une occasion manquée ? », *RFAP* n° 139, 2011, pp. 537-547.

BARILARI (A.), « Réforme de la gestion publique et responsabilité des acteurs », *AJDA*, 4 avril 2005, pp. 696-702.

BARQUE (F.), « Un nouveau départ pour le principe de sincérité des lois de finances ? », *JCP, La Semaine juridique, Administrations et collectivités territoriales* n° 5, 28 janvier 2013, pp. 2-3.

BASLE (M.), « L'économie de la loi organique du 1er août 2001 et l'évaluation » in *Etudes en l'honneur de Loïc Philipe, Constitution et finances publiques*, Paris, Économica, 2005, pp. 265-274.

BASLE (M.), « Révision générale des politiques publiques et activités évaluatives en France : différences, complémentarités ? » in Institut de Gestion Publique/Comité pour l'histoire économique et financière de la France, *Évaluer les politiques publiques pour améliorer l'action publique. Une perspective internationale*, Paris, Institut de Gestion Publique et Comité pour l'histoire économique et financière de la France, 2009, pp. 61-84.

BELLUTEAU (E.), « Une première évaluation par la Cour des comptes de la démarche de performance », *RFFP* n° 99, 2009, pp. 179-185.

BEZES (P.), « Morphologie de la RGPP, une mise en perspective historique et comparative », *RFAP* n° 136, 2010, pp. 775-802.

BLACHER (P.), « Les études d'impact dans la procédure législative » in PHILIP-GAY (M.), (sous la dir. de), *Les études d'impact accompagnant les projets de loi*, Paris, LGDJ, 2012, pp. 51-61.

BLANKENBURG (E.), « La recherche de l'efficacité de la loi. Réflexions sur l'étude de la mise en œuvre (le concept d'« implementation ») », *Droit et société*, février 1986, pp. 59-73.

BLERIOT (L.), « Le développement de la spécialité de législation dans les Départements et Régions d'outre-mer » in MAESTRI (E.), *Décentralisation : histoire, bilans, évolution*, Paris, L'Harmattan, 2003, pp. 361-372.

BOULOUIS (J.), « Note sur l'utilisation de la « méthode expérimentale » en matière de réformes » in *Mélanges offerts à Monsieur le Doyen Louis Trotabas, Paris, LGDJ*, 1970, pp. 29-39.

BOURCIER (D.), « Évaluation conceptuelle et rédactionnelle d'une réglementation à l'aide de la méthodologie système expert », in BOURCIER (D.) et COSTA (J.-P.), *L'administration et les nouveaux outils d'aide à la décision*, Paris, Éd. E. S. T. H, 1992, pp. 129-145.

BOUVIER (M.), « La révision générale des politiques publiques et la métamorphose de l'Etat », *AJDA* 25 février 2008, pp. 329-333.

BOUVIER (M.), « Culture de la performance, équité et espace financier public durable », *RFFP* n° 99, 2007, pp. 3-3.

BOUVIER (M.), « La mesure de la performance », *RFFP* n° 91, septembre 2005, pp. 31-37.

BRACONNIER (S.), « La technique de l'étude d'impact et le renouveau de l'action publique », *RDP*, n° 3, 1998, pp. 817-843.

BRISSON (J.-F.), « Les nouvelles clefs constitutionnelles de répartition matérielle des compétences entre l'État et les collectivités locales », *AJDA,* 24 mars 2003, pp. 529-539.

BRONDEL (S.), « Le gouvernement lance la révision générale des politiques publiques », *AJDA*, 16 juillet 2007, pp. 1380-1380.

BRUNETIERE (J.-R.), « Les indicateurs de la loi organique relative aux lois de finances (LOLF) : une occasion de débat démocratique ? », *RFAP* n° 117, 2006, pp. 95-112.

BUBOS (O.), « Performance, droit administratif et droits européens : transmutation », in ALBERT (N.), (sous la dir.), *Performance et droit administratif*, Paris, Litec, Collection « Débats & Colloques », 2010, pp. 35-51.

CAILLOSSE (J.), « L'usager nouveau de la RGPP », *AJDA*, n° 42, 2012, 10 décembre 2012, Tribune, pp. 2289-2289.

CAILLOSSE (J.), « Rapport introductif : performance et droit de l'administration », in ALBERT (N.), (sous la dir.), *Performance et droit administratif*, Paris, Litec, Collection « Débats & Colloques », 2010, pp. 5-17.

CAILLOSSE (J.), « L'administration entre exigences juridiques et impératifs managériaux », *Cahiers français*, n° 346, 2008, pp. 27- 33.

CAILLOSSE (J.), « L'administration française doit-elle s'évader du droit administratif pour relever le défi de l'efficience ? », in LACASSE (F.) et THOENIG (J.-C.), *L'action publique*, Paris, Institut de Management Public et L'Harmattan, 1996, pp. 307-327.

CAILLOSSE (J.), « Le droit administratif contre la performance publique ? », *AJDA*, 20 mars 1999, pp. 195-211.

CALMETTE (J.-F.), « La LOLF : un texte, un esprit, une pratique », *RFAP* n° 117, 2006, pp. 43-56.

CAUDAL (S.), « Études d'impact législatives et études d'impact environnementales : éléments de comparaison » in PHILIP-GAY (M.), (sous la dir.), *Les études d'impact accompagnant les projets de loi*, Paris, LGDJ, 2012, pp. 25-37.

Centre d'analyse stratégique/MALONE (A.), « Règlementer moins, réglementer mieux ? Les analyses d'impact de la réglementation », *La note de veille*, n° 151, 2009, pp. 1-8.

CHAFFARDON (G.) et JOYE (J.-F.), « La LOLF a dix ans : un rendez-vous (déjà) manqué ? », *RDP* n° 2, 2012, pp. 303-332.

CHAVAS (H.), « La Révision générale des politiques publiques en défaut d'expertise » in *Mélanges en l'honneur du Professeur Jacques Chevallier, Penser la science administrative dans la post-modernité*, Paris, LGDJ, 2013, pp. 429-439.

CHEVALLIER (J.), « Performance et gestion publique », in *Réformes des finances publiques & modernisation de l'administration : mélanges en l'honneur de Robert Hertzog*, Paris, Économica, 2010, pp. 83-93.

CHEVALLIER (J.), « Rapport de synthèse », in ALBERT (N.), (sous la dir.), *Performance et droit administratif*, Paris, Litec, Collection « Débats & Colloques », 2010, pp. 293-306.

CHEVALLIER (J.), « La politique de modernisation administrative » in *Mélanges en l'honneur de Guy Braibant*, Paris, Dalloz, 1996, p. 69-87.
CHEVALLIER (J.), « Rapport introductif », *Revue de la recherche juridique*, 1994-4, pp. 1081-1094.
CHEVALLIER (J.), « Les lois expérimentales. Le cas Français » in MORAND (C.-A.) (Sous la dir.), *Évaluation législative et lois expérimentales*, Presses Universitaires d'Aix-Marseille, 1993, pp. 119-150.
CHEVALLIER (J.), « La juridicisation des préceptes managériaux », *PMP*, décembre 1993, n° 4, vol. 11, pp. 111-134.
CHEVALLIER (J.), « Quels outils pour quelle décision ? », in BOURCIER (D.) et COSTA (J.-P.), (sous la dir.), *L'administration et les nouveaux outils d'aide à la décision*, Paris, Ed. E. S. T.H., 1992, pp. 181-189.
CHEVALLIER (J.), « Le discours de la qualité administrative », *RFAP*, n° 46, avril-Juin 1988, pp. 121-143.
CHEVALLIER (J.) et LOSCHAK (D.), « Rationalité juridique et rationalité managériale dans l'administration française », *RFAP n°* 24, octobre-décembre 1982, pp. 679-719.
CHEVILLEY-HIVER (C.), « La mission d'évaluation et de contrôle à l'Assemblée nationale », *RDP* n° 6, 2000, pp. 1677-1699.
COMBRADE (B.-L.), « À qui profite l'étude d'impact ? », *Petites Affiches*, 24 janvier 2012, n° 17, pp. 6-12.
COSTA (J.-P.), « Droit et évaluation », *RFAP,* n° 66, avril-juin 1993, pp. 221-226.
CROUZATIER-DURAND (F.), « Réflexions sur le concept d'expérimentation (à propos de la loi constitutionnelle du 28 mars 2003 relative à l'organisation décentralisée de la République) », *RFDC*, n° 56, 2003, pp. 675-695.
DEJEAN (J.), BOURASSIN (V.), MORTREUX (K.), « Culture de l'évaluation et fascination pour les indicateurs », *PMP*, vol. 16, n° 2, juin, 1998, pp. 161-174.
DELILLE (T.), « La dimension interinstitutionnelle des études d'impact des réglementations dans l'Union européenne à l'ère de la « réglementation intelligente », *RFAP* n° 149, 2014, pp. 61-77.
DENOLLE (A.-S.), « Les études d'impact : une révision manquée ? », *RFDC* n° 78, 2011, pp. 499-514.
DERLIEN (H.-U.), « La modernisation administrative en Allemagne : « du vieux vin dans de nouvelles bouteilles », *RFAP* n° 75, juillet-septembre 1995, pp. 413-422.
DORD (O.), « Vers un rééquilibrage des pouvoirs publics en faveur du Parlement », *RFDC* n° 77, 2009, pp. 99-118.
DRAGO (G.), « Expérimentation et Constitution », *AJDA* 21 octobre 2002, pp. 989-989.
DRAGO (R.), « Le droit de l'expérimentation » in *Mélanges en hommage à François Terré, L'avenir du droit*, Dalloz, 1999, pp. 229-249.
DREYFUS (F.), « La révision générale des politiques publiques, une conception néolibérale du rôle de l'Etat ? », *RFAP* n° 136, 2010, pp. 857-864.
DUNLOP (C.A.), FRITSCH (O.) et RADAELLI (C. M.), « Étudier l'étude d'impact », *RFAP* n° 149, 2014, pp. 163-178.
DUTHEIL (J. De La Rochère), « L'usager du service public et le client de l'entreprise saisis par le droit communautaire », in KOVAR (R.) et SIMON (D.), (sous la dir.), *Service public et communauté européenne : entre l'intérêt général*

et le marché. Tome : approche transversale et conclusions. Actes du colloque de Strasbourg 17-19 octobre 1996, pp. 335-346.

FAURE (B.), « L'intégration de l'expérimentation au droit public français » in *Mélanges en l'honneur de Franck Moderne, Mouvement du droit. Du droit administratif au droit constitutionnel. Du droit français aux autres droits*, Dalloz, 2004, pp. 165-188.

FEVROT (O.), « La performance dans les contrats administratifs », *Revue de la recherche juridique, Droit prospectif, n° 4, 2005*, pp. 2359-2397.

FIALAIRE (J.), « Synthèse générale. Le droit à l'expérimentation des collectivités territoriales et la subsidiarité : les apparences et « faux-semblants » d'une prétendue territorialisation des normes » in FIALAIRE (J.), (sous la dir.), *Subsidiarité infranationale et territorialisation des normes. État des lieux et perspectives en droit interne et en droit comparé*, Presses Universitaires de Rennes, 2004, pp. 11-23.

FOUQUET (A.), « L'évaluation des politiques publiques : état (s) de l'art et controverses », *RFAP* n° 148, 2013, pp. 835-847.

GARBAR (C.-A.), « Performance et contractualisation de l'action publique », in ALBERT (N.), (dir.), *Performance et droit administratif*, Paris, Litec, Colloques & Débats, 2010, pp. 133-154.

GAUTIER (Y.), « La révision générale des politiques publiques et l'Union européenne » in *Réformes des finances publiques & Modernisation de l'Administration, Mélanges en l'honneur de Robert Hertzog*, Paris, Économica, 2011, pp. 233-233.

GOHIN (O.), « La nouvelle décentralisation et la réforme de l'Etat en France », *AJDA*, 24 mars 2003, pp. 522-528.

GROSHENS (J.-C.) et KNAUB (G.), « À propos de la rénovation de l'évaluation » in BELLOUBET-FRIER (N.), GONOD (P.), (sous la dir.), *Études en l'honneur de Gérard Timsit*, Bruxelles, Bruylant 2004, pp. 345-376.

HACQUET (A.), « Les études d'impact des projets de loi : espérances, scepticisme et compromis », *AJDA*, 2 novembre 2009, pp. 1986-1993.

HALLINGER (P.), « En finir avec la RGPP », *RFAP* n° 136, 2010, pp. 1007-1009.

HÖLAND (A.), « L'évaluation législative comme auto-observation du droit et de la société » in MORAND (C.-A.), (sous la dir.), *Évaluation législative et lois expérimentales*, Presses Universitaires d'Aix-Marseille, 1993, pp. 19-42.

ISAIA (H.), « Évaluation des politiques publiques et appréciation de leur pertinence », *RFFP* n° 81, mars 2003, pp. 337-361.

JANIN (P.), « L'expérimentation juridique dans l'acte II de la décentralisation », *JCP A (Administrations et collectivités territoriales)* n° 41, 10 octobre 2005, pp. 1524-1528.

KIMURA (T.), « Les finances publiques dans l'œuvre de Maurice Hauriou », *RFFP* n° 70, 2000, pp. 171-192.

KNOEPFEL (P.), VARONE (F.), « Mesurer la performance publique : méfions-nous des terribles simplificateurs », *PMP* vol. 17, n° 2, juin 1999, pp. 123-145.

LAFARGE (F.), « La révision générale des politiques publiques : objet, méthodes et redevabilité », *RFAP* n° 136, 2010, pp. 755-774.

LAFARGE (F.), « Réforme de l'État et RGPP : histoire, enjeux et mécanisme. Entretien avec François Lafarge », *Regards sur l'actualité*, n° 360, avril 2010, pp. 8-16.

LAFARGE (F.) et LE CLAINCHE (M.), « La révision générale des politiques publiques », *RFAP* n° 136, 2010, pp. 751-754.
LAMARQUE (D.), « Au cœur du processus : le rôle de l'instance d'évaluation », *RFAP* n° 66, avril-juin 1993, pp. 249-253.
LAPOUZE (P.), « L'expérimentation par les collectivités territoriales », *JCP A (Administrations et Collectivités territoriales)* n° 10, 2006, pp. 307-310.
LECA (J.), « Sur le rôle de la connaissance dans la modernisation de l'État et le statut de l'évaluation », *RFAP* n° 66, avril-juin 1993, pp. 185-196.
LIANOS (I.) et FAZEKAS (M.), « Le patchwork de la pratique des études d'impact en Europe : proposition de taxinomie », *RFAP* n ° 149, 2014, pp. 29-59.
LIANOS (I.) et KARLIUK (M.), « L'émergence de l'étude d'impact comme norme de gouvernance en Europe : genèse, diffusion et acteurs », *RFAP* n° 149, 2014, pp. 5-27.
LIVERMORE (M. A.) et ROSENBERG (J. S.), « L'analyse distributive dans les études d'impact, ou comment prendre la répartition des conséquences d'une réglementation », *RFAP* n° 149, 2014, pp. 145-161.
LONG (M.), « L'expérimentation : un premier bilan décevant pour les collectivités territoriales », *AJDA* 15 septembre 2008, pp. 1625-1625.
MADIOT (Y.), « Vers une « territorialisation » du droit », *RFDA*, septembre-octobre 1995, pp. 9947-960.
MAMONTOFF (C.), « Réflexions sur l'expérimentation du droit », *RDP*, n° 2, mars-avril, 1998, pp. 351-371.
MARCOU (G.), « Le bilan en demi-teinte de l'Acte II. Décentraliser plus ou décentraliser mieux ? », *RFDA* mars-avril 2008, pp. 295-315.
MARCOU (G.), « Expérimentation et collectivités locales : expériences européennes » in Ministère de l'Intérieur, de la sécurité et des Libertés locales, *Les collectivités locales et l'expérimentation : perspectives nationale et européennes*, Paris, La Documentation française, 2004, pp. 17-24.
MARCOU (G.), « Les modes de gestion des services publics locaux en Allemagne et le problème de l'ouverture à la concurrence », *RFDA*, mai-juin 1995, pp. 462-496.
MASSEY (A.), « Les programmes reviews au Royaume-Uni et la question de la mesure de la performance », *RFAP* n° 136, 2010, pp. 837-955.
MAURY (S.), « La LOLF est-elle un bon moyen d'évaluer les politiques publiques ? », *AJDA*, 14 juillet 2008, pp. 1366-1372.
MBONGO (P.), « La « constitutionnalisation » des études d'impact préalables à la loi. Un mirage légistique », *Recueil Dalloz* 2009, n° 2, pp. 108-109.
MIGAUD (D.), « Les cinq défis de l'évaluation », *RFAP* n° 148, 2013, pp. 849-858.
MIGEON (F.-D.), « La méthode RGPP : placer le changement au cœur de l'Administration », *RFAP* n° 136, 2010, pp. 985-994.
MORAND (C.-A.), « L'obligation d'évaluer les lois » in MORAND (C.-A.), (sous la dir.), *Évaluation législative et lois expérimentales*, Presses Universitaires d'Aix-Marseille, 1993, pp-79-112.
MOREAU (J.), « La loi n° 2004-809 du 13 août 2004 relative aux libertés et responsabilités locales. Caractères généraux de la loi », *La Semaine Juridique, JCP G*, n° 4, 2005, pp. 133-136.
MOREAU (J.), « De l'expérimentation », *JCPA (Administrations et Collectivités territoriales)*, n° 3, 2002, pp. 98-99.

MOREL (J.), « État de droit ou état de paralysie par le droit ? », *JCP A (Administrations et collectivités territoriales)* n° 14, 2 avril 2013, pp. 6-7.
NIOCHE (J.-P.), « L'évaluation des politiques publiques en France », *RFAP* n° 66, avril- juin 1993, pp. 209-220.
NIOCHE (J.-P.) et POINSARD (R.), « L'évaluation des politiques publiques en France » in NIOCHE (J.-P.) et POINSARD (R.), *L'évaluation des politiques publiques*, Paris, Économica/Jean-Pierre et Robert Poinsard éd., 1984, pp. 6-22.
NIOCHE (J.-P.), « De l'évaluation à l'analyse des politiques publiques », *RFSP*, n° 1, février 1982, volume 32, pp. 33-60.
NOURY (A.), « L'étude d'impact des projets de loi et de décret en Conseil d'Etat : une tentative de rationalisation du travail gouvernemental », *Revue de la recherche Juridique*, n° 2, 2000, pp. 599-631.
PALLEZ (F.), « De la mesure dans un service public régalien. Peut-on et faut-il quantifier la charge de travail des magistrats ? », *PMP* volume 18, n° 4, décembre 2000, pp. 91-118.
PARIENTE (A.), « La démarche de performance issue de la LOLF : quelles perspectives ? », *RDP* n° 1, 2006, pp. 37-41.
PAULIAT (H.), « Réformer les territoires, réformer la France... et réformer l'État ? », *JCP/ La Semaine juridique, Administrations et collectivités territoriales* n° 24, 16 juin 2014, pp. 3-4.
PAULIAT (H.), « La modernisation de l'action réside-t-elle désormais dans la mesure de la qualité des services publics ? », *JCP / La Semaine juridique, Administrations et collectivités territoriales*, n° 46, 19 novembre 2012, pp. 2-3.
PAULIAT (H.), « Appréciation de la RGPP : la France doit aller plus loin ! », *JCP / La Semaine juridique n° 10-11*, 12 mars 2012, pp. 4-5.
PEDINI (G.), « Le rôle et la place des cabinets de conseil dans la RGPP », *RFFP* n° 102, juin 2008, pp. 175-178.
PERRET (B.), « L'évaluation des politiques publiques : entre culture du résultat et apprentissage collectif », *Esprit* n° 350, décembre 2008, pp. 142-159.
PERRET (B.), « De l'échec de la RCB à la LOLF », *RFAP* n° 117, 2006, pp. 31-41.
PERRET (B.), « Réflexions sur les différents modèles d'évaluation », *RFAP* n° 66, avril-juin 1993, pp. 227-240.
PHILIP-GAY (M.), « L'obligation de joindre des études d'impact aux projets de loi. Une illustration des évolutions récentes du droit issu de la Constitution du 4 octobre 1958 » in PHILIP-GAY (M.), (sous la dir. de), *Les études d'impact accompagnant les projets de loi*, Paris, LGDJ, 2012, pp. 153-164.
PISSALOUX (J.-L.), « Réflexions sur l'expérimentation normative », *DA* n° 11, 2003, pp. 12-19.
POCHARD (M.), « Quel avenir pour la fonction publique ? », *AJDA*, 20 janvier 2000, pp. 3.-19.
PONTIER (J.-M.), « Modernisation de l'action publique. À propos des décisions du CIMAP du 2 avril 2013 », *La Semaine juridique, édition générale*, n° 16, avril 2013, pp. 755-757.
PONTIER (J.-M.), « Performance et simplification », in ALBERT (N.), (sous la dir.), *Performance et droit administratif*, Paris, Litec, Collection « Débats & Colloques », 2010, pp. 89-118.
PONTIER (J.-M.), « La problématique du territoire et du droit » in DOAT (M.), LE GOFF (J.), PEDROT (P.), (sous la dir.), *Droit et complexité. Pour une nouvelle*

intelligence du droit vivant, Presses Universitaires de Rennes, Collection « L'Univers des Normes », 2007, pp. 39-62.
PONTIER (J.-M.), « La loi organique relative à l'expérimentation par les collectivités territoriales », *AJDA*, 29 septembre 2003, pp. 1715-1723.
PONTIER (J.-M.), « Décentralisation et expérimentation », *AJDA* 28 octobre 2002, pp. 1037-1037.
PONTIER (J.-M.), « L'expérimentation dans les Collectivités locales », *Rev. adm.* n° 320, 2001, pp. 169-177.
POULET (N.), « Le concept de qualité », in PAULIAT (H.), (Textes réunis par), *La qualité : une exigence pour l'action publique en Europe*, Presses universitaires de Limoges, 2002, pp. 17-33.
RENDA (A.), « Les études d'impact des réglementations de l'Union européenne : état des lieux et pistes de réforme », *RFAP* n° 149, 2014, pp. 79-103.
ROUANET (H.), « L'évaluation des agents publics » in CURAPP, *L'évaluation dans l'administration*, Paris, PUF, 1993, pp. 99-104.
ROUBAN (L.), « Le nombre de fonctionnarisme : le débat autour du fonctionnarisme (1877-1914) », *RFAP* n° 135, 2010, pp. 583-599.
ROUBAN (L.), « L'évaluation, nouvel avatar de la rationalisation administrative ? Les limites de l'import-export institutionnel », *RFAP* n° 66, avril-juin 1993, pp. 197-208.
ROUVILLOIS (F.), « Philosophie de la RGPP », in CAMDESSUS (M.), (sous la dir.), *Vers l'État optimal*, Paris, La Documentation française, 2012, pp. 11- 33.
ROUX (A.), « Constitution, expérimentation et décentralisation » in FAVOREU (L.), HERTZOG (R.) et ROUX (A.), *Études en l'honneur de Loïc Philip, Constitution et finances publiques*, Paris, 2005, pp. 207-218.
SALON (S.) et SAVIGNAC (J.-C.), « La réforme de la notation des fonctionnaires de l'État », *AJDA*, 10 mai 2004, pp. 958-962.
SAUVE (J.-M.), « Les cours administratives d'appel, vingt ans après : un succès incontestable », *AJDA*, 30 juin 2008, pp. 1248- 1252.
SINE (A.) et VEILLET (I.), « La performance : un outil et une démarche indispensables au pilotage des politiques publiques », *Regards sur l'actualité*, n° 335, juin 2007, pp. 21-35.
STAHL (J.-H.), « L'expérimentation en droit français : une curiosité en mal d'acclimatation », *Revue juridique de l'Economie publique*, décembre 2010, pp. 3-11.
TENZER (N.), « L'évaluation : de la modernisation de l'administration à la réforme de l'action publique », *Revue française des Affaires sociales*, 54 (1), janvier-mars, 2000, pp. 35-45.
TROSA (S.), « Donner sens aux méthodes de modernisation de l'administration », *RFAP* n° 135, 2010, pp. 533-548.
TROSA (S.), « Performance et évaluation », *Gestion & Finances publiques*, n° 8-9 août-septembre 2010, pp. 590-594.
TROSA (S.), « De la mesure à l'évaluation, de la performance à l'action, l'expérience d'une praticienne », *PMP*, volume 18, n° 4, décembre 2000, pp. 119 -136.
TROSA (S.), « Un premier bilan de l'expérience française », *RFAP* n° 66, avril-juin 1993, pp. 241-247.

TURPIN (D.), « conclusion générale » in PHILIP-GAY (M.), (sous la dir. de), *Les études d'impact accompagnant les projets de loi*, Paris, LGDJ, 2012, pp. 167-178.

VAILLANT (E.), « La LOLF : principes directeurs et mise en œuvre dans l'institution judiciaire », *AJP* n° 12, 2006, pp. 481-486.

VAN DOOREN (W) et VAN de WALLE (S.), « La réalité est simplement une illusion, quoique très persistante. Introduction au numéro spécial sur la mesure de la performance », *RISA*, vol. 74, n° 4, décembre 2008, pp. 559-561.

VERPEAUX (M.), « La réforme territoriale ou la bataille des régions », *JCP/ La Semaine juridique, Administrations et collectivités territoriales* n° 38-39, 22 septembre 2014, pp. 13-17.

VERPEAUX (M.), « Le nouveau droit parlementaire est arrivé. À propos de la loi organique du 15 avril 2009 », *La Semaine juridique, édition générale*, n° 29-30, 13 juillet 2009, pp. 42-49.

VERPEAUX (M.), « La loi organique relative à l'expérimentation par les collectivités territoriales. Loi organique numéro 2003-704, 1er août 2003 », *JCP G Semaine juridique*, n° 43, 2004, pp. 1893-1900.

VERPEAUX (M.), « La loi organique relative à l'expérimentation par les collectivités territoriales », *JCP A (Administrations et Collectivités territoriales)*, n° 20, 2004, pp. 655-663.

VILLENEUVE (P.), « La RGPP est morte, vive la RGPP ! », *JCP/La Semaine juridique, Edition Administrations et Collectivités territoriales, n° 40*, 8 octobre 2012, pp. 2-4.

WILLMAN (C.), « La loi du 1er décembre 2008 : comment réformer les contrats de travail aidés sans évaluation ou sans expérimentation », *Revue de droit sanitaire et social* n° 2, mars-avril 2009, pp. 251-263.

VII. PROCÉDÉS D'EXTERNALISATION

Ouvrages

ABATE (B.), *La nouvelle gestion publique*, Paris, LGDJ, Collection « Finances publiques », 2000.

AUBY (J.-B.) et DUTHEIL (J. de la Rochère), *Droit administratif européen*, Bruxelles, BRUYLANT 2007.

AUBY (J.-B.) et BRACONNIER (S.), (sous la dir.), *Services publics industriels et commerciaux : questions actuelles*, Paris, LGDJ, 2003.

AUBY (J.-F.) et RAYMUNDIE (O.), *Le service public. Droit national et droit communautaire. Régime juridique et catégories. Modes de gestion*, Paris, Éditions du Moniteur, 2003.

BABUSIAUX (C.) et Institut de la gestion déléguée, *Régie, marché, partenariat, délégation. Quelle compétition pour l'amélioration du service public ?*, Paris, La Documentation française, 2005.

BALME (P.), CYTERMANN (J.-R.), DELLACASAGRANDE (M.), REFFET (J.-L.), VERHAEGHE (D.) et RICHARD (P.), (sous la dir.), *L'Université française : une nouvelle autonomie, un nouveau management*, Presses universitaires de Grenoble, 2012.

BARTHELEMY (J.), *Stratégies d'externalisation*, Paris, Dunod, 2002.

BERNARD (P.), *La notion d'ordre public en droit administratif*, Paris, LGDJ, 1962.
BETTINGER (C.), *La gestion déléguée des services publics dans le monde. Concession ou Bot*, Paris, Berger-Levrault, 1997.
BESANÇON (X.), DERRY (L.), FISZELSON (R.), FORNACCIARI (M.), STPULGENT (N. de), *Les nouveaux contrats de partenariat public-privé : analyses juridiques, problèmes financiers, conseils pratiques*, Paris, Édition Le Moniteur, 2005.
BESANÇON (X.), *Essai sur les contrats de travaux et de services publics. Contribution à l'histoire administrative de la délégation de mission publique*, Paris, LGDJ, 1999
BOITEAU (C.), *Les conventions de délégations de service public. Transparence et service public local*, Paris, Éditions Le Moniteur, 2007.
BRACONNIER (S.), *Droit des services publics*, Paris, PUF, collection « Thémis Droit », 2007.
BRAJEUX (P.), DELBECQUE (E.) et MATHIEU (M.), *Sécurité privée, enjeu public*, Paris, Armand Colin, 2013.
BRENET (F.), MELLERY (F.), *Les contrats de partenariat de l'ordonnance du 17 juin 2004. Une nouvelle espèce de contrats administratifs*, Paris, Litec, 2005.
BREVILLE (A.), (dir.), *Partenariat public-privé : mode d'emploi juridique et approche économique*, Paris, La Documentation française, 2006.
CABUY (Y.) et WOLTER (J.-M.), *Externalisation des missions des pouvoirs locaux*, Bruxelles, Larcier, Coll. « Les dossiers de la performance publique », 2010.
CAILLOSSE (J.), *La constitution imaginaire de l'administration. Recherche sur la politique du droit administratif*, Paris, PUF, 2008.
CHAPUS (R.), *Droit administratif général*, 10ème édition, Paris, Montchrestien, 1996.
CHEVALLIER (J.), *Le service public*, Paris, PUF, Coll. « Que sais-je ? », 2010.
CORAIL (J.-L. de), *La crise de la notion de service public en droit administratif français*, Paris, LGDJ, 1954.
COSSALTER (P.), *Les délégations d'activités publiques dans l'Union européenne*, Paris, LGDJ, 2007.
COSSALTER (P.), *Le dialogue compétitif, le concept-réalisation et le partenariat public-privé*, Viron, Territorial, 2004.
DELACOUR (E.), ANTOINE (J.), DAVIGNON J.-F.), RIBOT (C.), *La Loi Sapin et les délégations de service public, 10 ans d'application jurisprudentielle*, Paris, Litec, 2003.
DELAIRE (Y.), *La délégation des services publics locaux*, Paris, Berger-Levrault, 2008.
DURAN (P.), *Penser l'action publique*, Paris, LGDJ, 1999.
ESPLUGAS (P.), *Le service public*, Paris, Dalloz, Collection « Connaissance du droit », 3ème édition, 2012.
FOREST (F.), (sous la dir.), *Les universités en France, fonctionnement et enjeux*, Publications des universités de Rouen et du Havre, 2012.
FRIER (P.-L.) et PETIT (J.), *Précis de droit administratif*, Paris, Montchrestien, 6ème édition, 2010.
FROMENT (J.-C.), GLEIZAL (J.-J.), KALUSZYNSKI (M.), *Les États à l'épreuve de la sécurité*, Grenoble, PUG, 2003.

GARCIN (P.), *La sécurité publique au quotidien*, Paris, Armand Colin, 2007.
GAUDEMET (Y.), *Droit administratif*, Paris, LGDJ, 19ème édition, 2010 et 20ème édition 2012.
GUGLIEMI (G. J.) et KOUBI (G.), *Droit du service public*, Paris, Montchrestien, 3ème édition, 2011.
GUGLIELMI (G. J.), KOUBI (G.), *Droit du service public*, Paris, Montchrestien, 2000.
GUILLAUME (H.), DUREAU (G.) et SILVENT (F.), *Gestion publique. L'État et la performance*, Paris, Presses de Sciences PO et Dalloz, p. 2002.
GUINCHARD (S.), et DEBARD (T.), (sous la dir.), *Lexique des termes juridiques 2013*, Paris, Dalloz, 2013.
HENAFF (G.), *Concurrence et services publics : enjeux et perspectives*, Presses universitaires de Rennes, 2002.
Institut de la gestion déléguée, *Partenariats public-privé : mode d'emploi juridique et approche économique*, Paris, La Documentation française, 2006.
JEZE (G.), *Les principes généraux du droit administratif, Tome 1. La technique juridique du droit public français*, (Préface de Serge Salon et Jean-Charles Savignac), Paris, Dalloz 2005.
KOVAR (R.) et SIMON (D.), (sous la dir.), *Service public et communauté européenne : entre l'intérêt général et le marché. Tome 1 : introduction et approche sectorielle. Actes du colloque de Strasbourg 17-19 octobre 1996*, Paris, La Documentation française, 1998.
KOVAR (R.) et SIMON (D.), (sous la dir.), *Service public et communauté européenne : entre l'intérêt général et le marché. Tome 2: approche transversale et conclusions. Actes du colloque de Strasbourg 17-19 octobre 1996*, Paris, La Documentation française, 1998.
LAFITTE (M.), *Les partenariats public-privé. Une clé pour l'investissement public en France*, Paris, Revue Banque Edition, 2006.
LIGNIERES (P.), *Partenariats public-privé*, Paris, Litec, 2000 et édition de 2005.
LOMBARD (M.), (sous la dir.), *Régulation économique et démocratie*, Paris, Dalloz, 2006.
LONG (M.) et Institut de la gestion déléguée, *Négocier, gérer et contrôler une délégation de service public*, Paris, La Documentation française, 1999.
LUCHAIRE (Y.), (sous la dir.), *Collectivités territoriales et gouvernance contractuelle. Actes du Colloques des 5 et 6 novembre 2004*, Paris, L'Harmattan, 2006.
MAILLARD DESGREES DU LOÛ (D.), *Droit des relations de l'administration avec ses usagers*, Paris, PUF, 2000.
MARAIS (B. du), *Droit public de la régulation économique*, Paris, Presses de Sciences PO et Dalloz, 2004.
MARCOU (G.) et MODERNE (F.), *Droit de la régulation, service public et intégration régionale, Tome 2 : expériences européennes*, Paris, L'Harmattan, 2006.
MARTY (F.), TROSA (S.) et VOISIN (A.), *Les partenariats public-privé*, Paris, Editions La Découverte, 2006.
MONJARDET (D.), *Ce que fait la police. Sociologie de la force publique*, Paris, Éditions La Découverte, 1996.

MORAND-DEVILLER (J.), *Droit administratif, Paris, Montchrestien, Lextenso éditions, 2011.*
NICINSKI (S.), *Droit public des affaires*, Paris, Montchrestien, (éditions 2009, 2010, 2012 et 2014).
NICINSKI (S.), *L'usager du service public industriel et commercial*, Paris, L'Harmattan, 2001.
PAULIAT (H.), (Textes réunis par), *Services publics, concurrence, régulation : le grand bouleversement en Europe ?*, Presses universitaires de Limoges, 2008.
PIGNON-XARDEL (S.), MANOUKIAN (S.) et VITSE (L.), *Le financement des partenariats public-privé. Problématiques juridiques et financières, pratiques et enjeux*, Paris, Éditions le Moniteur, 2010.
RAINAUD (J.-M.), *La crise du service public*, Paris, PUF, Coll. « Que sais-je ? », 1999.
RENAUDIE (O.), *La préfecture de police*, Paris, LGDJ, Lextenso éditions, 2008.
REVET (T.), VIDAL (L.), *Annales de la régulation*, Paris, IRJS Éditions, Vol. 2, 2009.
ROLLAND (L.), *Répétitions écrites de droit administratif*, Paris, Faculté de droit de Paris, « Les cours de droit », 1935/1936.
ROUBAN (L.), (sous la dir.), *Le service public en devenir*, Paris, L'Harmattan, Collection « Logiques politiques », 2000.
SAINT-ETIENNE (C.), PIROU (V.), MARTIGNARD (C.), *Les partenariats public-privé, leviers pour l'investissement, l'activité et l'emploi : méthodes et exemples pratiques pour fonder l'efficacité du choix public*, Paris, La Documentation française, 2006.
SOKOLOFF (P.), *Marchés publics, délégations de service public et autres contrats de partenariat public-privé des collectivités locales*, Paris, Lavoisier-Tec & doc, 2004.
STRAUB (B.), *Guide budgétaire et comptable de la délégation de service public*, Paris, Berger-Levrault, 2004.
TRUCHET (D.), *Droit administratif*, Paris, PUF, « Thémis », 2008.
VALLAR (C.) et LATOUR (X.), (dir.), *Quel avenir pour la sécurité privée ?*, Presses universitaires d'Aix-Marseille, 2013.
VEDEL (G.) et DELVOLVE (P.), *Droit administratif*, tome 1, Paris, PUF, Collection « Thémis », 1958.
VIDAL (L.), *L'équilibre financier du contrat dans la jurisprudence administrative*, Bruxelles, Bruylant, 2005.
VOGEL (L.), *L'Université, une chance pour la France*, Paris, PUF, Collection « Que sais-je ? », 2010.
WARFMAN (D.) et OCQUETEAU (F.), *La sécurité privée en France*, Paris, PUF, Collection « Que sais-je ? », 2011.

Rapports publics

BAUMSTARK (L.), HUGE (A.), MARCADIER (C.), MAUBERT (C.), *Partenariats public-privé et actions locales*, Paris, Commissariat Général du Plan, 2005.

BOURGOUGNOUX (J.), Commissariat général du Plan, *Services publics en réseau : perspectives de concurrence et nouvelles régulations,* rapport, Paris, La Documentation française, 2000.

CANNAC (Y.), *La qualité des services publics*, rapport au Premier ministre, Paris, La Documentation française, « Collection des rapports officiels », 2004.

CED- Conseil Economique de la Défense, *L'externalisation au ministère de la Défense*. Avis du Conseil Economique de la Défense remis au ministre de la Défense le 16 juillet 2001, Paris, CED, 2001.

Commission européenne, *Livre vert de la Commission sur les partenariats public-privé et le droit communautaire des marchés et des concessions*, COM (2004) 327 final, 30 avril 2004.

Conseil d'État, *Rapport public 2002. Jurisprudence et avis de 2001. Collectivités publiques et concurrence*, Paris, Conseil d'État/ La Documentation française, 2002.

Conseil d'Etat, *Service public, services publics : déclin ou renouveau, rapport*, Paris, La Documentation française, 1994.

Cour des comptes, *La gestion des services publics d'eau et d'assainissement, rapport public particulier*, Paris, Les éditions des journaux officiels, 2003.

DASSEUX (E.), *rapport d'information déposé par la commission de la Défense, L'externalisation dans les armées : enjeux et limites*, n° 3595, Paris, Ass. nat., 12 février 2002.

GAUDIN (M.) et BAUER (A.), *Vers une plus grande efficacité du service public de sécurité au quotidien, rapport au ministre de l'intérieur*, Paris, La Documentation française, 2008.

GISCARD (L. D'Estaing), CAZENEUVE (B.), *Mission d'évaluation et de contrôle, Les externalisations du ministère de la Défense : l'heure des choix*, rapport parlementaire, Paris, Ass. nat., Juillet 2011.

GISCARD (L. D'Estaing), et Assemblée nationale, *La politique d'externalisation de la défense : coûts et bénéfices attendus*, rapport d'information n° 3141, Paris, Ass. nat, février 2011.

KRATTINGER (Y.) et LEGGE (D. de), *Les externalisations en opération extérieure : un outil à manier avec précaution, rapport d'information* n° 673 (2013-2014) du 2 juillet 2014, Paris, Assemblée nationale, 2013-2014.

LICHERE (F.), (sous la dir.), *Partenariats public-privé : rapports du XVIII Congrès de l'Académie Internationale de Droit comparé*, Bruxelles, Bruylant, 2011.

SAINT MARC (R. D. de), *Le service public, rapport au Premier ministre*, Paris, La Documentation française, 1996.

Sénat, Service des Affaires européennes, *Les polices municipales*, rapport n° LC 38, Paris, Sénat, 1998.

STOFFAËS(C.), Commissariat général du Plan, *Services publics, question d'avenir*, rapport de la Commission présidée par Christian Stoffaës, Paris, Editions Odile Jacob, La Documentation française, 1995.

SUEUR (J.-P.) et PORTELLI (H.), *Les contrats de partenariat : des bombes à retardement ?*, rapport d'information n° 733 (2013-2014) du 16 juillet 2014, Paris, Sénat, 2014.

Traités

DUGUIT (L.), *Traité de droit constitutionnel, Tome II*, Paris, Librairie Fontemoing & Cie, Editeurs, 1928.

LAUBADERE (A. de), MODERNE (F.) et DELVOLVE (P.), *Traité des contrats administratifs*, Paris, LGDJ, 1983.

Mélanges

CLAMOUR (G.) et UBAUD-BERGERON (Textes réunis et présentés par), *Contrats publics, Mélanges en l'honneur du Professeur Michel GUIBAL*, volume I, Université de Montpellier I, Press de Monéditeur. com, 2006.

CLAMOUR (G.) et UBAUD-BERGERON (Textes réunis et présentés par), *Contrats publics, Mélanges en l'honneur du Professeur Michel GUIBAL*, volume II, Université de Montpellier I, Press de Monéditeur. com, 2006.

Mélanges en l'honneur de Franck Moderne, Mouvement du droit public. Du droit administratif au droit constitutionnel. Du droit français aux autres droits, Paris, Dalloz, 2004.

Mélanges en l'honneur de Jean-François Lachaume, Le droit administratif : permanences et convergences, Paris, Dalloz, 2007.

Mélanges en l'honneur du Professeur Laurent Richer, À propos des contrats des personnes publiques, Paris, LGDJ, 2013.

Réformes des finances publiques & Modernisation de l'Administration, Mélanges en l'honneur de Robert Hertzog, Paris, Economica, 2011.

Articles

ADVIELLE (F.) et VAN HERZELE (P.), « Les chambres régionales des comptes et les activités externalisées des collectivités locales, *AJDA*, n° 35, 2013, pp. 2022-2028.

ARANJO (S. de), « Les principes fondamentaux et règles jurisprudentielles de la procédure de délégation d'un service public local », *AJDA* 13 avril 2009, pp. 690-695.

AUBY (J-B.), « Les problèmes posés par le développement du contrat en droit administratif comparé » in *Contrats publics, Mélanges en l'honneur du Professeur Michel Guibal*, Université de Montpellier, Volume I, 2006, pp. 411-425.

AUBY (J-B.), « Les contrats de partenariat. Ces nouveaux contrats étaient-ils nécessaires ? », *RFDA*, novembre-décembre 2004, pp. 1095-1102.

AUBY (J.-B.), « Les ingrédients juridiques de la réforme de l'Etat », *DA*, n° 5, mai 2002, pp. 3-3.

AUBY (J.-B.) et MAUGÜE (C.), « Les contrats de délégation de service public », *La Semaine juridique JCP, édition G*, n° 9, 1994, pp. 115-124.

BAZEX (M.) et BLAZY (S.), « Les voies de l'externalisation des activités de service public », *DA*, juin 2007, pp. 35-37.

BAZEX (M.), « Le droit public économique », *RFDA*, juillet-août 1998, pp. 781-800.

BELLAIS (R.) et OUDOT (J.-M.), « Le recours aux contrats de partenariat dans la défense en France », *RFAP* n° 130, 2009, pp. 263-274.
BELLESCIZE (R. de), « La Constitution comme obstacle à la privatisation de l'Etat » in ROUVILLOIS (F.) et DEGOFFE (M.), (sous la dir.), *La privatisation de l'Etat*, Paris, CNRS Editions, 2012, pp. 89-115.
BLUMANN (C.), « Quelques variations sur le thème du service public en droit de l'Union européenne », in *Mélanges en l'honneur de Jean-François Lachaume, Le droit administratif : permanences et convergences*, Paris, Dalloz, 2007, pp. 45-69.
BOITEAU (C.), « Concept communautaire de service public et services publics locaux », *RFDA*, mars-avril, 1995, pp. 320-334.
BOUTOUILA (N.), « Les premiers retours d'expérience des formes renouvelées de partenariats public-privé en France. Une solution à tous les maux ou une fausse bonne solution ? » in ROUVILLOIS (F.) et DEGOFFE (M.), (sous la dir.), *La privatisation de l'État*, Paris, CNRS Éditions, 2012, pp. 133-148.
BRACONNIER (S.), « La consécration du critère du risque opérationnel dans la directive « concession », *Contrats publics* n° 141, mars 2014, pp. 27-31.
BRACONNIER (S.), « L'accord autonome dans les contrats de partenariat public-privé. De la pratique à la théorie » in *Mélanges en l'honneur du Professeur Laurent Richer. À propos des contrats des personnes publiques*, Paris, LGDJ, 2013, pp. 511-527.
BRACONNIER (S.), « Les contrats de partenariat et les collectivités territoriales locales : entre mythe et réalités », *BJCP* n° 36, 2004, pp. 340-347.
BRACONNIER (S.), « le droit français, et notamment le droit public, se révèle inadapté au développement des partenariats entre le secteur public et le secteur privé », *BJCP* n° 22, mai 2002, pp. 174-184.
BRACONNIER (S.), « La régulation des services publics », *RFDA,* janvier-février 2001, pp. 43-57.
BRAJEUX (P.), « Le marché de la sécurité privée à n'importe quel prix ? » *in* ARGAGIAN (N.), (sous la dir.), *Liberté, Egalité... Sécurité*, Paris, Dalloz, 2007, pp. 127-145.
BREVILLE (A.), « Avantages comparatifs du contrat de partenariat par rapport aux autres contrats complexes », *AJDA*, 27 septembre 2004, pp. 1754-1759.
BROC (R.), « Le critère du risque d'exploitation dans la définition des délégations de service public », *Gazette du Palais*, 4-5 décembre 2009, pp. 29-31.
BRISSON (J.-F.), « Clarification des compétences et coordination des acteurs », *AJDA* n° 11, 2014, pp. 605-611.
BUZELAY (A.), « Du monopole d'État à la dérégulation communautaire : évolution de la gestion du service public », in KOVAR (R.) et SIMON (D.), (sous la dir.), *Service public et communauté européenne : entre l'intérêt général et le marché. Tome II : approche transversale et conclusions. Actes du colloque de Strasbourg 17-19 octobre 1996*, pp. 151-161.
CAILLOSSE (J.), « Interrogations méthodologiques sur le « tournant » contractuel de *GUIBAL*, Université de Montpellier, Press de Monéditeur. com, 2006, volume II, pp. 469-492.
CAILLOSSE (J.), « Le droit administratif français saisi par la concurrence ? », *AJDA*, 20 février 2000, pp. 99-103.

CAMPAGNAC (E.), « Contribution à l'analyse des contrats de partenariat public-privé en France et au Royaume-Uni », *RFAP* n° 130, 2009, pp. 365-382.

CARTIER-BRESSON (A.), « Externalisation et contraintes communautaires » in ROUVILLOIS (F.) et DEGOFFE (M.), (sous la dir.), *La privatisation de l'État*, Paris, CNRS Éditions, 2012, pp. 29-46.

CHAFIOL-CHAUMONT (F.) et OLIVIER (V.), « Les points clés d'un contrat d'externalisation souple et évolutif », *Cahiers de droit de l'entreprise* n° 6, novembre-décembre 2009, pp. 68-71.

CHANSON (G.), « L'externalisation, les raisons d'une stratégie gestionnaire », *La Semaine juridique, Administrations et Collectivités territoriales*, n° 17, 30 avril 2012, pp. 2131-2134.

CHAPLEAU (P.), « Vers une privatisation des interventions militaires : l'exemple des opérations de maintien de la paix », *Problèmes Economiques*, n° 2857, 1er sept. 2004, pp. 24-30.

CHEROT (J.-Y.), « La notion d'ordre public dans la théorie de l'action administrative » in LINOTTE (D.), (sous la dir.), *La police administrative existe-t-elle ?* Paris, Economica et Presses universitaires d'Aix-Marseille, 1985, pp. 29-35.

CHEVALLIER (J.), « L'État régulateur », in LOMBARD (M.), (sous la dir.), *Régulation économique et démocratie*, Paris, Dalloz, 2006, pp. 29-40.

CHEVALLIER (C.), « la gouvernance et le droit » in *Mélanges Paul Amselek*, Bruxelles, Bruyant, 2005, pp. 189-207.

COHEN (E.), « Régimes économiques et régulation du service public », in ROUBAN (L.), (sous la dir.), *Le service public en devenir*, Paris, L'Harmattan, Collection « Logiques politiques », 2000, pp. 219-242.

COUVRAT (P.), « L'externalisation des missions de l'administration pénitentiaire : l'impact du développement de la gestion déléguée », *RFAP* 2001, pp. 455-460.

CROUZATIER-DURAND (F.), « De la vidéosurveillance à la vidéo protection, une nouvelle conciliation des exigences de sécurité et de liberté ? », *JCP A Administrations et collectivités territoriales*, n° 22, 30 mai 2011, pp. 27-30.

DANET (D.), « Guerre d'Irak et partenariats public-privé », *RFAP* n° 130, 2009, pp. 249-262.

DELACOUR (E.), « Distinction entre délégation et marché : confirmation de la jurisprudence de la Vendée « Département de la Vendée », *Contrats et marchés publics*, mars 2009, pp. 29-30.

DELARUE (J.-M.), « L'État et sa police… administrative », *Cahiers de la Fonction publique*, n° 208, janvier 2002, pp. 3-9.

DELEBECQUE (P.), « Les contrats, vecteurs de l'externalisation », *Les Petites affiches*, n° 147, 9 décembre 1998, pp. 9-13.

DELION (A.), « L'évolution de la notion et des organismes de régulation », in DELION (A.) et VIDAL (L.), (sous la dir.), *Les réformes des régulations financières*, Paris, IRJS éditions, Coll. « Les annales de la régulation vol. 3 », 2013, pp. 1-62.

DELION (A.), « Régulations : progrès et problèmes. Actualisations 2006-2008 », in REVET (T.) et VIDAL (L.), (sous la dir.), *Annales de la régulation*, volume 2, Paris, IRJS, 2009, pp. 1-36.

DELVOLVE (P.), « De nouveaux contrats publics. Les contrats globaux » », *RFDA*, 2004, pp. 1079-1091.

DELVOLVE (P.), « Le partenariat public-privé et les principes de la commande publique », *RDI* novembre-décembre 2003, pp. 481-493.

DELVOLVE (P.), « Les contradictions de la délégation de service public », *AJDA* 20 septembre 1996, pp. 675-691.

DESCOING (R.), « La nécessité d'une réflexion générale et croisée sur la régulation », in FRISON-ROCHE (M.-A.), (sous la dir.), *Les régulations économiques : légitimité et efficacité*, Paris, Presses de Sciences PO et Dalloz, 2004, pp. 3-6.

DOUENCE (J.-C.), « Le critère financier de la délégation de service public à l'épreuve de la pratique contractuelle » in *Mélanges en l'honneur de Franck Moderne, Mouvement du droit public. Du droit administratif au droit constitutionnel. Du droit français aux autres droits*, Paris, Dalloz, 2004, pp. 501-520.

DOUENCE (J.-C.), « L'évolution des modes de gestion des services publics industriels et commerciaux locaux », in AUBY (J.-B.) et BRACONNIER (S.), (sous la dir.), *Services publics industriels et commerciaux : questions actuelles*, Paris, LGDJ, 2003, pp. 111-141.

DOUENCE (J.-C.), « Dix ans de délégations du service public : bilan et perspectives », *Contrats et marchés publics*, mais 2003, pp. 48-52.

DOUENCE (J.-C.), « Les contrats de délégation de service public », *RFDA*, septembre-octobre 1993, pp. 936-951.

DOUVRELEUR (O.), « 2003-2011 : l'évolution de l'autorité des marchés financiers », in DELION (A.) et VIDAL (L.), (sous la dir.), *Les réformes des régulations financières*, Paris, IRJS éditions, Coll. « Les annales de la régulation vol. 3 », 2013, pp. 273-321.

DRAGO (R.), « Paradoxes sur les contrats administratifs » in *Études offertes à Jacques Flour*, Paris, Répertoire du Notariat Defrénois, 1979, pp. 151-162.

DREYFUS (J.-D.), « Externalisation et liberté d'organisation du service », *AJDA*, 7 septembre 2009, pp. 1529-1534.

DREYFUS (J.-D.), « Le partenariat public-privé et le financement de l'opération », *RDI* novembre-décembre 2003, pp. 494-497.

DREYFUS (J.-D.), « L'externalisation, éléments de droit public », *AJDA* 18 novembre 2002, pp. 1214-1218.

ECKERT (G.), « La SEMOP, instrument du renouveau de l'action publique locale ? », *AJDA* n° 34, 2014, pp. 1941-1948.

ECKERT (G.), « La coopération public-public, entre espoirs et inquiétudes » in *Mélanges en l'honneur du Professeur Laurent Richer, À propos des contrats des personnes publiques*, Paris, LGDJ, 2013, pp. 617-632.

ECKERT (G.), « Pour une réforme du droit des délégations de service public », in *Réformes des finances publiques & Modernisation de l'Administration. Mélanges en l'honneur de Robert Hertzog*, Paris, Economica, 2011, pp. 169-184.

ECKERT (G.), « Les modes de financement du service public dans l'environnement concurrentiel », in KOVAR (R.) et SIMON (D.), (sous la dir.), *Service public et communauté européenne : entre l'intérêt général et le marché. Tome II : approche transversale et conclusions. Actes du colloque de Strasbourg 17-19 octobre 1996*, Paris, La Documentation française, 1998, pp. 429-446.

ECKLY (P.), « Le regroupement des universités, un nouveau modèle de gouvernance pour les universités françaises ? », in *Réformes des finances publiques & Modernisation de l'Administration, Mélanges en l'honneur de Robert Hertzog*, Paris, Economica, 2011, pp. 185-198.

EGLIE-RICHTERS (B.), « Les frontières entre les délégations de service public, les contrats de partenariat et les marchés publics a-t-elle bougé le 18 juillet 2007 ? », *AJDA* 15 décembre 2008, pp. 2346-2349.

FATÔME (E.) et RICHER (L.), « Le Conseil constitutionnel et le « droit commun » de la « commande publique » et de la domanialité publique », *AJDA,* 22 décembre 2003, pp. 2348-2354.

FATÖME (E.) et RICHER (L.), « Régie intéressée et maîtrise d'ouvrage publique », *AJDA* 20 juin 1997, pp. 492-497.

FAURE (B.), « Penser le changement » ou « changer le pansement » ? », *AJDA* n° 11, 2014, pp. 600-604.

FAVOREU (L.), « Service public et Constitution », *AJDA* 20 juin 1997, n° spécial, pp. 16-19.

FLEURY (B.), « Les délégations de service public à l'épreuve des chambres régionales des comptes », *La Semaine juridique, Administrations et collectivités territoriales*, n° 9, 25 février 2013, pp. 36-41.

FRACKOWIAK (C.) et DELALOY (G.), « Pour une rationalisation de l'architecture du droit français de la commande publique », *BJCP* n° 95, 2014, pp. 239-245.

FROMENT (J.-C.), « Des pouvoirs de police du maire aux « politiques de police municipales », *La Semaine juridique, Administration et collectivités territoriales*, n° 16, 13 avril 2004, pp. 541-548.

GAFFARD (J.-L.), « Quelle organisation universitaire pour fructifier les partenariats entre sciences et industrie ? ». À la recherche d'un modèle économique efficace » in FORTIER (C.), (sous la dir.), *Université, universités,* Colloque organisé les 22 et 23 octobre 2009 à Besançon, Paris, Dalloz, 2010, pp. 203-214.

GAUDEMET (Y.), « Les contrats de partenariat public-privé (après l'ordonnance du 17 juin 2004) », *Revue Droit & Patrimoine* n° 131, novembre 2004, pp. 26-33.

GAUDEMET (Y.), « Libres propos sur le droit des contrats administratifs (la réforme de la commande publique et le partenariat public-privé) », *CJEG* n° 605 janvier 2004, pp. 1-6.

GAUDEMET (Y.), « Les contrats de partenariat public-privé : étude historique et critique », *BJCP* n° 36, 2004, pp. 331-339.

GAUDEMET (Y.), « La commande publique et le partenariat public-privé. Quelques mots de « synthèse », *RDI,* novembre-décembre 2003, pp. 534-538.

GLENARD (G.), « La notion de délégation dans le droit de la délégation de service public (1ère partie) », *DA*, février 2002, pp. 4-9.

GREGORY (K.), « Les concessions : faut-il avoir peur du rapprochement avec les marchés ? », *Contrats et marchés publics*, juin 2014, pp. 17- 20.

GUERIN-SCHNEIDER (L.), BONNET (F.), BREUIL (L.), « Dix ans de loi Sapin dans les services d'eau et d'assainissement : évolution et perspective du modèle de délégation à la française », *Annales des MINES*, juillet 2003, pp. 45-57.

GUILEMIN (J.-F.), « La commande publique et le partenariat public-privé », *RDI*, novembre-décembre 2003, pp. 523-524.

GURRUCHAGA (M.), « La création des agences régionales de santé : enjeux d'une réforme » in KADA (N.), (sous la dir.), *De la réforme territoriale à la réforme de l'Etat*, PUG, 2011, pp. 163-173.

HEMERY (V.), « Le partenariat, une notion juridique en formation ? », *RFDA*, mars-avril 1998, pp. 347-357.
HUET (G.), « Contrat de partenariat : vers un premier bilan », *La Semaine juridique, Edition Administrations et Collectivités territoriales* n° 16, 18 avril 2011, pp. 18-21.
IDOUX (P.), « Régulateurs nationaux et régulateurs européens », *RDP* n° 2, 2014, pp. 290-303.
INGALLINA (P.), « Introduction générale : Universités et knowledge City : réorganiser stratégies, projets et marchés autour de l'innovation », in Patricia Ingallina (éd.), *Universités et enjeux territoriaux. Une comparaison internationale de l'économie de la connaissance*, Presses universitaires du Septentrion, 2012, pp. 23-49.
JOURNES (C.), « La problématique de la sécurité en Grande-Bretagne » in FROMENT (J.-C.), GLEIZAL (J.-J.), KALUSZYNSKI (M.), *Les Etats à l'épreuve de la sécurité*, Grenoble, PUG, 2003, pp. 127-135.
LACHAUME (J.-F.), « Réflexions naïves sur l'avenir du service public », in *Mélanges en l'honneur de Daniel Labetoulle, Juger l'administration, administrer la justice*, Paris, Dalloz, 2007, pp. 519-535.
LAGUMINA (S.) et DERUY (L.), « L'ordonnance relative aux contrats de partenariat : dépasser la polémique », *Bulletin juridique des contrats publics* n° 36, 2004, pp. 348-361.
LATOUR (X.), « La sécurité privée ou l'État autrement », in BRAJEUX (P.), DELBECQUE (E.) et MATHIEU (M.), *Sécurité privée, enjeu public*, Paris, Armand Colin, 2013, pp. 215-229.
LATOUR (X.) et MOREAU (P.), « Le Conseil national des activités de sécurité et la moralisation de la sécurité privée », *La Semaine juridique, « Administrations et collectivités territoriales »* n° 15, 11 avril 2011, pp. 2146-2152.
LATOUR (X.), « La place du secteur privé dans la politique moderne de sécurité », *AJDA*, 5 avril 2010, pp. 657-663.
LATOUR (X.), « La puissance publique et les contrôles exercés sur les entreprises de sécurité privée », *AJDA*, 27 avril 2009, pp. 800-804.
LE MESTRE (R.), « L'administration territoriale britannique : du local government à la local governance », *RDP* n° 1, 2011, pp. 221-244.
LEMAIRE (E.), « Actualité du principe de prohibition de la privatisation de la police », *RFDA* juillet-août 2009, pp. 767-676.
LICHERE (F.), « Qui de la place nouvelle des procédures négociées et du dialogue compétitif », *BJCP* n° 94, 2014, pp. 164-169.
LICHERE (F.), « Les partenariats public-privé en droit français » in LICHERE (F.), (sous la dir.), *Partenariats public-privé : rapports du XVIII Congrès de l'Académie Internationale de Droit comparé*, Bruxelles, Bruylant, 2011, pp. 307-332.
LICHERE (F.), « Le projet de loi sur les contrats de partenariat : vers l'extension et la clarification du partenariat public-privé ? », *AJDA* 28 janvier 2008, pp. 123-127.
LICHERE (F.), « Externalisation et personnes publiques », *Cahiers de droit de l'entreprise* n° 3, mai-juin 2006, pp. 66-70.
LICHERE (F.), « Les contrats de partenariat. Fausse nouveauté ou vraie libéralisation dans la commande publique ? », *RDP* n° 6, 2004, pp. 1547-1568.

LICHERE (F.), « Le Conseil constitutionnel, la commande publique et le partenariat public/privé : *bis repetita non placent* », *RDP* n° 4, 2003, pp. 1163-1178.

LIGNIERES (P.), « Le droit communautaire et la distinction des activités régaliennes et non-régaliennes » in AUBY (J.-B.) et DUTHEIL (J. de la Rochère), *Droit administratif européen*, Bruxelles, BRUYLANT 2007, pp. 983-996.

LIGNIERES (P.), « Le partenariat public-privé, un nouveau contrat pour réformer l'État » in CLAMOUR (G.) et UBAUD-BERGERON (Textes réunis et présentés par), *Contrats Publics, Mélanges en l'honneur du Professeur Michel GUIBAL, volume II,* Université de Montpellier I, Press de Monéditeur. com, 2006, pp. 575-584.

LIGNIERES (P.) et BABIN (L.), « L'externalisation : au cœur des préoccupations de l'État », *DA*, mai 2002, pp. 37-37.

LINDITCH (F.), « Premier regard sur le projet d'ordonnance relative aux marchés publics mis en consultation par Bercy », *JCP/ La Semaine juridique, édition administrations et collectivités territoriales* n° 4, 26 janvier 2015, pp. 27-32.

LINDITCH (F.), « Puissance publique et externalisation » in Association Française pour la Recherche en Droit Administratif, *La Puissance publique,* Actes du colloque organisé du 22 au 24 juin 2011 à la Faculté de droit de l'Université Pierre Mendès France de Grenoble II, Paris, LexisNexis, 2012, pp. 77-90.

LINOTE (D.), « Un cadre juridique désormais sécurisé pour les contrats de partenariat », *AJDA*, 10 janvier 2005, pp. 16-20.

LINOTTE (D.), LINOTTE (D.), « Le droit public de la concurrence », *AJDA* 20 février 1984, pp. 60-67.

LLORENS (F.) et SOLER-COUTEAUX (P.), « Le projet d'ordonnance relative aux marchés publics et l'avenir des contrats globaux », *Contrats et marchés publics,* février 2015, pp. 1-2.

LLORENS (F.) et SOLER-COUTEAUX (P.), « Le partenariat public-privé dans la tourmente », *Contrats et marchés publics*, octobre 2014, pp. 1- 2.

LLORENS (F.) et SOLER-COUTEAUX (P.), « La loi Sapin a dix ans », *Contrats et marchés publics* n° 3, mars 2003, pp. 3-3.

LLORENS (F.), « Remarques sur la rémunération du cocontractant comme critère de la délégation de service public » in WALINE (J.), *Mélanges en l'honneur de Jean Waline, Gouverner, administrer et juger*, Paris, Dalloz, 2002, pp. 301-318.

LONG (M.), « La tarification des services publics industriels et commerciaux locaux », in AUBY (J.-B.) et BRACONNIER (S.), (sous la dir.), *Services publics industriels et commerciaux : questions actuelles*, Paris, LGDJ, 2003, pp. 43-80.

LONG (M.), « Système concessif et droit communautaire dans le domaine de l'eau », *Rev. adm.*, n° 318, 2000, pp. 576-580.

LONG (M.), « Service public, services publics : déclin ou renouveau ? », *RFDA*, mai- juin 1995, pp. 497-503.

MAISL (H.), « Enseignement supérieur, université, recherche : la nouvelle donne » in *Terres du droit, Mélanges en l'honneur Yves Jégouzo*, Paris, Dalloz, 2009, pp. 353-361.

MAISL (H.), « La régulation des télécommunications, changements et perspectives », *RFDA*, mai-juin 1995, pp. 449-461.

MARCOU (G.), « Introduction », in MARCOU (G.) et MODERNE (F.), *Droit de la régulation, service public et intégration régionale, Tome 2 : expériences européennes*, Paris, L'Harmattan, 2006, pp. 11-28.

MARCOU (G.), « Le partenariat public-privé : retrait ou renouveau de l'intervention publique ? » in Caisse des Dépôts, *Partenariat public-privé et collectivités territoriales*, Paris, La Documentation française, 2002, pp. 13-50.

MARMUSE (C.), « Les enjeux de l'externalisation », *Les Petites affiches* n° 147, 9 décembre 1998, pp. 4-8.

MARTINAND (C.), « Quelle compétition pour les services publics ? », *Concurrence & Consommation*, n° 162, décembre 2008, pp. 30-33.

MARTOR (B.), DEGENNE (V.), « L'évaluation préalable des PPP : un passage obligé pour la réussite du partenariat », *Cahiers de droit de l'entreprise* n° 4, 2006, pp. 21-31.

MARTOR (B.) et THOUVENOT (S.), « Les contrats de partenariat : une nouvelle alternative aux modes traditionnelles d'achat public », *JCP A* n° 28, 5 juillet 2004, pp. 931-938.

MAZOUZ (B.), « Les aspects pratiques des partenariats public-privé. De la rhétorique néolibérale… aux enjeux, défis et risques de gestion des PPP », *RFAP* n° 130, 2009, pp. 215-232.

MELLERAY (F.), « Retour sur les lois de Rolland », in *Mélanges en l'honneur de Jean-François Lachaume*, Paris, Dalloz, 2007, pp. 709-722.

MELLERAY (F.), « Ecole de Bordeaux, école du service public et école duguiste. Proposition de distinction », *RDP* n° 6, 2001, pp. 1887-1905.

MENEMENIS (A.), « L'ordonnance sur les contrats de partenariat : heureuse innovation ou occasion manquée ? », *AJDA*, 27 septembre 2004, pp. 1737-1754.

MESA (R.), « Les délégations de service public vues par le juge pénal », *La Semaine juridique, Administrations et collectivités territoriales*, n° 9, 25 février 2013, pp. 46-49.

MIGNAUX (J.), « Le regard porté par la gendarmerie sur la problématique sécurité publique-sécurité privée », in BRAJEUX (P.), DELBECQUE (E.) et MATHIEU (M.), *Sécurité privée, enjeu public*, Paris, Armand Colin, 2013, pp. 171-183.

MINET (C.-E.), « Les aspects administratifs de la loi d'orientation et de programmation pour la performance de la sécurité intérieure du 14 mars 2011 », *DA*, mai- juin 2011, pp. 45-49.

MODERNE (F.), « Les mutations des services publics en droit français », in KOVAR (R.) et SIMON (D.), (sous la dir.), *Service public et communauté européenne : entre l'intérêt général et le marché. Tome 1 : introduction et approche sectorielle. Actes du colloque de Strasbourg 17-19 octobre 1996*, Paris, La Documentation française, 1998, pp. 3-31.

MONTECLER (M.-C. de), « La Cour des comptes sceptique sur les contrats de partenariat », *AJDA* n° 5, 16 février 2015, pp. 244-244.

MONZANI (P.), « La question de la sécurité intérieure » in ARPAGIAN (N.) et DELBECQUE (E.), (sous la dir.), *Pour une stratégie globale de sécurité nationale*, Paris, Dalloz, 2008, pp. 61-72.

MORAND-DEVILLER (J.), « rapport de synthèse », *Droit et ville* n° 60/2005, Colloque « Le contrat de partenariat public-privé », Toulouse, 2 et 3 juin 2005, pp. 325-337.

MOREU (J.), « Les matières contractuelles », *AJDA* 20 octobre 1998, pp. 747-752.

NICOUD (F.), « La participation des personnes privées à la sécurité publique : actualités et perspectives », *RDP* 2006, pp. 1247-1273.

OCQUETEAU (F.), « La sécurité privée en France. État des lieux et questions pour l'avenir », *Les Cahiers de la sécurité intérieure*, n° 33, 1998, pp. 105-127.

OBERDORFF (H.), « Signification de la notion de « service public à la française », in ECKERT (G.), in KOVAR (R.), SIMON (D.), (sous la dir.), *Service public et communauté européenne : entre l'intérêt général et le marché. Tome II : approche transversale et conclusions. Actes du colloque de Strasbourg 17-19 octobre 1996*, Paris, La Documentation française, 1998, pp. 89-102.

PALIDDA (S.), « La coproduction de la sécurité en Italie » in FROMENT (J.-C.), GLEIZAL (J.-J.), KALUSZYNSKI (M.), *Les Etats à l'épreuve de la sécurité*, Grenoble, PUG, 2003, pp. 161-168.

PASSERIEUX (R.), « Le contrat de partenariat après la loi nouvelle : définitions et conditions », *RLCT* n° 39, 2008, pp. 55-57.

PAUVERT (B.), « L'intervention de la sécurité privée sur la voie publique », in VALLAR (C.) et LATOUR (X.), (dir.), *Quel avenir pour la sécurité privée ?*, Presses universitaires d'Aix-Marseille, 2013, pp. 73-87.

PELLISSIER (G.), « Les délégations de service public et le juge administratif : 20 ans d'application de la loi Sapin », *La Semaine juridique, Administrations et collectivités territoriales*, n° 9, 25 février 2013, pp. 30-35.

PEREON (P.), « La délégation des services publics administratifs », *AJDA* 19 juillet 2004, pp. 1449-1459.

PISSALOUX (J.-L.), « Vers la relance des contrats de partenariat », *RLCT* n° 39, 2008, pp. 65-73.

PONTIER (J.-M.), « Catégories en miroir : subventions, délégations de service public, marchés publics » in *Mélanges en l'honneur du Professeur Laurent Richer, À propos des contrats des personnes publiques*, Paris, LGDJ, 2013, pp. 263-282.

PONTIER (J.-M.), « La réforme du système de santé », *AJDA*, septembre 2009, pp. 2205-2211.

KARPENSCHIF (M.), « Vers une définition communautaire du service public ? », *RFDA*, janvier-février 2008, pp. 58-66.

QUIRINY (B.), « Les droits de l'usager face au droit du marché », *RFDA*, janvier-février 2008, pp. 20-25.

RAPP (L.), « Il faut désormais séparer la question du partenariat public-privé de toute référence à une doctrine économique », *Petites Affiches*, 18 mars 2004, pp. 3-6.

RAPP (L.), JEVAKHOFF (A.) et MAILLARD (F.), « Interventions des représentants des ministères de la Défense, de la Justice et de l'Equipement », *Petites Affiches*, 18 mars 2004, pp. 17-19.

RAPP (L.), « La prise en compte du critère économique et financier dans les contrats publics : le risque d'exploitation », *BJCP* n° 9, 2000, pp. 82-91.

REXED (K.), « Les agences exécutives : une perspective suédoise » in Conseil d'Etat, *Etude annuelle 2012, Les agences : une nouvelle gestion publique ?*, Paris, La Documentation française, 2012, pp. 261- 270.

RICHIER (L.), « La concession de service en droit communautaire : hiérarchie des critères ou critère unique ? » in *Terres du droit, Mélanges en l'honneur d'Yves Jégouzo*, Paris, Dalloz, 2009, pp. 111-118.

RICHER (L.), « Délégation de service public : le critère du risque financier », *AJDA*, 29 décembre 2008, pp. 2454-2458.
RICHER (L.), « Que reste-t-il de la délégation de service public ?, *AJDA*, 2007, pp. 2225-2225.
ROLIN (F.) et BRUNET (P.), « L'ordonnance du 17 juin 2004 sur les contrats de partenariat et le problème de la classification des contrats administratifs », *RDC* n° 3-4, 2000, pp. 1037-1045.
ROUBAN (L.), « Le service public en devenir : la mondialisation, l'Europe et les ruptures sociales », in ROUBAN (L.), (sous la dir.), *Le service public en devenir*, Paris, L'Harmattan, Collection « Logiques politiques », 2000, pp. 9-19.
ROUBAN (L.), « Les transformations de l'action publique », *RFAP*, n° 86, 1998, pp. 157-165.
SADRAN (P.), « Le partenariat public-privé en France, catégorie polymorphe et inavouée de l'action publique », *RISA* volume 70, n° 2, juin 2004, pp. 253-270.
SAINT-JAMES (V.), « Les contrats locaux de sécurité », *Revue mensuelle LexisNexis JurisClasseur-Collectivités Territoriales-Intercommunalité*, octobre 2005, pp. 9-14.
SAINT-PULGENT (N. de), « Économie générale de l'ordonnance sur les partenariats public-privés », *Petites Affiches*, 18 mars 2004, n° 56, pp. 11-16.
SALIOU (F.), « L'externalisation permet-elle une réduction des dépenses publiques ? L'exemple du ministère de la Défense », *La Semaine juridique, Administrations et Collectivités territoriales* n° 17, 30 avril 2012, pp. 2141-2146.
SALQUE (C.), « Les contrats de partenariat public-privé (PPP) : une innovation utile pour financer les projets ferroviaires ? », *Contrats et marchés publics*, février 2007, pp. 7-10.
SAVY (R.), « Les services publics : entre concurrence et cohésion », in PAULIAT (H.), (Textes réunis par), *Services publics, concurrence, régulation : le grand bouleversement en Europe ?*, Presses universitaires de Limoges, 2008, pp. 19-33.
SCHMIDT-ASSMANN (E.), « Où va l'administration européenne ? » in *Etudes en l'honneur de Gérard Timsit,* Bruxelles, Bruylant, 2004, pp. 499-511.
SILICANI (J.-L.), « Y a-t-il une politique de l'État dans le domaine de la gestion déléguée du service public ? », RFDA n° 3 sur le thème : « *Colloque des 14 et 15 novembre 1996 au Sénat organisé par l'Institut français des sciences administratives* », 1997, pp. 125-127.
STIRN (B.), « Droit public et droit de la concurrence » in *Mélanges en l'honneur de Claude Champaud. Le droit de l'entreprise dans ses relations externes à la fin du XXe siècle*, Paris, Dalloz, 1997, pp. 555-564.
STIRN (B.), « La conception française du service public », *C.J.E.G.* juin 1993, pp. 299-305.
SYMCHOWICZ (N.), « L'introuvable droit au maintien de l'équilibre financier dans les contrats administratifs » in *Mélanges en l'honneur du Professeur Laurent Richer, À propos des contrats des personnes publiques*, Paris, LGDJ, 2013, pp. 463-476.
TARDIVEL (B.), « La place du contrat de partenariat dans l'ordre des contrats publics » in *Contrats publics, Mélanges en l'honneur du Professeur Michel*
GUIBAL, Université de Montpellier, Press de Monéditeur. com, 2006, volume I, pp. 847-874.

TENAILLEAU (F.), « L'influence des directives sur les partenariats public-privé », *Contrats et marchés*, juin 2014, pp. 48-51.
TENAILLEAU (F.), « Les contrats de partenariat, la crise financière et la loi », *La Semaine juridique, Édition Administration et Collectivités territoriales*, n° 14, 30 mars 2009, pp. 43-46.
TERNEYRE (P.), « Les nouveaux contrats de partenariat et la typologie des instruments du partenariat public-privé », *RDI*, novembre-décembre 2003, pp. 520-522.
TERRIEN (G.), « Les contrats de partenariats à l'épreuve du juge », *La Semaine juridique, Edition Administrations et collectivités territoriales*, n° 28, 7 juillet 2008, pp. 32-37.
TRIANTAFYLLOU (D.), « Service public et concurrence. Déclin ou maintien des monopoles », *Revue européenne de droit public*, volume 7, n° 3, automne 1995, pp. 1025-1039.
TRUCHET (D.), « Label de service public et statut du service public », *AJDA* n° 7/8, 20 juillet- 20 août 1982, pp. 427-439.
URFALINO (P.), « Action publique, création privée », *RFAP*, n° 65, 1993, pp. 51-62.
VAN GARSSE (S.) et WYCKAERT (S.), « Les partenariats public-privé en Belgique » in LICHERE (F.), (sous la dir.), *Partenariats public-privé : rapports du XVIII Congrès de l'Académie Internationale de Droit comparé*, Bruxelles, Bruylant, 2011, pp. 183-212.
VIDAL (L.), NAUGES (S.) et AYACHE (L.), « Concurrence, régulation et secteur public », *Contrats, concurrence, consommation*, juillet 2014, pp. 9-14.
VIDAL (L.), « La classification des contrats administratifs économiques, les mots et les choses ou l'esquisse d'un programme » in *Mélanges en l'honneur du Professeur Laurent Richer, À propos des contrats des personnes publiques*, Paris, LGDJ, 2013, pp. 311-315.
VIDAL (L.), NAUGES (S.) et AYACHE (L.), « contrat concurrence, régulation et secteur public », *Contrats concurrence* n° 12, 2012, pp. 11-16.
VIDAL (L.), « Délégation de service public-passation », *Le Moniteur-Contrats publics* n° 95, 2010, pp. 23-24.
VIDAL (L.), Délégation de service public-résiliation du contrat », *Le Moniteur-Contrats publics* n° 99, 2010, pp. 16-17.
VIDAL (L.) et MARTY (F.), « Contrat de partenariat et mécanismes financiers de droit privé », *Droit et Ville* n° 60, 2005, pp. 265-323.
VIDAL (L.), « Le juge administratif, l'économie et le contrat. Réflexions à propos de deux arrêts du Conseil d'État », *RFDA* n° 6, 1999, pp. 1147-1162.
VOISIN (A.), « Le développement du recours à l'externalisation au sein de la défense : problématiques et comparaisons internationales », *PMP*, vol. 20, n° 1, 2002, pp. 179-195.
VOISSET (M.), « De quelques effets du droit communautaire sur le droit français des services publics industriels et commerciaux », *RFDA* mars-avril 1995, pp. 304-319.
WASS-NOCQUET (R.), « Le service public dans les partenariats public-privé », *La Semaine juridique, édition Administration et collectivités territoriales*, n° 14, 30 mars 2009, pp. 47-53.

YOLKA (P.), « Surveiller et construire : le partenariat public/privé en prison (s) » in FROMENT (J.-C.) et KALUSZYNSKI (M.), (sous la dir.), *L'administration pénitentiaire face aux principes de la nouvelle gestion publique*, Grenoble, PUG, 2011, pp. 109-125.

VIII. CONTRACTUALISATION ET ACTION SOUPLE

Ouvrages

ALLIES (P.), *L'administration dans son droit : genèse et mutation du droit administratif français*, Paris, Publisud, 1985.

ARNAUD (A.-J.), *Entre modernité et mondialisation. Leçons d'histoire de la philosophie du droit et de l'État*, Paris, LGDJ, Série Droit, 1998 et 2ème édition, 2004.

ARNAUD (A.-J.), *Critique de la raison juridique. 2. Gouvernance sans frontières*, Paris, LGDJ, 2003.

ARNAUD (A.-J.) et FARIŇAS DULCE (M. J.), *Introduction à l'analyse sociologique des systèmes juridiques*, Bruxelles, Bruylant, 1998.

Association Henri Capitant, *Le droit souple*, Journées nationales, tome XIII, Boulogne-sur-Mer, Paris, Dalloz, 2009.

Association Henri Capitant, *La relativité du contrat*, Paris, LGDJ, 2000.

AUBY (J.-B.), *La globalisation, le droit et l'État*, Paris, Montchrestien, 2003.

BASDEVANT-GAUDEMET (B.), (dir.), *Contrat ou Institution : enjeu de société*, Paris, LGDJ, 2004.

BECHILLON (D. de), *Qu'est-ce qu'une règle de droit ?*, Paris, Odile Jacob, 1997.

BECHILLON (D. de), *Hiérarchie des normes et hiérarchie des fonctions normatives de l'État*, Paris, Economica, coll. « Droit public positif », 1996.

BECHILLON (D. de), (sous la dir.), *Les défis de la complexité. Vers un nouveau paradigme de la connaissance*, Paris, L'Harmattan, 1994.

BELLENGER (L.), *La négociation*, Paris, PUF, Collection « Que sais-je ? », 2009.

BELLEY (J.-G.), (sous la dir.), *Le droit soluble. Contributions québécoises à l'étude de l'internormativité*, Paris, LGDJ, n° 16, Coll. « Droit et société », 1996.

BOURETZ (P.), (sous la dir.), *La force du droit*, Paris, Editions Esprit, 1991.

BOUVIER (M.), *Introduction au droit fiscal général et à la théorie de l'impôt*, Paris, LGDJ, Lextenso éditions, 9ème édition, 2008.

CADIET (L.), DOAT (M.), LE GOFF (J.), PEDROT (P.), DELMAS-MARTY (M.), *Droit et complexité: pour une intelligence du droit vivant: actes du colloque de Brest du 24 mars 2006*, Presses universitaires de Rennes, 2007.

CADIET (L.), (sous la dir.), *Le droit contemporain des contrats*, Paris, Economica, 1987.

CARBONNIER (J.), *Sociologie juridique*, Paris, PUF, Coll. « Thémis » Droit, 2004.

CARBONNIER (J.), *Flexible droit : textes pour une sociologie du droit sans rigueur*, Paris, LGDJ, 3ème édition, 1976.

CARBONNIER (J.), *Droit et passion du droit sous la Ve République*, Paris, Flammarion, 1996.

CHASSAGNARD-PINET (S.) et HUEZ (D.), (sous la dir.), *La contractualisation de la production normative*, Paris, Dalloz, 2008.

CHASSAGNARD-PINET (S.) et HUEZ (D.), (sous la dir.), *Approche critique de la contractualisation*, Paris, LGDJ, Collection « Droit et société », 2007.
CHASSAGNARD-PINET (S.) et HIEZ (D.), (sous la dir.), *Approche renouvelée de la contractualisation*, Presses universitaires d'Aix-Marseille, 2007.
COHEN-TANUGI (L.), *Le droit sans l'État. Sur la démocratie en France et en Amérique*, Paris, PUF, 1985.
CURRAP, *Le droit administratif en mutation*, Paris, PUF, 1993.
CURRAP, *La doctrine juridique*, Paris, PUF, 1993.
DELMAS-MARTY (M.), *Le flou du droit*, Paris, PUF, Coll. « Quadrige », 2004.
DOAT (M.), LE GOFF (J.) et PEDROT (P.), (sous la dir.), *Droit et complexité. Pour une intelligence du droit vivant*, Rennes, Presses universitaires de Rennes, 2007.
DOUENCE (J.-C.), *L'action économique locale. Décentralisation ou recentralisation ?*, Paris, Économica, 1988.
DUPONT (C.), *La négociation. Conduite, théorie, applications*, Paris, Dalloz, 1994.
DUGUIT (L.), *Les transformations du droit public*, Paris, Librairie Armand Colin, La Mémoire du Droit, 1999.
DURAN (P.), *Penser l'action publique*, Paris, LGDJ, Lextenso éditions, Coll. « Droit et société », 2010.
DURKHEIM (E.), *De la division du travail social*, Paris, PUF, 9ème édition, 1973.
FORTIN (Y.), (sous la dir.), *La contractualisation dans le secteur public des pays industrialisés depuis 1980*, Paris, L'Harmattan, 1999.
GATTO (D.), THOENIG (J.-C.), *La sécurité publique à l'épreuve du terrain: le policier, le magistrat, le préfet*, Paris, L'Harmattan, 1993.
GAUDEMET (Y.), *Droit administratif*, Paris, Dalloz, 2005.
GAUDIN (J.-P.), *Gouverner par contrat*, Paris, Presses de Sciences Po, 2ème édition, 2007.
GAUDIN (J.-P.), *L'action publique. Sociologie et politique*, Paris, Presses de Sciences Po et Dalloz, 2004.
GAUDIN (J.-P.), (sous la dir.), *La négociation des politiques contractuelles*, Paris, L'Harmattan, Collection « Logiques politiques », 1996.
GERARD (P.), OST (F.), VAN DE KERCHOVRE (M.), *Droit négocié, droit imposé ?*, Bruxelles, Facultés universitaires Saint-Louis, 1996.
GUETTIER (C.), *Droit des contrats administratifs*, Paris, PUF, Collection « Thémis droit », 2008.
HABERMAS (J.), *Droit et démocratie. Entre faits et normes*. Traduit de l'allemand par Rainer Rochlitz, Paris, Gallimard, 1992.
HERVE-FOURNEREAU (N.), (sous la dir.), *Les approches volontaires et le droit de l'environnement*, Presses universitaires de Rennes, 2008.
HOURSON (S.), *Les conventions d'administration*, Paris, LGDJ, 2014.
Institut des Hautes Etudes de la Sécurité Intérieure, *Guide pratique pour les contrats locaux de sécurité*, Paris, La Documentation française, 1998.
JAMIN (C.) et MAZEAUD (D.), *La nouvelle crise du contrat*, Paris, Dalloz, Collection « Actes », 2003.
JOBERT (B.), *Le tournant néolibéral en Europe*, Paris, L'Harmattan, 1994.
KELSEN (H.), *Théorie pure du droit*, traduction française par Charles EISENMANN, Paris, Dalloz, 1962.
KERCHOVE (M. van de), OST (F.), *Le droit ou les paradoxes du jeu*, Paris, PUF, 1992.

KERCHOVE (M. Van de) et OST (F.), *Le système juridique entre ordre et désordre*, Paris, PUF, 1988.
LASCOUMES (P.) et LE GALES (P.), *Sociologie de l'action publique*, Paris, Armand Colin, 2ème édition 2012.
LASCOUMES (P.), *L'éco-pouvoir. Environnements et politiques*, Paris, Editions La Découverte, 1994.
LEVET (J.-L.), (sous la dir.), *Les aides publiques aux entreprises : une gouvernance, une stratégie*, Paris, CGP, 2003.
LONG (M.), WEIL (P.), BRAIBANT (G.), DELVOLVE (P., GENEVOIS (B.), *Les grands arrêts de la jurisprudence administrative, 16ème édition, 2006.*
LUHMANN (N.), *Politique et complexité*, Paris, CERF, 1999.
MARCOU (G.), RANGEON (F.) et THIEBAULT (J.-L.), *La coopération contractuelle et le gouvernement des villes*, Paris, L'Harmattan, Logiques juridiques, 1997.
MARGAIRAZ (D.) et MINARD (P.), *L'information économique XVIe- XIXe siècle,* Journées d'études du 21 juin 2004 et du 25 avril 2006, Paris, Comité pour L'Histoire Economique et Financière de la France, 2008.
MOCKLE (D.), *La gouvernance, le droit et l'Etat. La question du droit dans la gouvernance publique*, Bruxelles, Bruylant, 2007.
MORAND (C.-A.), *Le droit néo-moderne des politiques publiques*, Paris, LGDJ, Collection « Droit et société », 1999.
MORIN (G.), *La révolte du droit contre le code. La révision nécessaire des concepts juridiques (contrat, responsabilité, propriété),* Paris, LGDJ, 1945.
OCQUETEAU (F.), *Les défis de la sécurité privée : protection et surveillance dans la France d'aujourd'hui*, Paris, L'Harmattan, Coll. « Déviance et société », 1997.
OPPETIT (B.), *Droit et modernité*, Paris, PUF, 1998.
ORDRE DES AVOCATS À LA COUR D'APPEL DE ROUEN, *Les évolutions du Droit : contractualisation et procéduralisation*, Publications de l'Université de Rouen, 2004.
OSEO/Caisse des Dépôts, *PME 2006*, Paris, La Documentation française, 2006.
OST (F.) et KERCHOVE (M. van de), *De la pyramide au réseau ? Pour une théorie dialectique du droit*, Publications des Facultés universitaires Saint-Louis, Bruxelles, 2002.
RICHER (L.), *Droit des contrats administratifs*, Paris, LGDJ, 5ème éd, 2006.
RIPERT (G.), *Le déclin du droit : études sur la législation contemporaine*, Paris, LGDJ, 1949.
RIVERO (J.) et WALINE (J.), *Droit administratif*, Paris, Dalloz, 21ème éd, 2006.
ROMANO (S.), *L'ordre juridique*, traduction française de la 2ème édition de l'ordinamento giuridico par Lucien François et Pierre Gothot, Paris, Dalloz, 2002.
SEDJARI (A.), (sous la dir.), *Gouvernance et contrôle de l'action publique au 21esiècle*, Paris, L'Harmattan / GRET, 2003.
SERVERIN (E.) et BERTHOUD (A.), (sous la dir.), *La production des normes entre Etat et société civile. Les figures de l'institution et de la norme entre Etats et sociétés civiles*, Paris, L'Harmattan, 2000.
SOURIOUX (J.-L.), *Introduction au droit*, Paris, PUF, 1987.

TEUBNER (G.), *Droit et réflexivité. L'auto-référence en droit et dans l'organisation*, Paris, LGDJ, Coll. « Story Scientia », 1994.
THIBIERGE (C.), (sous la dir.), *La force normative. Naissance d'un concept*, Paris, LGDJ, 2009.
TIMSIT (G.), *Archipel de la norme*, Paris, PUF, Coll. « Les voies du droit », 1997.
TROSA (S.), *Quand l'Etat s'engage. La démarche contractuelle*, Paris, Editions d'Organisation, 1999.
VIRALLY (M.), *La pensée juridique*, Paris, Éditions Panthéon-Assas et LGDJ, 1998.
VIRALLY (M.), *La pensée juridique*, Paris, LGDJ, 1960.

Traités

DUGUIT (L.), *Traité de droit constitutionnel*, Paris, Ancienne librairie Fontemoing & Cie, E. de Boccard, 1927, tome I, troisième édition.
LAUBADERE (A. de), MODERNE (F.) et DELVOLVE (P.), *Traité des contrats administratifs*, Paris, LGDJ, Tome premier, 1983.
LAUBADERE (A. de), *Traité théorique et pratique des contrats administratifs, Tome II*, Paris, LGDJ, 1956.
RIVERO (J.) et WALINE (J.), *Droit administratif*, Paris, Dalloz, 21ème éd, 2006.

Mélanges

Bien public, bien commun, Mélanges en l'honneur de Etienne Fatôme, Paris, Dalloz, 2011.
Études en l'honneur de Georges Dupuis, Droit public, Paris, LGDJ, 1997.
Mélanges en l'honneur de Jacqueline Morand-Deviller, Confluences, Paris, Montchrestien, 2007.
Terres du droit, Mélanges en l'honneur Yves Jégouzo, Paris, Dalloz, 2009.

Rapports publics

AGHION (P.), COHEN (E.), PISANI-FERRY (J.), *Les leviers de la croissance française*, Paris, La Documentation française, 2007.
ASSEMBLÉE NATIONALE, *rapport d'information déposé en application de l'article 145 du Règlement par la Commission de la Défense nationale et des forces armées sur les perspectives d'externalisation pour le ministère de la Défense*, Paris, Ass. nat., 2007.
ASSEMBLÉE NATIONALE, *rapport d'information sur l'externalisation de certaines tâches relevant du ministère de la Défense*, Paris, Ass. nat., 2002.
ATTALI (J.) (Président de la Commission pour la libération de la croissance française), *300 décisions pour changer la France*, rapport, Paris, La Documentation française/XO éditions, 2008.
BETBEZE (J.-P.), Conseil d'analyse économique, *Financer la R&D*, rapport, Paris, La Documentation française, 2005.
Conseil d'État, *Le droit souple*, étude annuelle, rapports du Conseil d'État, Paris, Conseil d'État, La Documentation, 2013.

Conseil d'État, rapport public 2008, *Le contrat, mode d'action publique et de production de normes*, Paris, Conseil d'État/La Documentation française, 2008.
Conseil d'État, *rapport public 2006. Jurisprudence et avis de 2005. Sécurité juridique et complexité du droit*, Paris, La Documentation française, Collection « Études et Documents » n° 57, 2006.
Conseil d'État, *De la sécurité juridique, rapport public*, Paris, La Documentation française, Études et documents, n° 43, 1991.
CAE, *Une stratégie PME pour la France*, Paris, La Documentation française, 2006.
LENOIR (R.) et PROT (B.), *L'information économique et sociale, rapport à M. le Président de la République*, Paris, La Documentation française, 1979.
MAUROY (P.), *Refonder l'action publique locale*, rapport au Premier ministre, Paris, La Documentation française, « Coll. des rapports officiels », 2000.

Thèses, mémoires

CHAZAREIX (A.), *L'État et le secteur privé de la sécurité : vers la mise en cause du monopole de la fonction régalienne de sécurité*, Thèse de doctorat de Droit, Nice, 2002.
MEKKI (M.), *L'intérêt général et le contrat. Contribution à une étude de la hiérarchie des intérêts en droit privé*, Thèse de doctorat en droit Université Panthéon-Sorbonne, 2003.
PIERRE (A.), *Les contrats locaux de sécurité*, Mémoire de DEA de Sociologie du Droit, Paris 2, 2000.
TOURNEBIZE (E.), *Les contrats locaux de sécurité : élaboration*, Mémoire de DEA : Sociologie du Droit, Paris 2, 2004.

Articles

ABI-SAAB (G.), « Éloge du « droit assourdi ». Quelques réflexions sur le rôle de la soft law en droit international contemporain » in *Mélanges François Rigaux*, Bruxelles, Bruylant, 1993, pp. 59-68.
AGUILA (Y.), « Un nouvel État ? », in *Bien public, bien commun, Mélanges en l'honneur de Etienne Fatôme*, Paris, Dalloz, 2011, pp. 7-16.
AMSELEK (P.), « Autopsie de la contrainte associée aux normes juridiques », in THIBIERGE (C.), (sous la dir.), *La force normative. Naissance d'un concept*, Paris, LGDJ, 2009, pp. 3-11.
AMSELEK (P.), « L'évolution générale de la technique juridique dans les sociétés occidentales », *RDP* n° 1-4, 1982, pp. 273-294.
ANCEL (P.), « Contractualisation et théorie générale du contrat : quelques remarques méthodologiques », in CHASSAGNARD-PINET (S.) et HIEZ (D.), (sous la dir.), *Approche renouvelée de la contractualisation*, Presses universitaires d'Aix-Marseille, 2007, pp. 15-29.
ARNAUD (A.-J.), « Introduction » in CLAM (J.) et MARTIN (G.), *Les transformations de la régulation juridique*, Paris, LGDJ, Collection « Droit et société », 1998, pp. 75-84.
ARNAUD (A.-J.), « Repenser un droit pour l'époque postmoderne », *Le Courrier du Cnrs* n° 75, 1990, pp. 81-82.
AUBY (J.-B.), « La bataille de San Romano, réflexions sur les évolutions récentes du droit administratif », *AJDA* n° 11, 2001, pp. 912-926.

AUBY (J.-B.), « Prescription juridique et production juridique », in CHAZEL (F.) et Jacques COMMAILLE (J.), (sous la dir.), *Normes juridiques et régulation sociale*, Paris, LGDJ, 1991, pp. 159-170.

BECHILLON (D. de), « La structure des normes juridiques à l'épreuve de la postmodernité » in SERVERIN (E.) et BERTHOUD (A.), (sous la dir.), *La production des normes entre Etat et société civile. Les figures de l'institution et de la norme entre Etats et sociétés civiles*, Paris, L'Harmattan, 2000, pp. 47-75.

BECHILLON (D. de), « Le contrat comme norme dans le droit positif », *RFDA* n° 8, janvier-février 1992, pp. 15-35.

BELRHALI-BERNARD (H.), « Le droit de l'environnement : entre incitation et contrainte », *RDP* n° 6, 2009, pp. 1683-1704.

BIRKINSHAW (P.), « Contrats publics et contractualisation de l'action publique : un point de vue anglais », *RFDA*, septembre-octobre 2006, pp. 1015-1038.

BONELLI (L.), « Les contrats locaux de sécurité : une sécurité déléguée ? », *Regards sur l'actualité*, n° 284, Paris, La Documentation française, 2002, pp. 53-63.

BORELLA (F.), « Rapport de synthèse », *RFDA* mars-avril 2006, pp. 248-249.

BOSC (C.), « Les approches de la négociation en politique » in GAUDIN (J.-P.), (sous la dir.), *La négociation des politiques contractuelles*, Paris, L'Harmattan, Coll. « Logiques politiques », 1996, pp. 31-49.

BURY-LUCAS (E.), « Genèse d'une nouvelle catégorie de contrats dans l'univers français des financements de projets : les partenariats publics-privés », *Gazette du Palais*, mercredi 8, jeudi 9 juin 2005, pp. 41-45.

CADIET (L.), « Penser et connaître le droit dans un système complexe », in DOAT (M.), LE GOFF (J.) et PEDROT (P.), (sous la dir.), *Droit et complexité. Pour une intelligence du droit vivant*, Rennes, Presses universitaires de Rennes, 2007, pp. 135-139.

CADIET (L.), « Interrogations sur le droit contemporain des contrats », in CADIET (L.), (Travaux coordonnés par), *Le droit contemporain des contrats, Paris, Economica et Faculté des Sciences juridiques de Rennes*, 1987, pp. 7-35.

CAILLOSSE (J.), « Savoir juridique et complexité : le cas du droit administratif », in DOAT (M.), LE GOFF (J.) et PEDROT (P.), (sous la dir.), *Droit et complexité. Pour une intelligence du droit vivant*, Rennes, Presses universitaires de Rennes, 2007, pp. 163-179.

CAILLOSSE (J.), « Interrogations méthodologiques sur le « tournant » contractuel de l'action publique », in *Mélanges Michel GUIBAL*, Tome 2, Université de Montpellier, 2006, pp. 469-492.

CAILLOSSE (J.), « L'action publique contractuelle : beaucoup de bruit pour rien ? », *Droit et société* n° 47, 2001, pp. 285-293.

CAILLOSSSE (J.), « Le droit administratif contre la performance publique ? », *AJDA*, 20 mars 1999, pp. 195-211.

CAILLOSSE (J.), « Droit public-droit privé : sens et porté d'un partage académique », *AJDA*, n° 12, 1996, pp. 955-964.

CAILLOSSE (J.), « Sur la progression en cours des techniques contractuelles d'administration », in CADIET (L.), (dir.), *Le droit contemporain des contrats*, Paris, Economica, 1987, pp. 89-124.

CAMBY (J.-P), « Le désordre normatif » in *Mélanges en l'honneur de Jacqueline MORAND-DEVILLER*, Paris, Montchrestien, 2007, pp. 227-239.

CHASSAGNARD-PINET (S.) et HIEZ (D.), « Le système juridique français à l'ère de la contractualisation. Synthèse générale » in CHASSAGNARD-PINET (S.) et HIEZ (D.), (sous la dir.), *La contractualisation de la production normative*, Paris, Dalloz, 2008, pp. 3-76.

CHASSAGNARD-PINET (S.) et HIEZ (D.), « Introduction », in CHASSAGNARD- PINET (S.) et HIEZ (D.), (sous la dir.), *Approche critique de la contractualisation*, Paris, LGDJ, Collection « Droit et Société, recherches et travaux », 2007, pp. 9-17.

CAMPAGNAC (E.), « Contribution à l'analyse des contrats de partenariat public-privé en France et au Royaume-Uni », *RFAP* n° 130, 2009, pp. 365-382.

CANEDO-PARIS (M.), « Contrats administratifs et sécurité juridique : nouvelles avancées jurisprudentielles », *RFDA*, septembre-octobre 2007, pp. 935-950.

CHEVALLIER (J.), « Loi et contrat dans l'action publique », *Les Cahiers du Conseil constitutionnel* n° 17, 2004, pp. 81-86.

CHEVALLIER (J.), « La régulation juridique en question », *Droit et Société* n° 49, 2001, pp. 827-846.

CHEVALLIER (J.), « synthèse » in FORTIN (Y.), (sous la dir.), *La contractualisation dans le secteur public des pays industrialisés depuis 1980*, Paris, L'Harmattan, 1999, pp. 397-414.

CHEVALLIER (J.), « Vers un droit postmoderne ? in CLAM (J.) et MARTIN (G.), *Les transformations de la régulation juridique*, Paris, LGDJ, Collection « Droit et société », 1998, pp. 21- 46.

CHEVALLIER (J.), « L'ordre juridique » in CURAPP, *Le droit en procès*, Paris, PUF, 1984, pp. 7-49.

COLLART DUTILLEUL (F.), « Quelle place pour le contrat dans l'ordonnancement juridique ? » in JAMIN (C.) et MAZEAUD (D.), *La nouvelle crise du contrat*, Paris, Dalloz, Collection « Actes », 2003, pp. 225-241.

COLSON (A.), « Contrat et négociation » in *Contrats publics, Mélanges en l'honneur de Michel Guibal*, Vol. 1, Université de Montpellier, 2006, pp. 13-18.

CONSTANTINESCO (V.), « Par la norme vers la puissance ? L'expérience de l'Union européenne » in *Terres du droit, Mélanges en l'honneur Yves Jégouzo*, Paris, Dalloz, 2009, pp. 15-29.

DELELIS (P.), « Partenariat public-privé et développement local », *Collectivités Territoriales-Intercommunalité*, mars 2003, pp. 6-12.

DELVOLVE (P.), « Contrats publics et sécurité juridique », in *Conseil d'Etat, Le contrat, mode d'action publique et de production de normes, rapport public*, Paris, Conseil d'État et La Documentation française, 2008, pp. 329-353.

DEUMIER (P.), « Saisir le droit souple par sa définition ou par ses effets », in Conseil d'État, *Le droit souple*, étude annuelle, rapports du Conseil d'État, Paris, Conseil d'Etat, La Documentation, 2013, pp. 247-255.

DEUMIER (P.), « La réception du droit souple par l'ordre juridique » in Association Henri Capitant, *Le droit souple*, Paris, Dalloz, 2009, pp. 113-139.

DENOIX (R. de Sait Marc), « L'administration contractuelle », *AJDA* 19 mai 2003, pp. 970- 971.

DOAT (M.), « Remarques sur les rapports entre concepts juridiques et complexité », in DOAT (M.), LE GOFF (J.) et PEDROT (P.), (sous la dir.), *Droit et complexité. Pour une intelligence du droit vivant*, Rennes, Presses universitaires de Rennes, 2007, pp. 181- 194.

ECKERT (G.), « Réflexions sur l'évolution du droit des contrats publics », *RFDA*, mars-avril 2006, pp. 238- 244.

EMERY (C.), « Les trois principes de la passation de partenariat public-privé », *AJDA*, 5 décembre 2005, pp. 2269-2277.

FARDET (C.), « Le déclin de l'acte administratif unilatéral, mythe ou réalité ? », in ROUVILOIS (F.) et DEGOFFE (M.), (sous la dir.), *La privatisation de l'État*, Paris, CNRS éditions 2012, pp. 257-276.

FATÔME (E.) et MOREAU (J.), « Les relations contractuelles entre collectivités publiques. L'analyse juridique dans le contexte de la décentralisation », *AJDA*, 20 mars 1990, pp. 142-147.

FINANCE (J.-P.), « Les contrats d'établissement dans le domaine de l'enseignement supérieur », *AJDA* 19 mai 2003, pp. 989-990.

FORNACCIARI (M.), « Les apports de la loi du 28 juillet à la passation des contrats de partenariat », *RLCT*, octobre 2008, n° 39, pp. 58-61.

FORTIN (Y.), « Introduction », in FORTIN (Y.), (sous la dir.), *La contractualisation dans le secteur public des pays industrialisés depuis 1980*, Paris, L'Harmattan, 1999, pp. 5-26.

GARBAR (C.-A.), « Performance et contractualisation de l'action publique », in ALBERT (N.), (sous la dir.), *Performance et droit administratif*, Paris, Litec, 2010, pp. 133-154.

GARBAR (C.-A.), « Les personnes. Discussion » in Association Henri Capitant, *La relativité du contrat*, Paris, LGDJ, 2000, pp. 45-64.

GAUDEMET (M.), « Le développement de la contractualisation », *Cahiers français*, n° 346, septembre-octobre 2008, pp. 77-81.

GAUDEMET (Y.), « Les contrats de partenariat public-privé (après l'ordonnance du 17 juin 2004) », *Droit & Patrimoine* n° 131, novembre 2004, pp. 26-33.

GAUDIN (J.-P.), « La négociation des politiques contractuelles » in GAUDIN (J.-P.), (sous la dir.), *La négociation des politiques contractuelles*, Paris, L'Harmattan, Collection « Logiques politiques », 1996, pp. 7-29.

GRAMMATICO (L.), « Les contrats de partenariat public-privé » in *Mélanges en l'honneur du Professeur Jean-Philippe Colson*, Presses universitaires de Grenoble, 2004, pp. 541-558.

HECQUARD-THERON (M.), « La contractualisation des actions et des moyens publics d'intervention », *AJDA* 20 juin 1993, pp. 451-461.

HOLLEAUX (A.), « Vers un ordre juridique conventionnel », *Bulletin de l'Institut international d'administration publique et Revue d'administration publique* n° 32, octobre-décembre, 1974, pp. 661-691.

JACQUET (J.-M.), « L'émergence du droit souple » (ou le droit « réel » dépassé par son double) in *Études à la mémoire du professeur Bruno OPPETIT*, Paris, Litec, 2009, pp. 331-348.

JAMIN (C.), « Quelle nouvelle crise du contrat ? Quelques mots en guise d'introduction », in JAMIN (C.) et MAZEAUD (D.), *La nouvelle crise du contrat*, Paris, Dalloz, Coll. « Actes », 2003, pp. 7-26.

JEGOUZO (Y.), « L'administration contractuelle en question » in *Mélanges en l'honneur de Franck Moderne, Mouvement du droit public*, Paris, Dalloz, 2004, pp. 543-556.

JULIEN-LAFERRIERE (F.), « Contractualisation versus institutionnalisation de l'action publique » in BASDEVANT-GAUDEMET (B.), (dir.), *Contrat ou Institution : enjeu de société*, Paris, LGDJ, 2004, pp. 47-57.

LAMY (B. de), « Procédure et procédés (propos critiques sur la contractualisation de la procédure pénale) », in CHASSAGNARD-PINET (S.) et HIEZ (D.), (sous la dir.), *Approche critique de la contractualisation*, Paris, LGDJ, Coll. « Droit et Société, recherches et travaux », 2007, pp. 149-165.

LASCOUMES (P.), « Les contrats de branche et d'entreprise en matière de protection de l'environnement en France. Un exemple de droit négocié » in MORAND (C.-A.), *L'État propulsif. Contributions à l'étude des instruments d'action de l'État*, Paris, Publisud, 1991, pp. 221-235.

LAUBADERE (A. de), « Administration et contrat » in LAUBADERE (A. de), MATHIOT (A.), RIVERO (J.) et VEDEL (G.), *Pages de doctrine*, Tome 2, Paris, LGDJ, 1980, pp. 239-252.

LEBEN (C.), « Une nouvelle controverse sur le positivisme en droit international public », *Droits*, n° 5, 1987, pp. 121-130.

LEFEBVRE (J.), « L'hypothèse du néo-féodalisme. Présentation » in LEFEBVRE (J.), (sous la dir.), *L'hypothèse du néo-féodalisme. Le droit à une nouvelle croisée des chemins*, Paris, PUF, 2006, pp. 7-24.

LEGENDRE (P.), « Remarques sur la re-féodalisation de la France » *in Études en l'honneur de Georges Dupuis, Droit public*, Paris, LGDJ, 1997, pp. 201-211.

LE GOFF (T.), « Les contrats locaux de sécurité à l'épreuve du terrain. Réflexions sur l'action publique locale en matière de sécurité », *PMP*, vol. 20, n° 1, 2002, pp. 105-119.

LEGENDRE (P.), « La marge de manœuvre », *AJDA* n° spécial, 20 avril 1992, pp. 137-138.

LEMOYNE (J.-M de Forges), « Le contractualisme dans le système hospitalier français » in *Mélanges en l'honneur du Professeur Laurent Richer, A propos des contrats des personnes publiques*, Paris, LGDJ, 2013, pp. 135-147.

LEROUSSEAU (N.), « Les contrats de projets État-Régions » in LREROUSSEAU (N.), La *décentralisation à la croisée des chemins*, Paris, L'Harmattan, Université François Rabelais de Tours, 2007, pp. 179-196.

LINOTTE (D.), « Un cadre juridique désormais sécurisé pour les contrats de partenariats », *AJDA*, 10 janvier 2005, pp. 16-20.

MAISANI (P.), WIENER (F.), « Réflexions autour de la conception postmoderne du droit », *Droit et Société*, n° 27, 1994, pp. 443-464.

MARCOU (G.), « Les contrats entre l'État et les collectivités territoriales », *AJDA* 19 mai 2003, pp. 982-985.

MAUGÜE (C.), « Les réalités du cadre contractuel dans l'action administrative. L'exemple des contrats locaux de sécurité », *AJDA* n° spécial, 1999, pp. 36-38.

MAZEAUD (D.), REVET (T.), « Éditorial », *RDC*, avril 2007, pp. 219-220.

MEKKI (M.), « Propos introductifs sur le droit souple » in Association Henri Capitant, *Le droit souple*, Paris, Dalloz, 2009, pp. 1-23.

MEKKI (M.), « Les incidences du mouvement de contractualisation sur les fonctions du contrat » in CHASSAGNARD (S.) et HIEZ (D.), *La contractualisation de la production normative*, Paris, Dalloz, 2008, pp. 323-335.

MENARD (C.), « L'évaluation préalable dans les contrats de partenariat », *RFAP* n° 130, 2009, pp. 365-382.

MESCHERIAKOFF (A.-S.), « Ordre intérieur administratif et contrat », *RFDA*, 13 (6), novembre-décembre 1998, pp. 1129-1138.

MODERNE (F.), « L'évolution récente du droit des contrats administratifs : les conventions entre personnes publiques », *RFDA,* mai-juin 1984, pp. 1-20.

MORAND (C.-A.), « Les nouveaux instruments d'action de l'État et le droit » in MORAND (C.), (sous la dir.), *Les instruments d'action de l'État*, Helbing & Lichtenhahn, Faculté de Droit, 1991, pp. 237-252.

MORAND (C.-A.), « La contractualisation du droit dans l'État providence » in CHAZEL (F.) et COMMAILLE (J.), (sous la dir.), *Normes juridiques et régulation sociale*, Paris, LGDJ, Collection « Droit et société », 1991, pp. 139-156.

MOREAU (J.), « De l'interdiction faite à l'autorité de police d'utiliser une technique d'ordre contractuel. Contribution à l'étude des rapports entre police administrative et contrat », *AJDA* 1965, pp. 3-17.

MOREL A L'HUISSIER (P.), « Décentralisation et tentations recentralisatrices : des politiques contractuelles à refonder (exemple des contrats État-région) », *RGCT* n° 19, septembre-octobre 2001, pp. 998-1001.

MORITA (A.), « Les procédés formels et informels de l'action administrative », *RFAP* n° 73, janvier-mars 1995, pp. 85-96.

NICOUD (F.), « La participation des personnes privées à la sécurité publique : actualités et perspectives », *RDP* 2006, pp. 1247-1273.

OST (F.), « Le temps virtuel des lois postmodernes ou comment le droit se traite dans la société de l'information » in CLAM (J.) et MARTIN (G.), *Les transformations de la régulation juridique*, Paris, LGDJ, Coll. « Droit et société », 1998, pp. 423-449.

OST (F.), « Jupiter, Hercule, Hermès : trois modèles du juge », in BOURETZ (P.), (sous la dir.), *La force du droit*, Paris, Éditions Esprit, 1991, pp. 241-272.

PELISSIER (G.), « Pour un développement maîtrisé du procédé contractuel », *JCP/La Semaine juridique- Edition Administrations et collectivités territoriales*, n° 27, 30 juin 2008, pp. 5-7.

PERES (C.), « La réception du droit souple par les destinataires » in Association Henri Capitant, *Le droit souple*, Journées nationales, tome XIII, Boulogne-sur-Mer, Paris, Dalloz, 2009, pp. 93-112.

PETIT (J.), « Nouvelles d'une antinomie : contrat et police » in PETIT (J.), *Les collectivités locales, Mélanges en l'honneur de Jacques Moreau*, Paris, éditions Économica, 2003, pp. 345-360.

POCHARD (M.), « La place donnée au contrat dans l'organisation de la fonction publique », *AJDA* 19 mai 2003, pp. 991-993.

PONTIER (J.-M.), « Les contrats de plan État-régions 2014-2020 », *JCP/ La Semaine juridique, édition Administration et collectivités territoriales*, n° 16, 22 avril 2014, pp. 17-23.

PONTIER (J.-M.), « Les contrats de projet État-régions 2007-2013 », *Rev. adm.,* n° 359, 2007, pp. 523- 534.

PONTIER (J.-M.), « Le droit administratif et la complexité », *AJDA* 20 mars 2000, pp. 187- 195.

PORTIER (N.), « Un nouveau mode de relations entre l'État et ses partenaires : l'exemple de l'aménagement du territoire », *AJDA*, 19, mais 2003, pp. 986-988.

POSTEL (N.), « Contrat, coercition et institution : un regard d'économiste », in CHASSAGNARD-PINET (S.) et HIEZ (D.), (sous la dir.), *Approche critique de la contractualisation*, Paris, LGDJ, Collection « Droit et Société, recherches et travaux », 2007, pp. 69-93.

RICCI (R.), « L'ordonnancement du système juridique par la recherche de la cohérence : l'apport des études comparatives de jurisprudence », in DOAT (M.), LE GOFF (J.) et PEDROT (P.), (sous la dir.), *Droit et complexité. Pour une intelligence du droit vivant*, Rennes, Presses universitaires de Rennes, 2007, pp. 195-216.

RICHER (L.), « La contractualisation comme technique de gestion des affaires publiques », *AJDA*, 19 mai 2003, pp. 973-975.

RICHER (L.), « Présence du contrat », *AJDA*, n° spécial, 1999, pp. 34-35.

ROCHE (S.), « Vers la démonopolisation des fonctions régaliennes : contractualisation, territorialisation et européanisation de la sécurité intérieure », *RFSP*, n° 1, volume 54, 2004, pp. 43- 69.

ROUAST (A.), « Le contrat dirigé », in *Mélanges juridiques dédiés à M. Le Professeur Sugiyama*, Paris, Librairie du Recueil Sirey, 1940, pp. 317-327.

SAVAUX (E.), « La dilution des catégories », in PIGNARRE (G.), (sous la dir.), *Forces subversives et forces créatrices en droit des obligations*, Paris, Dalloz, 2005, pp. 33-45.

SAUVE (J.-M.), « État de droit et efficacité », *AJDA*, 20 juillet/20 août 1999, pp. 119-128.

SERVERIN (E.), « Lectures socio-juridiques sur l'État et le contrat » in CHASSAGNARD-PINET (S.) et HIEZ (D.), (sous la dir.), *Approche critique de la contractualisation*, Paris, LGDJ, 2007, pp. 95-115.

STOLL (J.-F.), « L'action économique, l'État et les acteurs privés », *RFAP* n° 77, janvier-mars 1996, pp. 79-81.

SUPIOT (A.), « Les deux visages de la contractualisation : déconstruction du Droit et renaissance féodale », in CHASSAGNARD-PINET (S.) et HIEZ (D.), (sous la dir.), *Approche critique de la contractualisation*, Paris, LGDJ, Collection « Droit et Société, recherches et travaux », 2007, pp. 19-48.

SUPIOT (A.), « La relativité du contrat en questions. Conclusion générale » in Association Henri Capitant, *La relativité du contrat*, Paris, LGDJ, 2000, pp. 183-220.

TIBERGHIEN (F.), « Le contrat, mode d'action publique et de production de normes », *JCP / La Semaine juridique, édition administrations et collectivités territoriales*, n° 27, 30 juin 2008, pp. 3-4.

THIBIERGE (C.), « Rapport de synthèse », in Association Henri Capitant, *Le droit souple*, Paris, Dalloz, 2009, pp. 141-161.

THIBIERGE (C.), « Le droit souple », *RTD civ*, 2003, pp. 599-628.

TRUCHET (D.), « Le contrat administratif, qualification juridique d'un accord de volontés » in CADIET (L.), (sous la dir.), *Le droit contemporain des contrats*, Paris, Économica, 1987, pp. 185-205.

VASSEUR (M.), Un nouvel essor du concept contractuel. Les aspects juridiques de l'Economie concertée et contractuelle », *RTD Civ.*, janvier-mars, n° 1, 1964, pp. 5-48.

VILLAIN (J.-F.), « Urgence et recours au contrat de partenariat », *D.A*, mars 2009, pp. 24-27.

WALINE (J.), « Les contrats entre personnes publiques », *RFDA*, mars-avril 2006, pp. 229-234.

IX. ORGANISATION ADAPTEE

Ouvrages

ALBERTINI (J.-B.), *Réforme administrative et réforme de l'État en France*, Paris, Economica, coll. Territoriale, 2000.

ALBERTINI (J.-B.), *La déconcentration. L'administration territoriale dans la réforme de l'État*, Paris, Économica, 1997.

AUBY (J.-M.), AUBY (J.-B.), *Institutions administratives : organisation générale, fonction publique, contentieux administratif, interventions de l'administration dans l'économie, prix, planification, aménagement du territoire*, Paris, Dalloz, 6ème édition, 1991.

BACQUE (F. de) et QUERMONNE (J.-L.), (sous la dir.), *Administration et politique sous la Cinquième République*, Paris, FNSP, 1982.

BADIE (B.) et BIRNBAUM (P.), *Sociologie de l'État*, Paris, Grasset, 1979.

BARROT (O.), *De la centralisation et de ses effets*, Paris, H. Dumineray, Editeur, 1861.

BECET (J.-M.), *Les institutions administratives*, Paris, Economica, 1997.

BORELLA (F.), *Le préfet, 1800-2000, gouverneur, administrateur, animateur*, Presses Universitaires de Nancy, 2002.

CATTEAU (D.), *La LOLF et la modernisation de la gestion publique. La performance, fondement d'un droit public financier rénové*, Paris, Dalloz/Sénat, 2007.

CHAUVIN (F.), *Administration d'État*, Paris, Dalloz, 6e éd, 2002.

CHEVALLIER (J.), *Science administrative*, Paris, PUF, Coll. « Thémis Science politique », 1986, 3ème édition refondue, 2002 et Coll. « Thémis Droit » 2007.

CHEVALLIER (J.) et LOCHAK (D.), *La science administrative*, Paris, LGDJ, 1978.

CURRAP, *L'institution*, Paris, PUF, 1981.

DEBBASCH (C.) et COLIN (F.), *Administration publique*, Paris, Économica, 6ème édition, 2005.

DEBBASCH (C.), *Institutions et droit administratifs, Tome 1, Les structures administratives*, Paris, PUF, 5ème édition mise à jour, 1999.

DIEDERICHS (O.) et LUBEN (I.), *La déconcentration*, Paris, PUF, Coll. « Que sais- je ? », 1995.

DELAMARRE (M.), GRISTI (E.), *Comprendre l'administration*, Paris, La Documentation française, 2010.

DOUGLAS (M.), *Comment pensent les institutions*, Paris, La Découverte/Poche, 2004.

DUPUIS (G.), *Le centre et la périphérie. Essai historique et juridique*, Paris, LGDJ, 2000.

ESCOUBE (P.), *Les grands corps de l'État*, Paris, PUF, Collection « Que-sais-je ? », 1971.

FABRE GUILLEMANT (R.), *Les réformes administratives en France et en Grande-Bretagne : Centres de responsabilité et agences d'exécution*, Paris, L'Harmattan, Collection « Logiques juridiques », 1998.

FAUROUX (R.), SPITZ (B.), *Notre État. Le livre vérité de la fonction publique*, Paris, Ed. Robert Laffont, 2000.

GAUDEMET (Y.) et GOHIN (O.), (sous la dir.), *La République décentralisée*, Paris, éd. Panthéon-Assas, 2004.

GREMION (P.), *Le Pouvoir périphérique. Bureaucrates et notables dans le système politique français*, Paris, Ed. du Seuil, 1976.

GREMION (C.), *Profession : décideurs. Pouvoir des hauts fonctionnaires et réforme de l'État*, Paris, Gaulhiers-Villars, 1979.

GUILLAUME (H.), DUREAU (G.) et SILVENT (F.), *Gestion publique. L'État et la performance*, Paris, Presses de Sciences PO/Dalloz, 2002.

Institut de la décentralisation, *La décentralisation en France. L'état des politiques publiques. La réforme des dynamiques locales. La dimension européenne*, Paris, Editions La Découverte, 1996.

JOBERT (B.) et MULLER (P.), *L'État en action. Politiques publiques et corporatismes*, Paris, PUF, Coll. « recherches politiques », 1987.

LARANGE (A.), *La déconcentration*, Paris, LGDJ, 2000.

MASSARDIER (G.), *Politiques et action publique*, Paris, Armand Colin, 2003.

MBONGO (P.), (sous la dir.), *La séparation entre administration et politique en droit français et étrangers*, Paris, Berger Levrault, 2014.

MEIMON (J.), (sous la dir.), *Les réorganisations administratives. Bilan et perspectives en France et en Europe*, Paris, Comité pour l'histoire économique et financière de la France/Institut de la gestion publique et du développement économique, 2008.

MORDACQ (F.), *La réforme de l'État par l'audit*, Paris, LGDJ, 2009.

MORDACQ (F.), *La LOLF : Un nouveau cadre budgétaire pour réformer l'État*, Paris, LGDJ, 2006.

OBERDORFF (H.), *Les institutions administratives*, Paris, Armand Colin, 2002.

PICARD (J.-F.), *Finances publiques*, Paris, Litec, 2ème édition, 2009.

THUILLIER (G.), *Les cabinets ministériels*, Paris, PUF, 1982.

TIMSIT (G.), *Administrations et États : une étude comparée*, Paris, PUF, 1987.

TROSA (S.), *Moderniser l'administration. Comment font les autres ?*, Paris, Les Éditions d'Organisation, 1995.

QUERMONNE (J.- L.), *L'appareil administratif de l'État*, Paris, Seuil, Coll. « Points », 1991.

Traité

GRAWITZ (M.) et LECA (J.), *Traité de science politique. Tome 4, Les politiques publiques*, Paris, PUF, 1985.

Rapports publics

BOUVARD (M.), BRARD (J.-P.), CARCENAC (T.), COURSON (C. de), *Les acteurs de la LOLF: autonomie, responsabilité et contrôle des services déconcentrés et des opérateurs de l'État*, rapport d'information n° 1058, Paris, Ass. nat., 2008.

BUR (Y.), *Les agences sanitaires, rapport d'information* n° 3627, Paris, Assemblée nationale, 2011.

CLOSETS (F. de), Commission « Efficacité de l'*État* », *Le pari de la responsabilité*, Paris, La Documentation française et Editions Payot, 1989.

Conseil d'État, *Étude annuelle 2012, Les agences : une nouvelle gestion publique ?*, Paris, Conseil d'État/La Documentation française, 2012.

Cour des Comptes, *La déconcentration des administrations et la réforme de l'État*, rapport de la Cour des Comptes, Direction des Journaux Officiels, 2003.

CROZIER (M.), *Comment réformer l'État ? Trois pays, trois stratégies, Suède, Japon, États-Unis*, rapport au ministre de la fonction publique et des réformes administratives, Paris, La Documentation Française, 1988.

Inspection Générale des Finances, *L'État et ses agences*, Paris, La Documentation française, mars 2012.

PATIENT (G.), DOLIGE (E.), *L'agence de l'outre-mer pour la mobilité : un pilotage à l'aveugle ?, rapport d'information* n° 48, Paris, Sénat, 2011-2012.

Réflexion préparatoire à la réforme de l'État, Document de travail rendu public le 8 mars 1996, (document non publié, mais disponible sur le site Internet de la Documentation française).

Séminaires

ÉNA, *Le travail gouvernemental : Séminaires 9 « La déconcentration »*, Paris, ÉNA, 1994.

ÉNA, *Travail gouvernemental. Séminaires. 1. Les Agences, nécessité fonctionnelle ou nouveaux démembrements de l'État ?*, Paris, Promotion René Char, 1994.

Articles

BENAMOUZIG (D.) et BESANÇON (J.), « Les agences : de nouvelles administrations publiques » in BORRAZ (O) et GUIRAUDON (V.), (sous la dir.), *Politiques*, 1. *La France dans la gouvernance européenne*, Paris, Presses de Sciences Po, 2008, pp. 283-303.

BEZES (P.), « Politique et séparation en régime néo-managérial. Recomposition, réactivité ou balancier ? », in *Mélanges en l'honneur du professeur Jacques Chevallier, Penser la science administrative dans la post-modernité*, Paris, LGDJ, 2013, pp. 409-428.

BRAUD (C.), « La notion d'« agence » en France : réalité juridique ou mode administrative », *Les Petites Affiches* n° 104, 30 août 1995, pp. 4-7.

CAILLOSSE (J.), « La modernisation de l'État. Variations sur le modèle juridique d'administration », *AJDA*, 1991, pp. 755-764.

CASTAING (C.), « Les agences régionales de santé : outil d'une gestion rénovée ou simple relais du pouvoir central ? », AJDA, 30 septembre 2009, pp. 2212-2219.

CHEVALLIER (J.), « Agencification et gouvernance » in Conseil d'État, *Etude annuelle 2012, Les agences : une nouvelle gestion publique ?*, Paris, Conseil d'État, La Documentation française, 2012, pp. 239-250.

CHEVALLIER (J.), « Les agences : effet de mode ou révolution administrative ? », *Études en l'honneur de Georges Dupuis*, Paris, LGDJ, 1997, pp. 47-61.
CHEVALLIER (J.), « La réforme de l'État et la conception française du service public », *RFAP* n° 77, janvier-mars 1996, pp. 189-205.
CHEVALLIER (J.), « Décentralisation et politiques publiques », *AJDA*, n° spécial, 1992, pp. 120-126.
CHEVALLIER (J.), « Le modèle centre/périphérie dans l'analyse politique », in CURAPP, *Centre, périphérie, territoire*, Paris, PUF, 1978, pp. 3-131.
DEBBASCH (C.), « Mutations administratives et formes nouvelles d'administration », *RFAP*, n° 3, juillet-sept. 1977, pp. 17-27.
DELMAS (C.), « L'inflation de structures administratives d'expertise », in MBONGO (P.), (sous la dir.), *La séparation entre administration et politique en droit français et étrangers*, Paris, Berger Levrault, 2014, pp. 217-227.
DI PIETRO (A.), « Les agences fiscales d'Italie ou une nouvelle forme juridique pour gérer les fonctions fiscales », *RFFP* n° 105, février 2009, pp. 121-135.
DOAT (M.), « Vers une conception a-centrée de l'organisation de la France », *RDP* n° 1, 2003, pp. 115-117.
DODDS (A.), « Le développement des agences en Grande-Bretagne et en France - L'exemple d'« Édu France, transfert d'outre-Manche ou création indigène ? », *RFAP* n° 111, 2004, pp. 483-500.
DURAN (P.), « Les pannes de la déconcentration : l'échec du rapprochement des directions départementales de l'équipement et des directions départementales de l'agriculture et de la forêt », *RFAP*, n° 120, 2006, pp. 757-776.
DURAN (P.) et THOENIG (J.-C.), « L'État et la gestion publique territoriale », *RFSP* n° 4, 1996, pp. 580-623.
DUTHEIL (J. de La Rochère), « Les agences de régulation européenne : quels problèmes juridiques ? » in *Mélanges en l'honneur d'Yves Jégouzo*, Terres du droit, Paris Dalloz, 2009, pp. 57-70.
FERRAZZI (C.) et MORDACQ (F.), « Lolf et agences » in Conseil d'Analyse Économique, *Économie politique de la Lolf*, rapport, Paris, La Documentation française, 2007, pp. 291-302.
GHEBALLI-BAILLY (M.), « Les agences régionales de l'hospitalisation, ou l'État éclaté », *Revue de droit sanitaire et social*, 33 (3), juillet-septembre 1997, pp. 571-588.
GONÇALVES (E. D.) et LEÇ A (J.), « Brésil, le nouveau rôle de l'État et les agences autonomes », *Cahiers juridiques et fiscaux de l'exportation*, n° 2, 2001, pp. 341-359.
GOURNAY (B.), « L'influence de la haute administration sur l'action gouvernementale » in BACQUE (F. de) et QUERMONNE (J.-L.), (sous la dir.), *Administration et politique sous la Cinquième République*, Paris, FNSP, 1982, pp. 225-255.
GUETTIER (C.), « Les agences administratives en France », *Les Cahiers de la fonction publique*, septembre 2006, pp. 4-10.
GUILLOUD (L.), « Transfert de compétences et pouvoir normatif des collectivités territoriales », *Petites Affiches*, 10 juillet 2008, n° 138, pp. 51-61.
HARLOW (C.), « Les agences exécutives au Royaume –Uni et les questions de responsabilité », *RFAP*, n° 87, juillet-sept. 1998, pp. 443-453.

HOUSER (M.), « Recherches sur le concept de recentralisation », *Revue de la recherche juridique « Droit prospectif »* n° 2, 2011, pp. 751-775.
JORGENSEN (T. B.) et HANSEN (C.-A.), « Création et suppression d'agences au sein du gouvernement central danois : développements contradictoires ou logique sous-jacente ? », *RISA*, n° 4, 1995, pp. 637-654.
LORIT (J.-F.), « Décentralisation et déconcentration : antagonisme ou complémentarité », *Rev. adm.*, n° 229, février 1986, pp. 27-32.
MAHERZI (D.), « Le développement des agences : un choix risqué ? », *Rev. adm.*, n° 373, 2010, pp. 86-95.
MORAND-DEVILLER (J.), « L'administration de mission », *La Revue administrative* n° 238, juillet-août 1987, pp. 307-323.
PONTIER (J.-M.), « La décentralisation entre ferveur et désenchantement », *Rev. adm.* n° 351, 2006, pp. 295-306.
PISANI (E.), « Administration de gestion, administration de mission », *RFSP* n°1, janvier-mars 1956, pp. 315-330.
KICKERT (W. J. M.) et VERHAAK (F. O. M.), « L'autonomisation des tâches d'exécution au sein du gouvernement central néerlandais », *RISA* n° 4, 1995, pp. 613-634.
REXED (K.), « Les agences exécutives : une perspective suédoise », in Conseil d'État, *Étude annuelle 2012, Les agences : une nouvelle gestion publique ?*, Paris, Conseil d'État, La Documentation française, 2012, pp. 261-270.
ROUBAN (L.), ZILLER (J.), « De la modernisation de l'administration à la réforme de l'État », *RFAP*, n° 75, 1995, pp. 345-354.
SALTON (H.), « Les agences gouvernementales dans le monde anglo-saxon : une révolution britannique ? », *Les Cahiers de la fonction publique*, septembre 2006, pp. 10-16.
STEVENS (A.), « Administration et gestion : mariage ou divorce ? L'expérience des agences exécutives britanniques », *Les Réformes : de l'expérimentation aux leçons ». Hommage à Alain CLAISSE.* Journée organisée par l'Institut International d'Administration Publique (IIAP) et l'Université Panthéon-Sorbonne à Paris le 12 mars 1999, Paris, La Documentation française et l'IIAP, 2000, pp. 37-47.
STEVENS (A.), « Royaume-Uni, les Agences d'exécution et leur impact sur le Civil Service », *RFAP*, n° 55, juillet-sept. 1990, pp. 485-495.
TENZER (N.), « La déconcentration : mythes et illusions politiques », in Institut de la décentralisation, *La décentralisation en France. L'état des politiques publiques. La réforme des dynamiques locales. La dimension européenne*, Paris, Editions La Découverte, 1996, pp. 391- 396.
THELEN (K.), « Comment les institutions évoluent : perspectives de l'analyse comparative historique » in Association recherche et régulation, *L'année de la régulation. Économie, institutions, pouvoirs*, Paris, Presses de Sciences Po, 2003, pp. 13-43.
THOENIG (J.-C.), « L'analyse des politiques publiques », in GRAWITZ (M.) et LECA (J.), *Traité de science politique. Tome 4, Les politiques publiques*, Paris, PUF, 1985, pp. 1-53.
TIMSIT (G.), DELMAS-MARTY (M.), « Le modèle occidental d'administration », *RFAP* n° 23, juillet-sept 1982, pp. 11-15.

TOURNADRE-PLANCQ (J.) et VERRIER (B.), « La multiplication des agences annonce-t-elle le retrait de l'État ? », *Problèmes Economiques* n° 2. 967, 18 mars 2009, pp. 11-16.
VAN DE WALLE (S.), « Peut-on mesurer la qualité des administrations publiques grâce aux indicateurs de gouvernance ? », *RFAP* n° 115, 2005, pp. 435-461.
VOS (E.), « Les agences et la réforme de l'administration européenne », *RFAP*, n° 95, avril- juin, 2000, pp. 393-410.
ZARKA (C.), « Découpage des régions : adoption du texte par les députés en deuxième lecture », *Recueil Dalloz*, 27 novembre 2014, n° 41, pp. 2345-2345.
ZOLLER (E.), « Les agences fédérales américaines, la régulation et la démocratie », *RFDA*, juillet-août 2004, pp. 758-771.

X. GESTION DES RESSOURCES HUMAINES

Ouvrages

ABATE (B.), *La nouvelle gestion publique*, Paris, LGDJ, 2000.
AUBERT (G.), BELLANGER (F.), TANQUEREL (T.), *Fonction publique : vers une privatisation ?*, Zürich, Schulthess, 2000.
AUBY (J.-M.), AUBY (J.-B.), JEAN-PIERRE (D.) et TAILLEFAIT (A.), *Droit de la fonction publique*, Paris, Dalloz, 5ème éd, 2005.
BARTOLI (A.), *Le management dans les organisations publiques*, Paris, Dunod, 1997.
BATAL (C.), *La gestion des ressources humaines dans le secteur public, Tome 2. Évaluer ses ressources, anticiper ses besoins, construire des politiques de G.R.H.*, Paris, Les éditions d'Organisation, 1998.
BATAL (C.), *La gestion des ressources humaines dans le secteur public. L'analyse des métiers, des emplois et des compétences*, Paris, Les éditions d'Organisation, 1997.
SERBA (J.) et LE JEUNE (P.), (sous la dir.), *La fonction publique face à la culture de résultat*, Bruxelles, BRUYLANT, 2006.
CATTEAU (D.), *La Lolf et la modernisation de la gestion publique*, Paris, Dalloz, 2007.
CHANUT (V.), *L'État didactique. Éduquer au management public les cadres du Ministère de l'Équipement*, Paris, L'Harmattan, 2004.
CHAPUT (L.), *Modèles contemporains en gestion. Un nouveau paradigme, la performance*, Presses universitaires du Québec, 2007.
DORD (O.), *Droit de la fonction publique*, Paris, PUF, Coll. « Thémis droit », 2ème édition, 2012.
École du Paris du Management, Centre de Gestion Scientifique de l'École des Mines de Paris et PALLEZ (F.), (sous la dir.), *L'administration en mouvement ?* Paris, La Documentation française, 2001.
FONS (J.-P.), MEYER (J.-L.)/Direction Générale de l'Administration et de la Fonction Publique (DGAFP), *La « flexibilité » dans les fonctions publiques en Allemagne, en Angleterre, en France*, Paris, La Documentation française, 2005.
FOUCHER (D.), ALECIAN (S.), *Le management public dans le service public*, Paris, Eyrolles, Editions d'organisation, 2002.

GRISTI (E.), DELAMARRE, (M.), *Comprendre l'administration, fonctionnement, modernisation*, Paris, La Documentation française, 2004.

IGNASSE (G.), (sous la dir.), *Fonction publique et formation continue en Europe*, Paris, L'Harmattan, 1997.

Institut International des Sciences Administratives, *La haute fonction publique en Belgique et dans les pays industrialisés. Recrutements, carrière et formation*, Bruxelles, Institut international des sciences administratives, 1988.

LACHAUME (J.-F.), *La fonction publique*, Paris, Dalloz, 3ème édition, 2002.

LE LOUARN (J.-Y.), *Gestion stratégique des ressources humaines*, Rueil-Malmaison, Éditions Liaisons, 2010.

LE THEULE (F.-G.) et LEPRÊTRE (J.), *La fonction publique européenne*, ÉNA, 2012.

Maury (S.), *Manuel de GRH dans la fonction publique, droit et pratiques*, Paris, La Documentation française, 2011.

MELLERAY (F.), *Droit de la fonction publique*, Paris, Economica, 2005 et édition de 2010.

Ministère de la Fonction Publique, *La fonction publique-Faits et chiffres 2003*, Paris, La Documentation française, 2004.

POCHARD (M.), *Les 100 mots de la fonction publique*, Paris, PUF, Coll. « Que sais- je ? », 2011.

ROUBAN (L.), *La fonction publique*, Paris, La Découverte, 2009.

SALON (S.), SAVIGNAC (J.-C.), *La fonction publique*, Paris, La Documentation française, 2002.

SANTO (V.-M.) et VERRIER (P.-E.), *Le management public*, Paris, PUF, Coll. « Que sais-je ? », 1997.

SILICANI (J.-L.), (sous la dir.) et Ecole nationale d'administration, Promotion Valmy (1996-1998), *La réforme de l'État*, Paris, Tome 1, La Documentation française, 1999.

SILICANI (J.-L.), (sous la dir.) et École nationale d'administration, Promotion Valmy (1996-1998), *La réforme de l'Etat*, Paris, La Documentation française, Tome 2, 1999.

VALLEMONT (S.), *La gestion prévisionnelle des effectifs, des emplois et des compétences dans les trois fonctions publiques*, Paris, Berger-Levrault, 1996.

VALLEMONT (S.), *Moderniser l'administration. Gestion stratégique et valorisation des ressources humaines*, Paris, Nathan, 1991.

Traité

PLANTEY (A.), *La fonction publique. Traité général*, Paris, Litec, 2ème édition, 2001.

Rapports publics

CHANUT (V.) et Direction Générale de l'Administration et de la Fonction Publique, *La formation continue de l'encadrement supérieur de l'État. Bilan et perspective*, Paris, La Documentation française, Coll. « rapports », 1998.

CIEUTAT (B.), TENZER (N.), Commissariat Général du Plan, *Fonctions publiques : enjeux et stratégies pour le renouvellement*, Paris, La Documentation française, 2000.

CLOSETS (F.), (présidé par), *Le pari de la responsabilité*, rapport de la Commission « Efficacité de l'État » du Xe Plan, Paris, Petite Bibliothèque Payot, 1989.

Conseil d'État, *Collectivités territoriales et obligations communautaires*, Paris, Conseil d'État, La Documentation française, 2004.

Conseil d'État, *Rapport public 2003. Jurisprudence et avis de 2002. Perspectives pour la fonction publique*, Paris, La Documentation française, 2003.

Cour des Comptes, *La fonction publique de l'État*, rapport, Paris, Les éditions des journaux Officiels, 2000 et 2001.

FONS (J.-P.) et MEYER (J.-L.), DGAFP, *La « flexibilité » dans les fonctions publiques en Angleterre, en Allemagne et en France*, rapport remis au Comité de la Recherche et de la Prospective de la DGAFP, Paris, La Documentation française, 2005.

FORGES (L. de), *L'adaptation de la fonction publique française au droit communautaire*, Paris, La Documentation française, 2004.

GAURON (A.)/CAE, *Formation tout au long de la vie,* rapport, Paris, La Documentation française, 2000.

OCDE, *Moderniser l'État. La route à suivre*, Paris, Editions OCDE, 2005.

OCDE, *Gestion du capital humain et réforme de la fonction publique*, Paris, OCDE, 1996.

OCDE, *La rémunération liée à la performance pour les cadres du secteur public : évaluation de ses effets*, Paris, OCDE, 1997.

OCDE, *Les traitements du privé pour le public. La rémunération liée à la performance pour les cadres de la fonction publique*, Paris, OCDE, Éditions OCDE, 1993.

DGAFP, *Rapport annuel sur l'Etat de la fonction publique. Gestion prévisionnelle des ressources humaines 2005-2007, volume 2,* Paris, La Documentation française, 2007.

DGAFP, *Rapport annuel sur l'État de la fonction publique. Rapport d'activité ministériel 2006-2007, volume 3*, Paris, La Documentation française, 2007.

Ministère de la Fonction publique et de la Réforme de l'État, *Fonction publique : fait et chiffres 2003, rapport annuel,* Paris, La Documentation française, 2003.

PÊCHEUR (B.), (rapport présenté par), *Rapport à Monsieur le Premier ministre sur la fonction publique*, Paris, La Documentation française, novembre 2013.

POCHARD (M.), *La diversification des modes de recrutement de la haute fonction publique et l'ouverture de l'accès aux fonctions d'encadrement supérieur de l'État*, rapport au Premier ministre, Paris, La Documentation française, 2006.

RIGAUDIAT (J.) et Commissariat général du Plan, *Gérer l'emploi public*, rapport, Paris, La Documentation française, 1994.

ROUBAN (L.)/DGAFP, *Les cadres supérieurs de la fonction publique et la politique de modernisation administrative*, Paris, DGAFP/Commissariat Général du Plan, 1994.

ROUBAN (L.), *Les cadres supérieurs de la fonction publique et la politique de modernisation administrative*, rapport, Paris, Centre de recherches administratives, CNRS, 1993.

SERIEYX (H.), *L'État dans tous ses projets, rapport remis au ministre de la Fonction Publique*, Paris, La Documentation française, 1994.

SILICANI (J.-L.), *Livre blanc sur l'avenir de la fonction publique. Faire des services publics et de la fonction publique des atouts pour la France*, Paris, La Documentation française, 2008.

SILICANI (J.-L.), LENICA (F.), *La rémunération au mérite des directeurs d'administration centrale : mobiliser les directeurs pour conduire le changement*, rapport au Premier ministre, Paris, La Documentation française, 2004.

SILGUY (Y-T. de), (présidé par), *Moderniser l'État : l'encadrement supérieur, rapport au ministre de la Fonction publique, de la Réforme de l'État et de l'Aménagement du territoire*, Paris, La Documentation française, Collection des rapports officiels, 2004.

VALLEMONT (S.), *Gestion des ressources humaines dans l'administration*, rapport au ministre de la Fonction publique, de la Réforme de l'État et de la Décentralisation, Paris, La Documentation française, 1999.

Thèse, mémoire

DA COSTA (S.), *La rémunération des fonctionnaires : contribution à l'étude du droit des rémunérations publiques en France*, Thèse de droit, Université Lyon III, 2007.

DION (F.), *Contractualisation et emploi public,* Thèse de doctorat droit public, Université Panthéon-Assas, 2013.

École Nationale d'Administration, *Les agences, nécessité fonctionnelle ou nouveaux démembrements de l'État ?*, Mémoire, Promotion « René Char », Paris, ÉNA, 1994.

Articles

ANTOINE (D.), « La formation permanente dans la fonction publique en France », *RFAP* n° 104, 2002, pp. 601-615.

AUBIN (E.), « Flexibilité et performance dans le déroulement de carrière des fonctionnaires », in ALBERT (N.), (sous la dir.), *Performance et droit administratif*, Paris, Litec, 2010, pp. 191-207.

AUBIN (E.), « Les dispositions relatives à la formation professionnelle des fonctionnaires tout au long de la vie », *AJDA* 12 mars 2007, pp. 511-515.

AUTIN (J.-L.), « La contractualisation de l'accès à la fonction publique » in *Contrats publics, Mélanges en l'honneur du Professeur Michel Guibal, volume 2*, Université de Montpellier I, 2006, pp. 129-143.

BENOIT (F.-P.), « L'évolution des affaires locales. De la décentralisation des autorités à la décentralisation des compétences » in *Mélanges en l'honneur* de Jean-Claude Douence, *La profondeur du droit local*, Paris, Dalloz, 2006, pp. 23-44.

BERNARD (J.), « La LOLF : d'une administration de moyens vers une administration de résultats », in SERBA (J.) et LE JEUNE (P.), (sous la dir.), *La*

fonction publique face à la culture de résultat, Bruxelles, BRUYLANT, 2006, pp. 27-36.
BOUTELET (P.), « Deux lois pour la fonction publique », *AJFP* mars-avril 2007, pp. 57-57.
BRUNET (P.), « La consécration du principe de sécurité juridique », *Revue des contrats,* juillet 2006, pp. 856-861.
CABANEL (J.), « La mobilité », *Les cahiers français* n° 197, 1980, *Notices 3*, pp. 1-3.
CANO (L. V.), « De nouvelles stratégies pour la gestion des ressources humaines dans le secteur public », *RFAP*, n° 94, avril-juin 2000, pp. 213-219.
CHEVALIER (Y.), « La Lolf et la fonction publique : GRH, performance et management » in LGDJ et RFFP, *La Lolf et la Vème République*, *RFFP*, n° 97, Paris, LGDJ, 2007, pp. 99- 111.
CHEVALIER (Y.), « LOLF et gestion de la réforme publique », *AJDA*, 13 mars 2006, pp. 523-531.
CHEVALIER (Y.), « Réforme de la notation des fonctionnaires de l'État », *Cahiers de la fonction publique*, juin 2002, pp. 24-27.
CHEVALLIER (J.) et ROUBAN (L.), « Introduction » in *RFAP, La réforme de l'État et la nouvelle gestion publique : mythes ou réalités*, *RFAP* n° 105/106, 2003, pp. 7-10.
CHEVALLIER (J.), « Présentation » in MABILEAU (A.), (sous la dir.), *Les pouvoirs locaux à l'épreuve de la décentralisation,* Paris, Pedone, 1983, pp. 11-30.
CHEVALLIER (J.) et LOSCHAK (D.), « Rationalité juridique et rationalité managériale dans l'administration française », *RFAP*, n° 24, oct-déc. 1982, pp. 53-94.
COIN (R.), « La régulation du secteur de l'énergie en France à l'heure de l'ouverture totale du marché », in REVET (T.) et VIDAL (L.), (sous la dir.), *Annales de la régulation*, volume 2, Paris, IRJS, 2009, pp. 653-670.
COURONNE (P.), « Logique statutaire, logique de fonctionnement, gestion prévisionnelle des ressources humaines dans la fonction publique », *RFAP* n° 49, janvier-mars 1989, pp. 43-56.
CROUZATIER-DURAND (F.), « Performance, efficience : le personnel de la fonction publique en mutation », *DA*, mars 2012, pp. 9-15.
DEROSIER (B.), « Vers une fonction publique contractuelle ? », *AJDA* 25 avril 2005, pp. 857-857.
DESMARAIS (C.), « Encadrer sous contrainte dans les fonctions publiques », *RFAP* n° 128, 2008, pp. 659-664.
DORD (O.), « La loi mobilité ou l'adaptation du statut par une gestion rénovée des personnels », *AJDA*, 8 février 2010, pp. 193-201.
FIALAIRE (J.), « Réforme de la fonction publique et nouveau droit à la formation professionnelle des agents publics », *Revue Lamy des collectivités territoriales* n° 24, mai 2007, pp. 33-37.
FRANÇ OIS (J.), « À propos de productivité », *Les Cahiers français* n° 197, 1980, pp. 79-79.
FRATACCI (S.), « La gestion des ressources humaines dans l'administration », *AJFP*, novembre-décembre 2000, pp. 56-59.

GIBERT (P.), « Management public et haute fonction publique territoriale », *Les Cahiers du CNFPT*, n° 43, mai 1995, pp. 13-19.
GOMEZ-MUSTEL (M.-J.), SOUBIROUS (P.), « La formation professionnelle des agents publics tout au long de la vie : une transposition du droit privé », *AJFP*, mars-avril 2009, pp. 60-67.
GUERARD (S.), « Les spécificités de la gestion des ressources humaines dans la fonction publique territoriale », *RLCT* n° 22, mars 2007, pp. 59-64.
HERBIG (G.), « La gestion du personnel », *RFAP* n° 78, avril-juin 1996, pp. 331-343.
HERRERO (I.), « Que change la LOLF au fonctionnement d'une grande administration ? L'exemple du ministère de l'Intérieur et de l'Aménagement du territoire », *AJDA*, 13 mars 2006, pp. 545-549.
HOOD (C.), « L'évolution de la gestion publique au Royaume-Uni et la suppression des privilèges de la fonction publique », *RFAP*, n° 70, avril-juin, 1994, pp. 295-308.
HONDEGHEM (A.), HORTON (S.) et SCHEEPERS (S.), « Modèles de gestion des compétences en Europe », *RFAP* n° 116, 2005, pp. 561-576.
JEANNOT (G.) et ROUBAN (L.), « Changer la fonction publique », *RFAP* n° 132, 2010, pp. 673-687.
JEANNOT (G.), « Réforme de la fonction publique et réorganisation de l'État », *Revue Esprit*, 2008, pp. 95-109.
JEANNOT (G.), « Gérer les carrières des cadres de la fonction publique ? », *RFAP* n° 116, 2005, pp. 553-560.
JEAN-PIERRE (D.), « Le rapport Pêcheur : une réflexion nouvelle sur le statut des fonctionnaires », *JCP / La Semaine juridique, éditions Administrations et collectivités territoriales* n° 49, 2 décembre 2013, pp. 26-29.
JEAN-PIERRE (D.), « La loi du 3 août 2009 relative à la mobilité et aux parcours professionnels dans la fonction publique », *JCP / La Semaine juridique, édition Administrations et collectivités territoriales* n° 40-41, 28 septembre 2009, pp. 27-32.
JEAN-PIERRE (D.), « Propos introductif », *La Semaine juridique-Édition Administrations et Collectivités territoriales*, n° 4, 19 janvier 2009, pp. 18-21.
JEAN-PIERRE (D.), « Les agents en CDI : du statut à la carrière », *La Semaine juridique-Edition Administrations et Collectivités territoriales*, n° 16-18, 16 avril 2007, pp. 50-52.
JUMEL (B.), « L'emploi public au service des missions », *RFFP* n° 111, septembre 2010, pp. 231-236.
LE DOUARON (P.), « La formation tout au long de la vie », *RFAP* n° 104, 2002, pp. 573-580.
LE PORS (A.), « Quel avenir pour le statut ? », *Les Cahiers de la fonction publique* n° 329, janvier-février 2013, pp. 37-39.
LE PORS (A.), « Une loi de dénaturation de la fonction publique », *La Semaine juridique- Édition Administrations et Collectivités territoriales* n° 12, 19 mars 2007, pp. 37-37.
LE PORS (A.), « D'un colloque à l'autre », in SERBA (J.) et LE JEUNE (P.), (sous la dir.), *La fonction publique face à la culture de résultat*, Bruxelles, Bruylant, 2006, pp. 15-25.

LEBRANCHU (M.), « La gestion des ressources humaines au cœur de la modernisation publique », *AJFP*, novembre-décembre 2012, pp. 301-301.

LERIQUE (F.), « La performance, une nouvelle valeur pour rémunérer les fonctionnaires ? », *DA*, février 2013, pp. 9-14.

LERIQUE (F.), « La rémunération à la performance », *JCP/ La Semaine juridique, édition Administrations et collectivités territoriales* n° 4, 19 janvier 2009, pp. 66-70.

LERIQUE (F.), « La rémunération des fonctionnaires au mérite », *RDP*, n° 3, 2007, pp. 683- 705.

Les Notes Bleues de Bercy, « L'état de la fonction publique en faits et chiffres », *Les Notes Bleues de Bercy*, n° 336, octobre 2007, pp. 3-23.

LULIN (E.), « Réformer l'État : avec, sans ou contre ses serviteurs », *Revue Pouvoirs*, n° 117, 2006, pp. 55-70.

MAURI MAJOS (J.), et MALARET GARCIA (E.), « L'emploi public espagnol : entre publicisation des salariés contractuels et privatisation du statut des fonctionnaires », *RFAP* n° 132, 2010, pp. 855-872.

MEKHANTAR (J.), « L'employeur public et la nouvelle gestion des ressources humaines », *AJFP* septembre-octobre 1999, pp. 7-14.

MELLERAY (F.), « La modernisation des fonctions publiques », *AJDA* 12 mars 2007, pp. 507-510.

MENDES (J.), « La réforme du système administratif portugais : New public management ou Etat néo-wébérien ? », *RFAP* n° 119, 2006, pp. 533-554.

MIGEON (F.-D.), « La méthode RGPP : placer le changement au cœur de l'administration », *RFAP* n° 136, 2010, pp. 985-1006.

ONGARO (E.) et BELLE (N.), « Réforme de la fonction publique et introduction de la rémunération liée aux performances en Italie », *RFAP* n° 132, 2010, pp. 817-839.

PAULIAT (H.), « La mise à disposition : principe fondamental de gestion de la fonction publique et ouverture au privé », *La Semaine juridique- Edition Administrations et Collectivités territoriales* n° 12, 19 mars 2007, pp. 29-32.

PIGANIOL (R.), « La gestion des cadres et la politique de modernisation », *RFAP* n° 70, avril-juin 1994, pp. 197-207.

POCHARD (M.), « L'emploi dans la gestion des ressources humaines dans la fonction publique », *RFAP* n° 132, 2010, pp. 689-700.

POCHARD (M.), « La récente loi de modernisation de la fonction publique va-t-elle dans le bon sens ? », *La Semaine juridique- Edition Administrations et Collectivités territoriales* n° 12, 19 mars 2007, pp. 38-38.

POCHARD (M.), « Le grand retour des contrats à durée indéterminée dans la fonction publique », *AJDA* 28 février 2005, pp. 401-401.

POCHARD (M.), « La place donnée au contrat dans l'organisation de la fonction publique », *AJDA* 19 mai 2003, pp. 991-993.

POCHARD (M.), « Quel avenir pour la fonction publique ? », *AJDA*, 20 janvier 2000, pp. 3-19.

RACINE (P.), « Gestion moderne et fonction publique », *Les Cahiers français* n° 197, septembre 1980, pp. 73-78.

RICHARD (J.), « Le métier est-il soluble dans le statut général ? », *Les Cahiers de la fonction publique* n° 329, janvier-février 2013, pp. 34-36.

ROUBAN (L.), « De nouvelles perspectives pour la gestion des ressources humaines dans la fonction publique », *Regards sur l'actualité*, n° 323, août-septembre, Paris, La Documentation française, 2006, pp. 75-84.

ROUBAN (L.), « Les cadres du privé et du public : des valeurs sociopolitiques en évolution », *RFAP* n° 98, avril-juin 2001, pp. 329-344.

ROUBAN (L.), « Des cadres supérieurs en devenir », *RFAP* n° 70, avril-juin 1994, pp. 181-195.

ROUILLARD (L.), BOURGAULT (J.), CHARIH (M.), MALTAIS (D.), « Les ressources humaines : clé de voûte de la réforme du secteur public au Canada », *PMP*, vol. 22, n° 3, sept. 2004, pp. 81-94.

SAEZ (T.), « L'organisation interne et la programmation des ressources humaines au Parlement européen » in LE THEULE (F.-G.) et LEPRÊTRE (J.), *La fonction publique européenne*, ENA, 2012, pp. 204-207.

SALON (S.), « Recrutement et formation », *Les Cahiers français* n° 197, 1980, pp. 2-6.

SAINSAULIEU (R.), « Gestion des ressources humaines dans le secteur public et privé », *RFAP* n° 49, janvier-mars 1989, pp. 73-79.

SERIEYX (H.), « Les stratégies de changement », *PMP*, volume 10, n° 1, mars 1992, pp. 137-150.

SCHWEYER (F.-X.), « Santé, contrat social et marché : la fonction publique hospitalière en réformes », *RFAP* n° 132, 2010, pp. 727-744.

TAILLEFAIT (A.), « Mobilité professionnelle et fonction publique », *JCP / La Semaine juridique, édition Administrations et collectivités territoriales* n° 29, 15 juillet 2013, pp. 29-32.

TAILLEFAIT (A.), « Sélectivité et performance de la fonction publique », in ALBERT (N.), (sous la dir.), *Performance et droit administratif*, Paris, Litec, 2010, pp. 171-189.

TAILLEFAIT (A.), « La mobilité des agents publics après les lois de février 2007 relatives à la fonction publique », *RDA*, juin 2007, pp. 7-12.

THIETART (R.-A.), « Public-privé : une guerre de frontières », *RFG*, n° 20, mars-avril 1979, pp. 72-76.

THURAT (P.), « L'approche métiers dans la fonction publique hospitalière », *AJFP* novembre-décembre 2000, pp. 67-69.

VOLUT (D.), « Le remplacement de la notation par l'entretien individuel : un coup d'épée dans l'eau ? », *AJFP*, novembre-décembre 2013, pp. 307-313.

ZAIDMAN (C.), « L'emploi public et ses perspectives », *Regards sur l'actualité*, Paris, La Documentation française, n° 323, août-septembre 2006, pp. 67-74.

XI. DECISIONS ET AVIS COMMENTES

1) Jurisprudence et autres documents communautaires

Décisions de la Cour de justice de l'Union européenne

CJCE, 16 juin 1987, aff. 188/85, Commission c/République italienne : Rec. CJCE 1988, p. 4193.

CJCE, 11 juillet 1989, Schröder, aff. 265/87, et la communication interprétative sur les concessions (en particulier les paragraphes 3.1.3.)

CJCE 21 mars 1991, Italie c/Commission, aff. C-305/89.
Cour de justice (CJCE, 7 déc. 2000, Teleaustria, aff. C-324/98, Rec. P. I-10745.

Directives

Directive 89/440/C. E. E. du 18 juillet 1989, modifiant la directive 71/ 305/ C. E. E du 26 juillet 1971 portant coordination des procédures de passation des marchés publics.
Directive 90/ 513/ C. E. E. du 17 septembre 1990 relative aux procédures de passation des marchés dans les secteurs de l'eau, de l'énergie, des transports et des télécommunications, article 1-3, J. O. C. E. du 29 octobre 1990, L. 297/1.
Directive 1999/70/CE du Conseil de l'Union européenne du 28 juin 1999.
Directive 2014/23/UE du 26 février 2014 sur les des contrats de concessions.
Directive 2014/24/UE du 26 février 2014 sur la passation des marchés publics appelés directives « secteurs classiques ».
Directive 2014/25/UE du 26 février 2014 appelée directive « secteurs spéciaux » (concerne les entités adjudicatrices exerçant dans le domaine de l'eau, de l'énergie, des transports et des services postaux).

2) Jurisprudence constitutionnelle

Décision du Conseil Constitutionnel rendue le 27 juillet 1982 rendue à propos de la loi du 29 juillet 1982 sur la planification.
Décision du Conseil constitutionnel, DC n° 83-160 ; voir *AJDA* 1984, note J.-P. Jarnevic ; *RDP* 1986, p. 395, note L. Favoreu.
Décision à propos des *privatisations* n° 86-207 DC des 25-26 juin 1986, cons. 53.
Décision du Conseil constitutionnel du 28 juillet 1993 n° 93-322 DC, Etablissements publics universitaires, Rec. 204, *RFDC*, 1993. 830, note X. Philippe.
Décision du Conseil constitutionnel du 26 juin 2003, n° 2003-743 DC, AJDA 2003, p. 1391, note de J.-E. Schoettl.
Décision du Conseil Constitutionnel du 30 juillet 2003 (décision n° 2003-478 DC).
Décision du Conseil constitutionnel n° 2004-500 DC du 29 juillet 2004, loi organique relative à l'autonomie financière des collectivités territoriales.
Décision du Conseil constitutionnel n° 2006-543 DC du 30 novembre 2006.
Décision n° 2008-567 DC du 24 juillet 2008 loi relative aux contrats de partenariat.

3) Jurisprudence administrative

Tribunal des conflits

Conclusions de Matter sur Tribunal des Conflits 22 janvier 1921, Sté commerciale de l'Ouest africain, D. 1921. 3. 1.

Conseil d'État

CE, 17 juin 1932, Ville de Castelnaudary, rec., p. 595 ; Arrêt d'assemblée Ville de Castelnaudary (CE, ass., 17 juin 1932 : Rec. CE. 1932, p. 595.

CE, ass., 8 janvier 1988, Ministre chargé du plan et de l'aménagement du territoire C/Communauté urbaine de Strasbourg et autres : Rec. CE 1988, p. 3. Voir aussi *RFDA* 1988, p. 25, concl. S. Daël.

CE, 17 mars 1989, Syndicat des psychiatres français, rec., p. 95.

CE, 27 mars 1995, Chambre d'agriculture des Alpes-Maritimes, rec., p. 142.

CE, 15 avril 1996, Préfet des Bouches-du-Rhône c/Commune de Lambesc, rec. P. 131, *AJDA* 1996, p. 729, ch. D. Chauvaux et T.-X. Girardot.

CE, 15 avril 1996, Préfet des Bouches-du-Rhône c/Commune de Lambesc, RFDA, 1996, p. 715, concl. Ch. Chantepy.

CE 25 octobre 1996, « Association, Estuaire-Ecologie » n° 169557, Rec. p. 415 ; *RFDA* 1997, p. 339, concl. J. H. STAHL, note MADIOT (Y.).

CE, 30 juin 1999, SMITOM, concl. C. Bergeal : Juris-Data n° 1959-050752.

Conseil d'Etat : CE Sect., 29 octobre 2004, M. Sueur et autres, req. 269 814.

CE, 1er avril 2005, décision n° 245088, Syn. Nat. aff. Culturelles : Juris-Data n° 2005-068385 ; JCP A 2005, 1321, note B. Jorion.

CE, 17 déc. 2007, Min. Eco., Fin. Et Emploi c/ Cne de Lopérec, n° 282303.

CE, 23 mai 2008, n° 306153, Musée Rodin, Rec. CE tables 2008, p. 805.

Cons. d'Etat, 7 novembre 2008, Arrêt Département de la Vendée, n° 291794, *Contrats et marchés publics*, n° 12, comm. 96, note G. ECKERT.

Cours administratives d'appel

Cour administrative de Lyon (10 novembre 2009) n° 07-295, 2ème Ch., min. c/SAS Grupo ANtolin HFR).

CAA Nantes, 23 janvier 2009, n° 08NT01579, Département du Loiret.

Tribunaux administratifs

TA d'Orléans, 22 octobre 1992, Préfet du Cher c/Maire de Bourges, rec., p. 622.

TA d'Orléans, 29 avril 2008, M. Jean-Pierre Lenoir, req. n° 0604132.

XII. AUTRES DOCUMENTS

1) Les textes législatifs (Lois)

Projet de loi n° 2447 pour la croissance et l'activité (adopté par l'Assemblée nationale le 19 février 2015)

Loi n° 2015-29 du 16 janvier 2015 relative à la délimitation des régions, aux élections régionales et départementales et modifiant le calendrier électoral (1).

Loi n° 2014-1545 du 20 décembre 2014 relative à la simplification de la vie des entreprises.

Loi n° 2014-384 dite « Loi Florange », 29 mars 2014, JO. 1er avril2014, p. 6227.

Loi n° 2012-1510 du 29 décembre 2012 de finances rectificative pour 2012 (article 66) relative au crédit d'impôt compétitivité (CICE).

Loi n° 2011-267 du 14 mars 2011 d'orientation et de programmation pour la performance de la sécurité intérieure.

Loi n° 2009-972 du 3 août 2009 relative à la mobilité et aux parcours professionnels dans la fonction publique, NOR : BCFX0805629L, JO, 6 août 2009, texte 4.
La Loi de modernisation de l'Economie du 4 août 2008.
Loi n° 2007-148 du 2 février 2007 de modernisation de la fonction publique, JO 6 février 2007, texte 2.
Loi 2007-1822 du 24 décembre 2007 de finances pour 2008.
Loi n° 2006-387 du 31 mars 2006 relative aux offres publiques d'acquisition
Loi n° 2004-1485 du 30 décembre 2004 de finances rectificatives pour 2005.
Loi n° 2004 du 4 mai 2004 relative à la formation professionnelle tout au long de la vie et au dialogue social, JO 5 mai 2004, p. 7983.
L. n° 2004-809, art. 13 relative à l'organisation et au financement des stages de formation de l'AFPA.
L. n° 2004-809, art. 30 relative au transfert de la propriété, de l'aménagement, de l'entretien et de la gestion de tout ou partie des ports non autonomes.
Loi n° 2003-591 habilitant le gouvernement à simplifier le droit, JO du 3 juillet 2003, p. 11192.
Loi n° 2003-591 habilitant le gouvernement à simplifier le droit, JO du 3 juillet 2003, p. 11192.
Loi n° 2003-239 du 18 mars 2003 pour la sécurité intérieure, JO du 19 mars 2003, p. 4 761.
Loi du 29 août 2002 d'orientation et de programmation pour la sécurité intérieure (LOPSI).
Loi n° 75-1334 du 31 décembre 1975 relative à la sous-traitance.

2) Les textes réglementaires (décrets)

Décret n° 2014-46 du 22 janvier 2014 relatif au Conseil stratégique de la dépense publique, NOR : PREX1402037D ; JO n° 0019 du 23 janvier 2014, p. 1249, texte n° 1.
Décret n° 2014-4779 du 14 mai 2014 relatif aux investissements étrangers soumis à autorisation préalable.
Décret n° 2012-773 du 24 mai 2012 relatif aux attributions du ministère du redressement productif, NOR : PROX1223357D, JO 7 juillet 2012.
Décret n° 2013-333 du 22 avril 2013 portant création du Commissariat général à la stratégie et à la prospective.
Décret n° 2012-624, 3 mai 2012 pris en application de l'article 88 de la loi n° 84-53 du 26 janvier 1984 portant dispositions statutaires relatives à la fonction publique territoriale et fixant les modalités et les limites de la prime d'intéressement à la performance collective des services dans les collectivités territoriales et leurs établissements publics, JO 4 mai 2012.
Décret n° 2011 du 25 janvier 2011 modifiant le décret n° 2005-732 du 30 juin 2005 portant statut de l'établissement public OSEO.
Décret n° 2010-888, 28 juillet 2010 relatif aux conditions générales de l'appréciation de la valeur professionnelle des fonctionnaires de l'État, JO, 28 juillet 2010, texte 22.
Décret n° 2009-250 du 3 mars 2009 relatif à l'Autorité de la statistique publique.
Décret n° 2010-291 du 18 mars 2010.

Décret n° 2009-318 du 20 mars 2009 relatif au Conseil national de l'information statistique et au Comité du Secret statistique.
Décret du 23 avril 2009 relatif au Conseil national des universités.
Décret n° 2008-1548 du 31 décembre 2008 relatif à Ubifrance, Agence française pour le développement international des entreprises.
Décret n° 2008-1533, 22 décembre 2008 relatif à la prime de fonctions et de résultats, JO 31 décembre 2008, texte n° 186
Décret n° 2008-1296 du 11 décembre 2008 relatif aux attributions du ministre auprès du Premier ministre, chargé de la mise en œuvre du plan de relance.
Décret n° 2008-310 du 3 avril 2008 relatif à la direction générale des finances publiques
Décret n° 2007-1006 du 12 juin 2007 relatif aux attributions déléguées au Secrétaire d'État auprès du Premier ministre, chargé de la prospective et de l'évaluation des politiques publiques.
Décret du 6 mars 2006 – JO du 7 mars 2006 (décret n° 2006-260 instituant la création du Centre d'analyse stratégique)
Décret n° 2005-722 du 29 juin 2005 relative à la création de l'établissement OSEO et de la société anonyme OSEO.
Décret n° 2005-1792 du 30 décembre 2005 portant création d'une direction générale de la modernisation de l'État au ministère de l'Économie, des Finances et de l'Industrie.
Décret n° 2004-963 du 9 septembre 2004 modifié par décret n° 2011-130 du 31 janvier 2011- art. 1) portant création du service à compétence nationale Agence des participations de l'Etat (version consolidée au 03 février 2011).
Décret n° 2004-1119 du 19 octobre 2004 portant création de la mission d'appui à la réalisation des contrats de partenariat, JO du 21 octobre 2004, p. 17 821.
Décret n° 2004-1085 du 14 octobre 2004 relatif à la délégation de gestion dans les services de l'Etat.
Décret n° 2004-103 du 30 janvier 2004 relatif à Ubifrance, Agence française pour le développement international des entreprises.
Décret n° 2004-1203 du 15 novembre 2004 portant création d'une Direction générale du Trésor et de la politique économique.
Décret n° 2003-1284 du 26 décembre 2003 relatif au régime indemnitaire de certains magistrats de l'ordre judiciaire
Décret n° 2003-202 du 10 mars 2003 portant création d'une direction de la réforme budgétaire au ministère de l'Économie, des Finances et de l'Industrie.
Décret n° 2002-682 du 29 avril 2002 relatif aux conditions générales d'évaluation, de notation et d'avancement des fonctionnaires de l'État, NOR : FPPA0200037D (version consolidée au 11 novembre 2004).
Décret du 18 novembre 1998 relatif à l'évaluation des politiques publiques.
Décret du 20 mars 1978 portant création du CEPII (transformation du GEPI en CEPII).
Décret n° 46-1432 du 14 juin 1946 portant règlement d'administration publique pour l'application des articles 32 et 33 de la loi de finances du 27 avril 1946 relatifs à l'Institut national de la statistique et des études économiques pour la métropole et la France d'Outre-mer.

3) Circulaires, arrêtés

Circulaire n° 5670/SG du 2 août 2013 sur les contrats de plan

Circulaire n° 5689/SG du 15 novembre 2013 sur la préparation des contrats de plan État-régions 2014-2020

Circulaire du 27 septembre 2010 instaurant la prime de fonctions et de résultats dans la fonction publique territoriale.

Circulaire n° 2184, 14 avril 2009 relative à la mise en œuvre de la prime de fonctions et de résultats.

Circulaire du 19 décembre 2008 relative au plan de relance de l'économie française.

Circulaire relative à la défense économique (JO 23 mars 2002, p. 5164).

Circulaire du Premier ministre du 23 février 1989 relative au renouveau du service public.

Circulaire du 7 août 1987 relative à la gestion par les collectivités locales de leurs services publics locaux.

Arrêté du 9 février fixant les corps et emplois bénéficiant de la prime de fonctions et de résultats, NOR : IOCA1030078A.

4) Autres sources documentaires

CIMAP, Relevé de décisions du CIMAP du 18 décembre 2012.

CIMAP, Relevé de décisions du CIMAP du 2 avril 2013.

XIII. SITES INTERNET

1. Sites Internet français

Agence de l'innovation industrielle : http://www.aii.fr

Agence des participations de l'État : http://www.ape.minefi.gouv.fr

Agence France Trésor : http://www.aft.gouv.fr

Agence française pour les investissements internationaux : http://www.invest-in-France.org

Agence nationale de la recherche : http://www.agence-nationale-recherche.fr

Assemblée nationale : http://www.assemblee-nationale.fr

Archives du Premier ministre : http://www.archives.premier ministre.gouv.fr/.../seminaires_gouvernementaux_sur attractivite.

Centre d'Analyse et de Prévision : http://www.diplomatie.gouv.fr/fr/centre-analyse-prevention

Centre d'Analyse stratégique : http://www.strategie.gouv.fr

Centre d'Études prospectives et d'informations internationales : http://www.cepi.fr

Commission nationale de l'informatique et des libertés : http:// www.cnil.fr

Conseil Constitutionnel : http://www.conseil.constitutionnel.fr

Conseil d'État : http://www.conseil-etat.fr

Conseil Économique, social et environnemental: http://www.conseil-economique-et-social.fr

Conseil d'Analyse Économique : http://www.cae.gouv.fr

Conseil de la modernisation des politiques publiques (Révision générale des politiques publiques) : http://www.rgpp.modernisation.gouv.fr
Conseil d'Orientation des retraites : http://www.cor.retraites.fr
Conseil national de l'Évaluation : http://www.evaluation.gouv.fr/cgp/
Conseil stratégique pour l'attractivité de la France : http://www. elysee.fr
Conseil stratégique pour l'attractivité de la Principauté de Monaco : http://www.mc
Comité interministériel pour la modernisation de l'action publique : http://www.gouvernement.fr
Délégation interministérielle à l'aménagement et à la compétitivité des territoires : http:// www.diact.gouv.fr
Direction du budget : http://www.performance-publique.gouv.fr
Direction générale de l'administration et de la fonction publique : http:// www.fonction-publique.gouv.fr
Direction générale de la modernisation de l'État : http://www.modernisation.gouv.fe
Direction générale du Trésor et de la politique économique : http://www.finances.gouv.fr/directions_services/dgtpe/
Etablissement public OSEO : http://www.oseo.fr
Europa, portail de l'Union européenne : europa.eu
Inspection Générale des Finances : www.igf.finances.gouv.fr
Institut national de la statistique et des études économique : http://www.insee.fr
La Documentation française : http://www.ladocumentationfrançaise.fr
Légifrance : http://www.legifrance.gouv.fr
Ministère de la Décentralisation et de la Fonction publique : www.fonction-publique.gouv.fr.
Pôles de compétitivité : http://www.competitivite.gouv.fr http://www.industrie.gouv.fr/portail/politiques/competititive.htm
Premier ministre : http//www.premier-ministre.gouv.fr
Révision générale des politiques publiques : http://www.performance-publique.gudget.gouv.fr/ressources-docume...
Sénat : http//www.senat.fr

2. Sites étrangers

Banque mondiale (rapport « *Doing Business* ») : site www.doingbusiness.org
BCE : http://www.ecb.int/ecb/htm/index.fr.html-19k
FMI : http://www.imf.org
OCDE : http://www.oecd.org

INDEX ALPHABÉTIQUE

Les numéros renvoient aux pages correspondantes.

A

actes juridiques à caractère « prospectif 65, 67, 70, 513
actes juridiques à caractère « prospectif » 513
actes prospectifs 65
action publique contractuelle 376, 379, 555
administration contractuelle 384, 396, 556
administration de mission 60, 445
Administration de mission 58, 445
administration de régulation 446
administration prospective 57
Agence des participations de l'Etat 142, 148, 517, 578
Agence française pour le développement international des entreprises 7, 75, 76, 151, 577
agences d'exécution 427, 431, 434, 435, 490
agencification 430, 435, 438, 440, 441, 446, 447, 450, 452, 453, 456, 459, 497, 503
aides contractualisées 388
anticipation 20, 28, 31, 511, 513
attractivité de l'environnement juridique national 90
attractivité du droit français 95
attractivité du territoire 17, 79
attractivité territoriale 24, 79
Autorité administrative indépendante 49
autorités administratives indépendantes 266, 299, 444

B

Banque mondiale 92, 93, 94, 95, 326, 579
Banque publique d'investissement 141, 149, 150, 151, 153, 517, 519, 521
budgets opérationnels de programme (BOP) 172, 383

C

Caisse des Dépôts et Consignations 7, 45, 93, 98, 99, 138
Centre d'analyse stratégique 16, 17
centre/périphérie 427, 430, 431, 458, 564
centres de responsabilité 396, 434, 436, 448
cofinancement 328, 332, 333, 357
Comité d'évaluation et de contrôle des politiques publiques (CEC) 268
Comité Interministériel d'Audit des Programmes (CIAP) 177
Comité interministériel de l'évaluation 160
Comité interministériel pour la modernisation de l'Action publique » (CIMAP) 203, 205

commande publique 341, 343, 345, 346, 347, 350, 542, 543, 544
commissaire au redressement productif 106, 518
Commissariat général à la stratégie et à la prospective 17, 59, 249, 434
Commissariat général du Plan 7, 16, 43, 58, 61, 75, 154, 161, 162, 302, 374, 434, 462, 472, 515, 538, 568
compétitivité 17, 18, 19, 20, 23, 58, 63, 70, 71, 75, 81, 85, 86, 90, 98, 99, 110, 116, 126, 133, 134, 137, 138, 141, 150, 151, 153, 154, 169, 205, 213, 215, 254, 392, 394, 469, 499, 512, 515, 516, 579
complexité croissante du droit 413
complexité du droit 247, 248, 260, 413, 414, 415, 554
Conseil de la simplification pour les entreprises 97
Conseil de modernisation des politiques publiques 186, 189, 192, 197, 360, 445, 448
Conseil stratégique de la dépense publique 7, 195, 196
Conseil stratégique pour l'attractivité 7, 83, 579
contractualisation 28, 376, 379, 380, 381, 383, 386, 390, 397, 403, 406, 416, 417, 418, 421, 550, 551, 552, 556, 557, 560
contractualisation de l'action publique 380, 383, 397, 423, 490, 530, 555, 557
contrat de partenariat 280, 324, 327, 328, 331, 333, 334, 336, 337, 338, 339, 340, 341, 342, 343, 344, 345, 346, 348, 349, 351, 352, 353, 355, 359, 540, 547, 548, 560
contrats d'externalisation 289, 292, 369, 373
contrats d'objectifs et de moyens 384
contrats de partenariat 331, 332, 338, 339, 340, 342, 350, 353, 354, 357, 358, 535, 540, 543, 544, 545, 548, 549, 556, 557, 558
contrats de performance 383, 422, 445
contrats de plans Etat-régions 391
contrats locaux de sécurité 423, 548, 551, 554, 555, 558
contribution économique territoriale 85, 86, 87, 516
crédit d'impôt pour la compétitivité et l'emploi (CICE) 114
crédit d'impôt-recherche 110
culture de la performance 165, 430, 466, 480, 487, 491

D

de réduction des effectifs de la fonction publique 193
décentralisation 63, 152, 162, 222, 223, 224, 225, 227, 229, 231, 232, 236, 389, 390, 391, 392, 413, 418, 435, 439, 493, 523, 525, 530, 533, 557, 558, 562, 565
décideurs publics 40
déclin du droit 269, 412, 552
déclinologues 17
déconcentration 222, 432, 434, 437, 438, 439, 448, 561, 562, 563, 564, 565
déconcentration fonctionnelle 434
déconcentration territoriale 434
défense économique 115, 578
dégradation des normes 413
délégation 28, 278, 280, 285, 296, 297, 305, 306, 309, 310, 321, 322, 323, 333, 334, 357, 361, 539, 542, 543, 545
délégation de la gestion du service public 278
démarche évaluative 156
démarche managériale 20, 469
démarche stratégique 25, 294
dialogue de gestion 172
direction générale de l'administration et de la fonction publique (DGAFP) 187
direction générale de la modernisation de l'Etat (DGME) 187
dispositif crédit d'impôt-recherche 110

Doing Business 91, 92, 93, 94, 95, 96, 520, 522, 579
droit administratif de l'aléatoire 66, 67, 70, 386, 513
droit contractuel souple 400, 402, 403, 404, 405, 406, 410
droit expérimental 32, 157, 220, 221, 222, 223, 224, 227, 236, 237, 270
droit mou 397, 399, 400, 413
droit négocié 406, 408, 409, 412, 424, 503, 558
droit postmoderne 399, 406, 410, 411, 412, 413, 424, 503
droit public du travail 478
droit souple 28, 412, 504
droit souple contractuel 402

E

emplois d'encadrement supérieur 475
entreprises stratégiques 32, 97, 125, 126, 134, 136, 138, 141, 500
Etat actionnaire 100, 102, 133, 140, 141, 143, 500, 518
Etat anticipateur 25
Etat investisseur 102, 104, 133
Etat libéral 34
Etat planificateur 16, 18, 23, 28, 31, 33, 34, 38, 64, 65, 70, 99, 299, 387, 390
Etat polycentrique 455
Etat réactif 128
État régulateur 34, 299, 499, 513, 541
Etat-providence 26
étude d'impact 239, 240, 241, 242, 243, 245, 246, 247, 248, 249, 250, 251, 252, 253, 254, 256, 257, 258, 261, 268, 458, 528, 529, 532
évaluation 16, 17, 28, 80, 81, 89, 99, 111, 118, 135, 156, 157, 158, 159, 160, 161, 162, 163, 164, 166, 167, 174, 180, 220, 222, 230, 238, 239, 262, 266, 269, 274, 336, 357, 432, 483, 484, 487, 512, 516, 523, 524, 526, 529, 530, 531, 532, 533, 546, 558, 568, 579
évaluation d'un agent public 483
évaluation de la performance 164, 167, 175, 180, 183, 216, 270, 357, 501
évaluation des politiques publiques 17, 38, 64, 80, 81, 155, 156, 157, 158, 159, 160, 161, 162, 163, 164, 165, 167, 174, 175, 188, 201, 210, 217, 240, 254, 266, 267, 268, 432, 434, 501, 516, 523, 524, 525, 526, 532, 577
évaluation ex-post des politiques 159
évaluation législative 156, 158, 221, 238, 262, 263, 264, 266, 269, 524, 530
évaluation préalable 240, 242, 246, 247, 250, 268, 329, 335, 336, 342, 349, 351, 359, 458, 527, 546, 558
expérimentation 163, 221, 222, 223, 225, 227, 232, 234, 235, 238, 239, 274, 459, 485, 524, 526, 527, 529, 531, 532, 533, 534, 565
expérimentation étatique 227
expérimentation-dérogation 228
externalisation 28, 283, 284, 285, 286, 287, 288, 291, 324, 359, 361, 362, 369, 448, 502, 534, 538, 539, 541, 542, 545, 549, 553
externalisation d'activités non stratégiques 277

F

fiscalité attrayante 80
fonction publique d'emploi 472, 475
fonction publique de carrière 470, 471, 475, 494
fonction publique de métier 470, 471, 494
fonctions d'encadrement 475, 490, 568
fonctions opérationnelles 22, 28, 427, 432, 504

fonctions stratégiques 22, 28, 33, 286, 288, 427, 430, 431, 432, 438, 439, 461, 462, 466, 471, 497, 504
fonds d'investissement stratégique 138
fonds souverain 135, 517
fonds souverains 73, 78, 79, 132, 133, 134, 135, 136, 137, 139, 140, 500, 514, 515, 516, 517, 522
formation des agents 478
formation des agents tout au long de la vie 478
formation professionnelle tout au long de la vie 477, 478, 576

G

gestion déléguée 278, 296, 297, 361, 541
gestion déléguée des services publics 297, 311, 314, 315, 322, 535
gestion des ressources humaines 461, 467, 469, 496, 504, 570, 573
gestion prévisionnelle des emplois, des effectifs et des compétences 8
gestion prévisionnelle des ressources 465, 467, 468, 470, 484, 497, 504, 570
gouvernance 43, 49, 61, 64, 76, 98, 99, 137, 142, 151, 165, 177, 185, 187, 189, 203, 205, 217, 218, 219, 220, 254, 260, 274, 276, 294, 298, 360, 387, 394, 407, 425, 434, 438, 440, 441, 443, 445, 448, 451, 458, 499, 517, 520, 523, 531, 536, 541, 542, 552, 563, 566

H

Haut conseil des finances publiques (HCFP) 274

I

incitation 28, 97, 99, 110, 206, 215, 219, 233, 283, 386, 387, 388, 464, 483, 487, 488, 493, 555
indicateurs de performance 170, 176, 180, 181, 182, 183, 187, 216, 271, 316, 492
inflation normative 214, 245, 246, 254, 255, 256, 413, 415
information économique et sociale 41
information stratégique 77
insécurité juridique 234, 269, 302, 305, 321, 351, 412, 414, 416
Institut national de la statistique et des Etudes économiques (Insee 41
intelligence économique 24
investissements internationaux 81, 82, 84, 124, 137, 522, 578
investisseurs étrangers 74, 79, 80, 82, 86, 87, 88, 90, 112, 114, 116, 117, 119, 134, 215, 242, 273, 500, 516

L

l'Agence des participations de l'Etat 140, 148, 522
l'expérimentation-dérogation 228
L'ordre juridique 26, 403, 404, 552, 556
légistique 173, 247, 252, 255, 256, 265, 531
logique de performance 310, 330
loi organique relative aux lois de finances 100, 310
lois de Rolland 312, 546

M

mesures « anti-OPA » 116
mobilité des agents 43, 463, 464, 476, 478, 480, 481, 482, 483, 573
modernisation de l'action publique 162, 188, 202, 203, 205, 207, 208, 209, 254, 441, 579
monisme juridique 405

N
New Public Management 20
New Public Management (NPM) 20
nouvelles technologies de l'information 24, 88

O
offre publique d'acquisition 125, 129
offres publiques d'acquisition 32, 128, 132, 521, 576
opérateur public 118, 276, 425, 444
ordonnancement institutionnel 454
ordonnancement juridique 69, 243, 276, 331, 341, 379, 397, 403, 414, 417, 422, 510, 556
ordre juridique 26, 66, 225, 236, 341, 376, 397, 403, 404, 415, 420, 556, 557
Organisation mondiale du commerce 63, 121
OSEO 98, 111, 552, 579
ouverture de la fonction publique 473, 475

P
partenariat public-privé 28, 108, 275, 276, 278, 280, 281, 290, 291, 292, 324, 325, 326, 327, 328, 329, 330, 331, 332, 333, 334, 337, 341, 342, 343, 344, 346, 347, 348, 349, 353, 357, 358, 359, 361, 368, 369, 370, 389, 425, 502, 535, 537, 540, 541, 542, 543, 544, 545, 546, 547, 548, 549, 556, 557
partenariat-public-privé 338
patriotisme économique 118, 119, 125, 126, 132, 136, 273, 514, 515, 518, 519, 521, 522
performance publique 20, 535, 555
plan de relance de l'économie 104, 105, 107, 108, 518, 521, 578
plans d'austérité 109
plans de formation 162, 164, 366, 479
plans de sauvetage 100
pluralisme juridique 235, 404, 405, 412
prévision 8, 33, 222, 467, 510, 511, 512, 513
prime de fonctions et de résultats 489
prise de participation 9, 100, 122, 136
prises de décisions 202
Private Finance initiative (PFI) 326
procédés d'externalisation 275, 278, 281
prospective 16, 17, 31, 33, 34, 35, 36, 37, 38, 44, 47, 52, 53, 54, 55, 56, 57, 58, 59, 61, 62, 63, 64, 65, 70, 71, 157, 158, 161, 162, 187, 214, 218, 239, 240, 241, 260, 262, 269, 270, 273, 433, 480, 499, 501, 510, 511, 512, 513, 524, 576, 577

R
rapports « Doing Business 91, 92, 93, 96
référentiel 19
Réforme de l'administration territoriale de l'Etat » (la REATE) 198
réforme territoriale 199, 200, 457, 534, 543
réglementation des investissements étrangers 89, 90, 117, 119, 120, 124, 518, 519
règles juridiques souples 398
régulation 26, 73, 103, 104, 294, 298, 299, 300, 301, 302, 303, 306, 319, 322, 366, 375, 384, 399, 405, 406, 408, 409, 411, 412, 415, 416, 437, 444, 446, 449, 452, 453, 516, 518, 519, 520, 536, 537, 540, 541, 542, 545, 546, 548, 549, 554, 555, 556, 559, 564, 565, 566, 570
régulation des services publics 298, 299, 302, 540
régulation des services publics en réseaux 298
régulation financière 103, 104, 519
rémunération à la performance 309, 331, 487, 489, 490, 491, 493, 494, 504, 572

rémunération du cocontractant 285, 290, 295, 305, 306, 307, 309, 330, 334, 371, 502, 545
responsables de programmes 487
revenu de solidarité active 233
révision générale des politiques publiques 32, 157, 166, 183, 184, 185, 190, 191, 195, 196, 200, 201, 204, 271, 358, 445, 501, 527, 528, 529, 530, 531

S
secrétariat général pour la modernisation de l'action publique 188, 208
sécurité juridique 96, 112, 212, 215, 225, 242, 248, 255, 327, 378, 400, 413, 414, 415, 554, 556
simplification de l'action publique 211
Société de financement de l'économie française 9, 100
sociétés d'économie mixte (SEM) 145
sociétés publiques locales (SPL) 146
soft law 398, 399
statistique publique 41
stratégie « anti-OPA » 124, 125
stratégie d'influence 24
stratégie de réduction de la dépense publique 196
stratégie défensive 73, 74, 95, 115, 125, 154, 273, 500
stratégie offensive 24, 31, 74, 115, 273
stratégies de développement des entreprises sur les marchés extérieurs 75
stratégies ministérielles de réforme 9, 189
subsidiarité 235, 236, 261, 313, 430, 431, 530

T
technique contractuelle 362, 390, 407
technique de la « *direction autoritaire* » de la « conduite humaine 386
technique de la direction dure ou rigide 386
technique juridique 74, 115, 124, 155, 232, 269, 278, 375, 380, 386, 397, 399, 504, 536, 554
techniques contractuelles incitatives 387
techniques d'intervention autoritaire 381
think tanks 46

U
usage souple de la technique juridique 375, 397

TABLE DES MATIÈRES

LISTE DES PRINCIPAUX SIGLES ET ABRÉVIATIONS **7**

REMERCIEMENTS **11**

SOMMAIRE **13**

INTRODUCTION GÉNÉRALE **15**

SECTION 1. CONTEXTE D'ÉMERGENCE 15
SECTION 2. ÉLÉMENTS DE DÉFINITION 21
§ 1. Définition préliminaire 21
§ 2. Des approches diverses 22
§ 3. Définition retenue 24
SECTION 3. PROBLÉMATIQUE ET IMPLICATIONS JURIDIQUES DU THÈME DE L'« ÉTAT STRATÈGE » 25
§ 1. Problématique 25
§ 2. Délimitation du périmètre de la recherche 27
§ 3. Éléments d'épistémologie et démonstration du plan de la thèse 27

PREMIÈRE PARTIE
UNE NOUVELLE CONCEPTION DU RÔLE DE L'ÉTAT **31**

CHAPITRE 1ER
L'ANTICIPATION **33**

SECTION 1. LA PRÉVISION 35
§ 1. La démarche prévisionnelle nécessaire à l'action stratégique de l'État 35
§ 2. Rôle et usages de la prévision économique 39
§ 3. Les principaux organismes de prévision 41
A) Les organismes publics de prévision 41
B) Les organismes privés de prévision économique 45
§ 4. La prévision économique dans quelques démocraties occidentales 45
§ 5. L'utilité de la prévision au décideur public 46
§ 6. Prévision et droit public 48

§ 7. Limites et crise de la prévision 51
Section 2. La prospective : un outil d'anticipation 52
§ 1. La démarche prospective : une démarche de guidage et de rationalisation de l'action publique 53
§ 2. Les administrations prospectives 57
§ 3. L'impact de la prospective sur la décision 63
§ 4. Anticipation et normes juridiques 65
§ 5. Limites et dangers de la prospective 70
Conclusion 71

CHAPITRE 2
L'ADAPTATION DES OUTILS ET DES STRATÉGIES D'INTERVENTION ÉCONOMIQUE DE L'ÉTAT 73

Section 1. Les instruments juridiques de la stratégie offensive 74
§ 1. L'accompagnement des entreprises dans la compétition économique 75
§ 2. Un État producteur de cadre juridique attractif pour les investisseurs 79
§ 3. Place et rôle des normes dans l'attractivité des investissements étrangers 90
§ 4. L'incitation 97
A) L'octroi d'aides aux entreprises 97
B) Les incitations fiscales : le dispositif « crédit d'impôt-recherche » 110
Section 2. Les outils normatifs de la stratégie défensive 115
§ 1. Le contrôle des investissements étrangers 116
A) Le régime de contrôle 116
B) La procédure administrative 119
C) Approche comparative 121
§ 2. Les stratégies de défense « anti-OPA » 124
§ 3. Un État investisseur 133
A) Fonds souverains, prises de participation 133
B) La Banque publique d'investissement (BPI) 149
Conclusion 153

CHAPITRE 3
L'ÉVALUATION 155

Section 1. L'évaluation des politiques 157
§1. La dimension stratégique de l'évaluation 158
§2. L'évaluation ex-post des politiques 159
A) L'évaluation ex-post des politiques 159
B) Obstacles et limites 163
§3. La relance de l'évaluation des politiques : l'évaluation de la performance 164
A) La LOLF et le renouvellement de la problématique de l'évaluation 167
B) La révision générale des politiques publiques et la problématique de la « réforme de l'État » et de l'évaluation 184
C) La « modernisation de l'action publique » (MAP) 202
Section 2. L'évaluation du droit 220

§1. Le droit expérimental comme stratégie de mise à l'épreuve d'une réforme 221
A) La dimension stratégique du droit expérimental 222
B) Le dispositif d'expérimentation juridique : un « droit d'essai » encadré 225
§ 2. L'évaluation législative.. 238
A) L'évaluation ex-ante 239
B) L'évaluation ex-post 263
CONCLUSION 270

CONCLUSION DE LA PREMIÈRE PARTIE 273

DEUXIEME PARTIE
L'ACTION PUBLIQUE RENOUVELÉE 275

CHAPITRE 4
LES PROCÉDÉS D'EXTERNALISATION DES ACTIVITÉS
DE SERVICE PUBLIC 277

SECTION 1. LA LOGIQUE D'EXTERNALISATION 281
§ 1. L'externalisation, une notion « englobante ».. 283
§ 2. Les raisons de l'externalisation 286
SECTION 2. LES PROCÉDÉS JURIDIQUES D'EXTERNALISATION 289
§ 1. L'externalisation se fonde généralement sur les procédés juridiques classiques de gestion des services publics : une situation qui n'est pas dépourvue d'ambiguïtés 289
§ 2. L'externalisation par voie de délégation de service public répond à un souci de souplesse de gestion et d'efficacité.. 294
A) La dimension stratégique de la délégation de gestion des services publics....... 294
B) Approche juridique 303
C) Activités délégables et activités non délégables.. 317
D) Inflexion du principe d'interdiction de déléguer des activités de la police administrative.. 319
E) Les limites résultant du procédé de la délégation 321
§ 3. De nouvelles modalités d'externalisation : les contrats de partenariat public-privé 324
A) Les raisons de la création du partenariat public-privé 325
B) Dimension stratégique de la démarche partenariale 328
C) Cadre juridique... 331
D) Malgré leur utilité, les contrats de partenariat présentent des limites 350
E) Exemples d'externalisation et ampleur du phénomène..................................... 356
F) Dimension comparative... 368
G) Les limites de l'externalisation.. 370
CONCLUSION 374

CHAPITRE 5
CONTRACTUALISATION ET ACTION SOUPLE 375

SECTION 1. LA CONTRACTUALISATION RELÈVE DES MODES D'INTERVENTION SOUPLE DE L'ÉTAT 381
§ 1. La dimension stratégique de la contractualisation 382
§ 2. La contractualisation privilégie l'appel à des moyens d'action plus souple 385
A) L'État renonce de plus en plus au commandement… 385
B) …tout en privilégiant l'incitation 387
§ 3. Exemples de recours au procédé contractuel dans l'action publique : l'ampleur du phénomène 389
SECTION 2. LA JURIDICITÉ 396
§ 1. La contractualisation indissociable du « droit mou » 397
§ 2. Degré de normativité et ordonnancement juridique 403
§ 3. Le « droit souple contractuel »: un indice de transformation du droit public ? 405
A) Le « droit souple contractuel », un droit négocié 406
B) Le « droit souple contractuel », une composante du « droit postmoderne » 410
§ 4. Problèmes et limites de la contractualisation 416
A) Les problèmes d'ordre politique 417
B) Les problèmes d'ordre juridique 420
CONCLUSION 424

CONCLUSION DE LA DEUXIÈME PARTIE 425

TROISIEME PARTIE
PRINCIPES D'ORGANISATION 427

CHAPITRE 6
UNE ORGANISATION ADAPTÉE 429

SECTION 1. UN NOUVEAU RAPPORT CENTRE/PÉRIPHÉRIE 430
§ 1. Le recentrage de l'administration centrale sur les fonctions stratégiques 432
§ 2. L'exécution des fonctions opérationnelles par les agences 434
§ 3. La séparation du « stratégique » et de l'« opérationnel » est-elle encore pertinente ? 438
SECTION 2. REMODELAGE DE L'APPAREIL ADMINISTRATIF : L'AGENCIFICATION DE L'ÉTAT 440
§ 1. La dimension stratégique 441
§ 2. Nature juridique et caractéristiques propres aux agences 442
§ 3. L'ampleur du phénomène 446
A) En France 448
B) Dimension comparative 450
§ 4. L'insertion des agences dans l'ordonnancement institutionnel 454
§ 5. Les agences : une formule attrayante, mais critiquée 456
CONCLUSION 459

CHAPITRE 7
L'ADAPTATION DE LA GESTION DES RESSOURCES HUMAINES AUX FONCTIONS STRATÉGIQUES DE L'ÉTAT 461

SECTION 1. L'ADAPTATION DE LA FONCTION PUBLIQUE IMPLIQUE UNE GESTION STRATÉGIQUE DES RESSOURCES HUMAINES (GRH) 463
§ 1. La nécessité d'une gestion managériale des ressources humaines 464
A) La LOLF a introduit de la souplesse dans la gestion des ressources humaines . 465
B) La gestion prévisionnelle des ressources humaines 467
§ 2. L'assouplissement des modes de recrutement 470
A) Les voies traditionnelles de recrutement des cadres 471
B) Une diversification des modes de recrutement : l'appel aux cadres du privé 473
SECTION 2. L'ADAPTATION DES MÉCANISMES DE FORMATION ET DE MOBILITÉ DES AGENTS 476
§ 1. La formation des agents publics 477
§ 2. La nécessité d'un plan de formation 479
§ 3. Une fonction publique plus mobile s'inscrit dans une logique d'efficacité 480
SECTION 3. L'ADAPTATION DES SYSTÈMES D'ÉVALUATION ET DE RÉMUNÉRATION DES AGENTS 483
§ 1. L'évaluation des agents de l'État 483
§ 2. L'introduction de la rémunération à la performance dans la fonction publique ... 487
A) En France 487
B) Dimension comparative 490
C) Limites 492
CONCLUSION 494

CONCLUSION DE LA TROISIÈME PARTIE 497

CONCLUSION GÉNÉRALE 499

BIBLIOGRAPHIE INDICATIVE 507
I. OUVRAGES GÉNÉRAUX 507
II. ÉTAT STRATEGE 508
III. ÉTAT PLANIFICATEUR 509
IV. PREVISION, PROSPECTIVE 510
V. ADAPTATION DES OUTILS ET DES STRATÉGIES D'INTERVENTION ÉCONOMIQUE DE L'ÉTAT 514
VI. ÉVALUATION 523
VII. PROCÉDÉS D'EXTERNALISATION 534
VIII. CONTRACTUALISATION ET ACTION SOUPLE 550
IX. ORGANISATION ADAPTEE 561
X. GESTION DES RESSOURCES HUMAINES 566
XI. DECISIONS ET AVIS COMMENTES 573
XII. AUTRES DOCUMENTS 575
XIII. SITES INTERNET 578

INDEX ALPHABÉTIQUE 581

Questions juridiques aux éditions L'Harmattan

Dernières parutions

EXISTE-T-IL ENCORE UN SEUL « NON BIS IN IDEM » AUJOURD'HUI ?
Sous la direction de Delphine Brach-Thiel
«Nul ne doit pouvoir être jugé et condamné deux fois à raison des mêmes faits.» Si le principe est simple, c'est précisément son interprétation par de très nombreuses juridictions - pas toujours à l'unisson - qui pose question et explique le retour de ces interrogations sur le devant de la scène aujourd'hui. L'analyse ici présentée se veut riche et féconde de la rencontre entre universitaires belges et français, entre praticiens et chercheurs, entre européanistes, internationalistes ou pénalistes.
(Coll. Comité international des pénalistes francophones, 23.50 euros, 230 p.)
ISBN : 978-2-343-11828-4, ISBN EBOOK : 978-2-14-004143-3

ESSAI SUR LA NOTION D'EXÉCUTION CONTRACTUELLE
Alvarez Isabelle
L'exécution contractuelle constitue la cause impulsive de l'établissement du contrat qui, paradoxalement, est un mécanisme trop familier pour être bien connu. Adopter une méthode d'analyse alternative permet d'esquisser une définition de cette notion juridique. Est ici proposée une approche dynamique des échanges contractualisés, orientés vers la réalisation satisfactoire de l'opération économique, démontrant que cette phase exécutoire recèle un panel étendu de perspectives. (Étude à jour de l'ordonnance n° 2016-131 du 10 février 2016 portant réforme du droit des contrats, du régime général et de la preuve des obligations).
(Coll. Logiques Juridiques, 45.00 euros, 486 p.)
ISBN : 978-2-343-12604-3, ISBN EBOOK : 978-2-14-004271-3

LES ACCORDS COLLECTIFS DE GROUPE
Théodoropoulos Alexandra - Préface de Gérard Vachet
De simple expérimentation issue de la pratique, la négociation collective de groupe est devenue un véritable niveau de négociation collective reconnue par le législateur. L'accord de groupe est désormais consacré comme une norme créatrice de droits et d'obligations entre employeurs et salariés du groupe, mais sa place dans la hiérarchie des normes n'a pas été précisée. Cette situation génère de nombreuses interrogations quant à sa portée et à ses limites.
(Coll. Logiques Juridiques, 44.00 euros, 440 p.)
ISBN : 978-2-343-12269-4, ISBN EBOOK : 978-2-14-004330-7

LA SIMPLIFICATION DU DROIT DES SOCIÉTÉS À L'AUNE DU CAS HONGKONGAIS
L'exemple des SARL et SAS
Tortellier Nathalie - Préface de Mme le professeur Catherine Barreau
Cette étude comparative puise dans les règles et mécanismes de la société fermée à risque limité hongkongaise des techniques pouvant fortement contribuer à l'assouplissement et à

la simplification du droit des sociétés. L'analyse décortique la vie des SARL et SAS et propose l'application de la méthodologie pragmatique du droit hongkongais par thèmes dans un souci d'adaptabilité du droit français. Il ressort de cette analyse comparative 80 recommandations inspirées de la société hongkongaise pour développer une société outil au service de l'entreprise, une société adaptée et adaptable aux acteurs économiques contemporains.
(Coll. Logiques Juridiques, 49.00 euros, 638 p.)
ISBN : 978-2-343-11885-7, ISBN EBOOK : 978-2-14-004220-1

LE DROIT DE L'INFORMATIQUE
4e édition (2017)
Bismuth Yves
À travers l'étude des grands thèmes du droit de l'informatique (protection des logiciels et des données, contrats informatiques, protection des libertés, gestion du risque informatique), cet ouvrage permet au lecteur d'établir lui-même un diagnostic juridique des problèmes rencontrés à l'occasion de la mise en place d'un système informatique. Il est complété par des extraits de code, une bibliographie, un index et un lexique, et est à jour des dernières lois et décrets intervenus en la matière.
(38.00 euros, 436 p.)
ISBN : 978-2-343-11527-6, ISBN EBOOK : 978-2-14-004177-8

MÉTHODE ET ASPECTS FORMELS DE LA RECHERCHE
Petit manuel à l'usage des juristes (2e édition)
Marain Gaëtan
L'ouvrage propose un apprentissage de la recherche et de son formalisme qui doit permettre aux étudiants confrontés à la rédaction d'une thèse ou d'un mémoire en droit d'aborder ce travail avec sérénité. L'auteur donne ainsi une méthode pour définir le sujet, échafauder un plan et trouver la documentation utile. Est également abordée, entre autres, la question du référencement des sources et de la citation d'auteur. Des recommandations propres à l'organisation de la soutenance et à son bon déroulement sont prodiguées. Voici un guide à même d'éclairer les premiers pas du jeune chercheur en droit.
(15.50 euros, 138 p.)
ISBN : 978-2-343-12682-1, ISBN EBOOK : 978-2-14-004300-0

LA PROCÉDURE DE LIBÉRATION CONDITIONNELLE COMME OUTIL DE GESTION DU RISQUE
Ben Gadi Amélie - Préface de Joana Falxa
La procédure d'octroi de la libération conditionnelle des longues peines témoigne d'une sévérité accrue à leur égard. En imposant une évaluation de dangerosité, le législateur a souhaité «verrouiller» la procédure. Cependant, la notion de dangerosité est très complexe à définir et ne fait l'objet d'aucune définition légale. Elle introduit la notion de gestion du risque, ouvrant le chemin vers une justice de précaution. La présente étude éclaire la problématique de la réinsertion des longues peines.
(Coll. Bibliothèques de droit, 15.00 euros, 132 p.)
ISBN : 978-2-343-11550-4, ISBN EBOOK : 978-2-14-004296-6

LETTRE À TOUS CEUX QUI PERSISTENT À VOULOIR FAIRE LEUR DROIT
Charles Thierry
Le droit court derrière la «révolution numérique». Les algorithmes nous espionnent et restreignent les libertés publiques, ils calculent les indemnités au service des compagnies d'assurances. La diminution lente et continue des services chargés de veiller à l'application du droit affaiblit et parfois anéantit l'efficacité de ces lois. L'échec de la loi Hadopi est significatif à cet égard. Le mal est en fait bien plus profond et ne date pas d'hier. Nous vivons une époque de démolition des codes établis. Si le droit est partout, en définitive il n'est nulle part...
(20.50 euros, 204 p.)
ISBN : 978-2-343-12343-1, ISBN EBOOK : 978-2-14-004306-2

FÊTE ET DROIT PUBLIC

Sous la direction d'Adrien Azarete, Elie Guerrero et Thomas Moretto

S'inscrivant dans une approche globale et élargi à tout le droit public, le présent ouvrage, issu du colloque « Fête du Droit Public », a pour objet l'étude de l'application du droit public dans la fête par les différents acteurs de cette branche du droit. De l'autorisation de la fête à sa responsabilité, en passant par son organisation, son coût et sa sécurité, le droit public est présent partout, de par l'évidente présence et implication de la puissance publique et des collectivités territoriales.

(Coll. Bibliothèques de droit, 20.00 euros, 192 p.)

ISBN : 978-2-343-11018-9, ISBN EBOOK : 978-2-14-003946-1

LA DÉMOCRATIE EN DROIT INTERNATIONAL

Étude critique sur le statut juridique de la démocratie en droit international et la légitimité de l'imposer par la force

Alshiabani Abuhamoud

En droit international, la démocratie était jusqu'à très récemment absente. Malgré les appels lancés au début du 20e siècle, celui-ci a toujours considéré la démocratie comme une idéologie dans laquelle il ne doit pas s'impliquer. Après la fin de la Guerre froide et la victoire de la démocratie libérale, la démocratie s'est renforcée au plan international. Elle a exercé une pression considérable sur le droit international pour qu'il s'adapte aux nouvelles exigences des réalités politiques. Cet ouvrage traite de ce sujet et montre le contexte dans lequel se sont développés la démocratie et le concept d'ingérence démocratique.

(Coll. Logiques Juridiques, 39.00 euros, 408 p.)

ISBN : 978-2-343-10818-6, ISBN EBOOK : 978-2-14-003833-4

LES PRINCIPES GÉNÉRAUX DANS LA JURISPRUDENCE DE L'ORGANE DE RÈGLEMENT DES DIFFÉRENDS DE L'OMC

Aydi Ghozzi Mariem - Préface de Slim Laghmani

Représentant la justice marchande, le Système de règlement des différends de l'organisation Mondiale du Commerce (OMC) est censé rendre une meilleure justice. Bien qu'il ne constitue pas une véritable juridiction, il chemine sur les traces du juge international dans la détermination et la régulation du sens du droit de cette organisation, les principes généraux devraient en constituer des instruments de moralisation et de développement. Cependant, la méthode par laquelle l'organe de règlement des différends appréhende lesdits principes mérite une attention particulière.

(Coll. Droit aujourd'hui, 37.50 euros, 368 p.)

ISBN : 978-2-343-12079-9, ISBN EBOOK : 978-2-14-004047-4

LA RESPONSABILITÉ DES ENTREPRISES MULTINATIONALES POUR LES VIOLATIONS DES DROITS DE L'HOMME EN AFRIQUE

Opportunités et défis

Belporo Christelle

La question de la responsabilité des entreprises multinationales pour les violations des droits de l'homme est d'une actualité brûlante. Alors qu'à travers le monde les scandales se multiplient, sur le continent africain, des voix s'élèvent pour dénoncer les nombreuses violations des droits internationalement protégés. Cet ouvrage évalue les réponses offertes par le droit pour l'encadrement de la responsabilité juridique des entreprises multinationales à l'aune des instruments internationaux et africains.

(Coll. Études africaines, 20.50 euros, 200 p.)

ISBN : 978-2-343-11365-4, ISBN EBOOK : 978-2-14-004005-4

CONCEPTS ET PRATIQUES PROFESSIONNELLES EN DOUANES

Origines, procédures, régimes et valeur

Bouga Boukari Dan

Ce livre explique d'abord les concepts, c'est-à-dire le vocabulaire douanier de façon à ne saisir que l'essentiel. Il expose ensuite les exigences des pratiques douanières pour tous les scénarios du

commerce international. Il procède enfin à des illustrations pour une meilleure compréhension des droits et obligations des opérateurs en douane.
(Harmattan Côte-d'Ivoire, 20.00 euros, 184 p.)
ISBN : 978-2-343-11805-5, ISBN EBOOK : 978-2-14-004075-7

LE DROIT POSTMODERNE
Une introduction
Barraud Boris
Au XIXe siècle le droit a changé d'ère passant du droit moderne au droit postmoderne. Sa principale caractéristique résiderait dans le développement d'une forme de concurrence juridique entre puissances publiques et puissances privées. La révolution copernicienne de la pensée juridique serait ainsi la rupture du lien consubstantiel entre droit et État que la modernité avait noué. La société civile serait désormais au cœur du jeu juridique. Ce livre propose quelques pistes et une grille de lecture afin de comprendre le nouveau droit que la globalisation modèle.
(Coll. Droit aujourd'hui, 32.00 euros, 320 p.)
ISBN : 978-2-343-12077-5, ISBN EBOOK : 978-2-14-003633-0

LE CONSEIL DE L'EUROPE ET LES COLLECTIVITÉS TERRITORIALES
Contribution à l'étude de l'autonomie locale
Kalimeri Vasiliki
Le Conseil de l'Europe est la première organisation internationale à avoir intégré l'acteur infra-étatique dans son action. La Charte européenne de l'autonomie locale et le Cadre de référence pour la démocratie régionale ont cristallisé la conception de la notion d'autonomie locale en Europe, élargie désormais à deux niveaux : le local et le régional. Au niveau extérieur, le traité de Maastricht intègre également les collectivités locales dans la reformulation du fonctionnement de l'Europe.
(Coll. Logiques Juridiques, 49.00 euros, 664 p.)
ISBN : 978-2-343-12019-5, ISBN EBOOK : 978-2-14-003697-2

GUIDE PRATIQUE DU CAPITAL INVESTISSEMENT ET DES AIDES PUBLIQUES
Créer, développer, transmettre son entreprise
Battini Pierre - Préface d'Olivier Millet
Cet ouvrage entend démystifier le capital investissement et répondre concrètement aux questions que se posent les entrepreneurs, leur donner les clés pour être efficaces, gagner du temps et avoir plus de chances de réussir leur projet. Beaucoup d'exemples et de cas concrets sont exposés. Ce livre traite la question des fonds d'investissements et des aides publiques sous différents angles : finance et outils financiers, juridique et montage des opérations, valorisations et accompagnement.
(30.00 euros, 292 p.)
ISBN : 978-2-343-12074-4, ISBN EBOOK : 978-2-14-003636-1

ET COMMENT VONT LES ENFANTS ?
Réflexions d'un notaire sur l'évolution de la parentalité des années 60 à nos jours
Dauptain Pierre
PMA, GPA, adoption, statut du beau-parent, familles homoparentales, ces sujets sont au cœur des débats contemporains et témoignent de l'évolution de la parentalité sur les cinquante dernières années. Avec un regard impartial, l'auteur inscrit sa réflexion dans les mouvements de la société tout entière. Fidèle à la méthode qui a fait le succès de son premier essai, il nous parle de droit en termes simples pour exposer les changements que la famille a connus en cinq décennies.
(Éditions Pepper/Harmattan, 22.50 euros, 218 p.)
ISBN : 978-2-343-12076-8, ISBN EBOOK : 978-2-14-003757-3

Structures éditoriales du groupe L'Harmattan

L'Harmattan Italie
Via degli Artisti, 15
10124 Torino
harmattan.italia@gmail.com

L'Harmattan Hongrie
Kossuth l. u. 14-16.
1053 Budapest
harmattan@harmattan.hu

L'Harmattan Sénégal
10 VDN en face Mermoz
BP 45034 Dakar-Fann
senharmattan@gmail.com

L'Harmattan Cameroun
TSINGA/FECAFOOT
BP 11486 Yaoundé
inkoukam@gmail.com

L'Harmattan Burkina Faso
Achille Somé – tengnule@hotmail.fr

L'Harmattan Guinée
Almamya, rue KA 028 OKB Agency
BP 3470 Conakry
harmattanguinee@yahoo.fr

L'Harmattan RDC
185, avenue Nyangwe
Commune de Lingwala – Kinshasa
matangilamusadila@yahoo.fr

L'Harmattan Congo
67, boulevard Denis-Sassou-N'Guesso
BP 2874 Brazzaville
harmattan.congo@yahoo.fr

L'Harmattan Mali
Sirakoro-Meguetana V31
Bamako
syllaka@yahoo.fr

L'Harmattan Togo
Djidjole – Lomé
Maison Amela
face EPP BATOME
ddamela@aol.com

L'Harmattan Côte d'Ivoire
Résidence Karl – Cité des Arts
Abidjan-Cocody
03 BP 1588 Abidjan
espace_harmattan.ci@hotmail.fr

L'Harmattan Algérie
22, rue Moulay-Mohamed
31000 Oran
info2@harmattan-algerie.com

L'Harmattan Maroc
5, rue Ferrane-Kouicha, Talaâ-Elkbira
Chrableyine, Fès-Médine
30000 Fès
harmattan.maroc@gmail.com

Nos librairies en France

Librairie internationale
16, rue des Écoles – 75005 Paris
librairie.internationale@harmattan.fr
01 40 46 79 11
www.librairieharmattan.com

Librairie l'Espace Harmattan
21 bis, rue des Écoles – 75005 Paris
librairie.espace@harmattan.fr
01 43 29 49 42

Lib. sciences humaines & histoire
21, rue des Écoles – 75005 Paris
librairie.sh@harmattan.fr
01 46 34 13 71
www.librairieharmattansh.com

Lib. Méditerranée & Moyen-Orient
7, rue des Carmes – 75005 Paris
librairie.mediterranee@harmattan.fr
01 43 29 71 15

Librairie Le Lucernaire
53, rue Notre-Dame-des-Champs – 75006 Paris
librairie@lucernaire.fr
01 42 22 67 13

www.ingramcontent.com/pod-product-compliance
Lightning Source LLC
LaVergne TN
LVHW011220061026
849535LV00001BA/117